RISK-BASED AUDITING

风险导向审计

方法与案例（第二版）

METHODS & CASES OF RISK-BASED AUDITING

杨志国　编著

中国财经出版传媒集团
中国财政经济出版社

图书在版编目（CIP）数据

风险导向审计方法与案例/杨志国编著. —2 版. —北京：中国财政经济出版社，2016. 12

ISBN 978 - 7 - 5095 - 7224 - 5

Ⅰ. ①风… Ⅱ. ①杨… Ⅲ. ①审计方法 - 案例 Ⅳ. ①F239. 1

中国版本图书馆 CIP 数据核字（2017）第 013369 号

责任编辑：李　磊　　　　责任校对：杨瑞琦
封面设计：耕　者　　　　版式设计：耕　者

中国财政经济出版社 出版

URL：http：//www. cfeac. com

社址：北京市海淀区阜成路甲 28 号　邮政编码：100142

营销中心电话：88190406

天猫网店：中国财政经济出版社旗舰店

网址：http：//zgczjjcbs. tmall. com

北京财经印刷厂印刷　各地新华书店经销

787 × 1092 毫米　16 开　35. 75 印张　690 000 字

2017 年 3 月第 2 版　2017 年 3 月北京第 1 次印刷

定价：79. 00 元

ISBN 978 - 7 - 5095 - 7224 - 5/F · 5790

（图书出现印装问题，本社负责调换）

本社质量投诉电话：010 - 88190744

打击盗版举报热线：010 - 88190414、QQ：447268889

PREFACE

再版前言

《风险导向审计方法与案例》是作者2013年编著的。作为一部系统阐述风险导向审计理论框架、基本方法和实务案例的教材，《方法与案例》自出版以来，受到广泛的好评，对于提高读者的审计理论素养和专业技能发挥了积极的指导作用。

最近几年，随着审计环境发生重大变化，对注册会计师审计的要求越来越高。尤其是，美国金融危机的负面影响持续发酵，全球经济仍在缓慢复苏。许多国家和地区的政府部门、监管机构和利益相关者，除了研究金融危机爆发的直接原因外，也在反思金融危机中审计暴露出的不足，探讨如何改革现行审计制度，完善审计方法，改进审计报告，加强行业监管，发挥注册会计师应有的作用。国际审计与鉴证准则理事会（IAASB）、欧盟（EU）、英国财务报告委员会（FRC）、美国公众公司会计监督理事会（PCAOB）和中国注册会计师协会等在内的国际机构、地区组织和国家准则制定机构，不仅要求注册会计师贯彻实施风险导向审计，还对审计报告进行改革，要求注册会计师在审计报告中披露更多有价值和相关的信息。为适应新审计环境的要求，满足读者对掌握新审计报告模式理论和知识的迫切需要，作者根据新的国际审计报告系列准则和中国注册会计师审计报告系列准则，对《方法与案例》进行了全面修订。

新修订的《方法与案例》，通过理念、方法和案例，强化注册会计师遵守审计准则和职业道德要求的意识，缩小公众的“期望差距”和“信息差距”。风险导向审计主要解决注册会计师在财务报表审计中如何有效地识别、评估和应对重大错报风险的问题，增加审计报告和已审计财务报表的可信赖性，缩小公众的“期望差距”；新的审计报告模式主要解决短式标准审计报告缺乏审计工作的透明度和注册会计师对被审计单位重大问题的看法，提高审计报告的信息含量，增加审计工作的透明度，增强披露内容的相关性和决策有用性，缩小公众的“信息差距”。期望差距是指财务报表使用者期望从注册会计师和财务报表审计中得到的保证程度，与审计能够提供多大保证程度之间的差距。特别是，持续存在着公众对注册会计师发现财务报表舞弊的能力，以及注册会计师在现有职业准则框架下对舞弊责任之间的差距。信息差距是指财务信息使用者作出明智投资和受托决策时需要的信息，与能够从审计报告和已审计财务报表得到什么信息之间的差距。信息差距对资本市场的效率和资本成本具有重大影响。信息差距也视作挑战，尤其在经济混乱时期，理解公司财务信息如何反映财务状况、业绩和经营的可持续性的全貌，构成相当大的挑战。新修订的《方法与案例》通过风险导向审计和新的审计报告模式对上述问题进行了深刻阐述和回答。

杨志国

2017 年 01 月

PREFACE

前 言

随着经济全球化和资本市场一体化，财务信息在生产要素流动和配置过程中显得至关重要。高质量的财务信息取决于诸多因素，如法律法规和监管环境、财务报告框架要求、财务信息编制流程、财务信息参与者的行为标准等。作为财务信息生成环节的重要一环，注册会计师审计在保证财务信息质量方面起着重要作用，而审计方法又是保证审计质量的关键性因素。

审计方法是注册会计师为了实现审计目标而采用的审计模式、途径、程序和流程等。审计方法的演进和发展，与审计环境密切相关。注册会计师为了实现审计目标，一直随着审计环境的变化创新审计方法。审计方法从账项基础审计、制度基础审计发展到风险导向审计，都是注册会计师为了适应审计环境的变化而作出的创新。

风险导向审计主要解决注册会计师在财务报表审计中如何有效地识别、评估和应对重大错报风险的问题，对财务报表是否不存在由于舞弊或错误导致的重大错报获取合理保证，能够对财务报表是否在所有重大方面按照适用的财务报告编制基础编制发表审计意见。这种方法，一是要求注册会计师深入了解被审计单位及其环境的各个方面，以识别财务报表层次以及各类交易、账户余额、披露认定层次重大错报风险；二是要求注册会计师将识别的重大错报风险与认定层次可能发生错报的领域相联系，实施更为严格的风险评估程序；三是要求注册会计师在设计和实施进一步审计程序（控制测试和实质性程序）时，将审计程序的性质、时间安排和范围与识别、评估的风险相联系，并对所有重大的各类交易、账户余额、披露实施实质性程序。风险导向审计方法，一方面有利于注册会计师识别和评估财务报表可能存在的重大错报风险，克服缺乏全面性观点导致的审计失败；另一方面有利于注册会计师根据风险评估结果配置审计资源，有效实施应对程序，做到有的放矢，提高审计效率。无论对于理论界，还是实务界，都具有里程碑式的意义。

同时，风险导向审计也对注册会计师提出较高的要求。例如：需要掌握会计审计知识，以及内部控制、信息技术、战略分析等方面的知识，有能力对影响财务报表的经营风险作出正确的判断；做更为细致和深入的工作，了解企业外部环境、经营目标和战略、业务流程、风险评估、业绩衡量等情况，识别和评估出重大错报风险；摆脱机械利用程序表进行审计的思维，根据评估的重大错报风险有针对性地设计审计程序的性质、时间安排和范围；利用先进的计算机审计技术，解决在大数据时代面临的样本筛选、差异分析、风险识别等问题。

本书围绕重大错报风险的识别、评估和应对，在中国注册会计师审计准则和应用指南的框架下，全面阐述了风险导向审计理论，系统介绍了风险导向审计方法，深刻总结了风险导向审计实务和良好做法，为读者掌握风险导向审计提供了一把钥匙。本书结构如下：第一章阐述了风险导向审计方法的演进和相关重要理论；第二章阐述了如何制定总体审计策略和具体审计计划，以及相关重要业务活动；第三章阐述了如何识别和评估重大错报风险，及其在特定领域的应用；第四章阐述了如何应对重大错报风险，及其在特定领域的应用；第五章举例阐述了如何实施交易与余额的审计；第六章阐述了如何编制审计报告，以及相关重要业务活动；第七章阐述了如何编制工作底稿，以及审计准则对形成审计工作记录的规定。本书最后附了两个案例，一个是综合案例，系统说明了如何运用风险导向审计方法的具体应用；另一个是采购与付款循环控制测试案例，说明如何在实务中测试采购与付款循环控制运行的有效性。

作为一本理论和实务相结合的教材，本书适用于财会工作者、审计工作者和教学科研人员使用，也适用于财经院校高年级本科生、会计学术硕士研究生、会计专业硕士研究生、审计专业硕士研究生使用。

本书在编写过程中，得到陈龙伟、孙晓悦和邱连强三位同志的帮助，在此表示衷心感谢。

杨志国

2013 年 12 月

CONTENTS
目录

1

第一章 风险导向审计概论

第一节 引导案例

案例 1－1 2008 年爆发的全球金融危机

2007 年，一场由美国次贷危机引发的金融海啸蔓延到世界各地，全球遭遇自 20 世纪 30 年代“大萧条”以来最严重的经济危机。这场源自美国的金融风暴，波及范围之广、冲击力度之强、连锁效应之快都是前所未有的，给世界各国经济发展带来了严重影响。

2006 年次贷危机初露端倪，美国房价一改往日上涨的局面，开始掉头下跌，购房者难以将房屋出售或通过抵押获得融资。随着房价跌至贷款本息之下，购房者违约拖欠率上升，房贷商资不抵债增多，停业和申请破产保护事件频发，由此引发了持有次贷债券和投资组合的金融机构的投资损失。2007 年 4 月，以美国第二大次级抵押贷款公司——新世纪金融公司（New Century Financial Corp.）破产事件为标志，次贷危机爆发，金融机构发生大量投资损失，侵蚀资本充足率，引发流动性问题。随着金融衍生品对风险的扩散效应，金融风险迅速由房地产市场蔓延到信贷市场。自 2008 年开始，与次级住房抵押贷款有关的银行、投资银行和保险公司相继破产倒闭。2008 年 9 月，美国第四大投资银行雷曼兄弟公司（Lehman Brothers Holding Inc.）陷入严重财务危机并宣布申请破产保护。由此引发连锁反应，金融机构之间缺乏相互信任，危机进一步恶化，大批金融机构倒闭、被收购或被接管，世界各国不同程度地出现流动性短缺、股市大跌、汇率震荡等现象，次贷危机演变为全球性金融危机。

随后金融危机愈演愈烈，从金融领域蔓延、渗透到实体经济领域，从局部发展到全球，从发达国家传导到新兴市场国家和发展中国家。各国相继出现经济增长放缓、进出口下降、失业率上升的情况，全球经济明显表现出增长放缓甚至衰退的迹象。

作为美国的重要贸易伙伴和当时世界第三大贸易体，我国不可避免地受到这一全球经济危机的影响。2008年经济增长率为9%，结束了连续五年保持两位数增长的态势，第四季度经济增长率为6.8%，更是近年来前所未有的回落。2008年全年规模以上工业增加值同比增加12.9%，增速比上年回落5.6个百分点，12月份工业生产同比增加5.7%，增速比11月份的5.3%略有回升，但仍然是全年月度最低水平，远远低于3月份的全年月度峰值17.8%。经济增长速度明显放缓，工业生产收缩，企业利润下降，出口受挫，失业人数明显增加。以某些行业为例，钢铁、有色金属等原材料价格下跌，房地产市场、车市需求下降，价格和销售量暴跌，遭遇寒冬。其中，出口外向型企业是本次经济危机的重灾区，一方面内外需双双疲软，欧美市场订单大幅削减，企业开工不足；另一方面欧美客户拖欠货款现象日益严重，企业面临资金链断裂的风险，大批外贸企业减产、停工或倒闭，面临持续经营问题。

全球金融危机对实体经济的影响也波及我国注册会计师行业，主要表现为企业经营环境变化带来的审计风险，例如企业经济效益下滑带来的持续经营问题，持有金融资产带来的大幅贬值问题，购买资源性资产带来的跌价损失问题，市场萎缩带来的库存积压问题，管理层面临经营业绩压力问题。上述负面影响，需要注册会计师在审计时加以应对，防止实体经济的经营风险转化为审计风险。

第一，注册会计师需要科学安排审计工作，谨慎评估审计风险，了解被审计单位及宏观环境对财务报表产生的影响，包括确定可能需要重点考虑的领域；采用公允价值计价的金融资产是否作出重大调整；大额资产减值准备的计提和转回是否作出重大调整；管理层作出的会计估计（如存货跌价准备的计提、长期合同的完工百分比等）是否合理。

第二，注册会计师需要密切关注被审计单位的持续经营风险，重点考虑下列因素：融资来源及其变化、融资成本的变化、持有资产变现能力的变化、所处市场环境的变化、资产销售的重大损失可能大幅减少法定资本、未决诉讼等。

第三，注册会计师需要密切关注被审计单位由舞弊导致的财务报表重大错报风险，重点考虑是否存在下列动机致使管理层对财务信息作出虚假报告：保持财务稳定性及利润率、保护管理层个人报酬、隐瞒管理层决策失误、迎合特定的融资要求、避免报告重大损失等。同时，还应当关注被审计单位是否存在部分内部控制不健全、组织结构复杂或不稳定、对管理层缺乏有效监督、所处行业为财务报告舞弊提供了便利等情况。

第四，注册会计师需要充分考虑当前经济危机对被审计单位的影响，科学配置审计资源，对重大错报风险领域和环节进行严格的识别和评估，有针对性地采取应对措施，切实保证审计质量。

上述审计思路就是风险导向审计思路。以风险的识别、评估和应对为主线，合理保证财务报表不存在由于舞弊或错误导致的重大错报。相反地，在面临如此严重经济危机的情况下，如果注册会计师仍将目光局限于被审计单位内部，不考虑金融危机所带来的经营风险和其他相关风险对财务报表的影响，就很容易受到管理层的蒙蔽，造成审计失败。

第二节　审计方法的演进

审计方法的演进和发展，与审计环境密切相关。审计环境决定审计目标，恰当的审计方法是实现审计目标的重要保证。一百多年来，虽然审计的根本目标没有发生重大变化，但审计环境却发生了很大的变化。注册会计师为了实现审计目标，一直随着审计环境的变化调整审计方法。审计方法从账项基础审计、制度基础审计发展到风险导向审计，都是注册会计师为了适应审计环境的变化而作出的调整。

一、账项基础审计

在审计发展的早期（19 世纪以前），由于企业组织结构简单，业务性质单一，注册会计师的审计主要是为了满足财产所有者对会计核算进行独立检查的要求，促使受托责任人（如企业经理）在授权经营过程中作出诚实、可靠的行为。注册会计师将审计重心放在资产负债表，旨在防止、发现舞弊和错误，审计方法是详细审计。

由于早期获取审计证据的方法比较简单，注册会计师将大部分精力投向会计凭证、会计账簿和财务报表的编制过程，通过详细核实账表数字来判断是否存在舞弊或错误。这需要花费大量的时间用以检查、核对、加总和重新计算，因而要求注册会计师具备良好的簿记和会计知识。

随着审计范围的扩展和企业组织规模的扩大，注册会计师开始采用审计抽样技术，只是抽查数量仍然很大，在抽查样本的选择上以判断抽样为主。由于当时注册会计师并没有认识到内部控制有效性在审计中的作用，样本的选择带有很大的盲目性。根据有关文献记载，当时的注册会计师在整个审计过程中，约 3/4 的时间花费在合计和过账上。从方法论的角度，这种审计方法就是账项基础审计方法（accounting number - based audit approach）。

20 世纪初期，随着企业规模的扩大，审计范围也不断扩大，详细检查带来的成本越来越高，客观上要求对审计方法进行改进。注册会计师转向以财务报表为基础进行抽查，即检查财务报表有关项目，再有针对性地抽取凭证进行详细检查，但抽查的数量仍然很大，且以判断抽样为主，注册会计师仍然难以有效地发现财务报表可能存在的重大错报。

二、制度基础审计

进入20世纪，会计和审计实务步入快速发展时期。注册会计师的审计重点从检查受托责任人对资产的有效使用转向检查资产负债表和利润表，判断企业的财务状况和经营成果是否真实和公允。由于企业规模日益扩大，经济活动和交易事项内容不断丰富、复杂，审计的工作量迅速增大，企业难以承受越来越高的审计费用，注册会计师越来越认识到账项基础审计既耗费时间，又难以很好完成审计工作。为了保证审计工作质量，必须另辟蹊径，寻找更为可靠的审计方法。

在审计实践过程中，职业界逐渐发现内部控制的有效性对于审计工作具有非常重要的意义。内部控制设计合理且执行有效，通常表明财务报表具有较高的可靠性；内部控制设计不合理，或虽然设计合理但没有得到有效执行，通常表明财务报表不具有可靠性。因此注册会计师开始将审计视角转向企业的管理制度，特别是会计信息赖以生成的内部控制，从而将内部控制与抽样审计结合起来。

以内部控制为基础的审计方法，强调对内部控制的评价和测试。如果测试结果表明内部控制运行有效，那么内部控制就值得信赖，注册会计师只需抽取少量样本进行测试、推断总体，便可以对财务报表相关项目得出审计结论；如果测试结果表明不存在内部控制或内部控制运行无效，那么内部控制就不值得信赖，注册会计师对财务报表相关项目的审计需要视情况扩大审计范围，检查足够数量的样本，才能得出审计结论。

值得一提的是，企业规模的扩大、统计抽样技术的应用以及内部控制在企业的普及，推动了制度基础审计的产生和发展。从20世纪50年代起，以控制测试为基础的抽样审计在西方国家得到广泛应用，这也是审计方法逐渐走向成熟的重要标志。内部控制评价和测试构成了审计方法的重要组成部分。从方法论的角度，这种方法被称作制度基础审计方法（system - based audit approach）。

三、风险导向审计

随着经济的发展、市场竞争的加剧，企业经营风险日益增大，破产清算的案例时有发生，给广大投资者造成巨大的损失。特别到20世纪60年代中期以后，职业界进入“诉讼爆炸”时代，审计诉讼案件频繁发生，并在全球范围内呈不断上升趋势，经营失败导致审计失败的案例屡见不鲜。公众对提高审计质量的呼声越来越高，制度基础审计的有效性受到质疑。注册会计师面临的社会舆论压力和法律责任与日俱增，职业界再也无法忽视审计风险，开始积极探索基于审计风险的审计方法。

1981 年，美国审计准则理事会（ASB）发布《审计准则第 39 号——审计抽样》，在附录中提出供参考的审计风险模型。1983 年又发布《审计准则第 47 号——审计风险与重要性》，将审计风险模型包含在正文中，可以说这是对风险导向审计方法的确立。

审计风险模型建立了审计风险与审计风险要素之间的函数关系。最初开发的审计风险模型（目前称为传统审计风险模型）用下列公式表示：审计风险（AR）=固有风险（IR）×控制风险（CR）×检查风险（DR）。审计风险受企业固有风险、控制风险和注册会计师检查风险的影响。

审计风险模型的出现，从理论上解决了注册会计师以内部控制制度为基础采用抽样审计的随意性，又解决了审计资源的分配问题，要求注册会计师将审计资源分配到财务报表最容易出现重大错报的领域。从方法论的角度，注册会计师以审计风险模型为基础进行的审计，称为风险导向审计方法（risk - based audit approach）。

第三节　现代风险导向审计的确立

风险导向审计的发展经历了由传统风险导向审计向现代风险导向审计的转变。

一、传统风险导向审计

（一）传统审计风险模型

如前文所述，20 世纪 80 年代美国审计准则理事会首先开发出传统审计风险模型，即审计风险（AR）=固有风险（IR）×控制风险（CR）×检查风险（DR）。

固有风险是指在考虑相关内部控制之前，某类交易、账户余额或披露的某一认定发生错报（该错报单独或连同其他错报可能是重大的）的可能性。固有风险是由被审计单位经济业务或账户的特性引起的，是被审计单位固有的。

控制风险是指某类交易、账户余额或披露的某一认定发生错报，该错报单独或连同其他错报可能是重大的，但没有被内部控制及时防止或发现并纠正的风险。控制风险是被审计单位内部控制有效性的函数。内部控制有效，则控制风险小。由于内部控制存在固有限制，不可能防止或发现并纠正所有的重大错报，因此控制风险不可能降至零。

检查风险是指如果存在某一错报，该错报单独或连同其他错报可能是重大的，注册会计师为将审计风险降至可接受的低水平而实施程序后没有发现这种错报的风险。检查风险是审计程序有效性的函数，是注册会计师可以控制的风险。

（二）传统风险导向审计的实务运用

传统风险导向审计以传统审计风险模型为指导，以重要性概念为识别重大错报风险的基础，以内部控制为抽样审计的根据。

注册会计师采用审计风险模型量化或评估固有风险，根据控制测试评估控制风险，从而确定检查风险，然后根据检查风险确定实质性程序的性质、时间安排和范围，将审计风险控制在可以接受的范围内。

按照这一模型，审计业务流程分为四个步骤：一是了解被审计单位（为了评估固有风险）；二是了解内部控制；三是在必要时执行控制测试（为了评估控制风险）；四是实施实质性程序。

在实务中，注册会计师根据审计风险模型首先设定一个可以接受的审计风险（一般为5%）；然后对财务报表认定的固有风险进行定量评估；再对与财务报表认定相关的内部控制进行测试，并根据测试结果对控制风险进行定量评估；根据检查风险（DR）=审计风险（AR）/固有风险（IR）×控制风险（CR）推导出检查风险，并根据检查风险设计和实施实质性程序。

（三）传统风险导向审计的缺陷

传统风险导向审计从20世纪70年代开始在实务中运用，直到20世纪90年代中后期。由于当时缺乏先进理论的指导，这种方法存在很大缺陷。

1. 在效果上，发现舞弊和错误的能力受到限制。在实务中，传统风险导向审计方法容易使注册会计师采用简化主义的观点，将企业视为简单的系统组合。

由于缺乏有效的企业分析框架，在考虑相关内部控制之前单独评估固有风险存在难度，因而注册会计师通常认为，将固有风险直接评估为高水平是公认的稳健做法，由此人为地割裂了固有风险与内部控制的联系。

在放弃评估固有风险的情况下，注册会计师往往不注重从宏观层面了解企业及其环境，而直接从较低层面评估风险。也就是说，注册会计师对某类交易、账户余额的风险进行评估、实施审计工作，然后对整个财务报表发表审计意见。这是一种“自下而上”的方法。

传统风险导向审计方法注重对账户余额和交易层次风险的评估，容易犯只见树木不见森林的错误。企业是整个社会经济生活网络中的细胞，所处的经济环境、行业状况、经营目标、战略和风险都将最终对财务报表产生重大影响。如果注册会计师不深入考虑财务报表背后的东西，就不能对财务报表项目得出一个合理的期望，而且，当企业管理层串通舞弊时，内部控制是失效的。注册会计师不把审计视角扩展到内部控制以外，很容易受到蒙蔽和欺骗，不能发现由于内部控制失效所导致的舞弊和错误。

2. 在效率上，审计资源平均分配造成浪费。注册会计师简单地将固有风险评估为高水平，可接受的检查风险就会相对降低，这就意味着在实质性程序阶段要分配更多的审计资源到低风险领域，难以突出重点，从而造成审计资源的浪费。

由于传统风险导向审计存在上述缺陷，注册会计师缺乏发现企业舞弊和错误的能力，导致审计失败案例层出不穷，给投资者带来巨大损失。根据美国证券交易委员会的公共会计报告，1999 年美国“七大”会计师事务所的审计费用为 95 亿美元，而投资者仅在 1999 年就由于五个公司的财务报表重新编报损失了 320 亿美元。在我国，东方电子、琼民源、蓝田股份、银广夏等上市公司财务丑闻也频频发生，一方面给广大投资者带来了巨大损失，另一方面使注册会计师行业的形象受到严重损害。从公众的角度看，发现舞弊是对注册会计师的要求，由于职业界受审计环境和审计方法的限制，注册会计师和公众一直存在期望差距。

二、现代风险导向审计

（一）现代风险导向审计提出的背景

20 世纪后期，经济和社会发展驶入快车道，科学技术日新月异，市场竞争日趋激烈，各种文化相互渗透，全球化程度日益加深，人类进入信息社会和知识经济时代。企业与其所处的多样、快速变化的内外部环境之间的联系日益增强。注册会计师越来越感到产生审计失败的根本原因在于企业经营的复杂性（比如急速变化的经营环境、全球化和技术进步等）限制了传统风险导向审计方法发现重大错报的能力。

随着审计环境的变化，传统风险导向审计的内在缺陷逐渐暴露。针对传统风险导向审计的不足，西方职业界继续对风险导向审计进行深入探索，形成以战略观和系统观为指导思想、以评估被审计单位的重大错报风险为基础、充分考虑企业经营风险的现代风险导向审计。1997 年，美国的贝尔（Bell）和弗兰克（Frank）发表题为《通过战略系统的视角对组织进行审计》的研究报告，标志着现代风险导向审计方法的产生。现代风险导向审计的核心思想可以概括为：审计风险主要来源于企业财务报表的错报风险，而错报风险主要来源于企业的经营风险，因此，有效的审计应该是建立在对企业所处行业状况、宏观环境、目标、战略和关键经营环节分析的基础上，通过综合评估错报风险以确定审计程序的性质、时间安排和范围。

（二）现代风险导向审计的理论基础

1. 系统理论为现代风险导向审计提供观念上的指导。20 世纪七八十年代逐渐发展成熟的系统理论提高了认知科学的水平，为现代风险导向审计提供了观念上的指导。从系统论的观点看，企业并不是一个孤立的主体，而是整个社会的有机组成部分。如果将企业从其所处的经济网络中割裂开来，注册会计师就不能真正了解企业的财务状况和经营成果，而财务报表发生错报的风险，归根结底是企业经营风险的副产品。经营风险是指可能对企业实现目标和实施战略的能力产生不利影响的重要状况、事项、情况等导致的风险，或由于制定不恰当的目标和战略而导致的风险。经营风险最终影响企业的生存和盈利能力。所有企业都会产生经营风险，从而使反映企业财务状况、经营成果的财务报表产生错报风险。因此，要控制审计风险，注册会计师首先要充分了解企业所处的外部环境、目标、战略和相关经营风险，以及风险控制措施，从而掌握经营风险对财务报表的总体影响。只有这样，注册会计师才能对财务报表重大错报风险作出正确的职业判断，制定合理的应对措施。

2. 战略管理理论为现代风险导向审计提供理论基础。战略管理理论自 20 世纪 60 年代产生到现在仅有半个世纪的时间，但对企业的经营以及与之相关的审计的影响却是深远的。

战略管理理论在企业中的普遍运用为现代风险导向审计创造了条件。战略管理理论认为：竞争优势与核心能力是竞争性市场中企业绩效的核心。从财务报表审计的角度看，首先，一个缺乏竞争优势与核心能力的企业的盈利能力缺乏持续性，从而产生较高的审计风险，因此注册会计师必须从战略高度研究企业的经营风险。其次，战略管理理论要求分析企业内外部环境，确定企业的目标、战略，再以价值链和企业所具有的资源与能力来分析相关的业务流程。这样，注册会计师从整个系统入手审视企业，再与企业的相关业务流程联系起来。最后，从企业战略入手，分析企业经营风险，可以使注册会计师对企业的判断与管理层判断基准保持一致。

总体而言，系统理论为现代风险导向审计开辟了新的思维领域，提供了观念上的指导；战略管理理论为现代风险导向审计提供了先进的分析框架，奠定了理论基础。

（三）审计风险模型的重构

国际审计与鉴证准则理事会（IAASB）在总结职业界实务经验的基础上对审计风险模型进行了修订，在 2003 年发布的四项审计风险准则中予以公布。

修订后的审计风险模型，将固有风险和控制风险合并为重大错报风险，即审计风险 = 重大错报风险 × 检查风险。重大错报风险是指财务报表在审计前存在重大错报的可能性，是原审计风险模型中固有风险和控制风险的组合。

国际审计准则通常不单独提及固有风险和控制风险，而仅提及重大错报风险（即两者综合评估的结果）。然而，注册会计师可以根据其偏好的审计技术或方法以及实务的考虑，单独或综合评估固有风险和控制风险。系统理论和战略管理理论为注册会计师恰当评估固有风险和控制风险提供了基础。表 1－1 列举了风险要素的定义。

表 1－1　　风险要素

性质	定义	解释
固有风险	固有风险，是指在考虑相关的内部控制之前，某类交易、账户余额或披露的某一认定易于发生错报（该错报单独或连同其他错报可能是重大的）的可能性	固有风险可能来源于被审计单位的目标、经营性质和行业性质、监管环境、规模和复杂性，这些风险经常被分为经营风险或舞弊风险
控制风险	控制风险，是指某类交易、账户余额或披露的某一认定发生错报，该错报单独或连同其他错报可能是重大的，但没有被内部控制及时防止或发现并纠正的风险	管理层设计控制以减轻特定的固有风险（经营风险或舞弊风险）。控制风险可能源于被审计单位内部控制设计不合理或执行不到位。 控制可能是： ● 在性质上是广泛的，例如管理层对控制的态度，重视聘用有胜任能力的人，防范舞弊等。这些控制通常称为被审计单位企业层面的控制。 ● 生成、处理或记录某特定交易的具体控制。这些控制通常称为业务流程、活动层面或交易控制
检查风险	检查风险，是指如果存在某一错报，该错报单独或连同其他错报可能是重大的，注册会计师为将审计风险降至可接受的低水平而实施程序后没有发现这种错报的风险	注册会计师在财务报表层次和认定层次评价重大错报风险（固有风险和控制风险）。 检查风险可能来源于下列因素： ● 选择不恰当的审计程序； ● 错误运用恰当的审计程序； ● 错误解释审计程序的结果

（四）现代风险导向审计的思路

现代风险导向审计是在账项基础审计和制度基础审计之上对传统风险导向审计的扬弃。现代风险导向审计，仍然需要运用制度基础审计方法甚至账项基础审计方法的一些程序，但它已不局限于对传统的企业内部控制的分析，而是将分析对象扩大到整个企业及其所处的环境。

现代风险导向审计对传统审计风险模型进行了重构，并对注册会计师实施审计提出了新的要求：

一是要求注册会计师加强对被审计单位及其环境的了解。注册会计师应当实施程序，更广泛和深入地了解被审计单位及其环境的各个方面，包括了解内部控制，为识别财务报表层次以及各类交易、账户余额、列报和披露（本书有时简称为披露）认定层次重大错报风险提供更好的基础。

二是要求注册会计师在审计的所有阶段都要实施风险评估程序。注册会计师应当将识别的风险与认定层次可能发生错报的领域相联系，实施更为严格的风险评估程序，不得不经过风险评估，直接将风险设定为高水平。

三是要求注册会计师将识别和评估的风险与实施的审计程序挂钩。在设计和实施进一步审计程序（控制测试和实质性程序）时，注册会计师应当将审计程序的性质、时间安排和范围与识别、评估的风险相联系，以防止机械利用程序表从形式上迎合审计准则对程序的要求。

四是要求注册会计师针对重大的各类交易、账户余额、披露实施实质性程序。注册会计师对重大错报风险评估是一种判断，被审计单位内部控制存在固有限制，无论评估的重大错报风险结果如何，注册会计师都应当针对重大的各类交易、账户余额、披露实施实质性程序，不得将实质性程序只集中在例外事项上。

五是要求注册会计师将识别、评估和应对风险的关键程序形成审计工作记录，以保证执业质量，明确执业责任。

现代风险导向审计是对传统风险导向审计的改进，一方面有利于注册会计师掌握企业可能存在的重大错报风险，克服缺乏全面性观点导致的审计失败，另一方面有利于注册会计师根据风险评估结果分配审计资源，做到有的放矢，提高审计效率。表 1－2 列示了风险导向审计的一些优点。

表 1－2　　风险导向审计优点

优点	解　释
增加审计工作时间的灵活性	有助于平衡注册会计师在整个工作年度的负担，在期中实施部分风险识别和评估工作
将审计资源集中在关键领域	通过了解重大错报风险可能发生的领域，直接将审计资源投入到高风险领域，并可能减少在低风险领域的工作量
重点应对重要风险领域	进一步审计程序旨在应对评估的重大错报风险，针对一般风险的细节测试可能大大降低
更为准确实施控制测试	了解内部控制，可以让注册会计师对是否测试内部控制运行的有效性作出更为合理的决策。同时，控制测试可以减少总的工作量（一些控制可能只要求每三年测试一次）
有利于管理层提早采取纠正措施	注册会计师识别出以前未意识到的内部控制缺陷（例如控制环境和信息技术的一般控制缺陷），向管理层及时通报这些缺陷，以利于他们采取恰当的措施，这符合管理层的利益。同时，也可以节约执行审计的时间

但是，现代风险导向审计也对注册会计师提出较高的要求。一方面会计师事务所需要借助强大的数据库，了解企业外部环境、经营目标和战略、业务流程、风险评估、业绩衡量等情况；另一方面，注册会计师需要成为复合型人才，不仅掌握会计审计知识，还需要掌握企业管理、信息技术、税法等方面的知识，有能力对影响财务报表的经营风险作出正确的判断。

三、风险导向审计的流程

在执行财务报表审计工作时，注册会计师的总体目标：一是对财务报表整体是否不存在由于舞弊或错误导致的重大错报获取合理保证，使得注册会计师能够对财务报表是否在所有重大方面按照适用的财务报告编制基础编制发表审计意见；二是按照审计准则的规定，根据审计结果对财务报表出具审计报告，并与管理层和治理层沟通。为了实现审计总体目标，注册会计师需要按照风险导向审计流程完成审计工作。风险导向审计流程可以分为计划审计工作、评估重大错报风险、应对重大错报风险和出具审计报告四个阶段。

（一）计划审计工作

计划审计工作包括制定总体审计策略和具体审计计划。注册会计师制定总体审计策略，以确定审计工作的范围、时间安排和方向，并指导具体审计计划的制定。

（二）评估重大错报风险

执行风险评估程序，要求注册会计师了解被审计单位及其环境，包括了解内部控制，目的是识别和评估财务报表重大错报风险。注册会计师应当识别和评估财务报表层次以及各类交易、账户余额、披露认定层次的重大错报风险，并根据风险评估结果，确定实施进一步程序的性质、时间安排和结果。

（三）应对重大错报风险

在风险应对阶段，注册会计师需要考虑在财务报表层次和各类交易、账户余额和披露等认定层次的风险评估结果（固有风险和控制风险），并制定应对性的审计程序。

针对评估的重大错报风险采取的应对措施，包括对识别出的财务报表层次风险采取的总体应对措施，以及对评估的认定层次重大错报风险而实施的进一步审计程序的性质、时间安排和范围。总体应对措施通常包括：保持职业怀疑、委派经验丰富或具有特殊技能的人员、提高审计程序的不可预见性，等等。进一步审计程序通常包括控制测试（在预期内部控制有效运行时执行）以及实质性程序（如实质性分析程序和细节测试）。

（四）出具审计报告

在出具审计报告阶段，注册会计师应当完成两项工作：一是评价已获取的审计证据，包括完成全部业务质量复核、考虑已识别的错报、与管理层解决重大问题、就审计发现的问题与治理层沟通。二是编制审计报告，包括完成审计工作底稿、记录重大决策、形成审计意见、出具审计报告。

四、现代风险导向审计对审计准则的影响

随着现代风险导向审计方法的运用，国际审计与鉴证准则理事会（IAASB）及其前身国际审计实务委员会（IAPC）着手研究，如何将这一审计方法的重大变革体现在准则中，指导审计实务，提高审计质量。中国在借鉴国际审计准则的基础上，建立了风险导向审计准则体。

（一）国际审计与鉴证准则理事会

国际审计与鉴证准则理事会对风险导向审计方法的研究和采用过程分为四个阶段。

第一阶段。1999 年，由美国、英国和加拿大的准则制定机构和学术界专家组成联合工作组，采用实地访谈和问卷调查的方式，对在实务中逐步采用的现代风险导向审计方法及其影响进行研究。首先研究审计方法的发展以及审计风险模型是否适用于当前的情况，随后在三个国家开展全面的调研。2000 年 5 月，联合工作组向国际审计实务委员会提交了题为《大型会计师事务所审计方法的发展》的研究报告。

研究报告认为，有足够的理由认为这是一种区别于传统风险导向审计的新方法。促使其产生的原因，一方面是注册会计师需要更好地实现财务报表审计的目标，另一方面是注册会计师需要向客户提供增值服务。研究报告还对现代风险导向审计方法的运用进行了分析，认为大型会计师事务所对新审计方法的认识是一致的，但在实际运用中存在一定的差别。研究报告指出，传统审计风险模型并没有完全失效，但需要改进。联合工作组同时建议准则制定机构根据研究结论修订现行审计准则。

第二阶段。2000 年 7 月，国际审计实务委员会和美国审计准则理事会成立联合工作组，着手制定审计风险准则。联合工作组针对 2001 年和 2002 年间发生的安然事件等审计失败案例，根据《萨班斯—奥克斯利法案》的规定，对整个风险管理框架进行研究。

第三阶段。2003 年 10 月，国际审计与鉴证准则理事发布四项审计风险准则，即《国际审计准则第 200 号——财务报表审计的目标和一般性原则》（ISA 200）、《国际审计准则第 315 号——了解被审计单位及其环境并评估重大错报风险》（ISA 315）、《国际审计准则第 330 号——审计师针对评估的风险的应对程序》

(ISA 330)、《国际审计准则第 500 号——审计证据》（ISA 500）。这四项审计准则专门用来指导注册会计师识别、评估和应对财务报表中重大错报风险，又称为审计风险准则。

第四阶段。2008 年，国际审计与鉴证准则理事会开展明晰项目（Clarity Project）。明晰项目是国际审计准则的改进项目，旨在明确注册会计师的目标和要求，提高审计准则理解和运用的一致性，促进国际审计准则在全球范围的认可。国际审计与鉴证准则理事会开展明晰项目的主要原因是原准则清晰度不够，影响了准则理解和执行的一致性，主要表现在：（1）对注册会计师的要求在原准则中没有突出，而是淹没在冗长的文字中；（2）原准则部分内容用黑体字，部分内容用非黑体字，但是两者在效力上的区分经常令人费解；（3）原准则中使用英文一般现在时态表示注册会计师的动作，注册会计师是否必须执行这种动作不清楚；（4）原准则句式结构复杂，语言表达不够简洁、清晰和一致，容易出现“同字不同义，同义不同字”的现象。

明晰项目对国际审计准则的改进，主要体现在下列四个方面：（1）每项准则都明确界定注册会计师执行该准则时应实现的目标，体现目标导向的准则制定原则；（2）为了帮助注册会计师实现准则设定的目标，以“要求”的形式规定了注册会计师必须执行的工作，以“注册会计师应当”的句式表述；（3）改变准则结构，将目标、定义、要求作为准则正文，将原来准则中的解释说明材料作为“应用材料”，突出准则的核心要求；（4）改变语言表达方式，力求平实易懂，提高准则的可读性和可理解性。

（二）中国

中国对风险导向审计方法的研究和采用过程分为三个阶段。

第一个阶段。探索制定独立审计准则。一是制定执业规则（1991 ~ 1993 年）。中国注册会计师协会（以下简称中注协）成立后，非常重视执业规则的建设。从 1991 年到 1993 年，先后发布《注册会计师检查验证会计报表规则（试行）》等 7 个执业规则。这些执业规则对我国注册会计师行业走向正规化、法制化和专业化起到了积极作用。二是建立准则体系（1994 ~ 2003 年）。1993 年 10 月 31 日，第八届全国人民代表大会常务委员会第四次会议通过《中华人民共和国注册会计师法》，规定中注协依法拟订执业准则、规则，报国务院财政部门批准后施行。经财政部批准同意，中注协自 1994 年 5 月开始起草独立审计准则。到 2003 年，中注协先后制定了 6 批独立审计准则，包括 1 个准则序言、1 个独立审计基本准则、28 个独立审计具体准则和 10 个独立审计实务公告、5 个执业规范指南，此外，还包括 3 个相关基本准则（职业道德基本准则、质量控制基本准则和后续教育基本准则），共计 48 个项目。在这个阶段，独立审计准则引进了传统的风险导向审计。

第二个阶段。引进现代风险导向审计。随着独立审计准则体系的基本建立，制定工作转向提高准则质量，实现国际趋同。2005 年，按照财政部领导关于着力完善我国注册会计师审计准则体系，加速实现与国际准则趋同的指示，中注协拟订了 22 项准则，并对 26 项准则进行了修订和完善，于 2006 年 2 月 15 日由财政部发布，自 2007 年 1 月 1 日起在所有会计师事务所施行。

本次发布实施的审计准则具有下列特点：一是体现维护公众利益的宗旨，强化注册会计师的执业责任，严格审计程序，提高审计质量，控制审计风险。二是体现国际趋同的要求，充分采用国际审计准则基本原则和核心程序，在审计的目标与原则、风险的评估与应对、审计证据的获取和分析、审计结论的形成和报告，以及注册会计师执业责任的设定等所有重大方面，与国际审计准则保持一致。三是体现风险导向审计的要求，借鉴国际审计准则的先进成果，制定审计风险准则。同时，以重大错报风险的识别、评估和应对为审计工作主线，对其他审计准则进行了修订和完善。

第三个阶段。提高审计准则的明晰性。2009 年初，经财政部领导批准，中注协启动了审计准则体系修订，以提高审计准则明晰性为目的，进一步完善审计准则体系，实现与国际审计准则的持续趋同。

借鉴国际审计准则明晰项目，对我国相应的审计准则进行改造。本次修订后公布的审计准则共 38 项，于 2010 年 11 月 1 日正式发布，2012 年 1 月 1 日正式实施。

修订后的准则采用新的结构，由下列五部分构成：

（1）第一章“总则”，包括准则的制定目的、适用范围、规范内容、本准则与其他准则的关系等。

（2）第二章“定义”，解释准则中重要术语。

（3）第三章“注册会计师的目标”，明确界定注册会计师执行本准则应实现的目标。注册会计师可以利用目标来判断执行准则规定的审计程序后是否已获取充分、适当的审计证据。如果某一单项目标未能实现，注册会计师应当考虑这是否阻碍对总体目标的实现。

（4）第四章“要求”，规定注册会计师为实现准则目标应当遵守的要求，即注册会计师在相关业务环境下应当实施的所有必要程序。所有的要求都以“应当”表述。

（5）第五章“附则”，说明准则的施行日期。

此外，为了帮助注册会计师正确理解和执行审计准则，为每一项审计准则制定了相应的应用指南。虽然应用指南并不构成对注册会计师的要求，但却是恰当理解和运用准则必不可少的组成部分。

第四节　审计基本要求

一、按照审计准则执行审计工作

审计准则是注册会计师执行审计业务应当遵守的标准。没有规矩不成方圆。审计准则作为一个整体，涵盖了审计的全过程和每个关键领域，为注册会计师执行审计工作以实现总体目标提供了规矩。因此，注册会计师有责任按照审计准则执行审计工作。如果注册会计师不遵守这些规矩，审计质量就难以保证。

每项审计准则包含一个或多个目标，这些目标将审计准则的要求与注册会计师的总体目标联系起来。注册会计师通过这些目标，可以理解所完成的工作，以及在必要时为完成这些工作使用的恰当手段。同时，还可以确定在审计业务具体情况下是否需要完成更多的工作以实现目标。由于各项审计业务的具体情况存在很大差异，并且审计准则不可能预想到所有情况，注册会计师有责任确定必要的审计程序，满足审计准则的要求，实现审计目标。

在总体目标的框架下，注册会计师需要运用审计准则规定的目标以评价是否已获取充分、适当的审计证据。如果根据评价结果认为没有获取充分、适当的审计证据，注册会计师可以考虑已经或将要获取的相关审计证据、扩大审计工作的范围，或者实施必要的其他程序。

二、遵守职业道德相关要求

注册会计师应当遵守与财务报表审计相关的职业道德要求，包括遵守有关独立性的要求。相关的职业道德要求是指中国注册会计师职业道德守则（下列简称职业道德守则）中与财务报表审计相关的规定。

《中国注册会计师职业道德守则第 1 号——职业道德基本原则》和《中国注册会计师职业道德守则第 2 号——职业道德概念框架》规定了注册会计师执行业务应当遵守的职业道德基本原则，并提供了应用这些原则的概念框架。根据职业道德守则，注册会计师应当遵循的基本原则包括：(1) 诚信；(2) 独立性；(3) 客观和公正；(4) 专业胜任能力和应有的关注；(5) 保密；(6) 良好职业行为。

《中国注册会计师职业道德守则第 3 号——提供专业服务的具体要求》和《中国注册会计师职业道德守则第 4 号——审计和审阅业务对独立性的要求》规定了注册会计师执行审计和审阅业务时如何在具体情形下应用概念框架。就审计业务而言，注册会计师独立于被审计单位是符合公众利益的。职业道德守则规定，独立性包括实质上的独立性和形式上的独立性。注册会计师独立于被审计单位，能够保护其形成审计意见的能力，使其在发表审计意见时免受不当影响。独立性能够增强注册会计师诚信行事、保持客观和公正以及职业怀疑的能力。

《质量控制准则第 5101 号——会计师事务所对执行财务报表审计和审阅、其他鉴证和相关服务业务实施的质量控制》规定了会计师事务所建立和保持有关审计业务的质量控制制度的责任，同时规定了会计师事务所应当制定政策和程序，以合理保证会计师事务所及其人员遵守相关职业道德要求（包括与独立性相关的要求）的责任。

《中国注册会计师审计准则第 1121 号——对财务报表审计实施的质量控制》规定了项目合伙人与相关职业道德要求有关的责任。这些责任包括通过观察和必要的询问，对项目组成员违反相关职业道德要求的迹象保持警觉。如果注意到项目组成员违反相关职业道德要求，在会计师事务所相关人员讨论后确定采取的适当措施；就适用于审计业务的独立性要求的遵守情况形成结论。该准则还规定，在实施适用于审计业务的质量控制程序时，项目组可以依赖会计师事务所质量控制制度，除非会计师事务所或其他机构或人员提供的信息表明其不可信赖。

三、保持职业怀疑

（一）职业怀疑的含义

在计划和实施审计工作时，注册会计师应当保持职业怀疑，认识到可能存在导致财务报表发生重大错报的情形。职业怀疑，是指注册会计师执行审计业务的一种态度，包括采取质疑的思维方式，对可能表明由于舞弊或错误导致错报的情况保持警觉，以及对审计证据进行审慎评价。职业怀疑应当从下列方面理解：

1. 职业怀疑在本质上要求秉持一种质疑的理念。这种理念促使注册会计师在考虑获取的相关信息和得出结论时采取质疑的思维方式。在这种理念下，注册会计师应当具有批判和质疑的精神，摒弃“存在即合理”的逻辑思维，寻求事物的真实情况。同时，职业怀疑与客观和公正、独立性两项职业道德基本原则密切相关。保持独立性可以增强注册会计师在审计中保持客观和公正、职业怀疑的能力。

2. 职业怀疑要求对引起疑虑的情形保持警觉。这些情形包括但不限于：相互矛盾的审计证据；引起对文件记录、对询问的答复的可靠性产生怀疑的信息；表明可能存在舞弊的情况；表明需要实施除审计准则规定外的其他审计程序的情形。

3. 职业怀疑要求审慎评价审计证据。审计证据包括支持和印证管理层认定的信息，也包括与管理层认定相互矛盾的信息。审慎评价审计证据是指质疑相互矛盾的审计证据的可靠性。在怀疑信息的可靠性或存在舞弊迹象时（例如，在审计过程中识别出的情况使注册会计师认为文件可能是伪造的或文件中的某些信息已被篡改），注册会计师需要作出进一步调查，并确定需要修改哪些审计程序或实施哪些追加的审计程序。应当指出的是，虽然注册会计师需要在审计成本与信息的可靠性之间进行权衡，但是，审计中的困难、时间或成本等事项本身，不能作为省略不可替代的审计程序或满足于说服力不足的审计证据的理由。

4. 职业怀疑要求客观评价管理层和治理层。由于管理层和治理层为实现预期利润或趋势结果而承受内部或外部压力，即使以前正直、诚信的管理层和治理层也可能发生变化。因此，注册会计师不应依赖以往对管理层和治理层诚信形成的判断。即使注册会计师认为管理层和治理层是正直、诚实的，也不能降低保持职业怀疑的要求，不允许在获取合理保证的过程中满足于说服力不足的审计证据。

（二）保持职业怀疑的作用

职业怀疑是注册会计师综合技能不可或缺的一部分，是保证审计质量的关键要素。保持职业怀疑有助于注册会计师恰当运用职业判断，提高审计程序设计及执行的有效性，降低审计风险。在审计过程中，保持职业怀疑的作用包括：

1. 在识别和评估重大错报风险时，保持职业怀疑有助于注册会计师设计恰当的风险评估程序，有针对性地了解被审计单位及其环境；有助于使注册会计师对引起疑虑的情形保持警觉，充分考虑错报发生的可能性和重大程度，有效识别和评估重大错报风险。

2. 在设计和实施进一步审计程序应对重大错报风险时，保持职业怀疑有助于注册会计师针对评估出的重大错报风险，恰当设计进一步审计程序的性质、时间安排和范围，降低选取不适当的审计程序的风险；有助于注册会计师对已获取的审计证据表明可能存在未识别的重大错报风险的情形保持警觉，并作出进一步调查。

3. 在评价审计证据时，保持职业怀疑有助于注册会计师评价是否已获取充分、适当的审计证据以及是否还须执行更多的工作；有助于注册会计师审慎评价审计证据，纠正仅获取最容易获取的审计证据，忽视存在相互矛盾的审计证据的偏向。

此外，保持职业怀疑对于注册会计师发现舞弊、防止审计失败至关重要。原因是舞弊可能是精心策划、蓄意实施予以隐瞒的，只有保持充分的职业怀疑，注册会计师才能对舞弊风险因素保持警觉，进而有效地评估舞弊导致的重大错报风险。保持职业怀疑，有助于使注册会计师认识到存在由于舞弊导致的重大错报的可能性，不会受到以前对管理层、治理层正直和诚信形成的判断的影响；使注册会计师对获取的信息和审计证据是否表明可能存在由于舞弊导致的重大错报风险始终保持警惕；使注册会计师在怀疑文件可能是伪造的或文件中的某些条款发生变动时，作出进一步调查。

四、运用职业判断

（一）职业判断的含义

在计划和实施审计工作时，注册会计师应当运用职业判断。职业判断对于恰当地执行审计工作是必不可少的。如果没有将相关的知识和经验运用于具体的事实和情况，就不可能理解相关职业道德要求和审计准则的规定，并在整个审计过程中作出有依据的决策。职业判断，是指在审计准则、财务报告编制基础和职业道德要求的框架下，注册会计师综合运用相关知识、技能和经验，作出适合审计业务具体情况、有根据的行动决策。

职业判断对于作出下列决策尤为必要：

1. 确定重要性和评估审计风险。

2. 为满足审计准则的要求和收集审计证据的需要，确定所需实施的审计程序的性质、时间安排和范围。

3. 为实现审计准则规定的目标和注册会计师的总体目标，评价是否已获取充分、适当的审计证据以及是否还需执行更多的工作。

4. 评价管理层在应用适用的财务报告编制基础时作出的判断。

5. 根据已获取的审计证据得出结论，如评估管理层在编制财务报表时作出的估计的合理性。

（二）如何运用职业判断

公众期望的职业判断是由具有胜任能力的注册会计师作出的。注册会计师具有的技能、知识和经验有助于形成必要的胜任能力以作出合理的判断。注册会计师在各种特定情况下作出的职业判断都是基于其知悉的事实和情况。在审计过程中，按照《中国注册会计师审计准则第 1121 号——对财务报表审计实施的质量控制》的规定，在项目组内部，或者项目组与会计师事务所内部或外部的其他适当人员之间就疑难问题或争议事项进行的咨询，有助于注册会计师作出有依据的和合理的判断。

评价职业判断是否适当可以基于下列两个方面：

1. 作出的判断是否反映了对审计准则和会计政策的恰当运用。

2. 根据截至审计报告日注册会计师知悉的事实和情况，作出的判断是否适当，是否与这些事实和情况相一致。

注册会计师需要在整个审计过程中运用职业判断，并作出适当记录。对此，审计准则要求注册会计师编制的审计工作底稿，应当使未曾接触该项审计工作的有经验的专业人士了解在对重大事项得出结论时作出的重大职业判断。如果有关决策不被该业务的具体事实和情况所支持或者缺乏充分、适当的审计证据，职业判断并不能成为作出决策的正当理由。

五、获取充分、适当的审计证据

（一）审计证据的含义

为了获取合理保证，注册会计师应当获取充分、适当的审计证据，以将审计风险降至可接受的低水平，使其能够得出合理的结论，作为形成审计意见的基础。审计证据，是指注册会计师为了得出审计结论和形成审计意见而使用的信息。审计证据包括构成财务报表基础的会计记录所含有的信息和其他信息。

会计记录是指对初始会计分录形成的记录和支持性记录。例如，支票、电子资金转账记录、发票和合同；总分类账、明细分类账、会计分录以及对财务报表作出调整但未在账簿中反映的其他分录；支持成本分配、计算、调节和披露的手工计算表和电子数据表。

审计证据对于支持审计意见和审计报告是必要的。审计证据在性质上具有累积性，主要是在审计过程中通过实施审计程序获取的。然而，审计证据还可能包括从其他来源获取的信息，如以前审计（前提是注册会计师已确定自上次审计后是否已发生变化，这些变化可能影响这些信息对本期审计的相关性）或会计师事务所接受与保持客户时实施质量控制程序获取的信息。

除从被审计单位内部其他来源和外部来源获取的信息外，会计记录也是重要的审计证据来源。同样，被审计单位雇用或聘请的专家编制的信息也可以作为审计证据。审计证据既包括支持和佐证认定的信息，也包括与这些认定相矛盾的信息。在某些情况下，信息的缺乏（如管理层拒绝提供注册会计师要求的声明）本身也构成审计证据，可以被注册会计师利用。

（二）审计证据的充分性和适当性

审计证据的充分性和适当性相互关联。充分性是对审计证据数量的衡量。注册会计师需要获取的审计证据的数量受其对重大错报风险评估的影响，并受审计证据质量的影响。审计证据的适当性，是对审计证据质量的衡量，即审计证据在支持审计意见所依据的结论方面具有的相关性和可靠性。所有审计证据的质量均受其所依据信息的相关性和可靠性的影响。

相关性，是指用作审计证据的信息与审计程序的目的和所考虑的相关认定之间的逻辑关系。用作审计证据的信息的相关性可能受测试方向的影响。例如，如果某审计程序的目的是测试应付账款的计价高估，则测试已记录的应付账款可能是相关的审计程序；如果某审计程序的目的是测试应付账款的计价低估，则测试已记录的应付账款不是相关的审计程序，相关的审计程序可能是测试期后支出、未支付发票、供应商结算单以及发票未到的收货报告单等。特定的审计程序可能只为某些认定提供相关的审计证据，而与其他认定无关。例如，检查期后应收账款收回的记录和文件可以提供有关存货存在和计价的审计证据，但未必提供与截止测试相关的审计证据。类似地，有关某一特定认定（如存货的存在认定）的审计证据，不能替代与其他认定（如该存货的计价认定）相关的审计证据。

用作审计证据的信息的可靠性，以及审计证据本身的可靠性，受其来源和性质的影响，并取决于获取该证据的环境，包括与编制和维护该信息相关的控制。因此，有关各种审计证据可靠性的原则受例外情况的影响。即使用作审计证据的信息从独立于被审计单位的外部获得，一些可能存在的情况也会影响其可靠性。例如，从外部独立来源获取的信息，如果来自并不知情者或来自缺乏客观性的管理层的专家，则该信息也可能是不可靠的。

（三）审计的固有限制

不应期望注册会计师将审计风险降至零，事实上注册会计师也不可能将审计风险降至零，因此不能对财务报表不存在由于舞弊或错误导致的重大错报获取绝对保证。这是由于审计存在固有限制，导致注册会计师据以得出结论和形成审计意见的大多数审计证据是说服性而非结论性的。审计的固有限制源于财务报告的性质、审计程序的性质和在合理的时间内以合理的成本完成审计的需要。

1. 财务报告的性质。管理层编制财务报表，需要根据被审计单位的事实和情况运用适用的财务报告编制基础的规定，在这一过程中需要作出判断。此外，许多财务报表项目涉及主观决策、评估或一定程度的不确定性，并且可能存在一系列可接受的解释或判断。因此，某些财务报表项目的金额本身就存在一定的变动幅度，这种变动幅度不能通过实施追加的审计程序来消除，例如，某些会计估计。即便如此，注册会计师需要特别考虑在适用的财务报告编制基础下会计估计是否合理、相关披露是否充分、会计实务的质量是否良好（包括管理层判断是否可能存在偏向）。

2. 审计程序的性质。注册会计师获取审计证据的能力受到实务和法律上的限制。例如：

（1）管理层或其他人员可能有意或无意地不提供与财务报表编制相关的或注册会计师要求的全部信息。因此，即使实施了旨在保证获取所有相关信息的审计程序，注册会计师也不能保证信息的完整性。

（2）舞弊可能涉及精心策划和蓄意实施予以隐瞒。在这种情况下，用以收集审计证据的审计程序可能对发现舞弊是无效的。例如，舞弊导致的错报涉及串通伪造文件，使得注册会计师误以为有效的证据实际上是无效的。注册会计师没有接受文件真伪鉴定方面的培训，不应期望其成为鉴定文件真伪的专家。

（3）审计不是对涉嫌违法行为的官方调查。由于注册会计师没有被授予特定的法律权力（如搜查权），限制了其调查某些事项的能力。

3. 在合理的时间内以合理的成本完成审计的需要。审计中的困难、时间或成本等事项本身，不能作为注册会计师省略不可替代的审计程序或满足于说服力不足的审计证据的正当理由。制定适当的审计计划有助于保证执行审计工作所需要的充分的时间和资源。尽管如此，信息的相关性及其价值会随着时间的推移而降低，所以需要在信息的可靠性和成本之间进行权衡，这在某些财务报告编制基础中得到认可。要求注册会计师处理所有可能存在的信息是不切实际的，基于信息存在舞弊或错误除非能够提供反证的假设而竭尽可能地追查每一个事项也是不切实际的。正是因为认识到这一点，财务报表使用者的期望是，注册会计师在合理的时间内以合理的成本对财务报表形成审计意见。

为了在合理的时间内以合理的成本对财务报表形成审计意见，注册会计师有必要做好如下工作：

（1）计划审计工作，以使审计工作以有效的方式得到执行；

（2）将审计资源投向最可能存在重大错报风险的领域，并相应地在其他领域减少审计资源；

（3）运用测试和其他方法检查总体中存在的错报。

4. 影响审计固有限制的其他事项。对某些认定或审计事项而言，固有限制对注册会计师发现重大错报能力的潜在影响尤为重要。这些认定或审计事项包括：

（1）舞弊，特别是涉及高级管理人员的舞弊或串通舞弊；

（2）关联方关系和交易的存在和完整性；

（3）违反法律法规行为的发生；

（4）可能导致被审计单位无法持续经营的未来事项或情况。

由于审计的固有限制，即使按照审计准则的规定适当地计划和执行审计工作，也不可避免地存在财务报表的某些重大错报可能未被发现的风险。相应地，完成审计工作后发现由于舞弊或错误导致的财务报表重大错报，其本身并不表明注册会计师没有按照审计准则的规定执行审计工作。尽管如此，审计的固有限制并不能作为注册会计师满足于说服力不足的审计证据的理由。注册会计师是否按照审计准则的规定执行了审计工作，取决于注册会计师在具体情况下实施的审计程序，由此获取的审计证据的充分性和适当性，以及根据总体目标和对审计证据的评价结果而出具审计报告的恰当性。表 1－3 列示了执行审计工作的一些固有限制。

表 1－3　　审计的固有限制

限制	理由
财务报告的性质	• 管理层在运用适用的财务报告编制基础时作出的判断； • 许多财务报表项目涉及主观决策或评估或一定程度的不确定性（如会计估计）

续表

限制	理由
可获得审计证据的性质	注册会计师在形成审计意见时的审计证据往往是说服性而非结论性的。 注册会计师主要通过执行审计程序获取审计证据，也包括从其他渠道获得的信息，例如： • 以前的审计； • 事务所在客户接受和保持中的质量控制程序； • 被审计单位的会计记录； • 被审计单位聘请专家形成的审计证据
审计程序的性质	无论审计程序如何设计，都不能保证检查出每一个错报，原因如下： • 任何少于100%总体的样本都会产生错报未被查出的风险； • 管理层或其他员工可能故意或无意地未提供所需要的信息。舞弊可能涉及精心策划和蓄意实施予以隐瞒； • 用来收集证据的审计程序可能没有检查出一些遗漏的信息
财务报告的及时性	• 财务信息的相关性或价值会随着时间的推移而降低，因此需要在信息的可靠性和成本之间作出权衡； • 财务报表的使用者期望注册会计师在合理的期间以合理的成本形成审计意见

第五节　认定与审计目标

一、认定

（一）认定的含义

认定，是指管理层在财务报表中作出的明确或隐含的表达。认定与审计目标密切相关。注册会计师了解了认定，就很容易确定每个项目的具体审计目标。通过考虑认定可能发生的不同类型的潜在错报，注册会计师运用认定评估风险，并据此设计审计程序以应对评估的风险。

保证财务报表公允反映财务状况和经营成果是管理层的责任。当管理层声明财务报表已按照适用的财务报告编制基础编制，在所有重大方面作出公允反映时，就意味着管理层对财务报表各组成要素的确认、计量、列报和相关的披露作出认定。管理层在财务报表上的认定有些是明确表达的，有些则是隐含表达的。例如，管理层在资产负债表中列报存货及其金额，意味着作出下列明确的认定：

（1）记录的存货是存在的；（2）存货以恰当的金额包括在财务报表中，与之相关的计价或分摊调整已恰当记录。同时，管理层也作出下列隐含的认定：（1）所有应当记录的存货均已记录；（2）记录的存货都由被审计单位拥有。对于管理层对财务报表各组成要素作出的认定，注册会计师的审计工作就是要确定管理层的认定是否恰当。

（二）与所审计期间各类交易和事项相关的认定

注册会计师对所审计期间各类交易和事项运用的认定通常分为下列类别：

1. 发生：记录的交易或事项已发生，且与被审计单位有关。

2. 完整性：所有应当记录的交易和事项均已记录。

3. 准确性：与交易和事项有关的金额及其他数据已恰当记录。

4. 截止：交易和事项已记录于正确的会计期间。

5. 分类：交易和事项已记录于恰当的账户。

（三）与期末账户余额相关的认定

注册会计师对期末账户余额运用的认定通常分为下列类别：

1. 存在：记录的资产、负债和所有者权益是存在的。

2. 权利和义务：记录的资产由被审计单位拥有或控制，记录的负债是被审计单位应当履行的偿还义务。

3. 完整性：所有应当记录的资产、负债和所有者权益均已记录。

4. 计价和分摊：资产、负债和所有者权益以恰当的金额包括在财务报表中，与之相关的计价或分摊调整已恰当记录。

（四）与列报和披露相关的认定

各类交易和账户余额的认定正确只是为列报正确打下了必要的基础，财务报表还可能因被审计单位误解有关列报的规定或舞弊等而产生错报。另外，还可能因被审计单位没有遵守一些专门的披露要求而导致财务报表错报。因此，即使注册会计师审计了各类交易和账户余额的认定，实现了各类交易和账户余额的具体审计目标，也不意味着获取了足以对财务报表发表审计意见的充分、适当的审计证据。注册会计师还应当对各类交易、账户余额及相关事项在财务报表中列报的正确性实施审计。

基于此，注册会计师对列报和披露运用的认定通常分为下列类别：

1. 发生以及权利和义务：披露的交易、事项和其他情况已发生，且与被审计单位有关。

2. 完整性：所有应当包括在财务报表中的披露均已包括。

3. 分类和可理解性：财务信息已被恰当地列报和描述，且披露内容表述清楚。

4. 准确性和计价：财务信息和其他信息已公允披露，且金额恰当。

注册会计师可以按照上述分类运用认定，也可按其他方式表述认定，但应涵盖上述所有方面。例如，注册会计师可以选择将有关交易和事项的认定与有关账户余额的认定综合运用。又如，当发生和完整性认定包含了对交易是否记录于正确会计期间的恰当考虑时，就可能不存在与交易和事项截止相关的单独认定。表1－4列示了认定在财务报表领域的运用情况。表1－5列示了四个组合认定在财务报表领域的运用情况。

表1－4　认定在财务报表中的运用

认定	交易类别	账户余额	列报与披露
存在/发生	√	√	√
完整性	√	√	√
权利与义务		√	√
准确性/分类	√		√
截止	√		
分类与可理解性	√		√
计价/分摊		√	√

表1－5　认定组合在财务报表中的运用

认定	描述
完整性	所有应当记录和披露的事项都已包括在财务报表中； 没有未记录或披露的资产、负债、交易或事项； 没有遗漏或不完整的财务报表附注
存在/发生	所有已在财务报表中记录和披露的事项在恰当的日期存在，并且包括在财务报表中； 记录的资产、负债、已记录的交易和纳入财务报表附注的其他事项确实存在、发生且与被审计单位有关
准确性/分类/截止	所有负债、收入、费用项目以及对资产的权利（持有或控制）是被审计单位的权利和义务，已按恰当的金额记录，并分配在恰当的期间（截止），这也包括财务报表中金额和披露的恰当分类
计价	资产、负债和所有者权益以恰当的金额包括在财务报表中（计价）； 根据其性质或适用的会计政策作出的计价或分摊调整已恰当记录

二、审计目标

审计目标分为总体审计目标和具体审计目标。前已述及，注册会计师的总体审计目标有两个：一是对财务报表是否不存在由于舞弊或错误导致的重大错报获取合理保证，使得注册会计师能够对财务报表是否在所有重大方面按照适用的财务报告编制基础编制发表审计意见；二是按照审计准则的规定，根据审计结果对财务报表出具审计报告，并与管理层和治理层沟通。总体审计目标统御具体审计目标。具体审计目标是指注册会计师通过实施审计程序以确定管理层在财务报表中确认的各类交易、账户余额、披露层次认定是否恰当。注册会计师在了解认定后，就很容易确定每个项目的具体审计目标，并以此作为评估重大错报风险以及设计和实施进一步审计程序的基础。

（一）与所审计期间各类交易和事项相关的审计目标

1. 发生：由发生认定推导的审计目标是确认已记录的交易是真实的。例如，如果没有发生销售交易，但在销售日记账中记录了一笔销售，则违反了该目标。

发生认定所要解决的问题是管理层是否把那些不曾发生的项目列入财务报表，它主要与财务报表组成要素的高估有关。

2. 完整性：由完整性认定推导的审计目标是确认已发生的交易确实已经记录。例如，如果发生了销售交易，但没有在销售明细账和总账中记录，则违反了该目标。

发生和完整性两者强调的是相反的关注点。发生目标针对潜在的高估，而完整性目标则针对漏记交易（低估）。

3. 准确性：由准确性认定推导出的审计目标是确认已记录的交易是按正确金额反映的。例如，如果在销售交易中，发出商品的数量与账单上的数量不符，或是开账单时使用了错误的销售价格，或是账单中的乘积或加总有误，或是在销售明细账中记录了错误的金额，则违反了该目标。

准确性与发生、完整性之间存在区别。例如，若已记录的销售交易是不应当记录的（如发出的商品是寄销商品），则即使发票金额是准确计算的，仍违反了发生目标。再如，若已入账的销售交易是对正确发出商品的记录，但金额计算错误，则违反了准确性目标，但没有违反发生目标。在完整性与准确性之间也存在同样的关系。

4. 截止：由截止认定推导出的审计目标是确认接近资产负债表日的交易记录于恰当的期间。例如，如果本期交易推到下期，或下期交易提到本期，均违反了截止目标。

5. 分类：由分类认定推导出的审计目标是确认被审计单位记录的交易经过适当分类。例如，如果将现销记录为赊销，将出售经营性固定资产所得的收入记录为营业收入，则导致交易分类的错误，违反了分类的目标。

（二）与期末账户余额相关的审计目标

1. 存在：由存在认定推导的审计目标是确认记录的资产、负债和所有者权益确实存在。例如，如果不存在某顾客的应收账款，在应收账款明细表中却列入了对该顾客的应收账款，则违反了存在目标。

2. 权利和义务：由权利和义务认定推导的审计目标是确认资产归属于被审计单位的权利，负债属于被审计单位的义务。例如，将他人寄售商品列入被审计单位的存货中，违反了权利目标；将不属于被审计单位的债务计入账内，违反了义务目标。

3. 完整性：由完整性认定推导的审计目标是确认已存在的资产、负债和所有者权益均已记录。例如，如果存在某顾客的应收账款，而应收账款明细表中却没有列入，则违反了完整性目标。

4. 计价和分摊：资产、负债和所有者权益以恰当的金额包括在财务报表中，与之相关的计价或分摊调整已恰当记录。

（三）与列报和披露相关的审计目标

1. 发生以及权利和义务：将没有发生的交易、事项，或者与被审计单位无关的交易和事项包括在财务报表中，则违反该目标。例如，复核董事会会议记录中是否记载了固定资产抵押等事项，询问管理层固定资产是否被抵押，即是对列报的权利认定的运用。如果被审计单位拥有被抵押的固定资产，则需要将其在财务报表中列报，并说明与之相关的权利受到限制。

2. 完整性：如果应当披露的事项没有包括在财务报表中，则违反了该目标。例如，检查关联方和关联方交易，以验证其在财务报表中是否得到充分披露，即是对列报的完整性认定的运用。

3. 分类和可理解性：财务信息已被恰当地列报和描述，且披露内容表述清楚。例如，检查存货的主要类别是否已披露，是否将一年内到期的长期负债列为流动负债，即是对列报的分类和可理解性认定的运用。

4. 准确性和计价：财务信息和其他信息已公允披露，且金额恰当。例如，检查财务报表附注是否分别对原材料、在产品和产成品等存货成本核算方法做了恰当说明，即是对列报的准确性和计价认定的运用。

通过上面介绍可知，认定是确定具体审计目标的基础。注册会计师通常将认定转化为能够通过审计程序予以实现的审计目标。针对财务报表每一项目所表现出的各项认定，注册会计师相应地确定一项或多项审计目标，然后通过执行一系列审计程序获取充分、适当的审计证据以实现审计目标。表 1－6 列示认定、审计目标和审计程序之间的关系。表 1－7 列示了认定的使用和设计审计程序之间的关系。

表 1－6　　认定、审计目标和审计程序之间的关系

认定	审计目标	审计程序
存在	资产负债表列示的存货存在	实施存货监盘程序
完整性	销售收入包括了所有已发货的交易	检查发货单和销售发票的编号以及销售明细账
准确性	应收账款反映的销售业务基于正确的价格和数量，计算准确	比较价格清单与发票上的价格、发货单与销售订购单上的数量是否一致，重新计算发票上的金额
截止	销售业务记录在恰当的期间	比较上一年度最后几天和下一年度最初几天的发货单日期与记账日期
权利和义务	资产负债表中的固定资产确实为被审计单位拥有	查阅所有权证书、购货合同、结算单和保险单
计价和分摊	以净值记录应收款项	检查应收账款账龄分析表、评估计提的坏账准备是否充足

表 1－7　　认定的使用和设计审计程序之间的关系

认定的使用	设计审计程序
考虑潜在错报的类型	执行风险评估程序以识别可能的重大错报风险。例如，注册会计师可能询问下列问题： • 资产是否存在（存在）； • 被审计单位是否拥有资产（权利与义务）； • 所有的销售交易是否已恰当记录（完整性）； • 存货余额是否已对周转率低和过时的项目进行调整（计价）； • 应付款项余额是否包括期末所有已知的负债（完整性）； • 交易是否已记录在正确的期间（截止）； • 金额是否恰当地列报和披露在财务报表中（准确性）
评估重大错报风险	重大错报风险是固有风险和控制风险的组合，包括： • 固有风险。识别潜在的错报和相关的认定，然后评估风险发生的可能性和可能的后果大小； • 控制风险。识别和评估可以减轻评估的固有风险和处理有关认定的内部控制
设计审计程序	设计审计程序应对评估的认定层次风险。例如，如果应收款项存在高估（存在认定）的风险，则应当设计审计程序以应对存在认定。如果销售收入的完整性存在风险，注册会计师可能设计控制测试以应对完整性认定

2

第二章 计划审计工作

第一节 引导案例

案例2－1 审计计划存在重大缺陷

甲会计师事务所接受委托，对Q股份有限公司（下列简称Q公司）2007年度财务报表进行审计。在制定审计计划、执行审计程序时存在缺陷，受到监管部门的处罚：

一、制定的总体审计策略过于简单，没有完整体现Q公司审计业务的范围、影响审计业务的重要因素，以及针对高风险领域采取的应对措施，未将营业收入作为重大错报风险领域。

二、Q公司2007年12月31日存货余额为2 364.02万元，占资产总额的11.57%。与存货相关的审计工作底稿显示，注册会计师没有依据公司存货的特点、盘存制度和存货内部控制的有效性等情况，在评价存货盘点计划的基础上编制存货监盘计划，对存货监盘作出合理安排，同时，也没有实施存货监盘程序，以获取有关期末存货数量和状况的充分、适当的审计证据。

三、Q公司拥有两家联营企业，分别是员工大酒店和包装制品有限公司，持股比例分别为40%和45%。Q公司没有对上述2家企业采用权益法核算，而是按照账面余额1 744.90万元计提了100%减值准备，账面价值为零。注册会计师没有针对上述2项长期股权投资制定审计计划，也没有实施必要的审计程序，未获取充分、适当的审计证据，证明公司会计处理的合理性。

四、Q公司（母公司）固定资产及投资性房地产2007年12月31日账面价值1 865.31万元，占合并报表资产总额的9.13%。注册会计师未对该事项制定审计计划，也没有实施必要检查程序以获取充分、适当的审计证据，证实固定资产及投资性房地产的存在及其状态。

计划审计工作包括制定总体审计策略和具体审计计划两个层次。计划审计工作的性质和范围，因审计业务情况的变化、被审计单位的规模和复杂程度、项目组关键成员以前从被审计单位获得的经验的不同而不同。项目合伙人和项目组其他关键成员应当参与计划审计工作，包括参与项目组成员的讨论，利用其经验和见解，提高计划过程的效率和效果。

计划审计工作并非审计业务的一个孤立阶段，而是一个持续的、不断修正的过程。计划审计工作包括考虑某些活动的时间安排以及在进一步审计程序开始前必须完成的审计程序。例如，在识别和评估重大错报风险前，注册会计师需要在计划审计工作时考虑的事项包括：（1）用作风险评估程序的分析程序；（2）对适用于被审计单位的法律法规框架以及被审计单位如何遵守该框架的总体了解；（3）重要性的确定；（4）专家的参与；（5）实施的其他风险评估程序。

计划审计工作对于注册会计师顺利完成审计工作和控制审计风险具有非常重要的意义。合理的审计计划有助于注册会计师关注重点审计领域、及时发现和解决潜在问题及恰当地组织和管理审计工作，以使审计工作更加有效。同时，充分的审计计划还可以帮助注册会计师对项目组成员进行恰当分工和指导监督，并复核其工作，还有助于协调其他注册会计师和专家的工作。

当前，一些会计师事务所在审计工作底稿中没有显示制定恰当的总体审计策略所包括的要素：（1）为制定总体审计策略所考虑的必要事项（如计划审计的范围、时间安排和方向）；（2）项目组内沟通重要事项所需要的信息；（3）计划实施风险评估程序的性质、时间安排和范围；（4）对最初制定的总体审计策略作出重大修改的理由；（5）重要性水平的确定。

在制定具体审计计划时，存在下列问题：（1）计划的控制测试范围过小，样本不足以推断出总体；（2）控制测试大多限于询问程序，证据力不强；（3）不能合理确定实质性程序的性质、时间安排和范围，没有落实重要财务报表项目的实质性审计程序，没有将函证、监盘、固定资产检查、会计估计审计等常规审计程序实施到位。

第二节　初步业务活动

注册会计师在计划审计工作前，需要开展初步业务活动，包括针对保持客户关系和具体审计业务实施相应的质量控制程序，评价遵守相关职业道德要求的情况，就审计业务约定条款达成一致意见。通过开展初步业务活动，注册会计师可以实现下列主要目的：（1）具备执行业务所需的独立性和专业胜任能力；

（2）不存在因管理层诚信问题而可能影响注册会计师保持该项业务的意愿的事项；（3）与被审计单位之间不存在对业务约定条款的误解。

一、独立性和胜任能力

评价遵守独立性和专业胜任能力是一项非常重要的初步业务活动。虽然保持客户关系和具体审计业务以及评价职业道德的工作贯穿审计业务的全过程，但是这两项活动需要安排在其他审计工作之前，以确保注册会计师已具备执行业务所需要的独立性和专业胜任能力，且不存在因管理层诚信问题而影响注册会计师保持该项业务意愿等情况。在连续审计业务中，这些初步业务活动通常是在上期审计工作结束后不久或将要结束时就已开始了。

在上市实体中，会计师事务所应当以书面形式确认是否具有独立性。书面确认函可以采用纸质或电子形式。通过获取确认函以及针对违反独立性的情况采取适当的行动，会计师事务所可以表明其强调保持独立性的重要性，并使保持独立性的问题对员工而言常讲常新，看得见摸得着。

影响独立性的因素包括自身利益、自我评价、过度推介、密切关系、外在压力等。职业道德守则规定了会计师事务所长期委派同一名合伙人或高级员工执行某一客户的鉴证业务而导致因密切关系产生的不利影响，以及针对这些不利影响可能采取的适当防范措施。当确定适当的标准以应对因密切关系产生的不利影响时，会计师事务所可能考虑下列事项：

（1）鉴证业务的性质，包括涉及公众利益的程度；

（2）合伙人或高级员工提供该项鉴证业务的服务年限。

防范措施包括轮换合伙人或高级员工，或者要求实施项目质量控制复核等。

根据职业道德守则的规定，在执行上市实体财务报表审计工作时，因密切关系产生的不利影响尤其相关。针对这些审计业务，职业道德守则要求在不超过五年的期限内轮换关键审计合伙人。

在确定是否具有接受新客户或现有客户的新业务所需的胜任能力时，会计师事务所需要评价新业务的特定要求和所有相关级别的现有合伙人和员工的基本情况，以及下列事项：

（1）会计师事务所人员是否熟悉相关行业或业务对象；

（2）会计师事务所人员是否了解相关监管要求或报告要求，或者具备有效获取必要技能和知识的能力；

（3）会计师事务所是否拥有足够的具有必要胜任能力和素质的人员；

（4）需要时是否能够得到专家的帮助；

（5）如果需要实施项目质量控制复核，是否具备符合标准和资格要求的项目质量控制复核人员；

（6）会计师事务所是否能够在提交报告的最后期限内完成业务。

二、客户诚信

针对客户诚信，会计师事务所考虑的事项主要包括：

（1）客户主要股东、关键管理人员及治理层的身份和商业信誉；

（2）客户的经营性质；

（3）有关客户主要股东、关键管理人员及治理层对内部控制环境和会计准则等的态度的信息；

（4）客户是否过分考虑将会计师事务所的收费维持在尽可能低的水平；

（5）工作范围受到不适当限制的迹象；

（6）客户可能涉嫌洗钱或其他刑事犯罪活动的迹象；

（7）变更会计师事务所的理由；

（8）关联方的名称、特征和商业信誉。

会计师事务所对客户诚信的了解程度，通常随着与客户关系的持续发展而加深。

会计师事务所可以通过下列途径，获取与客户诚信相关的信息：

（1）与为客户提供专业会计服务的现任或前任人员进行沟通，并与其他第三方进行讨论；

（2）询问会计师事务所其他人员或金融机构、法律顾问和客户的同行等第三方；

（3）从相关数据库中搜索客户的背景信息。

表 2－1 列举了会计师事务所在承接或保持业务过程中需要询问的问题。

表 2－1　　承接或保持业务需要询问的问题

因素	询问的问题
质量控制要求	什么政策和程序可以合理保证事务所只有在下列情况下才承接或保持客户关系： • 事务所能够遵守审计准则的要求； • 业务风险在事务所的风险容忍度以内
客户业务要求	• 审计的性质和范围是什么？ • 使用什么企业会计准则？ • 如何使用审计报告和财务报表？ • 完成审计的期限（如果有）是什么
事务所专业胜任能力、资源和时间	• 事务所是否有足够的、有专业胜任能力的员工？ • 委派的事务所员工： ——是否有相关行业或审计对象的知识？ ——是否有相关监管或报告要求的经验？ ——是否有能力有效地获得必要的技能和知识？ • 如果需要，是否能获得专家的帮助？ • 在适用时，是否有合格的人员去执行项目质量控制复核？ • 根据其他客户的时间要求判断，事务所和员工是否能在报告期限内完成业务

续表

因素	询问的问题
事务所独立性	• 事务所和审计项目组是否能遵守道德和独立性要求？ • 当识别出利益冲突、缺乏独立性或其他威胁时： ——是否采取了恰当的措施去消除那些威胁，或通过采取防范措施将其降低至可接受的水平？ ——是否已采取措施退出该业务？ • 如果被审计单位是一个集团的组成部分时，集团项目组可能要求对组成部分的财务报表执行某些工作。在这种情况下，集团项目组将首先了解下列事项： ——组成部分的注册会计师是否了解并遵守与集团审计相关的道德要求，包括独立性要求； ——组成部分注册会计师的专业胜任能力； ——集团项目组是否能够在必要时参与组成部分注册会计师的工作，以获取充分、适当的审计证据； ——组成部分注册会计师是否在一个积极的监管环境中经营
风险是否可以接受	• 对于新业务，事务所是否与前任注册会计师沟通，以确定是否有理由不承接该业务？ • 事务所是否进行了网上调查，并与事务所员工和其他第三方（如银行）讨论，以识别出事务所不应承接该业务的理由？ • 被审计单位的价值观（高层的基调）和未来目标是什么？ • 被审计单位的高级管理人员和员工的胜任能力如何？ • 是否有很难的或者耗时的问题需要解决（会计政策、会计估计、遵守法律，等等）？ • 本期是否有影响业务的变化（业务趋势、人事变动、财务报告、IT 系统、采购或销售、法规，等等）？ • 是否有公众高度关注的事件和媒体兴趣点？ • 被审计单位是否处于良好的财务状况，是否有能力支付事务所的专业服务费用？ • 被审计单位是否在事务所获取信息和编制计划、分析余额时提供帮助
客户是否值得信任	• 是否存在范围限制（如不现实的期限或不能获得需要的审计证据）？ • 是否有理由或最近发生的事件使得对主要股东（业主）、高级管理层和治理层的诚信产生疑问？考虑被审计单位的经营活动，包括业务情况、企业的声誉、违反道德或法规的情况。 • 是否有迹象表明被审计单位可能卷入洗钱或其他刑事犯罪？ • 关联方的身份和业务声誉如何？ • 管理层是否对内部控制有不良的态度，对会计准则的解释有激进的态度？考虑公司文化、组织结构、风险容忍度、交易的复杂性，等等

参考格式 2－1 列示了业务承接评价表工作底稿。

参考格式 2－1　　　　　业务承接评价表工作底稿

业务承接评价表

被审计单位：______	索引号：AB
项目：______	财务报表截止日/期间：______
编制：______	复核：______
日期：______	日期：______

1. 客户法定名称（中/英文）：______

2. 客户地址：

电话：------ 传真：------

电子信箱：------ 网址：------

联系人：------

3. 客户性质（国有/外商投资/民营/其他）：

------

4. 客户所属行业、业务性质与主要业务：

------

5. 最初接触途径（详细说明）：

（1）本所员工引荐------

（2）外部人员引荐------

（3）其他（详细说明）------

6. 客户要求我们提供审计服务的目的以及出具审计报告的日期：

------

7. 治理层及管理层关键人员（姓名与职位）：

姓　名	职　位

8. 主要财务人员（姓名与职位）：

姓 名	职 位

9. 直接控股母公司、间接控股母公司、最终控股母公司的名称、地址、相互关系、主营业务及持股比例：

10. 子公司的名称、地址、相互关系、主营业务及持股比例：

11. 合营企业的名称、地址、相互关系、主营业务及持股比例：

12. 联营企业的名称、地址、相互关系、主营业务及持股比例：

13. 分公司名称、地址、相互关系、主营业务：

14. 客户主管税务机关：

15. 客户法律顾问或委托律师（机构、经办人、联系方式）：

16. 客户常年会计顾问（机构、经办人、联系方式）：

17. 前任注册会计师（机构、经办人、联系方式）、变更会计师事务所的原因，以及最近三年变更会计师事务所的频率：

----

18. 根据对客户及其环境的了解，记录下列事项：

客户的诚信
信息来源： 例如： • 与为客户提供专业会计服务的现任或前任人员进行沟通，并与其讨论； • 向会计师事务所其他人员、监管机构、金融机构、法律顾问和客户的同行等第三方询问； • 从相关数据库中搜索客户的背景信息。
考虑因素： • 客户主要股东、关键管理人员、关联方及治理层的身份和商业信誉； • 客户的经营性质； • 客户主要股东、关键管理人员及治理层对控制环境和会计准则等的态度； • 客户是否过分考虑将会计师事务所的收费维持在尽可能低的水平； • 工作范围受到不适当限制的迹象； • 客户可能涉嫌洗钱或其他刑事犯罪行为的迹象； • 变更会计师事务所的原因； • 关键管理人员是否更换频繁； • ……

经营风险
信息来源：
例如：从相关数据库中搜索客户的背景信息。
考虑因素： • 行业内类似企业的经营业绩； • 法律环境； • 监管环境； • 受国家宏观调控政策的影响程度； • 是否涉及重大法律诉讼或调查； • 是否计划或有可能进行合并或处置资产； • 客户是否依赖主要客户（来自该客户的收入占全部收入的大部分）或主要供应商（来自该供应商的采购占全部采购的大部分）； • 管理层是否倾向于异常或不必要的风险； • 关键管理人员的薪酬是否基于客户的经营状况确定； • 管理层是否在达到财务目标或降低所得税方面承受不恰当的压力； • ……

财务状况
信息来源： 例如：近三年财务报表。
考虑因素： • 现金流量或营运资金是否能够满足经营、债务偿付以及分发股利的需要； • 是否存在对发行新债务和权益的重大需求； • 贷款是否延期未清偿，或者存在违反贷款协议条款的情况； • 最近几年销售、毛利率或收入是否存在恶化的趋势； • 是否涉及重大关联方交易； • 是否存在复杂的会计处理问题； • 客户融资后，其财务比率是否恰好达到发行新债务或权益的最低要求； • 是否使用衍生金融工具； • 是否经常在年末或临近年末发生重大异常交易； • 是否对持续经营能力产生怀疑； ……

客户的风险级别（高/中/低）：________________

19. 确定审计的前提条件是否存在：

管理层在编制财务报表时采用的财务报告编制基础是否是可接受的
考虑因素： • 被审计单位的性质（例如，被审计单位是商业企业还是非营利组织）； • 编制财务报表的目的（例如，编制财务报表是用于满足广大财务报表使用者共同的财务信息需求，还是用于满足财务报表特定使用者的财务信息需求）； • 财务报表的性质（例如，财务报表是整套财务报表还是单一财务报表）； • 法律法规是否规定了适用的财务报告编制基础； • ……

就管理层认可并理解其责任与管理层达成一致意见
管理层的责任包括： • 按照适用的财务报告编制基础编制财务报表，并使其实现公允反映（如适用）； • 设计、执行和维护必要的内部控制，以使财务报表不存在由于舞弊或错误导致的重大错报； • 向注册会计师提供必要的工作条件，包括允许注册会计师接触与编制财务报表相关的所有信息（如记录、文件和其他事项），向注册会计师提供审计所需的其他信息，允许注册会计师在获取审计证据时不受限制地接触其认为必要的内部人员和其他相关人员； • ……

20. 根据本所目前的情况，考虑下列事项：

项目组的时间和资源
考虑因素： • 根据本所目前的人力资源情况，是否拥有足够的具有必要素质和专业胜任能力的人员组建项目组； • 是否能够在提交报告的最后期限内完成业务

项目组的专业胜任能力
考虑因素： • 初步确定的项目组关键人员是否熟悉相关行业或业务对象； • 初步确定的项目组关键人员是否了解相关监管要求或报告要求，或者是否具备有效获取必要技能和知识的能力； • 在需要时，是否能够得到专家的帮助； • 如果需要项目质量控制复核，是否具备符合标准和资格要求的项目质量控制复核人员

独立性
自身利益
考虑因素： 本所或项目组成员是否因自身利益导致对独立性产生不利影响： • 在客户中拥有直接经济利益； • 本所的收入过分依赖某一客户； • 与客户存在重要且密切的商业关系； • 过分担心可能失去某一重要客户； • 某成员正在与客户协商受雇于该客户； • 与客户达成或有收费的协议； • 在评价本所以往提供的专业服务时，发现了重大错误
自我评价
考虑因素： 本所或项目组成员是否因自我评价导致对独立性产生不利影响： • 为客户编制原始数据，而这些数据构成审计对象； • 项目组成员担任或最近曾经担任客户的董事或高级管理人员； • 项目组成员目前或最近曾受雇于客户，并且所处职位能够对财务状况、经营成果或现金流量施加重大影响； • 为客户提供直接影响财务状况、经营成果或现金流量的其他服务

续表

独立性
过度推介
考虑因素： 本所或项目组成员是否因过度推介导致对独立性产生不利影响： • 是否曾推介客户的股份； • 是否曾担任客户的辩护人
密切关系
考虑因素： 本所或项目组成员是否因密切关系导致对独立性产生不利影响： • 项目组成员的近亲属担任客户的董事或高级管理人员； • 项目组成员的近亲属是客户的员工，其所处职位能够对财务状况、经营成果或现金流量施加重大影响； • 客户的董事、高级管理人员或所处职位能够对财务状况、经营成果或现金流量施加重大影响的员工最近曾担任本所的项目合伙人； • 接受客户的礼品或款待； • 本所的合伙人或高级员工与客户存在长期业务关系
外在压力
考虑因素： 本所或项目组成员是否因外在压力导致对独立性产生不利影响： • 受到客户解除业务关系或起诉的威胁； • 客户表示如果本所不同意对某项交易的会计处理，则不再委托其承办拟议中的非鉴证业务； • 由于客户对所讨论的事项更具有专长而面临服从其判断的压力； • 受到降低收费的影响而不恰当地缩小工作范围

预计收取的费用及可回收比率
预计审计收费： 预计成本（计算过程）： 可回收比率：

21. 其他方面的意见：

批准人： 基于上述方面，我们______（接受或不接受）此项业务。 签名____________ 日期____________	风险管理负责人（必要时）： 基于上述方面，我们______（接受或不接受）此项业务。 签名____________ 日期____________

最终结论： 签名： 日期：

三、审计业务约定书

在作出接受或保持客户关系及具体审计业务的决策后，注册会计师应当在审计业务开始前，与被审计单位就审计业务约定条款达成一致意见，签订或修改审计业务约定书，以避免双方对审计业务的理解产生分歧。

表 2－2 和表 2－3 列示了审计业务约定书包括的内容。

表 2－2　　审计业务约定书包括的主要内容

约定书内容	具体解释
审计的目标和范围	• 财务报表审计的目标，注册会计师拟出具的审计报告或其他沟通的预期形式，以及在特定情况下对出具的审计报告可能不同于预期形式和内容的情况； • 审计的范围，包括提及适用的法律法规、审计准则，以及注册会计师所遵守的职业道德守则和其他规则； • 要求提交报告的其他方（如监管机构）
注册会计师的责任	• 按照审计准则执行审计，运用职业判断，保持职业怀疑，遵守独立性要求 • 由于审计和内部控制的固有限制，即使按照审计准则的规定适当地计划和执行审计工作，仍不可避免地存在财务报表的某些重大错报未被发现的风险
管理层的责任	• 按照适用的财务报告框架编制财务报表，设计、执行和维护必要的内部控制，评估持续经营能力和持续经营假设是否适当，使得编制的财务报表不存在由于舞弊或错误导致的重大错报； • 接受业务约定书中的条款； • 允许注册会计师不受限制地接触记录、文件和其他与审计有关的信息； • 允许注册会计师不受限制地接触内部人员； • 管理层对其作出的与审计有关的声明予以书面确认； • 管理层同意告知注册会计师在审计报告日到财务报表发布日之间注意到的、可能影响财务报表的事实

表 2－3　　审计业务约定书包括的其他事项

约定书内容	具体解释
如何进行审计、争议的解决、义务、费用安排	包括对下列事项的安排： • 计划和执行审计工作的安排，包括审计小组的构成、财务报表初稿及其他由客户编制的工作底稿的细节，以及注册会计师要求这些资料的日期； • 其他组成部分注册会计师和专家的参与安排； • 对于期初余额，前任注册会计师的参与（如果有）； • 其他事项： ——对注册会计师责任可能存在的限制； ——收费的计算基础和收费安排； ——提及注册会计师与客户之间的额外协议，或者注册会计师预期向客户出具的其他函件或报告。 客户通过认可收到业务约定书的方式确认该业务的条款

第三节　总体审计策略

注册会计师应当为审计工作制定总体审计策略。总体审计策略用以确定审计范围、时间安排和方向，并指导具体审计计划的制定。制定总体审计策略包括三个步骤：（1）收集信息；（2）规划审计资源；（3）制定总体审计策略。表 2－4 列出制定总体审计策略的步骤，其中风险评估和将执行的进一步审计程序将会在具体审计计划中进一步体现。当识别和评估了重大错报风险后，注册会计师可以完成制定总体审计策略工作（包括时间安排、人员安排和督导），并制定出具体审计计划。具体审计计划是针对认定层次实施的进一步审计程序，以应对识别和评估的重大错报风险。当审计工作开始后，可能需要更改总体审计策略和具体审计计划以适应新的情况、审计结果和获得的其他信息。注册会计师应当将这种更改及原因记录在总体审计策略或具体计划中。

表 2－4　　制定总体审计策略步骤和具体要求

基本步骤	具体要求
开始	执行初步的业务活动（如客户承接与保持、确定业务条款）。 收集客户相关的信息，如目前的经营情况、以前业务的结果、当期发生的重大变化

续表

基本步骤	具体要求
开始	委派员工到该项目，包括项目质量控制复核人员和需要的专家（如适用）。 召开审计项目组会议（包括业务合伙人），讨论财务报表中出现重大错报（包括舞弊）的可能性。 在需要实施审计工作的每个方面时（如存货监盘、外部函证、期末走访，以及开会讨论审计结果），确定适当的时间表
评估风险和应对措施	确定财务报表整体的重要性，以及实际执行的重要性。 确定风险评估程序的性质和范围，以及由谁执行。 在评估财务报表层次的重大错报风险后，形成适当的总体应对措施，而且包括对将执行的进一步审计程序的影响。 向治理层简要沟通计划的审计范围和时间安排。 根据新的情况，在必要时更新和变更总体审计策略和具体计划

一、收集信息

在制定总体审计策略时，注册会计师应当充分利用相关信息：如以前在被审计单位审计获得的经验，初步业务活动（客户承接与保持），与客户讨论自上期以来的变化以及最近的经营情况，在当期为客户执行的其他业务，审计小组的讨论与会议，报纸、网络文章等其他外部来源等。

（一）业务范围

注册会计师应当确定审计业务的特征，包括采用的会计准则、特定行业的报告要求以及被审计单位组成部分的分布等，以确定业务范围。

具体来说，在确定审计范围时，注册会计师需要考虑下列事项：

（1）编制财务报表适用的会计准则；

（2）特定行业的报告要求，如某些行业的监管部门要求提交的报告；

（3）预期的审计工作涵盖范围，包括需审计的集团内组成部分的数量及所在地点；

（4）母公司和集团内其他组成部分之间存在的控制关系的性质，以及如何编制合并财务报表；

（5）其他注册会计师参与组成部分审计的范围；

（6）需要审计的业务分部性质，包括是否需要具备专门知识；

（7）外币业务的核算方法及外币财务报表折算和合并方法；

（8）除对合并财务报表审计之外，是否需要对组成部分的财务报表单独进行审计；

（9）内部审计工作的可利用性及对内部审计工作的拟信赖程度；

（10）被审计单位使用服务机构的情况，以及注册会计师如何取得有关服务机构内部控制设计、执行和运行有效性的证据；

（11）拟利用在以前期间审计工作中获取的审计证据的程度，如获取的与风险评估程序和控制测试相关的审计证据；

（12）信息技术对审计程序的影响，包括数据的可获得性和预期使用计算机辅助审计技术的情况；

（13）根据中期财务信息审阅及在审阅中所获信息对审计的影响，相应调整审计范围和时间安排；

（14）与为被审计单位提供其他服务的会计师事务所人员讨论可能影响审计的事项；

（15）被审计单位的人员和相关数据的可利用性。

（二）报告要求、时间安排和沟通

总体审计策略的制定应当包括明确审计业务的报告目标，以及计划审计的时间安排和所需沟通的性质，包括提交审计报告（包括中期和最终审计报告）的时间要求，预期与管理层和治理层沟通的重要日期等。

为计划报告目标、时间安排和所需沟通，注册会计师需要考虑下列事项：

（1）被审计单位提交的财务报告的时间表；

（2）与管理层和治理层就审计工作的性质、时间安排和范围进行的沟通；

（3）与管理层和治理层讨论预期签发报告和其他沟通文件的类型及提交时间，如审计报告、管理建议书和与治理层沟通函等；

（4）就组成部分的报告及其他沟通文件的类型及提交时间与负责组成部分审计的注册会计师沟通；

（5）项目组成员之间预期沟通的性质和时间安排，包括项目组会议的性质和时间安排及复核工作的时间安排；

（6）是否需要与第三方沟通，包括与审计相关的法律法规规定和业务约定书约定的报告责任；

（7）与管理层讨论预期在整个审计过程中通报审计工作进展及审计结果的方式。

（三）影响审计业务的重要因素

总体审计策略的制定应当包括考虑影响审计业务的重要因素，以确定审计方向，包括确定适当的重要性水平，初步识别可能存在较高的重大错报风险的领域，初步识别重要的组成部分和账户余额，评价是否需要针对内部控制的有效性获取审计证据，识别被审计单位、所处行业、财务报告要求及其他相关方面最近发生的重大变化等。

在确定审计方向时，注册会计师需要考虑下列事项：

1. 重要性方面。具体包括：

（1）在制定审计计划时确定的财务报表的整体重要性和实际执行的重要性；

（2）为组成部分确定重要性且与组成部分的注册会计师沟通；

（3）在审计过程中重新考虑重要性；

（4）识别重要的组成部分和账户余额。

2. 重大错报风险较高的审计领域。

3. 评估的财务报表层次重大错报风险对指导、监督及复核的影响。

4. 项目组成员的选择（在必要时包括项目质量控制复核人员）和工作分工，包括向重大错报风险较高的审计领域分派具备适当经验的人员。

5. 项目预算，包括考虑为重大错报风险可能较高的审计领域安排适当的工作时间。

6. 向项目组成员强调在收集和评价审计证据过程中保持职业怀疑必要性的方式。

7. 以往审计中对内部控制运行有效性评价的结果，包括所识别的控制缺陷的性质及应对措施。

8. 管理层重视设计和实施健全的内部控制的相关证据，包括这些内部控制得以适当记录的证据。

9. 业务交易量规模，以及基于审计效率的考虑确定是否信赖内部控制。

10. 管理层对内部控制重要性的重视程度。

11. 影响被审计单位经营的重大发展变化，包括信息技术和业务流程的变化、关键管理人员变化，以及收购、兼并和分立。

12. 重大的行业发展情况，如行业法规变化和新的报告规定。

13. 会计准则的变化。

14. 其他重大变化，如影响被审计单位的法律环境的变化。

注册会计师可以根据以前期间的审计发现或本期实施风险评估程序的结果，进行初步的风险评估。对财务报表层次重大错报风险进行初步评估，是制定总体审计策略的基础。原因在于，低水平的风险评估结果（已恰当记录）可以减少实施认定层次的实质性程序。相反，高水平的风险评估结果将需要执行更多认定层次的工作。

财务报表层次的风险评估结果可以由高到低。表 2－5 列示了风险评估结果对审计方案的影响。

表 2-5　　风险评估结果对审计方案的影响

	对审计方案的影响
风险评估为低	• 可以更多地信任管理层声明和被审计单位内部产生的证据； • 利用同时使用控制测试和实质性程序的审计方法（综合性方案）的可能性更大，这将减少部分实质性程序的范围； • 可以在中期而非期末执行更多的审计程序
风险评估为高	• 向项目组强调在收集和评价审计证据过程中保持职业怀疑的必要性； • 考虑管理层针对已识别的内部控制缺陷采取的措施的有效性； • 向项目组分配更有经验的审计人员，考虑是否需要利用专家的工作； • 保证项目组审计人员的连续性，尽可能全面地了解被审计单位； • 提供更多的督导； • 从实质性程序中获取更多的审计证据； • 修改用作风险评估程序的分析程序或其他程序； • 修改审计程序的性质，获取更广泛的审计证据； • 考虑修改其他审计程序的性质、时间安排或范围； • 获取用于印证管理层声明的审计证据

二、规划审计资源

总体审计策略应能恰当地反映注册会计师审计资源管理计划。

1. 向具体审计领域调配的资源。例如，包括考虑拟组建的项目组是否具备必要的技术水平和资源；是否委派某些项目组成员在审计中具有监督的职责；某些项目组成员是否在业务上具有连续性；实施存货监盘和寄发询证函等审计任务是否已在年底前分配到特定成员；是否已指定项目质量控制复核人员（如适用）；是否向高风险领域分派有适当经验的项目组成员，就复杂的问题利用专家工作等。

2. 向具体审计领域分配资源的多少。例如，分派到重要地点进行存货监盘的项目组成员的人数；在集团审计中复核组成部分注册会计师工作的范围；向高风险领域分配的审计时间预算等。

3. 何时调配这些资源。例如，是否已对所有项目组成员制定了单独的时间预算；是否已对具有高度重大错报风险的领域预留了时间；为完成分配的工作，整体预算时间是多少；是在期中审计阶段还是在关键的截止日期调配资源等。

4. 如何管理、指导、监督这些资源的利用。例如，预期何时召开项目组预备会和总结会；预期项目合伙人和经理如何进行复核（如是否到审计现场进行复核）；是否需要实施项目质量控制复核等。

三、制定总体审计策略

注册会计师根据获取的所有关于被审计单位的信息和审计资源的规划，制定总体审计策略，包括审计工作范围、时间安排和审计方向。参考格式 2－2 列示了总体审计策略工作底稿。

参考格式 2－2　　　　总体审计策略工作底稿

被审计单位：________	索引号：________
项目：总体审计策略	财务报表截止日/期间：________
编制：________	复核：________
日期：________	日期：________

一、审计范围

报告要求	内容
适用的财务报告编制基础（包括是否需要将财务信息按照其他财务报告编制基础进行转换）	
适用的审计准则	
与财务报告相关的行业特别规定	例如：监管机构发布的有关信息披露的法规、特定行业主管部门发布的与财务报告相关的法规等
由组成部分注册会计师审计的组成部分的范围	
……	

二、审计时间安排

（一）报告时间要求

审计工作	时　间
1. 提交审计报告草稿	
2. 签署正式审计报告	
3. 公布已审计财务报表和审计报告	
……	

（二）执行审计工作的时间安排

审计工作	时　　间
1. 制定总体审计策略	
2. 制定具体审计计划	
3. 执行存货监盘	
……	

（三）沟通的时间安排

沟　通	时　　间
与管理层的沟通	
与治理层的沟通	
项目组会议（包括预备会和总结会）	
与注册会计师的专家的沟通	
与组成部分注册会计师的沟通	
与前任注册会计师沟通	
……	

三、影响审计业务的重要因素

（一）重要性

重要性	索引号
财务报表整体的重要性	
实际执行的重要性	
特定类别的交易、账户余额或披露的一个或多个重要性水平（如适用）	
特定类别的交易、账户余额或披露的一个或多个实际执行的重要性水平（如适用）	
明显微小错报的临界值	

（二）可能存在较高重大错报风险的领域

可能存在较高重大错报风险的领域	索引号

（三）识别重要组成部分和确定工作类型

重要组成部分名称	索引号

（四）识别重要的交易、账户余额和披露及相关认定

重要的交易、账户余额和披露及相关认定	索引号

四、人员安排

（一）项目组主要成员

姓名	职级	主要职责

（注：在分配职责时可以根据被审计单位的具体情况按会计科目划分，或者按特殊类别的交易划分）

（二）质量控制复核人员

姓名	职级	主要职责

五、对专家或其他第三方工作的利用

（一）对专家工作的利用

利用领域	专家名称	主要职责及工作范围	索引号

（二）对内部审计工作的利用

主要流程/报表项目	拟利用内部审计工作	索引号
存货	内部审计部门对各仓库的存货每半年至少盘点一次。在中期审计时，项目组已经对内部审计部门盘点步骤进行观察，结果满意，因此，项目组将审阅年底的盘点结果，并缩小存货监盘的范围	
……		

（三）对组成部分注册会计师工作的利用

组成部分注册会计师名称	利用工作的范围及程度	索引号

（四）对被审计单位使用服务机构的考虑

主要报表项目	服务机构名称	服务机构提供的相关服务及其注册会计师出具的审计报告意见及日期（如有）	索引号

六、其他事项

第四节 利用他人的工作

一、利用专家的工作

（一）专家的含义

专家，即注册会计师的专家，是指在会计或审计以外的某一领域具有专长的个人或组织，并且其工作被注册会计师利用，以协助注册会计师获取充分、适当的审计证据。专家既可能是会计师事务所内部专家（如会计师事务所或其网络事务所的合伙人或员工，包括临时员工），也可能是会计师事务所外部专家。管理层的专家，是指在会计、审计以外的某一领域具有专长的个人或组织，其工作被管理层利用以协助编制财务报表。

专家在会计或审计以外的领域具有的专长，例如：

（1）对下列方面进行估价：复杂的金融工具、土地及建筑物、厂房和机器设备、珠宝、艺术品、古董、无形资产、企业合并中收购的资产和承担的负债，以及可能发生减值的资产；

（2）对与保险合同或员工福利计划相关的负债进行精算；

（3）对石油和天然气储量进行估算；

（4）对环境负债和场地清理费用进行估价；

（5）对合同、法律和法规进行解释；

（6）对复杂或异常的纳税问题进行分析。

（二）确定是否利用专家的工作

注册会计师在执行下列工作时可能需要利用专家的工作：

（1）了解被审计单位及其环境；

（2）识别和评估重大错报风险；

（3）针对评估的财务报表层次风险，确定并采取总体应对措施；

（4）针对评估的认定层次风险，设计和实施进一步审计程序，包括控制测试和实质性程序；

（5）在对财务报表形成审计意见时，评价已获取的审计证据的充分性和适当性。

如果编制财务报表需要利用会计以外某一领域的专长，尽管注册会计师拥有会计和审计技能，但可能不具备审计这些财务报表的必要的专长。项目合伙人需要确信项目组和不属于项目组的专家整体上具备适当的胜任能力和专业素质以执行审计业务。并且，注册会计师需要确定完成审计项目所需资源的性质、时间安排和范围。注册会计师需要确定是否利用专家的工作，如果需要利用，确定何时利用以及在多大程度上利用，以满足上述要求。随着审计的进行或环境的变化，注册会计师可能需要修改之前有关利用专家工作的决定。

图 2－1 和表 2－6 列示了注册会计师利用专家的思路。

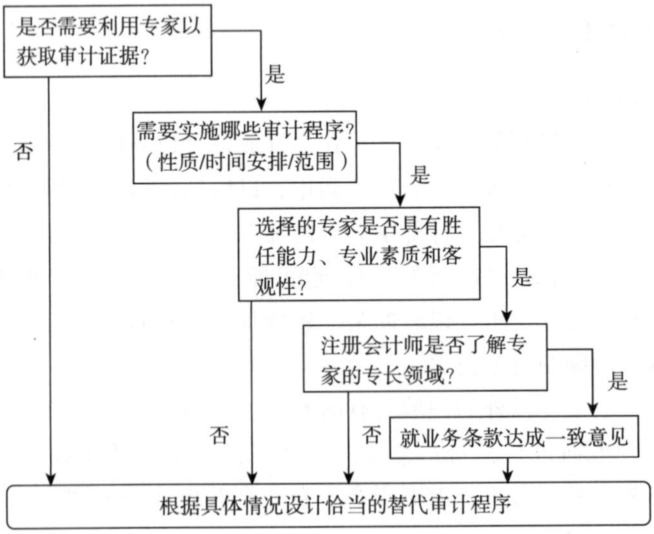

图 2－1

表 2-6 注册会计师利用专家的思路

考虑的问题	讨论
是否需要利用专家以获取审计证据?	需要考虑下列事项: • 了解被审计单位及其环境，包括了解内部控制; • 识别和评估重大错报风险; • 确定和实施针对评估的财务报表层次风险的总体应对措施; • 设计和实施进一步审计程序以应对评估的认定层次风险; • 评价获取的审计证据的充分性、适当性，以形成审计意见
需要哪些审计程序?	考虑下列事项: • 事项的性质和重大错报风险; • 专家工作在审计中的重要性; • 专家以前所做的工作（如存在); • 专家是否遵守会计师事务所的质量控制政策
选择的专家是否具有胜任能力、专业素质和客观性?	考虑下列事项: • 专家专长的性质和专业素质; • 在业务的具体情况下（如地理位置、可用的时间和资源），专家发挥专业胜任能力的水平; • 是否能够克服偏见、利益冲突及其他可能影响其职业判断或商业判断不利因素，保持客观性。 考虑的其他因素包括: • 以前与专家交往的个人经验; • 与专家进行的讨论; • 与熟悉专家工作的其他人员进行的讨论; • 对专家的资格、会员身份、执业资格或其他形式的外部认证的了解; • 专家发表的论文或出版的书籍; • 会计师事务所的质量控制政策和程序
注册会计师是否了解专家的专长领域?	是否充分了解专家的专长领域，以便能够: • 计划审计工作; • 复核已执行工作的结果
就业务约定条款达成一致意见	在设计业务约定条款时，应当考虑下列事项: • 专家对被审计单位敏感或机密信息的接触; • 注册会计师和专家各自的角色或责任; • 涉及不同国家或地区的法律法规; • 所需专家工作的复杂性; • 专家以前为被审计单位服务的经验; • 专家工作的范围及其在审计中的重要性。 书面协议应当规定: • 专家工作的性质、范围和目标; • 各自的角色和责任; • 沟通的性质、时间安排和范围，包括专家出具报告的形式; • 保密的要求

（三）评价专家实施的工作

注册会计师应当评价专家的工作是否足以实现审计目的，包括：

（1）专家的工作结果或结论的相关性和合理性，以及与其他审计证据的一致性；

（2）如果专家的工作涉及使用重要的假设和方法，这些假设和方法在具体情况下的相关性和合理性；

（3）如果专家的工作涉及使用重要的原始数据，这些原始数据的相关性、完整性和准确性。

如果确定专家的工作不足以实现审计目的，注册会计师应当采取下列措施之一：

（1）就专家拟执行的进一步工作的性质和范围，与专家达成一致意见；

（2）根据具体情况，实施追加的审计程序。

如果对专家的工作结果不满意或与其他证据不一致，注册会计师应当解决该问题。这可能涉及与被审计单位和专家进行讨论、实施追加的审计程序、聘请另一位专家，或者发表非无保留意见。

（四）审计报告

通常来讲，审计报告中不应提及专家的工作。这种提及可能被误解为发表非无保留审计意见或划分责任。但是，如果注册会计师因为专家的参与而决定发表非无保留意见，为了解释非无保留意见的原因而提及或描述专家的工作，包括专家的身份和专家参与的程度，可能是适当的。在这种情况下，注册会计师可能需要在提及之前得到专家的允许。如果专家拒绝而注册会计师认为需要提及，注册会计师可能需要征询法律意见。此外，如果审计报告包含关键审计事项，注册会计师描述所采取的应对途径时，可能涉及特定领域，提到专家工作，但这不是划分责任，只是强调所采取的措施。参考格式 2 – 3 列示了注册会计师在与外部专家达成一致意见时需要考虑的事项。

参考格式 2 – 3　　与外部专家达成一致意见时需要考虑的事项

与外部专家达成一致意见时的考虑

一、外部专家工作的性质、范围和目标

1. 外部专家拟实施的程序的性质和范围；

2. 根据与外部专家工作相关的事项的重要性和风险而确定的外部专家的工作目标，以及适用的财务报告编制基础（如相关）；

3. 外部专家遵守的相关技术标准、其他职业准则或行业要求；

4. 外部专家拟使用的假设和方法（包括模型，如适用）及其权威性；

5. 外部专家工作对象的有效日期或测试期间（如适用），以及有关期后事项的规定。

续表

二、注册会计师和外部专家各自的角色和责任 1. 相关的审计准则和会计准则以及法律法规的要求； 2. 外部专家同意注册会计师对专家报告的预期用途，包括向他人提及或披露，例如，在审计报告的导致非无保留意见的事项中提及，或在必要时向管理层或审计委员会披露； 3. 注册会计师对外部专家工作进行复核的性质和范围； 4. 由注册会计师还是外部专家测试原始数据； 5. 外部专家接触被审计单位的文件记录、文档、人员和被审计单位聘请的专家； 6. 外部专家与被审计单位之间沟通的程序； 7. 注册会计师和外部专家相互接触对方的工作底稿； 8. 在业务期间及之后，工作底稿的所有权和控制权，包括保管要求； 9. 外部专家以应有的技能和职业关注执行工作的责任； 10. 外部专家执行工作的胜任能力和专业素质； 11. 预期外部专家将运用其具有的与审计工作相关的全部知识，如果不运用全部知识，需要告知注册会计师； 12. 对外部专家与审计报告关联的限制； 13. 注册会计师告知专家对其工作形成的结论。 三、沟通和报告 1. 沟通的方法和频率，包括： （1）外部专家的工作结果或结论如何予以报告（如书面报告、口头报告或向项目组实时通报）； （2）明确与外部专家保持联络的项目组特定人员。 2. 外部专家何时完成工作，以及何时向注册会计师报告工作结果或结论。 3. 外部专家有责任在完成工作的过程中及时沟通任何可能发生的延误，以及及时沟通对专家的工作结果或结论作出的任何可能的保留或限制。 4. 外部专家有责任及时沟通被审计单位限制其接触文件记录、文档、人员和被审计单位聘请的专家的情况。 5. 外部专家有责任向注册会计师通报其认为可能与审计相关的全部信息（包括以前通报过的情况发生的变化）。 6. 外部专家有责任沟通可能对其客观性产生不利影响的情况，以及可能消除这些不利影响或将其降至可接受的水平的相关防范措施。 四、保密 需要专家履行保密责任的要求包括： 1. 适用于注册会计师的相关职业道德要求中的保密条款； 2. 法律法规作出的额外规定（如有）； 3. 被审计单位要求的专项保密条款（如有）。

二、利用内部审计人员的工作

（一）内部审计的目标

内部审计的目标差异很大，取决于被审计单位的规模和结构以及管理层和治理层的要求。内部审计可能包括下列一项或多项活动：

（1）对内部控制的监督。内部审计可能包括评价控制、监督控制的运行以及对内部控制提出改进建议。

（2）对财务信息和经营信息的检查。内部审计可能包括对确认、计量、分类和报告财务信息和经营信息的方法进行评价，并对个别事项进行专门询问，包括对交易、余额及程序实施细节测试。

（3）对经营活动的评价。内部审计可能包括对被审计单位的经营活动（包括非财务活动）的经济性、效率和效果进行评价。

（4）对遵守法律法规情况的评价。内部审计可能包括评价被审计单位对法律法规、其他外部要求以及管理层政策、指令和其他内部要求的遵守情况。

（5）改进风险管理。内部审计可能有助于被审计单位识别和评估其面临的重大风险，并改进风险管理和控制系统。

（6）完善治理。内部审计可能包括评估被审计单位为实现下列方面的目标而建立的治理过程：道德和价值观；业绩管理和经管责任；向被审计单位适当部门传达风险和控制信息；治理层、注册会计师、内部审计人员和管理层之间沟通的有效性。

（二）决定是否利用内部审计人员的工作

注册会计师应当确定内部审计人员的工作是否可能足以实现审计目的。如果可能足以实现审计目的，注册会计师应当考虑内部审计人员的工作对其实施的审计程序的性质、时间安排和范围产生的预期影响。

在确定内部审计人员的工作是否可能足以实现审计目的时，注册会计师需要考虑的因素包括：

1. 客观性。

（1）内部审计在被审计单位中的地位，以及这种地位对内部审计人员保持客观性能力的影响；

（2）内部审计是否向治理层或具备适当权限的高级管理人员报告工作，以及内部审计人员是否直接接触治理层；

（3）内部审计人员是否不承担任何相互冲突的责任；

（4）治理层是否监督与内部审计相关的人事决策；

（5）管理层或治理层是否对内部审计施加任何约束或限制；

（6）管理层是否根据内部审计的建议采取行动，在多大程度上采取行动，以及如何采取行动。

2. 技术上的胜任能力。

（1）内部审计人员是否属于相关职业团体的会员；

（2）内部审计人员是否经过充分技术培训且精通内部审计业务；

（3）是否存在有关内部审计人员任用和培训的既定政策。

3. 应有的职业关注。

（1）内部审计的活动是否经过适当的计划、监督、复核和记录；

（2）是否存在适当的审计手册或其他类似文件、工作方案和内部审计工作底稿。

4. 沟通。如果内部审计人员可以自由地与注册会计师坦诚沟通，并满足下列条件，则他们之间的沟通可能是最有效的：

（1）双方在审计期间内每隔一段适当的时间举行会谈；

（2）内部审计人员可以通过相关内部审计报告向注册会计师提供建议，并允许其接触相关内部审计报告；内部审计人员告知注册会计师其注意到的、可能影响注册会计师工作的所有重大事项；

（3）注册会计师告知内部审计人员可能影响内部审计的所有重大事项。

图 2 - 2 列示了注册会计师利用内部审计工作的思路。

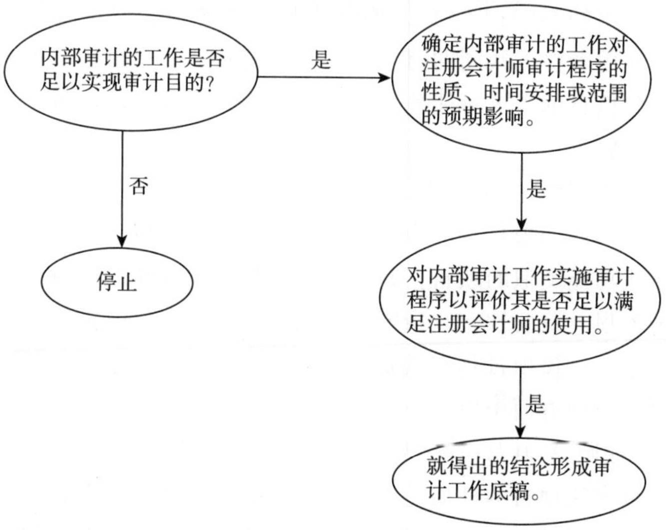

图 2 - 2

（三）审计报告

注册会计师对发表的审计意见独立承担责任，这种责任并不因利用内部审计人员的工作而减轻。因此，不应在审计报告中提及内部审计人员的工作。

第五节　重要性

重要性概念的运用贯穿于整个审计过程。在计划和执行审计工作时，注册会计师需要对认为重大的错报金额作出判断，以便为确定风险评估程序的性质、时间安排和范围，识别和评估重大错报风险，以及确定进一步审计程序的性质、时间安排和范围提供基础。在评价识别出的错报对审计的影响，以及未更正错报对财务报表和审计意见的影响时，注册会计师需要运用重要性概念。

一、重要性的含义

财务报告编制基础通常从编制和列报财务报表的角度阐释重要性概念。财务报告编制基础可能以不同的术语解释重要性，但通常而言，重要性概念可从下列方面进行理解：(1) 如果合理预期错报（包括漏报）单独或汇总起来可能影响财务报表使用者依据财务报表作出的经济决策，则通常认为错报是重大的；(2) 对重要性的判断是根据具体环境作出的，并受错报的金额或性质的影响，或受两者共同作用的影响；(3) 判断某事项对财务报表使用者是否重大，是在考虑财务报表使用者整体共同的财务信息需求的基础上作出的。由于不同财务报表使用者对财务信息的需求可能差异很大，因此，不考虑错报对个别财务报表使用者可能产生的影响。

以企业会计准则为例，《企业会计准则第 30 号——财务报表列报》第六条规定，性质或功能不同的项目，应当在财务报表中单独列报，但不具有重要性的项目除外。性质或功能类似的项目，其所属类别具有重要性的，应当按其类别在财务报表中单独列报。重要性，是指财务报表某项目的省略或错报会影响使用者据此作出经济决策的，该项目具有重要性。重要性应当根据企业所处环境，从项目的性质和金额大小两方面予以判断。

《企业会计准则第 30 号——财务报表列报》应用指南指出，判断项目性质的重要性，应当考虑该项目的性质是否属于企业日常活动等因素；判断项目金额大小的重要性，应当通过单项金额占资产总额、负债总额、所有者权益总额、营业收入总额、营业成本总额、净利润等直接相关项目金额的比重加以确定。

重要性既是一个会计概念，也是一个审计概念，会计准则和审计准则对重要性的定义和解释通常是一致的。重要性说明财务信息对使用者依据财务报表作出的经济决策的重要意义。

重要性概念具有两个关键含义：

首先，注册会计师对重要性的判断着眼于财务报表使用者对财务信息的需求，某事项是否重要取决于该事项是否可能影响使用者依据财务报表作出的经济决策。

财务报表的使用者通常包括公司股东或投资者、债权人（包括银行等金融机构、企业债券的持有人等）、企业产品的购买者和供应商、公司管理人员、政府部门、监管机构及公众。不同的使用者对财务信息的需求不同，因而影响重要性的确定。

就审计而言，注册会计师通常可以假定财务报表使用者：

（1）拥有经营、经济活动和会计方面的适当知识，并愿意认真研究财务报表中的信息；（2）理解财务报表是在运用重要性水平基础上编制、列报和审计的；（3）认可建立在对估计和判断的应用以及对未来事项的考虑基础上的会计计量具有固有的不确定性；（4）依据财务报表中的信息作出合理的经济决策。

其次，重要性不仅是个定量的概念（某一金额），定性因素也很重要。因此，在计划审计工作时确定的重要性金额，并不必然表明单独或汇总起来低于该金额的未更正错报一定被评价为不重要。即使某些错报低于重要性，与这些错报相关的具体情形可能使注册会计师将其评价为重大。

在制定总体审计策略时，注册会计师应当确定财务报表整体的重要性。根据被审计单位的特定情况，如果存在一个或多个特定类别的交易、账户余额或披露，其发生的错报金额虽然低于财务报表整体的重要性，但合理预期可能影响财务报表使用者依据财务报表作出的经济决策，注册会计师还应当确定适用于这些交易、账户余额或披露的一个或多个重要性水平。注册会计师还应当确定实际执行的重要性，以评估重大错报风险并确定进一步审计程序的性质、时间安排和范围。表 2－7 列示了影响财务报表整体的重要性（即整体重要性）的重要因素。

表 2－7　　影响整体重要性的重要因素

影响因素	解　释
对作出经济决策的影响	如果合理预期错报（包括漏报）单独或汇总起来可能影响财务报表使用者依据财务报表作出的经济决策，则通常认为错报是重大的
具体环境	对重要性的判断是根据具体环境作出的，并受错报的金额或性质的影响，或受两者共同作用的影响
使用者的共同需求	判断某事项对财务报表使用者是否重大，是在考虑财务报表使用者整体共同的财务信息需求的基础上作出的。由于不同财务报表使用者的需求可能差异很大，因此，不考虑错报对个别财务报表使用者可能产生的影响

二、错报的定义和分类

（一）错报的定义

错报，是指某一财务报表项目的金额、分类、列报或披露，与按照适用的财务报告编制基础应当列示的金额、分类、列报或披露之间存在的差异；或者根据注册会计师的判断，为使财务报表在所有重大方面实现公允反映，需要对金额、分类、列报或披露作出的必要调整。错报可能是由于舞弊或错误导致的。

具体来讲，错报可能由下列事项导致：（1）收集或处理用以编制财务报表的数据时出现错误；（2）遗漏某项金额或披露；（3）由于疏忽或明显误解有关事实导致作出不正确的会计估计；（4）注册会计师认为管理层对会计估计作出不合理的判断或对会计政策作出不恰当的选择和运用。

（二）错报的分类

为了帮助注册会计师评价审计过程中累积的错报的影响以及与管理层和治理层沟通错报事项，将错报区分为事实错报、判断错报和推断错报可能是有用的。

1. 事实错报。事实错报是毋庸置疑的错报。这类错报产生于被审计单位收集和处理数据的错误，对事实的忽略或误解，或故意舞弊行为。例如，注册会计师在审计测试中发现最近购入存货的实际价值为 15 000 元，但账面记录的金额却为 10 000 元。因此，存货和应付账款分别被低估了 5 000 元，这里被低估的 5 000元就是已识别的对事实的具体错报。

2. 判断错报。由于注册会计师认为管理层对会计估计作出不合理的判断或不恰当地选择和运用会计政策而导致的差异。这类错报产生于两种情况：一是管理层和注册会计师对会计估计的判断差异，例如，由于包含在财务报表中的管理层作出的估计值超出了注册会计师确定的合理区间，导致出现判断差异；二是管理层和注册会计师对选择和运用会计政策的判断差异，注册会计师认为管理层选用会计政策不恰当造成错报，管理层却认为选用会计政策适当，导致出现判断差异。

3. 推断错报。注册会计师对总体存在的错报作出的最佳估计数，涉及根据在审计样本中识别出的错报来推断总体的错报。主要包括通过审计抽样模型测试样本（总体中的所有项目都有同等被抽中的机会）估计出的总体的错报减去在测试中发现的已经识别的具体错报。例如，应收账款年末余额为 2 000 万元，注册会计师采用审计抽样抽查占总金额 25% 的样本，发现 100 万元的高估，高估金额占所测试的账面金额的 20%，据此注册会计师推断总体的错报金额为 400 万元（即 2 000 × 20%），那么上述 100 万元就是已识别的事实错报，其余 300 万元为推断错报。

（三）对审计过程中识别出的错报的考虑

如果出现下列情况之一，注册会计师应当确定是否需要修改总体审计策略和具体审计计划：（1）识别出的错报的性质以及错报发生的环境表明可能存在其他错报，并且可能存在的其他错报与审计过程中累积的错报合计起来可能是重大的；（2）审计过程中累积的错报合计数接近确定的财务报表整体的重要性。

错报可能不会孤立发生，一项错报的发生还可能表明存在其他错报。例如，注册会计师识别出由于内部控制失效而导致的错报，或者被审计单位广泛运用不恰当的假设或评估方法而导致的错报，均可能表明还存在其他错报。

审计过程中发现的错报可以证实注册会计师初步的重大错报风险评估结果或与之产生矛盾，如果实际发现的错报表明注册会计师遗漏或低估了重大错报风险，注册会计师就需要修改其对重大错报风险的评估，继而调整总体审计策略和具体审计计划，以应对重新评估的重大错报风险。

在考虑识别出的错报对审计的影响时，注册会计师不能仅局限于已发现的错报，而且还要意识到可能存在未被发现的错报。审计是一种合理保证而非绝对保证的鉴证业务。因此，始终存在某些错报未被发现的可能性。抽样风险和非抽样风险可能导致某些错报未被发现。抽样风险是指如果对整个总体实施与样本相同的审计程序，注册会计师根据样本得出的结论，可能不同于对总体实施这些审计程序得出的结论的风险。非抽样风险是指注册会计师由于与抽样风险无关的其他原因而得出错误结论的风险。

财务报表中包含的错报也可以从另一个角度分为已发现的错报和未发现的错报，其中已发现的错报又分为已更正的错报和未更正的错报。错报一旦更正就不再构成风险，真正构成风险是未更正错报和未发现的错报的总和。由于可能存在未发现的错报，注册会计师在确定可以接受的未更正错报时需要留有余地，以便将未更正错报连同未发现错报的合计数超过财务报表整体重要性的可能性降低到可接受的低水平。表 2－8 列示了错报可能会出现的领域。

表 2－8　　　　错报可能会出现的领域

来源	解释
不准确或舞弊	被审计单位的员工在收集和处理数据时可能产生错误，而这些数据是编制财务报表的基础。这也包括在期末截止中产生的错误。除了识别特定错报之外，注册会计师还需要： • 通过货币单元抽样量化特定总体中的错报（如应收账款）。当使用有代表性的样本时，就有可能推断累积的错报。 • 考虑已识别错报的性质。如果存在影响特定余额或经营场所的众多错报，这可能是因舞弊导致的重大错报风险的迹象

续表

来源	解释
漏报或舞弊	一些交易可能会由于错误或故意而不被记录，后者将构成舞弊
重大交易	缺乏商业理由的重大交易（异常的或超出正常经营过程之外的）可能是蓄意操纵财务报表或隐瞒侵占资产
会计分录	不适当的或未经授权的会计分录可能发生在整个期间或在期末。这些可能被用于操纵财务报表中报告的金额
估计中的错误	如果被审计单位的估计超出可接受的范围，管理层估计就可能计算不正确，忽视或误解某些事实，使用不当的假设，或包含一些偏向。估计也可能被故意地错误陈述，以操纵财务报表的结果
公允价值错误	按照适用的财务报告编制基础的规定，对需要以公允价值计量或披露的某些资产、负债及权益组成部分，管理层的判断与其公允价值可能存在不一致
选择与运用会计政策	某些会计政策的选择与运用可能与管理层存在分歧
期初权益中未更正的错报	前期未更正错报会反映在期初权益中。如果未被调整，它们也可能导致本期财务报表存在错报
收入确认	高估或低估收入（例如，提前确认收入，记录虚构的收入，或不适当地将收入转移到下期）
内部控制缺陷	错报可能来自未预期的内部控制缺陷。这些缺陷需要与管理层讨论或向管理层报告，并考虑执行额外的审计程序，以识别可能存在的其他错报
财务报表列报或披露	适用的财务报告编制基础要求的某些财务报表披露可能存在遗漏，不完整或不准确

三、重要性与审计风险的关系

审计风险，是指当财务报表存在重大错报时，注册会计师发表不恰当审计意见的可能性。审计风险取决于重大错报风险和检查风险。注册会计师需要在整个审计过程中考虑重要性和审计风险，尤其是在下列重要审计环节：（1）识别和评估重大错报风险；（2）确定进一步审计程序的性质、时间安排和范围；（3）评价未更正错报对财务报表和审计意见的影响。

（一）重大错报风险

重大错报风险是指财务报表在审计前存在重大错报的可能性。重大错报风险分为财务报表层次的重大错报风险和认定层次的重大错报风险。

财务报表层次重大错报风险与财务报表整体存在广泛联系，可能影响多个财务报表项目和多项认定。例如，管理层凌驾于控制之上的舞弊风险、与持续经营能力有关的重大错报风险、与编制合并报表的合并范围有关的重大错报风险等，通常属于财务报表层次的重大错报风险。

认定层次重大错报风险由固有风险和控制风险两部分组成。固有风险和控制风险是被审计单位的风险，独立于财务报表审计而存在。

（二）固有风险和控制风险

固有风险是指在考虑相关的内部控制之前，某类交易、账户余额或披露的某一认定易于发生错报（该错报单独或连同其他错报可能是重大的）的可能性。某些认定及相关类别的交易、账户余额和披露，固有风险较高。例如，复杂的计算或金额来源于具有高度不确定性的会计估计的账户，固有风险较高。外部环境引起的经营风险也可能影响固有风险，例如，技术进步可能导致某项产品陈旧，进而导致存货易于高估。被审计单位及其环境的某些因素，可能与多个或所有类别的交易、账户余额或披露相关，也可能影响与某一具体认定相关的固有风险。例如，这些因素可能包括缺乏持续经营的营运资本或由于大规模的经营失败而表现出的产业衰退。

控制风险取决于内部控制设计、执行和维护的有效性。管理层采用内部控制，旨在应对识别出的影响被审计单位实现与财务报表编制相关的目标的风险。然而，由于内部控制的固有限制，无论内部控制设计和运行如何有效，也只能降低而不能消除财务报表的重大错报风险。内部控制的固有限制包括诸如人为差错的可能性，因串通舞弊或管理层不适当地凌驾于控制之上而使内部控制出现被规避的可能性。因此，控制风险始终存在。在确定拟实施的实质性程序的性质、时间安排和范围时，注册会计师需要测试或可以选择测试内部控制运行有效性的情形。

注册会计师可以根据其偏好的审计技术或方法以及实务的考虑，单独或综合评估固有风险和控制风险。重大错报风险的评估结果可以用定量术语（如百分比）或非定量的术语表达。在任何情况下，作出适当的风险评估，要比评估所采用的具体方法更重要。

（三）检查风险

在既定的审计风险水平下，可接受的检查风险水平与评估的认定层次重大错报风险成反向关系。例如，注册会计师认为重大错报风险越高，可接受的检查风险越低，相应地，注册会计师需要获取更具有说服力的审计证据。

检查风险与注册会计师为将审计风险降至可接受的低水平而确定的审计程序的性质、时间安排和范围相关。因此，它取决于审计程序及其执行的有效性。下列措施有助于提高审计程序及其执行的有效性，降低注册会计师选取不适当的审计程序、错误执行适当的审计程序或错误解释审计结果的可能性：（1）制定恰当的计划；（2）为项目组分派合适的人员；（3）保持职业怀疑；（4）监督和复核已执行的审计工作。

由于审计的固有限制，检查风险只能降低而无法消除。因此，检查风险始终存在。

（四）检查风险与重大错报风险的反向关系

在既定的审计风险水平下，可接受的检查风险水平与认定层次重大错报风险的评估结果呈反向关系。评估的重大错报风险越高，可接受的检查风险就越低；评估的重大错报风险越低，可接受的检查风险就越高。这两种风险的关系可以用图 2－3 表示。检查风险与重大错报风险的反向关系用数学模型表示如下：

审计风险 = 重大错报风险 × 检查风险

这个模型就是现代审计风险模型。在实务中，注册会计师不一定用绝对数值衡量风险水平，而是选用“高”、“中”、“低”等文字描述。

注册会计师应当合理设计审计程序的性质、时间安排和范围，并有效执行审计程序，以控制检查风险。

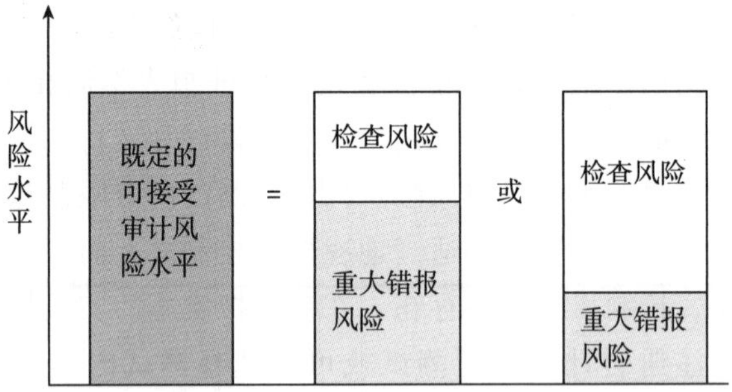

图 2－3

基于上述定义和审计风险模型，重要性和审计风险的关系体现在下列几个方面：

一是重要性影响对重大错报风险的识别和评估。可能影响财务报表使用者经济决策的错报即为重大错报，也就是重要的。因此，在具体审计业务中，重要性决定了哪些错报构成重大错报风险，进而影响风险评估程序的性质、时间安排和范围。例如，对同一家企业而言，如果注册会计师将重要性确定为 100 万元或 50 万元，前者评估出的重大错报风险会低于后者评估出的重大错报风险，因为重大错报的“门槛”提高了。

二是重要性影响进一步审计程序的性质、时间安排和范围。重要性反映了财务报表使用者对财务信息的需求，在其他条件均等的情况下，重要性越小，表明使用者对错报的容忍度越低，则注册会计师需要获取越多的审计证据以将审计风险降低至可接受的低水平，从而影响进一步审计程序的性质、时间安排和范围。

由于重要性客观反映了使用者的需求，我们可以假定客观上存在一个“合理的重要性”，如注册会计师确定的重要性高于“合理的重要性”，意味着注册会计师高估了使用者对错报的容忍度（过于激进），在此基础上执行的审计工作不够充分，从而提高了审计风险；反之，如注册会计师确定的重要性低于“合理的重要性”，意味着注册会计师低估了使用者对错报的容忍度（过于保守），在此基础上执行的审计工作会超过“合理的重要性”时需要的保证程度，从而降低审计风险。从这个角度看，重要性和审计风险存在一种同向关系：即重要性确定得偏高，审计风险越高；重要性确定得偏低，审计风险越低。

三是重要性影响注册会计师如何评价未更正错报对财务报表和审计意见的影响。注册会计师在评价未更正错报对财务报表和审计意见的影响时，通常以财务报表整体的重要性作为量化的判断标准。因此，重要性影响了注册会计师对可接受的未更正错报（仍然认为财务报表不存在重大错报）的判断。

四、如何确定重要性

注册会计师在制定总体审计策略时，需要确定财务报表整体的重要性。财务报表整体的重要性（整体重要性）的基础是注册会计师对在不影响财务报表使用者作出的经济决策的情况下，财务报表中可以包含的最大错报金额的判断。如果未更正错报的金额单独或汇总起来超出该项业务制定的整体重要性，就意味着财务报表存在重大错报。整体重要性以财务报表使用者整体共同的财务信息需求为基础。由于不同财务报表使用者对财务信息的需求可能差异很大，因此，不考虑错报对个别财务报表使用者可能产生的影响。

在某些情况下，也许有必要识别出可能影响财务报表使用者的经济决策，但金额小于整体重要性的错报。这可能涉及特定披露（如管理层报酬或者行业特有数据）、合规情况或合同具体条款或作为奖金发放基础的交易等敏感领域，也可能和潜在错报的性质有关。

（一）确定财务报表整体的重要性

注册会计师通常先选定一个基准，再乘以某一百分比作为财务报表整体的重要性。财务报表整体的重要性是注册会计师对使用者需求或预期的一种评价。因此，在确定财务报表整体的重要性时不考虑被审计单位控制的有效性或以往的错报以及预期可能识别出的错报。

1. 确定适当的基准。在确定基准时，需要考虑的因素包括：

（1）财务报表要素（如资产、负债、所有者权益、收入和费用）。

（2）是否存在特定会计主体的财务报表使用者特别关注的项目。例如，为了评价财务业绩，使用者可能更关注税前利润、营业收入或净资产。

（3）被审计单位的性质、所处的生命周期阶段以及所处行业和经济环境。

（4）被审计单位的所有权结构和融资方式。例如，如果被审计单位主要通过债务而非权益进行融资，财务报表使用者可能更关注资产价值及资产的索偿权，而非被审计单位的收益。

（5）基准的相对波动性。

适当的基准取决于被审计单位的具体情况，包括税前利润、营业收入、毛利和费用总额，以及所有者权益或净资产。对于以营利为目的的实体，通常以经常性业务的税前利润作为基准。如果经常性业务的税前利润不稳定，其他基准可能更加合适，如营业收入。

就确定的基准而言，相关的财务数据通常包括前期财务成果和财务状况、本期财务成果和财务状况、本期的预算和预测结果。当然，本期财务成果和财务状况、本期预算和预测结果需要根据被审计单位情况的重大变化（如重大的企业并购）和被所处行业和经济环境情况的相关变化等作出调整。例如，当按照经常性业务的税前利润的一定百分比确定财务报表整体的重要性时，如果本年度税前利润因情况变化出现意外增加或减少，注册会计师可能认为按照最近几年经常性业务的平均税前利润确定财务报表整体的重要性更加合适。表 2 - 9 举例说明如何选择适当的基准。

表 2 - 9　　确定重要性的基准

被审计单位的情况	确定的基准
盈利状况良好且保持稳定	经常性业务的税前利润
近年来，由于市场竞争激烈，市场趋于饱和，盈利能力持续下降，本年度微利	过去三到五年经常性业务的税前利润的平均值
新设企业，处于开办期，尚未开始经营，目前正在建造厂房及购买机器设备	总资产
新兴行业的民营企业，目前战略侧重于抢占市场份额扩大企业知名度和影响力	营业收入
某开放式基金，致力于优化投资组合，提高基金净值，为基金持有人创造投资价值	净资产
某国际企业集团在中国设立的研发中心，主要为集团下属各企业提供研发服务，并向相关企业收取费用	研发成本总额
公益性质的基金会	捐赠收入或捐赠支出总额

重要性与注册会计师出具审计报告的财务报表相关。如果财务报表涵盖期间超过或少于十二个月（如被审计单位是新成立的或变更财务报告期间），则重要性与涵盖该期间的财务报表相关。例如：注册会计师接受委托审计某企业20××年1月1日至6月30日止的财务报表，假设确定利润作为基准，则注册会计师以6个月期间的经常性业务的税前利润作为基准，而非将其年化为全年预计经常性业务的税前利润作为基准。

2. 选择适当的百分比。选择适当的百分比需要运用职业判断。百分比和基准之间存在一定的联系，如经常性业务的税前利润对应的百分比通常比营业收入对应的百分比要高。例如，对以营利为目的的制造行业实体，注册会计师可能认为经常性业务的税前利润的5%是适当的；而对非营利组织，注册会计师可能认为总收入或费用总额的1%是适当的。百分比无论是高一些还是低一些，只要符合具体情况，都是适当的。

注册会计师在确定重要性时，不需要考虑与具体项目计量相关的固有不确定性。例如，财务报表含有高度不确定性的大额估计，注册会计师并不会因此而确定一个比不含有该估计的财务报表整体的重要性更高或更低的重要性。

在通常情况下，由于上市公司以及其他公众利益实体的财务报表使用者的范围更广泛，受到更多关注，为了兼顾广大使用者的共同需求，注册会计师通常会使用较低的百分比确定一个较低的财务报表整体的重要性。表2－10举例说明对于上市公司、公众利益实体和非上市实体（非公众利益实体）可能使用的不同百分比。

表2－10　　选择的百分比

基准	百分比	
	上市公司/公众利益实体	非上市公司/非公众利益实体
经常性业务的税前利润	不超过5%	不超过10%
营业收入	不超过1%	不超过2%
总资产	不超过1%	不超过2%
净资产	不超过0.5%	不超过1.75%
非营利机构收入或支出总额	不超过1%	不超过2%

在选择百分比时，除了考虑其是否为上市公司或公众利益实体，其他因素也会影响注册会计师的判断。表2－11列示了注册会计师选择百分比时需要考虑的因素。

表 2－11　　选择百分比时需要考虑的因素

导致采用较低百分比的因素	导致采用较高百分比的因素
（1）财务报表分发给广大范围的使用者	（1）财务报表的分发和使用仅限于少数使用者
（2）被审计单位有大额对外融资（例如，银行贷款），贷款合同规定了特定财务数据指标条件	（2）被审计单位没有大额对外融资或并无违反融资协议条款的风险
（3）使用者对基准数据特别敏感（常见于特殊目的财务报表的使用者）	（3）被审计单位由集团内部关联方提供融资，或者对外融资由母公司或其他关联方提供担保

注册会计师选择的基准和百分比并非需要一贯保持不变，可以根据经济形势、行业状况和被审计单位具体情况的变化，在以后年度中作出调整。例如：

（1）某企业在设立阶段可能采用总资产作为基准，在成长期可能采用营业收入作为基准，在进入成熟期可能采用税前利润作为基准。

（2）对于一贯采用税前利润作为基准的企业，在上市前可能用10%计算财务报表整体的重要性，在上市之后，注册会计师可能用5%。

（二）确定特定类别交易、账户余额或披露的重要性水平

根据被审计单位的具体情况，下列因素可能表明存在一个或多个特定类别的交易、账户余额或披露，其发生的错报金额虽然低于财务报表整体的重要性，但合理预期将影响财务报表使用者依据财务报表作出的经济决策：

（1）法律法规或适用的财务报告编制基础是否影响财务报表使用者对特定项目（如关联方交易、管理层和治理层的薪酬）计量或披露的预期；

（2）与被审计单位所处行业相关的关键性披露（如制药企业的研究与开发成本）；

（3）财务报表使用者是否特别关注财务报表中单独披露的业务的特定方面（如新收购的业务）。

在根据被审计单位的具体情况考虑是否存在上述交易、账户余额或披露时，注册会计师可能会发现了解治理层和管理层的看法和预期是有用的。

在某些情况下，确定特定类别交易、账户余额或披露的重要性水平，注册会计师也可能需要避免犯由于审计风险高而降低整体（财务报表）重要性水平的错误。整体重要性是以财务报表使用者信息需求为基础的，而不是以审计特定项目余额的风险为基础。降低整体重要性界限意味着：一是财务报表使用者的决策受审计风险的影响而不受财务报表中所包含的信息的影响；二是注册会计师将执行额外的审计工作，以确保财务报表中不存在单独或汇总起来超过整体重要性界限的错报。一个较好的方法是通过设定一个较低特定类别的交易、账户余额、披露层次的实际执行重要性来应对审计风险。这将确保注册会计师执行了充分的工作以发现错报，同时，无须降低整体重要性。这也为在工作中未识别的错报建立了安全缓冲器。表 2－12 列示了影响特定类别的交易、账户余额或披露重要性的例子。

表 2－12　　影响特定重要性的因素

影响决策的因素	可能的例子
法律法规和财务报告编制基础的要求	• 敏感的财务报表披露，如管理层和治理层的薪酬； • 关联方交易； • 违反贷款协议、合同约定、监管规定以及法定/监管报告要求的情形； • 某些类型的支出，如非法支付或行政费用
关键的行业披露	• 采矿企业的储备和勘探成本； • 制药企业的研究和开发成本
重大事件以及重要业务变更的披露	• 最近的企业收购或业务扩张； • 终止经营； • 异常的事件或或有事项（例如诉讼）； • 推出新的产品和服务

（三）确定实际执行的重要性

实际执行的重要性，是指注册会计师确定的低于财务报表整体重要性的一个或多个金额，旨在将未更正和未发现错报的汇总数超过财务报表整体的重要性的可能性降至适当的低水平。如果适用，实际执行的重要性还指注册会计师确定的低于特定类别的交易、账户余额或披露的重要性水平的一个或多个金额。

注册会计师需要确定实际执行的重要性，以评估重大错报风险并确定进一步审计程序的性质、时间安排和范围。在计划审计工作中，仅关注发现单项重大的错报将忽视这样一个事实，即单项非重大错报的汇总数可能导致财务报表出现重大错报，更不用说还没有考虑可能存在的未发现错报。确定财务报表实际执行的重要性（根据定义可能是一个或多个金额），旨在将财务报表中未更正和未发现错报的汇总数超过财务报表整体的重要性的可能性降至适当的低水平，降低未更正错报和未发现错报的合计数超过财务报表整体的重要性的概率，同时，为可能存在的未发现错报提供一个余地或缓冲。该缓冲介于已发现但未更正错报的加总金额和整体或特定重要性之间。

与确定特定类别的交易、账户余额或披露的重要性水平相关的实际执行的重要性，旨在将这些交易、账户余额或披露中未更正与未发现错报的汇总数超过这些交易、账户余额或披露的重要性水平的可能性降至适当的低水平。

确定实际执行的重要性并非简单机械的计算，需要注册会计师运用职业判断，并考虑下列因素的影响：（1）对被审计单位的了解（这些了解在实施风险评估程序的过程中得到更新）；（2）前期审计工作中识别出的错报的性质和范围；（3）根据前期识别出的错报对本期错报作出的预期。

在实务中，注册会计师通常确定一个而非多个实际执行的重要性水平。

实际执行的重要性在审计中的作用主要体现在下列几个方面：

1. 注册会计师在计划和执行审计工作时通常根据实际执行的重要性水平确定需要对哪些类别的交易、账户余额和披露执行审计工作。

在制定审计计划时，通常将金额超过实际执行的重要性的账户纳入审计范围，因为这些账户有可能导致财务报表出现重大错报。

但是，这不代表可以将所有低于实际执行的重要性的所有账户排除在审计范围外，这主要是出于下列考虑：

（1）所有低于实际执行的重要性的账户加总起来可能金额重大（远远超过财务报表整体的重要性），注册会计师需要考虑加总后的潜在错报风险；

（2）对于存在低估风险的账户，不能因为账面余额小而不测试；

（3）对于识别出存在舞弊风险的账户，不能因为账面金额小而简单地予以排除。

2. 运用实际执行的重要性确定进一步审计程序的性质、时间安排和范围（例如，在实施分析程序时，运用实际执行的重要性确定可接受的差异临界值；在实施审计抽样时，运用实际执行的重要性确定可容忍错报等）。

由此可见，实际执行的重要性直接影响注册会计师的审计工作量以及需要获取的审计证据，对于审计风险较高的审计项目，需要确定较低的实际执行的重要性。

实际执行的重要性应当低于财务报表整体的重要性，如何确定实际执行的重要性需要注册会计师作出判断。

下列我们通过举例，说明如何确定实际执行的重要性。

在审计 YZ 公司时，注册会计师确定的财务报表整体的重要性为 100 万元，注册会计师可以将实际执行的重要性设定为财务报表整体重要性的 50% 到 75%，即 50 万元到 75 万元之间。如前所述，实际执行的重要性为 50 万元时实施的审计工作，要多于实际执行的重要性为 75 万元时执行的审计工作。

实际执行的重要性接近财务报表整体的重要性 50% 的情况：（1）首次接受委托的审计业务；（2）常年审计客户，以前年度审计调整较多；（3）项目总体风险较高。例如，处于高风险行业，面临较大市场竞争压力等。

实际执行的重要性接近财务报表整体的重要性75%的情况：（1）常年审计客户，以前年度审计调整较少；（2）项目总体风险较低，如处于低风险行业，市场竞争压力较小。图2－4列示了财务报表整体重要性与实际执行的重要性之间的关系。

应当指出的是，在实务中，实际执行的重要性要比财务报表整体重要性低得多，以确保执行足够的审计工作，将未更正和未发现错报的汇总数超过整体重要性的可能性降至可接受的低水平。

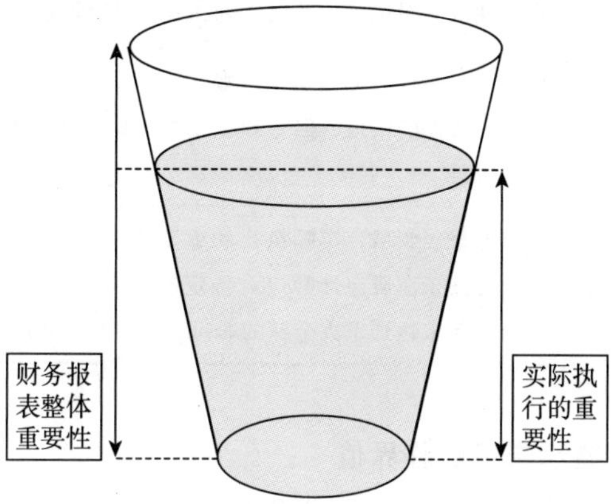

图2－4

图2－5和表2－13列示了整体重要性和特定重要性水平以及实际执行的重要性之间的关系。

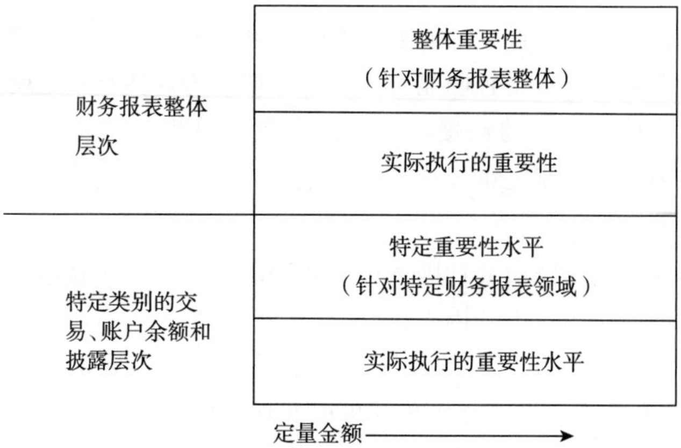

图2－5

表 2－13　　两个重要性和实际执行重要性之间的关系

整体重要性	整体重要性与财务报表整体有关。它是基于合理预期何种错报可能影响财务报表使用者依据财务报表作出的经济决策而确定的。如果在审计过程中获知某信息，而该信息可能导致注册会计师确定与原来不同的一个或多个金额，则需要修改整体重要性
实际执行的重要性	实际执行的重要性比整体重要性的金额设定得更低。实际执行的重要性有助于注册会计师应对特定的风险评估（而不改变整体重要性），并且将未更正和未发现错报的汇总数超过财务报表整体的重要性的可能性降至适当的低水平。实际执行的重要性可能根据审计发现（如在修改风险评估结果时）而被修改
特定重要性水平	特定重要性水平是针对交易类别、账户余额或披露而确定的，这些项目存在金额低于整体重要性的错报，但合理预期可能影响财务报表使用者依据财务报表作出的经济决策
实际执行的重要性水平	针对特定财务报表领域，实际执行的重要性水平比特定重要性水平的金额设定得更低。它有助于注册会计师应对特定的风险评估，并且为可能存在的未发现错报以及汇总起来达到重大金额的非重大错报留有余地

（四）确定明显微小错报的临界值

注册会计师应当积累审计过程中识别出的错报，除非错报明显微小。注册会计师可能将低于某一金额的错报界定为明显微小的错报，对这类错报不需要累积，因为这些错报的汇总数明显不会对财务报表产生重大影响。“明显微小”不等同于“不重大”。明显微小错报的金额的数量级，与按照《中国注册会计师审计准则第 1221 号——计划和执行审计工作时的重要性》确定的重要性的数量级相比，是完全不同的（明显微小错报的数量级更小）。这些明显微小的错报，单独或汇总起来，无论从规模、性质或其发生的环境来看都是明显微不足道的。如果不确定一个或多个错报是否明显微小，就不能认为这些错报是明显微小的。

为了确定审计中发现的错报哪些需要积累、哪些不需要积累而可以直接忽略，注册会计师需要在制定审计计划时预先设定这个“分水岭”，即明显微小错报的临界值。

确定该临界值需要注册会计师运用职业判断。在确定明显微小错报的临界值时，注册会计师通常考虑下列因素：

1. 以前年度审计中识别出的错报（包括已更正和未更正的）的数量和金额（根据以往经验推断本年度审计中预期可能发现的错报）；

2. 重大错报风险的评估结果（预期错报的类型、数量、金额）；

3. 被审计单位对注册会计师与其沟通错报的期望（被审计单位的治理层和管理层是否希望知悉金额较小的错报或仅需要知悉金额较大的错报）；

4. 被审计单位的财务指标是否勉强达到贷款合同规定的数值（即金额较小的错报可影响被审计单位是否符合合同规定的指标）。

注册会计师对上述因素的考虑，实际上是在确定审计过程中对错报的过滤程度（疏或密）。注册会计师的目标是要确保不积累的错报（即低于临界值的错报）不会汇集成重大错报。如果注册会计师预期被审计单位存在数量较多金额较小的错报，就考虑使用较低的临界值，以免大量低于临界值的错报积少成多可能构成重大错报；如果注册会计师预期被审计单位错报数量较少，则可以使用较高的临界值。

实务中的一种做法是，将明显微小错报的临界值定为财务报表整体重要性的5%到10%。假设注册会计师确定的财务报表整体的重要性为经常性业务税前利润的10%，意味着相当于经常性业务的税前利润0.5%到1%的错报被视为明显微小。

（五）对重要性的修改

注册会计师在制定总体审计策略和具体审计计划时确定的重要性，取决于当时可获得的信息。如果在审计过程中获知了某项信息，该信息可能导致注册会计师确定与原来不同的财务报表整体重要性（或者特定类别的交易、账户余额或披露的一个或多个重要性水平），注册会计师应当对重要性予以修改。

由于存在下列原因，注册会计师可能需要修改财务报表整体的重要性和特定类别的交易、账户余额或披露的重要性水平（如适用）：（1）审计过程中情况发生重大变化（如被审计单位决定处置一个重要组成部分）；（2）获取新的信息；（3）通过实施进一步审计程序，对被审计单位及其环境的了解发生变化。例如，注册会计师在审计过程中发现，实际财务成果与最初确定财务报表整体的重要性时使用的预期财务成果相比存在很大差异，则需要修改重要性。

一般情况下，注册会计师特别要考虑的是“需要调低重要性”的情况，并相应地考虑是否有必要修改实际执行的重要性，并确定进一步审计程序的性质、时间安排和范围。而对于“可以调高重要性”的情况，注册会计师可能根据情况选择调高或不调高重要性。

下列举例说明实务中比较常见的需要修改重要性的情况：

注册会计师于20×1年10月开始对被审计单位20×1年度财务报表执行审计。在制定总体审计策略和具体审计计划时，注册会计师决定以经常性业务税前利润的5%确定财务报表整体的重要性。根据1~9月财务报表数据及管理层的最新预测，注册会计师预期被审计单位全年的经常性业务税前利润为2 000万元，初步确定财务报表整体的重要性为100（2 000×5%）万元。注册会计师于20×2年1月取得被审计单位20×1年度财务报表，全年经常性业务税前利润为1 500万元，据了解是由于被审计单位第四季度营业收入和利润远远低于预期。这种情况下注册会计师可能需要将财务报表整体的重要性调整为 75（1 500 × 5%）万元。

（六）审计工作记录

注册会计师应当在审计工作底稿中记录下列金额以及在确定这些金额时考虑的因素：

（1）财务报表整体的重要性；

（2）特定类别的交易、账户余额或披露的一个或多个重要性水平（如适用）；

（3）实际执行的重要性；

（4）随着审计过程的推进，对重要性作出的任何修改。

表 2－14 总结了如何确定计划的重要性水平和实际执行的重要性。

表 2－14　　如何确定重要性

	整体的重要性	特定的重要性	实际执行的重要性
目的	确定一个衡量财务报表是否存在重大错报（不管由于舞弊还是错误）的界限	当可以合理预期金额小于财务报表整体重要性的错报会影响报表使用者的经济决策时，确定一个或多个小于整体重要性的界限，将其应用于特定类别的交易、账户余额或披露	确定一个或多个小于整体或特定重要性的界限以确保识别出非重大错报（小于整体或特定重要性的错报），并为注册会计师提供安全余地
计算基础	报表使用者能够容忍财务报表中的错报达到什么水平（即不会影响财务报表使用者的经济决策）	在特定类别的交易、账户余额或披露的特殊环境下，可以合理预期何种错报水平会影响报表使用者的经济决策	要实现下列目标需要多少审计工作： • 识别低于整体或特定重要性的错报； • 为未发现的错报留出充分的缓冲余地
实用方法（用作起点）	重要性属于职业判断而非机械的活动。在实务中通常使用来自经常性业务的税前利润（5% 到 10%），因为它对财务报表使用者最有意义。如果这个指标不好用（如非营利组织或者利润不稳定），可以考虑其他基础，如： • 营业收入或费用金额的 1% 到 2%。净资产的 0.5% 到 1.75%	为特殊或敏感的财务报表领域确定一个较低的特定重要性金额	可以在整体或特定重要性水平的 50%（当重大错报风险较高时）到 75%（当评估的重大错报风险较低时）之间波动

续表

	整体的重要性	特定的重要性	实际执行的重要性
在审计中的运用	确定未更正错报单独或汇总起来是否超过整体重要性	确定未更正错报单独或汇总起来是否超过特定重要性	• 评估重大错报风险； • 针对评估的风险设计进一步审计程序
在审计过程中的修改	• 在审计过程中情况发生变化，如出售部分业务； • 获得新信息； • 通过实施进一步审计程序，对被审计单位及其经营的了解发生变化（如实际经营结果与预期相比存在很大差异）	具体情况发生变化	• 评估的风险发生变化； • 在实施进一步审计程序所发现的错报的性质和内容； • 对被审计单位的了解发生变化

参考格式2－4列示了重要性工作底稿。

参考格式2－4　　　　重要性

被审计单位：________	索引号：________
项目：　重要性	财务报表截止日/期间：________
编制：________	复核：________
日期：________	日期：________

一、财务报表整体的重要性

1. 选择基准

2. 选择基准时考虑的因素

记录选择基准时考虑的因素。这些因素可能包括：

（1）财务报表要素（如资产、负债、所有者权益、收入和费用）；

（2）是否存在特定会计主体的财务报表使用者特别关注的项目（如为评价财务业绩，使用者可能更关注税前利润、营业收入或净资产）；

（3）被审计单位的性质、所处的生命周期以及所处行业和经济环境；

（4）被审计单位的所有权结构和融资方式（例如，如果被审计单位仅通过债务而非权益进行融资，财务报表使用者可能更关注资产及资产的索偿权，而非被审计单位的收益）；

（5）基准的相对波动性

3. 确定经验百分比

为确定的基准选择百分比需要运用职业判断。百分比和基准之间存在一定的联系，如经常性业务的税前利润对应的百分比通常比营业收入对应的百分比要高。例如，对以营利为目的的制造行业实体，注册会计师可能认为经常性业务税前利润的5%是适当的；而对非营利组织，注册会计师可能认为营业收入或费用总额的1%是适当的。百分比无论是高一些还是低一些，只要符合具体情况，都是适当的

4. 确定重要性

基准（金额）	
经验百分比（%）	
重要性（适当取整）	

二、实际执行的重要性

财务报表整体的重要性	实际执行的重要性	说明

三、特定类别的交易、账户余额或披露的重要性水平

是否存在特定类别的交易、账户余额或披露，其发生的错报金额虽然低于财务报表整体的重要性，但合理预期可能影响财务报表使用者依据财务报表作出的经济决策		是/否
如是，完成下列内容：		
交易、账户余额或披露	较低的重要性水平	较低的实际执行的重要性水平
记录所考虑的因素		

四、明显微小错报的临界值

财务报表整体的重要性	明显微小错报的临界值	说明

五、修改重要性

1. 修改财务报表整体的重要性

最初确定的财务报表整体的重要性	修改后的财务报表整体的重要性	说明

2. 修改特定类别的交易、账户余额或披露的重要性水平

交易、账户余额或披露	最初确定的特定类别的交易、账户余额或披露的重要性水平	修改后的特定类别的交易、账户余额或披露的重要性水平	说明

3. 修改实际执行的重要性

最初确定的实际执行的重要性	修改后的实际执行的重要性	说明

4. 修改特定类别的交易、账户余额或披露的实际执行的重要性水平

交易、账户余额或披露	最初确定的特定类别的交易、账户余额或披露的实际执行的重要性水平	修改后的特定类别的交易、账户余额或披露的实际执行的重要性水平	说明

六、修改重要性对之前确定的进一步审计程序的性质、时间安排和范围的影响

第六节　具体审计计划

一、具体审计计划和总体审计策略的关系

制定总体审计策略和具体审计计划的过程紧密联系，并且两者的内容也紧密相关。总体审计策略一经制定，注册会计师应当针对总体审计策略中所识别的不同事项，制定具体审计计划，并考虑通过有效利用审计资源以实现审计目标。值得注意的是，虽然制定总体审计策略的过程通常在具体审计计划之前，但是两项计划活动并不是孤立、不连续的过程，而是内在紧密联系的，对其中一项的决定可能会影响甚至改变对另外一项的决定。例如，注册会计师在了解被审计单位及其环境的过程中，注意到被审计单位对主要业务的处理依赖复杂的自动化信息系统。因此，计算机信息系统的可靠性及有效性对其经营、管理、决策以及编制可靠的财务报告具有重大影响。对此，注册会计师可能在具体审计计划中制定相应的审计程序，并相应调整总体审计策略的内容，作出利用信息技术专家工作的决定。

因此，注册会计师应当根据实施风险评估程序的结果，对总体审计策略的内容予以调整。在实务中，注册会计师将制定总体审计策略和具体审计计划结合进行，可能使计划审计工作更有效率和效果。

二、具体审计计划的内容

具体审计计划比总体审计策略更加详细，内容包括为获取充分、适当的审计证据以将审计风险降至可接受的低水平拟实施的审计程序的性质、时间安排和范围。

（一）计划实施的风险评估程序

具体审计计划应当包括按照《中国注册会计师审计准则第 1211 号——通过了解被审计单位及其环境识别和评估重大错报风险》的规定，为了足够识别和评估财务报表重大错报风险，注册会计师计划实施的风险评估程序的性质、时间安排和范围。

（二）计划实施的进一步审计程序

具体审计计划应当包括针对评估的各类重大的交易、账户余额、披露认定层次重大错报风险，注册会计师计划实施的进一步审计程序的性质、时间安排和范围。

进一步审计程序可以分为总体方案和具体审计程序两个层次。总体方案主要是指注册会计师针对各类交易、账户余额和列报决定采用的实质性方案或综合性方案。具体审计程序则是对进一步审计程序的总体方案的延伸和细化，它通常包

括控制测试和实质性程序的性质、时间安排和范围。

（三）计划实施的其他审计程序

计划实施的其他审计程序应当包括注册会计师针对审计业务需要实施的其他审计程序，如针对关联方、持续经营、期后事项等实施的审计程序。

三、风险评估程序的设计

在设计风险评估程序时，注册会计师应当考虑了解被审计单位所处行业状况、监管环境以及其他外部因素，被审计单位的性质，被审计单位对会计政策的选择和运用，被审计单位的目标、战略以及可能导致财务报表重大错报的相关经营风险，被审计单位财务业绩的衡量和评价，与审计相关的内部控制。

（一）信息来源

注册会计师可以从被审计单位内部或外部获得信息。在大多数情况下，注册会计师首先从内部来源获得信息，并将这些信息与从外部来源获得的信息相核对，验证它们的一致性。图 2 -6 列举了部分信息来源。

	内部来源	外部来源
财务信息	· 财务报表 · 预算 · 报告 · 财务业绩衡量与评价 · 会议纪要 · 所得税申报表 · 选用会计政策的决策 · 判断和估计	· 行业信息 · 信用评级机构 · 债权人 · 政府机构 · 特许权授予机构 · 媒体和其他外部机构
非财务信息	· 企业形象 · 任务 · 价值观 · 目标 · 战略 · 组织结构 · 会议纪要 · 岗位说明 · 经营业绩 · 经营动力 · 增长潜力 · 政策和程序手册 · 非财务业绩衡量和评价	· 行业组织的数据 · 行业预测 · 政府机构的报告 · 报纸、杂志的文章 · 互联网信息

图 2 -6

此外，以前审计形成的工作底稿，也是重要的有价值的信息，例如：

（1）计划本期审计时需要关注的事项或问题；

（2）可能的审计调整和未更正错报的评价结果和来源；

（3）重复出现不一致的地方，如对会计估计的假设；

（4）容易出错的地方；

（5）在与管理层和治理层沟通时提出的问题。

在承接或保持业务之前实施的风险评估程序中获得的信息，可以作为审计项目组了解被审计单位的部分内容。

（二）识别重大错报风险

注册会计师应当从下列方面了解被审计单位及其环境：

（1）行业状况、法律环境和监管环境及其他外部因素，包括适用的财务报告编制基础。

（2）被审计单位的性质，包括经营活动、所有权和治理结构、正在实施和计划实施的投资（包括对特殊目的实体的投资）的类型、被审计单位的组织结构和筹资方式。了解被审计单位的性质，可以使注册会计师了解预期在财务报表中反映的各类交易、账户余额和披露。

（3）被审计单位对会计政策的选择和运用，包括变更会计政策的原因。注册会计师应当根据被审计单位的经营活动，评价会计政策是否适当，并与适用的财务报告编制基础、行业使用的会计政策保持一致。

（4）被审计单位的目标、战略以及可能导致重大错报风险的相关经营风险。

（5）对被审计单位财务业绩的衡量和评价。

（6）内部控制。注册会计师应当了解与审计相关的内部控制。虽然大部分与审计相关的控制可能与财务报告相关，但并非所有与财务报告相关的控制都与审计相关。确定一项控制单独或连同其他控制是否与审计相关，需要注册会计师作出职业判断。

图 2－7 中列示了注册会计师应当了解的 6 个主要领域。

1. 外部因素	行业性质 监管环境 其他外部因素
2. 被审计单位的性质	所有权结构、治理结构、组织结构 经营活动、投资活动、筹资活动
3. 对会计政策的选择和运用	重要的会计政策和行业惯例 重大和异常的会计处理方法
4. 被审计单位的目标和战略	相关经营风险 财务结果
5. 财务业绩衡量和评价	使用的关键计量指标 提高经营业绩对管理层的压力
6. 内部控制	控制环境、风险评估过程、对控制的监督 控制活动、信息系统和沟通

图 2－7

（三）评估重大错报风险

评估重大错报风险是审计风险评估阶段的最后一个步骤。获取的关于风险因素和抵消风险的控制的信息（通过实施风险评估程序）将全部用于财务报表层次以及各类交易、账户余额和披露的认定层次重大错报风险的评估。评估结果将作为实施进一步审计程序的性质、时间安排和范围的基础。

记录评估的风险可以采取很多形式。表 2－15 列示了一种记录风险评估结果的方法。

表 2－15　　记录风险评估结果的方法

评估的风险		固有风险	控制风险	重大错报风险	记录主要风险以及其他风险因素
财务报表层次	全部	H	L	M	行业正处于下滑趋势，新技术可能加速这一趋势。可能存在管理层凌驾于内部控制之上的风险，董事会不包括非家族成员
认定层次					
销售收入		H	L	M	所有者想少交税。收入确认政策不一致
		L	L	L	被审计单位存在良好的销售与收款循环的内部控制系统。内部控制测试可行
应收账款		L	L	L	没有识别出特别风险
		H	M	M	销售员工的奖金和记录的销售收入挂钩
		L	L	L	
		H	M	M	应收款的回收出现困难，行业可能存在问题
存货		L	L	L	
		H	L	M	存货被盗，仓库的实物内部控制很差
		H	H	H	新技术将使部分或全部产品废弃过时

注释：H＝高　M＝中　L＝低

四、进一步审计程序的设计

注册会计师在设计进一步审计程序时，应当在评估的风险和进一步审计程序之间建立一个清晰的联系，列示出进一步审计程序（控制测试和实质性程序）的性质、时间安排和范围。

（一）设计审计程序应当考虑的因素

设计进一步审计程序时考虑的基本信息和事项包括：（1）评估的风险的性质；（2）控制测试的使用；（3）增加不可预见性的必要性。

1. 评估的风险的性质。审计资源应重点投向最有可能发生重大错报风险的领域。注册会计师需要考虑下列事项：

（1）如果评估的风险发生，将产生何种影响？

（2）评估的风险发生的可能性或概率有多大？

（3）考虑风险对每项认定（完整性、存在、准确性和计价）以及各类交易、账户余额或披露的影响。

（4）是否为“特别风险”？计划的审计程序应当直接针对这些特别风险。

（5）管理层的应对措施是什么？考虑内部控制的性质及其在降低风险方面可能的有效性。控制是否从性质上来讲是日常性发生（例如每天发生）或周期性发生（例如每月发生），控制是否能够防止或发现并纠正错报，是人工控制还是自动化控制？

（6）考虑在设计进一步审计程序时针对的各类交易、账户余额或披露是否具有特定的特征（固有风险），如高价值的存货，复杂的合同协议，特定交易流缺少纸质轨迹或很大比例的销售来自于一个顾客。

2. 控制测试的使用。注册会计师对认定层次风险的评估，为设计和实施进一步审计程序提供了基础。在确定应对评估的风险的措施是否应当包括测试内部控制运行有效性时，应当考虑下列两方面事项：

（1）拟测试的内部控制是否有效。如果内部控制存在并预期运行有效，应当考虑控制测试是否可以作为应对特定认定的重大错报风险的有效措施？通过实施控制测试可以减少哪些实质性程序？

（2）是否存在只有控制测试才能有效应对的认定。在某些情况下，可能无法实施恰当的实质性程序，以获取针对特定认定的审计证据。因此，必须实施控制测试。一个例子是高度自动化系统，不存在或存在很少纸质轨迹。如果此类内部控制被认为不可靠（控制可能运行无效）或不存在此类控制，注册会计师必须确定是否能够获取其他充分、适当的审计证据。

3. 增加不可预见性的必要性。根据评估的风险的性质，考虑是否应当在不事先告知管理层的情况下，修改某些计划的程序使之不同于往年，或在管理层不能预见的时间实施。

表2－16列举了一些具有不可预见性的审计程序的例子。

表 2－16　具有不可预见性审计程序举例

审计领域	一些可能适用的具有不可预见性的审计程序
存货	（1）向以前审计过程中接触不多的被审计单位员工询问，如采购、销售、生产人员等
	（2）在不事先通知被审计单位的情况下，选择一些以前未曾访问过的存货盘点地点进行存货监盘
销售/应收账款	（1）向以前审计过程中接触不多或未曾接触过的被审计单位员工询问，如负责处理大客户账户的销售部人员
	（2）改变实施实质性分析程序的对象，例如，对收入按明细类别进行分析
	（3）针对销售和销售退回延长截止测试期间
	（4）实施以前未曾考虑过的审计程序，例如： • 函证确认销售条款或选定销售额较不重要、以前未曾关注的销售交易，例如，对出口销售实施实质性程序。 • 实施更细致的分析程序，例如，使用计算机辅助审计技术检查销售及客户账户。 • 测试以前未曾函证过的账户余额，例如，金额为负或是零的账户，或者余额低于以前设定的重要性水平的账户。 • 改变函证日期，即把所函证账户的截止日期提前或推迟。 • 对关联公司销售和相关账户余额，除进行详细函证外，再实施其他审计程序进行验证
采购/应付账款	（1）如果以前未曾对应付账款余额进行函证，可考虑直接向供应商函证确认余额。如果经常采用函证方式，可考虑改变函证的范围或时间
	（2）对以前由于低于设定的重要性水平而未曾测试过的采购项目实施细节测试
	（3）使用计算机辅助审计技术检查采购和付款账户，以发现一些特殊项目，例如，是否有不同的供应商使用相同的银行账户
现金/银行存款	（1）多选几个月银行存款余额调节表进行测试
	（2）对有大量银行账户的，考虑改变抽样方法
固定资产	对以前由于低于重要性水平而未曾测试过的固定资产进行测试，例如，考虑实地检查一些价值较低的固定资产，如汽车、其他设备等
跨区域审计项目	修改分支机构审计工作的范围或区域（如增加某些较次要分支机构的审计工作量，或实地去分支机构开展审计工作）

（二）设计进一步审计程序的性质

进一步审计程序的性质包括检查、观察、询问、函证、重新计算、重新执行或分析程序。表 2－17 列示了设计程序的性质时的部分考虑因素。

表 2－17　　设计程序的性质时考虑的因素

设计程序的性质时考虑的因素	
认定的性质	特定的审计程序可能： • 针对某些认定比其他程序更恰当。控制测试可能是获取关于销售完整性的证据最好的程序，而获取支持存货计价的证据最好的方法是实施实质性程序。 • 针对某些认定提供的证据更可靠。实施应收款函证以确定其存在，所获得的审计证据比仅检查发票或实施某些分析程序获得的证据质量要高
认定层次的风险	重大错报风险越高，需要审计证据的可靠性和相关性就越高。这可能影响所需实施的审计程序的类型，以及不同类型审计程序的组合。例如，为保证高价值存货的存在，在实施实地检查的同时可能还要检查支持性文件
风险的原因	在设计控制测试和实质性程序时，应当考虑产生风险的潜在原因。这包括财务报表领域的特点（固有风险）和内部控制（控制风险）。如果存在良好的内部控制，评估的风险较低，控制测试可以降低实施实质性程序的必要性或减少实质性程序的范围
信息来源	如果实施审计程序时使用被审计单位信息系统产生的非财务信息，应当获取其准确性和完整性的证据。例如，将高层公寓租出房间的数量乘以月份公寓租金的金额，与记录的总收入相比较
双重目的测试	出于提高效率的考虑，可以针对某一项交易同时实施控制测试和细节测试。检查发票可以确定其是否经过适当的授权（控制测试），也可以证实这笔交易（细节测试）。如果细节测试发现了内部控制没有发现的错报，可能表明内部控制存在重大缺陷。注册会计师应当将该缺陷与管理层和治理层沟通，并考虑是否需要实施额外的审计程序，包括更新风险评估结果，制定恰当的应对措施

（三）设计审计程序的时间安排

注册会计师通常在期末或之后实施审计程序。此外，重大错报风险越高，越应在接近期末或期末、期末之后实施实质性程序。

在某些情况下，在期末之前实施审计程序可能存在优势，如有助于在早期识别重大事项，为解决这些问题和实施进一步审计程序赢得时间；通过将忙季的某些工作转移到淡季来做，平衡事务所的工作量；采用不通知的方式，或者在管理层不能预见的时间实施审计程序。

特定审计程序可能只能在期末或期末之后实施，包括截止程序（对内部控制的信赖程度最低）、期末调整和期后事项。

（四）设计审计程序的范围

审计程序的范围与拟执行的特定审计程序的数量（样本规模）相关。一般原则是样本规模应随着重大错报风险的增加而增加。然而，在程序与评估的风险相关时这一原则才有效。

具体审计计划的目标是恰当应对评估的风险，将审计风险降至可接受的低水平。最有效的方法是考虑评估的每一项风险，然后在进一步审计程序表中设计恰当的审计应对措施。不恰当的方法是针对每项认定使用标准（“适用于所有审计”）的审计方案，而不是根据评估的风险进行修改。

在制定具体审计计划时，可以考虑一系列不同类型的程序。一个有效的审计项目建立在各种程序的恰当组合上，能够将审计风险降至可接受的低水平。表2－18至表2－20列示了编制应收账款审计计划的思路。其中，表2－18列示了评估的风险，表2－19列示了编制应收账款审计计划时应考虑的问题，表2－20列示了针对应收账款风险水平拟采取的审计应对措施。

表2－18　　针对应收账款认定评估的风险

财务报表层次评估的风险（高、中、低）	低			
认定（完整性、存在、准确性和计价）	完整性	存在	准确性	计价
认定层次评估的风险（高、中、低）	低	中	低	中
前期评估的风险的变更：无				

表2－19　　编制应收账款审计计划考虑的问题

编制审计计划考虑的问题	应对措施
1. 是否存在仅实施实质性测试不能应对的认定	销售收入的完整性认定将采取控制测试与分析程序结合的方法来应对
2. 与业务相关的内部控制预期可靠吗？如可靠，能否实施控制测试以减少对其他实质性程序的需要，或减少其他实质性程序的范围	对于应收账款，通过实施控制测试，可能降低实施其他实质性程序。如果不能完全确定控制运行的可靠性，仅实施实质性程序
3. 是否可以通过实施实质性分析程序减少对其他审计程序的需要或缩减其范围	否
4. 是否需要加入不可预见因素或实施额外的审计程序（如针对舞弊、风险等）	针对已识别的管理层凌驾于内部控制之上的风险，将实施一些额外的审计程序
5. 是否存在需要特殊关注的特别风险	可能存在一些与收入确认相关的舞弊风险。为应对这些风险，将实施实质性细节测试； 应收账款的计价是一个需要特别关注的特定风险。将对期后的付款情况实施补充分析和复核； 在整个审计过程中，需要注意正常经营过程之外的未披露的关联方交易

表 2－20　　针对应收账款风险水平采取的审计应对措施

审计应对措施汇总				
核对完整性、存在、准确性和计价适用的测试	完整性	存在	准确性	计价
1. 实质性细节测试——所有重大类别的交易、账户余额和披露	×	×	×	×
2. 实质性细节测试——为应对特定风险而订制（抽样、舞弊、特别风险等）				×
3. 实质性分析程序		×		
4. 控制测试（运行有效性）	×			
根据职业判断，上述程序是否足以应对评估的风险？（是/否）如果否，在下栏解释原因	是	是	是	是
解释：				

参考格式 2－5 至参考格式 2－12 列示了具体审计计划的参考格式。

参考格式 2－5　　具体审计计划——风险评估程序

一般风险评估程序	
记录为了解被审计单位及其环境（包括内部控制）所执行的风险评估程序。可能包括询问、观察、检查及分析程序等。记录的内容包括项目组工作的性质、时间安排和范围	
风险评估程序	执行人、日期和工作底稿索引号
执行下列审计程序表中所要求的风险评估程序： • 特定项目审计程序表 • 特定项目审计程序表——舞弊	
[根据需要增加其他风险评估程序，以及根据具体情况修改下列程序]	
项目组应向参与过非审计服务（如有）的其他项目负责人或项目经理询问可能存在的重大错报风险	
向管理层询问有关被审计单位业务、运营环境（包括内部控制）的变化情况	

续表

对最近期间财务报表［注明年度或期间］的财务信息实施分析程序		
分析中期审阅的结果（如适用）		
针对特定项目实施的询问程序		
受访者（姓名及职位） （项目组就下列"特定项目审计程序表"和"特定项目审计程序表——舞弊"及其附件中要求的事项询问被审计单位管理层及其他人员）	询问程序执行人和工作底稿索引号	询问日期
对舞弊的考虑		
对法律法规的考虑		
关联方		
诉讼及索赔		
持续经营		
会计估计		

参考格式 2－6 具体审计计划——了解被审计单位行业状况及其环境

了解被审计单位
记录执行风险评估程序的结果以便： • 识别财务报表层次存在的风险以及重要的各类交易、账户余额和披露认定层次的固有风险（包括舞弊或错误风险） • 在进一步审计程序表中计划进一步审计程序的性质、时间安排和范围。 项目组记录对被审计单位获得了解的信息来源。除了记录对被审计单位的了解以外，还需在工作底稿中记录已识别的风险。项目组仅需记录与审计项目相关的信息。
被审计单位的行业状况、法律环境与监管环境、其他外部因素
1. 行业状况
（1）市场供求与竞争
（2）生产经营的季节性和周期性
（3）能源供应与成本

续表

2. 法律环境与监管环境
（1）适用的会计准则和行业特定惯例
（2）对经营活动产生重大影响的法律法规及监管活动
（3）对开展业务产生重大影响的货币、财政、税收和贸易政策
3. 其他外部因素
（1）宏观经济的景气度
（2）利率和资金供求状况
（3）通货膨胀水平及币值变动

参考格式 2－7　具体审计计划——了解被审计单位的会计政策和运用

被审计单位对会计政策的选择和运用
1. 会计政策的选择和运用是否适当
（1）重要项目的会计政策和行业惯例
（2）重大和异常交易的会计处理方法
（3）在新领域和缺乏权威标准或共识的领域，采用重要会计政策产生的影响
（4）会计政策的变更
（5）首次采用新颁布的会计准则
2. 企业架构对财务报表的影响
企业架构及管理层报告流程会影响被审计单位财务信息的编制。项目组需在此记录可能影响财务报表审计及显示出存在特定风险的与被审计单位企业架构有关的因素
3.

参考格式 2－8　具体审计计划——了解财务业绩的衡量和评价

被审计单位的财务业绩
1. 外部的期望
记录外部对于被审计单位财务业绩的期望，特别是那些可能使管理层受到压力或提供其动机而导致对财务信息作出虚假报告的第三方的期望
2. 分析
(1) 被审计单位作出的分析及其结果
了解与审计相关的被审计单位作出的财务和业务分析及其结果。项目组汇总记录与风险识别或计划审计工作相关的分析结果
(2) 项目组的分析结果
作为对被审计单位分析结果的补充，项目组执行分析程序以识别重大错报风险
3. 导致对被审计单位持续经营能力产生疑虑的事项或情况
根据“特定项目审计程序表”及工作底稿列示的风险评估程序，项目组记录导致对被审计单位持续经营能力产生重大疑虑的事项或情况。若未发现存在这些事项或情况，也需记录未发现这个事实

参考格式 2－9　具体审计计划——汇总不正当或不诚信行为的情况或疑虑

是否发现存在与财务报告相关的不正当或不诚信行为的情况或疑虑？是□　否□	
汇总与财务报告相关的不正当或不诚信行为的情况或疑虑	
如“特定项目审计程序表——舞弊”中的程序所述，项目组应审阅汇总的被审计单位不正当或不诚信行为的情况或疑虑（如有），并确定是否需要实施进一步的审计程序	
不诚信行为的情况或疑虑	对总体审计策略的影响

参考格式 2－10　具体审计计划——对风险评估及审计计划的讨论

对风险评估及审计计划的讨论
项目组成员内部讨论对被审计单位的了解和所识别的风险，确定对重要各类交易、账户余额和披露的进一步审计程序并记录于工作底稿的计划矩阵中，以及确定记录在工作底稿中的总体审计策略。 讨论的目的也是为了使项目组成员更好地了解其各自负责的审计领域中存在舞弊或错误将导致财务报表重大错报的可能性，并了解他们所执行的审计程序的结果可能对其他审计领域产生的影响，包括确定进一步审计程序的性质、时间安排及范围

续表

对风险评估及审计计划的讨论	
日期	
参加人员	
讨论事项	

对风险评估及审计计划的讨论至少包括下列事项：

- 在整个审计过程中，强调保持职业怀疑的重要性和保持质疑的思维方式的必要性，不应依赖以往审计中对管理层的诚信形成的判断，特别是当有迹象表明可能由于舞弊或错误导致错报时，针对这些迹象严格实施跟进程序；
- 项目组成员的职责分工（包括保持职业怀疑，遵守职业道德相关要求，及时与项目负责人沟通所识别的舞弊风险迹象或潜在的违法违规行为）；
- 总体审计策略，包括确定重要性水平以及如何利用其确定审计测试的范围；
- 通过执行风险评估程序获得的对被审计单位的了解，例如：
- 关联方和关联方交易的性质和范围；
- 可能存在未发现或未披露的关联方或关联方交易的环境特征，如被审计单位组织结构复杂；
- 被审计单位的会计政策（包括非常规会计程序）如何按照适用的会计准则反映被审计单位的实际情况及其环境；
- 对影响被审计单位舞弊风险的外部和内部因素的考虑，即对被审计单位或其他人士可能产生舞弊动机或压力、提供舞弊机会，以及使被审计单位或其他人士认为舞弊行为合理化的企业文化或环境的因素（舞弊风险三因素）的考虑；
- 考虑管理层凌驾于内部控制之上的风险，包括通过会计分录和其他调整、重大的会计估计或重大异常交易，以及对关联方和关联方交易的识别、记录和披露凌驾于内部控制之上；
- 对由舞弊（特定项目审计程序表——舞弊）或错误导致的财务报表重大错报风险的怀疑，特别是对舞弊的怀疑；
- 识别的财务报表层次风险；
- 识别的重要各类交易、账户余额和披露层次的固有风险以及计划进一步审计程序的总体方案；
- 事务所应对和解决项目组成员（包括专家）之间的意见分歧，或项目组与项目质量控制复核人或其他被咨询人员之间存在意见分歧时的政策及程序，且这些事项可以直接反映给项目负责人而不必担心遭受打击报复；
- 需要向未参加此次讨论的项目组成员（包括专家以及多重地点审计项目中的主审所和参与所）传达的事项。

其他讨论事项：

- [列出讨论事项]

参考格式 2－11　具体审计计划——识别的风险（第一部分）

A. 在接受（保持客户关系）具体业务过程中识别的风险

下列列示了在接受与保持客户关系和具体业务过程中识别的风险，但并非列示了与被审计单位相关的所有风险。

风险	审计中的应对措施

B. 识别的财务报表层次风险

审计计划中的对应部分	风险描述

被审计单位企业层面的内部控制和财务报表层次的风险对审计工作的影响：

对总体审计策略的影响

对重要的各类交易、账户余额和披露计划实施的进一步审计程序的影响

C. 识别重要的各类交易、账户余额和披露认定层次的固有风险

通常假定被审计单位在收入确认方面存在认定层次的舞弊风险。在极个别的情况下，如果认为以上假定不恰当，需记录支持此结论的理由

审计计划中的对应部分	风险编号	风险的性质	是否涉及舞弊风险

各类交易、账户余额名称	相关认定						披露名称	相关认定					

审计计划中的对应部分	风险编号	风险的性质	是否涉及舞弊风险

各类交易、账户余额名称	相关认定						披露名称	相关认定					

审计计划中的对应部分	风险编号	风险的性质	是否涉及舞弊风险

各类交易、账户余额名称	相关认定						披露名称	相关认定					

参考格式 2-12　　审计计划——进一步审计程序的总体方案考虑的因素

1. 提高审计程序不可预见性

进一步审计程序的总体方案应考虑“特定项目审计程序表——舞弊”中程序的要求，并在确定执行的进一步审计程序的性质、时间安排和范围时增加审计程序不可预见性

重要的各类交易、账户余额和披露	提高不可预见性的措施

2. 应当实施的适用审计程序或假定收入确认存在认定层次舞弊风险的例外情况

下列审计程序并不意味执行的全部审计程序。此外，为应对评估的重大错报风险，项目组还应计划实施其他适用的实质性程序（即实质性分析程序或细节测试）。

- 存货：实施存货监盘程序；
- 应收账款：对特定的应收账款（余款或未结算发票）进行函证，包括可能影响会计处理的交易条款和其他重要信息；
- 收入：检查收入确认的期末截止是否正确；
- 银行存款：
  - 对银行存款余额、担保和金融工具进行函证；
  - 检查银行存款余额调节表；
- 负债：
  - 查找期末未入账负债；
  - 向被审计单位律师书面询问有关诉讼和索赔事项（法律事项函证）；
- 债务：向第三方就债务的金额、条款和限制性条件进行函证；
- 固定资产增加：取得并检查特定新增固定资产的支持性文件

是否存在应当实施的适用审计程序或假定收入确认存在认定层次舞弊风险的例外情况？	是□	否□

(是否适用)	重要的各类交易、账户余额和披露	应当实施的适用审计程序	不需执行的审计程序	不执行应当实施的适用审计程序的理由	替代审计程序
	银行存款	对银行存款余额、担保和金融工具进行函证			
	银行存款	检查银行存款余额调节表			
	应收账款	对特定的应收账款进行函证，包括可能影响会计处理的交易条款和其他重要信息			
	存货	实施存货监盘程序			

续表

	固定资产增加	取得并检查特定新增固定资产的支持性文件		
	负债	查找期末未入账负债		
	负债	向被审计单位律师书面询问有关诉讼和索赔事项		
	负债	向第三方就债务的金额、条款和限制性条件进行函证		
	收入	检查收入确认的期末截止是否正确		
假定收入确认不存在认定层次舞弊风险的理由				
3. 使用计算机辅助审计技术				
重要的各类交易、账户余额和披露	审计目标	计划通过计算机辅助审计技术实施的审计程序		
4. 有关进一步审计程序的总体方案				
在此记录项目组计划的进一步审计程序的总体方案并考虑“特定项目审计程序表——舞弊”中的程序以及“财务报告审计程序表”中审计目标的要求				

第七节　与治理层沟通

一、治理层的含义

治理层是指对被审计单位战略方向以及管理层履行经营管理责任负有监督责任的人员或组织。治理层的职责包括对财务报告过程的监督。管理层是指对被审计单位经营活动的执行负有管理责任的人员。

治理结构因被审计单位和所在国家或地区的不同而异，反映了不同文化和法律背景以及被审计单位的规模和所有权特征等方面的影响。例如，在某些国家或地区，被审计单位设有监事会（其全部或主要成员不参与管理被审计单位），与董事会在法律上是分离的（即“双层”结构）。在其他一些国家或地区，被审计单位的监督和执行职责是单一或一元化的董事会（即“单层”结构）的法定责任。在大多数被审计单位，治理职责是治理机构的集体责任，如董事会、监事会、管理委员会、治理委员会。但是，在某些小型被审计单位，可能由一个人承担治理职责，如在没有其他业主情况下的业主兼经理。

注册会计师与治理层沟通的主要目的是：一是就注册会计师与财务报表相关的责任、计划的审计范围和时间的总体情况，与治理层进行清晰的沟通；二是向治理层获取与审计相关的信息；三是及时向治理层告知审计中发现的与治理层对财务报告过程的监督责任相关的重大事项；四是推动注册会计师和治理层之间有效的双向沟通。

二、沟通的对象

注册会计师应当确定与被审计单位治理结构中哪些适当人员沟通。如果无法清楚识别需要沟通的合适对象时，注册会计师可能需要与委托人就拟沟通的相关人员进行讨论并达成一致。当被审计单位是一个企业集团的组成部分时，组成部分注册会计师适当的沟通对象取决于业务环境和拟沟通的事项。在某些情况下，大多数组成部分在相同的内部控制系统内执行相同的经营业务，并使用相同的会计惯例。当这些组成部分的治理层相同（如共同的董事会）时，向同一治理层提交沟通函能够避免重复沟通。

（一）与治理层的下设组织沟通

在考虑与治理层的下设组织沟通时，注册会计师需要考虑下列事项：

（1）下设组织与治理层各自的责任；

（2）拟沟通事项的性质；

（3）相关法律法规的要求；

（4）下设组织是否有权就沟通的信息采取行动，以及是否能够提供注册会计师可能需要的进一步信息和解释。

在决定是否需要与治理机构沟通信息时，注册会计师可能受到其对下设组织与治理机构沟通相关信息的有效性和适当性的评估的影响。注册会计师可以在就审计业务约定条款达成一致意见时明确指出，除非法律法规禁止，注册会计师保留与治理机构直接沟通的权利。

在大多数企业，设有审计委员会（或名称不同的类似下设组织）。尽管审计委员会的具体权力和职责可能不同，但与其沟通已成为注册会计师与治理层沟通的一个关键要素。许多企业遵循良好的治理原则建议：例如，邀请注册会计师定期参加审计委员会会议，审计委员会主席和其他相关成员定期与注册会计师联系，审计委员会每年至少一次在管理层不在场的情况下会见注册会计师。

（二）治理层全部成员参与管理被审计单位时的情形

在某些情况下，治理层全部成员参与管理被审计单位。在这种情况下，与负有管理责任的人员的沟通，可能不能向所有负有治理责任的人员充分传递应予沟通的内容。例如，在一家所有董事都参与管理的公司中，某一董事（如负责市场营销的董事）可能并不知道注册会计师与另一董事（如负责财务报表编制的董事）讨论的重大事项。

三、沟通的事项

注册会计师应当直接与治理层沟通的事项包括：注册会计师与财务报表审计相关的责任、计划的审计范围与时间安排的总体情况、审计中发现的重大问题、注册会计师的独立性。除非有特别请求，否则，注册会计师并不需要为了识别治理层关心的事项而特意设计审计程序。

（一）注册会计师与财务报表审计相关的责任

注册会计师与财务报表审计相关的责任通常包括：

一是注册会计师负责对管理层在治理层监督上编制的财务报表形成和发表意见；二是财务报表审计并不减轻管理层或治理层的责任。向治理层提供审计业务约定书，可能是与其就下列相关事项进行沟通的适当方式：

（1）注册会计师按照审计准则执行审计工作的责任，主要集中在对财务报表发表意见上。审计准则要求沟通的事项包括财务报表审计中发现的、与治理层对财务报告过程的监督有关的重大事项；

（2）审计准则并不要求注册会计师设计程序来识别与治理层沟通的补充事项；

（3）注册会计师依据法律法规的规定，与被审计单位的协议或适用于该业务的其他规定，承担所需要沟通特定事项的责任（如适用）。

（二）计划的审计范围和时间安排

注册会计师就计划的审计范围和时间安排的总体情况与治理层进行沟通，可以帮助治理层更好地了解注册会计师工作的结果，与注册会计师讨论风险问题和重要性的概念，以及识别可能需要注册会计师追加审计程序的领域；同时，还可帮助注册会计师更好地了解被审计单位及其环境。

在与治理层就计划的审计范围和时间安排进行沟通时，尤其是在治理层部分或全部成员参与管理被审计单位的情况下，注册会计师需要保持职业谨慎，避免损害审计的有效性。例如，沟通具体审计程序的性质和时间安排，可能因有关事项易于被预见而降低其有效性，例如，注册会计师拟如何应对由于舞弊或错误导致的特别风险，对与审计相关的内部控制采取的方案，以及在审计中对重要性概念的运用。

尽管与治理层的沟通可以帮助注册会计师计划审计的范围和时间安排，但并不改变注册会计师独自承担制定总体审计策略和具体审计计划（包括获取充分、适当的审计证据所需程序的性质、时间安排和范围）的责任。

（三）审计中发现的重大问题

注册会计师应当与治理层沟通审计中发现的下列重大问题：

（1）注册会计师对被审计单位会计实务（包括会计政策、会计估计和财务报表披露）重大方面的质量的看法。在适当的情况下，注册会计师应当向治理层解释为何某项在适用的财务报告编制基础下可以接受的重大会计实务，并不一定最适合被审计单位的具体情况；

（2）审计工作中遇到的重大困难；

（3）已与管理层讨论或需要书面沟通的审计中出现的重大事项，以及注册会计师要求提供的书面声明，除非治理层全部成员参与管理被审计单位；

（4）影响审计报告形式和内容的情形（如有）；

（5）审计中出现的根据职业判断认为与监督财务报告过程相关的所有其他重大事项。

沟通审计中发现的重大问题可能包括要求治理层提供进一步信息以完善获取的审计证据。例如，注册会计师可以证实治理层对有关特定的交易或事项的事实和情况是否有着与其相同的理解。表 2－21 列示了一些注册会计师需要与治理层沟通的事项。

表 2－21　与治理层沟通的事项

审计事项	沟通考虑
会计政策	对被审计单位财务报表产生或可能产生重大影响的重要会计政策和实务的选择（或变更）
以前期间的沟通	已沟通过的治理层关心的、可能对本期财务报表产生影响的事项
重大错报风险	要求在财务报表中披露的所有重大风险（如未决诉讼）对财务报表产生的潜在影响
重大不确定性	由于事项和条件的重大不确定性，对被审计单位持续经营能力产生重大疑虑
关注事项	影响被审计单位及其经营计划的商业条件，以及可能影响重大错报风险的战略。 关注管理层向其他会计专业人士作出的关于会计或审计事项的咨询
面临的重大困难	管理层在提供审计所需信息时出现严重拖延； 不合理地要求缩短完成审计工作的时间； 为获取充分、适当的审计证据需要付出的努力远远超过预期； 无法获取预期的信息； 管理层对注册会计师施加的限制； 管理层不愿意按照要求对被审计单位持续经营能力进行评估，或不愿意延长评估期间

续表

审计事项	沟通考虑
对被审计单位管理层的评价	对管理层胜任能力的质疑； 内部控制存在重大缺陷； 对管理层的诚信产生质疑； 与关联方的重大交易； 违法行为； 涉及管理层的舞弊
值得关注的内部控制缺陷	例如： 控制环境无效的证据； 被审计单位内部缺乏通常应当建立的风险评估过程； 被审计单位风险评估过程无效； 没有有效应对识别出的特别风险； 注册会计师实施程序发现的、被审计单位的内部控制未能防止或发现并纠正的错报； 重述以前公布的财务报表，以更正由于错误或舞弊导致的重大错报； 管理层无力监督财务报表编制的证据
审计调整	对被审计单位财务报表产生或可能产生重大影响的未更正审计调整
未更正错报	管理层认为单独或汇总起来对财务报表整体不重大（除极小金额之外）的未更正错报
审计报告	对审计报告出具非无保留意见报告的原因
商定事项	审计业务约定条款中商定的所有其他事项
其他事项	根据注册会计师的职业判断，在审计过程中出现的、对监管财务报告过程而言重大的其他事项

（四）注册会计师的独立性

如果被审计单位是上市实体，注册会计师还应当与治理层沟通下列内容：

（1）就审计项目组成员、会计师事务所其他相关人员以及会计师事务所和网络事务所按照相关职业道德要求保持了独立性作出声明；

（2）根据职业判断，注册会计师认为会计师事务所、网络事务所与被审计单位之间存在的可能影响独立性的所有关系和其他事项，包括会计师事务所和网络事务所在财务报表涵盖期间为被审计单位和受被审计单位控制的组成部分提供审计、非审计服务的收费总额。这些收费应当分配到适当的业务类型中，以帮助治理层评估这些服务对注册会计师独立性的影响；

（3）为消除对独立性的不利影响或将其降至可接受的水平，已经采取的相关防范措施。

（五）补充事项

治理层对管理层的监督包括确保被审计单位设计、执行和维护恰当的内部控制。注册会计师可能注意到一些补充事项，虽然这些事项不一定与监督财务报告流程有关，但对治理层监督被审计单位的战略方向很可能是重要的。这些事项可能包括与治理结构或过程有关的重大问题、缺乏适当授权的高级管理层作出的重大决策或行动。

在确定是否与治理层沟通补充事项时，注册会计师可能就其注意到的某类事项与适当层级的管理层进行讨论，除非在具体情形下不适合这么做。

如果需要沟通补充事项，注册会计师使治理层注意下列事项可能是适当的：

（1）识别和沟通这类事项对审计目标（旨在对财务报表形成意见）而言，只是附带的；

（2）除对财务报表形成审计意见所需实施的审计程序外，没有专门针对这些事项实施其他程序；

（3）没有实施程序来确定是否还存在其他的同类事项。

四、沟通的过程

（一）取得相互了解

注册会计师应当就沟通的形式、时间安排和拟沟通的基本内容与治理层取得相互了解。为取得相互了解，实现有效的双向沟通，注册会计师可能需要与管理层讨论下列事项：

（1）沟通的目的。如果目的明确，注册会计师和治理层就可以更好地就相关问题和在沟通过程中期望采取的行动取得相互了解；

（2）沟通拟采取的形式；

（3）由审计项目组和治理层中的哪些人员就特定事项进行沟通；

（4）注册会计师对沟通的期望，包括将进行双向沟通以及治理层就其认为与审计工作相关的事项与注册会计师沟通。与审计工作相关的事项包括可能对审计程序的性质、时间安排和范围产生重大影响的战略决策，对舞弊的怀疑或检查，对高级管理人员的诚信或胜任能力的疑虑；

（5）对注册会计师沟通的事项采取措施和进行反馈的过程；

（6）对治理层沟通的事项采取措施和进行反馈的过程。

许多事项可以在正常的审计过程中与管理层讨论。这种讨论有助于确认管理层对被审计单位经营活动的执行以及（特别是）对财务报表的编制承担的责任。在与治理层沟通某些事项前，注册会计师可能就这些事项与管理层讨论，除非这种做法并不适当。例如，就管理层的胜任能力或诚信与其讨论可能是不适当的。

除确认管理层的执行责任外，这些初步的讨论还可以澄清事实和问题，并使管理层有机会提供进一步的信息和解释。如果被审计单位设有内部审计，注册会计师可以在与治理层沟通前与内部审计人员讨论相关事项。

（二）沟通的形式

有效的沟通可能包括结构化的陈述、书面报告以及不太正式的沟通（包括讨论）。除了对审计中发现的重大问题和注册会计师的独立性需要以书面形式与治理层沟通外，对于其他事项，注册会计师可以采取口头或书面的方式沟通。书面沟通包括向治理层提供审计业务约定书。

除特定事项的重要程度外，沟通的形式（口头沟通或书面沟通，沟通内容的详略程度，以正式或非正式的方式沟通）可能还受下列因素的影响：

（1）特定事项是否已经得到满意的解决；

（2）管理层是否已事先就该事项进行沟通；

（3）被审计单位的规模、经营结构、控制环境和法律结构；

（4）在特殊目的财务报表审计中，注册会计师是否还审计被审计单位的通用目的财务报表；

（5）法律法规是否规定与治理层书面沟通文件的形式；

（6）治理层的期望，包括与注册会计师定期会谈或沟通的安排；

（7）注册会计师与治理层持续接触和对话的次数；

（8）治理机构的成员是否发生重大变化。

如果已就某重大事项与治理层的个别成员（如审计委员会主席）讨论，注册会计师可能有必要在随后的沟通中概述该事项，以便治理层的所有成员获取完整和对称的信息。

（三）沟通的时间安排

适当的沟通时间安排因业务环境的不同而不同。相关的环境包括事项的重要程度和性质，以及期望治理层采取的行动。例如：

（1）对于计划事项的沟通，通常在审计业务的早期阶段进行，如系首次接受委托，沟通可以随同就审计业务条款达成一致意见一并进行；

（2）对于审计中遇到的重大困难，如果治理层能够协助注册会计师克服这些困难，或者这些困难可能导致发表非无保留意见，可能需要尽快沟通。如果识别出值得关注的内部控制缺陷，注册会计师应尽快向治理层口头沟通。无论何时（如承接一项非审计服务和在总结性讨论中），如果对独立性的不利影响和相关防范措施作出了重要判断，注册会计师就独立性进行沟通都可能是适当的。总结性讨论可能还是沟通审计中发现的问题（包括注册会计师对被审计单位会计实务质量的看法）的适当的时间；

（3）当同时审计通用目的和特殊目的财务报表时，注册会计师协调沟通的时间安排可能是适当的。

可能与沟通的时间安排相关的其他因素包括：

（1）被审计单位的规模、经营结构、控制环境和法律结构；

（2）在规定的时限内沟通特定事项的法定义务；

（3）治理层的期望，包括与注册会计师定期会谈或沟通的安排；

（4）注册会计师识别出特定事项的时间。例如，注册会计师可能未能在可以采取预防措施的时间内识别出某一特定事项（如违反某项法律法规），但是沟通该事项可能有助于采取补救措施。

（四）沟通过程的充分性

虽然注册会计师不需要设计专门程序以评价与治理层之间的双向沟通，但需要考虑实施的审计程序是否表明沟通过程是充分的。这些审计证据可能包括：

（1）针对注册会计师提出的沟通事项，治理层采取的措施的适当性和及时性。如果前期沟通中提出的重大事项没有得到有效解决，注册会计师可能需要询问没有采取适当措施的原因，并考虑再次提出该事项。这样能避免治理层形成错误印象，误认为注册会计师因觉得该事项已经充分解决或不再重要而感到满意；

（2）治理层在与注册会计师沟通的过程中表现出来的坦率程度；

（3）治理层在没有管理层在场的情况下与注册会计师会谈的意愿和能力；

（4）治理层表现出来的对注册会计师所提出的事项的全面理解能力。例如，治理层在多大程度上对相关问题展开调查以及质疑向其提出的建议；

（5）就拟沟通的形式、时间安排和期望的大致内容与治理层达成相互理解的难度；

（6）当治理层全部或部分成员参与管理被审计单位时，他们所表现出的对与注册会计师讨论的事项如何影响其治理责任和管理责任的了解；

（7）注册会计师与治理层之间的双向沟通是否符合法律法规的规定。

有效的双向沟通对于注册会计师和治理层都有帮助。治理层的参与［包括他们与内部审计人员（如有）和注册会计师的互动］是被审计单位控制环境的一个要素。不充分的双向沟通可能意味着令人不满意的控制环境，影响注册会计师对重大错报风险的评估。同时，存在一种风险，即注册会计师可能不能获取充分、适当的审计证据以形成对财务报表的审计意见。如果注册会计师与治理层之间的双向沟通不充分，并且这种情况得不到解决，注册会计师可以采取下列措施：

（1）根据范围受到的限制发表非无保留意见；

（2）就采取不同措施的后果征询法律意见；

（3）与第三方（如监管机构）、被审计单位外部的在治理结构中拥有更高权力的组织或人员（如企业的业主，股东大会中的股东）进行沟通；

(4) 在法律法规允许的情况下解除业务约定。

(五) 沟通工作底稿

当某项审计准则要求的拟沟通的事项以口头形式沟通时，应当编制一份记录，以形成文档，描述沟通这些事项的时间和对象。当以书面形式对事项进行了沟通，应当保留沟通文件的副本，将其作为审计工作底稿的一部分。

3

第三章 评估重大错报风险

第一节 引导案例

案例3－1 YG公司财务舞弊案

2001年爆发的上市公司YG公司财务舞弊案是我国近年来影响最大的案件之一。自1994年6月上市以来，YG公司一度成为我国证券市场中的一只绩优股，受到广大投资者的大力追捧。1999年，YG公司的每股收益为0.51元；股价从1999年12月30日的13.97元启动，一路狂升至2000年4月19日的35.83元，次日实施分红方案10转赠10后，随即进入填权行情，于2000年12月29日完全填权并创下37.99元新高，折合为除权前的价格75.98元，全年上涨440%，高居深沪两市第二。2000年年报披露的业绩再创“奇迹”，在股本扩大一倍基础上，每股收益攀升至0.827元。

然而，YG公司所谓高业绩的背后，却隐藏着不可告人的严重财务舞弊事实。2001年8月，媒体杂志发表《YG公司陷阱》一文，对YG公司编制虚假财务报表予以曝光。监管部门随即对YG公司正式立案稽查。据调查，1998年至2001年，YG公司通过伪造购销合同、出口报关单、免税文件和金融票据以及虚开增值税发票等手段，累计虚构销售收入104 962.6万元，少计费用4 945.34万元，虚增利润77 156.7万元。其中，1998年虚增利润1 776.1万元，1999年、2000年、2001年上半年分别虚增利润17 781.86万元、56 704.74万元、894万元，当期实际亏损分别为5 003.2万元、14 940.1万元、2 557.1万元。

YG公司编造的7.71亿元的虚假利润“气球”，就这样通过中报、年报在股市升空，打造出“中国大蓝筹股”的形象，令众多投资者掉进陷阱。事件暴露后，YG公司股价连续出现十几个跌停板，投资者遭受数十亿元损失。

在YG公司进行财务舞弊期间，负责YG公司年度财务报表审计工作的会计师事务所及其签字注册会计师，出具了严重失实的审计报告。监管部门于2002年4月对YG公司作出行政处罚决定，会计师事务所的营业执照被吊销，签字注册会计师被吊销执业资格，并受到法律惩处。

YG公司事发后，职业界和专家学者进行了深入探讨。倾向性的意见认为，会计师事务所之所以出现审计失败，一方面是没有严格执行审计准则的要求，另一方面也暴露出传统审计方法的缺陷，没有体现现代风险导向审计的思路。

21世纪初，资本市场爆发出一系列上市公司财务舞弊丑闻。这些案件与YG公司类似，大多数是管理层舞弊。管理层舞弊不同于员工舞弊。管理层凌驾于内部控制之上，导致内部控制失效，从而可以实施“一条龙造假”。在这种情况下，注册会计师在控制测试基础上实施的实质性程序将失效。如果注册会计师不注重从宏观层面把握风险，把视角放在被审计单位所处的内外部环境，很容易受到蒙蔽。

因此，在当前复杂的审计环境下，注册会计师唯有运用现代风险导向审计方法，才能有效地识别、评估和应对财务报表重大错报风险，将审计风险降至可接受的低水平。

第二节　风险评估程序

一、风险评估的性质

重大错报风险主要有错误风险和舞弊风险两种类型。错误风险和舞弊风险的区别在于，舞弊风险是故意行为导致的，在很多情况下，经营风险往往导致舞弊风险。

经营风险是由那些对被审计单位实现其目标和实施其战略的能力产生不利影响的重大情况、事件、环境、行为或不作为导致的，也包括制定的不恰当的目标和战略。经营风险还包括由变化、复杂性或未能进行变革等引起的风险。例如，新产品开发失败，市场不适应，可能导致负债并损害企业声誉的产品缺陷。舞弊风险与表明存在舞弊的动机或压力，或者为舞弊提供机会的事件和情况相关。错报风险可能既是经营风险又是舞弊风险。例如，引入新的会计信息系统可能导致会计核算不稳定，出现经营风险。如果有人利用这种不稳定性挪占资产或者操纵财务报表，则出现舞弊风险。

注册会计师对于经营和舞弊风险的了解，有助于提高识别重大错报风险的可能性。但是，注册会计师没有责任识别或评估所有可能的经营风险。图3－1列示了经营风险和舞弊风险的区别。

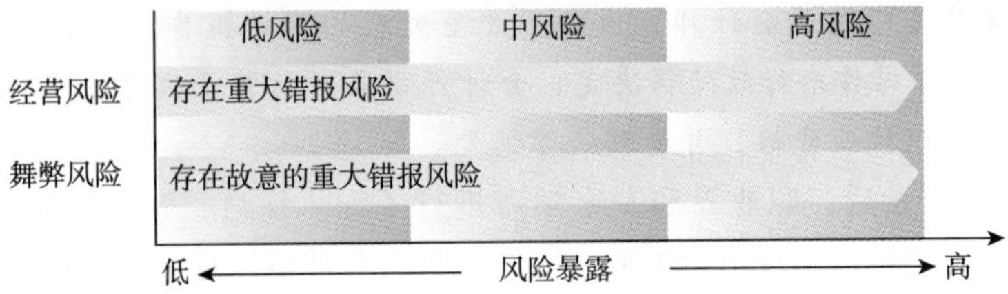

图 3－1　经营风险和舞弊风险的区别

二、风险评估的目的

注册会计师应当实施风险评估程序，了解被审计单位及其环境，以足够识别和评估财务报表重大错报风险，设计和实施进一步审计程序。风险识别是审计的基础，它以了解被审计单位及其环境的程序为基础，是该程序不可分割的一部分。没有对被审计单位的可靠了解，注册会计师就可能会漏掉某些风险因素。例如，如果客户的销售额在增长，而行业整体的销售额实际在急剧下降，注册会计师了解这些信息是非常重要的。风险评估旨在识别风险的来源，然后评估这些风险是否可能导致财务报表重大错报。这给注册会计师提供了需要的信息，将审计工作指向重大错报风险的领域。

了解被审计单位及其环境是必要程序：一是了解被审计单位及其环境是必须实施的程序而不是可选程序；二是了解的目的是识别和评估财务报表重大错报风险，设计和实施进一步审计程序；三是了解的程度应当足够实现了解的目的。

了解被审计单位及其环境为下列关键环节的职业判断提供了重要基础：

（1）评估重大错报风险；

（2）确定重要性；

（3）考虑选择和运用会计政策的恰当性和财务报表披露的充分性；

（4）识别需要特别考虑的领域，如关联方交易、管理层运用持续经营假设的适当性或考虑交易是否具有合理的商业目的；

（5）确定在实施分析程序时使用的预期值；

（6）应对评估的重大错报风险，包括设计和实施进一步审计程序以获取充分、适当的审计证据；

（7）评价已获取审计证据的充分性和适当性，如假设的适当性以及管理层口头声明和书面声明的适当性。

了解被审计单位及其环境是一个连续和动态地收集、更新与分析信息的过程，贯穿于整个审计过程的始终。注册会计师应当运用职业判断确定需要了解被审计单位及其环境的程度。

评价对被审计单位及其环境了解的程度是否恰当，关键是看注册会计师对被审计单位及其环境的了解是否足以识别和评估财务报表重大错报风险。如果了解被审计单位及其环境获得的信息足以识别和评估财务报表重大错报风险，以及设计和实施进一步审计程序，那么了解的程度就是恰当的。当然，注册会计师对被审计单位及其环境了解的程度，要低于管理层为经营管理企业而对被审计单位及其环境需要了解的程度。

三、风险评估程序的种类

风险评估程序主要包括三类：（1）询问被审计单位管理层和内部其他相关人员；（2）分析程序；（3）观察和检查。图 3－2 列示了上述三种风险评估程序。

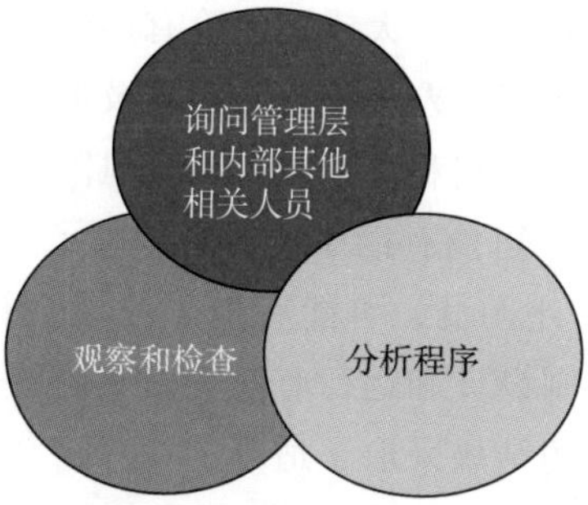

图 3－2 风险评估程序类别

（一）询问被审计单位管理层和内部其他相关人员

询问被审计单位管理层和内部其他相关人员是注册会计师了解被审计单位及其环境的一个重要信息来源。注册会计师可以考虑向管理层和财务负责人询问下列事项：

1. 管理层关注的主要问题。例如新的竞争对手、主要客户和供应商的流失、新的税收法规的实施以及经营目标或战略的变化等。

2. 被审计单位最近的财务状况、经营成果和现金流量。

3. 可能影响财务报告的交易和事项，或者目前发生的重大会计处理问题。如重大的购并事宜等。

4. 被审计单位发生的其他重要变化。如所有权结构、组织结构的变化，以及内部控制的变化等。

尽管注册会计师通过询问管理层和财务负责人可获取大部分信息，但是询问被审计单位内部其他相关人员可能为注册会计师提供不同的信息，有助于识别重大错报风险。

案例3－2 矿区权益减值测试

《企业会计准则第8号——资产减值》规定，企业至少应于每年年末进行一次减值测试。对于石油天然气开采企业矿区权益，注册会计师在判断被审计单位矿区权益减值测试是否公允时，仅向财务人员询问是无法得知的。因为矿区权益是否存在减值，财务人员一般是不清楚的。只有询问被审计单位的生产部门员工或地质勘探方面的工程师，获取相应的矿产储量评估或核实报告，或者根据勘探工作进展情况才能作出相应的判断。

因此，注册会计师除询问管理层和对财务报告负有责任的人员外，还应当考虑询问内部审计人员、采购人员、生产人员、销售人员等其他人员，并考虑询问不同级别的员工，以获取对识别重大错报风险有用的信息。

在确定向被审计单位的哪些人员进行询问以及询问哪些问题时，注册会计师应当考虑何种信息有助于其识别和评估重大错报风险。例如：

（1）直接询问治理层，可能有助于注册会计师了解编制财务报表的环境；

（2）直接询问内部审计人员，可能有助于注册会计师获取有关下列事项的信息：本年度针对内部控制设计和运行有效性而实施的内部审计程序，以及管理层是否根据实施这些程序的结果采取了适当的应对措施；

（3）询问参与生成、处理或记录复杂或异常交易的员工，可能有助于注册会计师评价被审计单位选择和运用某项会计政策的恰当性；

（4）直接询问内部法律顾问，可能有助于注册会计师了解有关信息，如诉讼、遵守法律法规的情况、舞弊或舞弊嫌疑、产品保证、售后责任、与业务合作伙伴的安排（如合营企业）和合同条款的含义等；

（5）直接询问营销或销售人员，可能有助于注册会计师了解被审计单位营销策略的变化、销售趋势或与客户的合同安排。

表3－1列示了注册会计师询问的对象和内容。

表3－1　询问的对象和内容

访谈的对象	询问的内容
治理层	• 编制财务报表的环境； • 对管理层旨在识别和应对被审计单位舞弊或错误风险的流程以及管理层为降低这些风险所建立的控制监督； • 对影响被审计单位的舞弊事实、舞弊嫌疑和舞弊指控的了解； • 对参加治理层会议并阅读以往会议纪要的考虑

续表

访谈的对象	询问的内容
管理层和负责财务报告的人员	• 管理层对财务报表因舞弊或错误而发生重大错报的风险评估，包括这些评估的性质、范围和频率； • 管理层就其对商业惯例和道德行为的看法与员工的沟通（如存在）； • 被审计单位的文化（价值观和道德观）； • 管理层的经营风格； • 管理层的激励计划； • 管理层凌驾于控制之上的可能性； • 对舞弊或舞弊嫌疑的了解； • 会计估计是如何作出的； • 财务报表的编制和复核过程； • 管理层与治理层的沟通（如存在）
关键员工（采购、薪酬、会计等）	• 经营趋势和异常事件； • 复杂或异常交易的生成、处理或记录； • 管理层凌驾于控制之上的可能性； • 会计政策选择和运用的适当性
营销或销售人员	• 营销策略和销售趋势； • 销售业绩激励计划； • 与客户的合同安排； • 管理层凌驾于控制之上的可能性

（二）分析程序

分析程序是指注册会计师通过研究不同财务数据之间以及财务数据与非财务数据之间的内在关系，对财务信息作出评价。分析程序还包括调查识别出的、与其他相关信息不一致或与预期数据严重偏离的波动和关系。

分析程序有三个用途：一是用作风险评估程序，二是用作实质性程序，三是用于对财务报表的总体复核。在了解被审计单位及其环境并评估重大错报风险时使用的分析程序，即将分析程序用作风险评估程序，可能有助于识别未注意到的被审计单位的情况，并可能有助于评估重大错报风险。注册会计师实施分析程序可以使用财务信息和非财务信息，如销售额与卖场的面积或已出售商品数量之间的关系。

注册会计师实施分析程序可能有助于识别异常的交易或事项，以及对审计产生影响的金额、比率和趋势。识别出的异常或未预期到的关系可以帮助注册会计师识别重大错报风险，特别是由于舞弊导致的重大错报风险。在实施分析程序时，注册会计师应当预期可能存在的合理关系，并与被审计单位记录的金额、依据记录金额计算的比率或趋势相比较；如果发现异常或未预期到的关系，注册会计师应当在识别重大错报风险时考虑这些比较结果。

例如，注册会计师通过实施分析程序发现，两个会计期间的毛利率相当。但是，注册会计师通过对被审计单位的了解，获知在生产成本中占较大比例的原材料成本在相关期间内上升，注册会计师预期销售成本也应相应上升，而毛利率应相应下降。上述分析可能使注册会计师得出结论：销售成本可能存在重大错报风险，应对其给予足够的重视。

下面结合X电子股份有限公司（下列简称X电子）审计失败案例谈谈分析程序的实施。

案例3－3　X电子审计失败案例

X电子历年主营业务收入和主营业务毛利率如下：

	1997年	1998年	1999年	2000年
主营业务收入（亿元）	2.37	4.50	8.56	13.75
主营业务毛利率%	47.3	47.3	52.9	47.1

首先，X电子的主营业务收入中，电力自动化系统销售占了最大比重，2000年达到94.5%。根据《2001年中国电力年鉴》，1998年以来我国农网电力系统自动化改造的投资有50亿元左右，按照X电子公告的数字，仅其一家3年（1998年至2000年）的主营业务收入（达27亿元）就占市场总额的近60%。当时从事我国农村电网自动化改造领域的企业多达200多家，竞争十分激烈，X电子有这样的市场占有率是不现实的。

此外，X电子的高利润率在逻辑上也讲不通。从账面上看，X电子主营业务利润率一直维持在47.1%～52.9%的水平，而1998年之后，即使利润率较高的高压电网自动化改造领域利润率也不过10%～30%，而在利润率较低的农村电网自动化改造领域，这个数字还不到10%。据调查，当时X电子低价接单在业界几乎是众所周知。北京SF公司和X电子在争夺地市级电力调度市场的几次交锋中，X电子几乎都以北京SF公司报价60%左右的价格拿走订单。北京SF公司在地市级电网自动化改造领域的投标报价一般只能维持10%左右的利润率，而X电子比北京SF公司的报价还低40%，高利润从何而来?

由此可以看出，如果负责审计的注册会计师对主营业务收入实施简单的分析程序，辅之以行业状况信息，便不难发现X电子其中的“猫腻”，对异常事项继续追踪下去，财务造假的事实即昭然若揭。

如果使用了高度汇总的数据，实施分析程序的结果仅可能初步显示财务报表存在重大错报风险，注册会计师应当将分析结果连同识别重大错报风险时获取的其他信息一并考虑。例如，被审计单位存在很多产品系列，各个产品系列的毛利率存在一定差异。对总体毛利率实施分析程序的结果仅可能初步显示销售成本存在重大错报风险，注册会计师需要实施更为详细的分析程序，如对每一产品系列进行毛利率分析，或者将总体毛利率分析的结果连同其他信息一并考虑。

表 3－2 列示了实施分析程序涉及的步骤。

表 3－2　　实施分析程序涉及的步骤

做什么	怎么做
识别数据内在的关系	对不同类型信息之间合理预计可能存在的内在关系作出预期。如可能，尽量使用独立来源（即不是来源于内部）的信息。 财务和非财务信息可能包括： • 以前可比期间的财务报表； • 预算、预测和推断，包括根据中期或年度数据所作的推断； • 有关被审计单位所处行业以及当前经济状况的信息
比较	将预期值与已记录金额或根据已记录金额得出的比率进行比较
评价结果	评价比较的结果； 如果发现异常或未预期的关系，考虑潜在的重大错报风险

（三）观察和检查

观察和检查程序可以印证对管理层和其他相关人员的询问结果，并可提供有关被审计单位及其环境的信息。注册会计师应当实施下列观察和检查程序：

1. 观察被审计单位的生产经营活动。例如，观察被审计单位人员正在从事的生产活动和内部控制活动，增加注册会计师对被审计单位人员如何进行生产经营活动及实施内部控制的了解。

2. 检查文件、记录和内部控制手册。例如，检查被审计单位的章程，与其他单位签订的合同、协议，经营计划和战略，各业务流程操作指引和内部控制手册等，了解被审计单位组织结构和内部控制的建立健全情况。

3. 阅读由管理层和治理层编制的报告。例如，阅读被审计单位年度报告、季度报告和中期财务报告，股东大会、董事会会议、高级管理层会议的会议记录或纪要，管理层的讨论和分析资料，经营计划和战略，对重要经营环节和外部因素的评价，被审计单位内部管理报告以及其他特殊目的的报告（如新投资项目的可行性分析报告）等，了解自上期审计结束至本期审计期间被审计单位发生的重大事项。

4. 实地察看被审计单位的生产经营场所和设备。现场访问和实地察看被审计单位的生产经营场所和设备，可以帮助注册会计师了解被审计单位的性质及其经营活动。在实地查看被审计单位的厂房和办公场所的过程中，注册会计师有机会与被审计单位管理层和担任不同职责的员工进行交流，可以增强对被审计单位的经营活动及其重大影响因素的了解。

5. 追踪交易在财务报告信息系统中的处理过程（穿行测试）。这是注册会计师了解被审计单位业务流程及其相关控制时经常使用的审计程序。通过追踪某笔或某几笔交易在业务流程中如何生成、记录、处理和报告，以及相关控制如何执行，注册会计师可以确定被审计单位的交易流程和相关控制是否与之前通过其他程序所获得的了解一致，并确定相关控制是否得到执行。

注册会计师在实施风险评估程序了解被审计单位及其环境时，应当将上述三项审计程序结合使用。

案例 3－4　仅实施询问程序不足以了解内部控制

有的注册会计师在了解被审计单位内部控制时，仅通过实施询问程序就得出了“内部控制是存在的，并得到执行”的审计结论，而没有将询问、观察和检查以及穿行测试等其他风险评估程序结合使用，并通过其他程序获取的审计证据来验证询问获得的审计证据，这是不适当的。

表 3－3 列示了观察和检查程序应用的例子。

表 3－3　观察和检查程序应用举例

程序	应用举例
观察	考虑观察下列方面： • 被审计单位是如何经营和组织的； • 被审计单位的经营场所和厂房设施； • 管理层的经营风格以及对待内部控制的态度； • 各种内部控制程序的运行情况； • 关键政策的遵循情况
检查	考虑检查下列文档： • 商业计划、策略和计划书； • 行业研究报告和有关被审计单位的媒体报道； • 重大合同和承诺； • 监管要求以及与监管方的往来信函； • 与律师、银行和其他利益相关方的往来信函； • 会计政策和记录； • 内部控制手册； • 管理层编制的报告（如业绩数据和中期财务报表）； • 其他报告，如治理层的会议纪要、咨询报告等

四、项目组内部讨论

注册会计师应当组织项目组成员对财务报表存在重大错报的可能性进行讨论。

（一）讨论的目标

项目组内部的讨论为项目组成员提供了交流信息和分享见解的机会。

项目组内部关于财务报表发生重大错报可能性的讨论可以：

1. 使经验较丰富的项目组成员（包括项目合伙人）有机会分享其根据对被审计单位的了解形成的见解。

2. 使项目组成员能够讨论被审计单位面临的经营风险、财务报表容易发生错报的领域以及发生错报的方式，特别是由于舞弊或错误导致重大错报的可能性。

3. 帮助项目组成员更好地了解在各自负责的领域中潜在的财务报表重大错报，并了解各自实施的审计程序的结果可能如何影响审计的其他方面，包括对确定进一步审计程序的性质、时间安排和范围的影响。

4. 为项目组成员交流和分享在审计过程中获取的、可能影响重大错报风险评估结果或应对这些风险的审计程序的新信息提供基础。

项目组成员对被审计单位的见解可能不同。某一特定成员收集的信息可能并不能代表什么，但如果与其他成员获取的信息一同考虑就可能非常重要。涉及舞弊时更是如此。一个简单的例子是拼板玩具，每一部分都不能让一个人看到全部的图像，只有所有的部分放在一起，才能看到全部图像。审计也是如此，只有每个项目组成员都分享其了解和发现，更大的图像才会出现，如图 3 – 3 所示。

图 3 – 3

（二）讨论的内容

项目组应当讨论被审计单位面临的经营风险、财务报表容易发生错报的领域以及发生错报的方式，特别是由于舞弊导致重大错报的可能性。讨论还应当涉及根据被审计单位的实际情况应用适用的会计准则的问题。讨论的范围受项目组成员的职位、经验和所需信息的影响。表 3 －4 举例说明项目组讨论的部分事项。

表 3 －4　　项目组讨论事项举例

讨论的领域	可能的应对措施
1. 重要性和重要账户余额	由于利润和收入增长，将重要性提高至 15 000 元
2. 时间安排、关键数据以及是否可利用客户员工	去年的时间安排是恰当的，要求管理层协助编制某些明细表
3. 从以往经验中学到什么，例如引起审计延误的问题或事项，审计不足或过度的领域有哪些	去年的存货内部控制很差，因此导致执行额外的工作。客户已声称将在今年年底前解决这个问题
4. 是否存在管理层诚信、持续经营和诉讼等引起关注的事项	看到报纸上关于客户的负面报道。这可能是孤立事件，但应对此保持警觉
5. 今年在经营活动、财务状况、行业监管、会计政策和人员方面发生的变化	正在实施重大扩张计划，这将引起现金资源、内部控制和运行系统的紧张
6. 由于舞弊导致财务报表发生重大错报的可能性。被审计单位可能以什么方式实施舞弊	管理层很可能存在逃避交税的倾向性，检查管理层作出的会计估计、账项调整和关联方交易
7. 需要引起特别注意的特别风险	公司发展和由此引起的现金短缺可能导致拖欠还款
8. 恰当应对识别的风险	具体审计计划已由负责的项目组成员详细复核
9. 考虑下列事项：是否增加具有特殊技能的专家或顾问，实施控制测试与实质性程序的必要性，在哪些审计程序中增加不可预见性	信息技术专家评估互联网销售和信息技术一般控制。安排在今年 9 月份访问被审计单位
10. 项目组成员的任务、时间安排和工作底稿复核	总体审计策略和具体审计计划已得到更新

（三）参与讨论的人员

注册会计师应当运用职业判断确定项目组内部参与讨论的成员。项目组的关键成员应当参与讨论，但并不要求项目组所有成员都具备审计各方面所需的全部知识。如果项目组需要拥有信息技术或其他特殊技能的专家，这些专家也应参与讨论。参与讨论人员的范围受项目组成员的职责、经验和信息需要的影响，例如，在跨地区审计中，每个重要地区项目组的关键成员都应当参加讨论。

所有成员都参与到一项讨论中，并非总是必要和可行的（如在跨地区审计中），将讨论中作出的全部决定告知项目组所有成员也不总是必要的。项目合伙人可以与项目组关键成员（包括专家和负责组成部分审计的人员，如适当）进行讨论，而在考虑整个项目组中必要的沟通范围后，可以委派代表与其他人员进行讨论。在这种情况下，经项目合伙人同意的沟通计划可能是有用的。

（四）讨论的时间和方式

项目组应当根据审计的具体情况，在整个审计过程中持续交换有关财务报表发生重大错报可能性的信息。项目组在讨论时应当强调在整个审计过程中保持职业怀疑，警惕可能发生重大错报的迹象，并对这些迹象进行严格追踪。通过讨论，项目组成员可以交流和分享在整个审计过程中获取的信息，包括可能对重大错报风险评估产生影响的信息或针对这些风险实施审计程序的信息。

项目组还可以根据实际情况，讨论其他重要事项。图 3 – 4 列示了项目组整个审计过程中需要讨论和考虑的内容。

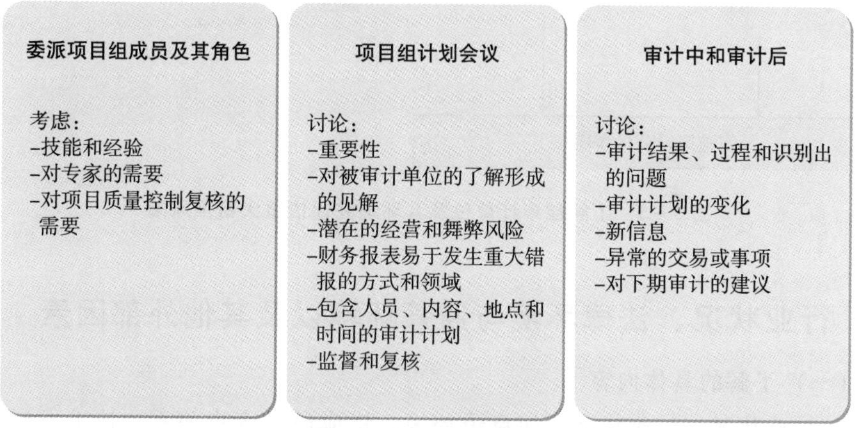

图 3 – 4　项目组内部沟通

第三节　了解被审计单位及其环境

如前所述，注册会计师应当从下列六个方面了解被审计单位及其环境：（1）行业状况、法律环境与监管环境以及其他外部因素；（2）被审计单位的性质；（3）被审计单位对会计政策的选择和运用；（4）被审计单位的目标、战略以及相关经营风险；（5）被审计单位财务业绩的衡量和评价；（6）被审计单位的内部控制。上述第（1）项是被审计单位的外部环境，第（2）项至第（4）项以及第（6）项是被审计单位的内部因素，第（5）项则既有外部因素也有内部因素。值得注意的是，被审计单位及其环境的各个方面可能会互相影响。图3－5列示了了解被审计单位及其环境并评估重大错报风险的内容。

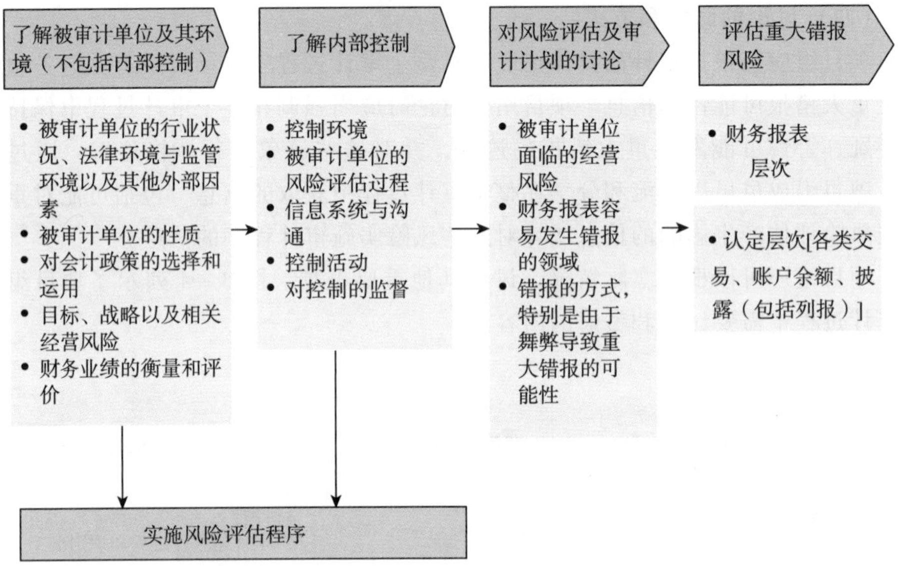

图3－5　了解被审计单位及其环境并评估重大错报风险

一、行业状况、法律环境与监管环境以及其他外部因素

（一）了解的具体内容

1. 行业状况。行业状况，如竞争环境、供应商和客户关系、技术发展情况等，了解行业状况有助于注册会计师识别与被审计单位所处行业有关的重大错报风险。主要包括：（1）市场与竞争，包括市场需求、生产能力和价格竞争；（2）生产经营的季节性和周期性；（3）与被审计单位产品相关的生产技术；（4）能源供应与成本。

以家电企业为例，简要介绍市场供求与竞争对评估重大错报风险的影响。

案例3－5　2011年至2012年家电行业增长持续低迷

通过阅读家电行业分析报告等资料可以发现，目前我国的家电行业在经历了2011年的低迷之后，在2012年依然持续低迷。由于内销需求不足，导致整体增长步伐放缓，特别是大家电增速疲软。虽然国家出台了“以旧换新”和“家电下乡”政策，但部分需求由于政策催发提前释放，使得市场需求不振，行业整体增长步伐缓慢。家电行业净利润率为4%左右，毛利率为19%左右。

以农药行业为例，简要介绍生产经营的季节性和周期性对评估重大错报风险的影响。

案例3－6 农药生产和销售的季节性

在我国，农药行业属于重要的支农产业之一，该行业具有明显的季节性，大部分产品属于季节性生产、季节性使用。一般来说，每年的上半年是农药生产的高峰期，而3～9月份是农药销售的高峰期。注册会计师在进行审计时应当关注农药生产企业当年销售收入的波动变化是否与这一季节性趋势相吻合；如果不符，应调查原因。

以手机行业为例，简要介绍产品生产技术的变化对评估重大错报风险的影响。

案例3－7 手机产品更新换代节奏快

目前手机产品更新换代的节奏大大加快，盈利周期大大缩短。手机新品上市不到1个月，零售价就会明显下跌。那些技术开发能力弱，跟不上市场节奏的厂商就会陷于被动，出现产品大量积压、资金大量占用而发生亏损。注册会计师在进行风险评估时应当关注被审计单位的手机生产技术是否先进，产品更新速度在同行业中的水平，产品是否产销对路，是否出现产品滞销，以此评估由此导致的存货、营业收入等项目的重大错报风险。

以航空业为例，简要介绍能源供应与成本对评估重大错报风险的影响。

案例3－8 燃油成本占航空公司成本比重上升

2002年，燃油价格仅占航空公司成本的13%。但到2012年，这一比例已升至34%。布伦特原油价格高于每桶100美元的水平已超过14个月。国际航协预计，未来12个月航空业成本仍将增加。2012年布伦特原油平均价格为每桶115美元，比2011年的平均价格高出4美元，这4美元的增幅使2012年全球航空业的运营成本总体增加360亿美元。另外，欧债危机下各国执行财政紧缩政策，对欧洲经济增长影响较大，欧洲多国经济重返衰退。航空业的利润与宏观经济增长紧密相关：当全球GDP增速低于2%时，航空业将出现集体亏损。2012年，受欧债危机影响，欧洲航空业面临巨大困难。仅2012年上半年，至少7家大型航空公司停运或倒闭，其他倒闭的小公司更是不胜枚举。

以新兴产业为例，简要说明新兴产业市场变化对评估重大错报风险的影响。

案例3-9 新能源领域Y公司的陨落

Y公司成立于21世纪初，一度是中国太阳能行业甚至整个中国企业界最耀眼的明星。2005年，Y公司成功在美国纽交所上市。随着欧债危机和欧美对中国太阳能晶硅电池展开“双反”以及国内晶硅电池产能的迅速膨胀，Y公司很快陷入困境，在2013年4月宣布破产重组。

作为新能源领域的太阳能产业无疑是新兴产业和朝阳产业，因此成为资本趋之若鹜的领域。特别是在资本充裕、游资泛滥时期，新兴产业往往被认为是投资的避风港，是高收益、低风险的领域。

出于这样的认知，太阳能电池生产厂家产能迅速过剩。而在太阳能电池之前，风机制造业也曾重复过这样的故事，国内风机制造企业在短时间内就迅速突破百家。无论太阳能电池还是风机制造业，其今天不景气的事实都告诉我们一个道理：新兴产业同样有风险。特别是在大家盲目一拥而上的情况下，甚至会成为高风险领域。道理很简单，越是新兴的产业，其技术的更新换代越快，市场的变化越剧烈。所以在这一领域的企业，如果不具备更敏锐的市场预见性和技术实力，就非常容易被淘汰。

而且，新兴领域由于市场的不确定性，还有一个非常特殊的现象，最早进入者由于肩负着从零开始培育市场的重担，往往在迎来黎明的曙光之前就坚持不下去而黯然离场。比较而言，传统产业领域技术是成熟的、市场是稳定的，因此传统领域企业新陈代谢的速度远远低于新兴产业，相对而言企业的风险反而小些，这也是在传统领域较少见到企业大起大落的重要原因。因此，必须看到新兴产业潜在的高风险性。

具体而言，注册会计师可能需要了解下列情况：（1）被审计单位所处行业的总体发展趋势是什么；（2）处于哪一发展阶段，如起步、快速成长、成熟或衰退阶段；（3）所处市场的需求、市场容量和价格竞争如何；（4）该行业是否受经济周期波动的影响，以及采取了什么行动使波动产生的影响最小化；（5）该行业受技术发展影响的程度如何；（6）是否开发了新的技术；（7）能源消耗在成本中所占比重，能源价格的变化对成本的影响如何；（8）谁是被审计单位最重要的竞争者，他们各自所占的市场份额是多少；（9）被审计单位与其竞争者相比主要的竞争优势是什么；（10）被审计单位业务的增长率和财务业绩与行业的平均水平及主要竞争者相比如何，存在重大差异的原因是什么；（11）竞争者是否采取了某些行动，如购并活动、降低销售价格、开发新技术等，从而对被审计单位的经营活动产生影响。

以前述YG公司为例，说明如果注册会计师当年进行了行业对比分析，可以发现怎样的结果。

案例 3－10 YG 公司财务舞弊疑点

一、关于超临界二氧化碳萃取行业

YG 公司财务舞弊主要发生在其子公司天津 YG 公司。天津 YG 公司主营业务是超临界二氧化碳萃取产品，产品大部分用于出口，利润也主要来自于此。YG 公司 1999 年年报这样介绍："超临界二氧化碳萃取技术是近年来在国际上迅速发展的高精技术，是集化工、机电、工控、制冷、计算机为一体的高科技技术。该萃取技术可以自数百种物质中提取物质精华，所萃取的产品具有高纯度、生理学完全无害等特点，是国际公认的绿色产品，具有极高的科技含量和附加值，市场前景极其广阔。公司所属天津 YG（集团）有限公司经过艰苦努力，于 1998 年购地建厂，从德国引进超临界二氧化碳萃取设备，生产用于食品、医药领域的高纯度蛋黄卵磷脂、姜精油、桂皮油、姜树脂、八角油等。"凭借这样一项技术，1999 年，天津 YG 公司声称实现萃取产品销售收入 23 971 万元，业务利润15 892 万元，利润率 66%；2000 年，萃取产品销售收入 72 400 万元，业务利润 51 968 万元，利润率 72%。天津 YG 公司具有如此高的盈利水平，那么整个行业的状况又如何呢?

通过查阅相关资料得知，超临界二氧化碳萃取是以二氧化碳为萃取剂，利用超临界流体的强溶解能力特性，在超临界状态下，加压后使其溶解度增大，将物质溶解出来，然后通过减压又将其释放出来，从而从动、植物中提取各种有效成分的一项技术。

对这样一项高新技术行业的技术水平作出判断，超出了注册会计师的专业胜任能力。在这种情况下，注册会计师应考虑利用专家的工作，了解市场供求与竞争状况、技术发展水平、行业产品价格、原材料价格、投入产出比率、消耗的主要能源等相关信息。

根据媒体 2001 年 9 月刊出的《YG 公司陷阱》一文：截至 2001 年 6 月，中国只有三家公司购买了德国伍德公司制造的二氧化碳超临界萃取设备，除了天津 YG 公司（500 立升 ×3，1999 年引进），还有西安 JD 公司（500 立升 ×2，2000 年引进）和南方面粉厂（250 立升，1995 年引进自用）。西安 JD 公司的设备与天津 YG 公司几乎完全相同，但它的日子并不好过。对于西安 JD 的这一情况，YG 公司负责人的解释是 JD 公司对萃取技术掌握太少，以致与 YG 公司命运迥异。

但据媒体介绍，西安 JD 公司从一开始就与 XB 大学化工系教授进行全面的技术合作，在各种产品的试验和市场调研上下了很大功夫，也做了许多推销努力，包括德国方面，但全部石沉大海。西安 JD 公司的结论是：问题不在于技术，而是市场很难打开。

天津 YG 公司和西安 JD 公司，拥有相同的设备，但经营结果却大相径庭，一边是滚滚暴利，一边是经营惨淡，反差悬殊。而对于这样的巨大反差，两家企业各执一词，那真相究竟如何呢？

二、关于天津 YG 公司的产量、价格和产品

Z 会计师事务所执行 YG 公司年度财务报表审计，其工作底稿中清晰地列示了天津 YG 公司 1999 年和 2000 年的主要销售收入。对于产量和价格的合理性，注册会计师没有作出任何怀疑和调查就予以确认；而媒体对此却作出了“不可能的产量、不可能的价格、不可能的产品”的结论。原因有下列三点：

一是不可能的产量。

根据国内专家对二氧化碳萃取技术的了解，一套 500 立升 ×3 的二氧化碳超临界设备即使 24 小时不间断运作，全年实际产量绝对超不过 30 吨。也就是说，以天津 YG 公司萃取设备的产能，即使全年通宵达旦运作，也无法生产出其所列示的产量。

对于这样一个不可能的产量，YG 公司负责人这样解释，天津 YG 公司已掌握特别技术，能大幅提升产能。以蛋黄卵磷脂的提取为例，天津 YG 公司的 500 立升 ×3 设备已经将萃取时间从 10 个小时缩短到 3 个小时并进一步缩短到 30 分钟；今后通过上一套“在线监测”设备，还将把萃取时间缩短到十几分钟；而且，天津 YG 公司生产的蛋黄卵磷脂的纯度已从 35% 提高到 97%，加上天津 YG 公司是“四班三运转”日夜工作，产量自然惊人。

对于 YG 公司所宣称的技术进步，专家表示不可思议。因为萃取的工序包括给二氧化碳加压、萃取、释压等，仅仅给二氧化碳加压到几十个大气压，就至少需要 40 分钟；提取卵磷脂，必需的时间量是五六个小时。只用 3 个小时提取出来的卵磷脂，纯度上就要大打折扣。而且，将生产时间缩至十几分钟的“在线监测”设备，只是研究文献上的说法，是检测手段的一种，与二氧化碳萃取没有什么关系。因此，从技术上而言，30 分钟就可提取卵磷脂的说法是根本靠不住的，天津 YG 公司不可能在报告期内生产出所列数量的产品。

二是不可能的价格。

如果将产品售价，与国际市场的伦敦价格，与众多国内厂家、行业专家提供的参考价相比，就会发现存在巨大差距。以姜精油为例，2000 年的价格是 700 千马克/吨，折合人民币（1∶4.16）为 2 912 000 元/吨，也就是2 912元/千克。而 2000 年 11 月 17 日，伦敦市场到岸价格（CIF）是 100 美元/千克（折合人民币约 827 元/公斤），西安 JD 公司了解的国际市场价格只在 600 元/千克至 800 元/千克。天津 YG 公司的价格与国际市场价格相比，高出 3 至 5 倍。试问面对如此高昂的价格，有哪家公司愿意购买？

三是不可能的产品。

据专家介绍，二氧化碳超临界萃取技术有一个重大局限，就是只有脂溶性（也称为非极性、弱极性）的物质才能从中提取，而且往往需要与其他技术相结合才能生产纯度较高的产品。天津 YG 公司声称其产品蛋黄卵磷脂的纯度已经从35%提高到97%。但是，仅凭天津 YG 公司那一套500立升×3的萃取设备，是不可能提取出纯度超过30%的卵磷脂的，必须配套利用大量乙醇来进行提纯的后期分离设备，但天津 YG 公司并没有这些设备。因此，天津 YG 公司列示的产品也是不存在的。

不仅如此，2001年3月1日，YG 公司发布公告，称与德国诚信公司签订每年20亿元人民币、连续3年总共60亿元的供货总协议，公司每年需要向德方提供桂皮精油150吨、桂皮含油树脂150吨、生姜精油160吨、生姜含油树脂160吨、脱咖啡因茶叶9 000吨、天然咖啡因157.5吨、茶多酚24吨、当归根油24吨、银杏酮酯30吨、丹皮酚26吨、丹参酮15吨、葛根素10吨等萃取产品。

据专家介绍，这一合同提到的某些产品如茶多酚，属于水融性（极性）物质，用二氧化碳超临界萃取技术根本提不出来。合同中提到的银杏酮酯、葛根素、丹皮酚也非常难提取。因此，YG 公司对德出口合同中的某些产品，根本不能用二氧化碳超临界萃取设备提取。

通过上面的分析，我们可以得出结论：YG 公司1999年和2000年销售收入的主要构成，从产品到产量，再到价格，与所处行业状况相差甚远，有造假的重大嫌疑。

综上所述，注册会计师作出上述分析其实并不难，只要找到该行业的专家稍加咨询或查找相关行业数据进行简单对比分析，便可发现天津 YG 公司的上述造假行为。

2. 法律环境及监管环境。法律环境和监管环境包括适用的财务报告编制基础、法律和政治环境等。了解法律环境和监管环境的主要原因在于：（1）某些法律法规或监管要求可能对被审计单位经营活动有重大影响，如不遵守将导致停业等严重后果；（2）某些法律法规或监管要求（如环保法规等）规定了被审计单位某些方面的责任和义务；（3）某些法律法规或监管要求决定了被审计单位需要遵循的行业惯例和核算要求。

注册会计师应当了解的内容主要包括：（1）会计政策和行业特定惯例；（2）受管制行业的法规框架；（3）对被审计单位经营活动产生重大影响的法律法规，包括直接的监管活动；（4）税收政策（关于企业所得税和其他税种的政策）；（5）目前对被审计单位开展经营活动产生影响的政府政策，如货币政策（包括外汇管制）、财政政策、财政刺激措施（如政府援助项目）、关税或贸易限制政策等；（6）影响行业和被审计单位经营活动的环保要求。

以家电行业为例，说明新出台的产品责任方面的法规对行业的影响。

案例3－11　电子信息产品污染控制带来的影响

从2008年3月1日起，被喻为“中国版ROSH指令（欧盟电气、电子设备中限制使用某些有害物质的指令）”的《电子信息产品污染控制管理办法》（下列简称《办法》）正式实施，《办法》涉及黑色家电、医疗电子设备、家用电子电器等十大类共计1 800余种产品，包括手机、笔记本电脑、台式机电脑、家电、DC、DV、MP3、MP4、打印机等。《办法》要求国内所有进入市场的含有有毒有害物质的电子信息产品必须采用贴标识或写在产品说明书里的方式，明示产品中所含有毒有害物质或元素名称、含量、环保使用期限和在废弃时可否回收利用等信息。对此，业内专家表示，这项新规定将给家电企业带来较大成本压力，家电价格或将上涨10%左右。这对家电企业来说也是一个经营风险点，将提高营业成本；如果价格无法实现同比上涨，则利润将下降。注册会计师应当关注家电企业的营业成本、毛利率等是否体现出这一变化。

以外商投资企业为例，说明税法对其的影响。

案例3－12　新税法对公司的影响

2007年3月16日，全国人民代表大会公布了《中华人民共和国企业所得税法》（简称“新税法”）。新税法于2008年1月1日生效后将取代《中华人民共和国外商投资企业和外国企业所得税法》和《中华人民共和国企业所得税暂行条例》。在新税法下，除部分例外规定外，内资企业和外商投资企业将统一适用25%的企业所得税税率。新税法同时增加并统一了外国企业就来源于中国境内收入所需缴纳的预提所得税税率，并取消了适用于外商投资企业税收优惠政策。在新税法下，很多外商投资企业将不再享受15%至24%的优惠税率，以及一定的税收减免期。另外，在新税法下，居民企业作为一个纳税主体的概念被引入，其包含了内资企业、外商投资企业以及实际控制和管理机构在中国的外国企业。居民企业将就其在中国境内或境外的所得支付企业所得税。此外，新税法还设定了转让定价监督机制，这种机制将进一步增加外商投资企业在中国的应纳税所得，增加避税的难度。注册会计师在审计过程中，应当评估新税法对企业经营的影响，并识别出相关的风险。

以钢铁行业为例，说明房地产调控政策对相关行业的影响。

案例3－13　房地产调控政策对钢铁行业的影响

2010年，在国务院发布新国十条的通知之后，受房地产调控的影响，其上游企业钢材、水泥等均受到较大的冲击。以钢铁行业为例，2012年第2季度，经济下行压力逐渐增大，主要用钢行业发展继续放缓，钢铁消费持续低迷，但钢铁产量继续增长。当季，我国钢材表观消费量增速较上年同期下降0.52个百分点。由于钢材需求持续疲软，产品价格不断下跌，而企业实际成本压力较大，导致钢企运行困难重重，行业濒临亏损边缘。2012年第2季度，虽然铁矿石价格较上年同期有所下降，但钢价跌幅远高于钢企原材料价格跌幅，加上融资成本高、资金紧张状况未有好转，钢铁产业利润大幅下降。据中钢协统计，上半年，重点钢铁企业仅实现利润23.85亿元，同比大幅下降95.81%；销售利润率由上年同期的3.06%降至0.13%。

以塑料袋生产行业为例，说明环境保护方面的法律法规对行业的影响。

案例3－14 限塑令对塑料袋生产厂的影响

2008年6月1日，国务院办公厅发布的《关于限制生产销售使用塑料购物袋的通知》（限塑令）正式实施。通知指出，在所有超市、商场、集贸市场等商品零售场所实行塑料购物袋有偿使用制度，一律不得免费提供塑料购物袋，在全国范围内禁止生产、销售、使用厚度小于0.025毫米的塑料购物袋（超薄塑料购物袋）。限塑令一方面给消费者带来了“一场消费习惯的革命”，另一方面也给塑料袋生产厂家带来了巨大冲击，加速了塑料袋生产行业的“洗牌”。

塑料袋的生产工艺、技术比较简单，只要把塑料粒子吹塑成塑料薄膜，然后由制袋机裁割成相应规格即可。从投资额看，制粒机、吹塑机、制袋机等设备的总体投入仅为10多万元。据统计，限塑令实施前，我国每年使用塑料购物袋总量约160万吨，大大小小的塑料袋企业生产商有6万家左右，规模以上塑料包装企业有1 500多家。限塑令实施后，塑料购物袋的消费量减少一半以上，绝大多数小企业将面临转产或关闭。

2008年3月初，塑料袋生产行业的龙头——HQ塑胶有限公司宣布停产结算，这家公司原年产值22亿元，规模已连续11年居本行业全国之首。这样一家在市场份额和产值方面看上去都还不错的公司，为何突然之间就走到了“绝境”？一个很重要的原因是：随着限塑令实施日期的日益临近，公司原先生产超薄塑料袋的吹塑机、制膜机均属于淘汰产品，无法生产合格塑料袋。从2008年2月下旬起，HQ公司在网站上就开始刊登有关1 600多台吹膜机、1 000多台制袋机以及一些配方原料的出售信息，但一直无人问津。由于转产成本很高，公司没有相应的技术能力和资金能力，只得停产结算。由此可以看出，一项法律法规的出台可能对一个行业、一个企业的经营活动产生重大影响，甚至威胁持续经营。

3. 其他外部因素。注册会计师应当了解影响被审计单位经营的其他外部因素，主要包括：（1）宏观经济的景气度；（2）利率和资金供求状况；（3）通货膨胀水平及币值变动；（4）国际经济环境和汇率变动。

具体而言，注册会计师可能需要了解下列情况：（1）当前的宏观经济状况以及未来的发展趋势如何；（2）目前国内或本地区的经济状况（如增长率、通货膨胀、失业率、利率等）怎样影响被审计单位的经营活动；（3）被审计单位的经营活动是否受到汇率波动或全球市场力量的影响。

以国际金融危机背景下的钢材行业为例，简要说明宏观经济景气度对企业的影响。

案例3－15　经济下行对钢行业的影响

2012年第2季度本是钢铁行业的传统消费旺季，但是经济下行压力逐渐增大，主要用钢行业发展继续放缓，钢材消费持续低迷。2012年1至6月，全社会固定资产投资增速较上年同期下降5.2个百分点，房地产开发投资增速较上年同期下滑16.3个百分点，铁路固定资产投资同比下降36.1%，规模以上工业增加值增速较上年同期回落3.8个百分点，降幅均比上季度有所扩大，汽车、造船、家电等行业产销不旺，钢材消费强度下降，最终导致建筑用钢和工业用钢的需求增速趋缓。

以加息为例，简要说明利率和资金供求状况对评估被审计单位重大错报风险的影响。

案例3－16　贷款利率上调对房地产公司的影响

WK房地产股份有限公司（简称“WK公司”）2011年6月末资产负债率为78%，贷款余额为470亿元，中国人民银行自2011年7月7日上调贷款基准利率，一年期存款基准利率上调0.25百分点，由3.25%提高至3.5%，一年期贷款利率上调0.25个百分点，由6.31%提高至6.56%。假设WK公司2011年平均贷款余额为470亿元，此次加息相应增加的财务费用为1.18亿元，2011年能够实现净利润65亿元，则扣除所得税后，加息对净利润的影响是1.18×（1－25%）/65＝1.36%。从实际来看，WK公司2011年利息支出共42亿元，较2010年增加了12亿元，增幅为40%，而从借款余额来看，2011年还较2010年减少了60亿元。从利润率来看，2011年的毛利润率为21.96%，较2010年的23.45%有一定的下降，由此可见，利率对于房地产企业的盈利有比较大的影响。因此，注册会计师在审计时应当重点关注被审计单位的财务费用是否反映出加息带来的影响。

以人民币升值为例，简要说明汇率变动对评估重大错报风险的影响。

案例3－17　人民币升值对纺织出口企业的影响

自2008年1月至今，人民币对美元的汇率走势如下：

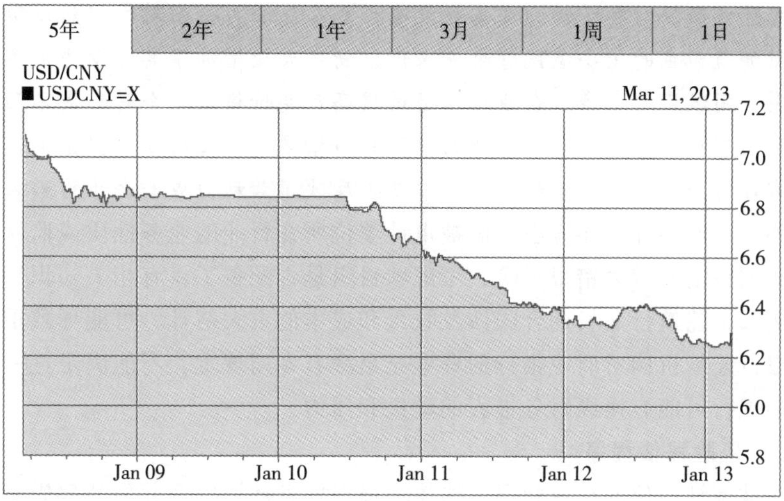

从上图我们可以看出，在过去5年中，美元对人民币汇率已经从7.1下降至6.2左右，人民币升值幅度已经超过了12%。因此以纺织业为代表的劳动密集型的出口企业受到了非常大的冲击。目前纺织行业的平均利润率为3.9%左右。2011年以来，安徽省已有15%到30%左右的中小型外贸服装加工企业面临倒闭、出售、转型。

4. 了解的范围和程度。注册会计师对行业状况、法律环境与监管环境以及其他外部因素了解的范围和程度会因被审计单位所处行业、规模以及其他因素（如在市场中的地位）的不同而不同。例如，对从事计算机硬件制造的被审计单位，注册会计师可能更关心市场和竞争以及技术进步的情况；对金融机构，注册会计师可能更关心宏观经济走势以及货币、财政等方面的宏观经济政策；对化工等产生污染的行业，注册会计师可能更关心相关环保法规。注册会计师应当考虑将了解的重点放在对被审计单位的经营活动可能产生重要影响的关键外部因素以及与前期相比发生的重大变化上。

以新《劳动合同法》为例说明如何根据对经营活动具有重大影响的外部因素变化，了解被审计单位并评估重大错报风险。

案例3－18 新劳动合同法对企业人工成本的影响

自2008年1月1日开始施行的新《劳动合同法》，出于保障劳动者的合法权益，规范企业劳动用工制度的目的，对原法作出重大修订，如进一步明确劳动者具体的工作时间和休息休假安排，增加了用人单位和劳动者缴纳社会保险的条款，明确了任务期合同终止需要支付经济补偿金，取消了劳动合同终止的条件条款等。这些变化对不同的企业影响不同，大型企业及国有企业由于社保缴纳规范，新法对其劳动力成本基本没有影响；高科技公司产品附加值高，人员少，社保缴纳规范，新法对其劳动力成本也没有形成上涨压力；而对于仍然以劳动密集型、低附加值为主的中小型民营企业来说，新法大大增加了其劳动力成本。由于中小型企业间激烈的竞争，企业难以通过提高产品价格来完全转移成本压力，利润受到负面影响，企业并购和整合的事件日益增多。因此对于这些企业，注册会计师在审计时应当关注企业的营业成本是否反映了劳动力成本上升的影响。

此外，注册会计师还应当考虑被审计单位所在行业的业务性质或监管程度是否可能导致特定的重大错报风险，考虑项目组是否配备了具有相关知识和经验的成员。例如，建筑行业长期合同涉及收入和成本的重大估计，可能导致重大错报风险；银行监管机构对商业银行的资本充足率有专门规定，不能满足这一监管要求的商业银行可能有操纵财务报表的动机和压力。

（二）风险评估程序

针对被审计单位的行业状况、法律环境与监管环境以及其他外部因素，注册会计师具体运用的风险评估程序可能包括下列方面。

1. 查阅以前年度的审计工作底稿。对于连续审计业务，以前年度的审计工作底稿有助于注册会计师了解与特定经营活动和行业相关的一些因素。注册会计师应当根据本年度发生的变化，在适当时对其予以更新并用于本年度的审计工作。

2. 询问被审计单位管理层和员工。通过向被审计单位管理层询问职责范围内涉及的重要外部因素及其对被审计单位产生的影响，注册会计师可以对管理层作出的重大决策及采取的行动有进一步的了解。通过向负责市场和销售的人员询问所处行业的市场供求及竞争情况，可以增强或更新注册会计师对被审计单位所处环境的了解。

对于连续审计业务，注册会计师询问的重点通常是以前年度了解到的情况是否在本期发生了变化。注册会计师对最新动态的关注应当贯穿于整个审计过程中。

3. 查阅内部与外部的信息资料。内部信息资料主要包括中期财务报告（包括管理层的讨论和分析）、管理报告、其他特殊目的的报告，以及股东大会、董事会会议、高级管理层会议的记录或纪要。外部信息资料包括外部顾问、代理机构、证券分析师等编制的关于被审计单位及其所处行业的报告，政府部门或民间行业组织发布的行业报告、宏观经济统计数据、行业统计数据，以及贸易和商业杂志等信息资料。

通常，被审计单位管理层基于经营管理需要会保存上述信息资料，或自己编写有关说明材料和分析材料。为了提高工作效率，注册会计师可以将询问管理层作为查找此类信息及确定信息来源的起点，考虑尽可能利用被审计单位保存的这些资料。注册会计师可以向被审计单位管理层和员工了解他们认为重要的外部信息来源，以及被审计单位如何收集、编制和保存这类信息。值得注意的是，注册会计师需要核实被审计单位提供的资料。此外，通过互联网查阅相关信息也能提高资料收集工作的效率。

更好的做法是，注册会计师在平时就对宏观经济、行业和市场情况的最新动态，以及其他相关的信息加以关注，并留意收集这方面的信息。

4. 与项目组成员或熟悉被审计单位所处行业的其他人员讨论。与项目组成员特别是经验较多的人员进行讨论，有助于注册会计师获知和利用他人积累的有关被审计单位经营活动以及行业状况的经验与知识。与会计师事务所内熟悉被审计单位所处行业的其他人员讨论，也有助于注册会计师深入、快捷地了解该行业当前面临的外部因素与重大事项，及其对被审计单位的影响。

5. 分析程序。分析程序是注册会计师在了解被审计单位及其环境时运用的重要程序之一。在许多情况下，运用分析程序可以帮助注册会计师评价被审计单位在行业中的经营状况和竞争环境。例如：（1）将被审计单位的关键业绩指标与同行业平均数据或同行业中规模相近的其他单位的数据相比较，可以了解被审计单位在市场中的相对表现，并识别出存在重大错报风险的迹象；（2）利用从外部获取的市场份额变化趋势信息，可以识别出被审计单位竞争能力的重大变化；（3）按业务分部或地区分部分类计算的销售和毛利变动趋势，可以揭示经营业绩随时间推移而发生的变化，将这一业绩与以前年度比较，可以获得对经营业绩趋势的了解。

二、被审计单位的性质

了解被审计单位的性质有助于注册会计师理解预期在财务报表中反映的各类交易、账户余额和披露。

（一）了解的具体内容

1. 所有权结构。了解所有权结构、所有者与其他人员或实体之间的关系，有助于确定关联方交易是否已得到识别和恰当处理。通过关联方交易虚构利润一直是近年资本市场财务舞弊的一个主要手段。

案例3－19　利用关联方关系进行财务舞弊

例如，公众熟知的M公司案件。该公司在1996年的利润总额5.7亿元中有5.4亿元是在未取得土地使用权的情况下，通过与关联企业及其他公司签订未经国家有关部门批准的合作建房、权益转让等无效合同编造的。再如，1999年STJD事件也是这样一个典型案例。JD公司1997年年报隐瞒了其与原第一大股东所发生的重大关联交易，因而误导STJD现第一大股东新绿公司作出购买股份的投资决策。1999年该重大关联交易使JD公司从收购前尚有配股资格的公司变成

ST公司，给新绿公司造成严重损失，新绿公司就此事提请诉讼仲裁。因此注册会计师在风险评估阶段的一个重要任务就是了解被审计单位的所有权结构，识别关联方。

注册会计师应当了解所有权结构以及所有者与其他人员或单位之间的关系，考虑关联方关系是否已经得到识别，以及关联方交易是否得到恰当核算。例如，注册会计师应当了解被审计单位是属于国有企业、外商投资企业、民营企业，还是属于其他类型的企业，还应当了解其直接控股母公司、间接控股母公司、最终控股母公司和其他股东的构成，以及所有者与其他人员或单位（如控股母公司控制的其他企业）之间的关系。同时，注册会计师可能需要对其控股母公司（股东）的情况作进一步的了解，包括控股母公司的所有权性质、管理风格及其对被审计单位经营活动及财务报表可能产生的影响；控股母公司与被审计单位在资产、业务、人员、机构、财务等方面是否分开，是否存在占用资金等情况；控股母公司是否施加压力，要求被审计单位达到其设定的财务业绩目标。

2. 治理结构。良好的治理结构可以对被审计单位的经营和财务运作实施有效的监督，从而降低财务报表发生重大错报的风险。例如，董事会的构成情况、董事会内部是否有独立董事；治理结构中是否设有审计委员会或监事会及其运作情况。此外，注册会计师还应当考虑治理层是否能够在独立于管理层的情况下对被审计单位事务（包括财务报告）作出客观判断。

案例3－20　利用治理结构缺陷进行财务舞弊

C公司财务造假的根源仍然是公司治理结构问题。2001年，C公司实施产权制度改革，通过股权转让引入B公司，实现了民营化重组，其初衷是希望民营资本的介入能够打开产权之结，改善公司治理。现在看来，C公司的内部人控制现象不但没有改善，反倒被强化了。几年来公司的会计数字游戏、关联交易以及公司资金被“掏空”等一系列恶性事件，再次凸显其公司治理结构存在的问题。从表面看，C公司已形成股东大会、董事会、监事会之间的权力制衡机制，但实质上公司治理仍存在严重缺陷。控股股东利用其对公司的超强控制力，以其他股东的利益为代价为B公司谋利，导致C公司陷入新的危机。公司的独立董事制度也是名存实亡。当C公司为种种“疑云”笼罩，投资者蒙受巨额损失之时，C公司的独立董事始终未能发表有助于广大中小股东揭晓“疑云”的独立意见，难怪C公司的中小股东发起震撼中国股市的要求罢免其独立董事的“独立运动”。

3. 组织结构。复杂的组织结构可能导致某些特定的重大错报风险，包括财务报表合并、商誉摊销和减值、长期股权投资核算以及特殊目的实体核算等问题。对于在多个地区拥有子公司、合营企业、联营企业或其他成员机构，或者存在多个业务分部和地区分部的被审计单位，不仅编制合并财务报表的难度增加，还存在其他可能导致重大错报风险的复杂事项。例如，对于子公司、合营企业、联营企业和其他股权投资类别的判断及其会计处理；商誉在不同业务分部间的摊销及减值；对特殊目的实体是否进行了适当的会计处理等。

案例3－21 安然公司利用“特殊目的实体”舞弊

安然破产的原因主要有两个：一是巨额金融衍生交易，二是创建特殊目的实体（SPEs）。特殊目的实体既可以创造巨大的经济利益，也可以被用来操纵企业的财务报告，以虚增资产，少计负债，构造虚假利润，隐藏损失。在现实经济中，对特殊目的实体缺乏足够有效的监管，导致安然利用特殊目的实体来进行财务报表的操纵。从20世纪90年代中期以后，安然通过资本重组，建立复杂的公司体系，其各类子公司和合伙公司数量超过3 000多个，形成一个典型的“金字塔”式的关联企业集团，处于“金字塔”下层的关联企业的负债在总公司的财务报表上根本反映不出来，而其利润却能反映到总公司的财务报表中。安然利用复杂的财务结构，虚构利润，隐匿债务，在会计处理上，率先采用了一些技术，使公司能够记录尚未创造收入的长期合同，并通过所谓的特殊目的实体等方式，增加不计入资产负债表的交易业务，在财务报表中不如实反映负债，钻了美国公认会计原则（GAAP）的空子。随着财务舞弊被曝光，使得公司经营上的致命缺陷无法被继续掩饰，最终导致了安然公司的倒闭。

4. 经营活动。了解被审计单位的经营活动有助于注册会计师识别预期在财务报表中反映的主要交易类别、重要账户余额和披露。注册会计师应当了解的被审计单位的经营活动主要包括：

（1）主营业务的性质。例如，主营业务是制造业还是商品批发与零售；是银行、保险还是其他金融服务；是公用事业、交通运输还是提供技术产品和服务等。

（2）与生产产品或提供劳务相关的市场信息。例如，主要客户和合同、付款条件、利润率、市场份额、竞争者、出口、定价政策、产品声誉、质量保证、营销策略和目标等。

（3）业务的开展情况。例如，业务分部的设立情况、产品和服务的交付、衰退或扩张的经营活动的详情等。

（4）联盟、合营与外包情况。

（5）从事电子商务的情况。例如，是否通过互联网销售产品和提供服务以及从事营销活动。

（6）地区与行业分布。例如，是否涉及跨地区经营和多种经营，各个地区和各行业分布的相对规模以及相互之间是否存在依赖关系。

（7）生产设施、仓库的地理位置及办公地点。

（8）关键客户。例如，销售对象是少量的大客户还是众多的小客户；是否有被审计单位高度依赖的特定客户（如超过销售总额10%的顾客）；是否有造成应收账款高回收性风险的若干客户或客户类别（如正处在一个衰退市场中的客户）；是否与某些客户订立了不寻常的销售条款或条件。

（9）重要供应商。例如，是否签订长期供应合同；原材料供应的可靠性和稳定性；付款条件；原材料是否受重大价格变动的影响。

（10）劳动用工情况。例如，分地区用工情况、劳动力供应情况、工资水平、退休金和其他福利、股权激励或其他奖金安排以及与劳动用工事项相关的政府法规。

（11）研究与开发活动及其支出。

（12）关联方交易。例如，有些客户或供应商是否为关联方；对关联方和非关联方是否采用不同的销售和采购条款。此外，还存在哪些关联方交易，对这些交易采用怎样的定价政策。

5. 投资活动。了解被审计单位投资活动有助于注册会计师关注被审计单位在经营策略和方向上的重大变化。注册会计师应当了解的被审计单位的投资活动主要包括：

（1）近期拟实施或已实施的并购活动与资产处置情况，包括业务重组或某些业务的终止。注册会计师应当了解并购活动如何与被审计单位目前的经营业务相协调，并考虑他们是否会引发进一步的经营风险。例如，被审计单位并购了一个新的业务部门，注册会计师需要了解管理层如何管理这一新业务，而新业务又如何与现有业务相结合，发挥协同优势，如何解决原有经营业务与新业务在信息系统、企业文化等各方面的不一致。下面以明基宣布收购德国西门子为例说明并购活动对评估重大错报风险的影响。

案例3－22　明基收购德国西门子全球手机业务遭遇失败

2005年6月8日，明基集团（Benq）宣布正式收购德国西门子全球手机业务。但由于没有有效整合西门子手机的战略风险以及采取防御战略风险的措施等，仅半年明基第四季度就亏损2.79亿美元，全年亏损3.07亿美元，2006年第二季度手机市场份额从5.5%跌到了3%。2007年3月21日，明基公布了其历史上最难看的财报：由于收购西门子手机失败，2006年明基电通亏损64.5亿元人民币。与此同时，明基的股价从35元一路滑落到17元以下，总市值整整蒸发了一半。在坚持了整整一年之后，明基和西门子的婚姻走向了尽头，明基宣布，不再投资总部位于德国的明基移动，并向当地法院申请破产保护，同时撤出欧洲手机市场。至此，明基收购西门子手机累计亏损8亿欧元。

（2）证券投资、委托贷款的发生与处置。

（3）资本性投资活动，包括固定资产和无形资产投资，近期或计划发生的变动，以及重大的资本承诺等。

（4）对未纳入合并范围的实体（包括合伙企业、合营企业和特殊目的实体）的投资。

特殊目的实体（有时也称特殊目的工具）是指为实现界定清楚的某个具体目标（如进行租赁、金融资产证券化或开展研究与开发活动）而设立的实体。特殊目的实体可能以公司、信托、合伙企业或非公司实体的形式存在。在以某实体的名义建立特殊目的实体的情况下，该实体通常可能将资产转移至特殊目的实体（如作为终止确认涉及金融资产的交易的一部分），获得使用特殊目的实体资产的权利或向其提供服务，而其他方可能为特殊目的实体提供资金。在某些情况下，特殊目的实体可能是被审计单位的关联方。

企业会计准则详细规定了可视为“控制”的条件，或者在编制合并报表时应当考虑特殊目的实体的情况。理解企业会计准则的要求通常需要详细了解涉及特殊目的实体的相关协议。

6. 筹资活动。了解被审计单位筹资活动有助于注册会计师评估被审计单位在融资方面的压力，并进一步考虑被审计单位在可预见未来的持续经营能力。注册会计师应当了解的被审计单位的筹资活动主要包括：

（1）主要子公司和联营企业（无论是否处于合并范围内）。

（2）债务结构和相关条款，包括担保情况及表外融资。例如，获得的信贷额度是否可以满足营运需要；得到的融资条件及利率是否与竞争对手相似，如不相似，原因何在；是否存在违反借款合同中限制性条款的情况；是否承受重大的汇率与利率风险。

（3）固定资产的租赁，包括通过融资租赁方式进行的筹资活动。

（4）关联方融资。例如，关联方融资的特殊条款。

关联方融资的形式可能比较隐蔽。以监管部门 2002 年对 X 公司的检查为例，简要说明这个问题。

案例 3－23　X 公司利用关联方关系形成隐蔽融资

2002 年 8 月，监管部门派出检查组，对 X 公司 2001 年度会计信息质量进行了检查。检查发现，该公司在 1997 年 1 月 1 日至 2001 年 12 月 31 日期间，利用超额预付货款及费用的方式向关联方提供巨额无息融资，不作纳税申报，从而偷逃税款 8 000 多万元。

X 公司向关联方（母公司及母公司的子公司）提供巨额无息融资的过程如下：一是确立业务代理关系。即 X 公司与关联方协议确认某项业务代理关系，如 X 公司代关联方收取货款等。二是确认资金预付关系。由于上述业务代理关系，X公司代收的货款不可能在当天划转，客观上占用了关联方的资金。理论上，X公司可以预付部分资金给关联方，以抵补划转期间的资金占用，从而使X公司与关联方的资金预付关系得以确认。三是签署资金预付协议。当关联方有资金需求时，X公司即与其协商签订预付资金协议，对预付资金的数量等作出约定。由于法律上并未规定预付资金的上限，X公司预付给关联方的资金数额，完全视关联方资金需求情况，由双方商定，根本不与实际资金占用数量相对应。四是实付资金，即X公司根据协议将资金支付给关联方。该公司通过预付货款及费用等形式，为关联方提供了巨额的无息资金。由于有预付货款及费用作挡箭牌，该公司不认为这是融资行为，既不作纳税申报，也没有进行纳税调整。

例如，X公司与Y公司等4个关联公司为提高工作效率而成立共同办公室，协议约定各方发生的费用先由Y公司垫付，月终再按照约定的分配原则，由Y公司将费用分摊到各关联方并收回代垫的资金。为此，X公司应预付一定的资金给Y公司，作为代垫费用的备用金。同样，预付的数额远远大于实际代垫的费用。经审核，2001年，X公司通过这种途径提供给Y公司无息使用的资金达45 000万元。这种向关联方提供无息融资的过程环环紧扣，既有事实上的业务代理关系，又有协议上的资金预付依据，具有很大的隐蔽性与欺骗性。

（5）实际受益股东。例如，实际受益股东是国内的还是国外的，其商业声誉和经验可能对被审计单位产生的影响。

（6）衍生金融工具的运用。例如，衍生金融工具是用于交易目的还是套期目的，以及运用的种类、范围和交易对手等。

衍生金融工具具有“双刃剑”的作用，一方面它可以帮助企业规避国际市场中的价格、利率或汇率风险，使企业管理层可以关注核心经营业务；另一方面，过度的衍生业务投资又会在企业内部积聚巨大的风险。

案例3－24　CY公司因石油衍生品交易导致申请破产保护

2004年11月30日，中国CY股份有限公司（简称“CY公司”）因石油衍生品交易出现5.5亿美元巨额亏损而向新加坡高等法院申请破产保护。2003年底至2004年，CY公司错误地判断了油价走势，调整了交易策略，卖出了买权并买入了卖权，导致期权盘位到期时面临亏损。在CY公司首次发生亏损以后，负责人C先生抱着侥幸和翻本心态一再挪盘（每次挪盘均成倍扩大风险，该风险在油价上升时呈指数级数扩大，直至公司不再有能力支付不断高涨的保证金），最终一发不可收拾，导致巨亏。

案例3－25　ZX公司投资杠杆式外汇合约遭受巨额损失

2006年3月，ZX公司通过购入两个分别拥有十亿吨磁铁矿资源开采权的澳洲公司的方式获得坐落于西澳皮尔巴拉地区磁铁矿石的开采权，该铁矿石项目曾被称为世界级的磁铁矿开采和加工项目，ZX 公司还有权购买最多 40 亿吨的开采权。公司公告称，该项目计划于 2009 年或 2010 年开始为 ZX 公司的特钢厂提供稳定的铁矿砂来源；该项目截至 2010 年的资本开支为 16 亿澳元，2010 年投产后每年的营运开支为 10 亿澳元，因而对澳元有稳定的需求。为降低西澳铁矿石项目和欧洲相关投资项目面对的货币风险，在 2006 年至 2007 年间 ZX 公司投资了 4 种杠杆式外汇合约（澳元累计目标可赎回远期合约、每日累计澳元远期合约、双货币累计目标可赎回远期合约和人民币累计目标可赎回远期合约），并分别与花旗、渣打、荷兰合作银行、美国银行、巴克莱银行、法国巴黎银行香港分行、摩根士丹利资本服务等 13 家银行共签下 24 款外汇累计期权合约，其中的部分合约 2008 年才进入执行期。

2008 年 10 月 20 日下午，ZX 公司召开新闻发布会，称公司为了降低西澳洲铁矿项目面对的货币风险而签订的对冲风险为目的的杠杆式外汇买卖合约，由于目前澳元汇率为 0.70 美元，而欧元汇率为 1.35 美元，该合约面临亏损，按目前市值计价，ZX 公司将面临 18.8 亿美元的亏损（亏损近 150 亿港元，其中包括 8.07 亿港元的已实现亏损和 147 亿港元的估计亏损，而且亏损有可能继续扩大）。2008 年 10 月 21 日，ZX 公司的股价暴跌 55%，公司在两个交易日中市值蒸发掉了三分之二，成了在全球金融危机中首批中箭落马的中国企业。

因此，在被审计单位使用衍生金融工具时，了解其使用目的、种类、范围和金额，是评估重大错报风险的重要内容。

7. 财务报告。了解被审计单位的财务报告主要包括下列方面：

（1）会计政策和行业特定惯例，包括特定行业的重要活动（如银行业的贷款和投资、医药行业的研究与开发活动）。

重要项目的会计政策包括收入确认、存货的计价、投资的核算、固定资产的折旧、坏账准备的计提、存货跌价准备和其他资产减值准备的确定、借款费用资本化、合并财务报表的编制等。除会计政策以外，某些行业可能还存在一些行业惯例。当被审计单位采用与行业惯例不同的会计处理方法时，注册会计师应当了解其原因，并考虑采用与行业惯例不同的会计处理方法是否适当。

由于对财务信息作出虚假报告导致的重大错报通常源于多计或少计收入，注册会计师应当重点考虑被审计单位收入确认政策的合理性。

案例 3－26　C 公司通过开具虚假文件确认收入

使用不正当的收入确认方法，虚构收入，虚增利润，粉饰财务报表是 C 公司舞弊的手法之一。经检查，2002 年 C 公司年报虚增收入 4.033 亿元，虚增利润近 1.2 亿元。其具体手法主要是通过对未出库销售的存货开具发票或销售出库单并确认为收入，以虚增年报的主营业务收入和利润。此后的2003年和2004年，C公司年报又分别虚增收入3.048亿元和5.127亿元，虚增利润8935万元和1.2亿元。

（2）收入确认惯例。

案例3－27　同时销售商品和提供劳务收入的确认

企业与其他企业签订的合同或协议，有时既包括销售商品又包括提供劳务，如销售电梯的同时负责安装工作、销售原材料的同时负责运输、销售软件后继续提供技术支持、设计产品同时负责生产等。此时，如果销售商品部分和提供劳务部分能够区分且能够单独计量的，企业应当分别核算销售商品部分和提供劳务部分，将销售商品的部分作为销售商品处理，将提供劳务的部分作为提供劳务处理；如果销售商品部分和提供劳务部分不能够区分，或虽能区分但不能够单独计量的，企业应当将销售商品部分和提供劳务部分全部作为销售商品部分进行会计处理。

（3）公允价值会计核算。

案例3－28　欧洲金融机构通过金融工具重分类减亏

2008年10月3日，国际会计准则理事会通过了《国际会计准则第39号——金融工具：确认和计量》修正案，允许对某些金融工具进行重分类。欧洲的部分金融机构立即在第三季度财务报表中采用了准则修正案，通过重分类，将某些金融工具不再使用公允价值计价，从而使报表金融资产损失减少。

英国施罗德投资银行第三季度季报显示，通过资产重分类，季报中避免了近5 000万英镑的损失（其当季的税前利润为7 800万英镑）。

德意志银行第三季报显示，通过资产重分类，采用公允价值计价的损失由25亿美元降为15亿美元，使得财务报表扭亏为盈，盈利5.3亿美元。

（4）外币资产、负债与交易。

（5）异常或复杂交易（包括在有争议或新兴领域的交易）的会计处理（如对以股票为基准的薪酬的会计处理）。

案例3－29　非同一控制下的企业合并出现差错

2015年3月11日，TP公司以增资及股权转让方式收购JR公司51%股权。本次交易为非同一控制下的企业合并，公司支付的合并对价共计6 669万元，合并当日被收购方企业的可辨认净资产的公允价值为5 988.7万元，可辨认净资产的账面价值为5 988.7万元，被购买方企业评估价值为1.35亿元。公司在2015年年度报告中确认商誉7 493.99万元，确认营业外收入207.17万元。

2016年6月15日，TP公司发布《关于2015年度财务报告会计差错更正事项的公告》称，公司2015年年报存在会计差错，对JR进行合并报表会计处理时，由于对可辨认净资产公允价值的认定存在差错，导致在合并日将支付对价人民币6 669万元与评估价值调整后的公允价值按所享有份额之间的差异确认了营业外收入207.17万元；将账面价值与评估价值之间的差异确认为商誉7 493.99万元。

根据《企业会计准则第20号——企业合并》的规定，企业合并成本大于合并中取得的被购买方可辨认净资产公允价值份额的差额，应确认为商誉；企业合并成本小于合并中取得的被购买方可辨认净资产公允价值份额的差额，应计入合并当期损益。TP公司在上述交易商誉的确认和计量过程中对可辨认净资产公允价值的认定存在差错，导致错误确认营业外收入，影响当年净利润 -207.17万元（占公司2015年度净利润的81.31%），虚增确认正商誉，影响当年净资产 -3 879.23万元。相应差错更正后，公司2015年度归属于母公司股东的净利润仅为47.63万元。

（二）风险评估程序

在了解被审计单位的性质时，除查阅以前年度的审计工作底稿、与项目组成员或其他有经验的人员和行业专家讨论、利用业务承接和续约过程中获取的信息外，注册会计师运用的风险评估程序还包括下列方面。

1. 询问被审计单位管理层和内部其他相关人员。注册会计师可以就被审计单位性质询问管理层、治理层及被审计单位担任不同职责的人员，以全面了解被审计单位的情况。

2. 查阅文件和报告。注册会计师可以查阅被审计单位的组织结构图，关联方清单，公司章程，对外签订的主要销售、采购、投资、债务合同等，以及被审计单位内部的管理报告、财务报告、生产经营情况分析表、会议记录或纪要等，了解被审计单位的性质。

3. 实地查看被审计单位的主要生产经营场所。实地查看主要生产经营场所，可以增强注册会计师对被审计单位性质的了解。特别是对于了解新承接的审计业务、收购新业务或跨地区经营的被审计单位尤其重要。在实地查看时，注册会计师应当对存在问题的迹象保持警惕。例如，生产设备上的锈迹可能表示该设备是闲置的，原材料和产成品上布满灰尘可能说明其积压已久。在实地查看过程中，注册会计师还可以向被审计单位管理层和担任不同职责的员工询问，以了解更多的情况。

4. 分析程序。例如，将被审计单位的财务信息与以前期间的可比数据、被审计单位的预算或注册会计师的预期数据进行比较，对重要财务比率进行分析，以了解被审计单位在经营活动、投资活动、筹资活动等各方面的情况及其重大变化。

三、被审计单位对会计政策的选择和运用

注册会计师应当了解被审计单位对会计政策的选择和运用，是否符合适用的会计准则，是否符合被审计单位的具体情况。

（一）了解的具体内容

在了解被审计单位对会计政策的选择和运用是否适当时，注册会计师应当关注下列事项。

1. 被审计单位对重大和异常交易的会计处理方法。例如，本期发生的企业合并的会计处理方法。某些被审计单位可能存在与其所处行业相关的重大交易。例如，银行向客户发放贷款、证券公司对外投资、医药企业的研究与开发活动等，注册会计师应当考虑重大的和不经常发生的交易的会计处理方法是否适当。

以企业合并的会计处理为例，简要说明这个问题。

案例 3－30　利用企业并购调节利润

《企业会计准则第 20 号——企业合并》规定，同一控制下的合并应当采用权益结合法，非同一控制下的合并应当采用购买法。国内外的经验表明，企业合并不论是采用权益结合法还是购买法，都可能导致上市公司在利益驱动下进行会计操纵。在购买法下，被并购企业购买日后的收入、成本费用和利润才可并入购买方的财务报表。这意味着，购买日前被并购企业报告再多的利润也与购买方无关。同样地，购买日前被并购企业财务报表上体现再多的亏损，也不会影响到购买方的业绩。为了操纵利润，有些美国上市公司在并购谈判即将完成之际，要求被并购企业将本应确认的收入推迟至购买日后确认，将本应在购买日后确认的成本费用提前至购买日前确认，从而将被并购企业的利润转移至购买日后确认，达到增加购买日合并财务报表上所体现经营业绩的目的。

采用这种操纵手法的典型代表当属美国泰科公司。1998 年 11 月，泰科公司与其竞争对手 AMP 公司开始进行合并谈判，1999 年 3 月（购买日），泰科公司同意以 113 亿美元的代价收购 AMP 公司。1998 年第四季度，AMP 公司报表上的净利润为 8 500 万美元，但到了 1999 年第一季度，AMP 公司财务报表上体现了 1 200 万美元的净亏损，但合并完成后的 1999 年第二季度，AMP 公司财务报表上体现的净利润剧增至 2.45 亿美元。事后调查表明，泰科公司在 1999 年 3 月指示 AMP 推迟确认第一季度的收入，并将本应在第二季度确认的费用提前至第一季度确认，从而实现了将 AMP 公司的利润转移至 1999 年第二季度的目的。

2. 在新领域和缺乏权威性标准或共识的领域，采用重要会计政策产生的影响。在新领域和缺乏权威性标准或共识的领域，注册会计师应当关注被审计单位

选用了哪些会计政策、为什么选用这些会计政策以及选用这些会计政策产生的影响。

3. 会计政策的变更。如果被审计单位变更了重要的会计政策，注册会计师应当考虑变更的原因及其适当性，即考虑：（1）会计政策变更是否是法律、行政法规或者适用的会计准则要求的变更；（2）会计政策变更是否能够提供更可靠、更相关的会计信息。除此之外，注册会计师还应当关注会计政策的变更是否得到充分披露。

4. 新颁布的财务报告准则、法律法规，以及被审计单位何时采用、如何采用这些规定。例如，新的企业会计准则自 2007 年 1 月 1 日起在上市公司施行，并鼓励其他企业执行。注册会计师应当考虑被审计的上市公司是否已按照新企业会计准则的要求，做好衔接工作，并收集执行新会计准则需要的信息资料。

除上述与会计政策的选择和运用相关的事项外，注册会计师还应对被审计单位下列与会计政策运用相关的情况予以关注：（1）是否采用激进的会计政策、方法、估计和判断；（2）财会人员是否拥有足够的运用会计准则的知识、经验和能力；（3）是否拥有足够的资源支持会计政策的运用，如人力资源及培训、信息技术的采用、数据和信息的采集等。

除此之外，注册会计师还应当考虑，被审计单位是否按照适用的会计准则的规定恰当地进行了列报，并披露了重要事项。列报和披露的主要内容包括：财务报表及其附注的格式、结构安排、内容、财务报表项目使用的术语、披露信息的明细程度、项目在财务报表中的分类以及披露信息的来源等。注册会计师应当考虑被审计单位是否已对特定事项作了适当的列报和披露。

（二）风险评估程序

在了解被审计单位对会计政策的选择和运用时，注册会计师实施的风险评估程序包括：查阅以前年度的审计工作底稿，询问被审计单位管理层和员工，查阅被审计单位的财务资料和内部报告（如会计工作手册和操作指引）等。注册会计师还可结合对被审计单位及其环境其他方面的了解，考虑被审计单位选用的会计政策是否符合其具体情况。

需要强调的是，注册会计师应当关注被审计单位本期会计政策的选用与前期相比发生的重大变化，包括对本期新发生的交易或事项选用的会计政策、对前期不重大而本期重大的交易或事项选用的会计政策、重要会计政策的变更以及新会计准则发布施行的影响等。

四、被审计单位的目标、战略以及相关经营风险

（一）了解的具体内容

1. 目标、战略与经营风险。目标是企业经营活动的指针。企业管理层或治

理层一般会根据企业经营面临的外部环境和内部各种因素，制定合理可行的经营目标。战略是企业管理层为实现经营目标采用的总体层面的策略和方法。为了实现某一既定的经营目标，企业可能有多个可行战略。例如，如果目标是在某一特定期间内进入一个新的市场，那么可行的战略可能包括收购该市场内的现有企业、与该市场内的其他企业合资经营或自行开发进入该市场。随着外部环境的变化，企业应对目标和战略作出相应的调整。

经营风险可能产生于环境变化或经营的复杂性。未能认识到根据环境的变化作出改变也可能导致经营风险。不同的企业可能面临不同的经营风险，这取决于企业经营的性质、所处行业、外部监管环境、企业的规模和复杂程度。管理层有责任识别和应对这些风险。不能随环境的变化而作出相应的调整固然可能产生经营风险，但是，在调整的过程中也可能导致经营风险。例如，为应对消费者需求的变化，企业开发了新产品，但是，开发的新产品可能会产生开发失败的风险；即使开发成功，市场需求可能没有充分开发，而导致产品营销风险；产品的缺陷还可能导致企业遭受声誉风险和承担产品赔偿责任的风险。

注册会计师应当了解被审计单位是否存在与下列方面有关的目标和战略，并考虑相应的经营风险：（1）行业发展（例如，潜在的相关经营风险可能是被审计单位不具备足以应对行业变化的人力资源和业务专长）；（2）开发新产品或提供新服务（例如，潜在的相关经营风险可能是被审计单位产品责任增加）；（3）业务扩张（例如，潜在的相关经营风险可能是被审计单位对市场需求的估计不准确）；（4）新的会计要求（例如，潜在的相关经营风险可能是被审计单位执行不当或不完整，或者会计处理成本增加）；（5）监管要求（例如，潜在的相关经营风险可能是被审计单位法律责任增加）；（6）本期及未来的融资条件（例如，潜在的相关经营风险可能是被审计单位由于无法满足融资条件而失去融资机会）；（7）信息技术的运用（例如，潜在的相关经营风险可能是被审计单位信息系统与业务流程难以融合）；（8）实施战略的影响，特别是由此产生的需要运用新的会计要求的影响（例如，潜在的相关经营风险可能是被审计单位执行新要求不当或不完整）。

以“幸福”方便面为例，说明业务扩张带来的经营风险。

案例3－31　“幸福”公司无节制扩张招致毁灭

2005年，拥有“幸福”方便面的ZW集团以“非油炸更健康”的口号一时间闻名全国，在2006年实现销售额15亿元；然而企业却因急速扩张深陷财务危机而在2008年底宣告破产。在仅仅3年的时间内，一个企业从名不见经传到鼎盛辉煌，再到危机重重直至破产，完成“过山车”式的嬗变。

2004年，北京幸福食品技术开发有限公司（下列简称“幸福公司”）注册成立。2005 年 3 月，投资 1.6 亿元的北京房山生产基地奠基开工；同年 10 月，“幸福”产品正式上市。幸福公司从产品一上市就摈弃了小打小闹的运作方式，前期投入的广告费用高达 2 000 多万元，借着强大的广告攻势，“幸福”非油炸方便面名声大振，上市当月即获得 600 万元的销售额，之后一路增长，迅速成长为 2006 年食品行业的一匹黑马，实现销售收入 15 亿元，ZW 集团也因此荣登第 5 届中国成长企业 100 强榜首。

迅速的成功让幸福公司负责人看到了机会，他认为，随着幸福公司在区域市场地位的稳定，行业竞争从区域升级到全国，为了拿到参与新一轮竞争的入场券，必须要从全国布局的角度去构建经营平台和生产基地。开拓全国市场，创建全国性品牌是首要战略任务。在这一时期，规模比速度重要，只有这样发展，才能从大品牌、成规模、高品质中求效益。基于这一理念，“幸福公司开始一再提高自己的预期，声称要抢夺方便面市场 60% 的份额，并开始了全国范围内的规模扩张”。

2006 年，幸福公司几乎是同时在 30 多个城市设立办事处，半年内员工数量一度扩展到 2 000 多人。此外在全国大力兴建生产基地，在吉林磐石、山东安丘、安徽明光、河南西华、陕西宝鸡、甘肃武威、江西鹰潭、广东清远、四川资阳等地先后建成投产。在不到两年的时间里，幸福公司在全国一下子建立起了 38 条生产线，投资接近 18 亿元。

员工人数的激增大大增加了企业的运营成本与管理难度，使这个新成立的公司难以承受。生产基地的投资巨大，回报要几年后才能见到，占压了大量资金，要求企业有雄厚的资金实力和通畅的融资渠道，而这些幸福公司本身并不具备。由于投资膨胀，幸福公司在 2007 年开始出现资金紧张问题，并同时出现了拖欠供应商货款、经销商无法正常发货、拖欠广告费，甚至拖欠员工薪水的情况。这些问题逐步恶化，最终导致企业在 2008 年崩盘。

实际上，非油炸方便面并非“幸福”独创，在日本也有几十年的历史，其市场份额一直没超过两成。在我国，方便面生产线资源早已严重过剩，每个企业都面临着开工不足的问题。而幸福公司没有从方便面市场的实际状况出发进行分析，对市场需求的估计太过乐观，制定的发展战略过于激进，盲目投资扩张，最终导致企业深陷财务危机，以破产而告终。

因此，注册会计师在了解被审计单位的目标、战略以及相关经营风险时，应关注其是否存在业务扩张及可能出现的对市场需求估计不准确的经营风险，并从经营活动现金流量是否充足等角度考虑由此导致的财务报表重大错报风险。

案例 3－32　SJ 集团涉足过多陌生领域导致管理失控

SJ 集团本是以经营中药研发、生产及销售的企业，其主要发起人一直从事医药研究开发，拥有较丰富的药务经营管理经验，研发的“SJ 胃泰”、“SJ 皮炎平”、

“SJ感冒灵”、“壮骨关节丸”和“正天丸”等品牌闻名全国。但为扩大企业规模和效益，集团偏离经营医药的主业，持巨资贸然进入了与医药毫不相关的房地产、进出口贸易、食品、酒业、金融、汽车等领域。SJ集团成立不到六年间，采取承债方式收购了近60家企业，积淀了大量的债务风险。由于涉足过多陌生领域，且规模过大，原有管理人员很少有相关管理经验，造成管理断档和管理真空，难以实施有效管理。盲目扩张导致资金短缺，陷入财务危机。到2004年，SJ集团拖欠商业银行的债务高达107亿元。2005年和2006年，SJ集团不得不将旗下的三家上市公司一一出售以缓和财务危机，自此“SJ系”这一词汇从历史中消失。

近年来，我国出现了许多企业进行多元化经营失败的案例。例如，JR集团涉足的电脑业、房地产业、保健业等行业，由于行业间没有关联，跨度大，新进入的领域非优势所在，结果导致了财务危机，拖垮了整个公司。TYS集团在1993年前一直是以发展保健药为主业，后来却持巨资大肆向无关领域扩张，上马了包括石油、房地产、化妆品、电脑、边贸、酒店等在内的20个项目。由于投资速度快，跨度大，结果导致企业垮台。

2. 经营风险对重大错报风险的影响。经营风险与财务报表重大错报风险是既有联系又相互区别的两个概念，前者比后者范围更广。注册会计师了解被审计单位的经营风险有助于其识别财务报表重大错报风险。但并非所有的经营风险都与财务报表相关，注册会计师没有责任识别或评估对财务报表没有影响的经营风险。

多数经营风险最终都会产生财务后果，从而影响财务报表，但并非所有经营风险都会导致重大错报风险。经营风险可能对各类交易、账户余额以及披露认定层次或财务报表层次产生直接影响。例如，企业合并导致银行客户群减少，使银行信贷风险集中，由此产生的经营风险可能增加与贷款计价认定有关的重大错报风险。同样的风险，尤其是在经济紧缩时，可能具有更为长期的后果，注册会计师在评估持续经营假设的适当性时需要考虑这一问题。为此，注册会计师应当根据被审计单位的具体情况考虑经营风险是否可能导致财务报表发生重大错报。

举例说明目标、战略和经营风险与重大错报风险之间的相互联系。例如，企业当前的目标是在某一特定期间内进入某一新的海外市场，企业选择的战略是在当地成立合资公司。从该战略本身来看，是可以实现这一目标的。但是，成立合资公司可能会带来很多的经营风险，例如，企业如何与当地合资方在经营活动、企业文化等各方面协调，如何在合资公司中获得控制权或共同控制权，当地市场情况是否会发生变化，当地对合资公司的税收和外汇管理方面的政策是否稳定，合资公司的利润是否可以汇回，是否存在汇率风险等。这些经营风险反映到财务报表中，可能因对合资公司是属于子公司、合营企业或联营企业的判断问题，投资核算问题，以及是否存在减值问题、对当地税收规定的理解和外币折算等问题而导致财务报表出现重大错报风险。

以 SD 钢铁公司投资秘鲁铁矿石为例说明这个问题。

案例 3－33 SD 钢铁公司跨国经营遭遇罢工损失

1992 年 11 月 5 日，SD 钢铁公司在国际招标竞争中获胜，以 1.2 亿美元购买了年产成品矿 1 000 万吨的秘鲁铁矿公司的全部资产。随后几年，因石油、矿产品价格上涨，一些拉美劳工组织反对跨国公司的“外包”行为，不断要求政府提高劳工福利待遇，对外国投资者时常提出各种权益要求。自进入秘鲁以来，SD 钢铁公司接连不断地遭遇各种名目的罢工示威。仅 2006 年 6 月份以来，公司就遭遇了 3 次工人大罢工，使公司蒙受数百万美元的经济损失。2011 年的一次罢工活动几乎持续了一个月时间，在 2012 年的前 7 个月生产了 390 万吨铁矿石，相比 2011 年同期减少了 10%。

3. 被审计单位的风险评估过程。管理层通常制定识别和应对经营风险的策略，注册会计师应当了解被审计单位的风险评估过程。

（二）风险评估程序

注册会计师可以通过与管理层沟通，查阅经营规划和其他文件，获取对被审计单位目标和战略的了解；还可以通过询问不同的管理层成员，进一步了解被审计单位目标和战略、政策和程序，以及管理层期望和关注的事项。

同时，注册会计师还可以利用对被审计单位所处外部环境、行业状况以及被审计单位性质的了解，考虑被审计单位的战略是否可以实现该目标以及它们之间的差距或不一致之处。注册会计师还应当考虑被审计单位的目标和战略是否与其各项内部和外部因素相适应。例如，被审计单位的外部因素发生变化，对目标和战略是否作了相应调整；目标和战略是否与企业利益相关者，包括股东、客户、债权人、管理层、员工以及政府相关部门等的要求和预期相符合；是否与被审计单位的经营和财务运作系统相适应。如果答案是否定的，可能显示存在经营风险和潜在的财务报表重大错报风险。

五、被审计单位财务业绩的衡量和评价

被审计单位管理层经常会衡量和评价关键业绩指标（包括财务和非财务的）、预算及差异分析、分部信息和分支机构、部门或其他层次的业绩报告以及与竞争对手的业绩比较。此外，外部机构也会衡量和评价被审计单位的财务业绩，如分析师的报告和信用评级机构的报告。

无论是内部的还是外部的业绩衡量，都会对被审计单位产生压力。这些压力反过来可能促使管理层采取措施改善经营业绩或歪曲财务报表。因此，了解被审计单位的业绩衡量，有助于注册会计师考虑实现业绩目标的压力是否可能导致管理

层采取行动，以致增加财务报表发生重大错报的风险（包括由于舞弊导致的风险）。

（一）了解的具体内容

1. 了解的主要方面。注册会计师可以考虑管理层在衡量和评价财务业绩时使用的内部生成信息包括：（1）关键业绩指标（财务或非财务的）、关键比率、趋势和经营统计数据；（2）同期财务业绩比较分析；（3）预算、预测、差异分析，分部信息与分部、部门或其他不同层次的业绩报告；（4）员工业绩考核与激励性报酬政策；（5）被审计单位与竞争对手的业绩比较。

以股票期权为例，简要说明管理层激励性报酬政策对评估重大错报风险的影响。股票期权、管理层的薪酬与企业业绩挂钩，在有效解决委托代理问题的同时，其背后蕴涵的巨大利益驱动可能产生巨大的负面作用。股票期权激励机制可能诱导少数上市公司的高管人员过分关注股票价格的波动，甚至不惜采取激进的会计政策以抬高股价。实行股票期权后，上市公司的股票即使发生微小的价格波动，也会直接影响到高管人员所持股票期权的价值。面对这种财富效应，高管人员有可能在行权前通过会计政策选择，提前确认收入、推迟确认酌量性支出（如研究开发、广告促销等费用），精心调节行权前后的会计利润，在极端情况下，甚至采用会计造假。

案例3－34　安然公司股票期权刺激财务造假

美国安然事件的重要教训之一，就是企业向高管人员过度发放股票期权，从而诱使高管通过财务造假等手段推高公司股价而获利。1986 年前，美国的能源市场处于联邦能源监管委员会的严格管制之下，安然公司等能源企业在自己的控制地域能够进行垄断定价，盈利稳定。1986 年后，美国联邦能源监管委员会放开了价格管制，加剧了美国能源市场的竞争。在此情势下，股东对安然公司管理层进行了以市价为基础的股票期权激励，力图使高管人员的业绩与股东财富的创造紧密结合起来。根据安然薪酬委员会披露的报告，高管人员报酬的一半是非立即执行股票期权，另一半是具有随业绩提升而加速授权特征的限制性股票期权。公司股票期权的价值，是根据期权授予日的安然股票价格和其他因素来决定的。限制性股票在从授予日算起的 4 年后赠予，但根据公司相对于标准普尔 500 的年度累积股东报酬的情况，可以加速赠予的过程。在这种激励诱导下，安然公司高管面临下列挑战：如何继续寻找业务增长点来扩大规模和保持利润增长的稳定性以保证管理层股票期权的兑现？在 1997 年后，安然的高管层铤而走险，利用关联企业的关联交易，并通过尽量创新使用衍生工具等眼花缭乱的财务手段来“创造”利润，达到快速获赠股权、攫取最大利益的目的。

管理层对被审计单位财务业绩的衡量和评价不同于对控制的监督，虽然二者的目标可能有重叠。对控制的监督，通过考虑与控制相关的信息，旨在保证内部控制的有效运行。而财务业绩的衡量和评价，旨在考虑被审计单位的经营业绩是否达到管理层设定的目标。但在某些情况下，业绩指标可以为管理层识别内部控制缺陷提供相关信息。

2. 关注业绩衡量结果。内部业绩衡量可能显示未预期到的结果或趋势，需要管理层确定原因并采取纠正措施（包括在某些情况下及时发现并纠正错报）。业绩衡量还可能向注册会计师表明，相关财务报表信息存在错报风险。例如，业绩衡量可能表明，被审计单位与同行业其他实体相比具有异常快速的增长率或盈利水平。这些信息，特别是如果将其与基于业绩的奖金或激励性报酬等其他因素结合考虑，可能表明管理层在编制财务报表时存在偏向的潜在风险。因此，注册会计师应当关注被审计单位内部财务业绩衡量所显示的未预期到的结果或趋势、管理层的调查结果和纠正措施，以及相关信息是否显示财务报表可能存在重大错报。

外部机构或人员也可能衡量和评价被审计单位的财务业绩。例如，外部信息可能为注册会计师提供有用信息，如分析师报告和信用评级机构报告，这些报告通常可以从被审计单位获取。

3. 考虑财务业绩衡量指标的可靠性。如果拟利用被审计单位内部信息系统生成的财务业绩衡量指标，注册会计师应当考虑相关信息是否可靠，以及利用这些信息是否足以实现审计目标。许多财务业绩衡量中使用的信息可能由被审计单位的信息系统生成。如果被审计单位管理层在没有合理基础的情况下，认为内部生成的衡量财务业绩的信息是准确的，而实际上信息有误，那么根据有误的信息得出的结论也可能是错误的。如果注册会计师计划在审计中（如在实施分析程序时）利用财务业绩指标，应当考虑相关信息是否可靠，以及在实施审计程序时利用这些信息是否足以发现重大错报。

需要强调的是，注册会计师了解被审计单位财务业绩的衡量与评价，是为了考虑管理层是否面临实现某些关键财务业绩指标的压力。这些压力既可能源于需要达到市场分析师或股东的预期，也可能产生于达到获得股票期权或管理层和员工奖金的目标。受压力影响的人员可能是高级管理人员（包括董事会），也可能是可以操纵财务报表的其他经理人员，如子公司或分支机构管理人员可能为达到奖金目标而操纵财务报表。

管理层在经营的外部环境恶化、实际经营业绩远未达到预期目标以及预测分析师盈利预期的巨大影响压力下，可能利用财务舞弊来迎合盈利预期。1998 年以来，美国证券交易委员会（SEC）对上市公司财务舞弊的起诉书中，迎合盈利预期已成为大多数上市公司财务舞弊的直接动机。以世通公司为例说明这个问题。

案例 3－35　世通公司为达到预期利润进行财务造假

在审阅了 2000 年第三和第四季度的财务报表后，世通公司首席财务官苏利文认为线路成本占营业收入的比例偏高，体现的利润达不到华尔街财务分析师的盈利预期，也不符合世通先前向投资大众提供的盈利预测，为此下令主计长迈耶斯和会计部主任耶特斯将第三和第四季度的线路成本分别调减（贷记）8.28亿美元和4.07亿美元，并按相同金额借记已计提的递延税款、坏账准备和预提费用等准备金科目，以保持借贷平衡。这一造假手法使世通2000年第三、四季度对外报告的税前利润分别虚增了8.28亿美元和4.07亿美元。

在评价管理层是否存在歪曲财务报表的动机和压力时，注册会计师还应当考虑可能存在的其他情形。例如，企业或企业的一个主要组成部分是否有可能被出售；管理层是否希望维持或增加企业的股价或盈利走势而热衷于采用过度激进的会计方法；基于纳税的考虑，股东或管理层是否有意采取不适当的方法使盈利最小化；企业是否持续增长和接近财务资源的最大限度；企业的业绩是否急剧下降，可能存在终止上市的风险；企业是否具备足够的可分配利润或现金流量以维持目前的利润分配水平；如果公布欠佳的财务业绩，对重大未决交易（如企业合并或新业务合同的签订）是否可能产生不利影响；企业是否过度依赖银行借款，而财务业绩又可能达不到借款合同对财务指标的要求。这些情况都显示管理层在面临重大压力时可能粉饰财务业绩，发生舞弊风险。

（二）风险评估程序

注册会计师通常通过询问被审计单位管理层，查阅被审计单位的内部报告和外部报告，以及实施分析程序，获得对被审计单位财务业绩的衡量和评价的了解。注册会计师还可以从管理层那里了解哪些业绩指标是其他利益相关者关注的重点，以及管理层的内部业绩衡量标准如何受这些外部因素的影响。注册会计师应当考虑管理层的业绩指标是否与关键利益拥有者的预期相一致，并考虑不一致的情况或管理层如何应对外部的压力，及其对重大错报风险的影响。

第四节　了解内部控制

一、内部控制的性质和特征

（一）内部控制的定义

内部控制，是指由治理层、管理层和其他员工设计、执行和保持的，旨在合理保证实现财务报告的可靠性、经营的效率和效果、遵守适用的法规的过程。控制是指内部控制中的一个或多个要素的任一方面。

控制总是用来应对（缓解）一种可能的风险的，不针对风险的控制是多余的。评价控制设计首先是识别需要控制去化解的风险，其次是识别已有什么控制针对该风险。

（二）内部控制的目标

内部控制是管理层用来缓解识别出的风险因素或实现一项控制目标的应对措施。被审计单位的目标和内部控制之间有直接的关系。一旦目标确定，才有可能识别和评估那些可能阻碍该目标实现的潜在事件（风险）。被审计单位设计、执行和维护内部控制，目的是应对识别出的对被审计单位实现下列目标产生不利影响的经营风险。

内部控制的目标通常可以分成三类：

（1）财务报告的可靠性；

（2）经营的效率和效果；

（3）遵守适用的法律和法规。

设计和实施内部控制的责任主体是治理层、管理层和其他人员，组织中的每一个人都对内部控制负有责任。

（三）内部控制要素

内部控制包括五个关键要素：

（1）控制环境；

（2）风险评估过程；

（3）与财务报告相关的信息系统与沟通；

（4）控制活动；

（5）对控制的监督。

将内部控制分成五个要素，为注册会计师了解被审计单位的内部控制各个方面提供了一个有用的框架。然而，应当注意的是，由于被审计单位的规模和复杂程度不同，设计和执行内部控制的方式有所不同，关键是控制能否以及如何防止或发现并纠正各类交易、账户余额或披露及其相关认定的重大错报。图 3－6 是内部控制五要素图示。

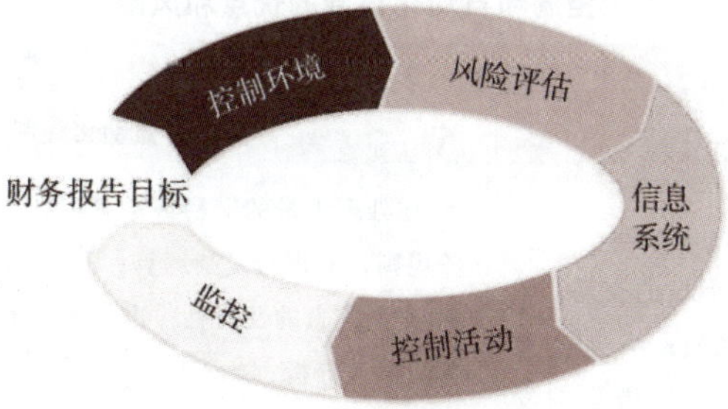

图 3－6　内部控制五要素

（四）内部控制的固有限制

内部控制无论如何有效，都只能为被审计单位实现财务报告目标提供合理保证。内部控制实现目标的可能性受其固有限制的影响。这些限制包括在决策时人为判断可能出现错误和人为失误而导致内部控制失效。例如，控制的设计和修改可能存在失误。同样地，控制运行可能无效。例如，由于负责复核信息的人员不了解复核的目的或没有采取适当措施，内部控制生成的信息（如例外报告）没有得到有效使用。

控制可能由于两个或多个的人员串通或管理层不当地凌驾于内部控制之上被规避。例如，管理层可能与客户签订背后协议，修改标准的销售合同条款和条件，从而导致不适当的收入确认。再如，软件中的编制控制旨在识别和报告超过赊销信用额度的交易，但这一控制可能被凌驾或不能得到执行。

（五）内部控制的人工和自动化成分的特征

内部控制包括人工成分，也包括自动化成分。人工成分或自动化成分的特征，与注册会计师的风险评估以及在此基础上实施的进一步审计程序相关。

内部控制中采用的人工成分和自动化成分，将影响交易生成、记录、处理和报告的方式。人工系统的控制可能包括对交易的批准和复核，编制调节表并对调节项目进行跟进。被审计单位也可能采用自动化程序生成、记录、处理和报告交易，在这种情况下以电子文档取代纸质文件。

信息系统中的控制是自动化控制（嵌入计算机程序的控制）和人工控制的组合。人工控制可能独立于信息技术，可能利用信息技术生成的信息，或者可能只限于监督信息技术和自动化控制的有效运行或者处理例外事项。如果采用信息技术生成、记录、处理和报告交易和财务报表中包含的其他财务数据，系统和程序可能包括与财务报表重大账户认定相关的控制，或者可能对依赖于信息技术的人工控制的有效运行非常关键。

对于多数被审计单位，内部控制包括人工控制和自动化控制的组合。表3－5概述了不同类型控制的优点和风险。

表3－5　人工控制和自动化控制的优点和风险

优点	
人工控制	自动化控制
• 可用来监督自动化控制的有效性； • 适合存在大额、异常或偶发的交易，需要进行判断和自由裁量的领域； • 当存在难以定义或预见的错误时更有效；	• 在处理大量的交易或数据时，一贯运用事先确定的业务规则，并进行复杂运算； • 提高信息的及时性、准确性及可获得性，有助于对信息的深入分析； • 提高对被审计单位的活动、政策和程序执行情况的监督能力；

续表

优点	
人工控制	自动化控制
• 为应对情况的变化，需要在现有的自动化控制范围之外采取控制措施	• 降低内部控制被规避的风险； • 通过对应用程序系统、数据库系统和操作系统实施接入或访问控制，提高不相容职务分离的有效性

风险	
人工控制	自动化控制
• 因为由人执行，人工控制的可靠性比自动控制差； • 控制更容易被规避、忽视或凌驾； • 容易产生简单的错误或失误； • 人工控制可能不具有一贯性； • 对于大量或重复发生的交易而言，人工控制相对没那么适当，自动化控制将更有效率； • 对于执行控制活动的具体方法能得到充分设计和自动化处理的活动而言，人工控制相对没那么适当	• 系统或程序未能正确处理数据，或者处理了不正确的数据，或者两种情况同时并存，而注册会计师信赖了该系统或程序； • 在未得到授权情况下访问数据，可能导致数据的毁损或对数据不恰当的修改，包括记录未经授权或不存在的交易，或者不正确地记录了交易（当多个用户访问一个共用数据库时可能产生特别风险）； • 信息技术人员可能获得超越其履行职责以外的数据访问权限，破坏了系统应有的职责分工； • 未经授权改变主文档的数据； • 未经授权改变系统或程序； • 未能对系统或程序作出必要的修改； • 不恰当的人为干预； • 数据损坏的风险或不能访问所需要的数据

（六）与审计相关的控制

注册会计师应当了解与审计相关的内部控制。虽然大部分与审计相关的控制可能与财务报告相关，但并非所有与财务报告相关的控制都与审计相关。确定一项控制单独或连同其他控制是否与审计相关，需要注册会计师作出职业判断。与审计相关的内部控制与财务报告有关，这涉及被审计单位编制对外财务报表的目标。经营控制，如制造和人事安排，质量控制，以及遵守员工健康和安全要求，通常与审计无关，除非生成的信息用于分析程序或财务报表披露中要求该信息。例如，如果生产过程中的统计数据用来作为分析程序的基础，那么确保这些数据准确性的控制将是相关的。如果未遵守有关法规对财务报表有直接和重大的影响，那么检查和报告这种违规情况的控制将是相关的。

被审计单位通常有一些与经营的效率和效果目标相关但与审计无关的控制，注册会计师无需对其加以考虑。例如，被审计单位可能依靠某一复杂的自动化控制提高经营活动的效率和效果（如航空公司用于维护航班时间表的自动化控制系统），但这些控制通常与审计无关。进一步讲，虽然内部控制应用于整个被审计单位或所有经营部门或业务流程，但是了解与每个经营部门和业务流程相关的内部控制，可能与审计无关。

与审计相关的控制，包括被审计单位为实现财务报告可靠性目标设计和实施的控制。注册会计师应当运用职业判断，考虑一项控制单独或连同其他控制是否与评估重大错报风险以及针对评估的风险设计和实施进一步审计程序有关。注册会计师在判断一项控制单独或连同其他控制是否与审计相关时可能考虑下列事项：

（1）重要性；

（2）相关风险的重要程度；

（3）被审计单位的规模；

（4）被审计单位业务的性质，包括组织结构和所有权特征；

（5）被审计单位经营的多样性和复杂性；

（6）适用的法律法规；

（7）内部控制的情况和适用的要素；

（8）作为内部控制组成部分的系统（包括使用服务机构）的性质和复杂性；

（9）一项特定控制（单独或连同其他控制）是否以及如何防止或发现并纠正重大错报。

如果在设计和实施进一步审计程序时拟利用被审计单位内部生成的信息，针对该信息完整性和准确性的控制可能与审计相关。如果与经营和合规目标相关的控制与注册会计师实施审计程序时评价或使用的数据相关，则这些控制也可能与审计相关。例如，对于某些非财务数据（如生产统计数据）的控制，如果注册会计师在实施分析程序时使用这些数据，这些控制就可能与审计相关。又如，某些法规（如税法）对财务报表存在直接和重大的影响（影响应交税金和所得税费用），为了遵守这些法规，被审计单位可能设计和执行相应的控制，这些控制也与注册会计师的审计相关。

用以防止未经授权购买、使用或处置资产的内部控制，可能包括与财务报告和经营目标相关的控制。注册会计师对这些控制的考虑通常仅限于与财务报告可靠性相关的控制。

用以保护资产的内部控制可能包括与实现财务报告可靠性和经营效率、效果目标相关的控制。注册会计师在了解保护资产的内部控制各项要素时，可仅考虑其中与财务报告可靠性目标相关的控制。例如，保护存货安全的控制可能与审计相关，但在生产中防止材料浪费的控制通常就与审计不相关，只有所用材料的成本没有在财务报表中如实反映，才会影响财务报表的可靠性。图 3 – 7 说明了与审计相关的内部控制。

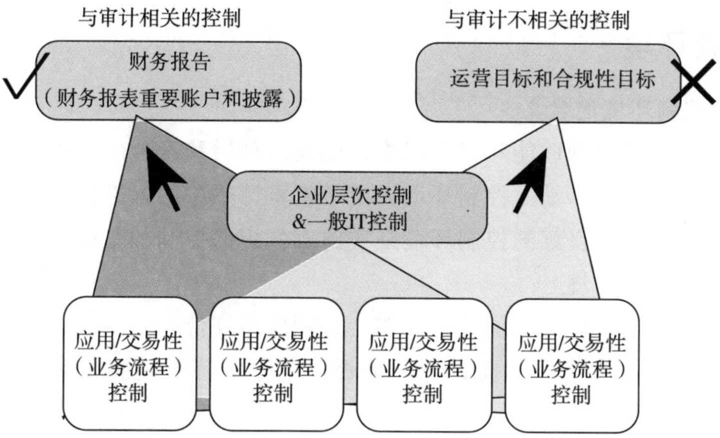

图 3－7 与审计相关及不相关的控制

表 3－6 列示了了解与审计相关的内部控制的步骤。

表 3－6　　了解相关内部控制的步骤

识别	解释
需要应对的特定重大错报风险	在重大交易类别、账户余额和财务报表披露的认定层次上存在的潜在重大错报风险。例如： • 常规的日常交易风险； • 舞弊风险，如管理层凌驾内部控制之上和盗用资产； • 披露风险（不完整或遗漏信息）； • 特别风险； • 非常规风险（如执行一套新会计系统）； • 判断风险（会计估计、估值等）
管理层对识别出的重大错报风险的应对	什么特定控制活动（人工 IT 应用程序）单独或共同防止、发现并纠正重大舞弊和错误。 不要求注册会计师识别出所有存在的控制活动。例如，被审计单位可能执行了 15 个控制程序以应对某一特定风险。如果注册会计师认为识别出的前三个控制程序足以缓解该风险，那么注册会计师不必执行审计工作去识别和记录其他 12 个控制程序
值得关注的缺陷	管理层未能缓解重大错报风险将可能导致出现一些值得关注的缺陷。注册会计师此时应向管理层报告并且形成审计应对措施
相关控制的执行	包括确定识别出的相关控制是否确实存在并由被审计单位使用。可通过在某一时点（如在某一天）追踪一项交易通过系统的情况来实现。它不是控制测试，因为控制测试旨在评价某一控制是否在整个审计期间都得到有效运行

二、控制环境

（一）控制环境的含义

控制环境包括治理职能和管理职能，以及治理层和管理层对内部控制及其重要性的态度、认识和行动。控制环境设定了被审计单位的内部控制基调，影响员工的内部控制意识。良好的控制环境是实施有效内部控制的基础。因此，注册会计师应当了解控制环境。

作为了解控制环境的一部分，注册会计师应当评价：

（1）管理层在治理层的监督下，是否营造并保持了诚实守信和合乎道德的文化；

（2）控制环境总体上的优势是否为内部控制的其他要素奠定了适当的基础，以及这些其他要素是否未被控制环境中存在的缺陷所削弱。

（二）控制环境的要素

在了解控制环境时，与控制环境相关的要素可能包括下列方面：

（1）对诚信和道德价值观的沟通与落实，这是影响控制的设计、执行和监督有效性的重要因素。控制的有效性受负责创建、管理和监控内部控制的人员的诚信和道德价值观的影响。被审计单位的道德行为规范，以及这些规范如何在被审计单位内部得到沟通和落实，决定了是否能产生诚信和道德的行为。例如，对诚信和道德价值观的落实包括管理层采取措施消除或减少可能导致员工不诚实、不守法或不道德行为的动机或诱因。被审计单位对诚信和道德价值观方面政策的沟通包括通过政策规定、行为规范和示范向员工沟通行为准则。

（2）对胜任能力的重视，包括管理层对特定工作胜任能力的考虑以及这些能力如何转化为必要的技能和知识。

（3）治理层的参与程度，与这方面相关的因素主要有：治理层相对于管理层的独立性；治理层的经验与品德；治理层参与被审计单位经营的程度和收到的信息及其对经营活动的详细检查；治理层采取措施的适当性，包括提出问题的难度和对问题的跟进程度，以及治理层与内部审计人员和注册会计师的互动。被审计单位的控制意识在很大程度上受治理层的影响。治理层职责的重要性在被审计单位的行为守则、法律法规或在为治理层制定的指引中予以规定。治理层的职责还包括监督相关程序的设计和有效执行，例如，内部举报不恰当行为的程序和用于复核内部控制有效性的程序。

（4）管理层的理念和经营风格。管理层的理念和经营风格具有广泛的特点。例如，管理层对财务报告的态度及行为，可以通过其选择保守还是激进的会计政策以及作出会计估计时的谨慎和保守态度得到体现。与这方面相关的因素主要有：承担和管理经营风险的方法；对信息处理、会计职能及人员的态度。

（5）组织结构，即被审计单位为实现目标而计划、执行、控制及评价其活动的框架。建立相关的组织结构包括考虑职权和责任的关键领域，以及适当的报告层级。组织结构是否恰当部分取决于被审计单位的规模和经营活动的性质。

（6）职权与责任的分配，包括如何分配经营活动的职权与责任，如何建立报告关系和职权等级。职权与责任的分配可能包括与适当的经营惯例、关键员工的知识和经验、履行职责时提供的资源相关的政策。此外，还可能包括一些政策及交流活动，用于保证所有员工均了解被审计单位目标、相互之间的工作联系以及个人的工作对实现目标的作用，认识到对什么以及如何承担责任。

（7）人力资源政策与实务，包括与招聘、培训、考核、咨询、晋升、薪酬和补救措施等相关的政策与实务。人力资源政策与实务通常能显示与被审计单位控制意识相关的重要事项。例如，如果招聘录用标准要求录用最胜任的员工（即强调教育背景、以前的工作经验、以前取得的成就、诚信和道德行为的证明），则表明被审计单位希望录用有胜任能力并值得信赖的人员。被审计单位的培训政策可以传达预期角色及职责，并包括实务性培训（如培训学校和研讨会），这表明员工预期的工作表现和行为方式。通过定期业绩考核予以晋升的政策表明被审计单位希望具备相应资格的员工承担更高级别的职责。

（三）与控制环境要素相关的审计证据

通过将询问和其他风险评估程序相结合（如通过观察或检查文件证实询问），注册会计师可以获取相关审计证据。例如，通过询问管理层和员工，注册会计师可以了解管理层如何向员工传达商业行为惯例和道德行为价值观念。注册会计师可以通过考虑管理层是否建立了书面行为守则以及管理层是否按照支持该守则的方式行事，来确定相关控制是否已得到执行。表 3－7 列示说明了控制环境各要素下可能实施的控制。

表 3－7　　控制环境因素

控制环境	关键问题	可能的控制
对诚信和道德价值观的沟通与落实	管理层采取什么措施可以消除或缓解可能导致员工从事不诚实、非法或不道德行为的动机或诱惑	• 管理层通过言谈举止不断表现出对高道德标准的重视； • 管理层消除或降低可能导致员工从事不诚实、非法或不道德行为的动机或诱惑； • 一套行为规范或类似规范存在，该规范制定了预期的道德标准和道德行为； • 员工清楚了解什么行为是可接受和不可接受的，知道当他们遇到不当行为时应该做什么； • 在必要时采取惩罚行为

续表

控制环境	关键问题	可能的控制
对胜任能力的重视	员工有必要的知识和技能去完成他们的任务吗？	• 管理层采取必要的措施确保员工具有完成某一职位所应有的知识和能力； • 有工作说明并且有效地加以使用； • 管理层向员工提供相关主题的培训项目； • 在开始时以及后续期间持续地将员工技能与其工作描述相匹配
治理层的参与程度	对被审计单位经营活动的治理有效吗？	• 大多数治理层成员独立于管理层； • 治理层有恰当的经验、品德和财务专长； • 重大问题和财务结果及时向治理层沟通； • 治理层对管理层的活动提供有效的监督； • 治理层定期开会，会议记录及时流转
管理层的理念与经营风格	管理层对财务报告的态度和措施是什么？	• 管理层对下列事项表现出积极的态度： ——财务报告良好的内部控制； ——恰当选择和运用会计政策； ——信息处理控制； ——会计人员的待遇。 • 管理层建立了程序以防止未经授权的接触或破坏资产、文件和记录； • 管理层分析经营风险并且采取恰当的措施
组织结构	已建立了相关的组织结构吗？	• 组织结构对于达到被审计单位目标、经营职责和管制要求是恰当的； • 管理层清楚地了解其对经营活动的职责权限，拥有必要的经历和知识水平以恰当地履行其职责； • 被审计单位的组织结构便于将可靠和及时的信息提供给恰当的人去计划和控制经营活动； • 不相容的职务尽量分离
职权与责任的分配	恰当分配了关键领域的职权与责任吗？	• 对授权和批准交易有适当政策和程序； • 存在恰当的报告关系和受托责任（与被审计单位的规模和活动性质相适应）； • 工作描述包括了与控制相关的责任
人力资源政策与实务	制定了什么标准以确保： 招聘最有胜任能力和最值得信任的人； 提供培训以确保员工能够履行其职责； 根据业绩评价结果确定晋升吗？	• 管理层建立和实施了雇佣最合格员工的准则； • 招聘过程包括工作调查、背景调查，以及价值观、预期行为和管理层经营风格的沟通； • 定期评价执行工作的情况，对每一员工复核其结果，并采取恰当的措施； • 培训政策涉及未来的角色和责任、预期执行情况，以及未来的需要

（四）控制环境对重大错报风险评估的影响

控制环境的某些要素对重大错报风险评估具有广泛影响。例如，被审计单位的控制意识在很大程度上受治理层影响，因为治理层的职责之一就是平衡管理层面临的与财务报告相关、源于市场需求或薪酬方案的压力。与治理层参与相关的控制环境的设计有效性受下列事项的影响：

（1）治理层相对于管理层的独立性及评价管理层措施的能力；

（2）治理层是否了解被审计单位从事的交易；

（3）治理层对财务报表是否按照适用的财务报告编制基础编制进行评价的程度。

活跃而独立的董事会可能影响高级管理人员的理念和经营风格，其他因素对高级管理人员的影响可能有限。例如，人力资源政策和实务规定招聘具有胜任能力的财务、会计和信息系统人员，这可能降低处理财务信息时出现错误的风险，但是却不能抵消最高管理层高估收入的强烈倾向。

当注册会计师评估重大错报风险时，存在令人满意的控制环境是一个积极的因素。虽然令人满意的控制环境有助于降低舞弊风险，但并不能绝对遏制舞弊。相反，控制环境中存在的缺陷（特别是与舞弊相关的缺陷）可能削弱控制的有效性。例如，管理层没有针对信息系统安全风险投入足够资源，而是允许对系统程序或数据作出不当修改，或者允许处理未经授权的交易，这可能对内部控制产生不利影响。因此，控制环境也影响进一步审计程序的性质、时间安排和范围。

控制环境本身并不能防止或发现并纠正重大错报。然而，它可能影响注册会计师对其他控制（如对控制的监督和特定控制活动的运行）有效性的评价，进而影响注册会计师对重大错报风险的评估。

三、被审计单位的风险评估过程

（一）被审计单位面临的风险

任何经济组织在经营活动中都会面临各种各样的风险，风险对其生存和竞争能力产生影响。很多风险并不为经济组织所控制，但管理层应当确定可以承受的风险水平，识别这些风险并采取一定的应对措施。

与可靠的财务报告相关的风险包括可能发生的外部和内部事项、交易或情况，这些事项、交易或情况会对被审计单位生成、记录、处理和报告财务报表中与管理层认定相一致的财务数据产生不利影响。管理层可能制定计划、执行程序或采取措施以解决特定风险，或者出于成本或其他考虑决定接受风险。下列情况可能产生或改变风险：

（1）监管环境和经营环境的变化。监管环境和经营环境的变化会导致竞争压力的变化以及显著不同的风险。

（2）新员工。新员工可能对内部控制有不同的关注点或认识。

（3）新的或升级的信息系统。信息系统重大、快速的变化会改变与内部控制有关的风险。

（4）快速增长。重要、快速的业务扩张可能使控制难以应对，从而增加控制失效的风险。

（5）新技术。将新技术运用于生产过程或信息系统可能改变与内部控制相关的风险。

（6）新业务模式、产品或活动。进入新的业务领域和发生新的交易，可能因被审计单位具有较少的经验而带来新的与内部控制相关的风险。

（7）公司重组。重组可能带来裁员和监督及职责分离的变化，可能改变与内部控制相关的风险。

（8）扩张海外经营。在海外扩张或收购海外企业会产生新的并且往往是独特的风险，进而可能影响内部控制，如由于外币交易产生的额外或已变化的风险。

（9）新的会计政策。采用新的会计政策或变更会计政策可能影响财务报表编制过程中的风险。

（二）了解风险评估过程的内容

就财务报告的目的而言，被审计单位的风险评估过程包括管理层如何识别与按照适用的财务报告编制基础编制财务报表相关的经营风险，估计其重要性，评估其发生的可能性，针对这些风险采取措施应对和管理风险及其结果。例如，被审计单位的风险评估过程可能针对被审计单位如何考虑交易未被记录的可能性，或者识别并分析财务报表中记录的重大估计。

如果被审计单位已建立风险评估过程，注册会计师应当了解风险评估过程及其结果。如果识别出管理层未能识别出的重大错报风险，注册会计师应当评价是否存在这类风险，即注册会计师预期被审计单位风险评估过程应当识别出而未识别出的风险。如果存在这类风险，注册会计师应当了解风险评估过程未能识别出的原因，并评价风险评估过程是否适合具体情况，或者确定与风险评估过程相关的内部控制是否存在值得关注的内部控制缺陷。

如果被审计单位未建立风险评估过程，或者具有非正式的风险评估过程，注册会计师应当与管理层讨论是否识别出与财务报告目标相关的经营风险以及如何应对这些风险。注册会计师应当评价缺少记录的风险评估过程是否适合具体情况，或者确定是否表明存在值得关注的内部控制缺陷。下面举例说明正式和非正式的风险评估过程。

案例3－36　A公司利用风险管理委员会控制风险

A公司为一家大型上市公司，设有专门的风险管理委员会，负责对风险的监控和管理，其执行机构为风险管理部。风险管理部从公司内部（包括中层、高级管理层及董事）及外部（包括分析师、律师、注册会计师等）人员收集信息，考虑内外部风险进行风险评估，并提出应对措施。风险管理委员会每季度汇总编制风险评估报告（包括对舞弊风险的考虑）并向风险管理委员会报告。

案例3－37 B公司利用管理职能控制风险

B公司为一家中型民营企业，并无专门负责风险评估的部门和人员。总经理每季度召开全体部门经理会议，讨论公司经营目标和预算实际执行情况及未来工作计划，部门经理汇报本部门工作情况，提出需要讨论解决的问题，并形成会议决议和纪要备查。

四、与财务报告相关的信息系统（包括相关业务流程）与沟通

信息系统与沟通是收集与交换被审计单位执行、管理和控制业务活动所需信息的过程，包括收集和提供信息（特别是履行内部控制岗位职责所需的信息）给适当人员，使之能够履行职责。信息系统与沟通的质量直接影响到管理层对经营活动作出正确决策和编制可靠的财务报告的能力。而与财务报告相关的信息系统与沟通，对管理层能否作出恰当的经营管理决策以及编制可靠的财务报告具有重大影响。

（一）与财务报告目标相关的信息系统

1. 含义。与财务报告目标相关的信息系统（包括会计系统）由一系列的程序和记录组成。被审计单位设计和建立这些程序和记录旨在：

（1）生成、记录、处理和报告交易（以及事项和情况），以及为相关资产、负债和所有者权益明确受托责任；

（2）解决不正确处理交易的问题，如自动生成暂记账户文件，及时按照程序清理暂记项目；

（3）处理并解释凌驾于控制之上或规避控制的情况；

（4）将信息从交易处理系统过入总分类账；

（5）针对除交易以外的事项和情况获取与财务报告相关的信息，如资产的折旧和摊销、应收账款可回收性的改变等；

（6）确保适用的财务报告编制基础规定披露的信息得到收集、记录、处理和汇总，并在财务报表中进行适当报告。

被审计单位的信息系统通常包括使用标准会计分录记录重复发生的交易。例如，在总分类账中记录销售、采购和现金付款，或者记录管理层定期作出的会计估计，如对无法收回的应收账款的估计的改变。

被审计单位的财务报告过程还包括使用非标准的会计分录，以记录不重复发生的、异常的交易或调整事项，包括合并调整、业务合并或处置，或者非重复发生的估计（如资产减值）。在人工系统的总分类账中，注册会计师可以通过检查分类账、日记账和支持性记录来识别非标准的会计分录。但是，当运用自动化程序记录总分类账和编制财务报表时，这些分录可能只以电子形式存在，因此使用计算机辅助审计技术更易于识别。

2. 了解与财务报告相关的信息系统。与财务报告相关的信息系统应当与业务流程相适应。被审计单位的业务流程是指旨在实现下列目的的活动：

（1）开发、采购、生产、销售、配送产品和提供服务；

（2）确保遵守法律法规；

（3）记录信息，包括会计和财务报告信息。

业务流程产生的交易由信息系统记录、处理和报告。了解被审计单位的业务流程（包括交易产生的方式），有助于注册会计师以适合被审计单位具体情况的方式了解与财务报告相关的信息系统。

注册会计师应当从下列方面了解与财务报告相关的信息系统（包括相关业务流程）：

（1）在被审计单位经营过程中，对财务报表具有重大影响的各类交易；

（2）在信息技术和人工系统中，被审计单位的交易生成、记录、处理、必要的更正、结转至总账以及在财务报表中报告的程序；

（3）用以生成、记录、处理和报告（包括纠正不正确的信息以及信息如何结转至总账）交易的会计记录、支持性信息和财务报表中的特定账户；

（4）被审计单位的信息系统如何获取除交易以外的对财务报表重大的事项和情况；

（5）用于编制被审计单位财务报表（包括作出的重大会计估计和披露）的财务报告过程；

（6）与会计分录相关的控制，这些分录包括用以记录非经常性的、异常的交易或调整的非标准会计分录。

图 3－8 列示了信息系统与业务流程的关系。

在了解与财务报告相关的信息系统时，注册会计师应当特别关注由于管理层凌驾于账户记录控制之上，或者规避控制行为而产生的重大错报风险，并考虑被审计单位如何纠正不正确的交易处理。

自动化程序和控制可能降低发生无意错误的风险，但是并没有消除个人凌驾于控制之上的风险，例如，某些高级管理人员可能篡改自动过入总分类账和财务报告系统的数据。当被审计单位运用信息技术进行数据的传递时，发生篡改可能不会留下痕迹或证据。注册会计师还应当了解不正确处理的交易是如何解决的，

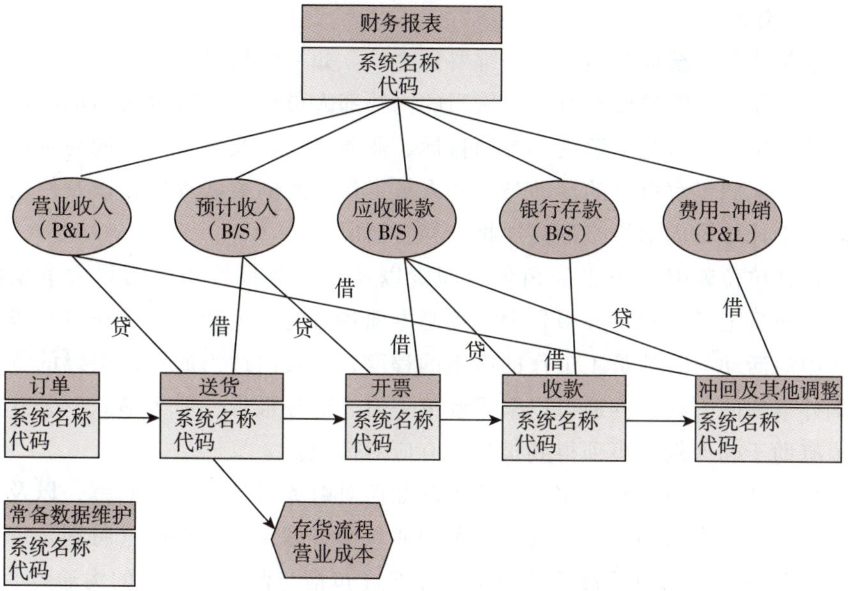

图 3－8　信息系统与业务流程的关系

例如，被审计单位是否存在自动化的暂记文档，被审计单位如何运用该文档及时处理未处理项目，以及如何对凌驾或规避控制的行为进行处理或记账。表 3－8 列示了注册会计师在了解信息系统（包括业务流程）时注意的事项。

表 3－8　　　　了解信息系统时注意的事项

识别	处理
所使用信息的来源	什么类型的交易对于财务报表是重要的。 被审计单位的业务流程如何生成交易。 存在什么会计记录（电子或人工的）。 系统如何捕捉对于财务报表而言重要的事项和情况（除交易类别外）
如何捕捉和处理信息	什么财务报告过程被用来： • 生成、记录、处理和报告常规交易和非标准交易（如关联方交易）； • 编制财务报表，包括作出财务会计估计和披露。 什么程序处理： • 与不恰当凌驾控制有关的重大错报风险，包括使用标准的和非标准的会计分录； • 凌驾或暂停自动化控制； • 识别异常情况并报告已采取的行动以补救该情况
如何使用生成的信息	被审计单位如何沟通财务报告功能、责任以及与财务报告相关的重大事项。 信息系统定期生成什么报告，它们如何用于管理被审计单位。 管理层向治理层（如果不同于管理层）提供什么信息，向外部各方（如管制机构）提供什么信息

（二）沟通

沟通是信息系统成功运行的关键要素之一。如果信息要用于决策以及方便内部控制发挥作用，就需要及时地向恰当的内外部人员沟通。有效的内部沟通有助于被审计单位员工清楚了解内部控制目标、业务流程以及各自的职能与责任，同时也有助于他们了解自己的活动与其他人员工作之间的关联程度，以及使用何种方式向被审计单位内部恰当的高层报告异常情况。

被审计单位就财务报告的角色与职责以及与财务报告相关的重大事项的沟通，可以使员工了解在财务报告内部控制方面各自的角色和职责、在财务报告信息系统中的活动与其他员工工作的联系的程度，以及向适当的更高层级的管理层报告例外事项的方式。沟通可以采用政策手册、财务报告手册等形式。公开的沟通渠道有助于确保例外事项得到报告并有应对措施。

注册会计师应当了解被审计单位内部如何对财务报告的岗位职责，以及与财务报告相关的重大事项进行沟通，这种沟通包括管理层与治理层（特别是审计委员会）之间的沟通，以及被审计单位与外部（包括与监管部门）的沟通。

在了解沟通时，注册会计师可以考虑下列方面的问题：

1. 员工的职责和分工是否得到有效沟通。例如：

（1）沟通方式（正式或非正式的培训、会议、在职辅导）是否有效；

（2）员工是否了解其所从事的业务活动的目的以及他们承担的职责与目标之间的关系；

（3）员工是否了解他们的职责与其他员工职责的相互影响。

2. 是否为员工举报不当行为建立沟通渠道。例如：

（1）是否有越级向上汇报的途径；

（2）是否有员工实际使用过这些举报通道；

（3）举报不当行为的人员是否获得对举报处理结果的反馈，并不受报复。

3. 外部各方是否知晓企业的道德标准。例如：

（1）是否根据事项的重要程度由适当层级的管理人员向外界沟通相关原则；

（2）供应商、客户和其他方是否了解与公司进行业务往来时须遵守的规则；

（3）员工或第三方在业务活动中的不当行为是否被报告给适当人员。

4. 管理层是否及时采取适当的跟进措施。例如：

（1）对于报告的有关产品、服务和其他方面的问题，是否持接受的态度，进行调查并采取行动；

（2）开票中出现的错误是否得以更正，是否调查错误发生的原因并予以纠正；

（3）处理投诉的部门和人员是否独立于被投诉的人员。

五、对控制的监督

（一）对控制的监督的含义

对控制的监督是指被审计单位评价内部控制在一段时间内运行有效性的过程。通过对控制的监督可以评价内部控制的执行效果，以确保控制恰当运行，并在未恰当运行时采取必要的纠正措施。就内部控制系统而言，对控制的监督可以为管理层提供下列反馈：(1) 在处理既定的控制活动方面是否有效；(2) 员工是否恰当执行和理解了内部控制；(3) 日常经营活动中是否被使用并遵守；(4) 是否需要修订或改进以体现情况的变化。

对控制的监督涉及及时评估控制的有效性并采取必要的补救措施。管理层通过持续的监督活动、单独的评价活动或将两者相结合实现对控制的监督。持续的监督活动通常贯穿于被审计单位日常重复的活动中，包括常规管理和监督工作。管理层的监督活动可能包括利用与外部有关各方沟通所获取的信息（如可能表明存在问题或需要改进领域的顾客投诉和监管机构的意见）。

管理层的重要职责之一就是建立和维护控制并保证其持续有效运行，对控制的监督可以实现这一目标。对控制的监督又可称为“对控制实施的控制”。例如，相关人员定期编制并复核银行存款余额调节表是一项控制，管理层对相关人员是否定期编制及复核银行存款余额调节表进行复核是对该控制的监督；公司有关销售合同管理的政策和程序是一项控制，内部审计人员抽查并评价销售人员是否按照这些政策和程序执行是对该项控制的监督。监督对控制的持续有效运行十分重要。如果不对企业的控制的实际运行情况和效果进行测试、评价和修正，可能无法及时发现控制设计和运行中存在的缺陷。

（二）了解对控制的持续监督和专门评价

管理层通过持续的监督活动、单独的评价活动或将两者相结合实现对控制的监督。

1. 持续的监督活动。持续的监督活动通常贯穿于被审计单位日常重复的活动中，包括常规管理和监督工作。例如，管理层在履行其日常管理活动时，取得内部控制持续发挥功能的信息。当业务报告、财务报告与他们获取的信息有较大差异时，会对有重大差异的报告提出疑问，并作必要的追踪调查和处理。

2. 专门评价。被审计单位可能使用内部审计人员或具有类似职能的人员对内部控制的设计和运行进行专门的评价，以找出内部控制的优点和不足，并提出改进建议。如果被审计单位设有内部审计，注册会计师应当了解下列事项，以确定内部审计是否可能与审计相关：

(1) 内部审计的职能范围以及内部审计在被审计单位组织结构中的地位和作用；

（2）内部审计已实施或拟实施的活动。

如果被审计单位内部审计的职责和活动与财务报告相关，注册会计师预期利用内部审计人员的工作，以修改拟实施审计程序的性质或时间安排或者缩小拟实施审计程序的范围，则内部审计可能与审计相关。如果内部审计职责的性质与财务报告相关，注册会计师在考虑内部审计已实施或拟实施的活动时，可以检查内部审计在本期的审计计划（如存在）并与内部审计人员讨论该计划。

各种实体内部审计的目标及其职责的性质和在组织中的地位都各不相同，取决于实体的规模和结构、管理层和治理层（如适用）的要求。例如，内部审计的职责可能包括监督内部控制、风险管理、检查对法律法规的遵守情况。另一方面，内部审计的职责可能仅限于检查经营活动的经济性、效率性和有效性，因此可能与财务报告无关。下面举例说明内部审计部门对控制的监督。

案例 3－38　D 企业内部审计部门的作用

D 企业设有内部审计部。内部审计部独立于业务和财务部门，负责监督内部控制的执行，并直接向审计委员会报告。审计委员会每年评估内部审计部的工作及其人员的专业胜任能力（包括其是否具备对企业控制流程的了解等）。内部审计部每年拟订内部审计计划（包括评价范围、人员组织等内容），报经审计委员会审批后实施。内部审计部按照经审批的审计计划执行工作，对于所发现的内部控制缺陷等问题，与相关部门沟通后共同确定整改计划并监督其执行。内部审计部每季度就已执行的审计工作（包括与内部审计计划的对比）、发现的问题及其整改情况向审计委员会报告。

（三）信息来源

监督活动中使用的很多信息可能由被审计单位的信息系统产生。如果管理层假定用于监督的数据是准确的而这一假定没有依据，则这些信息可能存在错误，导致管理层从监督活动中得出不正确的结论。因此，注册会计师需要了解与被审计单位监督活动相关的信息来源，以及管理层认为信息对于使用目的足够可靠的依据，并将其作为了解被审计单位监督活动（内部控制要素）的一部分。

被审计单位也可能利用与外部有关各方沟通或交流所获取的信息监督相关的控制活动。在某些情况下，外部信息（如顾客投诉和监管机构的意见）可能显示内部控制存在的问题和需要改进之处。例如，客户通过付款来表示其同意发票金额，或者认为发票金额有误而不付款。监管机构（如银行监管机构）可能对影响内部控制运行的问题与被审计单位沟通。管理层也会考虑与注册会计师就内部控制进行沟通，了解内部控制存在的问题，以便采取纠正措施。

六、控制活动

（一）控制活动的含义

控制活动是指有助于确保管理层的指令得以执行的政策和程序，包括与授权、业绩评价、信息处理、实物控制和职责分离等相关的活动。控制活动，不管是存在于信息系统还是人工系统中，具有不同的目标，运用于不同的组织和职能层次中。

1. 授权控制。授权的目的在于保证交易在管理层授权范围内进行。与授权有关的控制活动，包括一般授权和特别授权。一般授权是指管理层制定的要求组织内部遵守的普遍适用于某类交易或活动的政策。特别授权是指管理层针对特定类别的交易或活动逐一设置的授权，如重大资本支出和股票发行等。特别授权也可能用于超过一般授权限制的常规交易。例如，同意因某些特别原因，对某个不符合一般信用条件的客户赊购商品。

2. 业绩评价控制。与业绩评价有关的控制活动，主要包括被审计单位分析评价实际业绩与预算（或预测、前期业绩）的差异，综合分析财务数据与经营数据的内在关系，将内部数据与外部信息来源相比较，评价职能部门、分支机构或项目活动的业绩（如银行客户信贷经理复核各分行、地区和各种类型贷款的审批和收回），以及对发现的异常差异或关系采取必要的调查与纠正措施。

对业绩评价非常重要的是设定关键绩效指标，并将其与实际绩效相比较。例如，与采购与付款相关的关键绩效指标可能针对外部和内部因素，包括：库存缺货报告；不同产品线或地区分布实现的毛利率报告；每个店铺商品销售趋势报告，用于预测开展促销活动时需要增加额外存货以满足顾客需求的数量；发生的顾客投诉（如商品退回）及其对采购特定存货项目或建议供应商提高质量（特定商品项目出现瑕疵）的影响。

通过调查非预期的结果和非正常的趋势，管理层可以识别可能影响经营目标实现的情形。管理层对业绩信息的使用（如将这些信息用于经营决策，还是同时用于对财务报告系统报告的非预期结果进行追踪），决定了业绩指标的分析是只用于经营目的，还是同时用于财务报告目的。

3. 信息处理控制。信息技术的采用影响被审计单位执行控制活动的方式。从注册会计师的角度看，如果针对信息系统的控制能够保证系统所处理信息和数据的完整性和安全性，则控制是有效的。

针对信息系统的控制包括信息技术一般控制和应用控制。应用控制运用于处理单个应用程序，信息技术一般控制是与多个应用程序相关的政策和程序，通过保证信息系统持续恰当地运行，支持应用控制作用的有效发挥。

应用控制包括对记录计算准确性的检查，对账户和试算平衡表的维护和审核，自动控制（如设置对输入数据和数字序号的自动检查），以及对例外报告的人工跟进调查。

信息技术一般控制包括程序变动控制、限制接触程序或数据的控制、对实施新发布的软件包应用程序的控制、针对限制接触或监督使用系统应用程序的系统软件的控制，使用这些系统应用程序可能更改财务数据或记录而不留下审计轨迹。

注册会计师应当了解被审计单位是否设置了有效的信息技术一般控制和应用控制以足以应对信息系统引起的风险。

4. 实物控制。实物控制包括下列控制：

（1）保证资产的实物安全，包括恰当的安全保护措施，如针对接触资产和记录的安全设施；

（2）接触计算机程序和数据文档设置授权；

（3）定期盘点，并将盘点记录与控制记录相核对（如将会计记录与现金、有价证券和存货的定期盘点结果相比较）；

（4）旨在防止资产盗窃的实物控制，与财务报表编制的可靠性及审计相关，相关的程度取决于资产被侵占的风险。

实物安全控制是否与财务报告可靠性相关继而与审计相关的例子包括：

（1）公司的经营活动可持续计划或应急计划对公司生成、批准、记录或报告财务数据的能力没有影响，与财务报告的可靠性无关。

（2）公司针对存货实物安全实施标签控制（预防性控制），并对存货执行定期盘点以及时发现存货实物与财务记录的差异（检查性控制）。后者与财务报表的可靠性相关，原因是定期盘点这一控制虽然不能使存货免于遭受损失，但却能够有效及时地防止财务报表出现重大错报。

（3）如果公司不执行存货定期盘点而完全依赖存货永续盘存系统，则存货实物安全控制对于确保存货记录不存在重大错报是必要的，这种情况下存货实物安全控制影响财务报表的可靠性并与审计相关。

（4）确保交易有效性的控制可以为公司资产安全得到适当保护提供证据。例如，针对向供应商付款的控制可以确保公司的资产用于公司利益而非个人利益，这种控制与审计相关。

（5）保护资产安全的控制的目的并非为了防止由于低效经营或管理层决策失误而导致的资产损失，例如采购不必要的设备或材料、批准进行最终未产生成果的研发项目、做没有效果的广告，或者在零售业中接受一定程度的顾客盗取行为等。如果存在某种有效的控制确保这些损失在财务报表中得到恰当记录，这种控制就与审计相关。

5. 职责分离。职责分离，主要包括被审计单位如何将交易授权、交易记录以及资产保管等职责分配给不同员工，以防范同一员工在履行多项职责时可能发生的舞弊或错误。当信息技术运用于信息系统时，职责分离可以通过设置安全控制来实现。例如，职责分离包括将报告、复核、批准调节结果、授权批准以及对记录的控制等不同职责相分离。

表 3 －9 列示了业务流程层面的典型控制。

表 3 －9　　业务流程层面的控制

控制	解释	举例
授权控制	规定了谁有权批准各种常规和非常规的交易和事项	对负有责任的员工授权： • 雇佣新员工； • 投资； • 订购商品和服务； • 向某一客户延长信用
职责分离	可以降低一个人处于既从事舞弊或错误又能加以掩饰的岗位的机会	负责应收账款处理的员工不能接触现金收款
实际结果复核	涉及定期复核和分析实际结果与预算、预测和前期业绩之间的差异。同时，它也涉及将不同的经营或财务数据相互比较，将内部数据与外部信息比较。未预期差异将进一步调查并采取纠正措施	分析经营结果，将实际结果与预算比较并进一步调查差异
账户调节表	包括及时编制和复核账户调节表，采取必要的纠正措施	银行账户、销售交易、公司间往来款余额，暂记账户等的调节表
IT 应用控制	通过进入销售或采购等 IT 应用程序中，包括完全自动化的和部分自动化的控制	检查记录的计算准确性和发票的定价，输入数据的编辑检查，数字序号检查，以及提供异常报告供经理复核
实物控制	与实物资产的安全以及允许接触或进入被审计单位的经营场所、会计记录、计算机程序以及数据文件有关	包括资产安全（房间上锁，限制接近存货和记录），以及将现金、有价证券和存货的定期盘点记录与会计记录进行比较

（二）了解控制活动

1. 了解控制活动的要求。注册会计师应当了解与审计相关的控制活动。与审计相关的控制活动，是注册会计师为评估认定层次重大错报风险并设计进一步审计程序应对评估的风险而认为有必要了解的控制活动。审计并不要求了解与财务报表中每类重大交易、账户余额和披露或与其每项认定都相关的所有控制活动。与审计相关的控制活动包括：（1）与特别风险相关的控制活动，以及与仅通过实质性程序无法获取充分、适当的审计证据的风险相关的控制活动；（2）注册会计师运用职业判断认为相关的控制活动。

注册会计师判断一项控制活动是否与审计相关，受下列两个因素的影响：（1）注册会计师识别出的可能导致重大错报的风险；（2）在确定实质性程序的范围时，注册会计师认为测试控制运行的有效性是否适当。

2. 了解控制活动的考虑因素。注册会计师了解控制活动，需要考虑下列内容：

（1）认定层次存在哪些需要控制的重大错报风险（与各类重要交易、账户余额、披露有关）？注册会计师无须了解所有控制活动，仅需了解与审计相关的控制活动，即为评估认定层次重大错报风险，以及为应对评估出的风险而设计和实施进一步审计程序而需要了解的控制活动。在考虑控制活动是否与审计相关时，注册会计师通常考虑已识别的风险是否可能引发重大错报风险。

（2）某项控制活动单独或连同其他控制活动，如何防止或发现并纠正各类交易、账户余额或披露存在的重大错报？注册会计师的工作重点是识别和了解针对重大错报可能发生领域的控制活动。如果多项控制活动能够实现同一目标，注册会计师不必了解与该目标相关的每项控制活动。

（3）是否设计和执行了反舞弊控制？这些控制的目的是应对识别的舞弊风险因素，如管理层凌驾于内部控制之上。

（4）特别风险。了解对特别风险的控制可以为注册会计师开发有效的审计方法提供信息。应当注意的是，与重要的非常规事项或判断性事项有关的风险通常更不易受常规控制的影响。

以运送商品至顾客所在地交付作为收入确认时点的交易为例，说明被审计单位实施的控制活动。

案例3－39　发送商品的主要控制活动

在运送商品至顾客所在地交付时，可能执行下列控制：

1. 记录销售订单：所有订单，不管是顾客直接发来的还是通过销售代表收到的，书面的还是口头的，都应当予以记录。订单应当记录在预先编号的销售订单表上。在零售或批发企业，商品从存货中售出，信息系统通常自动记录整套文件，并予以编号，包括所有已销售存货的销售订单、送货单和发票。通常上述每项文件以相同的号码记录，便于开展后续工作和对交易记录的完整性进行控制。

2. 送货单：商品只有附有预先编号的送货单才能发出。对于某些类型的企业，如零售商店，通常的做法是把发票给购买人，也实现了送货单的功能。

3. 卖方送货的证据：如果卖方负责运送商品，应当获得证明顾客已收到商品的证据（如果商品价值较高，还应获得运送的商品项目即所订购项目的证据）。可以由顾客在送货单上签字确认后退还送货人，或者由顾客在签收簿中签名，获取顾客已经收到商品的证据。在某些情况下，所运送的商品项目价值较小，如报纸，不易获得此类证据。

4. 公共运输送货的证据：如果商品由公共运输部门运送，由运输服务代表签字并退回发货方的共同签收收条的复印件，作为商品运货的恰当证据。

5. 运货的详细信息：由顾客签名的送货单或其等同文件应当按照顺序编号后有条理地归档。企业的送货部门应当将运货信息输入计算机系统，记录所有已运送的商品。送货信息包括：(1) 送货日期；(2) 顾客的姓名和地址；(3) 送货单号码。

6. 销售截止监督：应当安排高级员工对销售截止进行定期检查，以确定某一特定期间内出具的每张发票是否在相同的期间对记录进行处理。反之亦然。这对于结束一个会计年度非常重要，在下一年度的最初几周：如果年前开具发票，而年后才将商品送出（年末作为存货的一部分），这将错误地增加利润；如果年后开具发票，而年前已将商品送出，这将错误地降低报表利润。这种监督程序将为交易准确分配至正确的会计期间提供关于完整性、截止、准确性和分类的证据。

7. 将商品与送货单核对：在送货之前，应当将商品项目与送货单核对检查，保证相应的商品描述信息和数量是正确的。负责运送的员工编制送货单，将其作为比照的证据，是一种好的做法。这种控制活动将提供交易的完整性和发生的证据。

8. 经授权后运出：所有的商品只有经过授权后才能运离运送部门或企业所在地。如果商品的价值较大，可以由看门人检查，只有附有送货单的商品包裹才能运离企业所在地。这类程序旨在降低挪用存货和由于销售信息遗漏造成资产损失的风险，影响完整性和发生认定。

七、评价内部控制

了解内部控制，需要评价控制的设计，并确定其是否得到执行，但不包括对控制是否有效运行的测试。

（一）评价控制的设计和控制得到执行的含义

评价控制的设计，涉及考虑该控制单独或连同其他控制，如果按照设定的方式由适当的人员执行，是否能够有效防止或发现并纠正重大错报。控制得到执行是指某项控制存在且被审计单位正在使用。评价一项设计不合理的控制的运行没有什么意义，因此需要首先考虑控制的设计是否合理。内部控制的设计缺陷可分为设计不当缺陷和设计缺失缺陷。设计不当缺陷是指已设计控制但该控制设计不合理，不能有效应对相关风险；设计缺失缺陷是指存在风险但缺少相应的控制应对该风险。例如，某企业有一套员工行为守则，规定每位员工必须阅读该守则并每年签署一份已遵守员工守则的确认书。注册会计师在询问管理人员的过程中发现管理层并未制定具体程序以收集并审核员工确认书、并对违反守则的情况作出处理。这表明控制缺失，属于一种控制设计缺陷，注册会计师需要考虑这一缺陷是否构成值得关注的内部控制缺陷。

评价控制设计是否有效需要考虑被审计单位的各方面情况，包括：（1）控制的目的，即该控制是为了预防错报还是为了发现错报，是直接应对错报还是通过影响其他控制间接应对错报。（2）控制与其应对的经营风险和审计风险是否契合，即业务流程及相关控制能否有效实现设定的控制目标并控制与实现该目标相关的风险。（3）控制的性质，包括细化程度，例如，管理层实施的业绩评价控制可以为多个认定提供保证，但业务流程中的信息处理控制通常能够为个别认定提供更高保证。（4）控制的一贯性和及时性，这会影响到控制是否能够及时防止或发现错报。在有些情况下，检查性控制可能是足够的（例如针对日常交易的会计记录准确性的控制），但是在另一些情况下，公司必须建立充分的预防性控制（如针对舞弊的控制）。一贯经常性执行的内部控制通常比偶尔执行一次的控制更精确。（5）执行控制的人员的知识和经验（即胜任能力）。（6）流程中是否设计了适当的职责分离。（7）对于通过执行控制发现的问题如何进一步处理解决；为使控制切实发挥作用，企业需要及时对通过执行控制发现的问题和例外事项进行后续处理。（8）执行控制中使用的信息的可靠性，如果管理层执行控制中所使用的信息不准确、不可靠，则控制本身也很可能是无效的。（9）控制涵盖的期间，在财务报表审计中，注册会计师很可能需要就控制是否在整个被审计期间被执行的情况获取审计证据。

除非存在某些可以使控制得到一贯运行的自动化控制，否则注册会计师对控制的了解并不足以测试控制运行的有效性。例如，某一人工控制在某一时点得到执行的审计证据，并不能提供该控制在所审计期间内的其他时点也有效运行的证据。但是，由于信息技术处理流程的内在一贯性，实施审计程序确定某项自动化控制是否得到执行，也可以实现对控制运行有效性测试的目标，这取决于注册会计师对控制（如针对程序变更的控制）的评估和测试。

用以获取有关控制设计和执行的审计证据的风险评估程序可能包括：（1）询问被审计单位人员；（2）观察特定控制的运用；（3）检查文件和报告；（4）追踪交易在财务报告信息系统中的处理过程（穿行测试）。但是，询问本身并不足以实现这些目标，注册会计师应当将询问与其他风险评估程序结合使用。

（二）穿行测试

1. 穿行测试的含义。穿行测试是指追踪某笔交易从发生到最终被反映在财务报表中的整个处理过程。

注册会计师使用穿行测试的主要目的包括：

（1）确认注册会计师对下列事项的了解是否正确：

①交易的整个过程，包括主要输入和输出数据，以及交易如何产生并得到授权、记录、处理和报告；

②内部控制各个要素所包含的控制（包括与预防或发现舞弊相关的控制）的设计；

③确定业务流程是否已涵盖所有可能存在由于舞弊或错误导致相关财务报表认定出现重大错报的环节，以此确认子流程的完整性；

④可能发生的交易类型；

⑤关联方交易的影响；

⑥使用服务机构的影响。

（2）识别被审计期间业务流程（包括支持该流程的计算机应用程序）发生的任何重大变化、变化的性质以及对相关账户的影响。

（3）评估那些以预防或发现由舞弊或错误导致的财务报表重大错报为目的、由具有必要授权和胜任能力的人员执行的控制的设计有效性。在评估设计有效性时，可以考虑下列事项：

①该控制是否能够实现控制目标；

②控制程序的执行是否及时；

③设计该控制运行的精细度和精确度；

④职责分配的适当性。

（4）确认控制是否得到执行。

（5）确认需要就哪些控制的运行有效性获取证据。

在实施穿行测试时，注册会计师应当评估所获取证据的质量并实施程序以获取能够实现上述目标的证据。

2. 穿行测试包括的程序。穿行测试涵盖交易生成、授权、记录、处理和报告整个过程，以及识别出的重要流程中的控制，包括针对舞弊风险的控制。一般而言，对每个重要流程，选取一笔交易或事项实施穿行测试即可。如果被审计单位采用集中化的系统为多个组成部分执行重要流程，则可能不必在每个重要的经营场所或业务单位选取一笔交易或事项实施穿行测试。

穿行测试包括：

（1）向实际执行控制的人员进行询问；

（2）观察控制的执行；

（3）查阅在执行控制时使用的或由于执行该控制而生成的文件；

（4）将支持性文件（如销售发票、合同和提货单）与会计记录进行比较。

因此，注册会计师在实施穿行测试时往往综合运用询问、观察、检查相关文件记录和重新执行。

在实施穿行测试时，对于每个发生重要处理程序或控制的节点，注册会计师需要询问相关人员对既定程序和控制规定的了解，并确定相关人员是否根据其设计的原意及时执行这些处理程序或控制。注册会计师应当关注那些不符合既定程序和控制规定的例外事项。

注册会计师应当使用与被审计单位人员使用的相同的文件和信息技术对业务流程实施穿行测试，并向参与该流程或控制重要方面的相关人员进行询问。为此，注册会计师可能需要通过不止一次的访谈，询问参与该流程中重要程序和控制的人员。在制定访谈计划时，注册会计师需要考虑与相关人员会面的顺序，以适当跟踪交易过程。

为佐证穿行测试中各个测试节点的信息，注册会计师可以请相关人员描述其对此前和此后处理或控制活动的了解。此外，注册会计师在询问中还应提出更深入的问题，以便于识别无效控制或舞弊迹象。

注册会计师可以向相关人员询问下列问题：

（1）依据什么标准确定是否出现错误（而不是简单地问他们是否实施了既定程序和控制）；

（2）如果发现错误怎么处理；

（3）曾经发现什么类型的错误；

（4）发现错误的后果是什么；

（5）错误如何解决；

（6）是否曾被要求忽略或回避该流程或控制，如有这种情况，请描述具体情况、发生的原因以及如何解决。

如果被询问的人员从未发现任何错误，注册会计师应当评估出现这种情况的原因，是因为存在有效的预防性控制还是因为执行控制的人员缺乏必要的技能。注册会计师在记录穿行测试时，要包含询问的问题和得到的答复。

实施穿行测试时实施的询问和检查文件的程序通常足以使注册会计师就控制是否得到执行得出结论，但通常不足以测试控制的运行有效性。在某些情况下，特别是对某些风险较低或较简单的人工或自动控制，实施穿行测试可能提供有关控制运行有效性的充分证据，这取决于与控制相关的风险、穿行测试中实施的程序以及实施这些程序的结果。

在所审计期间，如果交易过程发生了重大变化，包括计算机应用程序或负责执行程序或控制的人员的重大变化，注册会计师应当评估变化的性质及其对相关账户的影响，以确定是否需要同时对变化前和变化后的交易过程实施穿行测试。

穿行测试通常仅跟踪一笔交易。例如，在支付流程中，如果对于超过一万元的付款必须有更高层级的审批（即补充关键控制），注册会计师通常不需要选择第二笔交易（即一个低于一万元的付款和一个高于一万元的付款）来实施穿行测试，而只需选取一笔超过一万元的付款交易。对一笔交易的付款过程实施穿行测试，并补充实施询问和其他程序对所有付款（包括低于或高于一万元的付款）审批实施的控制可能就足够了。

（三）评价内部控制的步骤

图 3 -9 列示了评价内部控制的步骤。

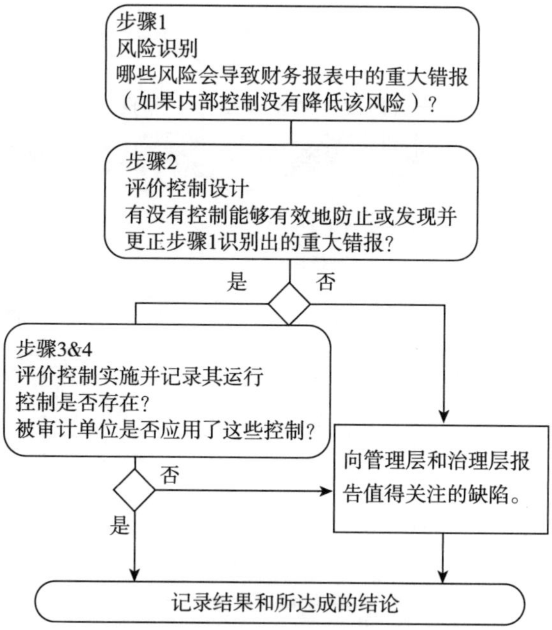

图 3 -9　评价内部控制的步骤

1. 需要降低哪些风险。识别固有风险（经营和舞弊风险），确定它们是影响所有认定的普遍风险，还是影响特定财务报表领域和认定的具体风险。在记录可能存在的控制之前，注册会计师需要确定并评估现有的重要风险因素和其他风险因素。否则，如果不了解哪些控制需要通过内部控制来降低，就无法实施内部控制评价。需要降低的风险可能是普遍性的，与很多财务报表领域和认定相关；也可能是具体的，只与特定财务报表领域和认定相关。

2. 管理层设计的控制能否降低风险。注册会计师在识别业务流程是否适当时，应当与被审计单位人员面谈，以识别哪些控制可以降低上述步骤 1 识别出的风险；对评估的风险结果进行复核，并确定控制是否确实降低了这些风险；与管理层和治理层沟通识别出的所有值得关注的内部控制缺陷。

评价管理层设计的某项控制是否适当，涉及评估识别出的控制（单独或连同其他控制）是否确实能够减轻风险因素。这包括考虑控制能否有效地防止重大错报发生，或者在发生重大错报后发现并纠正这些重大错报。

有两种常用方式将内部控制与其意图降低的风险因素（或控制目标）对应起来，包括一（风险）对应多（控制），以及多（风险）对应多（控制）。

表 3－10 列示了一（风险）对多（控制）方法。一（风险）对多（控制）方法通常用于找出所有类型的控制，包括交易性控制。采用这种方法时，注册会计师需要单独考虑每个风险因素，并且所有针对该项风险因素的控制都要被识别出来。

表 3－10　一（风险）对多（控制）举例

风险/控制目标	认定	降低风险的控制
1. 风险因素	完整性	1. 控制程序 A 2. 控制程序 B 3. 控制程序 C 4. 控制程序 D
2. 风险因素	存在/准确性	1. 控制程序 E 2. 控制程序 F 3. 控制程序 G 4. 控制程序 H
3. 风险因素	准确性	1. 控制程序 I 2. 控制程序 J 3. 控制程序 K 4. 控制程序 L
4. 风险因素	完整性/准确性	1. 控制程序 M 2. 控制程序 N 3. 控制程序 O 4. 控制程序 P

表 3－11 列示了多（风险）对多（控制）方法。将风险与控制相对应，不仅有助于帮助评价控制设计，而且可以识别可能进行测试的关键控制。

表 3-11 多（风险）对多（控制）举例

业务流程：销售						
重要的风险因素		风险 A	风险 B	风险 C	风险 D	关键控制
	认定	准确性（A）	存在（E）/准确性（A）	准确性（A）/准确性（A）	截止（C）/存在（E）	
控制	控制要素					
程序#1	控制活动	D				
程序#2	信息系统		D			
程序#3	控制活动	P	P		P	是
程序#4	对控制的监督	D				
程序#5	控制活动		P		P	是
程序#6	控制活动					
程序#7	信息系统	D	D		D	
控制设计是否可以接受？即识别出的控制是否能降低风险因素？		是	是	否	是	

注释：P 表示预防性控制，D 表示检查性控制。

3. 降低风险的控制是否有效。观察或检查相关内部控制的运行，以确定它们真正得到了执行。管理层不足以评价内部控制程序的设计，也不足以确定控制是否得到执行。这是因为，人们本能地会以为或希望特定控制是存在的，尽管事实上不存在。如果控制不存在或没有运行，对控制的书面描述（不管多好）对审计没有任何意义。因此，注册会计师需要询问被审计单位人员，观察或重新执行特定控制的应用，检查文件和报告，或者在信息系统中追踪和财务报告相关的一项或两项交易（穿行测试）。

控制的执行提供了关于控制在某特定时点确实在运行的证据。但它不能确定控制在整个被审计期间的运行有效性。注册会计师需要通过控制测试收集关于控制在一段时间（如一年）内运行情况的证据，才能获得运行有效性的证据。

只有当确定了与审计相关的内部控制设计合理且得到实施以后，才值得考虑下列问题：哪些对控制运行有效性的测试（如果有）会减少其他实质性测试的需要；哪些控制因为没有其他获取充分、适当的审计证据的方法而需要测试。

4. 相关控制的运行是否已记录。被审计单位管理层或注册会计师应当使用简单文字，对识别出的相关内部控制的运行进行描述和记录。相关控制运行产生的记录，有助于注册会计师了解识别出的控制的性质、运行（开始、流程记录等）和环境（例如，控制由谁实施，在哪里实施，实施的频率以及由此形成的工作底稿）。表 3-12 列示了在记录内部控制运行时需要考虑的因素。

表 3-12　　记录内部控制运行时需要考虑的因素

记录相关内部控制
• 重大交易如何生成、授权、记录、处理和报告； • 交易流程，用以识别可能发生由于舞弊或错误导致的重大错报的领域； • 与期末财务报告流程相关的内部控制。

注册会计师最常用的编制工作底稿的方式有文字叙述或备忘录、流程图、文字叙述和流程图相结合、问卷和检查表。控制的工作底稿不需要很复杂或很全面。注册会计师没有必要记录整个业务流程，或者描述与审计无关的控制的运行情况。

第五节　识别和评估重大错报风险

一、识别导致重大错报风险的风险因素

（一）导致重大错报的风险因素

了解被审计单位的目的是实施风险评估，这涉及对财务报表重大错报风险的识别和评估。图 3-10 列示了风险因素。

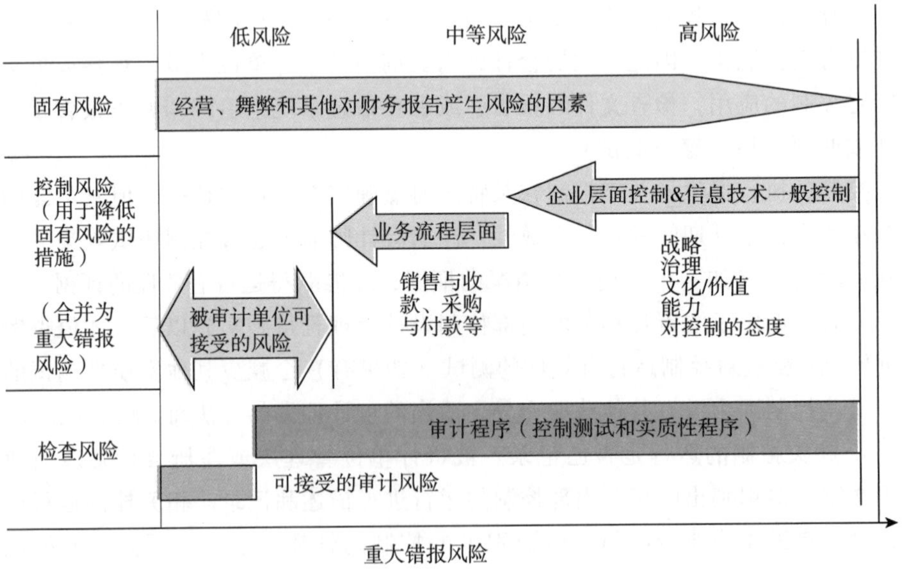

图 3-10　风险因素

注册会计师对经营风险的了解，可以增加其识别重大错报风险的可能性。但是，注册会计师并没有责任识别或评估所有的经营风险。注册会计师所获取信息的足够程度（了解的深度）是一项职业判断，但所获取的信息要少于管理层管理企业所需要的信息。

由于在业务所有阶段均能识别经营风险，项目组成员应当在风险评估前将识别出的经营风险记录在一个单独的地方。这将保证所有的风险都能得到记录和考虑，即使某些识别出的风险随后被评估为不重要，不需要实施进一步的工作。表3－13列示了可能表明存在重大错报风险迹象的风险因素的例子。

表3－13　　存在重大错报风险迹象

经营和舞弊风险来源	
行业状况、法律环境和监管环境及其他外部因素	1. 宏观经济形势发生变化； 2. 被审计单位经营所处行业环境发生变化； 3. 在高度复杂的监管环境中开展业务； 4. 持续经营和资产流动性出现问题，包括重要客户流失； 5. 获取资本或借款的能力受到限制； 6. 供应链发生变化，无法获得生产所需的原材料或技术员工； 7. 对被审计单位产品或服务的需求减少
被审计单位的性质	8. 运营、组织架构或产品具有高度复杂性； 9. 被审计单位发生变化，如发生重大收购、重组或其他异常的事项； 10. 存在复杂的联营或合资企业； 11. 可能产生负债和声誉风险的产品或服务的瑕疵； 12. 运用表外融资、特殊目的实体以及其他复杂的融资安排； 13. 从事重大的关联方交易； 14. 产品或服务缺陷可能导致负债增加和信誉风险； 15. 与外部债权人（例如银行）的关系恶化； 16. 持续经营和流动性问题（包括丧失重要顾客）； 17. 未能识别出开展变革的需要（如要求进行技术更新或使用新技术）； 18. 关键岗位上的员工不具有胜任能力； 19. 关键员工的变动，包括重要高管的离开
对会计政策的选择和运用	20. 会计政策应用出现不一致性； 21. 会计政策存在不恰当使用； 22. 以往发生的舞弊或错误，或者在本期期末出现重大会计调整； 23. 发生大额非常规或非系统性交易（包括公司间交易和在期末发生大量收入的交易）； 24. 按照管理层特定意图记录的交易（如债务重组、资产出售和交易性债券的分类）； 25. 采用新的会计准则； 26. 涉及复杂过程的会计计量； 27. 涉及重大计量不确定性（包括会计估计）的事项或交易； 28. 存在未决诉讼和或有负债（如售后质量保证、财务担保和环境补救）； 29. 缺乏具有恰当会计和财务报告技能的会计人员

续表

经营和舞弊风险来源	
目标、战略以及相关经营风险	30. 在经济不稳定的国家或地区开展业务； 31. 在高度波动的市场开展业务； 32. 开发新产品或提供新服务，或者进入新的业务领域； 33. 进入被审计单位缺乏经验的经营领域或开展交易； 34. 制定不恰当或不现实的目标和战略； 35. 向新的地区激进扩张或开辟新的经营场所； 36. 兼并和分立； 37. 拟出售分支机构或业务分部； 38. 进行复杂的金融安排； 39. 重新调整结构； 40. 信息技术战略与经营战略不协调
被审计单位财务业绩的衡量和评价	41. 管理层没有通过绩效考核来评估被审计单位的绩效和目标实现； 42. 没有通过考核来提高企业运营或采取纠正行动； 43. 经营活动或财务业绩受到监管机构或政府机构的调查
内部控制	44. 管理层对日常运营的不恰当监督管理； 45. 不良的企业文化和治理； 46. 关键人员不具备胜任能力； 47. 信息技术环境发生变化； 48. 未能识别出开展变革的需要（例如要求进行技术更新或使用新技术）； 49. 应对销售增长或下降所导致的对内部控制系统和员工技术的压力； 50. 内部控制薄弱，尤其是管理层未能解决的问题； 51. 信息技术战略与经营战略不相适应； 52. 对被审计单位层次活动的控制不恰当或不存在，例如人力资源管理、舞弊以及估计和财务报表等会计信息的编制； 53. 与财务报告相关的重要新型信息技术系统的安装； 54. 内部控制存在缺陷，尤其是管理层未处理的内部控制缺陷； 55. 安装新的与财务报告有关的重大信息技术系统

（二）识别风险因素的过程

在考虑内部控制之前、单独评估固有风险将有助于识别所有特别风险，并为评估内部控制的设计和执行提供必要的基础。图 3 – 11 说明识别经营风险的过程。

对于识别出的每一项风险，注册会计师应当认真考虑：

一是风险有什么后果，可能导致财务报表发生什么类型的错报。例如，如果被审计单位销售钻石，钻石被盗的固有风险（不考虑任何内部控制的情况下）较高。这项风险意味着财务报表中的钻石存货可能并不存在（存在认定）或价值可能被错误估计（计价认定）。对于普遍性的风险来说，发生错报的可能性更大，这个问题的难度将变得更大。例如，如果治理层不能发挥作用，那么所有类

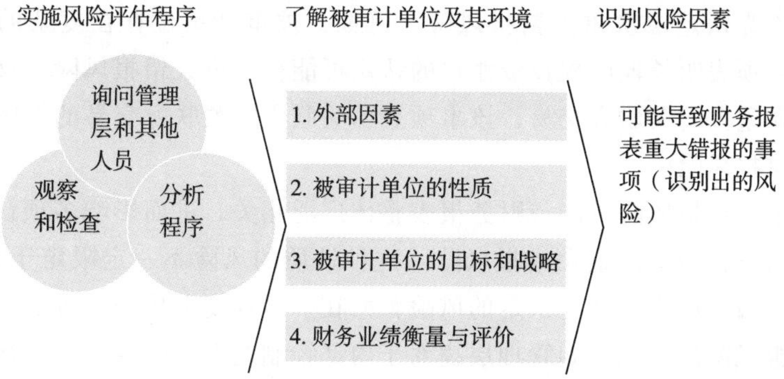

图 3－11　识别经营风险过程

型的错报（有意或无意的）都可能潜在的不被发现。

二是受影响的财务报表领域和认定有哪些，与风险相关的特定类型的交易、账户余额和披露以及相关认定有哪些。应当注意的是，有一些识别出的风险对于被审计单位来说是广泛的，难以限定于特定的领域或认定。例如，被审计单位不制定目标和经营预算，这将导致各种类型的错误。再如，会计人员不具备胜任能力。这些风险不能简单地映射到特定财务报表领域或认定。

二、识别和评估财务报表层次和认定层次的重大错报风险

注册会计师应当在下列两个层次识别和评估重大错报风险，为设计和实施进一步审计程序提供基础：一是财务报表层次；二是各类交易、账户余额和披露的认定层次。在识别和评估重大错报风险时，注册会计师应当实施下列审计程序：

1. 在了解被审计单位及其环境（包括与风险相关的控制）的整个过程中，结合对财务报表中各类交易、账户余额和披露的考虑，识别风险。

注册会计师应当运用各项风险评估程序，在了解被审计单位及其环境的整个过程中识别风险，并将识别的风险与各类交易、账户余额和披露相联系。

例如，被审计单位因相关环境法规的实施需要更新设备，可能面临原有设备闲置或贬值的风险；宏观经济的低迷可能预示应收账款的回收存在问题；竞争者开发的新产品上市，可能导致被审计单位的主要产品在短期内过时，预示将出现存货跌价和长期资产（如固定资产等）的减值。

2. 评估识别出的风险，并评价其是否更广泛地与财务报表整体相关，进而潜在地影响多项认定。

在识别出重大错报风险后，注册会计师应当评价识别的重大错报风险是与特定类别的交易、账户余额、披露的认定相关，还是与财务报表整体广泛相关，进而影响多项认定。

某些重大错报风险可能仅与特定类别的交易、账户余额、披露的认定相关。

这类风险称为认定层次重大错报风险。例如，被审计单位存在复杂的联营或合资，这一事项表明长期股权投资账户的认定可能存在重大错报风险。又如，被审计单位存在重大的关联方交易，该事项表明关联方及关联方交易的披露认定可能存在重大错报风险。

某些重大错报风险可能与财务报表整体广泛相关，进而影响多项认定。这类风险称为财务报表层次重大错报风险。这种性质的风险不一定限定于某类交易、账户余额或披露层次的特定认定的风险，而在一定程度上代表了可能增加认定层次重大错报风险的情况，如管理层凌驾于内部控制之上。财务报表层次的风险可能与注册会计师考虑由于舞弊导致的重大错报风险尤其相关。例如，在经济不稳定的国家和地区开展业务、资产的流动性出现问题、重要客户流失、融资能力受到限制等，可能导致注册会计师对被审计单位的持续经营能力产生重大疑虑。又如，管理层缺乏诚信或承受异常的压力可能引发舞弊风险，这些风险与财务报表整体相关。

财务报表层次的风险很可能源于控制环境存在缺陷（虽然这些风险还可能与其他因素相关，如经济下滑）。例如，管理层缺乏胜任能力等缺陷可能对财务报表具有更广泛的影响。再如，被审计单位治理层、管理层对内部控制的重要性缺乏认识，没有建立必要的制度和程序；或者管理层经营理念偏于激进，又缺乏实现激进目标的人力资源等，这些缺陷源于薄弱的控制环境，可能对财务报表产生广泛影响，需要注册会计师采取总体应对措施。

3. 结合对拟测试的相关控制的考虑，将识别出的风险与认定层次可能发生错报的领域相联系。

首先，注册会计师应当将识别的风险与认定层次可能发生错报的领域相联系。例如，销售困难使产品的市场价格下降，可能导致年末存货成本高于其可变现净值而需要计提存货跌价准备，这显示存货的计价认定可能发生错报。

其次，在评估重大错报风险时，注册会计师应当将所了解的控制与特定认定相联系。这是由于控制有助于防止或发现并纠正认定层次的重大错报。在评估重大错报发生的可能性时，除了考虑可能的风险外，还要考虑控制对风险的抵消和遏制作用。有效的控制会减少错报发生的可能性，而控制不当或缺乏控制，错报就会由可能变成现实。通常情况下，注册会计师在了解控制时，需要了解存在控制的业务流程和系统，并将控制与认定联系起来。这样做是由于单个控制通常不足以应对风险，通常多个控制活动，连同内部控制的其他因素，才能足以应对风险。

控制可能与某一认定直接相关，也可能与某一认定间接相关。关系越间接，控制在防止或发现并纠正认定中错报的作用越小。例如，销售经理对分地区的销售网点的销售情况进行复核，与销售收入完整性的认定只是间接相关。相应地，该项控制在降低销售收入完整性认定中的错报风险方面的效果，要比与该认定直接相关的控制（例如，将发货单与开具的销售发票相核对）的效果差。

注册会计师可能识别出有助于防止或发现并纠正特定认定发生重大错报的控制。在确定这些控制是否能够实现上述目标时，注册会计师应当将控制活动和其他要素综合考虑。如将销售和收款的控制置于其所在的流程和系统中考虑，以确定其能否实现控制目标。因为单个的控制活动（如将发货单与销售发票相核对）本身并不足以控制重大错报风险，只有多种控制活动和内部控制的其他要素综合作用才足以控制重大错报风险。

当然，也有某些控制活动可能专门针对某类交易或账户余额的个别认定。例如，被审计单位建立的、以确保盘点工作人员能够正确地盘点和记录存货的控制活动，直接与存货账户余额的存在和完整性认定相关。注册会计师只需要对盘点过程和程序进行了解，就可以确定控制是否能够实现目标。

4. 考虑发生错报的可能性（包括发生多项错报的可能性），以及潜在错报的重大程度是否足以导致重大错报。

注册会计师应当考虑发生错报的可能性。假如产品市场价格大幅下降，导致产品销售收入不能补偿成本，毛利率为负，那么年末存货跌价问题严重，存货计价认定发生错报的风险加大；假如价格下降的产品在被审计单位销售收入中所占比例很小，被审计单位其他产品销售毛利率很高，尽管该产品的毛利率为负，但可能不会使年末存货发生重大跌价问题。

注册会计师还需要考虑识别的风险是否会导致财务报表发生重大错报。例如，考虑存货的账面余额是否重大，是否已适当计提存货跌价准备等。在某些情况下，尽管识别的风险重大，但仍不至于导致财务报表发生重大错报。例如，期末财务报表中存货的余额较低，尽管识别的风险重大，但不至于导致存货的计价认定发生重大错报。又如，被审计单位对于存货跌价准备的计提实施了比较有效的内部控制，管理层已根据存货的可变现净值，计提了相应的跌价准备。在这种情况下，财务报表发生重大错报的可能性将相应降低。

注册会计师应当利用实施风险评估程序获取的信息，包括在评价控制设计和确定其是否得到执行时获取的审计证据，作为支持风险评估结果的审计证据。注册会计师应当根据风险评估结果，确定实施进一步审计程序的性质、时间安排和范围。

风险发生的可能性是多大？注册会计师可以简单地用高、中、低来评估这种可能性，或者用分值代替，比如从 1 到 5。分值提供了一个稍微精确的评估。得分越高，风险发生的可能性越大。图 3－12 列示了风险评估（使用高、中、低的评价准则）的方法。

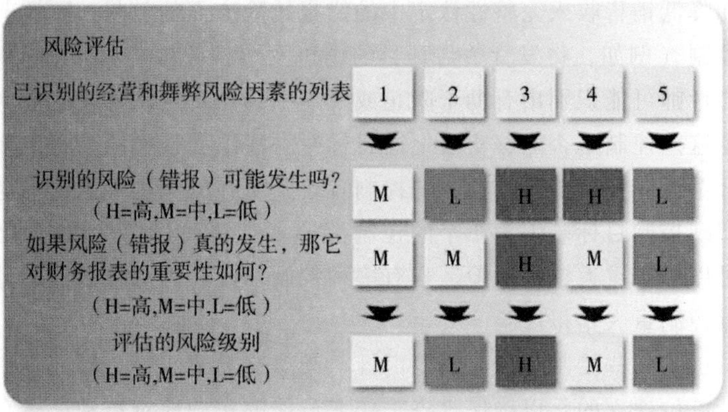

图 3－12　风险评估的方法

风险评估可以采用备忘录或风险（舞弊）清单的形式。表 3－14 举例说明了如何评估固有风险。其中："认定"栏对具体认定和普遍性风险的评估；对风险发生可能性和重要程度进行评估时，用 1 至 5 代表发生的可能性或重要程度，这两项相乘可以提供一个综合的总分值。

表 3－14　　　　　　　　评估固有风险举例

会计期间：20×2 年 12 月 31 日　实际执行的重要性 50 000 元					
风险事件（来源）	风险因素的影响	认定 PCAEV	固有风险评估		
			发生的可能性	影响金额	综合得分
销售人员的报酬以销售佣金为基础	为了实现奖金目标，可能虚构销售，将销售计入错误的时期，或者采用与标准条款和条件不同的条款	EA	4	4	16
为了达到业绩指标而操纵利润	将费用递延以后期间，管理层估计存在偏向，等等	P	2	5	10
员工虚构的供应商	在价格上涨时支付费用，或者为没有提供的服务（商品）付款	EA	2	4	8
未识别的关联方交易	收入和费用没有以公允价格确认	P	3	5	15
未记录也未存入银行的现金销售收入	低估收入和资产	CAE	4	1	4

注释：

	用 1—5 评估发生的可能性	用 1—5 评估重要程度（影响金额）
P = 普遍的（所有认定）	1 = 几乎不可能	1 = 不重要
C = 完整性	2 = 不太可能	2 = 较轻微
A = 准确性	3 = 可能	3 = 中等
E = 存在	4 = 很可能	4 = 较大
V = 估价	5 = 几乎肯定	5 = 重要

三、特别风险

作为风险评估的一部分，注册会计师应当根据职业判断，确定识别出的风险是否为特别风险。特别风险，是指注册会计师识别和评估的、根据判断认为需要特别考虑的重大错报风险。

（一）特别风险的确定

在风险评估过程中，需要确定识别的风险中哪些属于特别风险。确定哪些风险是特别风险时需要考虑：（1）风险的性质；（2）对与风险相关的内部控制的影响的考虑；（3）潜在错报（多种错报）可能的规模（大小）；（4）风险发生的可能性。表 3－15 列示了注册会计师识别特别风险时需要考虑的因素。

表 3－15　　识别特别风险时需要考虑的因素

考虑的因素	
那些可能表明存在“特别风险”的因素	舞弊风险
	与近期重大的经济、会计或其他方面的发展相关，因此需要特别注意的风险
	交易的复杂性
	与关联方的重大交易
	与风险相关的财务信息计量的主观性程度，尤其包括那些有许多各种不同计量的不确定性
	超过被审计单位正常的经营范围或其他似乎不寻常的重大交易

应当注意的是，在确定特别风险时，注册会计师不应考虑识别出的控制对相关风险的抵消效果。即，要建立在固有风险（考虑相关内部控制之前）基础上，而非重大错报风险（同时考虑固有风险和控制风险）。例如，某公司的存货是大量钻石，被盗的固有风险很高。管理层的应对措施是建立保护设施，并在所有时间将钻石锁在安全的地方。这样，重大错报风险就很低。

图 3－13 说明了如何根据可能性和影响进行风险评估。落入图表中阴影部分的区域（影响大，可能性高）即可确定为特别风险。

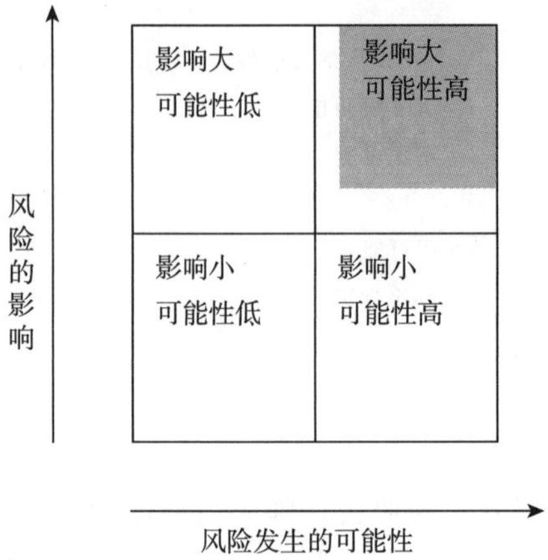

图 3 - 13　特别风险的确定

（二）非常规交易和判断事项导致的特别风险

日常的、不复杂的、经正规处理的交易不太可能产生特别风险。特别风险通常与重大的非常规交易和判断事项有关。

非常规交易，是指由于金额或性质异常而不经常发生的交易。例如，企业购并、债务重组、重大或有事项等。由于非常规交易具有下列特征，与重大非常规交易相关的特别风险可能导致更高的重大错报风险：（1）管理层更多地干预会计处理；（2）对数据收集和处理进行更多的人工干预；（3）复杂的计算或会计处理方法；（4）非常规交易的性质可能使被审计单位难以对由此产生的特别风险实施有效控制。

判断事项通常包括作出的会计估计（具有计量的重大不确定性）。如资产减值准备金额的估计、需要运用复杂估值技术确定的公允价值计量等。由于下列原因，与重大判断事项相关的特别风险可能导致更高的重大错报风险：（1）对涉及会计估计、收入确认等方面的会计政策存在不同的理解；（2）所要求的判断可能是主观和复杂的，或者需要对未来事项作出假设。表 3 - 16 列示了非常规交易或判断事项导致特别风险的例子。

表 3 - 16　　非常规交易或判断事项导致特别风险

来源	举例
高风险活动	包括很容易发生重大错报的业务和事件。例如，珠宝商持有的价值高的钻石和金条等存货，或者即将引进的新的或复杂的会计系统
重大非常规交易（规模或性质）	对于识别出的在被审计单位正常的经营范围之外的重大关联方交易，应当认为其将导致特别风险

续表

来源	举例
重大非常规交易（规模或性质）	包括很少发生的大额交易。例如： （1）与某关联方的常规交易额出现异常； （2）主要的销售或供应合同； （3）主要营业资产或业务部门的购买或销售； （4）将业务出售给第三方。 由系统化流程处理的常规简单交易不太可能引起特别风险
需要判断或管理层干预的事项	相关例子包括： （1）管理层在作出主要估计时使用的假设和计算； （2）复杂的计算或会计政策； （3）有着不同解释的收入确认（假定为一项特别风险）； （4）大量手工数据的收集与处理； （5）需要管理层干预并指定所用会计处理的地方

（三）考虑与特别风险相关的控制

了解与特别风险相关的控制，有助于注册会计师制定有效的审计方案予以应对。对特别风险，注册会计师应当评价相关控制的设计情况，并确定其是否已经得到执行。由于与重大非常规交易或判断事项相关的风险很少受到日常控制的约束，注册会计师应当了解被审计单位是否针对该特别风险设计和实施了控制。

例如，作出会计估计所依据的假设是否由管理层或专家进行复核，是否建立作出会计估计的正规程序，重大会计估计结果是否由治理层批准等。再如，管理层在收到重大诉讼事项的通知时采取的措施，包括这类事项是否提交适当的专家（如内部或外部的法律顾问）处理、是否对该事项的潜在影响作出评估、是否确定该事项在财务报表中的披露问题以及如何确定等。

如果管理层未能实施控制以恰当应对特别风险，注册会计师应当认为内部控制存在重大缺陷，并考虑其对风险评估的影响。在此情况下，注册会计师应当就此类事项与治理层沟通。

此外，如果计划测试旨在减轻特别风险的控制运行的有效性，注册会计师不应依赖以前审计获取的关于内部控制运行有效性的审计证据。注册会计师应当专门针对识别的风险实施实质性程序，由于实质性分析程序单独并不足以应对特别风险，注册会计师应当实施细节测试，或者将实质性分析程序与细节测试结合运用。

第六节　特定领域重大错报风险的识别与评估

一、舞弊风险的识别与评估

（一）舞弊的含义

财务报表的错报可能由于舞弊或错误导致。舞弊和错误的区别在于，导致财务报表发生错报的行为是故意还是非故意行为。舞弊，是指被审计单位的管理层、治理层、员工或第三方使用欺骗手段获取不当或非法利益的故意行为。

涉及管理层或治理层一个或多个成员的舞弊通常被称为“管理层舞弊”；只涉及被审计单位员工的舞弊通常被称为“员工舞弊”。无论是何种舞弊，都有可能涉及被审计单位内部或与外部第三方的串谋。

（二）舞弊的种类

舞弊是一个宽泛的法律概念，但在财务报表审计中，注册会计师关注的是导致财务报表发生重大错报的舞弊。与财务报表审计相关的故意错报，包括编制虚假财务报告导致的错报和侵占资产导致的错报。

1. 编制虚假财务报告导致的错报。编制虚假财务报告涉及为欺骗财务报表使用者而作出的故意错报（包括对财务报表金额或披露的遗漏）。这可能是由于管理层通过操纵利润来影响财务报表使用者对被审计单位业绩和盈利能力的看法而造成的。此类利润操纵可能从一些小的行为，或者对假设的不恰当调整和对管理层判断的不恰当改变开始。压力和动机可能使这些行为上升到编制虚假财务报告的程度。由于承受迎合市场预期的压力或追求以业绩为基础的个人报酬最大化，管理层可能故意通过编制存在重大错报的财务报表而导致虚假财务报告。美国的安然、世通以及我国的琼民源、银广夏、红光实业等舞弊案件都属于这一种类。在某些被审计单位，管理层可能有动机大幅降低利润以降低税负，或者虚增利润以向银行融资。

管理层可能通过下列方式编制虚假财务报告：

（1）对编制财务报表所依据的会计记录或支持性文件进行操纵、弄虚作假（包括伪造）或篡改；

（2）在财务报表中错误表达或故意漏记事项、交易或其他重要信息；

（3）故意地错误使用与金额、分类、披露相关的会计政策。

2. 侵占资产导致的错报。侵占资产包括盗窃被审计单位资产，通常的做法是员工盗窃金额相对较小且不重要的资产。侵占资产也可能涉及管理层，他们通常更能够通过难以发现的手段掩饰或隐瞒侵占资产的行为。侵占资产可以通过下列方式实现：

（1）贪污收到的款项。例如，侵占收到的应收账款或将与已注销账户相关的收款转移至个人银行账户。

（2）盗窃实物资产或无形资产。例如，盗窃存货以自用或出售、盗窃废料以再销售、通过向被审计单位竞争者泄露技术资料与其串通以获取回报。

（3）使被审计单位对未收到的商品或未接受的劳务付款。例如，向虚构的供应商支付款项，供应商向采购人员提供回扣以作为其提高采购价格的回报，向虚构的员工支付工资。

（4）将被审计单位资产挪为私用。例如，将被审计单位资产作为个人或关联方贷款的抵押。

侵占资产通常伴随虚假或误导性的记录或文件，其目的是隐瞒资产丢失或未经适当授权而被抵押的事实。图 3－14 列示了舞弊的类型和特征。

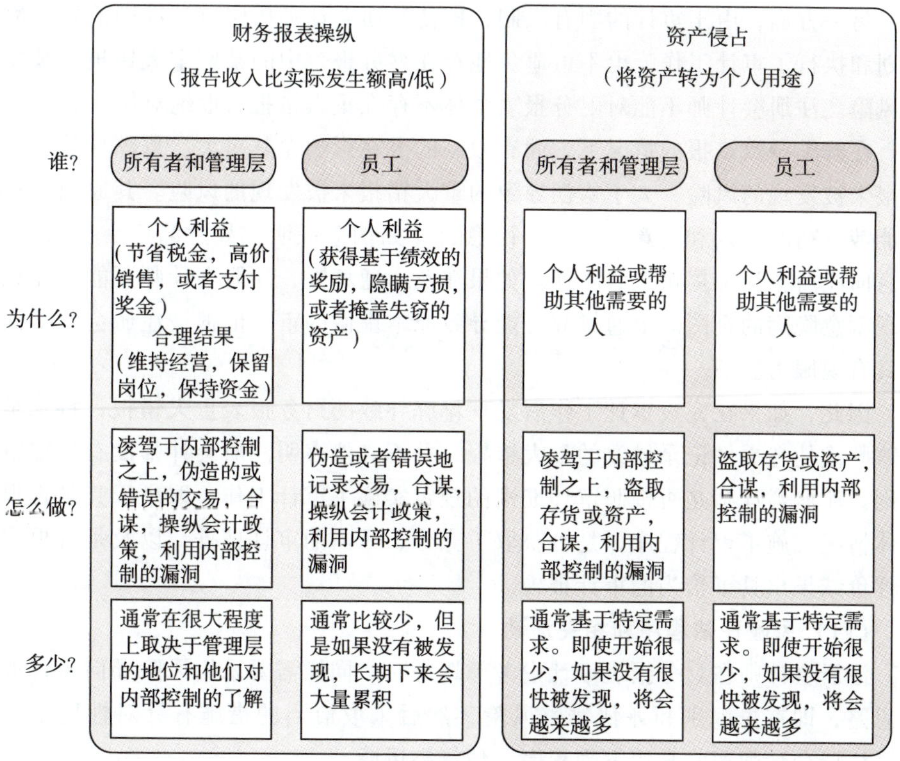

图 3－14　舞弊的类型和特征

（三）注册会计师对舞弊的责任

对于注册会计师发现舞弊的责任，职业界与公众之间存在期望差距。在重大的财务报告舞弊案件发生后，公众总是会问“注册会计师干什么去了”，职业界往往会辩解“财务报表审计不是专门的舞弊调查，在发现舞弊方面有很大的局限性”。期望差距的存在影响公众对注册会计师行业的信心，也是准则制定机构增强发现舞弊能力的主要动力。

注册会计师对发现舞弊方面的责任可以从正反两个方面界定：

一方面，在按照审计准则的规定执行审计工作时，注册会计师有责任对财务报表整体是否不存在由于舞弊或错误导致的重大错报获取合理保证。

编制虚假财务报告直接导致财务报表产生错报，侵占资产通常伴随着虚假或误导性的文件记录。因此，对能够导致财务报表产生重大错报的舞弊，无论是编制虚假财务报告，还是侵占资产，注册会计师都应当合理保证能够予以发现，这是实现财务报表审计目标的内在要求，也是财务报表审计的价值所在。在获取合理保证时，注册会计师有责任在整个审计过程中保持职业怀疑，考虑管理层凌驾于控制之上的可能性，并认识到对发现错误有效的审计程序未必对发现舞弊有效。

另一方面，由于审计的固有限制，即使注册会计师按照审计准则的规定恰当计划和执行了审计工作，也不可避免地存在财务报表中的某些重大错报未被发现的风险。注册会计师不能对财务报表整体不存在重大错报获取绝对保证。

在舞弊导致错报的情况下，固有限制的潜在影响尤其重大。舞弊导致的重大错报未被发现的风险，大于错误导致的重大错报未被发现的风险。其原因是舞弊可能涉及精心策划和蓄意实施以进行隐瞒（如伪造证明或故意漏记交易），或者故意向注册会计师提供虚假陈述。如果涉及串通舞弊，注册会计师可能更加难以发现蓄意隐瞒的企图。串通舞弊可能导致原本虚假的审计证据被注册会计师误认为具有说服力。

因此，如果在完成审计工作后发现舞弊导致的财务报表重大错报，特别是串通舞弊或伪造文件记录导致的重大错报，并不必然表明注册会计师没有遵守审计准则。注册会计师是否按照审计准则的规定实施了审计工作，取决于其是否根据具体情况实施了审计程序，是否获取了充分、适当的审计证据，以及是否根据证据评价结果出具了恰当的审计报告。

（四）风险评估程序和相关活动

注册会计师在财务报表审计中考虑舞弊时，同样需要采用风险导向审计的总体思路，即首先识别和评估舞弊风险，然后采取恰当的措施有针对性地予以应对。注册会计师通常采用下列程序评估舞弊风险。

1. 询问。一是确定询问对象。询问程序对于注册会计师获取信息、评估舞弊风险十分有用。注册会计师应当询问治理层、管理层、内部审计人员，以确定其是否知悉任何舞弊事实、舞弊嫌疑或舞弊指控。注册会计师通过询问管理层可以获取有关员工舞弊导致的财务报表重大错报风险的有用信息。然而，这种询问难以获取有关管理层舞弊导致的财务报表重大错报风险的有用信息。因此，注册会计师还应当询问被审计单位内部的其他相关人员，使他们能够提供一些信息。注册会计师应当考虑向被审计单位内部的下列人员询问：

（1）不直接参与财务报告过程的业务人员；

（2）拥有不同级别权限的人员；

（3）参与生成、处理或记录复杂或异常交易的人员及对其进行监督的人员；

（4）内部法律顾问；

（5）负责道德事务的主管人员或承担类似职责的人员；

（6）负责处理舞弊指控的人员。

二是确定询问内容。注册会计师应当根据不同的询问对象，运用职业判断，确定询问内容。

在了解被审计单位及其环境时，注册会计师应当向管理层询问下列事项：

（1）管理层对财务报表可能存在由于舞弊导致的重大错报风险的评估，包括评估的性质、范围和频率等；

（2）管理层对舞弊风险的识别和应对过程，包括管理层识别出的或注意到的特定舞弊风险，或者可能存在舞弊风险的各类交易、账户余额或披露；

（3）管理层就其对舞弊风险的识别和应对过程向治理层的通报；

（4）管理层就其经营理念和道德观念向员工的通报。

除非治理层全部成员参与管理被审计单位，注册会计师应当了解治理层如何监督管理层对舞弊风险的识别和应对过程，以及为降低舞弊风险而建立的内部控制；同时，还应当询问治理层，以确定其是否知悉任何影响被审计单位的舞弊事实、舞弊嫌疑或舞弊指控。治理层对这些询问的答复，还可在一定程度上作为管理层答复的佐证信息。注册会计师可通过参加相关会议、阅读会议纪要或询问治理层等审计程序了解有关情况。

如果被审计单位设有内部审计，注册会计师应当询问内部审计人员，以确定其是否知悉任何影响被审计单位的舞弊事实、舞弊嫌疑或舞弊指控，并获取这些人员对舞弊风险的看法。

2. 评价舞弊风险因素。注册会计师应当评价通过其他风险评估程序和相关活动获取的信息，是否表明存在舞弊风险因素。存在舞弊风险因素并不必然表明发生了舞弊，但在舞弊发生时通常存在舞弊风险因素，因此，舞弊风险因素可能表明存在由于舞弊导致的重大错报风险。

根据舞弊存在时通常伴随着的三种情况，这些风险因素可以分为下列三类：

（1）实施舞弊的动机或压力。舞弊者具有舞弊的动机是舞弊发生的首要条件。例如，高级管理人员的报酬与财务业绩或公司股票的市场表现挂钩、公司正在申请融资等情况都可能促使管理层产生舞弊的动机。

（2）实施舞弊的机会。舞弊者需要具有舞弊的机会，舞弊才可能成功。舞弊的机会一般源于内部控制在设计和运行上的缺陷，如公司对资产管理松懈，公司管理层能够凌驾于内部控制之上而可以随意操纵会计记录等。

（3）为舞弊行为寻找借口的能力。借口，是指存在某种态度、性格或价值观念，使得管理层或员工能够作出不诚实的行为，或者管理层或员工所处的环境促使其能够将舞弊行为予以合理化。借口是舞弊发生的重要条件之一。只有舞弊者能够对舞弊行为予以合理化，舞弊者才可能作出舞弊行为，作出舞弊行为后才能心安理得。例如，侵占资产的员工可能认为单位对自身的待遇不公，编制虚假财务报告者可能认为造假不是出于个人私利而是出于公司集体利益。

上述舞弊风险因素也被称为“舞弊三角”，如图 3－15 所示。

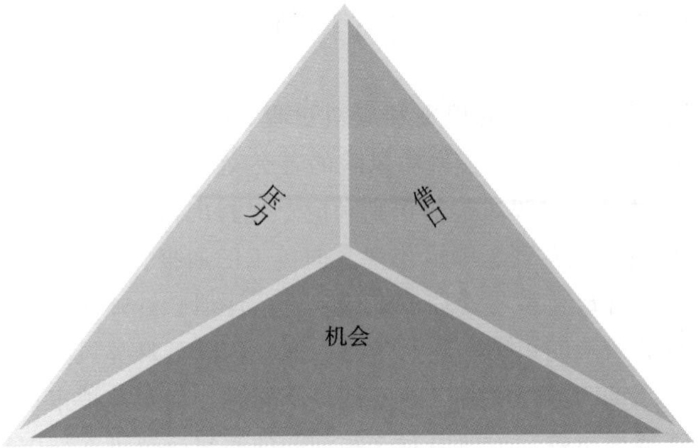

图 3－15　舞弊三角

这三个风险因素在两类舞弊行为中有不同的体现。表 3－17 列示了与编制虚假财务报告导致的错报相关的舞弊风险因素。

表 3－17　　与编制虚假财务报告相关的舞弊风险因素

舞弊发生的因素	舞弊风险因素细类	舞弊风险因素具体举例
动机或压力	财务稳定性或盈利能力受到经济环境、行业状况或被审计单位经营情况的威胁	竞争激烈或市场饱和，且伴随着利润率的下降
		难以应对技术变革、产品过时、利率调整等因素的急剧变化
		客户需求大幅下降，所在行业或总体经济环境中经营失败的情况增多
		经营亏损使被审计单位可能破产、丧失抵押品赎回权或遭恶意收购
		在财务报表显示盈利或利润增长的情况下，经营活动产生的现金流量经常出现负数，或者经营活动不能产生现金流入
		高速增长或具有异常的盈利能力，特别是在与同行业其他企业相比时
		新发布的企业会计准则、法律法规或监管要求
	管理层为满足第三方要求或预期而承受过度的压力	投资分析师、机构投资者、重要债权人或其他外部人士对盈利能力或增长趋势存在预期（特别是过分激进的或不切实际的预期），包括管理层在过于乐观的新闻报道和年报信息中作出的预期
		需要进行额外的举债或权益融资以保持竞争力，包括为重大研发项目或资本性支出融资
		满足交易所的上市要求、偿债要求或其他债务合同要求的能力较弱
		报告较差财务成果将对正在进行的重大交易（如企业合并或签订合同）产生可察觉的或实际的不利影响
	管理层或治理层的个人财务状况受到被审计单位财务业绩的影响	在被审计单位中拥有重大经济利益
		其报酬中有相当一部分（如奖金、股票期权、基于盈利能力的支付计划）取决于被审计单位能否实现激进的目标（如在股价、经营成果、财务状况或现金流量方面）
		个人为被审计单位的债务提供了担保
	管理层或经营者受到更高级管理层或治理层对财务或经营指标过高要求的压力	治理层为管理层设定了过高的销售业绩或盈利能力等激励指标

续表

舞弊发生的因素	舞弊风险因素细类	舞弊风险因素具体举例
机会	被审计单位所在行业或其业务的性质为编制虚假财务报告提供了机会	从事超出正常经营过程的重大关联方交易，或者与未经审计或由其他会计师事务所审计的关联企业进行重大交易
		被审计单位具有强大的财务实力或能力，使其在特定行业中处于主导地位，能够对与供应商或客户签订的条款或条件作出强制规定，从而可能导致不适当或不公允的交易
		资产、负债、收入或费用建立在重大估计的基础上，这些估计涉及主观判断或不确定性，难以印证
		从事重大、异常或高度复杂的交易（特别是临近期末发生的复杂交易，对该交易是否按照“实质重于形式”原则处理存在疑问）
		在经济环境及文化背景不同的国家或地区从事重大经营或重大跨境经营
		利用商业中介，而此项安排似乎不具有明确的商业理由
		在属于“避税天堂”的国家或地区开立重要银行账户或者设立子公司或分公司进行经营，而此类安排似乎不具有明确的商业理由
	组织结构复杂或不稳定	难以确定对被审计单位持有控制性权益的组织或个人
		组织结构过于复杂，存在异常的法律实体或管理层级
		高级管理人员、法律顾问或治理层频繁更换
	对管理层的监督失效	管理层由一人或少数人控制（在非业主管理的实体中），且缺乏补偿性控制
		治理层对财务报告过程和内部控制实施的监督无效
	内部控制要素存在缺陷	对控制的监督不充分，包括自动化控制以及针对中期财务报告（如要求对外报告）的控制
		由于会计人员、内部审计人员或信息技术人员不能胜任而频繁更换。
		会计系统和信息系统无效，包括内部控制存在值得关注的缺陷的情况

续表

舞弊发生的因素	舞弊风险因素细类	舞弊风险因素具体举例
态度或借口	管理层态度不端或缺乏诚信	管理层未能有效地传递、执行、支持或贯彻被审计单位的价值观或道德标准，或者传递了不适当的价值观或道德标准
		非财务管理人员过度参与或过于关注会计政策的选择或重大会计估计的确定
		被审计单位、高级管理人员或治理层存在违反证券法或其他法律法规的历史记录，或者由于舞弊或违反法律法规而被指控
		管理层过于关注保持或提高被审计单位的股票价格或利润趋势
		管理层向分析师、债权人或其他第三方承诺实现激进的或不切实际的预期
		管理层未能及时纠正发现的值得关注的内部控制缺陷
		为了避税的目的，管理层表现出有意通过使用不适当的方法使报告利润最小化
		高级管理人员缺乏士气
		业主兼经理未对个人事务与公司业务进行区分
		股东人数有限的被审计单位股东之间存在争议
		管理层总是试图基于重要性原则解释处于临界水平的或不适当的会计处理
	管理层与现任或前任注册会计师之间的关系紧张	在会计、审计或报告事项上经常与现任或前任注册会计师产生争议
		对注册会计师提出不合理的要求，如对完成审计工作或出具审计报告提出不合理的时间限制
		对注册会计师接触某些人员、信息或与治理层进行有效沟通施加不适当的限制
		管理层对注册会计师表现出盛气凌人的态度，特别是试图影响注册会计师的工作范围，或者影响对执行审计业务的人员或被咨询人员的选择和保持

表 3-18 列示了与侵占资产导致的错报相关的舞弊风险因素。

表 3－18　　与侵占资产导致的错报相关的舞弊风险因素

舞弊发生的因素	舞弊风险因素细类	舞弊风险因素具体示例
动机或压力	个人的生活方式或财务状况问题	接触现金或其他易被侵占（通过盗窃）资产的管理层或员工负有个人债务
	接触现金或其他易被盗窃资产的员工与被审计单位之间存在的紧张关系	已知或预期会发生裁员
		近期或预期员工报酬或福利计划会发生变动
		晋升、报酬或其他奖励与预期不符
机会	资产的某些特性或特定情形可能增加其被侵占的可能性	持有或处理大额现金
		体积小、价值高或需求较大的存货
		易于转手的资产，如无记名债券、钻石或计算机芯片
		体积小、易于销售或不易识别所有权归属的固定资产
	与资产相关的不恰当的内部控制可能增加资产被侵占的可能性	职责分离或独立审核不充分
		对高级管理人员的支出（如差旅费及其他报销费用）的监督不足
		管理层对负责保管资产的员工的监管不足（如对保管处于偏远地区的资产的员工监管不足）
		对接触资产的员工选聘不严格
		对资产的记录不充分
		对交易（如采购）的授权及批准制度不健全
		对现金、投资、存货或固定资产等的实物保管措施不充分
		未对资产作出完整、及时的核对调节
		未对交易作出及时、适当的记录（如销货退回未作冲销处理）
		对处于关键控制岗位的员工未实行强制休假制度
		管理层对信息技术缺乏了解，从而使信息技术人员有机会侵占资产
		对自动生成的记录的访问控制（包括对计算机系统日志的控制和复核）不充分
态度或借口	管理层或员工不重视相关控制	忽视监控或降低与侵占资产相关的风险的必要性
		忽视与侵占资产相关的内部控制，如凌驾于现有的控制之上或未对已知的内部控制缺陷采取适当的补救措施
		被审计单位人员在行为或生活方式方面发生的变化可能表明资产已被侵占
		容忍小额盗窃资产的行为
	对被审计单位存在不满甚至敌对情绪	被审计单位人员的行为表明其对被审计单位感到不满，或者对被审计单位对待员工的态度感到不满

注册会计师应当运用职业判断，考虑被审计单位的规模、复杂程度、所有权结构及所处行业等，以确定舞弊风险因素的相关性和重要程度及其对重大错报风险评估可能产生的影响。

3. 实施分析程序。注册会计师实施分析程序有助于识别异常的交易或事项，以及对财务报表和审计产生影响的金额、比率和趋势。在实施分析程序以了解被审计单位及其环境时，注册会计师应当评价在实施分析程序时识别出的异常或偏离预期的关系（包括与收入账户有关的关系），是否表明存在由于舞弊导致的重大错报风险。

4. 考虑其他信息。注册会计师应当考虑获取的其他信息是否表明存在由于舞弊导致的重大错报风险。其他信息可能来源于项目组内部的讨论、客户承接或续约过程以及向被审计单位提供其他服务所获得的经验。

5. 组织项目组讨论。根据在审计项目组的角色和职位，注册会计师可能识别出和“三角要素”相关的一个或者多个舞弊风险因素。然而，任何一个注册会计师都不大可能同时识别出三个条件（机会、压力和借口）。因此，审计项目组在审计业务过程中不断地讨论他们的发现是很重要的。如果缺少交流，审计项目组的任何一员都难以看到全局。审计项目组持续的讨论能够将琐碎的信息集中起来，看到更全面的情况。

项目组就由于舞弊导致财务报表发生重大错报的可能性进行的讨论可以达到下列目的：

（1）具有较多经验的项目组成员有机会与其他成员分享关于财务报表易于发生由于舞弊导致的重大错报的方式和领域的见解；

（2）针对财务报表易于发生由于舞弊导致的重大错报的方式和领域考虑适当的应对措施，并确定分派哪些项目组成员实施特定的审计程序；

（3）确定如何在项目组成员中共享实施审计程序的结果，以及如何处理可能引起注册会计师注意的舞弊指控。

项目组内部讨论的内容可能包括：

（1）项目组成员认为财务报表易于发生由于舞弊导致的重大错报的方式和领域、管理层可能编制和隐瞒虚假财务报告的方式以及侵占资产的方式等；

（2）可能表明管理层操纵利润的迹象，以及管理层可能采取的导致虚假财务报告的利润操纵手段；

（3）已知悉的对被审计单位产生影响的外部和内部因素，这些因素可能产生动机或压力使管理层或其他人员实施舞弊、可能提供实施舞弊的机会、可能表明存在为舞弊行为寻找借口的文化或环境；

（4）对接触现金或其他易被侵占资产的员工，管理层对其实施监督的情况；

（5）注意到的管理层或员工在行为或生活方式上出现的异常或无法解释的

变化；

（6）强调在整个审计过程中对由于舞弊导致重大错报的可能性保持适当关注的重要性；

（7）遇到的哪些情形可能表明存在舞弊；

（8）如何在拟实施审计程序的性质、时间安排和范围中增加不可预见性；

（9）为应对由于舞弊导致财务报表发生重大错报的可能性而选择实施的审计程序，以及特定类型的审计程序是否比其他审计程序更为有效；

（10）注册会计师注意到的舞弊指控；

（11）管理层凌驾于控制之上的风险。

（五）会计分录测试

会计分录是财务报表的信息来源，会计分录是否真实完整直接关系到财务报表的合法性和公允性。历史经验表明，虚假的财务报表，通常涉及虚假的会计分录。

1. 会计分录测试的含义。会计分录测试，是指注册会计师针对被审计单位日常会计核算过程中作出的会计分录，以及编制财务报表过程中作出的其他调整执行的测试。注册会计师执行会计分录测试，主要目的在于应对被审计单位管理层凌驾于内部控制之上的风险。

管理层处于实施舞弊的独特地位，通常有能力通过凌驾于内部控制之上的方式操纵会计记录并编制虚假财务报表。尽管对不同被审计单位而言，管理层凌驾于控制之上的风险不同，但所有被审计单位都存在这种风险。由于管理层凌驾于控制之上的行为发生方式不可预见，这种风险属于由于舞弊导致的重大错报风险，从而也是一种特别风险。因此，无论对管理层凌驾于控制之上的风险的评估结果如何，注册会计师都应当设计和实施审计程序，用以测试日常会计核算过程中作出的会计分录以及编制财务报表过程中作出的其他调整是否适当。

在实务中，管理层操纵财务报表采用的主要手段包括作出不恰当的会计分录或未经授权的会计分录。这种操纵行为可能发生在整个会计期间或期末，或者由管理层对财务报表金额作出调整，而该调整未在会计分录中反映（如合并调整和重分类调整）。因此，注册会计师通过执行会计分录测试，能够有效地应对管理层凌驾于内部控制之上的风险。

2. 会计分录测试的对象。会计分录测试的对象应当是与被审计财务报表相关的所有类型的会计分录和其他调整，包括编制合并报表时编制的调整分录。从会计分录测试的角度来说，被审计单位的会计分录和其他调整可以分为下列三种类型：

（1）标准会计分录。用于记录被审计单位的日常经营活动或周期性的会计估计，通常是由会计系统自动生成的，受信息系统一般控制和其他系统性控制的影响。

（2）非标准会计分录。用于记录被审计单位日常经营活动之外的事项或异常交易事项，通常于期末结账时编制。非标准会计分录包括资产减值准备的计提、销售退回金额的估计、对费用账户未明确说明的贷方记录、对资产账户未明确说明的借方记录、每月向同一账户手动输入金额的薪酬分录，以及期末结账调整分录等，通常容易被管理层用来操纵利润，可能具有较高的重大错报风险。

（3）其他调整。包括为编制合并财务报表而编制的调整分录、通常不作为正式的会计分录反映的重分类调整等。其他调整通常不受被审计单位内部控制的影响。

会计分录和其他调整的类型不同，其固有风险与受被审计单位内部控制影响的程度相关，因而具有不同程度的重大错报风险。通过对会计分录和其他调整进行分类，有助于注册会计师选取重大错报风险较高的会计分录和其他调整进行测试，从而提高会计分录测试的效率。

3. 了解内部控制。被审计单位内部控制可能存在针对会计分录和其他调整的政策和程序，这些政策和程序可能影响会计分录测试的性质、时间安排和范围，因此，注册会计师有必要了解被审计单位针对会计分录和其他调整实施的控制。在了解被审计单位针对会计分录和其他调整采取的控制措施时，注册会计师需要了解被审计单位的财务报告流程，包括：

（1）被审计单位的期末结账流程；

（2）被审计单位编制、记录和处理会计分录和其他调整的政策和程序；

（3）负责将会计分录过入总分类账交易处理系统或合并过程的人员；

（4）会计分录和其他调整所需要执行的审批和复核程序；

（5）用以记录会计分录和其他调整的机制（即电子形式或纸质形式）以及所需要的支持性文档；

（6）用以防止并发现虚假会计分录或未经授权的更改的控制措施（如有）；

（7）用以保证所生成财务报告真实完整的控制。

4. 设计和实施会计分录测试。注册会计师在设计和实施会计分录测试程序时，应当向参与财务报告过程的人员询问与处理会计分录和其他调整相关的不恰当或异常的活动，选择在报告期末作出的会计分录和其他调整，考虑是否有必要测试整个会计期间的会计分录和其他调整。

注册会计师在确定会计分录测试的性质、时间安排和范围时，需要运用职业判断。一般来说，虚假会计分录和其他调整通常在报告期末作出，因此，注册会计师需要选择在报告期末作出的会计分录和其他调整进行测试。然而，由于舞弊导致的财务报表重大错报可能发生于整个会计期间，并且舞弊者可能运用各种方式隐瞒舞弊行为，因此，注册会计师需要考虑是否有必要测试整个会计期间的会计分录和其他调整。

会计分录测试通常可包括下列五个步骤：

（1）考虑对由于舞弊导致的重大错报风险的评估结果；

（2）了解被审计单位的财务报告流程，以及针对会计分录和其他调整已实施的控制；

（3）实施审计程序以测试会计分录和其他调整的完整性；

（4）选取待测试的会计分录及其他调整；

（5）测试选取的会计分录及其他调整，并记录测试结果。

5. 测试会计分录和其他调整的完整性。注册会计师在测试会计分录和其他调整时，首先需要确定待测试会计分录和其他调整的总体，然后针对该总体实施完整性测试程序，在实施完整性测试程序时，如果注册会计师能够获取所有会计分录和其他调整的电子数据，并采用计算机辅助审计技术，将能够在很大程度上提高测试的效率和效果。

确定待测试会计分录和其他调整的总体后，注册会计师需要针对该总体实施审计程序，以确定该总体是否包含了与被审计财务报表相关的所有会计分录和其他调整。注册会计师在设计和实施完整性测试程序时，需要考虑由于舞弊导致的财务报表重大错报风险，以及对被审计单位财务报告流程的了解。

案例 3－40　帕玛拉特公司财务欺诈案

帕玛拉特公司是意大利的第八大企业，一直以食品生产享誉世界。2003 年底，帕玛拉特申请破产保护，在意大利引起轩然大波。

帕玛拉特成立于 1961 年，是一家拥有 40 多年历史的家族企业，主要生产和销售牛奶、酸奶酪、果汁、冰淇淋、蔬菜罐头、烘烤食品以及番茄制品等。它旗下的品牌很多，除 Parmalat 品牌外，还拥有其他著名的品牌，如 Ccef、Mr. Day、Beatrice、Blackdiamond 等，并拥有 AC 米兰俱乐部。帕玛拉特从意大利一个默默无闻的小镇起家，逐渐发展成为食品生产企业的跨国公司，在 30 多个国家建立了 139 家加工厂，员工人数超过 36 356 名。其创始人为卡利斯托·坦齐（Calisto Tanzi），坦齐对帕玛拉特的管理一直延续到 2003 年 12 月。在公司出现危机后，其职务由重组专家恩里科·邦迪（Enrico Bondi）取代。帕玛拉特在债券市场是一个重量级客户，过去一直对外负担巨额债务。由于公司声称拥有雄厚的现金储备，不良信用并未引起投资者及有关方面的重视。帕玛拉特危机的爆发是在 2003 年 11 月中旬。由于公司突然宣布无法偿还到期价值 1.5 亿欧元的债券，从而引起了注册会计师和银行对其财务状况的警觉；而当宣称无法清偿在凯曼群岛大约 5 亿欧元的共同基金时，真正的恐慌开始了。帕玛拉特的股票价格在几个星期内持续跌落，在 12 月份下跌了 87%。同时，标准普尔将帕玛拉特的信用评级降低至最低一级D，这无疑是雪上加霜。2003年12月27日，帕玛拉特向帕尔马地方破产法院申请破产保护并得到批准。

帕玛拉特危机是其管理当局进行财务欺诈导致的。在初步调查之后，意大利检查人员表示，在过去长达15年的时间里，帕玛拉特管理当局通过伪造会计记录，以虚增资产的方法弥补了累计高达162亿美元的负债。欺诈的目的不外乎两个：一是隐瞒公司因长期扩张而导致的严重财务亏空；二是把资金从帕玛拉特（其中坦齐家族占有51%的股份）转移到坦齐家族完全控股的其他公司。帕玛拉特财务欺诈的手法包括下列四个方面：

（一）利用衍生金融工具和复杂的财务交易掩盖负债。帕玛拉特通过花旗集团（Citigroup）、美林证券（Merrill Lyncc）等投资银行进行操作，利用衍生金融工具和复杂的财务交易掩盖负债。在过去几年，帕玛拉特一直利用这种手段粉饰资产负债表。例如，在1999年，帕玛拉特向花旗集团借款1.17亿欧元，但这笔借款却由花旗集团的一家分公司Buconero（意大利语意思为"黑洞"）以"投资"形式流向帕玛拉特，从而掩盖了负债。

（二）伪造文件虚报银行存款。帕玛拉特通过伪造文件，声称通过其凯曼群岛的分公司Bonlat将价值49亿美元的资金（大约占其资产的38%）存放在美洲银行账户。但美洲银行在2003年12月19日称，帕玛拉特集团设立的账户并不存在，而且提供的证明文件也是假的。

（三）利用关联方转移资金。帕玛拉特利用复杂的公司结构和众多的海外公司转移资金。据《华尔街日报》报道，帕玛拉特注册在荷属安的列斯群岛的两家公司——Curcastle和Zilpa是用来转移资金的工具。操作方法是，坦齐指使有关人员伪造虚假文件，以证明帕玛拉特对这两家公司负债，然后帕玛拉特将资金注入这两家公司，再由这两家公司将资金转移到坦齐家族控制的公司。到1998年，帕玛拉特对两家公司的虚假负债达到了19亿美元。

（四）设立投资基金转移资金。帕玛拉特与注册在凯曼群岛一家神秘的证券投资基金Epicurum的关系扑朔迷离。Epicurum基金成立于2002年，对外声称主要投资于休闲、旅游和食品业。在其成立两个月后，帕玛拉特就对它投资6.17亿美元，并承诺将继续投资1.54亿美元，成为Epicurum基金最大的投资者。同样，这笔投资也是通过Bonlat分公司流出的，且没有向投资者公告，甚至董事会的两名成员在接受采访时也称毫不知情。越来越多的证据显示，在坦齐的授意下，帕玛拉特的财务总监通纳（Fausto Tonna）和一名外聘律师兹尼（Zini）建立了这个基金，目的是向坦齐的家族企业转移资金。目前，没有人能确切知道流出的资金是被用于弥补经营亏损和偿还债务，还是被管理当局中饱私囊。坦齐向调查人员承认，公司利用编造假账方式掩盖了高达100亿美元的损失，并使帕玛拉特不断获得借款。同时坦齐也承认，还有大约6.2亿美元（检查人员相信这一数字可能高达10亿美元）的假账掩盖了家族拥有的其他公司的亏损。

二、与关联方相关的风险识别与评估

（一）关联方和关联方交易的含义

《企业会计准则第36号——关联方披露》规定，一方控制、共同控制另一方或对另一方施加重大影响，以及两方或两方以上同受一方控制、共同控制或重大影响的，构成关联方。关联方交易，是指关联方之间转移资源、劳务或义务的行为，而不论是否收取价款。许多关联方交易是在正常经营过程中发生的，与类似的非关联方交易相比，这些关联方交易可能并不具有更高的财务报表重大错报风险。但是，在某些情况下，关联方关系及其交易的性质可能导致关联方交易比非关联方交易具有更高的财务报表重大错报风险。例如：

（1）关联方可能通过广泛而复杂的关系和组织结构进行运作，相应增加关联方交易的复杂程度；

（2）信息系统可能无法有效识别或汇总被审计单位与关联方之间的交易和未结算项目的金额；

（3）关联方交易可能未按照正常的市场交易条款和条件进行，例如，某些关联方交易可能没有相应的对价。

因此，注册会计师审计关联方的目标在于：

（1）充分了解关联方关系及其交易，识别和评估由于舞弊导致的重大错报风险，根据获取的审计证据，就受到关联方关系及其交易的影响，确定财务报表是否实现公允反映。

（2）如果适用的财务报告编制基础对关联方作出规定，获取充分、适当的审计证据，确定关联方关系及其交易是否已按照适用的财务报告编制基础得到恰当识别、会计处理和披露。

（二）风险评估程序及相关工作

注册会计师在审计过程中应当实施风险评估程序和相关工作，了解关联方关系及其交易，以获取与识别关联方关系及其交易相关的重大错报风险的信息。

1. 项目组内部的讨论。项目组讨论由于关联方关系及其交易导致的舞弊或错误使得财务报表存在重大错报的可能性。

项目组内部讨论的内容可能包括：

（1）关联方关系及其交易的性质和范围（如利用在每次审计后更新的有关识别出的关联方的记录进行讨论）；

（2）强调在整个审计过程中对关联方关系及其交易导致的潜在重大错报风险保持职业怀疑的重要性；

（3）可能显示管理层以前未识别或未向注册会计师披露的关联方关系或关

联方交易的情形或状况（如被审计单位组织结构复杂，利用特殊目的实体从事表外交易，或者信息系统不够完善）；

（4）可能显示存在关联方关系或关联方交易的记录或文件；

（5）管理层和治理层对关联方关系及其交易（如果适用的财务报告编制基础对关联方作出规定）进行识别、恰当会计处理和披露的重视程度，以及管理层凌驾于相关控制之上的风险。

在对舞弊进行讨论时，项目组内部讨论的内容还可能包括对关联方可能如何参与舞弊的特殊考虑。例如：（1）如何利用管理层控制的特殊目的实体进行利润操纵；（2）如何安排被审计单位与已知关键管理人员的商业伙伴之间进行交易，以达到侵占资产的目的。

2. 询问管理层。注册会计师应当向管理层询问下列事项：

（1）关联方的名称和特征，包括关联方自上期以来发生的变化；

（2）被审计单位和关联方之间关系的性质；

（3）被审计单位在本期是否与关联方发生交易，如发生，交易的类型、定价政策和目的。

由于企业会计准则的规定，管理层可能容易获得有关关联方名称和特征的信息，以满足对关联方关系及其交易的会计处理和披露的要求。因此，管理层可能拥有关联方的详细清单以及自上期以来关联方发生变化情况的详细清单。在连续审计的情况下，向管理层进行询问，可以为注册会计师提供将其在以前审计中形成的有关关联方的工作记录与管理层提供的信息进行比较的基础。

如果被审计单位与另一实体受同一方控制，且这种关系对被审计单位具有重大经济影响，则管理层更可能注意到这种关系。此时，如果注册会计师重点询问与被审计单位从事重大交易或共享众多资源的另一实体是否为关联方，则询问可能更有效。

对于集团审计业务，审计准则要求集团项目组向组成部分注册会计师提供集团管理层编制的关联方清单，以及集团项目组知悉的任何其他关联方。如果被审计单位是集团的一个组成部分，这些信息有助于注册会计师就关联方的名称和特征向管理层进行询问。

当然，通过在业务接受或保持过程中对管理层的询问，注册会计师也可以获取有关关联方名称和特征的某些信息。

3. 了解与关联方关系及其交易相关的控制。如果管理层建立了下列与关联方关系及其交易相关的控制，注册会计师应当询问管理层和被审计单位内部其他人员，实施其他适当的风险评估程序，以获取对相关控制的了解：（1）按照适用的财务报告编制基础，对关联方关系及其交易进行识别、会计处理和披露；（2）授权和批准重大关联方交易和安排；（3）授权和批准超出正常经营过程的重大交易和安排。

被审计单位内部的其他人员在某种程度上并不构成管理层，但也可能知悉关联方关系及其交易以及相关控制。这些人员可能包括：(1) 治理层成员；(2) 负责生成、处理或记录超出正常经营过程的重大交易的人员，以及对其进行监督或监控的人员；(3) 内部审计人员；(4) 内部法律顾问；(5) 负责道德事务的人员。

管理层在治理层的监督下，设计、执行和维护与关联方关系及其交易相关的适当控制，使得关联方关系及其交易能够按照适用的财务报告编制基础的要求得到识别、适当的会计处理和披露。在履行监督责任的过程中，治理层需要向管理层获取信息，以了解关联方关系及其交易的性质和商业理由。

在实务中，由于某些原因，被审计单位可能不存在与关联方关系及其交易相关的控制或控制存在缺陷。例如：(1) 管理层对识别和披露关联方关系及其交易的重视程度较低；(2) 缺乏治理层的适当监督；(3) 由于披露关联方可能会泄露管理层认为敏感的某些信息（如关联方交易涉及管理层家庭成员），管理层有意忽视相关控制；(4) 管理层未能充分了解适用的财务报告编制基础对关联方的有关规定；(5) 适用的财务报告编制基础没有对关联方披露作出规定。

如果这些控制无效或不存在，注册会计师可能无法就关联方关系及其交易获取充分、适当的审计证据。在这种情况下，注册会计师需要考虑对审计工作（包括审计意见）的影响。

如果管理层和参与交易的另一方之间具有控制或重大影响的关系，管理层凌驾于控制之上的风险就高，其原因是这些关系可能表明管理层有更大的动机和机会实施舞弊。实施舞弊的例子很多，例如：(1) 虚构关联方交易条款，以对交易的商业理由作出不实表述；(2) 采用欺诈方式，安排与管理层或其他人员之间按照显著高于或低于市价的金额进行资产转让交易；(3) 与关联方（如特殊目的实体）从事复杂的交易，以使被审计单位财务状况或经营成果存在不实表述。

（三）在检查记录或文件时对关联方信息保持警觉

某些安排或其他信息可能显示管理层以前未识别或未向注册会计师披露的关联方关系或关联方交易，在审计过程中检查记录或文件时，注册会计师应当对这些安排或其他信息保持警觉。

这里的安排，是指被审计单位和一方或多方基于下列目的签订的正式或非正式协议：(1) 通过适当的方式（如投资工具）或组织架构建立商业关系；(2) 根据特定条款和条件从事某种类型的交易；(3) 提供指定的服务或财务支持。某些安排可能显示存在管理层以前未识别或未向注册会计师披露的关联方关系或交易，例如：与其他机构或人员组成不具有法人资格的合伙企业；按照超出正常经营过程的交易条款和条件，向特定机构或人员提供服务的安排；担保和被担保关系。

因此，注册会计师应当对某些可能提供有关关联方关系及其交易信息的记录或文件进行检查。这些记录或文件可能包括：银行和律师的询证函回函、股东会和治理层会议的纪要、所得税纳税申报表、股东登记名册（用以识别主要股东）、管理层和治理层的利益冲突声明、有关投资和养老金计划的记录、与关键管理层或治理层成员签订的合同和协议、超出被审计单位正常经营过程的重要合同和协议。等等。

（四）识别和评估重大错报风险

注册会计师应当识别和评估关联方关系及其交易导致的重大错报风险，并确定这些风险是否为特别风险，并将识别出的、超出被审计单位正常经营过程的重大关联方交易导致的风险确定为特别风险。

如果识别出舞弊风险因素，包括能够对被审计单位或管理层施加支配性影响的关联方，注册会计师应当在识别和评估由于舞弊导致的重大错报风险时考虑这些信息。

关联方施加的支配性影响可能表现在下列方面：

（1）关联方否决管理层或治理层作出的重大经营决策；

（2）重大交易须经关联方的最终批准；

（3）对关联方提出的业务建议，管理层和治理层未曾或很少进行讨论；

（4）对涉及关联方（或与关联方关系密切的家庭成员）的交易，极少进行独立复核和批准。

如果关联方在被审计单位的设立和日后管理中均发挥主导作用，也可能表明存在支配性影响。

在出现其他风险因素的情况下，存在具有支配性影响的关联方，可能表明存在由于舞弊导致的特别风险。例如：

（1）异常频繁变更高级管理人员或专业顾问，可能表明被审计单位为关联方谋取利益而从事不道德或虚假的交易；

（2）利用中间机构从事难以判断是否具有正当商业理由的重大交易，可能表明关联方出于欺诈目的，通过控制这些中间机构从交易中获利；

（3）有证据显示关联方过度干涉或关注会计政策的选择或重大会计估计的作出，可能表明存在虚假财务报告。

表 3－19 概括了注册会计师识别和评估与关联方关系及其交易相关的重大错报风险的思路。

表 3－19　　识别和评估与关联方关系及其交易相关的重大错报风险

识别风险	具体解释
针对关联方关系及其交易的存在、性质和影响	询问下列情况： • 关联方的名称和性质，包括自上期以来的变化； • 被审计单位与关联方之间关系的性质； • 关联方交易的类型和目的； • 管理层建立的控制（如有）； • 按照适用的财务报告编制基础，关联方关系及其交易的识别、会计处理和披露； • 授权和批准重大关联交易和安排； • 授权和批准超出正常经营过程的重大交易和安排
考虑可能的舞弊	在项目组中讨论由于关联方关系及其交易导致的舞弊或错误使得财务报表存在重大错报的可能性。 注册会计师还应当考虑管理层是否由一人或少数人控制且缺乏补偿性控制的情形。支配性影响的迹象包括： • 关联方否决管理层或治理层作出的重大经营决策； • 重大交易需经关联方的最终批准； • 对关联方提出的业务建议，管理层和治理层未曾或很少进行讨论； • 对涉及关联方（或与关联方关系密切的家庭成员）的交易，极少进行独立复核和批准。 如果关联方在被审计单位的设立和日后管理中均发挥主导作用，也可能表明存在支配性影响。 如果识别出舞弊风险因素，应当对重大错报风险进行评估。如果确实存在重大错报风险，制定适当的审计应对措施
在检查记录或文件时保持警觉	当检查记录或文件时，注册会计师通常对未披露的关联方关系或交易保持警觉。特别是在检查下列记录和文件以识别以前未识别或未披露的关联方时： • 获取的银行和律师询证函； • 股东大会和治理层会议的纪要； • 其他根据情况认为必要的记录或文件。 注册会计师通常与项目组其他成员分享获取的可能的关联方的信息
识别特别风险	超出正常经营过程的重大关联方交易会导致特别风险

案例 3－41　X 公司利用关联方交易财务欺诈案

一、背景资料

X 股份有限公司（下列简称 X 公司）是一家集科研、开发、生产、销售、药用动植物种植养殖为一体的高科技股份制企业，于 2007 年在深圳证券交易所上市。X公司上市后，2007年每股收益为0.74元，2008年为0.44元，2009年为0.30元。直到2009年底，当地政府密集出台白芍产业振兴政策后，X公司通过定向增发募资10亿元进军白芍项目。增发完成后，X公司具备800吨的白芍深加工能力，形成中成药、白芍深加工及精加工两条业务主线。有12个产品获批。2010年公司实现营业收入6.4亿元，同比增长151%，实现净利润1.73亿元，同比增长184%，每股收益0.84元，且10股转增10股。2011年上半年X公司实现营业收入3.7亿元，净利润1.11亿元，分别同比增长226%和325%。国家统计局数据显示，2011年1~6月医药制造业销售收入同比增长30.03%，累计利润总额同比增长21.67%。而X公司2011年1~6月与去年同期相比，销售收入与利润总额分别增长了226%和325%。

据调查，X公司2010年营业收入、净利润快速增长，主要来自于其上下游大客户，即上游客户“河东系”、下游客户“河西系”。而这些大客户几乎均与X及其实际控制人或其家族存在千丝万缕的关联。“河东系”、“河西系”八家公司疑似壳公司，均成立于2010年。各自的注册资金、时间、地点及联系人具有很高的相似性，最终控制方均为同一人。而且，这些公司的注册、变更、高管、股东等信息中无不存在X公司及其关联方的影子，但这些并未在X公司的年报中充分披露。尤其是X公司第一大客户是其影子公司，第二大客户是其孙公司，第三大客户中X公司大股东隐藏其中。此举实际上是通过复杂的关系和组织结构的运作，增加关联方交易的复杂程度，隐瞒应当充分披露的关联方及其关系，加大了财务舞弊风险程度。

二、关联交易

根据2010年调查，X公司通过直接和间接控制着这上下游的8家壳公司，借助于“两家房地产公司”为纽带，进行自买自卖的关联交易。

从资金流看，根据X公司2010年年报，X公司2009年曾提前预付某四家公司合计高达2亿元的白芍采购款。由于四公司与河西系公司均由同一集团控制，因而在收到款项后这四家公司立即将钱款通过房地产公司等各种渠道转至河西系公司，再由河西系公司采购X公司白芍产品，相关款项也就再度流入由控制人掌控的X公司，一条完整的内部交易链条就此形成。因为上、中、下游均为控制人及其相关方所控制，所以X公司的收入规模及盈利大小就可以自由调节，而根据实地查访的情况来看，X公司的下游“河西系”经营情况均比较一般。如X公司的第一大客户生物高科，从应收账款余额披露情况看，生物高科没有上榜，说明其7 000多万元采购款应基本全额付清。而截至2010年12月31日，生物高科总资产为9 716万元，所有者权益4 604万元，2010年实现主营业务收入3 011万元，因此要全额支付与X公司的7 000多万元货款存在一定的难度。另外三家公司的情况也基本类似，均存在企业经营实力与采购金额不匹配的情况。

根据《企业会计准则第36号——关联方披露》中的相关要求，企业财务报表中应当披露所有关联方关系及其交易的相关信息，同时，企业与关联方发生关联方交易的，应当在附注中披露该关联方关系的性质、交易类型及交易要素。在X公司2010年度财务报表中，并未对上述关联方交易进行适当披露。

三、注册会计师的责任

注册会计师应当复核由治理层和管理层提供的关联方交易的信息，并对其他重要的关联方交易保持警惕，如与某些顾客或供货商进行的大量或重大交易。2010年X公司前5名客户合计为X公司带来2.3亿元的收入，占比达到36%，而对比2009年前5名客户累计采购金额不足2 700万元，占当年营业收入的10%。两年如此悬殊的差异，却并未引起注册会计师的重视和怀疑，也就未能识别出关联方和关联方交易。

X公司2010年实现营业收入6.4亿元，同比增长151%，实现净利润1.73亿元，同比暴增184%。X公司进入白芍行业不足一年，但是利润却是原来白芍两大巨头的利润之和，横向比较明显异常。从以前4年经营现金流量来看，X公司业绩呈递减趋势，2010年是入不敷出，这一趋势分析结果无疑让人质疑。注册会计师也未能保持职业怀疑。

三、与会计估计相关的风险识别与评估

（一）会计估计的含义

会计估计，是指在缺乏精确计量手段的情况下，采用的某项金额的近似值。会计估计一般包括存在估计不确定性时以公允价值计量的金额，以及其他需要估计的金额。其中，涉及公允价值计量的会计估计简称公允价值会计估计。

由于经营活动具有内在不确定性，某些财务报表项目只能进行估计。进一步讲，某项资产、负债或权益组成部分的具体特征或财务报告编制基础规定的计量基础或方法，可能导致有必要对某一财务报表项目作出估计。

作出会计估计的难易程度取决于估计对象的性质。例如，估计预提租金费用可能只需要简单的计算，而对滞销或过剩存货跌价准备的估计则包括对现有数据的详细分析和对未来销售的预测。复杂的会计估计可能对特定的知识和判断有较高要求。被审计单位管理层应当对其作出的包括在财务报表中的会计估计负责，而按照审计准则的规定，获取充分、适当的审计证据，评价被审计单位作出的会计估计是否合理、披露是否充分，则是注册会计师的责任。

会计估计通常是被审计单位在不确定情况下作出的，其准确程度取决于管理层对不确定的交易或事项的结果作出的主观判断。由于会计估计的主观性、复杂性和不确定性，管理层作出的会计估计发生重大错报的可能性较大，注册会计师应当确定会计估计的重大错报风险是否属于特别风险。表3-20列示了会计估计

不确定性需要考虑的一些因素。

表 3－20　　会计估计不确定性需要考虑的因素

涉及的会计估计不确定性水平	
低度不确定性水平	高度不确定性水平
经营活动不复杂	高度依赖判断，例如诉讼的结果、未来现金流的金额和时间都取决于未来很多年后的不确定事项
与常规交易有关	不能采用被认可的计量方法计算
从容易获取的数据（如公布的利率或证券交易价格）中得出结论	注册会计师对上期财务报表中类似会计估计进行复核的结果表明最初会计估计与实际结果存在很大差异
适用的财务报表编制基础规定的计量方法简单且容易使用	非公开交易的衍生金融工具的公允价值会计估计
在假设或数据是可观察到的情况下，采用广为人知或普遍认可的计量模型作出公允价值会计估计	采用高度专业化的、由被审计单位自主开发的模型，或者采用难以在市场上观察到的假设或输入数据作出的公允价值会计估计

但同时需要说明的是，会计估计的结果与财务报表中原来已确认或披露的金额存在差异，并不必然表明财务报表存在错报。这对于公允价值会计估计而言尤其如此，因为任何已观察到的结果都不可避免地受到作出会计估计的时点后所发生的事项或情况的影响。

（二）风险评估程序和相关活动

在实施风险评估程序和相关活动，以了解被审计单位及其环境时，注册会计师应当了解下列内容，作为识别和评估会计估计重大错报风险的基础：

1. 了解适用的财务报告编制基础的要求。了解适用的财务报告编制基础的要求，有助于注册会计师确定该编制基础是否：（1）规定了会计估计的确认条件或计量方法；（2）明确了某些允许或要求采用公允价值计量的条件（如与管理层执行与某项资产或负债相关的特定措施的意图挂钩）；（3）明确了要求作出或允许作出的披露。

了解适用的财务报告编制基础的要求，也为注册会计师就下列方面与管理层进行讨论提供了基础：（1）管理层如何运用与会计估计相关的要求；（2）注册会计师对这些要求是否得到恰当运用的判断。

2. 了解管理层如何识别是否需要作出会计估计。编制财务报表要求管理层确定是否有必要对某项交易、事项和情况作出会计估计，以及确定是否已按照适用的财务报告编制基础确认、计量和披露所有必要的会计估计。

管理层可能通过对被审计单位经营情况和所在行业的了解，对当前期间实施经营战略情况的了解，结合以前期间编制财务报表所积累的经验，识别需要作出会计估计的交易、事项和情况。对此，注册会计师主要通过询问管理层，就可以了解管理层如何识别需要作出会计估计的情形。询问的内容可以包括：

（1）被审计单位是否已从事可能需要作出会计估计的新型交易；

（2）需要作出会计估计的交易的条款是否已改变；

（3）由于适用的财务报告编制基础的要求或其他规定的变化，与会计估计相关的会计政策是否已经相应变化；

（4）可能要求管理层修改或作出新会计估计的外部监管变化或其他不受管理层控制的变化是否已经发生；

（5）是否已经发生可能需要作出新估计或修改现有估计的新情况或事项。

3. 了解管理层如何作出会计估计。管理层作出会计估计的方法和依据包括：

一是用以作出会计估计的方法，包括模型（如适用）。适用的财务报告编制基础可能规定会计估计的计量方法，如计量公允价值会计估计的特定模型。但在许多情况下，适用的财务报告编制基础没有规定计量方法，或者可能规定了多种可供选择的计量方法，在此情况下，注册会计师应当考虑：（1）在选择特定方法时，管理层如何考虑需要作出估计的资产或负债的性质；（2）被审计单位是否在某些业务领域、行业或环境中从事经营活动，而这些业务领域、行业或环境存在用于作出特定类型会计估计的通用方法。如果管理层作出会计估计时采用了内部开发的模型或偏离了某一特定行业或环境中所采用的通用方法，则可能存在更大的重大错报风险。

二是管理层作出会计估计的相关控制。在了解相关控制时，注册会计师可能考虑的事项包括作出会计估计的人员的经验与胜任能力，以及与下列情况相关的控制：（1）管理层如何确定作出会计估计所使用的数据的完整性、相关性和准确性；（2）由适当层级的管理层和治理层（如适用）对会计估计（包括使用的假设或输入数据）进行复核和批准；（3）将批准交易的人员和负责作出会计估计的人员进行职责分离，包括职责分配是否恰当地考虑了被审计单位的性质以及产品或服务的性质（例如，对于大型金融机构，相关职责分离可能包括设置负责对自有金融产品的公允价值作出估计和验证的独立部门，且该部门职员的薪酬不与这些产品挂钩）。

三是管理层是否评估利用专家的工作。在某些情况下，管理层可能需要聘请专家作出或者帮助其作出会计估计。这些情况可能包括：（1）需要作出会计估计的事项（如在采掘行业对矿产或油气储量的测量）具有特殊性质；（2）满足适用的财务报告编制基础相关要求的模型（如对某些公允价值计量采用的模型）具有一定的技术含量；（3）需要作出会计估计的情况、交易或事项具有异常性或偶发性。

四是会计估计所依据的假设。在了解构成会计估计基础的假设时，注册会计师可能考虑的事项包括：(1) 假设（包括重大假设）的性质；(2) 管理层如何评价假设是否相关和完整（即考虑了所有相关变量）；(3) 管理层如何确定所采用假设的内在一致性（如适用）；(4) 假设是否与管理层所能控制的事项相关（如对可能影响资产使用年限的维修计划的假设），以及这些假设是否与被审计单位的经营计划和外部环境相符，或者假设与管理层控制之外的事项相关（如对利率、死亡率、潜在的司法或监管行为或未来现金流量的变动和时间安排的假设）；(5) 支持假设的文件记录（如存在）的性质和范围。

五是用以作出会计估计的方法是否已经发生或应当发生不同于上期的变化，以及变化的原因。当影响被审计单位的环境或情况或者适用的财务报告编制基础的要求发生变化时，需要改变估计方法加以应对。如果管理层改变了用于作出会计估计的方法，则注册会计师需要确定管理层能够证明新方法更加恰当，或者新方法本身就是对变化的应对。例如，如果管理层将作出会计估计的依据从盯市法转为模型法，注册会计师需要根据经济环境质疑管理层关于市场的假设是否合理。

六是管理层是否评估以及如何评估估计不确定性的影响。在了解管理层是否评估以及如何评估估计不确定性的影响时，注册会计师可能考虑的事项包括：(1) 管理层是否已经考虑以及如何考虑各种可供选择的假设或结果，如通过敏感性分析确定假设变化对会计估计的影响；(2) 当敏感性分析表明存在多种可能结果时，管理层如何作出会计估计；(3) 管理层是否监控上期作出会计估计的结果，以及管理层是否已恰当应对实施监控程序的结果。

注册会计师应当复核上期财务报表中会计估计的结果，或者复核管理层在本期财务报表中对上期会计估计作出的后续重新估计（如适用）。在确定复核的性质和范围时，注册会计师应当考虑会计估计的性质，以及复核时获取的信息是否可能与识别和评估本期财务报表中会计估计的重大错报风险相关。但是，注册会计师复核的目的不是质疑上期依据当时可获得的信息而作出的判断。会计估计的结果与上期财务报表中已确认金额之间的差异，并不必然表明上期财务报表存在错报。但是，由于没有运用或错误运用下列两类信息而产生的差异可能表明上期财务报表存在错报：(1) 在上期财务报表编制完成阶段管理层可以获得的信息；(2) 合理预期管理层已经获得并在编制和披露财务报表时已予以考虑的信息。

（三）识别和评估重大错报风险

在识别和评估重大错报风险时，注册会计师应当评价与会计估计相关的估计不确定性的程度，并根据职业判断确定识别出的具有高度估计不确定性的会计估计是否会导致特别风险。

1. 估计不确定性。与会计估计相关的估计不确定性的程度受下列因素的影响：

（1）会计估计对判断的依赖程度；

（2）会计估计对假设变化的敏感性；

（3）是否存在可以降低估计不确定性的经认可的计量技术（当然，作为输入数据的假设，其主观程度仍可导致估计不确定性）；

（4）预测期的长度和从过去事项得出的数据对预测未来事项的相关性；

（5）是否能够从外部来源获得可靠数据；

（6）会计估计依据可观察到的或不可观察到的输入数据的程度。

与会计估计相关的估计不确定性程度，可能影响会计估计对管理层偏向的敏感性。

在评估重大错报风险时，注册会计师考虑的事项也可能包括：

（1）会计估计的实际的或预期的重要程度；

（2）会计估计的记录金额（即管理层的点估计）与注册会计师预期应记录金额的差异；

（3）管理层在作出会计估计时是否利用专家工作；

（4）对上期会计估计进行复核的结果。

2. 具有高度估计不确定性的会计估计。可能存在高度估计不确定性的会计估计的例子很多，比如：

（1）高度依赖判断的会计估计，如对未决诉讼的结果或未来现金流量的金额和时间安排的判断，而未决诉讼的结果或未来现金流量的金额和时间安排取决于多年后才能确定结果的不确定事项；

（2）未采用经认可的计量技术计算的会计估计；

（3）注册会计师对上期财务报表中类似会计估计进行复核的结果表明最初会计估计与实际结果之间存在很大差异，在这种情况下管理层作出的会计估计；

（4）采用高度专业化的、由被审计单位自主开发的模型，或在缺乏可观察到的输入数据的情况下作出的公允价值会计估计。

表 3-21 概括了注册会计师识别和评估会计估计错报风险时的重点领域。

表 3-21　　识别和评估会计估计错报风险时考虑的重点领域

重点领域	解释
如何识别作出估计的需求	正在使用的财务报告编制基础的要求，或者可能需要作出会计估计的交易、事项和情况，产生估计的需求

续表

重点领域	解释
管理层作出估计的流程	复核和评价管理层作出评估的流程，包括依据假设的提出、使用的数据的可靠性以及任何内部批准或复核过程。该过程还可能包括对管理层的专家的利用。 下列情况可能需要利用管理层的专家： • 需要作出会计估计的事项具有特殊性质； • 满足适用的财务报告编制基础相关要求的模型（如对某些公允价值计量采用的模型）具有一定的技术含量； • 需要作出会计估计的情况、交易或事项具有异常性或偶发性
前期作出的估计的结果	复核前期估计的结果并且了解前期估计与实际结果之间产生差异的原因。这将有助于了解： • 管理层作出估计的流程的有效性（或无效性）； • 是否存在可能的管理层偏向（会计估计可能的舞弊）； • 是否存在相关的审计证据； • 涉及的估计不确定性的程度，可能要求在财务报表中予以披露
涉及的估计不确定性的程度	考虑下列因素： • 对管理层判断的依赖程度； • 对假设变化的敏感性； • 是否存在可以降低估计不确定性的经认可的计量技术； • 预测期的长度和使用数据的相关性； • 是否能够从外部来源获得可靠数据； • 会计估计依据可观察到的或不可观察到的输入数据的程度； • 偏见的敏感性。 注：确定存在高估计不确定性的会计估计是否同时也是注册会计师需要应对的“特别风险”
估计的重要程度	在评估重大错报风险时，注册会计师考虑的事项包括： • 前面提及的事项； • 估计的实际或预期的重要程度； • 会计估计是否为特别风险

四、与违反法律法规行为相关的风险识别与评估

（一）违反法律法规的含义

违反法律法规，是指被审计单位有意或无意违背除适用的财务报告编制基础以外的现行法律法规的行为。例如，被审计单位进行的或以被审计单位名义进行的违反法律法规的交易，或者治理层、管理层或员工代表被审计单位进行的违反法律法规的交易。违反法律法规不包括由治理层、管理层或员工实施的与被审计单位经营活动无关的不当个人行为。

不同的法律法规对财务报表的影响差异很大。被审计单位需要遵守的所有法律法规，构成注册会计师在财务报表审计中需要考虑的法律法规框架。某些法律法规的规定对财务报表有直接影响，决定财务报表中报告的金额和披露；而有些法律法规需要管理层遵守，或者规定了允许被审计单位开展经营活动的条件，但不会对财务报表产生直接影响。某些被审计单位属于高度管制的行业，如银行或化工企业等；而有些被审计单位仅受到通常与经营活动相关的法律法规的制约，如安全生产和公平就业等。因此，概括起来，被审计单位需要遵守下列两类不同的法律法规：一是通常对决定财务报表中的重大金额和披露有直接影响的法律法规（如税收和企业年金方面的法律法规）；二是对决定财务报表中的金额和披露没有直接影响的其他法律法规，但遵守这些法律法规（如遵守经营许可条件、监管机构对偿债能力的规定或环境保护要求）对被审计单位的经营活动、持续经营能力或避免大额罚款至关重要；违反这些法律法规，可能对财务报表产生重大影响。

违反法律法规可能导致被审计单位面临罚款、诉讼或其他对财务报表产生重大影响的后果。

被审计单位的违反法律法规行为可能与财务报表相关，有些违反法律法规行为还可能产生重大财务后果，进而影响财务报表的合法性和公允性。如果不实施必要的审计程序，则可能导致注册会计师出具不恰当的审计报告。因此，在设计和实施审计程序以及评价和报告审计结果时，注册会计师应当充分关注被审计单位违反法律法规行为可能对财务报表产生的重大影响。

（二）对法律法规框架的了解

在了解被审计单位及其环境时，注册会计师应当总体了解适用于被审计单位及其所处行业或领域的法律法规框架，以及被审计单位如何遵守这些法律法规框架。

为了总体了解法律法规框架以及被审计单位如何遵守该框架，注册会计师可以采取下列措施：

（1）利用对被审计单位行业状况、监管环境以及其他外部因素的了解；

（2）更新对直接决定财务报表中的报告金额和披露的法律法规的了解；

（3）向管理层询问对被审计单位经营活动预期可能产生至关重要影响的其他法律法规；

（4）向管理层询问被审计单位制定的有关遵守法律法规的政策和程序；

（5）向管理层询问在识别、评价和会计处理诉讼索赔时采用的政策和程序。

（三）对决定财务报表中的重大金额和披露有直接影响的法律法规

有些法律法规可能与下列事项相关：

（1）财务报表的格式和内容；

（2）特定行业的财务报告问题；

（3）根据政府合同对交易进行的会计处理；

（4）所得税费用或退休金成本的应计或确认。

这些法律法规的某些规定可能与财务报表中的特定认定直接相关（如所得税费用的完整性），而其他规定可能与财务报表整体直接相关（如规定的构成整套财务报表的报表）。针对通常对决定财务报表中的重大金额和披露有直接影响的法律法规的规定，注册会计师应当获取被审计单位遵守这些规定的充分、适当的审计证据。

（四）识别违反其他法律法规的行为的程序

有些法律法规对被审计单位的经营活动具有至关重要的影响，需要注册会计师予以特别关注。违反此类法律法规可能导致被审计单位终止业务活动或对其持续经营能力产生疑虑。例如，违反许可证规定或经营的权限（如对银行来说违反资本或投资规定），可能产生这种后果。同时，存在许多与被审计单位经营活动相关的法律法规，它们并不对财务报表产生影响，也不会被与财务报告相关的信息系统反映。

因此，注册会计师应当实施下列审计程序，以有助于识别可能对财务报表产生重大影响的违反其他法律法规的行为：

（1）向管理层和治理层（如适用）询问被审计单位是否遵守了这些法律法规；

（2）检查被审计单位与许可证颁发机构或监管机构的往来函件。

（五）实施其他审计程序使注册会计师注意到违反法律法规行为

为形成审计意见所实施的审计程序，可能使注册会计师注意到识别出的或怀疑存在的违反法律法规行为。这些审计程序可能包括：

（1）阅读会议纪要；

（2）向被审计单位管理层、内部或外部法律顾问询问诉讼、索赔及评估情况；

（3）对某类交易、账户余额和披露实施细节测试。

表 3-22 概括了识别和评估与违反法律法规行为相关的风险思路。

表 3-22

内容	解释
识别与财务报表相关的法律法规	哪些法律法规规定： • 财务报表的格式和内容？ • 特定行业的财务报告问题？ • 根据政府合同对交易进行的会计处理？ • 所得税费用或退休金成本的应计或确认？

续表

内容	解释
询问管理层	• 其他哪些法律法规可能对被审计单位的经营活动具有至关重要的影响（如经营许可、银行契约和环境监管等）？ • 哪些政策和程序是用于下列目的？ —确保遵守法律法规？ —对诉讼索赔进行识别、评价和会计处理？ —发生了哪些导致罚款、诉讼或其他后果的违反法律法规的行为？ —有关指控的违反法律法规行为存在哪些未决诉讼或其他行动？
检查函件	查阅被审计单位与相关许可证颁发机构和监管机构之间的往来函件、报告和其他沟通资料

五、与持续经营相关的风险识别与评估

（一）持续经营的含义

持续经营假设，是指被审计单位在编制财务报表时，假定其经营活动在可预见的将来会继续下去，不拟也不必终止经营或破产清算，可以在正常的经营过程中变现资产、清偿债务。持续经营假设是会计确认和计量的四项基本假定之一。是否以持续经营假设为基础编制财务报表，对会计确认、计量和披露将产生很大影响。例如，对于固定资产，企业在持续经营假设基础上，以历史成本计价，并在预计使用年限内对该项资产计提折旧。通过此方式，可将资产的成本分摊到不同期间的费用中去，据以核算各个期间的损益。如果这一假设不再成立，该项资产应以清算价格计价。

管理层需要对持续经营能力作出评估，并按照适用的财务报告编制基础的规定作出披露。管理层对持续经营能力的评估涉及在特定时点对事项或情况的未来结果作出判断，这些事项或情况的未来结果具有固有不确定性。下列因素与管理层的判断相关：

（1）某一事项或情况或其结果出现的时点距离管理层作出评估的时点越远，与事项或情况的结果相关的不确定性程度将显著增加。因此，明确要求管理层对持续经营能力作出评估的大多数财务报告编制基础可能规定了管理层应当考虑所有可获得信息的期间。

（2）被审计单位的规模和复杂程度、经营活动的性质和状况以及被审计单位受外部因素影响的程度，将影响对事项或情况的结果作出的判断。

（3）对未来的所有判断都以作出判断时可获得的信息为基础。管理层作出的判断在当时情况下可能是合理的，但之后发生的事项可能导致事项或情况的结

果与作出的判断不一致。

在执行财务报表审计业务时，注册会计师的责任是就管理层在编制和列报财务报表时运用持续经营假设的适当性获取充分、适当的审计证据，并就持续经营能力是否存在重大不确定性得出结论。如果存在可能导致被审计单位不再持续经营的未来事项或情况，审计的固有限制对注册会计师发现重大错报能力的潜在影响会加大。注册会计师不能对这些未来事项或情况作出预测。相应地，注册会计师未在审计报告中提及持续经营的不确定性，不能被视为对被审计单位持续经营能力的保证。

（二）风险评估程序和相关活动

在实施风险评估程序时，注册会计师应当考虑是否存在可能导致对被审计单位持续经营能力产生重大疑虑的事项或情况，并确定管理层是否对持续经营能力作出初步评估。

如果管理层已对持续经营能力作出初步评估，注册会计师应当与管理层进行讨论，并确定管理层是否已识别出单独或汇总起来可能导致对被审计单位持续经营能力产生重大疑虑的事项或情况；如果管理层已识别出这些事项或情况，注册会计师应当与其讨论应对计划；如果管理层未对持续经营能力作出初步评估，注册会计师应当与管理层讨论其拟运用持续经营假设的基础，询问管理层是否存在单独或汇总起来可能导致对被审计单位持续经营能力产生重大疑虑的事项或情况。

在计划审计工作和实施风险评估程序时，注册会计师应当考虑是否存在可能导致对持续经营能力产生重大疑虑的事项或情况及相关经营风险，评价管理层对持续经营能力作出的评估，并考虑已识别的事项或情况对重大错报风险评估的影响。

被审计单位在财务、经营以及其他方面存在的某些事项或情况可能导致经营风险，这些事项或情况单独或连同其他事项或情况可能导致对持续经营假设产生重大疑虑。

1. 财务方面。被审计单位在财务方面存在的可能导致对持续经营假设产生重大疑虑的事项或情况主要包括：

（1）净资产为负或营运资金出现负数。资不抵债有可能使被审计单位在近期内无法偿还到期债务，从而引发债务危机。

（2）定期借款即将到期，但预期不能展期或偿还，或者过度依赖短期借款为长期资产筹资。过度依赖短期借款为长期资产筹资，将使被审计单位长期面临巨大的短期偿债压力，如果无法及时偿还到期债务，将陷入财务困境。

（3）存在债权人撤销财务支持的迹象。如果被审计单位不再能够获得供应商正常商业信用，就意味着无法通过赊购取得生产经营所必需的原材料或其他物资，现金偿付压力巨大。一旦资金短缺，生产经营就有可能中断。

（4）历史财务报表或预测性财务报表表明经营活动产生的现金流量净额为负数。如果被审计单位的营运资金以及经营活动产生的现金流量净额出现负数，表明被审计单位的现金流量可能不能有效维持正常的生产经营，从而影响被审计单位的盈利能力和偿债能力，降低其在市场竞争中的信用等级，最终可能因资金周转困难而导致破产。

（5）关键财务比率不佳。

（6）发生重大经营亏损或用以产生现金流量的资产的价值出现大幅下跌。经营亏损可能是由于被审计单位经营管理不善引起的，也可能是行业整体不景气造成的。巨额经营亏损可能意味着被审计单位丧失盈利能力，并导致其持续经营能力存在重大不确定性。

（7）拖欠或停止发放股利。

（8）在到期日无法偿还债务。

（9）无法履行借款合同的条款。为了保证贷款的安全，银行往往在借款合同中订有诸如流动资金保持量、资本支出的限制等条款。一旦被审计单位无法履行这些条款，银行为保全其债权，就有可能要求被审计单位提前偿还借款，从而导致被审计单位的资金周转出现困难。

（10）供应商由赊购变为货到付款。

（11）无法获得开发必要的新产品或进行其他必要的投资所需的资金。被审计单位无法获得必需的资金，则没有能力在盈利前景良好的项目上进行投资并获取未来收益。当现有产品失去市场竞争力时，将直接影响到被审计单位的盈利能力，从而对被审计单位的持续经营能力产生重大影响。

2. 经营方面。被审计单位在经营方面存在的可能导致对持续经营假设产生重大疑虑的事项或情况主要包括：

（1）管理层计划清算被审计单位或终止经营。

（2）关键管理人员离职且无人替代。通常，关键管理人员负责管理企业的日常经营活动，在被审计单位中起着重要作用。如果关键管理人员离职且无人替代，则会对被审计单位的经营活动产生重大不利影响，从而使持续经营能力存在重大不确定性。

（3）失去主要市场、关键客户、特许权、执照或主要供应商。如果被审计单位失去主要市场、关键客户、特许权、执照或主要供应商，表明其在销售、经营和采购方面将面临极大困境，从而影响其持续经营能力。

（4）出现用工困难问题。一些企业的生产经营高度依赖于科技研发人员、技术熟练工人等，比如软件开发公司从事软件设计的关键人员。如果企业缺乏这些对持续经营具有决定性影响的人力资源，将可能无法持续经营。

（5）重要供应短缺。一些企业的生产经营高度依赖于重要原材料供应，一旦短缺，企业将可能无法持续经营。

（6）出现非常成功的竞争者。一旦出现非常成功的竞争者，将可能对企业产品市场、原材料供应、关键管理人员和重要员工的稳定性等诸多方面产生影响，进而可能影响企业的持续经营能力。

3. 其他方面。被审计单位在其他方面存在的可能导致对持续经营假设产生重大疑虑的事项或情况主要包括：

（1）违反有关资本或其他法定要求。被审计单位在生产经营过程中如果严重违反有关法律法规或政策，则有可能被有关部门撤销或责令关闭，或者被处以较大数额的罚款，这将导致被审计单位无法持续经营或对其持续经营能力产生重大影响。

（2）未决诉讼或监管程序，可能导致其无法支付索赔金额。未决诉讼或监管程序可能导致企业财产被冻结或被有关部门责令停产整改，也可能导致其无法支付索赔金额，从而影响其持续经营。

（3）法律法规或政府政策的变化预期会产生不利影响。例如，被审计单位的利润和现金流量主要来自于对境外子公司的投资分得的红利。如果该子公司所在国家加强了外汇管制，被审计单位能否收到红利存在重大不确定性，就可能影响其持续经营。

（4）对发生的灾害未购买保险或保额不足。不可抗力因素超出企业可控制和预测的范围，企业可能因此无法开展正常的经营活动，从而导致无法持续经营。

需要说明的是，以上是单独或汇总起来可能导致对持续经营假设产生重大疑虑的事项或情况的示例。这些示例并不能涵盖所有事项或情况，也不意味着存在其中一个或多个项目就一定表明存在重大不确定性，就必然导致被审计单位无法持续经营。某些措施通常可以减轻这些事项或情况的严重性，注册会计师对此应作出职业判断。例如，被审计单位无法正常偿还债务的影响，可能被管理层通过替代方法（如处置资产、重新安排贷款偿还或获得额外资本金计划）保持足够的现金流量所抵销。类似地，主要供应商的流失也可以通过寻找适当的替代供应来源以降低损失。在这种情况下，注册会计师不一定会得出被审计单位无法持续经营的结论。

针对有关可能导致对被审计单位持续经营能力产生重大疑虑的事项或情况的审计证据，注册会计师应当在整个审计过程中保持警觉。注册会计师对此类事项或情况的考虑应当随着审计工作的开展而不断深入。如果被审计单位存在资不抵债、无法偿还到期债务等事项或情况，可能表明被审计单位存在因持续经营问题导致的重大错报风险，该项风险与财务报表整体广泛相关，从而会影响多项认定。

表 3－23 概括了可能导致对持续经营能力产生重大疑虑的部分事项或情况。

表 3－23　　导致对持续经营能力产生重大疑虑的部分事项或情况

指标	解释
财务方面	• 净负债或净流动负债的状况； • 定期借款即将到期，但预期不能展期或偿还，或者过度依赖短期借款为长期资产筹资； • 存在债权人撤销财务支持的迹象； • 历史财务报表或预测性财务报表表明经营活动产生的现金流量净额为负数； • 关键财务比率不佳； • 发生重大经营亏损或用以生产现金流量的资产的价值出现大幅下跌； • 拖欠或停止发放股利； • 在到期日无法偿还债务； • 无法履行借款合同的条款； • 与供应商由赊购变为货到付款； • 无法获得开发必要的新产品或进行其他必要的投资所需的资金
经营方面	• 管理层计划清算被审计单位或终止经营； • 关键管理人员离职且无人替代； • 失去主要市场、关键客户、特许权、执照或主要供应商； • 出现用工困难问题； • 重要供应短缺； • 出现非常成功的竞争者
其他方面	• 违反资本或其他方面的法定要求； • 未决诉讼或监管程序，可能导致其无法支付索赔金额； • 法律法规或政府政策的变化预期会产生不利影响； • 对发生的灾害未购买保险或保额不足

案例 3－42　D 企业因污染遭遇持续经营危机

D 企业属于造纸企业，2008 年度由于污染问题被政府勒令停产，全年仅正常生产 5 个月，导致巨额亏损 18 851 万元。2009 年度，为保证治污达标，产能利用仅为正常水平的 70%，受金融危机和环保调试的影响，运营仍较为艰难，2009 年亏损 13 972 万元。至 2009 年，公司存在的问题如下：1. 逾期未偿还银行借款本息 12 亿元；2. 应缴税款及滞纳金 2.5 亿元；3. 应付职工薪酬 5 503 万元；4. 对外担保涉诉，担保预计损失 23 398 万元；5. 应收账款 5 200 万元，账龄已超过 2 年，已计 20% 的坏账准备；6. 公司营运资金为 －88 950 万元，未分配利润 －52 344万元；7. 固定资产净额 3.6 亿元，其中 1.7 亿元用于借款抵押，无形资产9.2亿元，其中7亿元用于借款抵押；8. 截至2009年底，国家环保验收能否达标仍未知，限产可能性依然存在。

注册会计师对于企业的持续经营实施了如下程序：1. 复核管理层应对计划，获取应对计划书面声明；2. 通过询问管理层、查阅会议纪要等，检查是否存在对持续经营有重大影响的事项；3. 在相关科目的实质性程序底稿中体现对持续经营假设的关注，并记录在底稿中；4. 获取管理层提供的说明，针对各种问题的改善措施；5. 在与管理层的会议纪要中列示"对公司持续经营能力产生重大影响"的事项等。注册会计师就持续经营出具了带强调事项段的无保留意见审计报告。

在审计过程中，注册会计师未根据谨慎性原则，对D企业的净资产作出判断。首先，应收账款的账龄已经超过2年，而D企业仅计提了20%坏账准备，未进行单项减值测试，对于公司净资产的判断有较大的影响。其次，D企业在计提逾期贷款利息时，未考虑因未能按时履行法律判决义务而导致的双倍借款利息，对其负债有较大影响。再次，对于D企业的对外担保仅考虑担保本金而不考虑法定利息，同样会低估负债。另外D企业还存在较多影响持续经营的不利因素，如其在2009年较2008年产能提高的情况下，未出现预期的向好情况，能否信任产能释放将会使公司扭亏为盈的判断存在疑虑；D企业在应对债务追讨时，过多依赖地方政府的保护主义，其自身的偿债能力和债务重组能力值得质疑，加上D企业大量银行贷款逾期，是否有足够的融资能力来维持企业的正常生产经营也不明朗。从以上来看，注册会计师并未获取充分、适当的审计证据，无法消除对企业持续经营能力的疑虑，发表的审计意见是不恰当的。

六、对被审计单位使用服务机构的考虑

（一）服务机构的含义

许多单位经常外包一些财务活动，如工资处理、网上销售、IT服务、资产管理（存货仓储、投资等）、账簿记录等，提供这些服务的机构即为被审计单位使用的服务机构。服务机构，是指向被审计单位提供服务，并且其服务构成与被审计单位财务报告相关的信息系统组成部分的第三方机构（或第三方机构的分部）。如果被审计单位使用了服务机构，注册会计师需要考虑服务机构的内部控制有效性，包括获取充分的信息以评估重大错报风险，设计恰当的应对措施。

服务机构对控制的描述和设计出具的报告（称为第一类报告），内容包括：

（1）由服务机构管理层对服务机构系统、控制目标以及在特定日期已得到设计和执行的相关控制作出的描述；

（2）服务机构注册会计师出具的报告（旨在向使用者提供合理保证），包括针对服务机构对系统、控制目标和相关控制的描述，以及控制的设计对实现特定

控制目标的适当性发表的意见。

服务机构对控制的描述、设计和运行有效性出具的报告（称为第二类报告），内容包括：

（1）由服务机构管理层作出的描述，涉及服务机构系统、控制目标和相关控制、在特定日期或特定期间控制的设计和执行，以及在某些情况下控制在特定期间运行的有效性；

（2）服务机构注册会计师出具的报告（旨在向使用者提供合理保证），包括：针对服务机构对系统、控制目标和相关控制的描述，控制的设计对实现特定控制目标的适当性，以及控制运行的有效性发表的意见；针对控制测试及其结果作出的描述。

（二）风险评估程序和相关活动

在了解被审计单位时，注册会计师应当了解被审计单位在经营中如何利用服务机构提供的服务，包括：

（1）服务机构提供服务的性质，以及该服务对被审计单位的重要性，包括由此对被审计单位内部控制产生的影响；

（2）由服务机构处理的交易、受服务机构影响的账户或财务报告过程的性质和重要性；

（3）服务机构与被审计单位之间活动的相互影响程度；

（4）被审计单位与服务机构关系的性质，包括服务机构与被审计单位就提供服务订立的相关合同条款。

在了解与审计相关的内部控制时，注册会计师应当评价被审计单位的、与服务机构提供服务相关的控制的设计和执行情况，这些控制包括应用于服务机构所处理的交易的控制。

注册会计师应当确定，是否已充分了解服务机构提供的服务的性质和重要性，及其对与审计相关的被审计单位内部控制的影响，以作为识别和评估重大错报风险的基础。

如果不能从被审计单位获得充分的了解，注册会计师应当实施下列一项或多项程序：

（1）获取第一类报告或第二类报告；

（2）通过被审计单位联系服务机构，以获取特定信息；

（3）访问服务机构，并实施可以获取有关服务机构相关控制的必要信息的程序；

（4）利用其他注册会计师实施可以获取有关服务机构相关控制的必要信息的程序。

当确定第一类报告或第二类报告提供的审计证据的充分性和适当性时，注册会计师应当确信：

（1）服务机构注册会计师具有相应的专业胜任能力并独立于服务机构；

（2）服务机构注册会计师出具第一类报告或第二类报告所依据的标准是适当的。

如果拟利用第一类报告或第二类报告作为审计证据，以支持对服务机构内部控制设计和执行情况的了解，注册会计师应当：

（1）评价对服务机构控制的描述和设计所针对的时点或期间是否适用于注册会计师的审计目的；

（2）对了解与审计相关的被审计单位内部控制而言，评价报告提供的证据是否充分和适当；

（3）确定服务机构系统描述中明确的被审计单位的互补性控制是否与被审计单位相关；如果相关，了解被审计单位是否设计和执行了此类控制。

表 3－24 列示了注册会计师实施风险评估程序和相关活动的思路。

表 3－24　　实施风险评估程序和相关活动的思路

内容	具体解释
提供哪些服务（与审计相关的）	• 识别： —提供的服务的性质； —处理的交易的重要性； —受影响的账户或财务报告过程。 • 查阅被审计单位与服务机构之间的合同或服务水平协议的条款。 • 确定服务机构与被审计单位之间（活动）的相互影响程度。 • 查阅服务机构、服务机构注册会计师、内部审计师或监管机构对服务机构控制的报告
存在哪些相关的内部控制	•服务机构的控制是否与审计相关？如果不相关，采用实质性方案。如果相关，注册会计师必须确定服务机构的控制得以恰当地设计和执行。 • 无论服务机构的控制如何，被审计单位是否建立旨在减轻重大处理风险的控制（可能被测试）？例如，被审计单位工资处理的控制可能包括： —将提交给服务机构的数据与服务机构进行数据处理后提交的报告进行对比； —选取样本并重新计算工资金额以检查数据计算的准确性； —复核工资总额的合理性
对服务机构控制的信赖程度	• 获取任何可获取的第一类或第二类报告。被审计单位与服务机构签订的合同通常包括对此类报告的约定； • 联系服务机构以获取特定信息； • 访问服务机构并实施规定的程序； • 利用其他注册会计师以实施规定的程序

4

第四章 应对重大错报风险

第一节　引导案例

案例 4－1　风险应对存在的重大问题

甲会计师事务所在针对评估的重大错报风险实施的程序（风险应对措施）中存在下列问题，受到监管部门的处罚。

一、在实施风险评估程序时，注册会计师将被审计单位母公司下属的 2 个施工局（××施工局、××施工局）以及 9 家子公司（××股份有限公司、××第一工程公司、××第二工程公司、××第五工程公司、××基建建设有限公司、××高速公路有限公司、××水电开发有限公司、××水电开发有限公司、××财务有限公司）的内部控制作为了解对象，实施了一定的风险评估程序，认为上述单位内部控制有效。但在实施控制测试时，注册会计师实施的测试程序不足以获取充分、适当的审计证据，以得出上述单位内部控制有效性的结论。

二、子公司××第二工程公司 2007 年度营业收入 170 228.78 万元，下属 59 个项目部。注册会计师只对××、××两个项目部实施了检查凭证等部分审计程序。其余 57 个项目部 2007 年度营业收入合计 146 162.22 万元，占营业收入总额的 85.86%，没有实施任何审计程序。

三、子公司××第五工程公司 2007 年度营业成本 165 978.36 万元，注册会计师对此没有实施任何审计程序就予以确认。

四、子公司××第二工程公司应收账款期末余额 11 553.01 万元。注册会计师实施了函证程序，发出函证金额合计 24 088.90 万元，发函及回函的总金额均超过了应收账款账面余额，注册会计师没有实施进一步审计程序以确定应收账款余额的正确性。

五、子公司××第一工程公司 2007 年度营业收入 134 645.42 万元，其中：

主营业务收入 132 675.98 万元，其他业务收入 1 969.44 万元。注册会计师仅检查了少量会计凭证，金额合计 14 001.23 万元，占营业收入的 10.40%，测试样本量过低，且没有实施其他审计程序。

对境外的×国项目 2007 年度工程施工收入 14 759.21 万元，注册会计师仅获取了 1 张收费通知书，通知单上的金额远不足以覆盖上述金额，并没有实施其他审计程序确定该收入的真实性。

六、子公司××高速公路有限公司 2007 年度营业收入 30 875.23 万元，收费信息由计算机信息系统控制，注册会计师在对营业收入审计时，没有对该计算机收费系统的运行可靠性进行测试。

七、子公司××第一工程公司存货期末余额 14 068.83 万元，其中：原材料 1 786.52 万元，库存商品 8.97 万元，周转材料 43.41 万元，未完工程 12 067.97 万元，其他 161.96 万元。注册会计师编制了审定表，索取了原材料盘点表，金额仅为 39.7 万元，未见企业签章，也未见监盘记录；注册会计师实施了存货入库和出库的截止测试，各选样两笔凭证，但选择样本的时间有误，凭证的日期分别为 2007 年的 5 月和 6 月。

未完工工程年初余额 7 495.99 万元，本年度增加 11 845.36 万元，本年度减少 7 273.38 万元，年末余额 12 067.97 万元。注册会计师检查并复印了“××”、“××”两个项目部的 6 笔付款凭证，金额合计 265.18 万元，仅占本期增加额的 2.24%。测试样本量过低。注册会计师索取了 3 个项目部的“财产清查表”，金额共计 233.46 万元，盘点表上企业签章不全，索取的企业存货期末盘点资料不齐全。注册会计师没有对未完工程实施现场观察程序，没有检查施工成本在未完工施工工程成本和本期营业成本之间分配的准确性，没有关注分配标准和计算方法与上期比较是否有重大变化。

会计师事务所在针对评估的重大错报风险实施程序时存在的问题具有一定的普遍性。例如，没有对财务报表层次重大错报风险制定总体应对措施；在实施控制测试时测试不完整或没有形成完整的测试记录；实施实质性程序没有针对性，审计范围过小，不能从样本推断总体，从期中审计不合理地推断期末结果；对评估的认定层次重大错报风险，在实施细节测试后不能完全消除疑虑。

在风险应对阶段，注册会计师旨在针对评估的风险获取充分、适当的审计证据，主要通过针对评估的财务报表层次和认定层次重大错报风险设计和实施恰当的应对措施来实现。注册会计师可以采取不同的方式来完成这一任务，例如：(1) 根据风险的性质（如经济衰退）相应地处理每个评估的风险，并设计恰当的应对措施作为进一步审计程序；(2) 通过评估重大的财务报表领域或受影响披露的风险，设计恰当的应对措施作为进一步审计程序；(3) 对于每个重大财务报表领域和认定，从标准审计程序清单入手，不断对其进行调整（如增加、修订和删减程序），针对评估的风险设计恰当的应对措施。图 4－1 列示了针对评估的风险采取的应对措施。

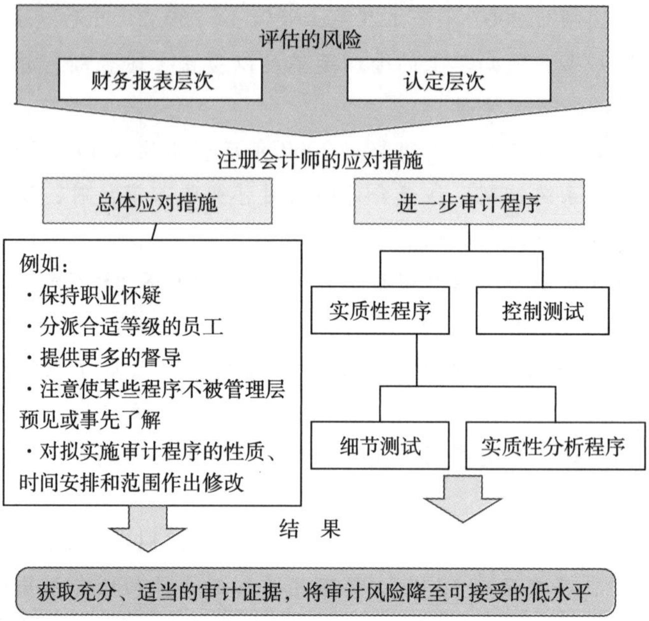

图 4－1 针对评估的风险采取的应对措施

第二节 总体应对措施

在识别和评估重大错报风险后，注册会计师应当针对评估的重大错报风险实施程序，即针对评估的财务报表层次重大错报风险确定总体应对措施，并针对评估的认定层次重大错报风险设计和实施进一步审计程序，以将审计风险降至可接受的低水平。

前已述及，财务报表层次重大错报风险难以限于某类交易、账户余额、披露的特点，意味着此类风险可能对财务报表的多项认定产生广泛影响，并相应增加注册会计师对认定层次重大错报风险的评估难度。因此，注册会计师应当针对评估的财务报表层次重大错报风险采取总体应对措施。

一、总体应对措施的种类

注册会计师应当针对评估的财务报表层次重大错报风险，实施总体应对措施：

1. 向项目组强调保持职业怀疑的必要性。保持职业怀疑意味着不能仅获取最容易获得的证据来印证管理层的认定，还要充分考虑其他证据。例如：

（1）对于风险较高的领域，考虑是否需要获取更多的证据或获取更为相关或可靠的证据，例如，更多地从第三方获取证据或从多个独立来源获取相互印证的证据。

（2）设计和实施实质性分析程序，包括评价注册会计师作出预期值时使用数据的可靠性，对与预期值差异较大或其他相关信息不一致的异常波动或关系保持警觉，并跟进调查。

（3）不能以书面声明替代本应获取的其他审计证据。

（4）不能将通过询问程序获取的审计证据作为充分、适当的审计证据。

（5）应对诸如管理层不允许寄发询证函的情况，解决询证函回函不一致或对回函可靠性产生疑虑的情况。

2. 指派更有经验或具有特殊技能的审计人员，或利用专家的工作。由于各行业在经营业务、经营风险、财务报告、法律法规要求等方面具有特殊性，按照专业优势对审计人员进行合理分工非常必要。审计项目组成员中应有一定比例的人员曾经参与过被审计单位以前年度的审计，或者具有被审计单位所处特定行业的相关审计经验。必要时，考虑利用信息技术、税务、评估、精算等方面的专家的工作。

3. 提供更多的督导。对于财务报表层次重大错报风险较高的审计项目，审计项目组的高级别成员，如项目合伙人、项目经理等经验较丰富的人员，要对其他成员提供更详细、更经常、更及时的指导和监督。

4. 在选择拟实施的进一步审计程序时融入更多不可预见的因素。被审计单位人员，尤其是管理层，如果熟悉注册会计师的审计思路和方法，就可能采取种种规避手段，掩盖财务报告中的舞弊行为。因此，在设计拟实施审计程序的性质、时间安排和范围时，为了避免既定思维对审计方案的限制，避免对审计效果的人为干涉，注册会计师需要考虑使某些程序不被管理层预见或事先了解。

5. 对拟实施审计程序的性质、时间安排或范围作出总体修改。有效的控制环境可以使注册会计师增强对内部控制和被审计单位内部产生的证据的信赖程度。如果控制环境存在缺陷，注册会计师在对拟实施审计程序的性质、时间安排和范围作出总体修改时应当考虑：

（1）在期末而非期中实施更多的审计程序。控制环境的缺陷通常会削弱期中获得的审计证据的可信赖程度。

（2）通过实施实质性程序获取更广泛的审计证据。良好的控制环境是其他控制要素发挥作用的基础。控制环境存在缺陷通常会削弱其他控制要素的作用，导致注册会计师可能无法信赖内部控制，而主要依赖实施实质性程序获取审计证据。

（3）增加拟纳入审计范围的经营地点的数量。

二、制定总体应对措施时的考虑因素

在制定总体应对措施时，注册会计师通常考虑下列因素：

（1）以往期间审计的经验（包括可以在本期利用的控制测试结果）和其他人员分派。

（2）管理层对已识别的内部控制缺陷的应对措施。

（3）审计需要的人力资源和技术要求，考虑是否需要专家解决复杂、特殊和高风险领域的问题。

（4）审计程序的时间安排，包括存货监盘和其他规定的程序。

（5）应对评估的财务报表层次和认定层次重大错报风险的最有效方式。

（6）审计信息技术的影响。

（7）管理层对设计和执行合理内部控制的责任（包括对内部控制的记录）的认可。

（8）管理层凌驾于内部控制之上的可能性。

（9）增加审计程序不可预见性的必要性。

表4-1列示了针对评估的财务报表层次风险采取的一些可能的总体应对措施。

表4-1　　　　针对财务报表层次风险采取的总体应对措施

针对评估的财务报表层次风险可能的总体应对措施	
项目管理	向项目组强调保持职业怀疑的必要性。 指派更有经验的人员或具有特殊技能的人员，如法务、评估和IT专家。 对项目组成员在执行工作的过程中提供更多的持续性督导
在选择进一步审计程序时融入不可预见因素	下列方法可以增加不可预见性： • 对以前未测试的低于设定的重要性或风险较小的账户余额和认定实施实质性程序； • 调整实施审计程序的时间安排，使其超出预期； • 不同的审计抽样方法； • 选择不同的地点实施审计程序，或不告知选定的测试地点（如存货盘点）

续表

针对评估的财务报表层次风险可能的总体应对措施	
修改计划的审计程序	对审计程序的性质、时间安排或范围作出修改。例如： • 在期末而非期中实施实质性程序； • 对特定资产进行实地观察或检查； • 进一步复核库存记录，以识别异常项目、未预期数量以及其他需要实施跟进程序的项目； • 实施进一步工作以评价管理层估计及其所依据的判断和假设的合理性； • 扩大样本规模或采用更详细的数据实施分析程序。 • 在下列方面运用计算机辅助审计技术（CAATs）： ——针对重大账户或电子交易文档所包含的数据收集更多的证据； ——对电子交易和账户文档实施更广泛的测试； ——从关键电子文档中选择交易样本； ——根据特定特征对交易进行分类； ——测试整个总体而非样本。 • 要求在函证中增加信息。例如，在应收账款函证中，注册会计师可能要求对方证实销售协议的细节，包括日期、退货权和交货条款； • 修改审计程序的性质和范围以获取更多的实质性审计证据
改变审计方案	考虑所获取的对控制环境的了解，如果控制环境有效，这将意味着： • 在期中而非期末实施更多的审计程序； • 采取将控制测试和实质性程序结合使用的审计方案（综合性方案） 如果控制环境无效，将导致： • 在期末而非期中实施更多的审计程序； • 通过实施实质性程序获取更广泛的审计证据； • 增加拟纳入审计范围的经营地点的数量
检查正在使用的会计政策	评价被审计单位会计政策的选择和运用，特别是那些与主观衡量以及复杂交易相关的会计政策，是否表明存在由管理层盈余管理操作而引起的虚假财务报告

三、增加审计程序不可预见性的方法

（一）增加审计程序不可预见性的思路

注册会计师可以通过下列方法提高审计程序的不可预见性，例如：

1. 对某些以前未测试的低于设定的重要性或风险较小的账户余额和认定实施实质性程序。注册会计师可以关注以前未曾关注过的审计领域，尽管这些领域可能重要程度比较低。如果这些领域有可能被用于掩盖舞弊行为，注册会计师就要针对这些领域实施一些具有不可预见性的测试。

2. 调整实施审计程序的时间，使其超出被审计单位的预期。比如说，如果注册会计师在以前年度的大多数审计工作都围绕着 12 月或在年底前后进行，那么被审计单位就会了解注册会计师这一审计习惯，由此可能把一些不适当的会计调整放在年度的 9 月、10 月或 11 月等，以避免引起注册会计师的注意。因此，注册会计师可以考虑调整实施审计程序时测试项目的时间，从测试 12 月的项目调整到测试 9 月、10 月或 11 月的项目。

3. 采取不同的审计抽样方法，使当年抽取的测试样本与以前有所不同。

4. 选取不同的地点实施审计程序，或者预先不告知被审计单位所选定的测试地点。例如，在存货监盘程序中，注册会计师可以到未事先通知被审计单位的盘点现场进行监盘，使被审计单位没有机会事先清理现场，隐藏一些不想让注册会计师知道的情况。

（二）增加审计程序不可预见性的实施要点

1. 注册会计师需要与被审计单位的高层管理人员事先沟通，要求实施具有不可预见性的审计程序，但不能告知其具体内容。注册会计师可以在签订审计业务约定书时明确提出这一要求。

2. 虽然对于不可预见性程度没有量化的规定，但审计项目组可根据对舞弊风险的评估等确定具有不可预见性的审计程序。审计项目组可以汇总那些具有不可预见性的审计程序，并记录在审计工作底稿中。

3. 项目合伙人需要安排审计项目组成员有效地实施具有不可预见性的审计程序，但同时要避免使项目组成员处于困难境地。

四、总体应对措施对拟实施进一步审计程序的总体审计方案的影响

财务报表层次重大错报风险难以限于某类交易、账户余额和披露的特点，意味着此类风险可能对财务报表的多项认定产生广泛影响，并相应增加注册会计师对认定层次重大错报风险的评估难度。因此，注册会计师评估的财务报表层次重大错报风险以及采取的总体应对措施，对拟实施进一步审计程序的总体审计方案具有重大影响。

拟实施进一步审计程序的总体审计方案包括实质性方案和综合性方案。其中，实质性方案是指注册会计师实施的进一步审计程序以实质性程序为主；综合性方案是指注册会计师在实施进一步审计程序时，将控制测试与实质性程序结合使用。当评估的财务报表层次重大错报风险属于高风险水平（并相应采取更强调审计程序不可预见性以及重视调整审计程序的性质、时间安排和范围等总体应对措施）时，拟实施进一步审计程序的总体方案往往更倾向于实质性方案。

第三节 设计进一步审计程序

一、进一步审计程序的含义和设计需要考虑的因素

（一）进一步审计程序的含义

注册会计师应当针对评估的认定层次重大错报风险，设计和实施进一步审计程序，包括审计程序的性质、时间安排和范围。进一步审计程序是指注册会计师针对评估的各类交易、账户余额、披露认定层次重大错报风险实施的审计程序，包括控制测试和实质性程序。设计和实施的进一步审计程序的性质、时间安排和范围，应当与评估的认定层次重大错报风险具备明确的对应关系。只有这样，注册会计师实施的审计程序才具有目的性和针对性，有的放矢地配置审计资源，提高审计效率和效果。图 4－2 列示了评估重大错报风险与设计应对措施之间的关系。

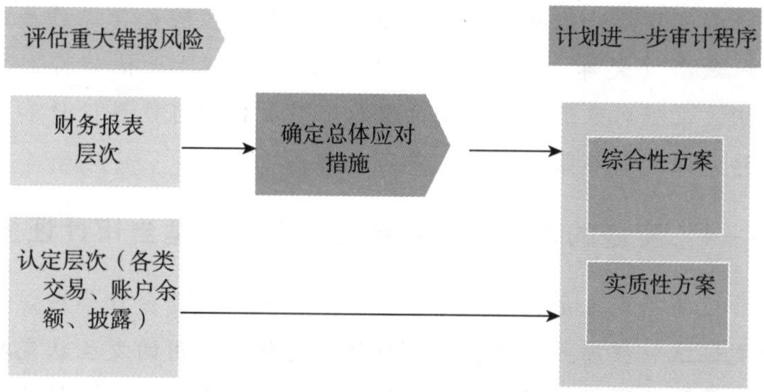

图 4－2 评估重大错报风险与设计应对措施之间的关系

注册会计师对识别出的认定层次风险进行评估，为确定总体审计方案提供了基础。例如，注册会计师可能确定：

（1）只有实施控制测试才可以有效应对评估的特定认定重大错报风险。

（2）仅实施实质性程序对于特定认定是适当的，因此，注册会计师在对相关风险进行评估时不再考虑控制的影响。这可能是由于注册会计师在实施风险评估程序后没有发现任何与该认定相关的有效控制，或者由于控制测试效率不高，因而注册会计师在确定实质性程序的性质、时间安排和范围时，不拟信赖控制运

行的有效性。

（3）将控制测试和实质性程序结合使用的综合性方案是一个有效的方案。

下面通过三个案例来说明实务中在设计和实施进一步审计程序方面存在的问题。

案例4－2 实施的实质性程序没有针对性

某会计师事务所负责审计的××通信公司，对控股子公司××移动电话的投资比例为51%。子公司在2007年度实现营业收入119.33亿元，占合并报表收入的93%；2007年12月31日的资产总额13.81亿元，占合并报表资产总额的34%。注册会计师认为该子公司对母公司的合并报表具有重大影响，在审计计划中将其作为重点关注对象，实施了风险评估程序。但在工作底稿中未见针对识别的重大错报风险实施的应对措施，执行的实质性程序不能够表明与认定层次重大错报风险具备明确的对应关系。

案例4－3 没有针对重大错报风险实施审计程序

截至2007年12月31日，某公司五年以上的应收账款32 854.26万元，计提坏账准备2 002.37万元，注册会计师复核了公司计提坏账准备的计算过程，获取了销售公司计提专项坏账准备的说明。注册会计师在风险评估工作底稿中，对三年以上的应收款项（大部分是五年以上）收回的可能性评估为特别风险，但在实质性程序中，未见对账龄五年以上的应收账款收回的可能性设计和实施其他进一步审计程序，以判断坏账准备计提是否合理。

案例4－4 实施的审计程序不能提供充分、适当审计证据

某公司管理费用期末余额为296 672 381.46元，注册会计师对该报表项目仅执行了抽查凭证这一程序，抽查凭证仅仅能够为管理费用的发生认定提供审计证据，而不能对其他认定提供审计证据。注册会计师应当实施实质性分析、截止测试等程序为管理费用的完整性、截止等认定收集审计证据。

需要说明的是，尽管在应对评估的认定层次重大错报风险时，拟实施的进一步审计程序的性质、时间安排和范围都应当确保其具有针对性，但其中进一步审计程序的性质是最重要的。例如，注册会计师评估的重大错报风险越高，实施进一步审计程序的范围通常越大；但是只有首先确保进一步审计程序的性质与特定风险相关时，扩大审计程序的范围才是有效的。

（二）设计进一步审计程序需要考虑的因素

在设计拟实施的进一步审计程序时，注册会计师不仅需要考虑形成某类交易、账户余额和披露的认定层次重大错报风险评估结果的依据，而且还要考虑评

估的风险越高，需要获取越有说服力的审计证据。

形成某类交易、账户余额和披露的认定层次重大错报风险评估结果的依据包括：（1）因相关类别的交易、账户余额或披露的具体特征而导致重大错报的可能性（即固有风险）；（2）风险评估是否考虑了相关控制（即控制风险），从而要求注册会计师获取审计证据以确定控制是否有效运行（即注册会计师在确定实质性程序的性质、时间安排和范围时，拟信赖控制运行的有效性）。

注册会计师需要根据对认定层次重大错报风险的评估结果，恰当选用实质性方案或综合性方案。通常情况下，注册会计师出于成本效益的考虑可以采用综合性方案设计进一步审计程序，即将测试控制运行的有效性与实质性程序结合使用。但在某些情况下（如仅通过实质性程序无法应对的重大错报风险），注册会计师必须通过实施控制测试，才可能有效应对评估的某一认定的重大错报风险；而在另外一些情况下（如注册会计师的风险评估程序未能识别出与认定相关的任何控制，或者注册会计师认为控制测试很可能不符合成本效益原则），注册会计师可能认为仅实施实质性程序就是适当的。在此情况下，注册会计师需要确定，仅针对相关认定实施实质性程序是否能够将审计风险降至可接受的低水平。

注册会计师对重大错报风险的评估毕竟是一种主观判断，可能无法充分识别所有的重大错报风险，同时内部控制存在固有限制（特别是存在管理层凌驾于内部控制之上的可能性），因此，无论选择何种方案，注册会计师都应当对所有重大的各类交易、账户余额、披露设计和实施实质性程序。

二、审计程序的性质

（一）含义

审计程序的性质是指审计程序的目的和类型。审计程序的目的包括实施控制测试以评价内部控制在防止或发现并纠正认定层次重大错报方面运行的有效性，实施实质性程序以发现认定层次重大错报。审计程序的类型包括检查、观察、询问、函证、重新计算、重新执行和分析程序。在应对评估的风险时，确定审计程序的性质是最重要的。

（二）确定进一步审计程序的性质时的考虑因素

不同的审计程序应对特定认定错报风险的效力不同。例如，对于与收入完整性认定相关的错报风险，控制测试通常更能有效应对；对于与收入发生认定相关的错报风险，实质性程序通常更能有效应对。再如，实施应收账款的函证程序可以为应收账款在某一时点存在的认定提供审计证据，但通常不能为应收账款的计价认定提供审计证据。对应收账款的计价认定，注册会计师通常需要实施其他更为有效的审计程序，如审查应收账款账龄和期后收款情况，了解欠款客户的信用情况等。

案例4-5　没有按照审计计划实施函证程序

某公司应收账款存在认定被评估为存在重大错报风险，审计计划中设计的主要审计程序是函证。而注册会计师对远远超过重要性的子公司应收账款（余额1 578万元）未实施函证程序，全部以替代程序确认，所实施的替代程序仅为抽查借贷方的发生额，在凭证抽查表上简单打钩，工作底稿不能显示其实施了有效的替代程序。函证是证明应收账款存在认定的最有力证据。替代程序只能在无法通过函证程序获取充分、适当审计证据时才能运用，而不能全部以替代程序确认应收账款余额，况且仅仅是简单的凭证抽查。

注册会计师评估的风险可能影响拟实施的审计程序的类型及其综合运用。例如，当评估的风险较高时，注册会计师除检查文件外，还可能决定向交易对方函证合同条款的完整性。此外，对于与某些认定相关的错报风险，实施某些审计程序可能比其他审计程序更适当。

除了从总体上把握认定层次重大错报风险的评估结果对选择进一步审计程序的影响外，在确定拟实施的审计程序时，注册会计师还应当考虑评估的认定层次重大错报风险产生的原因，包括考虑各类交易、账户余额、披露的具体特征以及内部控制。例如，一方面注册会计师可能判断某特定类别的交易即使在不存在相关控制的情况下发生重大错报的风险仍较低，此时注册会计师可能认为仅实施实质性分析程序就可以获取充分、适当的审计证据。另一方面，如果注册会计师预期此类交易在内部控制运行有效的情况下发生重大错报的风险较低，且拟在控制运行有效的基础上设计实质性程序，注册会计师就会决定先实施控制测试以取得控制运行有效的审计证据。

三、审计程序的时间安排

审计程序的时间安排是指注册会计师何时实施审计程序，或者审计程序适用的期间或时点。

注册会计师可以在期中或期末实施控制测试或实质性程序。在大多数情况下，审计程序将在期末和期后实施。当重大错报风险越高时，注册会计师可能认为在期末或接近期末而非期中实施实质性程序，或者采用不通知的方式（如在不通知的情况下对选取的经营地点实施审计程序），或者在管理层不能预见的时间实施审计程序更有效。这在考虑应对舞弊风险时尤为相关。例如，如果识别出故意错报或操纵会计记录的风险，注册会计师可能认为将期中得出的结论延伸至期末而实施的审计程序是无效的。

虽然在期末实施审计程序在很多情况下非常必要，但仍然不排除注册会计师在期中实施审计程序可能发挥的积极作用。在期中实施进一步审计程序，一是有助于注册会计师在审计工作初期识别重大事项，为解决问题并实施进一步审计程序提供了时间；二是可以将繁忙季节的一些程序转移到时间更充裕的期间，平衡会计师事务所的工作量；三是可以减少期后获取审计证据需要的时间，平衡客户的工作量；四是在未经通知或在不可预测的时间实施审计程序。同时，如果在期中实施了进一步审计程序，注册会计师还应当针对剩余期间获取审计证据。某些审计程序只能在期末或期后实施，例如：（1）核对财务报表与会计记录；（2）检查财务报表编制过程中作出的会计调整；（3）应对被审计单位在期末签订不适当的销售合同的风险，或者交易在期末尚未完成的风险而实施的程序。在某些情况下，在期末之前实施审计程序可能有一些好处。

影响注册会计师考虑在何时实施审计程序的其他相关因素包括：

（1）控制环境。良好的控制环境可以抵消在期中实施进一步审计程序的局限性，使注册会计师在确定实施进一步审计程序的时间时有更大的灵活度。

（2）何时能得到相关信息。例如，某些控制活动只在特定时点发生并被观察到；再如，某些电子化的交易和账户文档如未能及时取得，可能被覆盖。在这些情况下，如果希望获取相关信息，注册会计师需要考虑能够获取相关信息的时间。

（3）错报风险的性质。例如，如果存在被审计单位为了保证盈利目标的实现而在期后伪造销售合同以虚增收入的风险，那么注册会计师需要考虑检查可以获得的截至期末（即资产负债表日）的所有销售合同及相关资料。

（4）审计证据适用的期间或时点。注册会计师应当根据需要获取的特定审计证据确定何时实施进一步审计程序。例如，为了获取资产负债表日的存货余额证据，显然不宜在与资产负债表日间隔过长的期中时点或期末以后时点实施存货监盘等相关审计程序。

某些审计程序只能在期末或期后实施。这些程序包括截止测试（对内部控制的依赖程度很低）、期末调整和期后事项。

表4－2列示了注册会计师在确定是否在期中实施审计程序时，需要考虑的因素。

表4－2　　　　期中实施审计程序时需要考虑的因素

	需要考虑的因素
在期末之前实施的审计程序	控制环境如何？如果控制环境不好，在期中进行存货盘点然后根据存货移动情况（进入和发出）更新盘点数可能是不够的
	正在考虑的某类交易、账户余额或特定控制怎么样？ 能否得到实施测试所需要的证据？电子文档以后可能被覆盖，所观察的程序可能仅在特定时点发生

续表

	需要考虑的因素
在期末之前实施的审计程序	期末之前的程序能否应对所涉及风险的性质和实质？
	期中的程序能否应对与审计证据相关的期间或时点？
	自程序的实施时点至期末的剩余期间内需要获取多少额外的证据？

四、审计程序的范围

审计程序的范围是指实施审计程序的数量，如抽取的样本量或对某项控制活动的观察次数。

在确定审计程序的范围时，注册会计师应当考虑下列因素：

1. 确定的重要性。确定的重要性越低，注册会计师实施进一步审计程序的范围越广。

2. 评估的重大错报风险。评估的重大错报风险越高，对拟获取审计证据的相关性、可靠性的要求越高，因此注册会计师实施的进一步审计程序的范围也越广。

3. 计划获取的保证程度。计划获取的保证程度，是指注册会计师计划通过所实施的审计程序对测试结果可靠性所获取的信心。计划获取的保证程度越高，对测试结果可靠性要求越高，注册会计师实施的进一步审计程序的范围越广。例如，注册会计师对财务报表是否不存在重大错报的信心可能来自控制测试和实质性程序。如果注册会计师计划从控制测试中获取更高的保证程度，则控制测试的范围就更广。

随着重大错报风险的增加，注册会计师应当考虑扩大审计程序的范围。例如，在应对评估的由于舞弊导致的重大错报风险时，增加样本量或实施更详细的实质性分析程序可能是适当的。但是，只有当审计程序本身与特定风险相关时，扩大审计程序的范围才是有效的。

在考虑确定进一步审计程序的范围时，使用计算机辅助审计技术具有积极的作用。注册会计师可以使用计算机辅助审计技术对电子化的交易和账户文档进行更广泛的测试，包括从主要电子文档中选取交易样本，或按照某一特征对交易进行分类，或对总体而非样本进行测试。

注册会计师需要慎重考虑抽样过程对审计程序范围的影响是否能够有效实现审计目的。注册会计师使用恰当的抽样方法通常可以得出有效结论。但如果存在下列情形，注册会计师依据样本得出的结论可能与对总体实施同样的审计程序得出的结论不同，出现不可接受的风险：（1）从总体中选择的样本量过小；（2）选择的抽样方法对实现特定目标不适当；（3）未对发现的例外事项进行恰当的追查。

表4－3列示了注册会计师在设计审计程序时需要考虑的问题。

表4－3　　设计审计程序时需要考虑的问题

需要考虑的问题	对审计程序设计的影响
所针对认定的性质	针对特定认定的最恰当审计程序是什么？考虑下列因素： • 有效性。针对销售完整性的证据可能最好通过控制测试来获取，然而支持存货估价的审计证据则很可能通过实质性程序来获取； • 所获取证据的可靠性。为认定提供更加可靠的证据。与仅仅检查发票或实施分析程序相比，旨在确定存在的应收账款函证可以提供更好的证据
评估的风险的依据	风险评估结果的内在理由是什么？ 包括考虑财务报表项目的特征、识别和评估的固有风险以及相关内部控制。如果评估的风险较低，可以考虑实施控制测试以证实评估的风险，并缩小原本需要的实质性程序的范围
评估的风险的水平	某些评估的风险是否需要更加可靠和相关的审计证据？ 可能需要扩大现有程序的范围或结合不同类型的审计程序，以提供所需要的保证程度。例如，为确保高价值存货项目的存在，除检查支持性凭证以外还需要进行实物检查
所使用信息的来源	计划的审计程序是否依赖被审计单位信息系统生成的非财务信息？ 如果是，应当获取有关信息准确性和完整性的证据。例如，在一个高层公寓，可能将出租单元的数量和每月租金的乘积与总收入作比较。如果是这样的话，确保租赁单元的数量是真实的并且每月租金与签署的租赁合同一致就很重要
双重目的的测试的可能性	针对同一交易同时实施控制测试和细节测试是否有效？ 例如，一张发票正在被检查，以寻找经过授权的证据（控制测试），它还可以同时被检查以证实交易的其他方面（细节测试）

第四节　控制测试

一、控制测试的含义和实施控制测试的情形

（一）控制测试的含义

控制测试指的是测试控制运行的有效性，这一概念需要与“了解内部控制”

进行区分。“了解内部控制”包含三层含义：一是了解内部控制的基本事实，二是评价控制的设计，三是确定控制是否得到执行。前文已对“评价控制的设计”和“确定控制是否得到执行”作出区分，此处重点说明“测试控制运行的有效性”与“确定控制是否得到执行”所需获取的审计证据的区别。

控制测试被用于获取内部控制全部五个要素的控制运行有效性证据。图4－3列示了控制测试的内容。

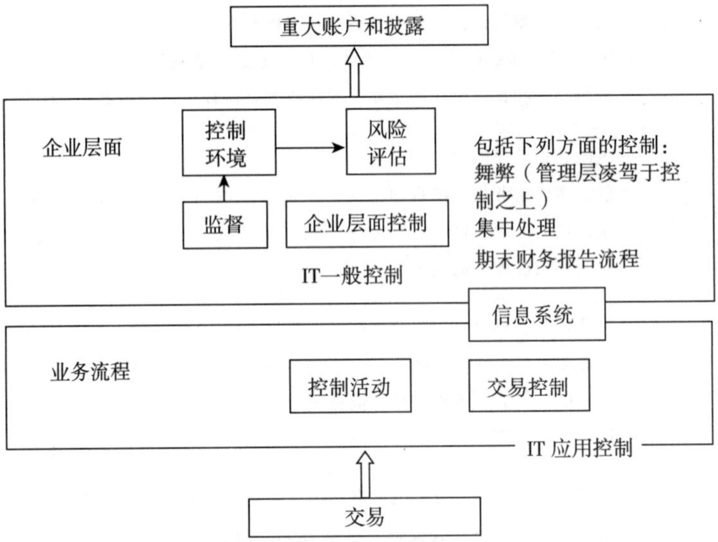

图4－3　控制测试的内容

在获取控制是否得到执行的审计证据时，注册会计师应当确定某项控制是否存在，被审计单位是否正在使用。在测试控制运行的有效性时，注册会计师获取的有关控制运行有效性的审计证据应当包括：（1）控制在所审计期间的相关时点是如何运行的；（2）控制是否得到一贯执行；（3）控制由谁或以何种方式执行。

控制运行有效性强调的是控制能够在各个不同时点按照既定设计得以一贯执行。因此，在了解控制是否得到执行时，注册会计师只需抽取少量甚至一笔交易进行检查或观察某几个时点，例如常见的穿行测试可以实现了解内部控制包括确定控制是否得到执行的效果。但在测试控制运行的有效性时，注册会计师需要抽取足够数量的交易进行检查或对多个不同时点进行观察。

下面举例说明两者之间的区别。

案例4－6　形式上的符合而实质上运行无效的控制

某公司针对销售收入和销售费用的业绩评价控制如下：财务经理每月审核实

际销售收入（按产品细分）和销售费用（按费用项目细分），并与预算数和上年同期数比较，对于差异金额超过5%的项目进行分析并编制分析报告，销售经理审阅该报告并采取适当跟进措施（相关认定：发生、准确性和完整性）。注册会计师抽查了最近三个月的分析报告，并看到上述管理人员在报告上签字确认，证明该控制已经得到执行。然而，注册会计师在与销售经理的讨论中，发现他对分析报告中明显异常的数据并不了解原因，也无法作出合理解释，从而显示该控制并未得到有效的运行。

测试控制运行的有效性与确定控制是否得到执行所需获取的审计证据虽然存在差异，但两者也有联系。为评价控制设计和确定控制是否得到执行而实施的某些程序并非专为控制测试而设计，但可能提供有关控制运行有效性的审计证据，注册会计师可以考虑在评价控制设计和获取其得到执行的审计证据的同时测试控制运行有效性，以提高审计效率；同时注册会计师应当考虑这些审计证据是否足以实现控制测试的目的。

案例4-7 综合运用审计程序可以验证控制运行的有效性

某公司采用预算管理制度，以防止或发现并纠正与费用有关的重大错报风险。注册会计师通过询问管理层对预算的运用，观察管理层对月度预算费用与实际发生费用的比较，检查预算金额与实际金额之间的差异报告，获取了有关被审计单位费用预算管理制度的设计及其是否得到执行的审计证据，同时也可以获取相关制度是否有效运行，以预防和发现费用分类方面的重大错报的审计证据。

（二）实施控制测试的情形

作为进一步审计程序的类型之一，控制测试并非在任何情况下都需要实施。当存在下列情形之一时，注册会计师需要设计和实施控制测试，针对相关控制运行的有效性，获取充分、适当的审计证据：一是在评估认定层次重大错报风险时，预期控制的运行是有效的（即在确定实质性程序的性质、时间安排和范围时，注册会计师拟信赖控制运行的有效性）；二是仅实施实质性程序并不能够提供认定层次充分、适当的审计证据。

1. 第一种情形，在评估认定层次重大错报风险时，预期控制的运行是有效的。根据审计风险模型，重大错报风险包括固有风险和控制风险，如果在评估认定层次重大错报风险时预期控制的运行是有效的，注册会计师应当实施控制测试，就控制在相关期间或时点的运行有效性获取充分、适当的审计证据。此处所说的“预期控制的运行是有效的”是指注册会计师已经将该预期融入对重大错报风险的评估。

下列举例说明：假设某企业存货的计价认定的固有风险为“高”。注册会计师在评估认定层次重大错报风险时预期与存货计价认定相关的内部控制运行有效，有效的内部控制可以降低重大错报风险，此时存货计价认定的重大错报风险为“中”，意味着注册会计师需要从实质性审计程序获取“中”等的保证程度，前提是注册会计师应当测试控制运行的有效性以证实对控制有效性作出的预期。如果控制测试的结果表明控制无效，则注册会计师需要修正对重大错报风险的评估，此时控制无法降低重大错报风险，重大错报风险为“高”，注册会计师需要从实质性审计程序中获取“高”等保证程度。

在实务中，注册会计师可能由于无法预知控制测试的结果，因此会在评估重大错报风险时首先仅考虑固有风险而不因预期内控有效而调低重大错报风险，将控制测试作为针对固有风险的审计应对措施之一。

仍用上述例子说明：假设某企业存货计价认定的固有风险为“高”。注册会计师拟采用综合性审计方案，如果控制测试的结果证明控制运行有效，则剩余重大错报风险为“中”，注册会计师需要从实质性程序中获取“中”等保证程度；如果控制测试的结果表明控制运行无效，则剩余重大错报风险为“高”，注册会计师需要从实质性程序中获取“高”等保证程度。

以上两种方式在实质上都符合审计风险模型的内在原理，其区别仅在于“在测试控制之前先预期控制的有效性并调整重大错报风险”还是“在测试控制之后认定控制的有效性并确定剩余的重大错报风险”。

此外，即使注册会计师通过实施风险评估程序认为被审计单位的内部控制很可能有效运行，也可能决定在评估重大错报风险时不考虑内部控制有效性，即不测试控制运行的有效性而直接实施实质性审计程序（实质性审计方案）。这种做法常见于小型企业审计，此时实质性方案往往被认为效率更高。

综上所述，审计准则规定的应当实施控制测试的第一种情形实际上可以由注册会计师通过选择“综合性方案”或“实质性方案”而自行确定。

2. 第二种情形，仅实施实质性程序并不能够提供认定层次充分、适当的审计证据。注册会计师需要实施控制测试的第二种情形，如果认为仅实施实质性程序获取的审计证据无法将认定层次重大错报风险降至可接受的低水平，注册会计师应当实施相关的控制测试，以获取控制运行有效性的审计证据。例如，在被审计单位对日常交易或与财务报表相关的其他数据（包括信息的生成、记录、处理、报告）采用高度自动化处理的情况下，审计证据可能仅以电子形式存在，此时注册会计师可能发现很难仅通过设计有效的实质性程序以获取认定层次的充分、适当的审计证据。如果信息的生成、记录、处理和报告均通过电子格式进行而没有适当有效的控制，则生成不正确信息或信息被不恰当修改的可能性就会大大增加。在认为仅通过实施实质性程序不能获取充分、适当的审计证据的情况下，注册会计师必须实施控制测试，且这种测试不再是出于成本效益的考虑，而是必须获取的一类审计证据。审计实务中通常将银行、证券公司、保险公司、通信公司、电子商务公司等归入这一范畴。

下面举例予以说明。

案例 4－8　期货交易通过自动化系统完成

某期货公司主要从事期货交易经纪业务，日常交易主要采用期货交易系统完成，高度自动化处理。注册会计师在对主营业务收入、应付保证金等交易、账户余额进行测试时，难以仅通过实质性程序获取认定层次的充分、适当的审计证据，因此需要首先测试自动化系统相关控制的有效性。

案例 4－9　利息收入和支出通过信息系统完成计算

目前国内多数银行的贷款利息收入和存款利息支出均通过核心系统自动进行计算。由于银行业务量非常巨大，注册会计师在针对利息收支等客户的审计过程中，无法实施有效的实质性程序来获取充分、适当的审计证据，因此在实际操作中，需要由系统审计的专家首先对银行的系统及相关内控实施测试，确保系统控制及流程的有效性。

案例 4－10　CSC 系统确定公司外销收入

X 公司是电子类生产企业，主要业务为制造薄膜晶体管液晶显示器件和小尺寸显示平板。海关联网监管企业客户端（以下简称 CSC 系统）中的出口报关信息是由该公司国际贸易部根据报关行传真过来的报关单信息输入的。X 公司 SAP 系统通过与 CSC 系统对接，一旦 CSC 系统中确认了通关状态，外销收入即在 SAP 系统中自动确认。

通过上述信息我们可以看出，X 公司对外销收入的生成、记录完全根据 CSC 系统确定，高度自动化处理，仅通过实施实质性程序不能获取充分、适当的审计证据，需要进行控制测试获取控制运行有效性的证据。

此外需要说明的是，被审计单位在所审计期间内可能由于技术更新或组织管理变更而更换了信息系统，从而导致在不同时期使用了不同的控制。如果被审计单位在所审计期间内的不同时期使用了不同的控制，注册会计师应当考虑不同时期控制运行的有效性。

二、控制测试的性质

（一）控制测试程序的性质

控制测试程序的性质是指控制测试所使用的审计程序的类型及其组合。计划从控制测试中获取的保证水平是决定控制测试性质的主要因素之一。在设计和实施控制测试时，对控制有效性的信赖程度越高，注册会计师应当获取越有说服力的审计证据。计划的保证水平越高，对有关控制运行有效性的审计证据的可靠性要求越高。

在设计和实施控制测试时，注册会计师应当将询问与其他审计程序结合使用，以获取有关控制运行有效性的审计证据；同时还要确定拟测试的控制是否依赖其他控制（间接控制）。如果依赖其他控制，确定是否有必要获取支持这些间接控制有效运行的审计证据。

测试控制有效性的审计程序包括询问、观察、检查和重新执行。下列分别对四种审计程序予以说明：

1. 询问。询问，是指注册会计师以书面或口头方式，向被审计单位内部或外部的知情人员获取财务信息和非财务信息，并对答复进行评价的过程。作为其他审计程序的补充，询问广泛应用于整个审计过程中。

注册会计师通过与被审计单位有关人员进行讨论以取得与内部控制相关的信息。在讨论中，注册会计师需要注意保持职业怀疑。但是，仅实施询问程序不能为某一特定控制的有效性提供充分、适当的证据。注册会计师通常需要获取其他信息以印证询问所取得的信息，这些其他信息包括被审计单位其他人员的佐证，控制执行时所使用的报告、手册或其他文件等。虽然询问是一种有用的手段，但必须和其他测试手段结合使用才能发挥作用。

2. 观察。观察，是指注册会计师查看相关人员正在从事的活动或实施的程序。

观察是测试控制运行不留下书面记录的有效方法。例如：对于与职责分离相关的控制，注册会计师需要获得第一手证据，不仅通过询问取得关于责任分工的信息，而且通过实地观察，证实责任分工控制是按规定执行的。

观察也可用于测试对实物的控制，例如查看仓库门是否锁好，或者空白支票是否妥善保管。通常情况下，注册会计师通过观察直接获取的证据比间接获取的证据更可靠。

观察可以提供执行有关过程或程序的审计证据，但观察所提供的审计证据仅限于观察发生的时点，而且被观察人员的行为可能因受到观察而受到影响，这也会使观察提供的审计证据受到限制。例如：注册会计师可以通过观察处理现金收款的过程以对现金收款的控制进行测试，但是由于观察只针对某一时点，因此注册会计师需要结合运用询问以及检查相关的文件，以获得更多对于某一段时期内控制运行有效性的证据。

3. 检查。检查是指注册会计师对被审计单位内部或外部生成的，以纸质、电子或其他介质形式存在的记录和文件进行审查，或者对资产进行实物审查。

检查通常用于确认控制是否得以执行。例如，对偏差报告进行调查与跟进这一控制，负责调查和跟进的人员在偏差报告中添加的书面说明、管理人员审核时留下的记号或其他标记都可以作为控制得到执行的证据。注册会计师需要检查显示控制得以执行的、可以合理预期其存在的证据。缺乏证据可能表示控制没有按规定运行，注册会计师需要执行进一步程序以确定事实上是否存在有效的控制。

检查记录和文件可以提供可靠程度不同的审计证据。审计证据的可靠性取决于记录或文件的性质和来源，而在检查内部记录和文件时，其可靠性则取决于生成该记录或文件的内部控制的有效性。

例如，被审计单位通过定期复核账龄分析表应对应收账款计价认定错报，如果账龄分析表不准确或不完整，就会影响控制的有效性。

在有些情况下，存在书面证据不一定表明控制一定有效。例如，凭证审核是一种常见的控制，但是看到签名不一定能证明审核人员认真审核了凭证，审核人员可能只粗略浏览凭证，甚至未审核而直接签名。因此，通过检查凭证签名获得的审计证据的质量可能不具有说服力。

4. 重新执行。重新执行是指注册会计师独立执行原本作为被审计单位内部控制组成部分的程序或控制。

通常只有当综合运用询问、观察和检查证据仍无法获得充分、适当的证据时，注册会计师才考虑通过重新执行以证实控制是否有效运行。重新执行的目的是评价控制的有效性而不是测试特定交易或余额的存在或准确性，即定性而非定量，因此一般不必选取大量的项目，也不必特意选取金额重大的项目进行测试。

下列举例说明检查和重新执行这两种测试程序的差异：

例1：测试管理层审核银行存款余额调节表这一控制时，根据测试目的，注册会计师可以检查银行存款余额调节表是否存在，浏览调节事项是否得到适当处理，以及检查调节表上是否有编制者和审批者的签字。如果需要更多的审计证据，例如发现调节表上有非正常项目时，可以考虑重新执行调节过程以确定控制是否有效。重新执行通常包括重新执行审核者实施的步骤，如将调节表上的金额与相关支持性文件进行核对；检查与非正常调节项目相关的支持性文件及对有关调节事项作进一步调查等。如果注册会计师认为银行存款余额调节表编制不当但审核者仍然签名，就需要跟进了解为什么在这种情况下审核者仍然认可调节表，以便决定这种审核是否有效。

例2：测试新客户信用审批这一控制时，如果注册会计师选择实施检查程序，就会检查申请文件以证实授信是否得到适当人员批准。如果注册会计师选择重新执行该控制，就需要审核客户有关资料，评价客户是否符合授信标准，并检查批准程序是否按规定执行。如果发现一个不符合授信政策的项目，注册会计师需要采取跟进措施，确定该审批控制是否有效。

对一些简单、常规的控制，在穿行测试中实施的询问、观察或检查程序可能对于测试该控制的运行有效性而言已经足够。注册会计师不需要机械地认为对所有的关键控制都需要通过重新执行进行测试，而是要根据与控制相关的风险，适当调整控制测试的性质。

下列举例说明各种测试程序在控制测试中的综合运用。

例3：每月手工调节控制。注册会计师在审计被审计单位内部控制时，确定应收账款是一个重要账户。通过与被审计单位员工进行讨论和查阅公司的文件记录，注册会计师了解到员工每月将应收账款明细账与总账进行调节。为确定是否能及时发现应收账款的错报（存在、计价和完整性），注册会计师决定对每月调节程序中存在的控制进行测试。注册会计师根据应收账款账户的数量、金额和账户中发生的交易量，选取应收账款调节表若干样本，对调节控制进行测试。注册会计师决定在10月实施测试调节控制的程序。控制测试的对象总体是1月到9月的调节控制。

在测试调节控制时，注册会计师应注意：

（1）向实施此控制的被审计单位人员进行询问。注册会计师向执行调节流程的人员提出若干问题，这些问题包括：是否有文件记录描述账户调节流程？从事该项工作多长时间？处理调节项目的过程是怎样的？有关人员对调节表进行正式复核和签署的频率是多少？向谁报告调节过程中发现的重大问题？平均每月有多少个调节项目？如何处理长期存在的调节项目？如何在信息系统中对调节项目作出更正（如需要）？调节项目的一般性质是什么？

（2）观察和检查控制的执行。注册会计师观察被审计单位人员实施调节的过程。对于非经常性的调节项目，注册会计师检查调节表是否针对每个项目的性质、采取的解决措施以及该项目是否得到及时解决作出清晰的说明。

（3）重新执行该控制。注册会计师检查调节表并重新执行调节程序。对于5月和9月的调节表，注册会计师以抽查的形式将调节项目与原始文件进行核对。这些调节表中包括的调节项目只有前一天放入保险箱但尚未计入客户账户的现金。注册会计师继续追查这些项目，以确定这些调节项目已在下一个工作日得到处理。

注册会计师还浏览了包含本年度所有调节表的文件夹，发现调节表均已及时完成。为了解被审计单位从期中至期末的剩余期间内是否对调节控制程序作出重大变更，注册会计师向被审计单位人员进行询问，确定这些程序在剩余期间内未发生变化。因此，注册会计师通过浏览月度账户调节表证实控制在剩余期间得到及时执行，从而验证控制在剩余期间仍然有效。

根据注册会计师实施的程序，注册会计师认为截至本年末，该调节控制是有效的。

例4：每日手工预防性控制。注册会计师在审计被审计单位内部控制时，确定银行存款和应付账款是重要账户。通过与被审计单位人员进行讨论，注册会计师了解到公司人员只有在将发票与订购单信息核对一致后，才会付款。为确定是否能及时地预防银行存款（存在）和应付账款（存在、计价和完整性）中存在的错报，注册会计师对“将发票与订购单信息核对一致后再付款”这一控制实施了测试。

注册会计师从1月至9月的银行支付明细账中随意选取了25笔付款记录。在本例中，注册会计师的测试对象是被审计单位员工对常规的支付交易所执行的手工控制，因此认为测试25笔付款交易是适当的。而且，注册会计师根据较早实施的企业层面控制测试的结果，预期该控制不会出现错误。如果发现了一个控制偏差，注册会计师应当分析出现偏差的根本原因，并追加测试项目。如果发现了第二个控制偏差，注册会计师即认定该控制是无效的。注册会计师因此需要增加对银行存款和应付账款实施的实质性程序的范围。

（1）在取得相关凭证后，注册会计师检查发票上是否有应付账款财务人员的签字，证明其已执行核对控制。但是，在凭证上签字并不一定说明工作人员在签字前已认真复核相关信息。工作人员可能只是草草复核或根本没有复核凭证就签字。

（2）注册会计师认为签字不足以证明该控制在测试期间内有效运行。为了获取更多的证据，注册会计师重新执行与签字相关的核对控制，包括检查发票以确定发票信息与订购单信息一致，且发票金额的计算是准确的。

由于注册会计师在期中实施控制测试，因此注册会计师通过询问应付账款财务人员该控制是否仍然存在并有效运行，将该测试前推至年末（从10月至12月）。注册会计师通过对12月的一笔交易实施穿行测试，证实了询问所获得的信息。

根据注册会计师实施的程序，注册会计师认为截至本年末，“将发票与订购单信息核对一致后再付款”这一控制是有效的。

（二）确定控制测试程序时考虑的因素

1. 特定控制的性质。在确定实施哪种程序以获取有关控制运行是否有效的审计证据时，注册会计师需要考虑特定控制的性质。例如，某些控制通过文件记录证明其运行的有效性，在这种情况下，注册会计师可能需要检查这些文件记录以获取控制运行有效的审计证据。而某些控制可能不存在文件记录，或者文件记录与控制运行是否有效不相关。例如，控制环境中的某些要素（如职权和责任的分配），或者某些由计算机实施的控制活动，可能不会留下运行记录。在这种情况下，注册会计师可能需要通过询问并结合其他审计程序（如观察）或借助计算机辅助审计技术，获取有关控制运行有效性的审计证据。

典型的控制测试包括选择有代表性的交易样本或支持性文件，以实施下列工作：

（1）观察正在执行的内部控制的运行情况；

（2）检查控制已得到执行的证据；

（3）询问控制执行的方式和时间；

（4）重新执行控制的运行过程（如控制属于计算机信息系统的情形）。

2. 测试与认定直接相关和间接相关的控制。在设计控制测试时，注册会计师不仅应当考虑与认定直接相关的控制，还应当考虑这些控制所依赖的与认定间接相关的控制，以获取支持控制运行有效性的审计证据。例如，被审计单位可能针对超出信用额度的例外赊销交易设置报告和审核制度（与认定直接相关的控制）；在测试该项制度的运行有效性时，注册会计师不仅应当考虑审核的有效性，还应当考虑与例外赊销报告中信息准确性有关的控制（与认定间接相关的控制，如信息技术一般控制）是否有效运行。

3. 自动化应用控制。对于一项自动化应用控制，由于信息技术处理过程的内在一贯性，注册会计师可以利用该项控制得以执行的审计证据和信息技术一般控制（特别是对系统变动的控制）运行有效性的审计证据，作为支持该项控制在相关期间运行有效性的重要审计证据。

4. 双重目的测试。控制测试的目的是评价控制是否有效运行；细节测试的目的是发现认定层次的重大错报。尽管两者目的不同，但注册会计师可以考虑针对同一交易同时实施控制测试和细节测试，以实现双重目的。例如，注册会计师通过检查某笔交易的发票可以确定其是否经过适当的授权，也可以获取关于该交易的金额、发生时间等细节证据。当然，如果拟实施双重目的测试，注册会计师应当仔细设计和评价测试程序。

案例 4－11 对销售收入实施双重目的的测试

所测试的控制：公司规定，对每一笔销售收入，销售部专职秘书将客户订单、客户已签收的送货单（所有货物由物流公司运送）以及发票（由销售部开具）上的客户名称，货物品种、数量、价格进行核对，并在发票记账联上盖“核对无误”章，交给财务部作为确认销售收入的凭证。对于数据不符的交易则进行调查并调整。

相关的财务报表认定：销售收入的发生、准确性，以及应收账款的存在、准确性。

测试程序：该控制为人工控制，每天发生多次，注册会计师为了获取较高程度的保证，决定从全年已入账的销售收入交易中抽取 60 个样本。该测试是双重目的测试，既可测试控制运行的有效性，同时也是针对销售收入的细节测试。注册会计师询问了执行该控制的销售部专职秘书和负责记录销售收入的会计人员，确认该控制确实得到执行；注册会计师从销售收入明细账中抽取 60 笔交易，核对客户订单、客户已签收的送货单以及发票，以检查有关信息是否一致，发票记账联上是否有“核对无误”章，以及入账金额是否准确。

测试结果：没有发现例外情况。该控制有效运行。注册会计师对该控制可以信赖，同时对所选取的60笔交易实施的细节测试表明不存在错报。

5. 实施实质性程序的结果。如果通过实施实质性程序未发现某项认定存在错报，这本身并不能说明与该认定有关的控制是有效运行的；但如果通过实施实质性程序发现某项认定存在错报，注册会计师应当在评价相关控制的运行有效性时予以考虑。因此，注册会计师应当考虑实施实质性程序发现的错报对评价相关控制运行有效性的影响（如降低对相关控制的信赖程度、调整实质性程序的性质、扩大实质性程序的范围等）。如果实施实质性程序发现被审计单位没有识别出的重大错报，通常表明内部控制存在重大缺陷，注册会计师应当就这些缺陷与管理层和治理层进行沟通。

（三）计算机辅助审计技术的运用

注册会计师可以使用计算机辅助审计技术（CAATs）对电子化的交易和账户文档进行更广泛的测试，包括从主要电子文档中选取交易样本，或者按照某一特征对交易进行分类，或者对总体而非样本进行测试。

计算机辅助审计技术是指利用计算机程序作为审计工作的一部分，以处理被审计单位信息系统中所包含的具有审计价值和意义的数据，例如程序包、为特定目的撰写的程序（如将数据输入计算机系统，并将实际结果和预先设定的结果进行比较）。计算机辅助审计技术可以提高审计程序的效果和效率。在控制测试中运用该技术的好处在于注册会计师可以通过测试来自主数据库或交易数据库的每一笔交易确定是否存在控制缺陷。表4-4列示了计算机辅助审计技术的用途。

表4-4　计算机辅助审计技术的用途

计算机辅助审计技术的用途	
典型程序	选取超过一定金额的特定记录（如支付记录）或既定时间之前的交易
	选取数据库中的第一条和最后一条记录
	识别遗漏和重复的记录
	确定可能的舞弊（如使用白福德定律）
	从电子文件中选出符合预定参数或标准的交易样本
	按照某种特征对交易进行分类
	测试全部总体而非样本
	重新计算（相加）文件（如存货文件）中各条记录的加总货币金额，并检查定价等问题
	对信息进行分层、汇总和账龄分析
	比对各文件中的数据

下面举例说明在控制测试中使用计算机辅助审计技术的情况。

1. 自动化应用控制。最基本的方法就是确定当被审计单位内部控制正常运行时数据库不可能出现的情况。通过分析被审计单位的数据，注册会计师可以发现哪些地方内部控制没有得到很好的执行或已被修改。下面是一些可以用于自动化控制的计算机辅助审计技术的例子：

（1）测试交易是否经过负责输入人员的授权。

（2）测试控制参数之外的交易，例如：金额是否超限；无效金额或负数；空白字段；无效的日期或不属于设定范围之内的日期；无效的数据（例如地域代码，产品代码）；缺乏双重审批；缺乏恰当的审批权限级别；重复交易；交易数据不符。

（3）是否存在经核准的供应商以外的其他供应商付款，如存在，做如下测试：出示订单；订单、发票和收货单必须相符；出库单与发票相符。

2. 信息技术一般控制。下列是一些在测试信息技术一般控制过程中运用计算机辅助审计技术的例子：

（1）系统登录日志的自动测试；

（2）生成登录失败的清单；

（3）将成功的登录同授权用户清单进行核对；

（4）生成前期登录者变化的清单；

（5）发现异常情况（需逐个进行分析）；

（6）从系统中输出被授权人员的清单，然后同员工清单核对，以及和已终止合同关系的员工清单比较；

（7）列出有高级权限的用户清单（如超级用户）；

（8）查找同一用户是否以不同级别权限登录；

（9）查找软件开发人员能否进入生产系统；

（10）查看非软件开发人员能否进入软件开发系统；

（11）生成休眠用户的报告（如超出一定时间则不能进入系统）；

（12）将当前访问权限同前期进行比较；

（13）选择某些程序变化作进一步测试；

（14）将追踪软件中的程序变化同系统记录的变化相比较；

（15）输出一段时间以来系统被中断次数的报告。

三、控制测试的时间安排

（一）控制测试的时间安排的含义

如前所述，控制测试的时间安排包含两层含义：一是何时实施控制测试；二是测试所针对的控制适用的时点或期间。一个基本的原理是，注册会计师应当根据控制测试的目的确定控制测试的时间，并确定拟信赖的相关控制的时点或期间。

如果仅需要测试控制在特定时点的运行有效性（如对被审计单位期末存货盘点进行控制测试，或者对被审计单位新旧会计系统的数据传递和转换的相关控制实施测试），注册会计师只需要获取该时点的审计证据。如果需要获取控制在某一期间有效运行的审计证据，仅获取与时点相关的审计证据是不充分的，注册会计师应当辅以其他控制测试，包括测试被审计单位对控制的监督。换言之，关于控制在多个不同时点的运行有效性的审计证据的简单累加并不能构成控制在某期间的运行有效性的充分、适当的审计证据；而所谓的“其他控制测试”应当具备的功能是，能提供相关控制在所有相关时点都运行有效的审计证据；被审计单位对控制的监督起到的就是一种检验相关控制在所有相关时点是否都有效运行的作用，因此注册会计师测试这类活动能够强化控制在某期间运行有效性的审计证据效力。

（二）期中实施控制测试

如果注册会计师已获取有关控制在期中运行有效性的审计证据，仍然需要考虑如何能够将控制在期中运行有效性的审计证据合理延伸至期末，一个基本的考虑是针对期中至期末这段剩余期间获取充分、适当的审计证据。因此，如果已获取有关控制在期中运行有效性的审计证据，并拟利用该证据，注册会计师需要获取这些控制在剩余期间变化情况的审计证据，以及确定针对剩余期间还需获取的补充审计证据。

期中审计工作实施得越早，则注册会计师能够从当时所测试的控制中获得的保证程度就越低。此外，如果存在管理层在剩余期间凌驾于控制之上的较大风险，则针对剩余期间控制运行的有效性获取证据就显得尤其重要。

当确定对剩余期间的控制获取进一步审计证据时，首先要考虑期中之后被审计单位的内部控制是否发生了重大变化，包括期中以后在信息系统、流程和人员上发生的变化。此外，也要分别和综合考虑下列因素：

（1）评估的认定层次重大错报风险的重要程度。

（2）在期中测试的控制的性质和特征，以及自期中测试后发生的重大变化，包括在信息系统、流程和人员方面发生的变化。

（3）在期中对有关控制运行有效性获取的审计证据的程度。

（4）剩余期间的长度。剩余期间越长，注册会计师对控制在剩余期间有效性需要获得的审计证据越多。

（5）在信赖控制的基础上拟减少进一步实质性程序的范围。注册会计师对相关控制的信赖程度越高，通常在信赖控制的基础上拟减少进一步实质性程序的范围就越大。在这种情况下，注册会计师需要获取的剩余期间的补充证据就越多。

（6）控制环境的质量。在注册会计师总体上拟信赖控制的前提下，控制环境越薄弱（或把握程度越低），注册会计师需要获取的剩余期间的补充证据越多。

确定对剩余期间的控制实施测试的性质和范围，是注册会计师在考虑上述因素后作出的职业判断。对剩余期间获取的审计证据可能来自于对剩余期间内的控制测试，或者对被审计单位对控制的监督的测试。

除了上述的测试剩余期间控制的运行有效性，测试被审计单位对控制的监督也能够作为一项有益的补充证据，以便更有把握地将控制在期中运行有效性的审计证据延伸至期末。如前所述，被审计单位对控制的监督起到的是一种检验相关控制在所有相关时点是否都有效运行的作用，因此，通过测试剩余期间控制的运行有效性或测试被审计单位对控制的监督，注册会计师可以获取补充审计证据。注册会计师需要考虑下列因素：

（1）管理层对控制的监督。例如管理层对偏差报告审核这一控制的有效性实施的监督。测试剩余期间内的这些监督措施可以证实控制活动的持续有效运行。

（2）高层次控制活动的运行。测试高层管理人员在剩余期间实施的控制活动能够为较低层次的自动化控制或人工控制的有效运行提供证据。这些控制可能是高层管理人员实施的高层次的业绩评价。

（3）人工控制比自动化控制更可能发生偶然性失败。在确定拟信赖人工控制并对控制的持续有效运行获取证据时，需要考虑报告频率、实施控制的人员数量、控制实施地点等因素。

（4）在信息技术一般控制运行有效的前提下，自动化控制一般不会发生偶然性的失败，而且其效果不随时间而减弱。对剩余期间内信息系统和信息技术方面的控制监督的有效运行实施测试，可以为针对维护、信息安全和计算机运行的信息技术一般控制的有效运行提供充分证据。

（5）注册会计师可以考虑把对剩余期间控制的测试限于询问控制是否持续运行和检查、证实控制被执行的文件记录，例如查阅带有管理层报告及与管理层进行后续沟通的文件记录。

（6）如果控制是累加性的，例如查阅和跟进包括本年度到目前为止所有偏差项目（除非已解决）的偏差报告，或者总账和相关明细账之间的调节，则不一定需要把控制测试分布到整个剩余期间。这种情况下，证实控制在年末有效发挥作用就可以同时证实控制在剩余期间也有效发挥作用。

（三）控制测试的周期

在使用以前审计获取的审计证据之前，需要确定这些证据在各期的持续相关性。注册会计师可以向管理层和其他人员询问控制的变化，或者观察或检查内部控制以确定其是否持续执行。

1. 考虑控制在本期是否发生变化。在某些情况下，如果注册会计师实施了用以确定审计证据持续相关性的审计程序，以前审计获取的审计证据可以为本期提供相关审计证据。例如，在以前期间执行审计时，注册会计师可能确定被审计单位某项自动化控制能够发挥预期作用。那么在本期审计中，注册会计师可能需要获取审计证据以确定是否发生了影响该自动化控制持续有效发挥作用的变化。例如，注册会计师可以通过询问管理层或检查日志，确定哪些控制已经发生变化。通过考虑控制变化的证据，注册会计师可以增加或减少需要在本期获取的有关控制运行是否有效的审计证据。

2. 控制在本期发生变化。如果控制在本期发生变化，注册会计师应当考虑以前审计获取的有关控制运行有效性的审计证据是否与本期审计相关。例如，如果系统的变化仅仅使被审计单位从中获取新的报告，这种变化通常不影响以前审计所获取证据的相关性；如果系统的变化引起数据累积或计算发生改变，这种变化可能影响以前审计所获取证据的相关性。

3. 控制在本期未发生变化。如果拟信赖的控制自上次测试后未发生变化，且不属于旨在减轻特别风险的控制，注册会计师需要运用职业判断确定是否在本期审计中测试其运行的有效性，以及本次测试与上次测试的时间间隔，但每三年至少对控制测试一次。

如果拟信赖以前审计获取的某些控制运行有效性的审计证据，注册会计师应当在每次审计时从中选取足够数量的控制，测试其运行有效性；不应将所有拟信赖控制的测试集中于某一次审计，而在之后的两次审计中不进行任何测试。

一般情况下，重大错报风险越高，或者对控制的拟信赖程度越高，时间间隔（如有）就越短。下列因素可能缩短再次测试控制的时间间隔或导致完全不信赖以前审计获取的审计证据：

（1）控制环境薄弱；

（2）对控制的监督薄弱；

（3）相关控制中的人工成分较多；

（4）发生对控制运行产生重大影响的人事变动；

（5）环境的变化表明需要对控制作出相应的变动；

（6）信息技术一般控制薄弱。

如果注册会计师拟信赖以前审计已获取审计证据的多个控制，在每次审计中测试其中的某些控制可以为控制环境的持续有效性提供佐证信息。这些信息能够帮助注册会计师确定依赖以前审计获取的审计证据是否适当。

当出现下列情形时，禁止使用以前年度实施的控制测试：

（1）需要信赖旨在降低“特别风险”的控制；

（2）本期内部控制的运行已经发生变化；

（3）旨在通过控制降低的风险已经发生变化。

图 4－4 概括了注册会计师对是否需要在本期测试某项控制的决策过程。

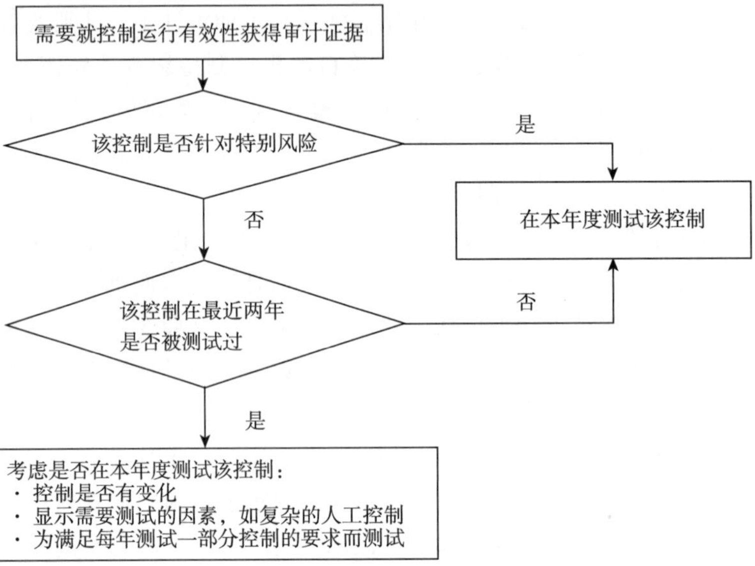

图 4－4　是否需要在本期测试的决策过程

四、控制测试的范围

对于控制测试的范围，其含义主要是指某项控制活动的测试次数，即测试的样本规模。

（一）确定控制测试范围考虑的因素

当针对控制运行的有效性需要获取更具说服力的审计证据时，可能需要扩大控制测试的范围。在确定控制测试的范围时，注册会计师可能考虑下列因素：

（1）在整个拟信赖的期间，被审计单位执行控制的频率。控制执行的频率越高，控制测试的范围越大。

（2）在所审计期间，注册会计师拟信赖控制运行有效性的时间长度。拟信赖控制运行有效性的时间长度不同，在该时间长度内发生的控制活动次数也不同。注册会计师需要根据拟信赖控制的时间长度确定控制测试的范围，拟信赖期间越长，控制测试的范围越大。

（3）为证实控制能够防止或发现并纠正认定层次重大错报，所需获取审计证据的相关性和可靠性。对审计证据的相关性和可靠性要求越高，控制测试的范围越大。

(4) 通过测试与认定相关的其他控制获取的审计证据的范围。针对同一认定，可能存在不同的控制。当针对其他控制获取审计证据的充分性和适当性较高时，测试该控制的范围可适当缩小。

(5) 在风险评估时拟信赖控制运行有效性的程度，并依据对控制的信赖程度相应减少实质性程序。注册会计师在风险评估时对控制运行有效性的拟信赖程度越高，需要实施控制测试的范围越大。

(6) 控制的预期偏差。预期偏差可以用控制未得到执行的预期次数占控制应当得到执行次数的比率加以衡量（也可称作预期偏差率）。考虑该因素，是因为在考虑测试结果是否可以得出控制运行有效性的结论时，不可能只要出现任何控制执行偏差就认定控制运行无效，所以需要确定一个合理水平的预期偏差率。控制的预期偏差率越高，需要实施控制测试的范围越大。注册会计师应当考虑，预期偏差率是否表明控制不足以将认定层次的重大错报风险降低至评估的水平。如果控制的预期偏差率过高，注册会计师应当考虑控制可能不足以将认定层次的重大错报风险降至可接受的低水平，从而针对某一认定实施的控制测试可能是无效的。

(二) 测试人工控制的最小样本规模

在整合审计中，注册会计师实施的控制测试能够同时实现两个目标：(1) 获取充分、适当的审计证据，支持其在内部控制审计中对内部控制有效性发表的意见；(2) 获取充分、适当的证据，支持其在财务报表审计中对控制风险的评估结果。本书结合内部控制审计，对控制测试的样本规模予以说明。

在测试人工控制时，如果采用检查或重新执行程序，注册会计师测试的最小样本规模区间如表 4－5 所示。

表 4－5　　最小样本规模区间

控制运行频率	控制运行的总次数	测试的最小样本规模区间
每年 1 次	1	1
每季 1 次	4	2
每月 1 次	12	2～5
每周 1 次	52	5～15
每天 1 次	250	20～40
每天多次	大于 250 次	25～60

在运用表 4－5 时，注册会计师应当注意下列事项：

(1) 测试的最小样本规模是指所需测试的控制运行次数；

(2) 注册会计师应当根据与控制相关的风险，基于最小样本规模区间确定具体的样本规模；

（3）表 4－5 假设控制的运行偏差率预期为零，如果预期偏差率不为零，注册会计师应当扩大样本规模；

（4）如果注册会计师不能确定控制运行的频率，但是知道控制运行的总次数，仍可根据“控制运行的总次数”一列确定测试的最小样本规模。

在下列情况下，注册会计师可以使用表 4－5 中测试的最小样本规模区间的最低值（如对于每天运行多次的控制，选择 25 个样本规模）：

（1）与账户及其认定相关的固有风险和舞弊风险为低水平；

（2）该控制是常规控制，执行时需要很少判断；

（3）从穿行测试得出的结论和以前年度审计的结果表明未发现控制缺陷。

例如，某公司存在一项每月运行 1 次的控制，如某一员工对 50 个银行账户每月编制银行余额调节表。第一步，计算控制每年运行的总次数，12 × 50 = 600。第二步，根据总次数选择表 4－5 中对应的部分，应为大于 250 次，每天多次，样本规模应为 25 ~ 60。

如果由多个人员执行同一控制，应当分别确定总体，针对每个人员确定样本规模。如果由 2 个人执行 600 次控制，每个人样本规模应为 25，即针对每个人测试 25 次，一共 50 个样本。

在确定控制运行的总次数时，还要注意拟测试的控制是否是同质的，能否作为一个总体。在本例中，如果由统一的财务主管复核每个人编制的银行存款余额调节表，通过了解和评价财务主管的复核控制，可以保证经复核的控制是同质的，则可以将 2 个人执行的控制作为一个总体。

注册会计师也可以使用置信系数和可容忍偏差率来确定样本规模。如果用最小样本规模来测试控制的运行有效性，通常采用 90% 的置信水平（置信系数 = 2.3）（见表 4－6），最大可容忍偏差率为 10%，最小的样本规模为 23。计算方法如下：置信系数（2.3）÷ 可容忍偏离率（0.1）= 样本规模 23。

表 4－6　置信系数表

保证程度	置信系数
50%	0.7
55%	0.8
60%	0.9
65%	1.1
70%	1.2
75%	1.4
80%	1.6

续表

保证程度	置信系数
85%	1.9
90%	2.3
95%	3.0
98%	3.7
99%	4.6

（三）测试自动化应用控制的最小样本规模

信息技术处理具有内在一贯性，除非系统发生变动，一项自动化应用控制应当一贯运行。对于一项自动化应用控制，一旦确定被审计单位正在执行该控制，注册会计师通常无须扩大控制测试的范围，但需要考虑执行下列测试以确定该控制持续有效运行：

（1）测试与该应用控制有关的一般控制的运行有效性；

（2）确定系统是否发生变动，如果发生变动，是否存在适当的系统变动控制；

（3）确定对交易的处理是否使用授权批准的软件版本。

例如，注册会计师可以检查信息系统安全控制记录，以确定是否存在未经授权的接触系统硬件和软件，以及系统是否发生变动。

在信息技术一般控制有效的前提下，除非系统发生变动，注册会计师或其专家可能只需要对某项自动化应用控制的每一相关属性进行一次系统查询以检查其系统设置，即可得出所测试自动化应用控制是否运行有效的结论。

如果无法采用系统查询的方法，注册会计师或其专家可以考虑采用其他的测试方法，例如在系统中提交测试数据并与实际数据结果或根据业务规则预期将得到的数据相对比等方法。

除非系统（包括系统使用的表格、文档或其他永久性数据）发生变动，注册会计师通常不需要扩大自动化控制的测试范围。

五、发现偏差时的处理

如果在控制测试中发现控制偏差，注册会计师应当确定对下列事项的影响：

（1）与所测试控制相关的风险的评估；

（2）需要获取的审计证据；

（3）控制运行有效性的结论。

评价控制偏差的影响需要注册会计师运用职业判断，并受到控制的性质和所发现偏差数量的影响。如果发现的控制偏差是系统性偏差或人为有意造成的偏差，注册会计师应当考虑舞弊的可能迹象以及对审计方案的影响。

在评价控制测试中所发现的某项控制偏差是否为控制缺陷时，注册会计师可以考虑的因素包括：

（1）该偏差是如何被发现的。例如，如果某控制偏差是被另外一项控制所发现的，则可能意味着被审计单位存在有效的检查性控制。

（2）该偏差是与某一特定的地点、流程或应用系统相关，还是对被审计单位有广泛影响。

（3）就被审计单位的内部政策而言，该控制出现偏差的严重程度。例如，某项控制在执行上晚于被审计单位政策要求的时间，但是仍在编制财务报表之前得以执行，还是该项控制根本没有得以执行。

（4）与控制运行频率相比，偏差发生的频率大小。

由于有效的内部控制不能为实现控制目标提供绝对保证，单项控制并非一定要毫无偏差地运行才被认为有效。在按照表4－5所列示的样本规模进行测试的情况下，如果发现控制偏差，注册会计师应当考虑偏差的原因及性质，并考虑采用扩大样本规模等适当的应对措施以判断该偏差是否对总体不具有代表性。

例如，对每日发生多次的控制，如果初始样本规模为25个，当测试发现一项控制偏差，且该偏差不是系统性偏差时，注册会计师可以扩大样本规模进行测试，所增加的样本规模至少为15个。如果测试后再次发现偏差，则注册会计师可以得出该控制无效的结论。如果扩大样本规模没有再次发现偏差，则注册会计师可以得出控制有效的结论。

抽样结果也可以将最大可容忍偏差率和偏差率上限进行比较来评价。偏差率上限可近似通过下列公式计算：偏差率上限＝调整后的置信系数 ÷ 样本规模。调整后的置信系数可以根据发现的偏差数量来确定，如表4－7所示。

表4－7　　针对已发现偏差调整后的置信系数

要求的置信水平	1	2	3	4	5
95%	4.7	6.3	7.8	9.2	10.5
90%	3.9	5.3	6.7	8.0	9.3
80%	3.0	4.3	5.5	6.7	7.9
70%	2.4	3.6	4.7	5.8	7.0

例如，假定抽取30个项目（使用90%置信水平和10%可容忍偏差率），发现了2个偏差，则偏差率上限计算如下：调整后的置信系数（5.3）÷样本规模（30）＝偏差率上限（17%）。

偏差率上限17%远高于最大可容忍偏离率10%，这意味着对控制有效性的信赖度不得不降低。然而，如果要增加样本规模，它必须扩大到60个项目，并且不会进一步发现偏差。这将使偏差率上限降至可接受的水平（也就是说接近原来的10%）。调整后的置信系数（5.3）÷样本规模（60）=偏差率上限（9%）。然而，如果进一步发现有偏差，仍然需要再扩大样本规模，以期达到预期结果。若仍再次发现偏差，则很可能导致审计时间的无效使用。例如，样本规模为75个项目：调整后的置信系数（6.7）÷样本规模（75）=偏差率上限（9%）。

六、通报内部控制缺陷

（一）内部控制缺陷的含义

在审计过程中，注册会计师可能识别出内部控制缺陷和值得关注的内部控制缺陷。内部控制缺陷，是指在下列任一情况下内部控制存在的缺陷：（1）某项控制的设计、执行或运行不能及时防止或发现并纠正财务报表错报；（2）缺少用以及时防止或发现并纠正财务报表错报的必要控制。表4-8列示了一些常见的控制缺陷。

表4-8　　常见的控制缺陷

常见的控制缺陷	
企业层面控制	薄弱的控制环境（企业层面），例如监督不力，对内部控制的态度消极，或者发现管理层凌驾于内部控制之上或舞弊的案例等
	导致关键职位空缺的人事变动，或者在职人员（例如会计人员）不具备完成规定的任务所需的胜任能力
	识别出信息技术一般控制中的缺陷
	未实施适当的控制去处理非经常性事件，例如引入新的会计系统、销售系统的自动化、收购一个新业务等
	管理层没有能力监督财务报表编制。下列方面可能存在不足： • 一般监督控制（例如对财会人员的监督）； • 与舞弊的预防和发现有关的控制； • 与重要会计政策的选择和运用有关的控制； • 与重大关联方交易有关的控制； • 与超出被审计单位正常经营过程的重大交易有关的控制； • 与期末财务报告过程有关的控制（如与非经常性会计分录有关的控制）
	已就控制缺陷与管理层或治理层进行沟通，但在合理期间后仍未更正

续表

常见的控制缺陷	
业务流程控制	管理层对识别出的特别风险的无效应对（例如，缺乏与该风险有关的控制）
	注册会计师发现本可以通过被审计单位的内部控制防止或发现并纠正的错报
	现有的内部控制具有下列特征： • 不足以降低风险（设计不合理）； • 未按照设计运行（执行无效）。可能导致这一问题的原因包括缺乏培训、员工缺乏胜任能力或执行规定任务的资源不足

（二）评估值得关注的内部控制缺陷

值得关注的内部控制缺陷，是指注册会计师根据职业判断，认为足够重要从而值得治理层关注的内部控制的一个缺陷或多个缺陷的组合。

内部控制的一个缺陷或多个缺陷的组合的重要性，不仅取决于是否实际发生了错报，而且取决于错报发生的可能性和错报的潜在重要程度。因此，即使注册会计师在审计过程中没有发现错报，也可能存在值得关注的内部控制缺陷。

表 4－9 列示了值得关注的内部控制缺陷评估标准。

表 4－9　　值得关注的内部控制缺陷评估标准

值得关注的内部控制缺陷评估标准	
评估缺陷的标准	缺陷在未来导致财务报表重大错报的可能性
	资产或负债易于发生舞弊或错误的可能性
	在确定估计金额时的主观性和复杂性，如公允价值会计估计
	受缺陷影响的财务报表金额
	受缺陷影响的账户余额或某类交易已经或可能发生的业务量
	与财务报告过程相关的控制（包括其重要性），例如一般监督控制（如管理层的监督）、对防止和发现舞弊的控制、对选择和运用重大会计政策的控制、对重大关联方交易的控制、对超出被审计单位正常经营过程的重大交易的控制、对期末财务报告流程的控制（如对非常规会计分录的控制）
	发现的由于控制缺陷导致的例外事项的原因与频率
	内部控制中某一缺陷与其他缺陷的相互影响

表 4－10 列示了值得关注的内部控制缺陷的迹象。

表 4－10　　值得关注的内部控制缺陷的迹象

值得关注的内部控制缺陷的迹象
控制环境无效的证据，例如： （1）与管理层经济利益相关的重大交易没有得到治理层适当审查； （2）识别出被审计单位内部控制未能防止的管理层舞弊（无论是否重大）；管理层未能对以前已经沟通的值得关注的内部控制缺陷采取适当的纠正措施
风险评估过程无效，例如： （1）被审计单位内部缺乏风险评估过程，风险评估过程无效； （2）管理层未能识别出注册会计师预期被审计单位的风险评估过程应当识别出的重大错报风险
没有有效应对识别出的特别风险的证据（如缺乏针对这种风险的控制）
注册会计师实施程序发现的、被审计单位的内部控制未能防止或发现并纠正的错报
重述以前公布的财务报表，以更正由于舞弊或错误导致的重大错报
管理层无力监督财务报表编制的证据

（三）通报内部控制缺陷

1. 向治理层通报值得关注的内部控制缺陷。以书面形式向治理层通报值得关注的内部控制缺陷，可以反映这些事项的重要性，有助于治理层履行监督责任。

在确定何时致送书面沟通文件时，注册会计师可能考虑治理层收到这些沟通文件时是否使其能够履行监督责任。对于上市实体，治理层可能需要在批准财务报表前收到注册会计师的书面沟通文件，以履行监督的特定责任。对于其他实体，注册会计师可能在较晚的日期致送书面沟通文件。但是，在后一种情形下，由于书面沟通文件构成最终审计档案的一部分，因此，受到及时完成最终审计档案归档要求的约束。

无论在何时以书面形式通报值得关注的内部控制缺陷，注册会计师都可以尽早向管理层和治理层（如适用）口头通报这些事项，以便帮助他们及时采取纠正措施以降低重大错报风险。但是，这么做并不减轻注册会计师根据准则的要求以书面形式通报值得关注的内部控制缺陷的责任。

通报值得关注的内部控制缺陷的详细程度，需要注册会计师根据具体情况作出职业判断。在确定通报的详细程度时，注册会计师可能考虑下列主要因素：

（1）被审计单位的性质。例如，对于公众利益实体，通报的要求可能不同于非公众利益实体。

（2）被审计单位的规模和复杂程度。例如，对于复杂实体，通报的要求可能不同于经营简单业务的实体。

（3）注册会计师识别出的值得关注的内部控制缺陷的性质。

（4）被审计单位治理层的构成。例如，如果治理层包括缺乏被审计单位所在行业或影响领域的经验的成员，通报可能需要更加详细。

（5）法律法规对通报特定类型的内部控制缺陷的规定。

2. 向管理层通报内部控制缺陷。通常情况下，适当层级的管理层是有责任和权力评价内部控制缺陷并采取必要纠正措施的人员。对于值得关注的内部控制缺陷，适当的层级可能是首席执行官或首席财务官（或类似人员）。对于内部控制其他缺陷，适当的层级可能是更直接地参与所影响的领域并有权采取适当纠正措施的负责被审计单位运营的管理层。

某些识别出的值得关注的内部控制缺陷，可能引发对管理层的诚信或胜任能力的质疑。例如，可能存在管理层舞弊或有意违反法律法规的证据，或者管理层可能无力监督相关财务报表的编制。因此，直接向管理层通报这些缺陷可能是不适当的。

在审计过程中，注册会计师可能识别出虽不构成值得关注的内部控制缺陷，但可能足够重要、值得管理层关注的其他缺陷。确定哪些是值得管理层关注的其他缺陷，需要注册会计师根据具体情况作出职业判断。注册会计师在作出判断时，需要考虑这些缺陷可能导致财务报表错报的可能性和错报的潜在重要程度。

通报值得管理层关注的其他缺陷不需要采取书面形式，可以采取口头形式。如果已与管理层讨论审计结果中的事实和情况，注册会计师可以认为在进行讨论的同时已向管理层口头通报这些其他缺陷。因此，此后不需要再进行正式通报。

如果注册会计师已在上期向管理层通报了值得关注的其他缺陷，并且管理层出于成本或其他方面的原因而选择不纠正这些缺陷，注册会计师没有必要在本期重复通报。如果其他机构或人员以前曾向管理层通报过这些缺陷，注册会计师也不必重复通报这些信息。但是，如果管理层发生变化，或者注册会计师注意到新信息使注册会计师和管理层改变以前对该缺陷的理解，注册会计师重新通报这些其他缺陷可能是适当的。管理层未能纠正以前通报过的其他缺陷，可能变成需要与治理层沟通的值得关注的内部控制缺陷。

3. 对通报内部控制缺陷的反应。管理层和治理层有责任适当回应注册会计师提出的内部控制的重要缺陷和所有补救措施建议。其回应的方式可能有如下几种：一是采取补救措施，纠正注册会计师识别出的缺陷。二是决定不采取任何行动。管理层可能已经意识到了重要缺陷，但是鉴于成本或其他考虑，选择不对其进行补救。三是完全没有反应。这可能表明管理层对内部控制的态度消极，并且会影响财务报表层次的风险评估。在有些情况下，这种不作为本身可能就构成重要缺陷。

不管管理层采取何种措施，注册会计师必须与管理层书面沟通所有重要缺陷。这包括前期已经报告的重要缺陷。注册会计师的职责不包括判断减轻某一缺陷的成本是否超过获得的好处。

如果之前沟通过的重要缺陷仍然存在，本期的沟通可以再次对其进行描述，或者简单地参考之前的沟通。

如果该缺陷并不重要，注册会计师没有必要写入书面报告或在本期重复沟通。但如果管理层发生了变动，或者新的信息引起注册会计师的注意，那么注册会计师重复沟通其他缺陷是适当的。

4. 值得关注的内部控制缺陷的书面沟通文件的内容。在解释值得关注的内部控制缺陷的潜在影响时，注册会计师不需要将这些后果量化。注册会计师可以出于报告目的将值得关注的内部控制缺陷分类汇总，还可以在书面沟通文件中包括针对该缺陷提出的纠正措施、管理层已采取或拟采取的应对措施，并说明注册会计师是否证实管理层是否已采取应对措施。

注册会计师可能认为将下列信息包含在通报内容中是适当的：

（1）如果对内部控制实施了更广泛的程序，注册会计师可能识别出更多的需要报告的缺陷，或者认为已报告的某些缺陷实际上不需要报告；

（2）这种通报是为治理层提供的，可能不适用于其他目的。

法律法规可能要求注册会计师或管理层向适当的监管机构提交关于值得关注的内部控制缺陷的书面沟通文件的副本。在这种情况下，注册会计师可以在书面沟通文件中注明这些监管机构。

第五节　实质性程序

一、实质性程序的含义和需要实施实质性程序的情形

（一）实质性程序的含义

实质性程序是指注册会计师针对评估的重大错报风险实施的直接用以发现认定层次重大错报的审计程序。注册会计师应当针对评估的重大错报风险设计和实施实质性程序，以发现认定层次的重大错报。实质性程序包括对各类交易、账户余额、披露的细节测试以及实质性分析程序。

（二）需要实施实质性程序的情形

由于注册会计师对重大错报风险的评估是一种判断，可能无法充分识别所有的重大错报风险，并且由于内部控制存在固有限制（如管理层凌驾于控制之上

等），无论评估的重大错报风险结果如何，即使注册会计师认为针对某些交易、账户余额、披露的特定认定仅实施控制测试就可以将重大错报风险降至可接受的低水平，注册会计师仍应当针对所有重大类别的交易、账户余额、披露实施实质性程序。

注册会计师实施的实质性程序应当包括下列与财务报表编制完成阶段相关的审计程序：一是将财务报表与其所依据的会计记录进行核对或调节；二是检查财务报表编制过程中作出的重大会计分录和其他调整。

注册会计师对会计分录和其他会计调整检查的性质和范围，取决于被审计单位财务报告过程的性质和复杂程度以及由此产生的重大错报风险。

如果认为评估的认定层次重大错报风险是特别风险，注册会计师应当专门针对该风险实施实质性程序。例如，如果认为管理层面临实现盈利指标的压力而可能提前确认收入，注册会计师在设计询证函时不仅应当考虑函证应收账款的账户余额，还应当考虑询证销售协议的细节条款（如交货、结算及退货条款）；注册会计师还可考虑在实施函证的基础上针对销售协议及其变动情况询问被审计单位的非财务人员。

如果针对特别风险仅实施实质性程序，注册会计师应当使用细节测试，或者将细节测试和实质性分析程序结合使用，以获取充分、适当的审计证据。设计与特别风险相关的实质性程序以获取可靠程度高的审计证据，是最常用的获取充分、适当的审计证据的方法。

典型的实质性程序包括选择账户余额或有代表性的交易样本，以实施下列工作：

（1）重新计算已记录金额以确认准确性；

（2）确认余额的存在（如应收款项、银行账户、投资等）；

（3）确保交易记录于正确的期间（截止测试）；

（4）将不同期间的数字进行比较或与预期进行比较（分析程序）；

（5）检查支持性文件（如发票或销售合同）；

（6）观察记录资产的实物存在（存货监盘）；

（7）复核价值减损计提的充分性（可疑的账户和废弃的存货）。

二、实质性程序性质

（一）实质性程序性质的含义

实质性程序性质，是指实质性程序的类型及其组合。前已述及，实质性程序的两种基本类型包括细节测试和实质性分析程序。

细节测试是对各类交易、账户余额、披露的具体细节进行测试，目的在于直接识别财务报表认定是否存在错报。

实质性分析程序从技术特征上仍然是分析程序，主要是通过研究数据间关系评价信息，将该技术方法用作实质性程序，即用以识别各类交易、账户余额、披露及相关认定是否存在错报。

（二）细节测试

细节测试适用于对各类交易、账户余额、披露认定的测试，尤其是对存在或发生、计价认定的测试；在某些情况下，注册会计师可能决定只实施细节测试，或将细节测试与实质性分析程序结合使用，以便最恰当地应对评估的风险。

注册会计师应当根据评估的风险和认定的性质设计细节测试，获取充分、适当的审计证据，以达到认定层次所计划的保证水平。例如，在针对存在或发生认定设计细节测试时，注册会计师应当选择包含在财务报表金额中的项目，并获取相关审计证据；又如，在针对完整性认定设计细节测试时，注册会计师应当选择有证据表明应包含在财务报表金额中的项目，并调查这些项目是否确实包括在内。如为应对被审计单位漏记本期应付账款的风险，注册会计师可以检查期后付款记录。

在设计细节测试时，注册会计师通常从样本量的角度考虑测试范围，但还可能考虑其他相关因素，包括使用其他选取测试项目的方法是否更有效等。

案例 4－12　对在建工程没有实施实地检查

实地检查是确认在建工程存在认定最有力的证据。某公司在建工程的期末余额为 42.89 亿元，占资产总额的 17%；2007 年比 2006 年末增加了 20.92 亿元，增幅 95%；增加的在建工程主要是 60 万吨的甲醛项目和煤田煤炭资源开发项目。

注册会计师获取了在建工程明细表，询问了当年在建工程的增加情况，获取并检查了相关原始凭证，例如工程借款合同、发票、入库单、运单等，查阅了资本支出预算，检查了本年度增加的在建工程记录。

但工作底稿中没有监盘计划、监盘时间、监盘人员，没有记录实地检查情况。注册会计师没有与客户工程人员沟通讨论，并签字确认，也没有与账面记录的工程进度进行核对确认。编制的在建工程实地检查（监盘）记录中，大部分工作底稿仅以“√”标注对该项目进行了实地检查，但没有详细记录检查情况。在××项目 23.7 亿元在建工程底稿中，有 17.9 亿元未见实地检查（监盘）的相关底稿；在××项目 12 亿元的底稿中，有 10.2 亿元未见实地监盘的相关底稿。

注册会计师编制的工作底稿没有充分的实地检查（监盘）过程，不能为在建工程的存在认定提供充分、适当的审计证据。

案例 4－13　对存货实施的监盘程序不到位

K 股份有限公司主要以农副产品加工为主，兼营化工行业，公司拥有 66 家全资或控股子公司，且分布广泛，给存货审计带来了很大的挑战。2009 年 12 月 31 日，公司资产净额 56 亿元，比上年增加 8%，存货净额 10 亿元，比上年增加 90%，其中原材料占比为 65%，库存商品为 25%；营业收入 103 亿元，比上年增加 0.7%，其中饲料收入为 81.7%，化工及新能源为 11.6%。

注册会计师在 2009 年度财务报表审计过程中对存货实施的主要程序包括：对 K 公司总部及化工板块的子公司的存货（占存货净额的 10% 左右）实施了监盘，并编写了存货监盘小结，结论为存货账实相符。对于剩余的存货，注册会计师考虑采用 K 公司内部审计工作，并对利用内部审计工作实施了审计程序。主要为：对内部审计机构的设置和人员进行了解，认为内部审计队伍素质较高，查看并获取了审计部 2009 年度审计工作总结，其中提到，实物资产的安全完整是审计的重点，计划在 2008 年 11 月至 2010 年 2 月审计每一个公司，原则上都要对实物资产进行盘点，由于全面盘点有困难，因此进行抽查盘点。根据上述程序，注册会计师认为 K 公司内部审计执行力较强，内部审计盘点结果可以信赖，证明了存货的存在与完整性，最终出具了无保留审计意见。

K 公司的存货净额占总资产的 18%，存在重大影响，加上农产品存货有着易于损坏的特点，因此存货项目可能存在重大错报风险。然而注册会计师在审计过程中，对存货的监盘并不到位。在总部和化工板块的监盘中，注册会计师未编制存货监盘计划，同时也没有观察并记录 K 公司是否已恰当区分所有损毁、陈旧、过时和残次的存货，只是简单说明盘点结果账实相符。同时，由于内部审计部在 2008 年至 2010 年完成子公司的审计，与财务报表需要确定存货 2009 年 12 月 31 日状况的要求不符。注册会计师在利用内部审计工作时，仅仅停留于了解内部审计机构的设置和人员配备，未与内部审计人员就审计计划进行讨论，也未能获得子公司的内部审计报告，而且，没有进一步了解内部审计人员所关注的重大事项以及可能影响注册会计师对实物资产内部控制的信赖。因此注册会计师实施的存货监盘程序不到位，在考虑利用 K 公司内部审计工作结果时也存在审计缺陷，出具的无保留意见不合适。

（三）设计实质性分析程序

实质性分析程序通常更适用于在一段时期内存在可预期关系的大量交易。在某些情况下，注册会计师可能认为仅实施实质性分析程序就足以将重大错报风险降至可接受的低水平。例如，当针对控制有效性获取的审计证据可以支持风险评估结果时，注册会计师可能认为仅实施实质性分析程序就可以应对某类交易评估的重大错报风险。

1. 考虑的因素。在设计实质性分析程序的性质时，我们必须考虑每一种技术特有的优点和缺陷。一项复杂的技术（如回归分析）可以提供已记录金额的可靠统计结论。然而，简单的技术也可能足够做到。例如，对一个房屋租赁公司来说，将公寓数量乘以核准的租金率（单位租金），并根据实际空置率进行调整，就可以提供一个可靠的、精确的租金收入估计。表 4－11 列示了设计实质性分析程序时考虑的因素。

表 4－11　　设计实质性分析程序时考虑的因素

设计实质性分析程序	
需要考虑的因素	• 对特定认定使用实质性分析程序的适当性； • 对已记录的金额或比率作出预期时，所依据的内部或外部数据的可靠性； • 作出预期的准确程度是否足以在计划的保证水平上识别重大错报； • 已记录金额与预期值之间可接受的差异额
在数据间建立有意义的关系	
需要解决的问题	• 这些关系是否建立在稳定的环境中？可靠、准确的预期值不可能在活跃、不稳定的环境中产生。 • 这些关系是否在详细的层次上考虑？ • 与汇总层次比较，单项金额能够提供更可靠、更准确的预期。 • 在能够掩盖重大错报的高度汇总的组成部分中，是否存在抵消因素或该组成部分较为复杂？ • 这些关系是否涉及依赖于管理层判断力的项目？ • 如果是，只能提供较低可靠性和准确性的预期

表 4－12 列示了某些项目或科目存在的关系示例。

表 4－12　　某些项目或科目存在的关系

项目	关系与程序
销售收入	将销售价格应用于运输的销售量信息
摊销费用	将摊销率应用于资本性资产的余额，并考虑资产增加和处置的影响
存货中的制造费用	将实际制造费用应用于实际直接人工或产量
工资费用	将工资率应用于员工人数
佣金费用	将佣金率应用于销售量
应计工资	将日工资率应用于应计工作天数

2. 数据的可靠性。用于作出预期的数据的可靠程度必须与旨在从分析程序得出的保证程度和准确性水平相一致。此外，还要求实施其他实质性程序以确定所依据的基本数据是否足够可靠。表 4－13 列示了考虑数据可靠性的因素。

表 4－13　考虑数据可靠性的因素

实现审计目标的数据是否足够可靠	
需要解决的问题	• 这些数据是从被审计单位内部获得，还是从被审计单位外部的独立的第三方获得？（来自于独立第三方的通常更可靠。） • 来自被审计单位内部的数据是否是由不对其准确性直接负责的人员所形成的？（如果是，则需考虑执行进一步程序，以检查其准确性。） • 这些数据是否是在有足够内部控制的可靠系统中形成的？ • 在被审计单位内部，是否广泛使用可比的行业数据？ • 这些数据的相关性如何？ • 这些数据是否经过当期或前期的审计测试？ • 注册会计师对已记录金额的预期是否来源于各种不同的渠道？

3. 调查差异额。当确定了已记录金额与其预期值之间的差异额时，注册会计师就应当考虑计划程序所提供的保证水平和其重要性水平。用于调查的程序包括：

（1）重新考虑形成预期值的方法和因素；

（2）询问管理层造成差异的原因，评价管理层的答复，考虑审计过程中获得的业务信息；

（3）实施其他审计程序以证实管理层的解释。

注册会计师经过调查，可以形成下列结论：

（1）注册会计师的预期值与已记录金额之间的差额不表现为错报；

（2）若差额表现为错报，则需要实施进一步审计程序以获取充分、适当的审计证据，并据以判断是否存在重大错报。

审计实务中实施实质性分析程序不到位、过于简单是一个较为普遍的问题。

案例 4－14　实质性分析程序流于形式

在注册会计师对某上市公司制造费用执行分析程序的工作底稿中，对于本年较上年明显增长的“其他支出”9 400 万元，未见相关的分析记录。制造费用其他项目的分析程序也过于简单，如工资较上年增长 3 668 万元，在分析时仅说明了“工资自然增长”，未见交叉索引和详细的分析过程；养老保险增长 3 563 万元，与工资的增长虽然不配比，但分析结论仍然认为是“随工资增长”。

案例 4－15　实质性分析程序没有指出异常变动事项

某上市公司 2007 年度营业收入 2 791 397 653.93 元，较 2006 年度增长 33.54%；2007 年毛利率 15.51%，较 2006 年毛利率 10.28% 增长 50.87%。审计工作底稿中有主营业务收入明细表（按月份、产品列示）、主营业务收入明细表

（按月份、内外销列示）、月度毛利率分析表、业务/产品销售分析表、主营业务收入截止测试和主营业务收入检查情况表，以及2007年销售的增长主要来源于海外市场的贡献和销售结构影响的说明。但审计工作底稿中未见关于销售收入大幅增加与产品销售价格变动、销售数量变动的分析说明和测试，毛利率大幅增长与产品销量、销售价格变动、销售成本的分析说明和测试等变动原因的记录。

下面以固定资产为例，说明应当如何实施实质性分析程序。

案例4-16 对固定资产实施实质性分析程序

注册会计师对ABC公司2011年度的固定资产折旧费用科目实施实质性分析程序。注册会计师根据公司的税前利润计算出实际执行的重要性水平为20万元。折旧费用全年发生金额为265万元。注册会计师计划从实质性分析程序中获得中等程度的保证。根据风险评估的结果，注册会计师初步判断客户不存在与折旧费用相关的特别风险。注册会计师已经从资产折旧相关的人工控制中获得一定的审计证据。合理性测试将为折旧费用的完整性、准确性、发生以及截止等认定提供审计证据。折旧费用金额能够在固定资产余额、使用年限以及折旧方法的基础上进行预测。为获取中等保证水平，数据以不同资产类别为基础进行细分，以建立合理的预期值。

（一）建立独立的预期

注册会计师获得了2011年12月31日固定资产明细账清单，并已测试固定资产明细账清单控制的运行有效性。以前年度余额已经过审计。注册会计师详细了解了ABC公司关于资产使用年限和折旧方法的政策。通过复核董事会会议纪要，ABC公司本期不存在大额资本性支出。因此预期对于每一项主要的工厂和设备项目，工厂和设备平均总余额除以本类别资产的平均使用年限的结果应该接近总账中的折旧费用。

（二）确定重要差异或临界值

根据预期从本测试获取中等证据水平、数据的细分程度以及本账户金额的可预测性，注册会计师将临界值设为15万元。

（三）计算差异

注册会计师根据ABC公司固定资产的分类和折旧年限以及核对一致的明细账，分别计算了家具、车辆和厂房的折旧费用，并与总账进行了核对，其中家具和车辆的计算结果与公司总账差异分别为5万元和2.5万元，小于临界值，无重大异常。而厂房的计算结果较客户总账多了22.5万元，大于临界值。

（四）调查并证实重要差异

经过注册会计师向ABC公司经理的了解，公司有一个在用的价值720万元的资产已经提足折旧。注册会计师追查至固定资产明细账，验证该金额已提足折旧。该资产已在2011年1月1日提足折旧，年度折旧费用金额为24万元，与计算出的差异22.5万元比较接近，因此不再执行进一步的复核。

结论：对于固定资产折旧费用，注册会计师经过实质性分析程序，对所有超过设定的临界值的差异进行了解释和证实，基于以上程序所获得的审计证据，认为固定资产折旧费用科目不存在重大错报。

（四）考虑是否实施函证程序

在确定拟实施的实质性程序时，注册会计师应当考虑是否实施函证程序。

当涉及与账户余额及其要素相关的认定时，通常使用函证程序，但不必局限在这些项目。例如，注册会计师可能对被审计单位与其他方签订的协议、合同或交易的条款实施函证，还可能实施函证程序以获取有关某些条件不存在的审计证据。例如，注册会计师可能专门实施函证程序，以证实不存在可能与收入截止认定相关的“背后协议”。在应对评估的重大错报风险时，函证程序可能提供相关审计证据的其他情况包括：

（1）银行存款、借款及与金融机构往来的其他重要信息；

（2）应收账款余额和条款；

（3）由第三方保管的存货；

（4）由律师或金融机构保管或作为担保的产权证书；

（5）由第三方保管或通过股票经纪人购买的，但未于资产负债表日交付的投资；

（6）欠款金额，包括偿还条款和限制性协议；

（7）应付账款余额和条款。

尽管函证可以对某些认定提供相关审计证据，但对于其他一些认定，函证提供审计证据的相关性并不高。例如，函证针对应收账款余额的可回收性提供的审计证据，比针对应收账款余额的存在认定提供的审计证据的相关性要低。

注册会计师可能认为，为某一目的而实施的函证程序可能能够提供关于其他事项的审计证据。例如，对银行存款余额进行函证时，通常还包括对与其他财务报表认定相关的信息进行函证。这种情况可能促使注册会计师作出实施函证程序的决策。

可能帮助注册会计师确定是否拟将函证程序作为实质性程序的因素包括：

（1）被询证者对函证事项的了解。如果被询证者对所函证的信息具有必要的了解，其提供的回复可靠性更高。

（2）预期被询证者回复询证函的能力或意愿。例如，在下列情况下，被询证者可能不会回复，也可能只是随意回复或可能试图限制对其回复的依赖程度：

①被询证者可能不愿承担回复询证函的责任；

②被询证者可能认为回复询证函成本太高或花费太多时间；

③被询证者可能对因回复询证函而可能承担的法律责任有所担心；

④被询证者可能以不同币种核算交易；

⑤回复询证函不是被询证者日常工作的重要部分。

（3）预期被询证者的客观性。如果被询证者是被审计单位的关联方，则其回复的可靠性会降低。

案例4－17 实施函证程序时存在缺陷

2007年5月21日，M能源化工集团有限责任公司发现其在某银行12 000万元存款被非法转走，2007年9月，公司向法院提起诉讼，要求银行归还存款及相应的利息收入。2007年11月，当地省高院对银行的财产采取了保全措施，查封部分办公楼，价值12 000余万元。由于该案涉及刑事案件，省高院停止了该民事案件审理。2008年10月14日，法院对刑事案件进行了开庭审理，并于2009年4月19日进行了一审判决，由于该案当事人上诉，因此需等刑事案件终结后，民事案件才能继续审理。

在2009年度的审计过程中，注册会计师对该科目实施了函证程序，但是在2010年2月5日，审计人员与公司人员一同去银行进行函证时，对方拒绝办理询证函回函。随后注册会计师获取了2007年公司起诉银行的起诉书、省高院受理案件通知书，以及2007、2008年的民事裁定书。注册会计师向公司法律事务处进行了询问，但未记录于工作底稿中。虽然注册会计师获得了民事裁定书，但冻结执行手续在法院存放，且公司答复按法院规定不能提供。注册会计师向负责此案件的公司专业律师发送询证函，但未取得回函。同时，注册会计师查阅了2006年度审计工作底稿，确认获取了相关款项的银行对账单及询证函，与公司账面金额一致，无异常。综上，注册会计师认为公司在银行的存款应当受法律保护，该款项的可回收性受法律保障。

审计工作中的缺陷：首先，该案件自事发至审计报告日已历时近3年，由于案情比较复杂，且涉案双方均有地方国资背景，而在政府部门协调未果等情况下，注册会计师未考虑到该债权产生减值的可能性。其次，注册会计师未获得法院提供的查封财产的执行情况，所获得的材料均非外部审计证据，因此无法确定法律保障在该案件中可能产生的作用。第三，在无法获得第三方法律方面直接证据的情况下，注册会计师未实施实质性程序，确定是否需要利用专家的工作来获取法律方面的专业支持。

三、实质性程序的时间安排

在某些情况下，注册会计师可能认为在期中实施实质性程序，并将期末余额的相关信息与期中的可比信息进行比较和调节，对于实现下列目的是有效的：

（1）识别显示异常的金额；（2）调查这些异常金额；（3）实施实质性分析程序或细节测试以测试剩余期间。

（一）如何考虑期中实施实质性程序

在期中实施实质性程序，获取的审计证据不能直接作为期末财务报表认定的审计证据，注册会计师仍然需要实施程序使期中审计证据能够合理延伸至期末。因此，注册会计师在期中实施实质性程序面临的问题是，在期中实施实质性程序，增加期末存在错报而未被发现的风险，并且该风险随着剩余期间的延长而增加。注册会计师在考虑是否在期中实施实质性程序时应当考虑的下列因素：

（1）控制环境和其他相关的控制。控制环境和其他相关的控制越薄弱，注册会计师越不宜在期中实施实质性程序。

（2）实施审计程序所需信息在期中之后的可获得性。如果实施实质性程序所需信息在期中之后可能难以获取（如系统变动导致某类交易记录难以获取），注册会计师应当考虑在期中实施实质性程序；但如果实施实质性程序所需信息在期中之后的可获得性并不存在明显困难，该因素不应成为注册会计师在期中实施实质性程序的重要影响因素。

（3）实质性程序的目的。如果针对某项认定实施实质性程序的目标就包括获取该认定的期中审计证据（从而与期末比较），注册会计师应在期中实施实质性程序。

（4）评估的重大错报风险。注册会计师评估的某项认定的重大错报风险越高，针对该认定所需获取的审计证据的相关性和可靠性要求也就越高，注册会计师越应当考虑将实质性程序集中于期末（或接近期末）实施。

（5）特定类别的交易或账户余额以及相关认定的性质。例如，某些交易或账户余额以及相关认定的特殊性质（如收入截止认定、未决诉讼）决定了注册会计师必须在期末（或接近期末）实施实质性程序。

（6）针对剩余期间，能否通过实施实质性程序或将实质性程序与控制测试相结合，降低期末可能存在错报而未被发现的风险。如果针对剩余期间注册会计师可以通过实施实质性程序或将实质性程序与控制测试相结合，较有把握地降低期末存在错报而未被发现的风险（如注册会计师在10月份实施预审时考虑是否使用一定的审计资源实施实质性程序、从而形成的剩余期间不是很长），注册会计师可以考虑在期中实施实质性程序。

下列因素可能对是否就期中至期末实施实质性分析程序产生影响：

（1）特定类别交易的期末累计发生额或期末账户余额在金额、相对重要性及构成方面能否被合理预期；

（2）被审计单位在期中对此类交易或账户余额进行分析和调整的程序及确保截止正确的程序是否恰当；

（3）与财务报告相关的信息系统能否提供关于期末账户余额和剩余期间的交易的充分信息，并足以调查下列事项：

①重大的异常交易或会计分录（尤其在期末或接近期末发生的交易或会计分录）；

②导致重大波动的其他原因或预期发生但未发生的波动；

③特定类别的交易或账户余额在构成上的变动。

（二）如何考虑期中审计证据

如果在期中实施了实质性程序，注册会计师应当针对剩余期间实施进一步的实质性程序，或者将实质性程序和控制测试结合使用，以将期中测试得出的结论合理延伸至期末。

注册会计师将期中测试得出的结论延伸至期末，应当考虑针对剩余期间仅实施实质性程序是否足够。如果认为实施实质性程序本身不充分，注册会计师还应测试剩余期间相关控制运行的有效性或针对期末实施实质性程序。

案例4－18 期中测试得出的结论不足以延伸至期末

某上市公司“其他长期资产——探矿权费用和勘探费用”项目，期末金额为7.6亿元，占期末资产总额的6.3%，注册会计师仅编制了明细表，并抽查569万元的凭证。虽然在期中审计中曾经实施了一些实质性的审计程序，如查看合同、抽查凭证等，但是在期末审计时，该项目的余额仍应引起注册会计师的足够关注，工作底稿中未见实施其他的审计程序，包括对勘探费用发生额的判断与检查（利息资本化、资本性支出与收益性支出的划分等），也未见对各个勘探项目进度的了解记录。

对于舞弊导致的重大错报风险，被审计单位存在故意错报或操纵的可能性，那么注册会计师可能通过改变审计程序的时间加以应对。如果已识别出由于舞弊导致的重大错报风险（如故意错报或操纵会计记录），为将期中得出的结论延伸至期末而实施的审计程序通常是无效的，注册会计师应当考虑在期末或接近期末实施实质性程序，以应对识别的舞弊导致的重大错报风险。

如果已在期中实施了实质性程序，或者将控制测试与实质性程序相结合，并拟信赖期中测试得出的结论，注册会计师应当将期末信息和期中的可比信息进行比较、调节，识别和调查出现的异常金额，并针对剩余期间实施实质性分析程序或细节测试。在确定针对剩余期间拟实施的实质性程序时，注册会计师应当考虑是否已在期中实施控制测试，并考虑与财务报告相关的信息系统能否充分提供与期末账户余额及剩余期间交易有关的信息。在针对剩余期间实施实质性程序时，注册会计师应当重点关注并调查重大的异常交易或分录、重大波动以及各类交易或账户余额在构成上的重大或异常变动。如果拟针对剩余期间实施实质性分析程序，注册会计师应当考虑某类交易的期末累计发生额或账户期末余额在金额、相对重要性及构成方面能否被合理预期。例如，注册会计师应当考虑被审计单位用于分析和调整这些交易或账户余额期中数据的程序及确保截止正确的程序是否恰当。此外，注册会计师还应考虑与财务报告相关的信息系统能否对期末账户余额和剩余期间的交易提供正确信息，以便于调查重大的异常交易或会计分录（期末或接近期末）、导致重大波动的其他原因、预期但未发生的波动以及交易与账户余额分类的变动。

如果在期中检查出某类交易或账户余额存在错报，注册会计师应当考虑修改与该类交易或账户余额相关的风险评估以及针对剩余期间拟实施实质性程序的性质、时间安排和范围，或者考虑在期末扩大实质性程序的范围或重新实施实质性程序。

（三）如何考虑以前审计获取的审计证据

在以前审计中实施实质性程序获取的审计证据，通常对本期只有很弱的证据效力或没有证据效力，不足以应对本期的重大错报风险。只有当以前获取的审计证据及其相关事项未发生重大变动时（例如以前审计通过实质性程序测试过的某项诉讼在本期没有任何实质性进展），以前获取的审计证据才可能用作本期的有效审计证据。如果拟利用以前审计中实施实质性程序获取的审计证据，注册会计师应当在本期实施审计程序，以确定这些审计证据是否具有持续相关性。

四、实质性程序的范围

（一）一般考虑

在确定实质性程序的范围时，注册会计师应当考虑评估的认定层次重大错报风险和实施控制测试的结果。注册会计师评估的认定层次重大错报风险越高，需要实施实质性程序的范围越广。由于注册会计师在评估重大错报风险时考虑了内部控制，如果对控制测试结果不满意，注册会计师应当考虑扩大实质性程序的范围。然而，仅当审计程序本身与特定风险相关时，扩大审计程序的范围才是适当的。

在当前审计实务中，实质性程序的执行范围不足以提供充分、适当的审计证据是一个普遍的问题。

案例 4－19　实质性程序测试的样本量过小

某上市公司制造费用全年发生额 9.99 亿元，占生产成本总额的 61%，但注册会计师通过抽样检查凭证金额仅有 402 万元，占总金额不到 1%，在未实施控制测试的情况下，选取的样本量过低。

案例4－20 实质性程序测试样本覆盖率过低

某证券公司2007年度工资提取总额10 525 145元，注册会计师仅对10月、11月发生额68万元执行了实质性审计程序，同时审计工作底稿中未见对工资与人事循环的控制测试。显然，在未实施控制测试的情况下，抽取的样本量过低，不能覆盖全面发生额，不能作为充分、适当的审计证据。

1. 确定细节测试范围时的考虑因素。在确定细节测试范围时，注册会计师应当考虑下列因素：

（1）针对每一认定的证据的主要来源和次要来源，确信审计资源已投入正确的领域。

（2）是否有比直接抽取样本更有效的测试方式。大额项目或异常项目可从总体中抽出进行单独评价；也可对总体进行分层，将其分为若干个由类似项目组成的子总体进行抽样。

（3）使用计算机辅助审计技术能够提供更好或更有效率的结果。在许多测试中，计算机辅助审计技术可以对总体中100%的项目进行测试。

实质性程序样本规模通常取决于所需要的保证程度，受下列因素的影响：

（1）从包括分析程序在内的其他来源获得的证据以及从控制测试中获取的保证；

（2）总体规模；

（3）重要性水平。

2. 实质性分析程序。实质性分析程序既可用作对账户余额的主要测试方法，也可与其他细节测试结合使用以适当减少后者实施的范围。

（二）细节测试中样本规模计算思路

表4－14列示了部分根据保证程度计算的置信系数。

表4－14 置信系数表

保证程度	置信系数
50%	0.7
55%	0.8
60%	0.9
65%	1.1
70%	1.2
75%	1.4
80%	1.6
85%	1.9

续表

保证程度	置信系数
90%	2.3
95%	3.0
98%	3.7
99%	4.6

使用货币单位抽样时，样本规模可计算如下：

第一步：计算抽样间隔。

抽样间隔 = 精确度（重要性水平）÷置信系数

注册会计师应当根据样本中的预计偏差对精确度（重要性水平）打一个折扣。例如，如果预计偏差不超过重要性水平的1/3，且被审计单位将更正所有指出的偏差，精确度就可设定为剩余重要性水平的2/3。

如果抽样间隔为17 391元，第一个选取的账户可以随机选择，比如说第10 000元（累计金额）。第二个选取的账户就是包含27 391元（起点 + 抽样间隔 = 10 000元 + 17 391元）的那个账户。选取的第三个账户就是包含44 782元（27 391元 + 17 391元）的那个账户。以此类推直至总体的终点。

第二步：计算样本规模。

样本规模 = 拟测试的总体 ÷ 抽样间隔

拟测试的总体应当不包括所有剔除出去进行单独评价的特定项目。

第三步：选取样本。

从总体中剔除所有大额项目和关键项目（进行单独考虑）。然后选择一个随机起点选取第一个项目。随机起点可在从1元到抽样间隔的范围内变动。下一个选择就是上一个选择与抽样间隔之和。

下面举例说明这一过程。

例：应收账款账户余额抽样。表4－15列示了应收账款审计中涉及的问题。

表4－15　　应收账款审计抽样

问题	具体描述
测试目的	通过选取应收账款余额样本并发送询证函，证实应收账款的存在
相关认定的重大错报风险	存在：高风险
拟测试的总体	期末应收账款账户余额
总体金额	177 203元

续表

问题	具体描述
单独评价的特定项目	38 340 元
从控制测试获得的保证	无
从风险评估程序等其他程序获得的保证	有限
使用的置信系数（减去从其他来源获得的保证）	没有其他保证来源，因此使用 95% 或 3.0
重要性水平	15 000 元
样本中的预计偏差	无

抽样间隔 = 15 000 元/3.0 = 5 000 元

样本规模 =（177 203 元 －38 340 元）/5 000 元 =28

本例中，抽样间隔是 5 000 元。因此，如果随机选取的第一个项目是 436 元，下一个项目就是对应的累计金额包含 5 436 元的交易或余额。第三个项目就是对应的累计金额包含 10 436 元的项目，以此类推，直到 28 个项目全部选取。表 4 －16列示了应收账款抽样结果。

表 4 －16　　　　应收账款抽样结果

	应收账款账户余额	累计金额	抽样间隔	是否包含于样本中
客户 A	4 750	4 750	436	是
客户 B	3 500	8 250	5 436	是
客户 C	1 800	10 050	10 436	否
客户 D	2 700	12 750	10 436	是

在设计实质性程序时，注册会计师可能发现，使用高、中、低三个水平的保证程度比较有用。保证程度之间的差异取决于选取样本所用的置信系数。置信系数越高，样本规模和获得的保证程度越大。表 4 －17 说明了这一点。

表 4 －17　　　　保证程度和置信系数之间的关系

需要的保证	置信系数
低	1.0 ~1.4
中	1.5 ~2.2
高	2.3 ~3.0

第六节 针对特定领域重大错报风险的应对措施

一、针对舞弊风险的应对措施

在识别和评估舞弊导致的重大错报风险后，注册会计师需要采取适当的应对措施，以将审计风险降至可接受的低水平。舞弊导致的重大错报风险属于特别风险，注册会计师应当按照审计准则的规定予以应对。注册会计师通常从三个方面应对此类风险：

（1）总体应对措施；

（2）针对舞弊导致的认定层次重大错报风险实施的审计程序；

（3）针对管理层凌驾于控制之上的风险实施的程序。

（一）总体应对措施

在针对评估的由于舞弊导致的财务报表层次重大错报风险确定总体应对措施时，注册会计师应当：

（1）在分派和督导项目组成员时，考虑承担重要业务职责的项目组成员所具备的知识、技能和能力，并考虑由于舞弊导致的重大错报风险的评估结果；

（2）评价被审计单位对会计政策（特别是涉及主观计量和复杂交易的会计政策）的选择和运用，是否可能表明管理层通过操纵利润对财务信息作出虚假报告；

（3）在选择审计程序的性质、时间安排和范围时，增加审计程序的不可预见性。表4－18列示针对舞弊风险的总体应对措施。

表4－18　　针对舞弊风险的总体应对措施

财务报表层次的重大错报风险	• 在检查某些书面文件或验证重要的管理层声明时，应保持高度的职业怀疑； • 指派具有特殊技能或知识的人员，如信息技术（IT）专业人员； • 设计特定的审计程序，以识别舞弊的存在； • 在选择拟实施的审计程序时，考虑不可预见的因素。考虑调整某些审计程序的时间安排，使用不同的抽样方法，或者突击实施审计程序

（二）针对舞弊导致的认定层次重大错报风险实施的审计程序

注册会计师应当设计和实施进一步审计程序，审计程序的性质、时间安排和范围应当能够应对评估的由于舞弊导致的认定层次重大错报风险。

注册会计师应当考虑通过下列方式，应对舞弊导致的认定层次重大错报风险：

（1）改变拟实施审计程序的性质，以获取更为可靠、相关的审计证据，或者获取其他佐证性信息，包括更加重视实地观察或检查，在实施函证程序时改变常规函证内容，询问被审计单位的非财务人员等；

（2）改变实质性程序的时间安排，包括在期末或接近期末实施实质性程序，或者针对本期较早时间发生的交易事项或贯穿于本会计期间的交易事项实施测试；

（3）改变审计程序的范围，包括扩大样本规模、采用更详细的数据实施分析程序等。

注册会计师针对舞弊导致的认定层次重大错报风险所采取的具体应对措施，取决于已发现的舞弊风险因素类型以及各类具体的交易、账户余额相关认定。表4－19列举了针对舞弊风险的特定应对措施。

表4－19　　针对舞弊风险的特定应对措施

认定层次的舞弊风险	• 针对舞弊风险，改变审计程序的性质、时间安排和范围。例如： —为支持管理层认定，获取更加可靠且相关的审计证据或额外的佐证信息； —实地观察或检查某些资产； —突击观察存货盘点； —对存货记录实施进一步复核，以便为执行后续的程序识别异常项目、未预期的金额和其他项目。 • 执行进一步审计工作，以评价管理层估计及其所依据的判断和假设的合理性。 • 在更加详细的层次上，扩大样本规模或实施分析程序。 • 使用计算机辅助审计技术。例如： —针对重大账户包含的数据或电子交易文档收集更多的证据； —针对电子交易和账户文档实施更广泛的测试； —从重要的电子文档中选择交易样本； —根据具体特征对交易进行分类； —测试整体，而不是测试样本。 • 在外部函证中要求提供额外信息。如在应收账款函证中，注册会计师可以要求确认销售协议的细节，包括协议日期、所有退货权利和运输条件。但是，应当考虑要求提供补充信息是否可能会耽搁回复时间。 • 改变实质性程序的时间安排，将其从中期变更至临近期末。但是，如果存在故意错报风险或操纵行为，将中期得出的审计结论扩展至期末而实施的审计程序就会失效

表 4－20 列举了针对编制虚假财务报表导致的错报实施的应对措施。

表 4－20　　针对编制虚假财务报表导致的错报实施的应对措施

特定认定	应对程序	举例或解释
收入确认	针对收入项目，使用分解的数据实施实质性分析程序	例如，按照月份、产品线或业务分部将本期收入与具有可比性的以前期间收入进行比较。利用计算机辅助审计技术可能有助于发现异常的或未预期到的收入关系或交易
	向被审计单位的客户函证相关的特定合同条款以及是否存在背后协议	相关的会计处理是否适当，往往会受到这些合同条款或协议的影响，并且这些合同条款或协议所涉及的销售折扣或其相关期间往往记录得不清楚。例如，商品接受标准、交货与付款条件、不承担期后或持续性的卖方义务、退货权、保证转售金额以及撤销或退款等条款
	向被审计单位的销售和营销人员或内部法律顾问询问临近期末的销售或发货情况，以及他们所了解的与这些交易相关的异常条款或条件	—
	期末在被审计单位的一处或多处发货现场实地观察发货情况或准备发出的货物情况（或待处理的退货），并实施其他适当的销售及存货截止测试	实施此类程序的目的在于验证收入的真实性和确认截止时点的准确性
	对于通过电子方式自动生成、处理、记录的销售交易实施控制测试	此类控制测试非常必要，可以确定这些控制是否能够为所记录的收入交易已真实发生并得到适当地记录提供保证
存货数量	检查被审计单位的存货记录	以识别在被审计单位盘点过程中或结束后需要特别关注的存货存放地点或存货项目
	在不预先通知的情况下对特定存放地点的存货实施监盘，或者在同一天对所有存放地点实施存货监盘	—
	要求被审计单位在报告期末或临近期末的时点实施存货盘点	目的是降低被审计单位在盘点日与报告期末之间操纵存货数量的风险
	在观察存货盘点的过程中实施额外的程序	例如，更严格地检查包装箱中的货物、货物堆放方式（如堆为中空）或标记方式、液态物质（如香水、特殊的化学物质）的质量特征（如纯度、品级或浓度）。利用专家的工作可能在此方面有所帮助

续表

特定认定	应对程序	举例或解释
存货数量	按照存货的等级或类别、存放地点或其他分类标准，将本期存货数量与前期进行比较，或者将盘点数量与永续盘存记录进行比较	—
	利用计算机辅助审计技术进一步测试存货实物盘点目录的编制	例如，按标签号进行检索以测试存货的标签控制，或按照项目的顺序编号进行整理以检查是否存在漏记或重复编号
管理层估计	聘用专家作出独立估计，并与管理层的估计进行比较	—
	将询问范围延伸至管理层和会计部门以外的人员，以印证管理层完成与作出会计估计相关的计划的能力和意图	—

表4－21列举了针对侵占资产导致的错报实施的应对措施。

表4－21　　针对侵占资产导致的错报实施的应对措施

特定认定	应对程序	举例或解释
货币资金、有价证券	在期末或临近期末对现金或有价证券进行监盘	—
	直接向被审计单位的客户询证所审计期间的交易活动	包括赊销记录、销售退回情况、付款日期等
	分析已注销账户的恢复使用情况	—
存　货	按照存货存放地点或产品类型分析存货短缺情况	—
	将关键存货指标与行业正常水平进行比较	如存货周转率、存货周转天数等
	对于发生减计的永续盘存记录，复核其支持性文件	—
采购活动	利用计算机技术将供货商名单与被审计单位员工名单进行对比，以识别地址或电话号码相同的数据	该程序可用以识别员工在采购环节牟取私利的行为

续表

特定认定	应对程序	举例或解释
劳务（包括应付工资、相关费用等）	利用计算机技术检查工资单记录中是否存在重复的地址、员工身份证明、纳税识别编号或银行账号	该程序可用以识别虚领工资或薪酬的行为
	检查人事档案中是否存在只有很少记录或缺乏记录的档案，如缺少绩效考评的档案	该程序可用以识别虚假的员工身份记录及潜在的舞弊（如虚领工资、虚开劳务报酬）
销售活动	分析销售折扣和销售退回等	该程序可以识别异常的模式或趋势
	向第三方函证合同的具体条款	—
	获取合同是否按照规定的条款得以执行的审计证据	—
费用开支	复核大额和异常的费用开支是否适当	—
	复核高级管理人员提交的费用报告的金额及适当性	—
向员工提供资金或担保	复核被审计单位向高级管理人员和关联方提供的贷款的授权及其账面价值	—

（三）针对管理层凌驾于控制之上的风险实施的程序

由于管理层所处的地位，凌驾于控制之上的风险在所有被审计单位中都会存在。对财务信息做出虚假报告通常与管理层凌驾于控制之上有关。科索委员会发布的（COSO）报告显示，在 1987 ~ 1997 年期间提供虚假财务报告的美国公司中，有 83% 以上的舞弊案件涉及首席执行官或财务主管。管理层通过凌驾于控制之上实施舞弊的手段主要包括：

（1）编制虚假的会计分录，特别是在临近会计期末时；

（2）滥用或随意变更会计政策；

（3）不恰当地调整会计估计所依据的假设及改变原先做出的判断；

（4）故意漏记、提前确认或推迟确认报告期内发生的交易或事项；

（5）隐瞒可能影响财务报表金额的事实；

（6）构造复杂或虚假的交易以歪曲财务状况或经营成果；

（7）篡改与重大或异常交易相关的会计记录和交易条款。

管理层凌驾于控制之上的风险属于特别风险。无论对管理层凌驾于控制之上的风险的评估结果如何，注册会计师都应当设计和实施审计程序，用以：

（1）测试日常会计核算过程中做出的会计分录以及编制财务报表过程中做出的其他调整是否适当。在设计和实施审计程序，以测试会计分录和其他调整是否适当时，注册会计师应当向参与财务报告过程的人员询问与处理会计分录和其他调整相关的不恰当或异常的活动，选择在报告期末做出的会计分录和其他调整，考虑是否有必要测试整个会计期间的会计分录和其他调整。

（2）复核会计估计是否存在偏向，并评价产生这种偏向的环境是否表明存在由于舞弊导致的重大错报风险。在复核会计估计是否存在偏向时，注册会计师应当评价管理层在做出会计估计时所作的判断和决策是否反映出管理层的某种偏向（即使判断和决策单独看起来是合理的），从而可能表明存在由于舞弊导致的重大错报风险。如果存在偏向，注册会计师应当从整体上重新评价会计估计。此外，还要追溯复核与以前年度财务报表反映的重大会计估计相关的管理层判断和假设。

（3）对于超出被审计单位正常经营过程的重大交易，或基于对被审计单位及其环境的了解以及在审计过程中获取的其他信息而显得异常的重大交易，评价其商业理由（或缺乏商业理由）是否表明被审计单位从事交易的目的是为了对财务信息做出虚假报告或掩盖侵占资产的行为。

下列迹象可能表明被审计单位从事超出其正常经营过程的重大交易或虽然未超出其正常经营过程，但显得异常的重大交易：

（1）交易的形式显得过于复杂（例如交易涉及集团内部多个实体，或者涉及多个非关联的第三方）；

（2）管理层未与治理层就此类交易的性质和会计处理进行过讨论，且缺乏充分的记录；

（3）管理层更强调采用某种特定的会计处理的需要，而不是交易的经济实质；

（4）对于涉及不纳入合并范围的关联方（包括特殊目的实体）的交易，治理层未进行适当的审核与批准；

（5）交易涉及以往未识别出的关联方，或者涉及在没有被审计单位帮助的情况下不具备物质基础或财务能力完成交易的第三方。

表 4－22 列示了针对管理层凌驾于内部控制之上的风险采取的应对措施。

表 4-22　　针对管理层凌驾于内部控制之上的应对措施

针对管理层凌驾于内部控制之上的应对措施	
风险来源	**采取的应对措施**
会计分录	根据下面所述情形，识别、选择和测试会计分录和其他调整事项： • 了解被审计单位财务报告过程以及内部控制的设计和运行； • 同时考虑下面三个因素： —虚假分录或其他调整分录的特征； —是否存在与特定类别会计分录和其他调整分录相关的舞弊风险因素； —向参与财务报告编制过程的人员询问不恰当或异常的活动
管理层估计	复核与特定交易和余额相关的估计，以识别管理层可能存在的偏向。进一步程序可能包括下列程序： • 重新考虑整体上的估计；追溯复核管理层的判断以及与上期作出的重大会计估计相关的假设； • 确定管理层估计中存在偏向的累积影响是否导致财务报表存在重大错报
重大交易	对于异常的或超出正常经营过程的重大交易，了解其商业理由。这包括评价： • 管理层是否更加重视对其作出特殊会计处理的需要，而不是交易本身的经济实质； • 围绕该交易的安排是否明显过于复杂； • 管理层是否就该交易的性质和会计处理与治理层进行过讨论； • 该交易是否涉及以前未识别的关联方，或者那些没有被审计单位协助就没有物质条件或财务实力来支撑该交易的企业； • 涉及未纳入合并报表范围的关联方（包括特殊目的实体）的交易是否已经治理层适当复核和批准； • 是否存在充分的书面记录
管理层凌驾于内部控制之上	
关联方交易	通过如下方式，了解关联方可能已经与被审计单位建立的直接或间接的商业关系： • 询问管理层和治理层，并与他们进行讨论； • 询问关联方； • 检查与关联方签订的重要合同； • 实施恰当的背景研究，如通过互联网或特定的外部商务资讯数据库。 根据上述发现的情况： • 识别并评估与关联方关系相关的重大错报风险； • 将识别的超出被审计单位正常经营过程之外的重大关联方交易作为导致特别风险的因素； • 确定是否需要针对已识别风险实施实质性审计程序
收入确认	实施实质性分析程序。考虑计算机辅助审计技术，以识别异常的或未预期的收入关系或交易
	与客户确认有关的合同条款（如验收标准、运输和付款条件）及是否存在补充协议（如向客户提供在会计期末之后立即退货的权利）

（四）针对“特别风险”实施的程序

表4－23列示了当风险被归为“特别风险”时，注册会计师采取的应对措施。

表4－23　针对特别风险的应对措施

审计步骤	具体描述
针对每项特别风险评估内部控制的设计与执行	管理层设计并实施了减轻特别风险的内部控制吗？考虑是否存在直接控制（如控制活动）和间接（普遍）控制，后者可能包括在内部控制环境、风险评估、信息系统和监控等要素中。这些信息将有助于对已识别的风险进行有效的审计应对。 当重大非常规事项或需要判断的事项没有常规的内部控制（如一次性的或年度事件）时，注册会计师应该评价管理层是否意识到风险以及其应对是否恰当。例如，如果被审计单位购买了另一企业的资产，被审计单位的应对措施可能包括： （1）雇佣独立的评估师对所获资产进行评估； （2）应用适当的会计政策； （3）在财务报表中恰当地披露交易。 当注册会计师判断管理层没有恰当地应对时（通过对特别风险实施内部控制），被审计单位的内部控制就会存在重大缺陷，这一点需要（尽快）与治理层沟通
针对识别出的特别风险设计审计应对措施	计划的进一步审计程序是否明确地针对特别风险？这些程序旨在获取高度可靠的审计证据，并且可能包括控制测试和实质性程序。 在很多情况下，审计程序可能仅仅是一般程序（在任何情形下都可能实施）的扩展。例如，如果特别风险涉及潜在的管理层偏见（如作出估计），扩展的实质性程序将包括： （1）评估所用假设的有效性； （2）识别所用信息（包括内部和外部信息）的来源和可靠性； （3）考虑上期作出的估计和实际相比是否存在偏见； （4）复核在计算估计时所用的方法（包括电子工作表中的公式）
无法依赖前期获取的证据	在计划对减轻某项特别风险的控制的运行有效性进行测试时，注册会计师可能不依赖在前期审计中获取的关于内部控制运行有效性的审计证据
仅实施实质性分析程序是不充分的	仅使用实质性分析程序并不是处理特别风险的恰当反应。当处理特别风险的方法只有实质性程序时，审计程序应当包括下列程序之一： （1）单独进行细节测试； （2）细节测试与实质性分析程序相结合

二、针对与关联方相关的风险的应对措施

针对评估的与关联方关系及其交易相关的重大错报风险，注册会计师应当设计和实施进一步审计程序，以获取充分、适当的审计证据。

（一）关联方关系及其交易导致的重大错报风险

关联方关系及其交易导致五类重大错报风险，具体包括：

1. 超出被审计单位正常经营过程的重大关联方交易导致的重大错报风险。超出正常经营过程的重大交易，特别是临近会计期末发生的、在作出“实质重于形式”判断方面存在困难的重大交易，为被审计单位编制虚假财务报告提供了机会。如果被审计单位从事超出正常经营过程的重大交易，并且关联方作为交易的一方直接影响交易，或通过中间机构间接影响交易，或者配合管理层从事该项交易，则很可能表明存在舞弊风险因素。因此，注册会计师应当将识别出的、超出被审计单位正常经营过程的重大关联方交易导致的风险确定为特别风险。

2. 存在具有支配性影响的关联方导致的重大错报风险。管理层由一个或少数几个人支配且缺乏补偿性控制是一项舞弊风险因素，而关联方借助对被审计单位财务和经营政策实施控制和重大影响的能力，通常能够对管理层施加支配性影响。关联方施加的支配性影响可能表现在下列方面：

（1）关联方否决管理层或治理层作出的重大经营决策；

（2）重大交易需经关联方的最终批准；

（3）对关联方提出的业务建议，管理层和治理层未曾或很少进行讨论；

（4）对涉及关联方（或与关联方关系密切的家庭成员）的交易，管理层和治理层极少进行独立复核和批准。

此外，如果关联方在被审计单位的设立和日后管理中均发挥主导作用，也可能表明存在支配性影响。

如果存在能够对管理层施加支配性影响的关联方，并出现其他风险因素（如异常频繁变更高级管理人员或专业顾问，可能表明被审计单位为关联方谋取利益而从事虚假的交易），这些因素共同作用，很可能表明被审计单位存在由于舞弊导致的特别风险。

3. 管理层未能识别出或未向注册会计师披露的关联方关系或重大关联方交易导致的重大错报风险。如果管理层不向注册会计师披露某些关联方关系或重大关联方交易是有意的，则财务报表很可能存在由于舞弊导致的重大错报风险，其原因是管理层处于实施舞弊的独特地位，可以利用职务之便，直接或间接操纵关联方交易或会计记录。如果管理层通过精心策划和蓄意实施以隐瞒关联方关系或重大关联方交易，或者故意向注册会计师提供虚假陈述，特别是在管理层和关联方串通舞弊的情况下，注册会计师可能更加难以发现蓄意隐瞒的企图，并可能导

致原本虚假的审计证据被注册会计师误认为具有说服力，存在财务报表中的某些重大错报未被发现的风险。

4. 管理层声明关联方交易按照等同于公平交易中通行条款执行导致的重大错报风险。针对关联方交易与类似公平交易的价格比较情况，注册会计师可以比较容易地获取审计证据。但实务中存在的困难，限制了注册会计师获取关联方交易与公平交易在所有其他方面都等同的审计证据。例如，注册会计师可能能够确定关联方交易是按照市场价格执行的，却不能确定该项交易的其他条款和条件（如信用条款、或有事项以及特定收费等）是否与独立各方之间通常达成的交易条款相同。因此，如果管理层声明关联方交易是按照等同于公平交易中通行的条款执行的，则可能存在重大错报风险。

5. 管理层未能按照适用的财务报告编制基础的规定，对特定关联方交易进行恰当会计处理和披露导致的重大错报风险。导致管理层未能按照适用的财务报告编制基础对特定关联方交易进行恰当会计处理和披露的原因很多。例如，被审计单位以高于公允市价的价格向其控股股东出售不动产，并将其作为一笔产生损益的交易进行会计处理，而这项交易从实质上构成了股东的出资。在这种情况下，关联方交易的经济实质没有在财务报表中恰当反映，从而导致财务报表存在重大错报风险。

（二）通过关联方实施舞弊的情形

被审计单位通过关联方实施舞弊的情形主要包括：

1. 关联方交易是真实的，但管理层有意不在财务报表中作出确认、计量和披露。例如，被审计单位的关键管理人员个人所控制的企业向银行借款，由被审计单位提供担保。根据公司章程的规定，该项担保应经股东大会审议批准后方可执行。由于该担保行为在经股东大会批准之前已经发生，管理层有意不在财务报表中作出披露。

又如，被审计单位每月初向关联方提供大额资金并在月末收回，但在银行日记账与往来账中均不进行记录，亦未在财务报表中进行披露，从而实现关联方长期无偿占用被审计单位资金的目的。

再如，为隐瞒关联方向被审计单位输送利益这一事实，被审计单位有意不在财务报表中披露与关联方发生的交易，这类交易通常包括被审计单位收到关联方捐赠的资金，关联方豁免被审计单位的债务，或者关联方的员工无偿为被审计单位提供劳务。

2. 利用第三方隐瞒关联方交易。例如，为避免对以前年度销售形成的应收账款计提大额坏账准备，被审计单位指示关联方向被审计单位的债务人开具商业汇票，再由债务人背书转让给被审计单位，制造应收账款得以收回的假象，从而虚增利润。

又如，被审计单位通过银行向第三方发放委托贷款，第三方将资金提供给关联方使用，导致关联方长期占用被审计单位的资金。

再如，关联方与第三方签订服务合同，第三方向被审计单位提供劳务服务，但向关联方开具劳务发票，每月末由关联方向第三方支付款项，隐瞒了关联方为被审计单位承担成本费用的事实。

3. 以显失公允的交易条款与关联方进行交易。

例如，被审计单位在财务报表中披露关联方交易的价格是按照市场价格执行的，但未披露该项交易的其他条款和条件（如信用条款、或有事项、退货安排）与公平交易中的其他条款或条件存在显著不同。

4. 与关联方串通舞弊进行虚假交易。例如，为实现业绩增长目的，被审计单位与不纳入合并财务报表合并范围的关联方签订虚假销售合同，通过转移存货的存放地点的形式制造商品已经发出的假象，虚增营业收入。被审计单位在财务报表中披露该项关联方交易的定价政策等信息，并声称交易是公允的。

又如，被审计单位与关联方签订虚假的设备采购合同，以预付款的形式向关联方支付采购款，但长期不进行结算，年末以合同终止为由收回预付款项。被审计单位在财务报表中披露该项交易具有合理的商业理由，隐瞒了交易的真正目的是为了实现关联方无偿占用被审计单位的资金。

再如，被审计单位分别在采购和销售环节设立特殊目的实体，并能够对其实施控制，根据《企业会计准则第 33 号——合并财务报表》的规定，被审计单位应将这两个特殊目的实体纳入合并财务报表的合并范围。但是，被审计单位有意不在财务报表披露其与特殊目的实体之间存在的控制关系，其原因是受业绩压力影响，被审计单位在年末利用采购环节的特殊目的实体伪造产品原材料采购合同和原材料入库验收单等，并向其支付材料采购款。同时，被审计单位利用销售环节的特殊目的实体伪造产品销售合同、产成品出库单和货运记录等，并向其收取销售款。通过与特殊目的实体的串通，被审计单位的采购和销售交易均有了真实的货物流转和资金流转，并为被审计单位带来大额利润。为避免因将特殊目的实体纳入合并财务报表的合并范围而抵消虚假交易产生的利润，被审计单位有意不在财务报表披露其与特殊目的实体之间存在的控制关系。

（三）可能显示存在管理层未向注册会计师披露的关联方关系或交易

某些安排可能显示存在管理层未向注册会计师披露的关联方关系或交易，主要包括：一是与其他机构或人员组成不具有法人资格的合伙企业；二是按照超出正常经营过程的交易条款和条件，向特定机构或人员提供服务的安排；三是担保和被担保关系。具体而言，管理层未向注册会计师披露的关联方关系或关联方交易可能具有下列一项或多项特征：

1. 未披露的关联方关系。例如，重大或非常规交易的交易对方曾经与被审计单位或其主要控制人、关键管理人员等存在关联关系；重大或非常规交易的交易对方的注册地址或办公地址与被审计单位或其集团成员在同一地点或接近；重大或非常规交易的交易对方的网站地址或其 IP 地址、邮箱域名等与被审计单位或其集团成员相同或接近；重大或非常规交易的交易对方的名称与被审计单位或其集团成员名称相似；重大或非常规交易的交易对方的主要控制人、关键管理人员或购销等关键环节的员工姓名与公司管理层相近。

2. 未披露的关联方交易。例如：交易金额重大，并为被审计单位带来大额利润；交易发生频次较少且交易时间接近于资产负债表日；交易价格、交付方式及付款条件、结算方式等商业条款与其他客户或供应商明显不同；付款人与销售合同、发票所显示的客户名称不一致，或者收款人与采购合同、发票所显示的供应商名称不一致；与自然人发生的重大交易或非常规交易。

（四）针对关联方关系及其交易实施实质性程序

1. 识别出可能表明存在管理层未识别出或未披露的关联方关系或交易的安排或信息。如果识别出可能表明存在管理层未识别出或未向注册会计师披露的关联方关系或关联方交易的安排或信息，注册会计师应当确定相关情况是否能够证实关联方关系或关联方交易的存在。

在确定时，注册会计师可以考虑实施的程序包括：调查重大或非常规交易的交易对方的背景信息，如股权结构、经营范围、法人代表和注册地址；就交易对方是否与被审计单位存在不寻常的关系，询问直接参与交易的基层员工；对存有疑虑的重要客户或供应商进行实地观察或询问；查询互联网或外部商业数据库；向被审计单位的重要股东或关键管理人员进行询证。

2. 识别出管理层以前未识别出或未披露的关联方关系或重大关联方交易。如果识别出管理层以前未识别出或未向注册会计师披露的关联方关系或重大关联方交易，注册会计师应当立即将相关信息向项目组其他成员通报；要求管理层识别与新识别出的关联方之间发生的所有交易，并询问与关联方关系及其交易相关的控制为何未能识别或披露该关联方关系或交易；对新识别出的关联方或重大关联方交易实施恰当的实质性程序；重新考虑可能存在管理层以前未识别出或未向注册会计师披露的其他关联方或重大关联方交易的风险，如有必要，实施追加的审计程序；如果管理层不披露关联方关系或交易看似是有意的，显示可能存在由于舞弊导致的重大错报风险，评价这一情况对审计的影响。注册会计师因此还可能考虑是否有必要重新评价管理层对询问的答复以及管理层声明的可靠性。

3. 识别出超出正常经营过程的重大关联方交易。对于识别出的超出正常经营过程的重大关联方交易，注册会计师应当：检查相关合同或协议（如有），确定交易的商业理由（或缺乏商业理由）是否表明被审计单位从事交易的目的可能是为了对财务信息作出虚假报告或为了隐瞒侵占资产的行为；获取交易已经恰当授权和批准的审计证据。

如果超出正常经营过程的重大关联方交易经管理层、治理层或股东（如适用）授权和批准，可以为注册会计师提供审计证据，表明该项交易已在被审计单位内部的适当层面进行了考虑，并在财务报表中恰当披露了交易的条款和条件。如果存在未经授权和批准的这类交易，且注册会计师与管理层或治理层进行讨论后仍未获取合理解释，则可能表明存在由于舞弊或错误导致的重大错报风险。在这种情况下，注册会计师可能需要对其他类似性质的交易保持警觉。

（五）管理层在财务报表中作出认定

如果管理层在财务报表中作出认定，声明关联方交易是按照等同于公平交易中通行的条款执行的，注册会计师应当就该项认定获取充分、适当的审计证据。

针对关联方交易与类似公平交易的价格比较情况，注册会计师可以比较容易地获取审计证据。但实务中存在的困难，限制了注册会计师获取关联方交易与公平交易在所有其他方面都等同的审计证据。例如，注册会计师可能能够确定关联方交易是按照市场价格执行的，却不能确定该项交易的其他条款和条件（如信用条款、或有事项以及特定收费等）是否与独立各方之间通常达成的交易条款相同。因此，如果管理层认定关联方交易是按照等同于公平交易中通行的条款执行的，则可能存在重大错报风险。

根据《企业会计准则第 36 号——关联方披露》的规定，被审计单位管理层只有在提供确凿证据的情况下，才能披露关联方交易是公平交易。如果管理层认定关联方交易是按照等同于公平交易中通行的条款执行的，则管理层在编制财务报表时需要证实这项认定。管理层用于支持这项认定的措施可能包括：（1）将关联方交易条款与相同或类似的非关联方交易的条款进行比较；（2）聘请外部专家确定交易的市场价格，并确认交易的条款和条件；（3）将关联方交易条款与公开市场进行的类似交易的条款进行比较。因此，注册会计师应当检查关联方交易披露的充分性，同时就关联方交易为公平交易的披露进行评价。评价管理层如何支持这项认定，可能涉及下列一个或多个方面：

（1）考虑管理层用于支持其认定的程序是否恰当；

（2）验证支持管理层认定的内部或外部数据来源，对这些数据进行测试，以判断其准确性、完整性和相关性；

（3）评价管理层认定所依据的重大假设的合理性。

如果无法获取充分、适当的审计证据，合理确信管理层关于关联方交易是公平交易的披露，注册会计师可以要求管理层撤销此披露。如果管理层不同意撤销，注册会计师应当考虑其对审计报告的影响。

需要提醒注意的是，有些财务报告编制基础要求披露未按照等同于公平交易中通行的条款执行的关联方交易。在这种情况下，如果管理层未在财务报表中披露关联方交易，则可能隐含着一项认定，即关联方交易是按照等同于公平交易中通行的条款执行的。

表 4－24 概括了应对识别出的与关联方关系及其交易相关的重大错报风险时的思路。

表 4－24

应对内容	具体解释
注册会计师识别出表明存在关联方关系或交易的安排或信息	• 确定相关情况是否能够证实关联方关系或关联方交易的存在； • 立即将信息向项目组通报； • 要求管理层识别出所有的关联方交易； • 如果以前未识别出关联方，询问原因。并且考虑： —关联方识别控制的失效； —舞弊（管理层看似有意不披露）。 • 重新考虑存在未披露的其他关联方或重大关联方交易的风险，如有必要，实施追加的审计程序； • 实施适当的实质性审计程序
超出正常经营过程的重大关联方交易	• 检查相关合同或协议（如存在），并且评价： —商业理由是否表明可能存在虚假财务报告或隐瞒侵占资产的情形； —交易条款是否与管理层的解释一致； —关联方交易是否已按照适用的财务报告编制基础得到恰当会计处理和披露； • 确保交易已经恰当授权和批准
管理层的认定	就管理层有关关联方交易的性质和范围的认定获取充分、适当的审计证据。 考虑函证关联方交易的余额能否提供可靠的证据。 考虑期末余额的可回收性和计价

三、针对与会计估计相关的风险的应对措施

（一）根据会计估计的性质实施的审计程序

在应对评估的重大错报风险时，注册会计师应当考虑会计估计的性质，并实施下列一项或多项程序。

1. 确定截至审计报告日发生的事项能否提供有关会计估计的审计证据。截至审计报告日发生的事项有时可能提供有关会计估计的充分、适当的审计证据。例如，期后不久出售某被替代的产品的全部存货，可能提供有关其可变现净值估

计的审计证据。如果截至审计报告日可能发生的事项预期发生并提供用以证实或否定会计估计的审计证据，确定这些事项能否提供有关会计估计的审计证据可能是恰当的应对措施。在这种情况下，可能没有必要对会计估计实施追加的审计程序。

而对于某些会计估计，截至审计报告日发生的事项不可能提供审计证据。例如，与某些会计估计相关的情况或事项需要较长时间才有进展；同样，由于公允价值会计估计的计量目标，期后信息可能不反映财务报表日存在的事项或情况，因而可能与公允价值会计估计的计量无关。

2. 测试管理层如何作出会计估计以及会计估计所依据的数据。在下列情况下，测试管理层如何作出会计估计和会计估计所依据的数据，可能是恰当的应对措施：

（1）会计估计是依据模型（使用可观察到的或不可观察到的输入数据）作出的公允价值会计估计；

（2）会计估计源于被审计单位会计系统对数据的常规处理；

（3）注册会计师对上期财务报表中类似的会计估计的复核表明管理层本期的会计估计流程可能是有效的；

（4）会计估计建立在性质相似、单项不重要但数量众多的项目的基础上。

在进行测试时，注册会计师应当评价采用的计量方法在具体情况下是否恰当，以及根据适用的财务报告编制基础确定的计量目标，管理层使用的假设是否合理。测试管理层如何作出会计估计还可能涉及下列方面：

（1）测试会计估计所依据的数据的准确性、完整性和相关性，以及管理层是否使用这些数据和假设恰当地作出会计估计；

（2）考虑外部数据或信息的来源、相关性和可靠性，包括从管理层聘请的、用以协助其作出会计估计的外部专家那里获取的数据或信息；

（3）重新计算会计估计，并复核有关会计估计信息的内在一致性；

（4）考虑管理层的复核和批准流程。

下面，着重就评价计量方法、评价模型的使用和评价管理层使用的假设三个方面进行讨论：

第一，评价计量方法。当适用的财务报告编制基础没有规定计量方法时，评价计量方法（包括适用的模型）是否适用于具体情况属于职业判断。为了评价计量方法是否适用于具体情况，注册会计师可能需要考虑如下事项：

（1）管理层选择计量方法的理由是否合理；

（2）管理层是否充分评价和恰当运用适用的财务报告编制基础提供的、用以支持所选择的计量方法的标准（如存在）；

（3）根据被估计的资产或负债的性质和适用的财务报告编制基础的要求，

评价计量方法是否适用于具体情况；

（4）计量方法相对于被审计单位开展的业务、所处行业和环境是否恰当。

在某些情况下，管理层可能已确定采用不同的估计方法会导致一系列显著不同的会计估计。在这种情况下，了解被审计单位如何调查导致这些差异的原因可能有助于注册会计师评价管理层所选择方法的恰当性。

第二，评价模型的使用。在某些情况下，特别是作出公允价值会计估计时，管理层可能使用模型。使用的模型是否适用于具体情况，可能取决于多种因素，如被审计单位的性质及其环境，包括被审计单位所处的行业和需要计量的特定资产或负债。

根据所处的不同环境，在测试模型时，注册会计师可能需要考虑与管理层使用或开发模型相关的一些事项：

（1）在使用前是否验证模型，并定期复核以确保其能持续满足预定用途。

（2）是否存在针对模型变更的恰当控制政策和程序。

（3）是否定期校准和测试模型的有效性，特别是当输入数据具有主观性时。

（4）是否对模型输出数据作出调整，包括作出公允价值会计估计时，这些调整是否反映市场参与方在类似环境中所使用的假设。

（5）模型是否得到恰当记录，包括模型的预定用途、局限性和关键参数、要求的输入数据和实施验证分析的结果。

第三，评价管理层使用的假设。在评价管理层使用的假设的合理性时，注册会计师可能需要考虑：

（1）单项假设是否显得合理；

（2）假设是否相互依赖且具有内在一致性；

（3）当将这些假设汇总起来考虑或结合其他假设考虑时，无论是对于特定会计估计还是其他会计估计，这些假设是否显得合理；

（4）对于公允价值会计估计，假设是否恰当地反映可观察到的市场假设。

在评价管理层使用的构成公允价值会计估计基础的假设的合理性时，注册会计师除了考虑上述事项，在适用时还可能考虑下列事项：（1）管理层是否以及如何在作出假设时加入特定市场输入数据（如相关）；（2）假设是否与可观察到的市场情况和以公允价值计量的资产或负债的特征一致；（3）市场参与方假设的来源是否相关和可靠，以及当存在多种市场参与方假设时管理层如何选择假设；（4）管理层是否以及如何考虑在可比较的交易、资产或负债中使用的假设或有关信息（如适用）。

3. 测试与管理层如何作出会计估计相关的控制的运行有效性，并实施恰当的实质性程序。当存在下列情形之一时，注册会计师需要测试控制运行的有效性：

（1）在评估认定层次重大错报风险时，预期针对会计估计流程的控制的运行是有效的；

（2）仅实施实质性程序不能提供认定层次充分、适当的审计证据。

如果管理层作出会计估计的流程的设计、执行和维护良好，测试与管理层如何作出会计估计相关的控制运行的有效性可能是适当的。例如，存在适当层级的管理层和治理层（如适用）对会计估计进行复核和批准的控制；会计估计源于被审计单位会计系统对数据的常规处理。

4. 作出注册会计师的点估计或区间估计，以评价管理层的点估计。注册会计师应当针对下列两种情况分别予以处理：

（1）如果使用有别于管理层的假设或方法，注册会计师应当充分了解管理层的假设或方法，以确定注册会计师在作出点估计或区间估计时已考虑了相关变量，并评价与管理层的点估计存在的任何重大差异。

注册会计师的点估计或区间估计，是指从审计证据中得出的、用于评价管理层点估计的金额或金额区间。当注册会计师作出点估计或区间估计并使用有别于管理层的假设或方法时，注册会计师需要充分了解管理层在作出会计估计时使用的假设或方法，以及了解和评价任何有别于管理层点估计的重大差异。例如，差异可能源于注册会计师与管理层使用不同但同样有效的假设。这可能显示出会计估计对某些假设高度敏感，因此受高度估计不确定性的影响，这意味着会计估计可能存在特别风险。此外，差异也可能是由于管理层造成的事实错误所导致的。

（2）如果认为使用区间估计是恰当的，注册会计师应当基于可获得的审计证据来缩小区间估计，直至该区间估计范围内的所有结果均可被视为合理。

当注册会计师认为运用区间估计（注册会计师的区间估计）来评价管理层点估计的合理性恰当时，作出的区间估计需要包括所有“合理”的结果而不是所有可能的结果。这是因为包括所有可能结果的区间估计太宽泛以至于注册会计师不能有效地确定会计估计是否存在错报。如果注册会计师的区间估计范围足够小以至于能够确定会计估计是否存在错报，它就是有用和有效的。

通常情况下，当区间估计的区间已缩小至等于或低于实际执行的重要性时，该区间估计对于评价管理层的点估计是适当的。而对于某些特定行业，可能难以将区间缩小至低于某一金额。这并不必然否定管理层对会计估计的确认，但是可能意味着与会计估计相关的估计不确定性可能导致特别风险。

注册会计师可以将区间估计的区间缩小至某一区域，使得在该区域内的所有结果视为是合理的：一是从区间估计中剔除注册会计师认为不可能发生的极端结果；二是根据可获得的审计证据，继续缩小区间估计直至注册会计师认为该区间估计内的所有结果均视为是合理的。在极其特殊的情况下，注册会计师可能缩小区间估计直至审计证据指向点估计。表 4－25 概括了注册会计师应对会计估计重大错报风险的思路。

表 4-25　　应对会计估计重大错报风险的思路

内容	具体解释
会计估计是否恰当地作出？	• 测试管理层如何作出会计估计以及会计估计所依据的数据。评价： —采用的计量方法在具体情况下是否恰当； —根据适用的财务报告编制基础确定的计量目标，管理层使用的假设是否合理。 • 测试与管理层作出会计估计相关的控制的运行有效性（如存在），并实施恰当的实质性程序。 • 作出注册会计师的点估计或区间估计，以评价管理层的点估计。如果使用有别于管理层的假设或方法，注册会计师应当充分了解管理层的假设或方法，以确定注册会计师在作出点估计或区间估计时是否考虑其相关变化，还要评价与管理层的点估计存在的任何重大差异。如果认为使用区间估计是恰当的，注册会计师应当基于可获得的审计证据来缩小区间估计，直至该区间估计范围内的所有结果均可被视为合理
支持性证据是否可靠？	考虑会计估计的性质、获取的审计证据的性质以及评估的重大错报风险（包括评估的风险是否为特别风险），注册会计师实施下列一项或多项程序： 复核期后事项以确信这些事项支持管理层的估计。 • 测试使用的信息、控制（如存在）、方法和假设。 • 基于可获取的证据以及与管理层的讨论，作出独立的点估计或合理性区间，以与被审计单位的估计进行比较。管理层的估计与注册会计师点估计之间的差异或者在注册会计师的合理性区间以外，都被视为一项错报。 • 当财务报告日与审计报告日之间相隔较长时间时，注册会计师对该期间事项的复核可能是应对除公允价值会计估计外的其他会计估计的有效措施
可能的管理层偏向	• 识别是否可能存在管理层偏向的迹象。这可能包括改变估计的计算方法、选择带有乐观或悲观倾向的点估计。这种情况是指，估计持续性地处于注册会计师合理性区间的一端，或者在后续期间偏向从区间的一端转至另外一端。例如，管理层为了出售而将业务做大，并且将盈余目标从税收最小化转为盈余最大化。 • 考虑在管理层作出会计估计的过程中偏向的累积影响

（二）针对导致特别风险的会计估计实施的进一步实质性程序

在审计导致特别风险的会计估计时，注册会计师在实施进一步实质性程序时需要重点评价：一是管理层是如何评估估计不确定性对会计估计的影响，以及这种不确定性对财务报表中会计估计的确认的恰当性可能产生的影响；二是相关披露的充分性。

1. 估计不确定性。对导致特别风险的会计估计，除实施《中国注册会计师审计准则第 1231 号——针对评估的重大错报风险采取的应对措施》规定的其他实质性程序外，注册会计师还应当实施下列审计程序：

（1）评价管理层如何考虑替代性的假设或结果。如果管理层没有考虑，评价管理层在作出会计估计时如何处理估计不确定性。

管理层可能根据具体情况采用多种方法评价会计估计的可供选择的假设或结果。方法之一是敏感性分析，可能涉及确定会计估计的金额如何随着假设的不同而变化。即使对于公允价值会计估计，由于不同市场参与方使用不同的假设，会计估计仍然可能存在差异。敏感性分析可能针对“乐观”和“悲观”等不同情形得出一系列结果。敏感性分析结果可能表明会计估计对特定假设的变化不敏感，也可能表明会计估计对一个或多个假设敏感，因而这些假设成为注册会计师重点关注的对象。

（2）评价管理层使用的重大假设是否合理。如果在作出会计估计时运用的某些假设的合理变化可能对会计估计的计量产生重大影响，则这些假设被视为重大假设。

注册会计师从管理层建立的持续战略分析和风险管理流程中可能获得相关信息，以支持管理层根据其了解的情况作出的重大假设。即使没有建立正式的流程（如在小型被审计单位），注册会计师可以通过询问管理层或与其讨论评价假设，并结合其他审计程序，获取充分、适当的审计证据。

（3）当管理层实施特定措施的意图和能力与其使用的重大假设的合理性或对适用的财务报告编制基础的恰当应用相关时，评价这些意图和能力。

2. 作出区间估计。如果根据职业判断认为管理层没有适当处理估计不确定性对导致特别风险的会计估计的影响，注册会计师应当在必要时作出用于评价会计估计合理性的区间估计。

在编制财务报表时，管理层可能确信已经适当地处理了估计不确定性对导致特别风险的会计估计的影响。但是，在某些情况下，注册会计师可能认为管理层的工作是不够的，例如，注册会计师可能作出下列判断：

（1）通过评价管理层如何处理估计不确定性的影响不能获取充分、适当的审计证据；

（2）有必要进一步分析与会计估计相关的估计不确定性的程度，例如，注册会计师注意到类似环境下类似会计估计的结果存在较大差别；

（3）不大可能通过如复核截至审计报告日发生的事项等审计程序获取其他审计证据；

（4）可能有迹象表明管理层在作出会计估计时存在管理层偏向。

3. 确认和计量的标准。对导致特别风险的会计估计，注册会计师应当获取充分、适当的审计证据，以确定下列方面是否符合适用的财务报告编制基础的规定：

（1）管理层对会计估计在财务报表中予以确认或不予确认的决策。

如果管理层在财务报表中确认一项会计估计，注册会计师评价的重点是会计估计的计量是否足够可靠，能否满足适用的财务报告编制基础规定的确认标准。对于没有在财务报表中确认的会计估计，注册会计师评价的重点是会计估计是否在实质上已满足适用的财务报告编制基础规定的确认标准。即使某一项会计估计没有得到确认，且注册会计师认为这种处理是恰当的，可能仍然有必要在财务报表附注中披露具体情况。注册会计师也可能认为有必要在审计报告中增加强调事项段，以提醒财务报表使用者关注重大不确定性的存在。

（2）作出会计估计所选择的计量基础。

对于公允价值会计估计，某些适用的财务报告编制基础在要求或允许进行公允价值计量和披露时，是以公允价值可以可靠计量这一假定作为前提条件的。在某些情况下，如不存在恰当的计量方法或基础，这种假定可能不成立。在这种情况下，注册会计师评价的重点是管理层用以推翻适用的财务报告编制基础所规定的与采用公允价值相关的假定的依据是否恰当。

（三）评价会计估计的合理性并确定错报

注册会计师应当根据获取的审计证据，评价财务报表中的会计估计在适用的财务报告编制基础下是合理的还是存在错报。根据获取的审计证据，注册会计师可能认为这些证据指向与管理层的点估计不同的会计估计。当审计证据支持点估计时，注册会计师的点估计与管理层的点估计之间的差异构成错报。当注册会计师认为使用其区间估计能够获取充分、适当的审计证据时，在注册会计师区间估计之外的管理层的点估计得不到审计证据的支持。在这种情况下，错报不小于管理层的点估计与注册会计师区间估计之间的最小差异。

当管理层根据其对环境变化的主观判断而改变某项会计估计，或改变上期作出会计估计的方法时，基于获取的审计证据，注册会计师可能认为会计估计被管理层随意改变而产生错报，或者将其视为可能存在管理层偏向的迹象。

评价在财务报表附注中的会计估计和相关披露（无论是由适用的财务报告编制基础要求的还是属于自愿披露的）的合理性时考虑的事项，与在审计财务报表中确认的会计估计时考虑的事项在实质上是相同的。

四、与违反法律法规行为相关的风险应对

（一）识别出或怀疑存在违反法律法规行为时实施的审计程序

1. 注意到与识别出的或怀疑存在的违反法律法规行为相关的信息时的审计程序。如果注册会计师发现下列事项或相关信息，可能表明被审计单位存在违反法律法规行为：

（1）受到监管机构、政府部门的调查，或者支付罚金或受到处罚；

（2）向未指明的服务付款，或者向顾问、关联方、员工或政府员工提供贷款；

（3）与被审计单位或所处行业正常支付水平或实际收到的服务相比，支付过多的销售佣金或代理费用；

（4）采购价格显著高于或低于市场价格；

（5）异常的现金支付，以银行本票向持票人付款的方式采购；

（6）与在“避税天堂”注册的公司存在异常交易；

（7）向货物或服务原产地以外的国家或地区付款；

（8）在没有适当的交易控制记录的情况下付款；

（9）现有的信息系统不能（因系统设计存在问题或因突发性故障）提供适当的审计轨迹或充分的证据；

（10）交易未经授权或记录不当；

（11）负面的媒体评论。

如果注意到与识别出的或怀疑存在的违反法律法规行为相关的上述信息，注册会计师应当了解违反法律法规行为的性质及其发生的环境，同时获取进一步的信息，以评价对财务报表可能产生的影响。包括：

（1）违反法律法规行为对财务报表产生的潜在财务后果，如受到罚款、处分、赔偿、封存财产、强制停业和诉讼等；

（2）潜在财务后果是否需要列报；

（3）潜在财务后果是否非常严重，以致对财务报表的公允反映产生怀疑或导致财务报表产生误导。

2. 怀疑被审计单位存在违反法律法规行为时的审计程序。如果治理层能够提供额外的审计证据，注册会计师可以与治理层讨论其发现。例如，对与可能导致违反法律法规的交易或事项相关的事实和情况，注册会计师可以证实治理层是否对此具有相同的理解。

如果管理层或治理层（如适用）不能向注册会计师提供充分的信息，证明被审计单位遵守了法律法规，注册会计师可以考虑向被审计单位内部或外部的法律顾问咨询有关法律法规在具体情况下的运用，包括舞弊的可能性以及对财务报表的影响。如果认为向被审计单位法律顾问咨询是不适当的或不满意其提供的意见，注册会计师可以考虑向所在会计师事务所的法律顾问咨询，以确定被审计单位是否存在违反法律法规行为、可能导致的法律后果（包括舞弊的可能性），以及可能采取的进一步行动。

3. 评价违反法律法规行为的影响。注册会计师应当评价违反法律法规行为对审计的其他方面可能产生的影响，包括对风险评估和管理层书面声明可靠性的影响。注册会计师识别出的违反法律法规行为的影响，取决于该行为的实施和隐瞒与具体控制活动之间的关系，以及牵涉的管理人员或员工的级别，尤其是被审计单位最高权力机构参与违反法律法规行为所产生的影响。

在例外情况下，如果管理层或治理层没有采取注册会计师认为适合具体情况的补救措施，即使违反法律法规行为对财务报表不重要，如果法律法规允许，注册会计师也可能考虑是否有必要解除业务约定。在决定是否有必要解除业务约定时，注册会计师可以考虑征询法律意见。如果不能解除业务约定，注册会计师可以考虑替代方案，包括在审计报告的其他事项段中描述违反法律法规行为。

（二）对识别出的或怀疑存在的违反法律法规行为的报告

1. 与治理层沟通。注册会计师应当与治理层沟通审计过程中注意到的有关违反法律法规的事项，但不必沟通明显不重要的事项。这有利于注册会计师尽到职业责任，为治理层履行对管理层的监督责任提供有用信息。

沟通通常采用书面形式，将书面文件送治理层签收，并将文件副本及签收记录作为审计工作底稿予以保管。如果采用口头沟通方式，应形成沟通记录，并提请沟通对象签字确认。

如果根据判断认为需要沟通的违反法律法规行为是故意和重大的，注册会计师应当就此尽快向治理层通报。如果怀疑违反法律法规行为涉及管理层或治理层，注册会计师应当向被审计单位审计委员会或监事会等更高层级的机构通报。如果不存在更高层级的机构，或者注册会计师认为被审计单位可能不会对通报作出反应，或者注册会计师不能确定向谁报告，注册会计师应当考虑是否需要征询法律意见。

2. 出具审计报告。如果认为违反法律法规行为对财务报表具有重大影响，注册会计师应当要求被审计单位在财务报表中予以恰当反映。如果被审计单位在财务报表中对该违反法律法规行为做出恰当反映，注册会计师应当出具无保留意见的审计报告。如果认为违反法律法规行为对财务报表有重大影响，且未能在财务报表中得到恰当反映，注册会计师应当出具保留意见或否定意见的审计报告。

如果因管理层或治理层阻挠而无法获取充分、适当的审计证据，以评价是否存在或可能存在对财务报表产生重大影响的违反法律法规行为，注册会计师应当根据审计范围受到限制的程度，发表保留意见或无法表示意见。如果由于审计范围受到管理层或治理层以外的其他方面的限制而无法确定被审计单位是否存在违反法律法规行为，注册会计师应当评价这一情况对审计意见的影响。实务中，审计范围受到其他条件限制的情况较多，例如，客观因素致使注册会计师不能实施审计程序。

3. 向监管机构和执法机构报告违反法律法规行为。如果识别出或怀疑被审计单位存在违反法律法规行为，注册会计师应当考虑是否有责任向被审计单位以外的监管机构和执法机构等相关机构或人员报告。

值得注意的是，注册会计师考虑是否报告的是经注册会计师发现和确定的严重违反法律法规的行为。所谓“严重”主要是指有重大法律后果或涉及公众利益。注册会计师应当了解相关法律法规是否要求报告违反法律法规行为，例如，商业银行监管法规可能要求注册会计师报告商业银行参与洗钱行为。同时，注册会计师应考虑采取何种方式、何时以及向谁进行报告。

如果无法确定是否有相关法律法规要求向监管机构报告发现的被审计单位的违反法律法规行为，或者无法确定某项违反法律法规行为是否应该向监管机构报告，注册会计师通常需要征询相关的法律意见，然后再确定如何处理。

表 4－26 概括了注册会计师应对与违反法律法规行行为相关重大错报风险的思路。

表 4－26　应对与违反法律法规行为相关的重大错报风险的思路

内容	具体解释
1.	了解违反法律法规行为的性质及其发生的环境。该了解应当足以评价对财务报表的可能影响
2.	记录审计发现并与管理层讨论。如果认为违反法律法规行为是故意和重大的，注册会计师应当就此尽快通报。如果针对怀疑存在的违反法律法规行为及其对财务报表的潜在影响不能获取充分的信息，注册会计师应当考虑缺乏充分、适当的审计证据对审计报告的影响
3.	考虑违反法律法规行为对审计工作其他方面的影响。特别是考虑对管理层的书面声明可靠性的影响
4.	如果违反法律法规行为涉及高级管理人员或治理层，向更高层级的机构通报该事项。如果不存在更高层级的机构，注册会计师应当考虑是否需要征询法律意见
5.	如果违反法律法规行为对财务报表具有重大影响，且未能在财务报表中得到恰当反映，注册会计师应当发表保留意见或否定意见

五、与持续经营假设相关的风险应对

（一）评价管理层对持续经营能力作出的评估

任何企业都可能面临终止经营的风险，因此，管理层应当定期对其持续经营能力作出分析和判断，确定以持续经营假设为基础编制财务报表的适当性。管理层对被审计单位持续经营能力的评估，是注册会计师考虑管理层运用持续经营假设的一个关键部分。注册会计师应当评价管理层对持续经营能力作出的评估。

1. 管理层评估涵盖的期间。在评价管理层对持续经营能力作出的评估时，注册会计师的评价期间应当与管理层按照适用的财务报告编制基础或法律法规（如果法律法规要求的期间更长）的规定作出评估的涵盖期间相同。

管理层对持续经营作出评估的期间，应当与持续经营假设相关。持续经营假设是指被审计单位在编制财务报表时，假定其经营活动在可预见的将来会继续下去，而可预见的将来通常是指财务报表日后12个月。因此，管理层对持续经营能力的合理评估期间应是自财务报表日起的下一个会计期间。如果管理层评估持续经营能力涵盖的期间短于自财务报表日起的12个月，注册会计师应当提请管理层将其至少延长至自财务报表日起的12个月。

2. 管理层的评估、支持性分析和注册会计师的评价。纠正管理层缺乏分析的错误不是注册会计师的责任。在某些情况下，管理层缺乏详细分析以支持其评估，可能不妨碍注册会计师确定管理层运用持续经营假设是否适合具体情况。例如，如果被审计单位具有盈利经营的记录并很容易获得财务支持，管理层可能不需要进行详细分析就能作出评估。在这种情况下，如果其他审计程序足以使注册会计师认为管理层在编制财务报表时运用的持续经营假设适合具体情况，注册会计师可能无须实施详细的评价程序，就可以对管理层评估的适当性得出结论。

在有些情况下，注册会计师需要评价管理层对被审计单位持续经营能力所作的评估，可能包括评价管理层作出评估时遵循的程序、评估依据的假设、管理层的未来应对计划以及管理层的计划在当前情况下是否可行。

在评价管理层作出的评估时，注册会计师应当考虑管理层作出评估的过程、依据的假设以及应对计划。注册会计师应当考虑管理层作出的评估是否已考虑所有相关信息，其中包括注册会计师实施审计程序获取的信息。

管理层的评估所遵循的程序包括对可能导致对其持续经营能力产生重大疑虑的事项或情况的识别、对相关事项或情况结果的预测、对拟采取改善措施的考虑和计划以及最终的评估结论。在考虑管理层的评估程序时，注册会计师应当关注管理层是如何识别可能导致对其持续经营能力产生重大疑虑的事项或情况，所识别的事项或情况是否完整，是否已经对注册会计师在实施审计程序过程中发现的所有相关信息进行了充分考虑。

在考虑管理层作出的评估所依据的假设时，注册会计师应当考虑管理层对相关事项或情况结果的预测所依据的假设是否合理，并特别关注具有下列几类特征的假设：（1）对预测性信息具有重大影响的假设；（2）特别敏感的或容易发生变动的假设；（3）与历史趋势不一致的假设。注册会计师应当基于对被审计单位的了解，比较以前年度的预测与实际结果、本期的预测和截至目前的实际结果。如果发现某些因素的影响尚未反映在相关预测中，注册会计师应当与管理层讨论这些因素，必要时应要求管理层对相关预测所依据的假设作出修正。

（二）超出管理层评估期间的事项或情况

可能存在已知的事项（预定的或非预定的）或情况，是超出管理层评估期间发生的，可能导致注册会计师对管理层编制财务报表时运用持续经营假设的适当性产生怀疑。注册会计师需要对存在这些事项或情况的可能性保持警觉。事项或情况发生的时点距离作出评估的时点越远，与事项或情况的结果相关的不确定性的程度也相应增加，因此在考虑更远期间发生的事项或情况时，只有持续经营事项的迹象达到“重大”时，注册会计师才需要考虑采取进一步措施。如果识别出这些事项或情况，注册会计师可能需要提请管理层评价这些事项或情况对于其评估被审计单位持续经营能力的潜在重要性。

除询问管理层外，注册会计师没有责任实施其他任何审计程序，以识别超出管理层评估期间并可能导致对被审计单位持续经营能力产生重大疑虑的事项或情况。

（三）识别出事项或情况时实施追加的审计程序

如果识别出可能导致对持续经营能力产生重大疑虑的事项或情况，注册会计师应当通过实施追加的审计程序（包括考虑缓解因素），获取充分、适当的审计证据，以确定是否存在重大不确定性。

这些程序应当包括：

（1）如果管理层尚未对被审计单位持续经营能力作出评估，提请其进行评估。

如果管理层没有对持续经营能力作出初步评估，注册会计师应当与管理层讨论运用持续经营假设的理由，询问是否存在导致对持续经营能力产生重大疑虑的事项或情况，并提请管理层对持续经营能力作出评估。

（2）评价管理层与持续经营能力评估相关的未来应对计划，这些计划的结果是否可能改善目前的状况，以及管理层的计划对于具体情况是否可行。

评价管理层未来应对计划可能包括向管理层询问该计划。管理层的应对计划可能包括管理层变卖资产、对外借款、重组债务、削减或延缓开支或者获得新的资本。

（3）如果被审计单位已编制现金流量预测，且对预测的分析是评价管理层未来应对计划时所考虑的事项或情况的未来结果的重要因素，评价用于编制预测的基础数据的可靠性，并确定预测所基于的假设是否具有充分的支持。

此外，注册会计师还可能将最近若干期间的预测性财务信息与实际结果相比较，或者将本期预测性财务信息与截至目前的实际结果相比较。

如果管理层的假设包括第三方通过放弃贷款优先求偿权、承诺保持或提供补充资金或担保等方式向被审计单位提供持续的支持，且这种支持对于被审计单位的持续经营能力很重要，注册会计师可能需要考虑要求该第三方提供书面确认（包括条款和条件），并获得有关该第三方有能力提供这种支持的证据。

（4）考虑自管理层作出评估后是否存在其他可获得的事实或信息。

（5）要求管理层和治理层（如适用）提供有关未来应对计划及其可行性的书面声明。

如果合理预期不存在其他充分、适当的审计证据，注册会计师应当就对财务报表有重大影响的事项向管理层和治理层（如适用）获取书面声明。

由于管理层就持续经营能力而提出的应对计划和其他缓解措施通常基于假设基础之上，注册会计师在进行评价时，取得的审计证据多为说服性而非结论性的，因此，注册会计师应当向管理层获取有关应对计划的书面声明。

此外，尽管被审计单位当前可能是盈利的，但一些特殊的事项或情况可能导致被审计单位发生重大损失。为避免诸如诉讼事项可能发生的巨额赔偿支出，管理层将会考虑主动寻求破产保护。在这种情况下，获取管理层和治理层（如适用）声明是非常有必要的。注册会计师可以要求管理层和治理层（如适用）做出如下声明："在财务报表日起的十二个月内，管理层和治理层（如适用）没有申请破产保护的计划。"

管理层关于持续经营问题的应对计划通常包括下列一项或多项策略，例如变卖资产，对外借款或重组债务，削减或延缓开支，重组经营活动，寻求合并或收购，增加资本。表 4 – 27 概括了注册会计师应对持续经营重大错报风险的思路。

表 4 – 27　　　　应对持续经营重大错报风险的思路

内容	具体描述
获取管理层的评估和未来应对计划	如果未提供，提请管理层对被审计单位持续经营能力作出评估。
评价管理层的应对计划	评价管理层有关持续经营评估的未来应对计划： • 这些计划的结果是否能够改善目前的状况？ • 这些计划对于具体环境是否可行？ • 利润或现金流预测是否具有可靠性，以及预测所依据的假设是否具有充分的支持？ • 识别、讨论和获取其他可能影响被审计单位持续经营能力的因素的审计证据，例如： —最近的经营业绩不佳； —债券和借款合同出现违约； —在会议纪要中提及财务困境； —存在诉讼或索赔以及对其财务影响的估计； —与关联方或第三方确认提供或保持财务支持的协议的存在性、合法性和可执行性； —关联方或第三方提供额外资金或贷款担保的财务能力； —其他期后事项； —存在舞弊迹象，如管理层凌驾于控制之上、虚假交易或隐瞒重要事实。 • 授信合同的持续存在性、条款和充分性。 • 监管行动的报告。 • 有关拟处置资产的支持证据的充分性
获取书面确认	要求管理层和治理层提供有关未来应对计划及其可行性的书面声明

六、对被审计单位使用服务机构的考虑

（一）应对评估的重大错报风险

如果在评估重大错报风险时预期服务机构的控制的运行是有效的，注册会计师应当实施下列一项或多项程序，以获取有关这些控制运行有效性的审计证据：

（1）获取第二类报告（如可行）；

（2）对服务机构的控制实施适当测试；

（3）利用其他注册会计师代其对服务机构的控制实施测试。

如果拟利用第二类报告作为服务机构内部控制运行有效性的审计证据，注册会计师应当通过实施下列程序，确定服务机构注册会计师的报告是否能够提供有关内部控制运行有效性的充分、适当的审计证据，以支持对重大错报风险的评估：

（1）评价对服务机构控制的描述、设计和运行有效性所针对的时点或期间是否适用于注册会计师的审计目的；

（2）确定服务机构系统描述中明确的被审计单位的互补性控制是否与被审计单位相关；如果相关，了解被审计单位是否设计和执行了此类控制，如是，测试其运行有效性；

（3）评价控制测试的涵盖期间和自实施控制测试以来的时间间隔的适当性；

（4）评价服务机构注册会计师报告中所述的、由服务机构注册会计师实施的控制测试及其结果是否与被审计单位财务报表的认定相关并提供充分、适当的审计证据，以支持注册会计师的风险评估。

注册会计师应当询问被审计单位管理层，确定服务机构是否曾经向被审计单位报告，或者被审计单位是否以其他方式获知任何影响被审计单位财务报表的舞弊、违反法律法规行为或未更正错报。

注册会计师应当评价这些事项如何影响进一步审计程序的性质、时间安排和范围，并评价对得出的结论和审计报告的影响。表 4－28 概括了注册会计师应对评估的服务机构重大错报风险时的思路。

表 4－28　　应对评估的服务机构重大错报风险时的思路

内容	应对思路
是否能够从被审计单位内部获取必要的证据？	如果是，获取有关财务报表认定的充分、适当的审计证据； 如果否，实施追加程序以获取审计证据，例如利用其他注册会计师代其对服务机构实施这些程序

续表

内容	应对思路
确定对第一类或第二类报告的信赖程度	• 考虑注册会计师的专业胜任能力、独立性以及出具的报告所依据标准的适当性； • 评价对服务机构控制的描述和设计所针对的时点或期间是否适用于注册会计师的审计目的； • 相对了解与审计相关的被审计单位内部控制而言，评价报告提供的证据是否充分、适当； • 确定服务机构系统描述中明确的被审计单位的互补性控制是否与被审计单位相关；如果相关，了解被审计单位是否设计和执行了此类控制。 请注意，第一类报告不能提供服务机构内部控制运行有效性的证据。如果不能获取第二类报告，注册会计师需要对服务机构的控制实施测试，或利用其他注册会计师实施这些测试
测试被审计单位的记录和控制	如可能，从被审计单位保存的记录中获取有关财务报表认定的充分、适当的审计证据
从服务机构获取审计证据	如果被审计单位的记录不充分，注册会计师通过实施下列审计程序以获取有关服务机构的控制运行有效性的审计证据： • 获取第二类报告（如可行）； • 对服务机构的控制实施适当的测试； • 利用其他注册会计师代其对服务机构的控制实施适当的测试
询问重要事项（舞弊等）	询问管理层是否知悉（或收到服务机构的通知）任何舞弊、违反法律法规行为或可能影响财务报表的未更正错报

（二）审计报告

针对服务机构提供的、与被审计单位财务报表审计相关的服务，如果注册会计师无法获取充分、适当的审计证据，则审计范围受到限制。当存在下列情况时，审计范围可能受到限制：

（1）注册会计师不能充分了解服务机构提供的服务，因而缺乏识别和评估重大错报风险的基础；

（2）注册会计师在评估重大错报风险时预期服务机构的控制正在有效运行，但无法获取这些控制运行有效性的充分、适当的审计证据；

（3）注册会计师只有从服务机构持有的记录中才能获取充分、适当的审计证据，但注册会计师不能直接接触这些记录。

注册会计师发表保留意见还是无法表示意见，取决于这些限制对财务报表可能产生的影响是否重大或广泛。

5

第五章 交易与余额的审计

第一节　引导案例

案例 5－1

一、背景材料

Y 股份有限公司（下列简称 Y 公司）是一家高科技生物酿造黄酒企业，成立于 2003 年 9 月，并于 2006 年正式投产。Y 公司主要生产新型黄酒，是国家重点骨干黄酒企业。自成立以来一直专注于新型黄酒的研发、生产和销售，旗下拥有“太阳”、“月亮”两大品牌，以及多个系列的 10 余种产品。2010 年 11 月 26 日，Y 公司获得监管部门首次公开发行股票（IPO）批文。2010 年 12 月 17 日，Y 公司以 85.5 倍超高市盈率成功发行 1 700 万股，募集 5.8 亿元，但在登陆深交所中小板市场前，遭媒体质疑，上市计划被紧急叫停。

Y 公司在黄酒行业中属于“小字辈”。2008 年，公司销售收入 1.23 亿元，占全国当年黄酒行业销售收入的 1.65%，排在行业前五名开外，与行业第一的金枫酒业（市场占比 12.77%）、第五的塔牌（市场占比 4.29%）均有较大差异。然而，根据公司招股说明书，从销售价格看，Y 公司黄酒出厂价高出行业龙头 1.7～3.6 倍。2008 年、2009 年，Y 公司黄酒平均销售价格为 2.436 万元/吨、2.133 万元/吨，而行业龙头金枫酒业、会稽山、古越龙山、张家港、塔牌等知名黄酒企业，2008 年平均销售价格分别只有 0.53 万元/吨、0.6 万元/吨、0.62 万元/吨、0.84 万元/吨、0.91 万元/吨。

从人均产能看，古越龙山人均产能为 99.9 吨/年；金枫酒业人均产能为 238.6 吨/年。而按照 Y 公司 2008 年之后的产能利用率约 100% 计算，仅有 35 名生产人员的公司产能竟达到约 1.6 万吨，即人均产能 457.1 吨/年，这一数字比古越龙山高出 358%，比金枫酒业高出 92%。

从毛利率看，Y 公司 2007 年、2008 年、2009 年和 2010 年上半年的毛利率分别为 54.42%、48.22%、50.02% 和 51.37%，高于行业的平均水平 10 个百分点。

二、Y 公司的存货及盈利能力

根据 Y 公司招股说明书，公司存货中，占比最多的为库存原酒，约 22 199.25万吨，放于防空洞中，成本约 14 500 万元，占期末公司资产总额的比例约为 1/3。监管部门在检查审计工作底稿中发现，Y 公司未对报告期末存放在防空洞的原酒实施盘点，注册会计师亦未实施存货监盘等审计程序，仅采取估算防空洞容积的方法测算储酒数量，对该部分重要存货未获取充分、适当的审计证据。

记者对 Y 公司进行了十天的地毯式调查后，于 2010 年 12 月 16 日，发表调查文章：《Y 公司涉嫌“酿造”弥天大谎》。记者分别前往 Y 公司招股书揭示的优势地区——岳阳、长沙；黄酒主要消费地区——上海、苏州；潜力优势地区——成都，实地调查 Y 公司的真实销售情况。招股说明书中阐述的古越楼台黄酒主要销售渠道是 KA 市场（大型超市卖场），但调查结果却让人意外：上述地区的各大超市鲜有 Y 公司古越楼台品牌的黄酒销售。

2010 年 12 月 17 日，记者发表《Y 公司厂区暗访：铁皮墙设备锈工人稀生产闲》，披露暗访 Y 公司酒厂内部的生产经营情况。2010 年 12 月 18 日，记者再次发表《Y 公司最大经销商、原料商：神秘小公司难寻踪迹》一文，对公司销售渠道以及业绩提出了质疑。追踪调查的结果集中为下列几点：（1）巨额销量存疑涉嫌虚增收入；（2）优势地区不入流；（3）潜力地区要退货；（4）主消费地区难觅；（5）卖场涉嫌作假；（6）最大经销商查无此处；（7）系列产品恐名不副实；（8）实际销量不靠谱；（9）销售价格吹上天。

从公司的销售收入来看，从 2007 年的 8 693.20 万元增加到 2009 年的 15 966.67万元，绝对值翻了近一倍，增长幅度高达 83.67%，平均每年增幅高达 41.83%，而其同业每年的增长率仅为 10% 左右。另外，Y 公司 2009 年的营业收入为 15 966.67 万元，而截至 2010 年 9 月的营业收入为 14 129.38 万元，比 2009 年的少 1 837.29 万元，但其营业利润、利润总额、净利润均比 2009 年的要高出 200 至 470 多万元。

我们可以发现，Y 公司在 2007 至 2010 年间的财务数据与同业相比相差甚远，可能存在财务数据造假的情况，而股票招股说明书也无法对以上的变动进行合理的解释。注册会计师在审计过程中，也未参考市场的实际情况，执行有效的实质性程序，对企业的部分关键科目获取足够的审计证据。

2011 年 4 月 2 日，监管部门发布公告，4 月 6 日监管部门第 60 次发行审核委员会工作会议将审核 Y 公司首发会后事项。最终，监管部门最终否决了 Y 公司首次公开发行的申请。

如果管理层不切实际地追求预期利润目标或财务结果，则可能存在编制虚假财务报告的动机或压力。如前所述，管理层编制虚假财务报告不外乎通过操纵、伪造或篡改文件，故意漏记重要的事项或交易，故意错误使用会计政策，等等。所有这些，都构成财务报表重大错报风险。注册会计师在风险应对阶段，需要针对评估的财务报表层次和认定层次重大错报风险，设计和实施恰当的应对措施，获取充分、适当的审计证据。

当针对特定交易流程涉及的交易与余额设计和实施审计程序时，注册会计师通常将认定作为控制测试和实质性程序之间的桥梁，把两者组合起来使用，以将重大错报风险降至可接受的低水平。例如，对于存货存在认定，注册会计师将集中测试那些已记录于存货账面的项目是否具有可验证性，以及那些能够降低存货高估风险的控制。对于存货完整性认定，注册会计师将集中测试那些未包括在存货账面但被遗漏的项目，包括测试商品采购单和能够降低存货遗漏风险的控制。

对于财务报表中交易与余额的审计，有两种方法可以完成：一是对每项交易与余额单独进行审计，二是将财务报表分成几个循环，把具有紧密联系的交易与余额归入同一个循环进行审计。第二种方法符合被审计单位的业务流程和内部控制设计的实际情况，便于注册会计师的合理分工，有利于提高审计效率。本章主要介绍与收入、费用和存货相关的交易与余额的审计。

第二节　收入交易与余额的审计

一、收入交易的性质

（一）收入的来源

收入产生于销售商品、提供劳务以及使用能够产生利息、特许使用费和股利的资产。收入的来源有不同的形式，表 5－1 列示了不同经营主体收入的来源。

表 5－1　　不同经营主体收入的来源

经营类型	收入来源
贸易企业	通过购买和销售商品获得收入：向公众零售，或者作为批发商向零售店供应商品，或者进行网上销售或电子商务交易

续表

经营类型	收入来源
汽车制造企业	通过向零售商供应汽车和零部件获得收入；零售商通过销售汽车获得收入，汽车销售网点通过向顾客出售汽油、提供汽车服务和销售汽车零部件获得收入
一般制造企业	购买原材料，用于制造产成品，向顾客销售产成品
广告企业	通过创造性的广告设计以及向电视、广播、出版物和网络等各种媒体传播广告获得收入
医疗机构	医务机构，如医院提供服务获得收入，包括病人住院和对住院病人的护理、重症监护、施行手术等
IT 企业	通过销售硬件和软件获得收入，提供软件安装和信息技术支持服务获得收入，作为网络服务提供商以及使用特定软件产品的注册收取的收费
投资公司	从利息和股利、购买和出售投资的利润和亏损、房地产投资的租金中获得收入
房地产代理商	通过销售房地产，向买方和卖方收取佣金；代表所有者管理房地产收取佣金；从代理收取的房地产租金中收取一定比例的佣金
公共事业实体	提供服务获得收入，例如供应水和电等
学校和大学	获得收入的主要渠道是向学生（或家长）收费以及基于各种渠道取得的财政补贴和捐赠
银行和金融机构	通过存贷款利息差获取的收益，向顾客收取银行服务费，以及从事投资实现的收益
保险公司	通过向顾客收取保费和进行投资获得收入
餐饮企业	向顾客出售食品和饮料获得收入
建筑企业	承接工程获得的收入

（二）审计目标

为了实现审计目标，注册会计师应当获取与收入交易及其余额相关的充分、适当的审计证据，将财务报表重大错报风险降至可接受的低水平。表 5－2 列示了管理层认定与相应的收入交易及其余额审计目标之间的关系。

表 5－2　　管理层认定与收入交易和余额审计目标之间的关系

管理层认定	审计目标
收入交易	
完整性	本期获得的所有收入均已记录； 本期收到的所有现金均已记录； 本期所有的收入调整均已记录，如销售退回、商品折扣等

续表

管理层认定	审计目标
发生	记录的所有收入代表本期实际交付的商品或提供的服务； 记录的所有现金收入代表本期实际收到的现金； 本期记录的所有关于销售退回、商品折扣的收入调整，均已得到恰当授权，对销售退回，已及时收到退回的商品
准确性和分类	所有销售、收款和收入调整已准确计算，并记录在恰当的账户中
截止	所有销售、现金收款和销售调整已计入
与收入相关的余额	
完整性	应收账款代表在资产负债表日客户所欠的所有金额
存在	年末应收账款真实存在
计价和分摊	应收账款以恰当的金额在资产负债表中列示，所有因此产生的计价或分摊调整得以恰当记录； 坏账准备代表应收账款原值与其可收回金额之间的差异
权利和义务	应收账款代表被审计单位在资产负债表日对债务人享有的有效索偿权。已出售或抵押应收账款相关的权利，已得到恰当的确认、计量和列报

（三）收入交易与余额的固有风险

收入交易与余额的固有风险主要体现在下列方面：

1. 管理层对收入造假的倾向和动机。为了实现预期利润目标，虚增销售收入，增加以业绩为基础的个人报酬，从银行获得资金支持，误导股东或影响股价。

2. 收入的复杂性。例如，被审计单位利用网络销售，而管理层对可能出现的问题经验较少，收入发生错误的可能性大。

3. 管理层凌驾于控制之上。在年末编制虚假销售，在随后的会计年度转回，导致销售和应收账款高估。

4. 不正确销售和收款的截止。将属于下一会计期间的收入提前计入本期，或者将属于本期的收入延后计入下一会计期间，导致收入和银行存款高估或低估。

5. 计提应收账款坏账准备的压力。尤其在主要大额客户面临财务困难，或者国外客户在偿付债务时存在困难，计提收账款坏账准备不足，导致应收账款高估。

6. 舞弊和盗窃的风险。在销售以现金结算时，发生员工舞弊和盗窃的风险较高。如果经营多种商品，如大型超市，面临着对员工和实物的控制。

7. 不能收回账款的风险。在现金销售时，客户签署的无效支票产生不能收回账款的风险。

8. 发生错误的风险。例如，企业没有及时更新销售价格表，使用错误价格销售；或者销售数量较大时，没有使用扫描器读取项目条形码；或者收款员找零发生错误。

9. 隐藏盗窃的风险。员工利用销售调整和销售退回掩盖窃取现金的行为。

二、控制活动和控制测试

（一）收入交易过程涉及的主要文件

表 5－3 列示了赊销的收入交易过程涉及的主要文件：

表 5－3　赊销的收入交易过程涉及的主要文件

文件类型	文件的性质
客户订购单	客户订购单是客户提出的书面购货要求。被审计单位销售人员采用电话、信函等方式，向现有或潜在客户发送订购单，接受订货
销售单	销售单是列示客户所订商品的名称、规格、数量以及其他与客户订购单有关信息的凭证，作为销售方内部处理客户订购单的凭据
发运凭证	发运凭证是在发运货物时编制的，用以反映发出商品名称、规格、数量和其他有关内容的凭据。发运凭证的一联寄送给客户，其余联（一联或数联）由被审计单位保留。这种凭证可用作为向客户开具账单的依据
销售发票	销售发票是用来表明已销售商品的名称、规格、数量、价格、销售金额、运费和保险费、开票日期、付款条件等内容的凭证。以增值税发票为例，销售发票的两联（抵扣联和发票联）寄送给客户，一联（记账联）由企业保留，作为登记销售交易的基本凭据之一
贷项通知单	贷项通知单是用来表明由于销售退回或经批准的折让而引起的应收账款减少的凭证
汇款通知书	汇款通知书是与销售发票一起寄给客户，由客户在付款时再寄回销售单位的凭证。这种凭证注明了客户的姓名、销售发票号码、销售单位开户银行账号以及金额等内容
折扣与折让明细账	折扣与折让明细账是用来核算给予客户的销售折扣和因商品品种、质量等原因而给予客户的销售折让情况的明细账
商品价目表	商品价目表是列示已经授权批准的、可供销售的各种商品的价格清单
应收账款账龄分析表	应收账款账龄分析表按月编制，反映月末尚未收回的应收账款总额的账龄，并详细反映每个客户月末尚未偿还的应收账款数额和账龄
坏账审批表	坏账审批表是用来批准将某些应收款项注销为坏账，仅在企业内部使用的凭证
客户月末对账单	客户月末对账单是按月定期寄送给客户的用于购销双方定期核对账目的凭证。客户月末对账单上应注明应收账款的月初余额、本月各项销售交易的金额、本月已收到的货款、各贷项通知单的数额以及月末余额等内容

（二）收入交易过程涉及的主要业务活动

表 5－4 列示了赊销的收入交易过程涉及的主要活动：

表 5－4　　赊销的收入交易过程涉及的主要活动

业务活动类型	业务活动的性质
接受客户订购单	客户订购单只有在符合管理层的授权标准时，才能被接受。企业一般有已批准销售的客户名单。销售部门在决定是否同意接受某客户订购单时，应确认该客户是否在名单中。如果该客户不在名单中，则通常需要由适当层级的管理人员来决定是否同意销售
批准赊销信用	信用管理部门按照管理层制定的赊销政策，根据客户已授权的信用额度，对赊销业务给予批准。信用管理部门在收到销售部门的销售单后，应将销售单与客户已被授权的赊销信用额度以及至今尚欠的账款余额加以比较。执行人工赊销信用检查时，还应合理划分工作职责，以避免销售人员为扩大销售而使企业承受不适当的信用风险。 信用管理部门应对每个新客户进行信用调查，包括获取信用评审机构对客户信用等级的评定报告。无论是否批准赊销，都要求信用管理部门在销售单上签署意见，然后再将已签署意见的销售单送回销售部门
按销售单供货	管理层通常要求仓库只有在收到经过批准的销售单时才能供货。设立这项控制程序的目的是为了防止仓库在未经授权的情况下擅自发货。因此，已批准销售单的一联应送达仓库，作为仓库按销售单供货和发货给装运部门的授权依据
按销售单装运货物	将按销售单供货与按销售单装运货物的职责相分离，避免负责装运货物的员工在未经授权的情况下装运产品。此外，装运部门员工在装运货物之前，还必须进行独立验证，以确保从仓库提取的商品都附有经批准的销售单，并且，所提取商品与销售单一致
向客户开具发票	向客户开具和寄送连续编号的销售发票。在开具销售发票前，需要实施下列控制：（1）独立检查是否存在装运凭证和相应的经批准的销售单；（2）依据已授权批准的商品价目表开具销售发票；（3）独立检查销售发票计价和计算的准确性；（4）将装运凭证上的商品总数与相对应的销售发票上的商品总数进行比较
记录销售	记录销售的过程包括区分赊销、现销，编制转账凭证或现金、银行收款凭证，再据以登记销售明细账和应收账款明细账或库存现金、银行存款日记账。记录销售的控制程序包括下列内容： （1）根据有效装运凭证和销售发票记录销售； （2）控制所有连续编号的销售发票； （3）独立检查原始凭证上的销售金额与入账的销售金额是否一致； （4）记录销售的职责应与处理销售交易的其他功能分离； （5）对销售交易过程中的有关记录的接触权限作出限制，以防止出现未经授权的记录； （6）定期向客户寄送对账单，并要求客户将任何例外情况直接向指定的未执行或记录销售交易的会计主管报告

续表

业务活动类型	业务活动的性质
处理和记录现金、银行存款收入	在处理和记录现金、银行存款收入时，应当关注货币资金失窃的可能性。在处理货币资金收入时，要保证全部货币资金如数、及时地计入现金日记账、银行存款日记账或应收账款明细账，并如数、及时地将现金存入银行
处理和记录销售退回、销售折扣与折让	如客户对商品不满意，被审计单位一般会同意退货，或者给予一定的销售折让。客户如已提前支付货款，被审计单位可能会给予一定的销售折扣。此类事项应当经过授权批准，并确保与处理此类事项有关的部门和职员各司其职，分别控制实物处置和会计处理。严格按照规定使用贷项通知单
注销坏账	客户可能因经营不善、宣告破产、死亡等原因而不支付货款。被审计单位如果认为某项货款无法收回，应当予以注销。正确的处理方法是获取货款无法收回的确凿证据，经适当审批后及时作会计调整
计提坏账准备	坏账准备计提的金额应当恰当反映被审计单位可能无法收回的应收账款

（三）控制测试

注册会计师无须测试针对收入交易的所有控制，而是应当对管理层执行的与审计相关的控制（旨在保证防止、发现并纠正舞弊或错误导致的重大错报的控制）的有效性获取保证。如果注册会计师拟信赖旨在防止、发现并纠正舞弊或错误导致的重大错报的内部控制，应当实施控制测试。

注册会计师应当关注人工控制或自动化控制中的“高层次”调节和比对控制，这些控制是否生成例外报告，管理层是否及时调查并采取措施，而非仅测试员工在数据输入阶段执行的预防性控制。此外，注册会计师应当询问管理层如何运用关键业绩指标，例如预算销售额和毛利率、应收账款平均收款期等，对收入业绩实施监控。

注册会计师还应当考虑通过实施实质性分析程序和截止测试，对收入的发生、准确性和截止认定获取的保证。如果能够获得充分的保证，则不需要实施大量的控制测试。

注册会计师应当测试重要的控制，尤其是针对具有较高舞弊风险的控制进行测试。由于这些控制多为人工控制，注册会计师实施的主要审计程序包括观察控制的执行，检查相关文件记录上是否有负责执行控制的人员的签名，询问相关人员对异常情况采取的措施。

如果注册会计师拟信赖自动化控制，需要就下列事项获取审计证据：（1）信息技术一般控制的有效性；（2）系统内置的自动化应用控制或自动化核算，如收款折扣的计算；（3）人工执行的后续措施，如银行日记账与相关银行单据的核对，以及银行日记账和银行对账单的核对与调节。

表5-5列示了较为常见的与销售和收款相关的风险、旨在降低这些风险的控制（人工和自动化控制）和控制测试。

表5-5　与销售和收款相关的风险、内部控制和控制测试

风险	自动化控制	人工控制	控制测试
赊销信用控制			
与没有被授予信用或超出信用限额的客户交易	订单上的客户代码与经授权客户主文档中的客户代码一致。目前未偿付的应收账款余额加上本次销售额，不超过信用限额。只有上述两项均满足才能生成运货单	信用控制程序包括：复核信用申请及信用状况的支持性信息，由适当层级的管理人员对信用额度及超过信用限额授信予以批准	通过询问员工、检查相关文件证实上述控制的实施
发货程序			
客户订购的商品没有发出。 在运货单未经批准的情况下发出商品。 发出商品与运货单的商品种类和数量不符。 客户可能拒绝承认已收到商品	只有客户的订单获得批准，系统才自动生成销售订单和运货单	对发出商品种类和数量与运货单信息进行核对。负责核对的人员在运货单上签字确认。 销售人员关注未完成销售订单，督促尽快向客户发货。门卫仅允许附有运货单的商品发运。 客户在运货单上签字，证明其收到商品且商品与订单一致	观察上述检查程序的执行。 检查运货单上相关工作人员和客户的签名
开具发票			
已发货的运货单可能未开具发票	发货以后才能开具发票，发票上的信息应与运货单一致，系统应自动核对发票和运货单的信息。数据不符的情况应生成例外报告。 系统生成未开发票运货单报告	复核发票与运货单信息不符的例外报告，调查并解决问题。 复核未开发票的运货单报告，并调查异常事项	检查复核例外报告的记录。 检查未开发票运货单报告是否经过复核和调查
生成的发票可能没有有效的销售运货单，可能重复发出商品或重复开具发票	开具发票时必须在系统中选定对应的运货单编号。生成发票后运货单变为“已开票”，不可再选	复核运货单与发票匹配报告并调查不符事项	检查系统自动化控制的设置。检查运货单与发票匹配报告的复核证据

续表

风险	自动化控制	人工控制	控制测试
由于单价错误、商品种类不对、销售订单或运货单或销售发票上客户编码错误等导致发票错误	系统对单价清单执行逻辑检查控制。 只有得到授权的员工才能修改价格数据。 系统通过使用和检查主文档版本序号，检查确保最新单价清单已上传。 系统能检查录入的产品代码的合理性	经批准的调价申请表与系统中经授权修改后的价格一致。 如果手工开具发票，或者没有单价清单，则有必要对发票的价格进行独立核对	检查是否有针对价格变动的授权文件。 询问关于 IT 程序、与单价清单版本相关的系统控制和对应的人工控制的执行情况和记录。 检查核对发票价格的人员的签名。 对发票单价进行重新核对
发票金额错误。	对每张发票的单价、计算、产品编号、产品种类、客户编码的自动化控制。 设定权限密码，只允许得到授权的人员开票	如果手工开具发票，应当对发票金额的准确性进行独立复核	检查复核发票的人员的签名。 重新计算发票金额以证实金额的准确性
赊销交易的记录			
销售收入可能被记入错误的应收账款明细账户。 销售收入可能未入账	每一客户均有唯一的客户代码。 系统自动检查发票上的客户代码和客户名称是否匹配。 系统将客户代码与相应客户的应收账款明细账户相联系	会计人员检查销售发票信息与系统中的客户信息、相关销售订单和运货单信息是否一致。 每个月向客户发送应收账款对账单，对客户反馈的差异予以调查并解决	测试系统代码联系与匹配功能。 检查工作人员核对单据的证据。 查看应收账款对账及调节记录
销售收入入账的会计期间不正确	如果根据运货单开具发票（注：假定在商品发出时确认收入），系统应根据登记的交易码自动生成未开具发票的运货单的清单	定期执行人工销售截止程序	检查发票，重新执行销售截止程序。 检查重新调节应收账款顾客主文档与控制账户总额的员工签名。 重新执行调节程序
所有上述风险		管理层根据关键业绩指标复核实际业绩。例如： • 实际销售与预算； • 实现的毛利率； • 应收账款周转天数； • 当前已逾期的应收账款账龄分析； • 注销坏账占逾期应收账款的比率	检查证明管理层识别和解决与关键业绩指标不符的实际业绩问题的文件记录。 询问管理层针对发现的问题采取的措施

续表

风险	自动化控制	人工控制	控制测试
应收账款收款			
电子资金转账可能没有入账		将电子资金转账汇款通知与银行对账单进行比较	检查银行存款余额调节表控制的记录
记录收款			
收款可能计入不正确的应收账款账户	系统根据付款方名称识别对应的客户名称和客户编码，并将收款录入相应应收账款明细账户中	出纳编制收款详单，会计人员核对付款方信息后计入相应的应收账款明细账户。 向客户寄送月度对账单，调查并解决差异	询问并观察处理收到款项的程序。 检查对账记录及差异的解决情况
应收账款明细账中记录的收款与银行对账单中的收款记录不一致		编制并复核银行存款余额调节表	询问编制及复核银行存款余额调节表的人员，检查相关人员的签名
上述所有风险		管理层的监督： • 将每日收款汇总表与存款单据相比较； • 客户对应收账款提出的异议和解决措施； • 银行存款余额调节表； • 在应收账款账龄分析表中反映的预期长期收回金额； • 关键业绩指标的实际值	询问这些事项。 检查证明实施监督程序的记录和文件

三、收入交易和余额的实质性程序

（一）实质性程序概述

收入交易的重大错报风险通常是高估收入和应收账款，从而高估利润和粉饰财务状况。因此，实施实质性程序，如对收入和应收账款的发生、存在和截止认定进行测试，获取交易确已发生、符合收入确认条件并计入正确期间的证据是非常重要的。表 5－6 列示了审计收入交易和余额的实质性程序。

表 5－6　　收入交易和余额的实质性程序

实质性程序	审计目标				
	C	O/E	A/V	R/O	P/D
1. 了解经营活动并记录： 识别重要类别的收入交易和重要的应收账款余额。 ——识别管理层的战略目标，外部和内部风险和关键因素	×		×	×	×
2. 获取应收账款余额明细清单： （1）将应收账款期初余额与上年的工作底稿相比较； （2）将应收账款明细账期末余额与应收账款明细清单合计金额相比较	×		×	×	
3. 实质性分析程序： （1）对于重要类别的交易和余额根据对经营活动以及收入和应收账款以往情况的了解，建立收入和应收账款的预期值； （2）定义重大差异额； （3）计算实际入账金额和预期值之间的差异，并计算下列比率： ——毛利率； ——应收账款周转天数； ——存货周转率； ——收入趋势分析； ——识别异常项目，尤其是年末。 （4）调查重大差异，并得出结论； （5）记录得出结论的基础	×	×	×		
4. 针对收入交易的细节测试： （1）选择收入交易样本，检查与收入、收款和收入调整的发生和准确性相关的支持性文件；	×				
（2）对主要的收入交易类别实施截止测试（例如收入、收款和收入调整）；	×	×	×	×	
（3）检查期后交易（例如期后的收款和贷项通知书）	×				
5. 余额的细节测试： （1）选择应收账款样本实施函证程序； （2）评价应收账款的可回收性和减值准备的充分性		×	×		
6. 列报和披露： （1）确定应收账款和收入交易是否按照企业会计准则列报和披露，是否恰当分类；				×	×
（2）确定财务报表附注是否反映了与每类收入交易相关的权利和义务，资产或负债、应收账款是否出售或被抵押				×	×

注释：

C：＝ 完整性

O/E：＝ 发生/存在

A/V：＝ 准确性/计价

R/O：＝ 权利和义务

P/D：＝ 列报和披露

（二）实质性分析程序

实质性分析程序在收入交易和余额审计中的应用主要包括：

1. 建立预期值。根据对被审计单位所处行业状况、经营活动、市场份额、经济形势和发展历程的了解，确定应收账款周转率、毛利率和应收账款余额的预期关系。

2. 定义重大差异额。在确定可接受的差异额时，考虑重要性和拟获取的保证程度。此外，考虑管理层所使用的关键业绩指标的适当性和对经营活动的监控过程。

3. 计算实际入账金额和预期值之间的差异。该计算涉及财务比率和金额比较，包括：

（1）观察月份（或每周）销售趋势，与以往年度、预算或同行业公司相比较，与管理层讨论超出预期的波动并调查原因。

（2）将销售毛利率与以往年度、预算或同行业公司相比较，并与管理层讨论重大差异。

（3）计算应收账款和存货周转率，并与以往年度、预算或同行业公司相比较。超出预期的差异可能由很多因素引起，包括未记录的销售、记录虚假销售或截止错误。

（4）检查异常销售，例如接近年末时入账的大额销售。

4. 调查重大差异并作出判断。如果存在超出预期的差异，可能需要对销售和应收账款进一步实施细节测试。

5. 记录审计结论。注册会计师应当就获取的审计证据是否支持相关认定（即审计目标）形成结论。

（三）交易的细节测试

1. 销售和销售退回的截止测试。销售截止测试可以提供下列审计证据：（1）在本期记录的销售是针对期末之前交付的商品和劳务（完整性、发生和准确性）；（2）相应的销售成本记录已在相同的期间进行会计处理，已交付的商品没有反映在期末的存货中（完整性、发生和准确性）；（3）收入确认政策符合会计准则的规定，并得到正确一贯地运用（计价和分摊）。

销售应当记录在商品和劳务交付的期间，即相关风险和报酬从供应商转移到顾客的期间。对于商品的销售，商品交付给顾客可以为实现收入提供证据。其他来源的收入可能较为复杂，难以确定。例如，来自建造合同的收入，需要根据合同的完成情况确定；来自许可证协议的收入，需要根据许可证协议确定。进口或出口的商品可能按照离岸价格（FOB）或到岸价格（CIF）基础结算，承运商可能是买方或卖方的代理商，卖方一旦把商品交付给买方的代理商，交付即完成。注册会计师应当就收入确认是否符合会计准则的规定获取审计证据。

因此，在执行截止测试前，注册会计师应当注意构成特定收入交易交付的条件和证明交付日期的文件。此外，注册会计师应当确定管理层实施了哪些控制程序以保证正确的收入交易截止。针对一般的商品销售，注册会计师实施的审计程序通常是：确定最后一张发运凭证的号码，然后选择期末之前和之后的若干发运凭证，检查交付何时发生的支持性证据，确定交易是否计入正确的期间。这些测试为销售和期末应收账款的完整性、发生、存在和准确性提供审计证据。

对销售收入交易的截止测试程序，同样也可用于审计销售退回。由于存在记录虚假销售的重大错报风险，注册会计师可能考虑扩大测试期后销售退回的样本量，以确定是否存在期后冲回期末之前记录的虚假销售。

2. 收款的截止测试。针对赊销交易的收款实施截止测试是为了获取证据，证明年末前后的收款已经计入正确的会计期间。

注册会计师可以通过测试银行存款余额调节表和实施银行函证程序，获取有关现金和银行存款截止认定的审计证据。

3. 应收账款余额的细节测试。注册会计师应当获取应收账款余额清单（通常按客户列示），并与应收账款明细账总金额进行核对，确定其是否一致。

4. 应收账款函证。应收账款函证是注册会计师获取有关应收账款金额存在和准确性的外部证据的重要手段，涉及注册会计师与被审计单位客户之间的直接沟通，但函证不能提供有关应收账款可收回性的证据（计价认定）。实施函证程序时，注册会计师应当对函证全过程保持控制，包括选择寄发询证函的对象，编制并寄发询证函，收回询证函回函等。

应收账款函证程序的具体内容包括：

（1）获取资产负债表日的应收账款余额明细清单。

（2）询问管理层是否存在不应函证的账户余额，如交由律师催收的账款（对此类余额，函证程序通常无效）。

（3）选择寄发积极式或消极式询证函，将询证函上的客户信息与被审计单位的客户主文档信息进行核对，包括公司名称、地址、联系电话等。

（4）寄送询证函的过程应由注册会计师控制，确保被审计单位人员没有机会篡改或隐匿询证函。同时，在询证函上明确要求被询证者直接向会计师事务所回函。

（5）对于被退回的“未送达”的询证函，调查未送达的原因并采取相应措施，如获取正确的地址并重新寄出；考虑是否存在虚假客户的可能性。

（6）编制工作底稿，记录询证函寄出和收回的相关信息。

（7）评价函证程序和替代审计程序的结果是否能够为应收账款余额提供充分、适当的审计证据。

（8）如果在期末之前实施函证程序，获取充分、适当的审计证据，证明剩余期间的交易和余额不存在重大错报。

表5－7列示了注册会计师实施函证程序时需要考虑的问题。

表5－7　　实施函证时需要考虑的问题

需要考虑的问题	具体描述
双重目的测试	是否能够同时获取关于其他重要事项的审计证据（如合同条款等）?
证实被询证者对函证事项的了解	如果被询证者了解函证事项，其提供的回复的可靠性更高
被询证者回复函证的能力或意愿	如果被询证者出现下列情形，考虑所获取证据的可靠性： • 不愿意承担责任； • 认为回复询证函成本太高或消耗太多时间； • 担心可能存在的法律责任； • 被询证者可能以不同币种核算交易； • 未认真对待询证函
被询证者的客观性	如果被询证者是被审计单位的关联方，考虑所获取证据的可靠性。在这种情况下，注册会计师应当考虑是否有必要： • 核实与函证事项相关的其他具体信息，如销售协议条款，包括付款条件、退货权利和发运条款； • 向非财务人员询问与函证事项相关的情况（如销售协议和发运条款的变更），为函证提供补充信息

案例5－2

一、背景资料

Z股份有限公司（下列简称Z公司）始建于1996年，2001年完成股份制改造，2007年12月21日公开发行股票并在深圳证券交易所挂牌上市。

2011年3月17日，Z公司控股股东、董事长因涉嫌欺诈发行股票、债券罪被公安机关执行逮捕。2011年4月7日，财务总监被公安机关采取强制措施，并于4月22日取保候审。

自2007年底挂牌以来，Z公司历经三任财务总监、三次更换会计师事务所，2009年10月至2010年4月曾五度反复变更业绩预报。

根据记者调查，Z公司可能存在“虚增收入、虚增利润”的嫌疑。上市前，Z公司的苗木采购大户签订采购大单，为公司增厚2004年1月～2007年6月营业收入、净利润方面作出重要贡献。但是，上市后一些曾经的采购大户陆续神秘蒸发。而在上市之后的2009年到2010年，金额巨大的销售退回突然出现。

二、神秘蒸发的采购大户

根据Z公司招股说明书，2004年～2006年及2007年上半年，Z公司的前几大销售客户分别有鑫景公司、润林公司、文卉公司、园艺公司、花卉公司、万贝公司、绿园公司等一大批当地企业以及部分成都、北京企业。

2004~2006 年及 2007 年上半年，公司对前五大销售客户的销售额合计分别为 8 504 万元、6 849 万元、5 281 万元、3 495 万元，占当期主营业务收入的比例分别为 58.02%、43.56%、27.83%、26.33%。

然而，自 Z 公司 2007 年 12 月 21 日上市后不久，便发生了销售退回事件——在监管部门介入调查后，Z 公司 2010 年 4 月 30 日披露，确认 2008 年苗木销售退回 2 348 万元，并由此追溯调减 2008 年 2 348 万元营业收入和 1 153 万元净利润；与此同时，Z 公司确认 2009 年苗木销售退回金额高达 1.58 亿元，这直接导致该公司当年巨亏 1.51 亿元。

就在 Z 公司上市后不久，上市前的一些采购大户陆续人间蒸发，其中包括：2005 年向 Z 公司采购了价值 1 152 万元的苗木，为当年第四大客户的花卉公司、2004 年向 Z 公司采购了价值 2 191 万元的苗木，为第一大客户，2005 年采购金额为 1 108 万元，排名第 5 的绿园公司以及 2006 年采购金额为 1 011 万元，为第四大客户，2007 年上半年采购金额为 658 万元，排名第五的园艺公司。另外，在 2010 年 3 月 17 日 Z 公司收到监管部门《调查通知书》前后，另有两家 Z 公司曾经的采购大户鑫景公司（2005 年和 2006 年分别是 Z 公司的第三大客户，2007 年上半年则为第一大客户）和万贝公司（2006 年为第二大客户，而 2007 年上半年为第四大客户）神秘注销工商登记。

2010 年 3 月，监管部门稽查组开始对 Z 公司进行调查。2013 年 2 月 7 日，当地中级人民法院对 Z 公司欺诈发行股票案做出一审判决，认定 Z 公司犯欺诈发行股票罪、伪造金融票证罪、故意销毁会计凭证罪，判处罚金 1 040 万元；公司的部分高管也分别被判处 2~10 年有期徒刑，并处相应罚金。同时监管部门也对 Z 公司案件相关的中介机构进行了处罚。

第三节　支出交易与余额的审计

一、支出交易的性质

（一）支出的类型

被审计单位的支出在性质、金额和发生频率上差别很大。

表 5-8 列示了不同类型企业的支出。

表 5-8　不同类型企业的支出

经营类型	不同类型企业的典型支出
贸易企业	产品采购、存货管理、向顾客提供服务、广告促销、保持高质量服务
汽车制造企业	用于汽车生产线的设备和工具取得成本；不同型号汽车的设计成本和制造费用；装配国际品牌汽车的特许权和执照费用；汽车零部件、油漆和消耗品（企业生产线使用的润滑油和汽油）的采购和存货管理成本（也包括运输和结算费用以及进口零部件的汇兑利得或损失）
一般制造企业	用于制造过程的设备；原材料、消耗品和产成品的采购和存货管理；将产成品发送到顾客或零售商的营销和交付费用
广告企业	向出版社和电视、广播、出版物和网络等其他各种媒体传递广告的费用。在创造性设计和图片原料方面发生的费用
IT 企业	按照顾客需求提供各种规格的计算机设备的购买、组装和安装费用；计算机组件、网络线缆的购买和存货管理费用；向顾客或零售商提供硬件和软件的购买和存货管理费用；差旅费、住宿费和通讯费，使用特定软件产品的特许权使用费，通过呼叫中心或求助台向顾客提供信息技术服务或支持性服务的费用
投资公司	股票投资的购买成本、代理费用和交易税金，投资房产的选择和购买成本，出租房产支付的管理费用；贷款购买房产的利息支出；房产过户和签署租赁协议的法律费用
房地产代理商	办公设备的购买成本，房产销售的广告费用，带领潜在的购买者看房的交通费用，通讯费，向经纪人支付的房产交易佣金
公共部门实体	提供特定服务的费用，如供应水、电、医疗设施（如医院和诊所）、低收入群体的住所、养老金和社会保障服务
学校和大学	教学和研究的相关费用，教师和员工的薪酬与福利支出，研究设备的费用，提供图书馆、打印教学资料的费用，教学用品的购买成本，提供计算机、科学、建筑和医学实验设施的费用，员工和研究人员的会议费用，运动设施和设备
银行和金融机构	专门的计算机安全网络成本，提供银行业务和自助银行服务设施的费用，向存款客户支付的利息，其他银行收取的费用，对持有现金、现金运输的安全保障费用，网上银行设备的费用；服务营销费用
保险公司	与销售保单、索赔评估和支付相关的费用。办公家具和设备费用；向经纪人和代理商支付的佣金；精算师和评估师的费用以及索赔和保费结算费用
餐饮企业	通常是特许权经营。与供应食物相关的费用，还包括招待设施的购买成本，按照特许权品牌的特定装饰和布局所需的家具和饭店设施购买成本，特许权使用费和广告费用
建筑企业	直接人工和建筑原材料成本，租赁或购买建造设备和驻地设施、工具的成本，向转包商的付款，短期保险费，预防安全事故和盗窃的安全保障费用，市政保证金和清理费用。其他费用还包括向建筑所在地的差旅费、通讯费、住宿费和员工的伙食费

（二）审计目标

为了实现审计目标，注册会计师应当就与支出交易、应付账款和现金余额相关的每项重要认定获取审计证据，将财务报表重大错报风险降至可接受的低水平。表5－9列示了管理层认定与相应审计目标之间的关系。

表5－9　　管理层认定与支出交易和余额审计目标之间的关系

管理层认定	审计目标
	支出交易
完整性	本期所有采购和付款均已记录
发生	记录的采购均已得到恰当授权，并代表了本期实际收到的商品、服务和资产； 所有记录的付款为真实有效的付款
准确性和分类	所有采购和其他支出均已按照会计准则的规定准确计算、分配并记录在正确的账户中； 所有付款已记入正确的应付账款账户
截止	所有采购和付款已记入正确的会计期间
	支出交易产生的余额
完整性	资产负债表日应记录的因购买商品和服务所欠供应商的款项和相应的资产及费用，均已得到记录
存在	资产负债日记录的应付账款和其他应付金额以及资产确实存在
计价和分摊	应付账款按照会计准则确认，并以恰当的金额在资产负债表中列示； 利润表中反映的相关费用和资产负债表中反映的资产，也已按照会计准则确认并计量
权利和义务	应付账款代表了被审计单位在资产负债表日对债权人应当履行的合法有效的偿还义务； 被审计单位拥有资产或对资产具有控制权； 已识别出债权人对资产负债表中已抵押存货或其他资产的权利，确保被审计单位的义务已得到恰当披露

（三）支出交易与余额的固有风险

支出交易与余额的固有风险主要体现在下列方面：

1. 管理层对支出造假的倾向和动因。为了实现预期利润目标，低估支出，增加以业绩为基础的个人报酬，从银行获得资金支持，误导股东或影响股价，或者将个人费用计入企业费用。

2. 支出的复杂性。例如，被审计单位在外国开设销售网点，管理层对可能出现的问题经验较少，可能发生有关费用分配、外币交易和估计准备的错误。

3. 管理层凌驾于控制之上或员工舞弊的风险。例如：通过费用资本化虚增本期利润；过度计提准备，以备以后期间需要调增利润时冲回，或者本期减值准备计提不足，没有将资产的账面价值降至可回收金额；使用特殊目的实体对负债进行表外处理，或利用关联方交易捏造“虚假现金流”；利用复杂的税收筹划逃税；与第三方共谋，将个人费用作为企业费用。

4. 不正确的截止。例如，将本期收到的商品或服务计入下一会计期间。按照离岸价格（FOB）进口商品，在期末商品仍在途，但所有权已经转移，容易产生低估在途商品及应付账款的风险。

5. 低估负债。如果管理层面临盈利和营运资金的压力，可能试图通过低估负债以少计成本或费用。

6. 不正确记录外币交易。例如记录采购时使用不恰当的汇率。

7. 舞弊和盗窃的固有风险。由于采购商品、服务和固定资产交易，以及付款的多样性和复杂性，与支出相关的舞弊和盗窃的固有风险很高。

8. 向供应商延迟付款。导致未能享受折扣，增加不必要的费用。

9. 未对存货采购成本作出正确的会计处理。如果未能恰当计量存货采购成本，就会导致存货余额和销售成本的计量错误。

10. 漏记权利和义务。导致资产负债表分类错误，以及财务报表附注披露不充分。

二、控制活动和控制测试

（一）支出交易过程涉及的主要文件

表 5 - 10 列示了支出交易过程涉及的主要文件。

表 5 - 10　　支出交易过程涉及的主要文件

文件类型	文件的性质
请购单	请购单是由产品制造、资产使用等部门填写，送交采购部门，申请购买商品、劳务或其他资产的书面凭证
订购单	订购单是由采购部门填写，向其他企业购买订购单上所指定的商品、劳务或其他资产的书面凭证
验收单	验收单是收到商品、资产时所编制的凭证，列示从供应商收到的商品、资产的种类和数量等内容
卖方发票	卖方发票（供应商发票）是供应商开具的，交给买方以载明发运的货物或提供的劳务、应付款金额和付款条件等事项的凭证
付款凭单	付款凭单是应付凭单部门编制的，载明已收到的商品、资产或接受的劳务、应付款金额和付款日期的凭证。付款凭单是内部记录和支付负债的授权证明文件
供应商对账单	供应商对账单是由供应商按月编制的，标明期初余额、本期购买、本期支付给供应商的款项和期末余额的凭证。供应商对账单是供应商对有关交易的陈述，如果不考虑买卖双方在收发货物上可能存在的时间差等因素，其期末余额通常应与采购方相应的应付账款期末余额一致

（二）支出交易过程涉及的主要业务活动

表 5－11 列示了支出交易过程涉及的主要业务活动。

表 5－11　　支出交易过程涉及的主要业务活动

业务活动类型	业务活动的性质
请购商品和劳务	仓库在现有库存达到再订购点时提出采购申请，其他部门也可为正常的维修工作和类似工作直接申请采购有关物品。但对资本支出和租赁合同，被审计单位通常要求作特别授权，只允许指定人员提出请购。请购单可由手工或计算机编制。由于许多内部部门可以填列请购单，可能不便事先编号，但每张请购单必须经过对这类支出预算负责的主管人员签字批准
编制订购单	采购部门在收到请购单后，对经过批准的请购单发出订购单。对每张订购单，采购部门应确定最佳的供应来源。订购单应正确填写商品名称、数量、价格、厂商名称和地址等，预先予以顺序编号并经过被授权的采购人员签名。正联应送交供应商，副联则送至验收部门和编制请购单的部门，并在采购部门保存一份副联。随后，应独立检查订购单的处理，以确定是否确实收到商品并正确入账
验收商品	验收部门首先比较所收商品与订购单上的要求是否相符，如商品的名称、摘要、数量、到货时间等，然后再盘点商品并检查商品有无损坏。验收后，验收部门应对已收货的每张订购单编制一式多联、预先按顺序编号的验收单，作为验收和检验商品的依据。验收部门将商品送交仓库或其他请购部门时，应取得经过签字的收据，或者要求其在验收单的副联上签收，以明确他们对所采购的资产应负的保管责任。验收人员还应将其中的一联验收单送交采购部门
储存已验收的商品	将已验收商品的保管与采购的其他职责相分离，可减少未经授权的采购和盗用商品的风险。存放商品的仓储区应相对独立，限制无关人员接近
编制付款凭单	记录采购交易前，采购部门应编制付款凭单。这项功能的控制包括： （1）确定供应商发票的内容与相关的验收单、订购单的一致性； （2）确定供应商发票计算的正确性； （3）编制有预先顺序编号的付款凭单，并附上支持性凭证（如订购单、验收单和供应商发票等）； （4）独立检查付款凭单计算的正确性； （5）由授权人员在凭单上签字，以示批准照此凭单要求付款。所有未付凭单的副联应保存在未付凭单档案中，以待日后付款
确认与记录负债	会计部门应将发票上所记载的商品名称、规格、价格、数量等信息与订购单和验收单上的信息进行核对。 应付账款确认与记录的一项重要控制是要求记录款项支出的人员不得接触货币资金、有价证券和其他资产。采购部门应将已批准的未付款凭单送达会计部门，会计部门据以编制有关记账凭证并入账。 会计主管应监督为采购交易而编制的记账凭证中借记账户（存货、固定资产、费用等）的适当性。负责独立检查的会计人员应核对已记录负债的付款凭单总数与采购部门送来的付款凭单汇总表是否一致，并定期独立检查应付账款余额与采购部门未付款凭单档案中的总金额是否一致

续表

业务活动类型	业务活动的性质
付款	会计部门负责在应付账款到期日之前安排付款。以支票结算方式为例，开具和签署支票的有关控制包括： (1) 独立检查已签发支票的总金额与所对应的付款凭单的总金额一致； (2) 由经授权的财务部门人员负责签发支票； (3) 签发支票的人员应确定每张支票都附有一张已经适当批准的付款凭单，并确定支票收款人名称和金额与付款凭单内容的一致； (4) 支票一经签发就应在相应的付款凭单和支持性凭证上用加盖印戳等方式将其注销，以免重复付款； (5) 支票签署人不得签发无记名甚至空白的支票； (6) 确保支票存根的完整性和作废支票处理的恰当性； (7) 应确保由授权的人员保管空白支票
记录银行存款支出	仍以支票结算方式为例，会计部门根据已签发的支票编制付款记账凭证，并据以登记银行存款日记账及其他相关账簿。以记录银行存款支出为例，有关控制包括： (1) 会计主管应独立检查计入银行存款日记账和应付账款明细账的金额的一致性，以及与支票汇总记录的一致性； (2) 编制并复核银行存款余额调节表

（三）控制测试

表 5 - 12 列示了与采购和付款相关的风险、旨在降低这些风险的常见的控制（人工和自动化控制）和控制测试。

表 5 - 12　　　　与采购和付款相关的风险、内部控制和控制测试

风险	自动化控制	人工控制	控制测试
订购商品和服务			
未经授权的供应商可能进入供应商主文档中	权限控制，确保只有经过授权的员工才能修改供应商主文档	只有采购部门的高级员工才能在已批准供应商主文档中添加新的供应商	通过询问管理层，检查相关文件证实上述控制的实施
向未经授权的供应商采购	计算机在处理前自动将订购单的供应商信息与供应商主文档核对。对不匹配的项目出具例外报告	复核例外报告，并予以解决。对于需要向供应商主文档以外的其他供应商采购的特殊订单进行适当批准	检查复核例外报告和适当批准特殊订单的证据

续表

风险	自动化控制	人工控制	控制测试
可能由未经授权的员工采购	权限限制控制，确保只有经过授权的员工才能处理订购单。在信息系统中设置员工层级权限控制	定期复核和修改层级权限的设置。采购部门员工被授予采购特定金额或处理特定类型费用的权限。超出权限范围的采购需要适当层级管理人员的批准	询问并检查授权记录。检查订购单是否经过适当层级授权
订购单			
订购单的品名不正确，数量不合理	计算机自动将订购单的商品信息和存货编码与存货主文档信息进行核对。如果订货数量超过存货主文档记录的标准订货数量，或库存存货数量超过再订货水平，出具例外报告	采购部门管理人员复核例外报告，取消订单，或者给予恰当授权	检复核例外报告的证据
接收商品和服务			
收到的商品未入账	计算机对商品接收单自动预先编号，仓库部门将其与订购单核对。定期生成未收到商品的订购单清单	复核未收到商品的订购单清单，并由采购部门调查原因	检查未收到商品的采购清单和调查结果
收到的商品与订购单不符或毁损	商品接收部门在商品接收单中输入商品信息和实际数量，计算机自动将商品接收单信息与对应的订购单信息进行核对，对不符项目出具例外报告	清点收到的商品，将商品情况、收货数量与订购单进行核对。检查货物的状况。复核例外报告并解决所有差异	询问、观察商品实物，并与订购单进行核对。检查打印文件以获取复核和跟进的证据
记录采购和应付账款			
采购可能被计入错误的期间	计算机将商品采购入账日期与商品接收日期进行核对。对两个日期在不同会计期间的情况生成例外报告	财务人员复核系统生成的已接收未入账商品的例外报告，并进行恰当的会计处理	询问并检查例外报告
采购可能以错误的价格入账	计算机核对入账的采购价格和订购单的价格并生成例外报告	复核例外报告并解决问题。会计部门在记录应付账款之前将供应商发票价格与订购单价格进行核对	询问并检查例外报告和解决差异的证据。询问和观察会计人员核对发票价格和订购单价格；重新执行价格核对

续表

风险	自动化控制	人工控制	控制测试
发票可能被计入错误的应付账款账户	计算机将订购单和商品接收单上的供应商名称及代码与发票进行核对，并将其与应付账款账户的详细信息核对	财务部门人员追踪例外报告中不符的供应商名称和代码	询问并检查财务人员复核例外报告并解决问题的证据
采购的商品和服务可能被计入错误的费用账户或资产账户	计算机定期生成当期采购交易计入的费用账户或资产账户的明细报告	管理人员复核当期入账的采购交易借方账户的合理性	询问并检查管理层复核报告的证据。询问对分类错误的纠正措施
上述所有风险		管理层根据关键业绩指标复核实际业绩，例如： • 实际采购与预算的比较； • 实际毛利率； • 存货采购周期； • 应付账款付款周期	检查证明管理层执行了业绩评价控制的文件记录。 询问管理层如何识别问题以及采取的措施
记录支票和电子转账支付			
签发的支票未入账	生成支票付款交易清单	对预先连续编号的空白支票实施接触权限控制。由经过授权的高级员工保管及签署支票。 将支票存根联与系统生成的支票付款交易清单及银行对账单进行核对；编制并复核银行存款余额调节表	询问并观察支票的保管与使用。询问并检查核对存根联和交易清单/银行对账单的证据。询问并检查相关人员处理银行存款余额调节表中在途支票的证据
电子转账可能由未经授权的员工执行	只有经过授权员工才有权限登录并使用电子转账专用终端机	经过授权的员工定期复核异常或未经授权的电子转账付款	询问并观察对电子转账专用终端机的接触控制
开具的支票和电子转账付款可能没有及时入账或未计入正确的应付账款账户	付款自动计入相关应付账款或费用账户或银行日记账	定期进行银行存款余额调节。对应付账款账户余额进行月度调节	检查并重新执行调节程序

续表

风险	自动化控制	人工控制	控制测试
对虚假或未授权的采购进行付款	计算机将订购单、商品接收单、发票和供应商账户与经授权的供应商主文档核对，生成不匹配事项例外报告	付款前复核所有支持性文件。管理层复核采购清单和付款清单，以检查是否存在异常付款	询问并观察付款过程。检查例外报告和对异常付款的解决
重复付款	计算机核对应付账款的付款金额。针对付款金额超过应付账款余额的情况出具例外报告	付款之后应当在供应商发票等原始单据上加盖“付讫”印章。复核例外报告并解决问题	检查例外报告，以及已付款的供应商发票等原始单据是否加盖“付讫”印章
上述所有风险		管理层的监督： • 查看现金日记账和银行日记账的支付交易。调查异常的付款； • 定期复核应付账款账龄分析； • 监控关键业绩指标	询问、检查并重新执行管理层的复核程序以及调查程序

三、支出交易和余额的实质性程序

（一）实质性程序概述

支出交易的重大错报风险通常是低估支出和应付账款，从而高估利润和粉饰财务状况。因此，实施实质性程序，如对收到商品和付款的截止测试，获取交易计入正确期间的证据是非常重要的。表 5－13 列示了应对采购交易和应付账款余额重大错报风险的审计程序。

表 5－13　　支出交易和余额的实质性程序

实质性程序	审计目标				
	C	O/E	A/V	R/O	P/D
1. 了解经营活动并记录： （1）识别重要类别的采购交易和应付账款余额； ——识别管理层用于监控费用和应付账款的关键绩效指标； （2）获取重要类别支出交易金额和应付账款余额的明细清单。 ——将上述金额的试算平衡表期初余额/上期发生额与以前年度审计工作底稿进行核对，期末余额/本期发生额与明细账及明细清单的总金额进行核对	× ×	×	× ×	×	×

续表

实质性程序	审计目标				
	C	O/E	A/V	R/O	P/D
2. 实质性分析程序： （1）根据对经营活动、供应商、交易条件和行业惯例的了解，建立期末应付账款预期值； （2）根据当前期间应付账款组成与以前期间交易水平与预算的比较和比率，确定采购交易和应付账款的重大差异金额，如零余额的主要供应商、与周期趋势不符的支出； （3）计算实际入账金额与预期值的差异； （4）通过向管理层和员工询问，调查重大差异是否表明存在重大错报，是否需要设计和实施恰当的细节测试以识别和应对可能存在的错报； （5）记录得出的结论，即实质性分析程序是否能够提供充分适当的审计证据，或需要对交易和余额实施细节测试获取进一步审计证据	×	×	×		
3. 交易的细节测试： （1）从主要类别交易中选取样本，检查支持性证据，即从已记录的采购和付款交易中选取样本： ——检查相关的订购单、商品接收单、送货单和供应商发票，追踪至相关费用或资产账户以及应付账款账户； ——必要时检查其他支持性文件，如合同（如通过检查租赁协议确定月租金）； ——检查与付款交易相关的支持性文件，如经批准的付款凭单、银行付款单据、供应商发票等，并检查付款是否记入恰当的应付账款或费用账户；	×	×	×	×	
对主要类别交易实施截止测试，如资产负债表日前后的采购和付款交易。 （2）采购截止： ——选择已入账采购交易的样本，检查相关的商品接收单据，并确认交易是否计入正确的会计期间； ——确定期末最后一张商品接收单的编号，检查商品接收单序列报告，检查是否存在之后编号的商品接收单记入本期或之前编号的商品接收单记入下一期错误。 （3）付款截止： ——注册会计师可以通过测试期末银行存款余额调节表及实施银行函证程序，以获取有关付款交易截止的审计证据。		×	×		
（4）查找未入账负债： ——了解被审计单位期末用于识别未记录负债的程序，获取相关交易正确计入应付账款的证据； ——复核期后付款记录，检查是否存在与本期相关的付款未计入本期的情况； ——复核与期后入账的负债相关的凭证（如商品接收单、供应商发票等），检查是否存在应当在本期入账的负债；	×	×	×		
——阅读董事会会议纪要，获取有关承诺事项或或有负债的证据	×	×	×		

续表

实质性程序	审计目标				
	C	O/E	A/V	R/O	P/D
4. 余额的细节测试： 复核付款凭单，检查供应商对账单或往来信函，或考虑实施应付账款函证程序，获取有关负债完整性的证据		×	×		
5. 列报和披露： （1）确定应付账款是否按照会计准则的规定列报和披露； （2）复核关联方关系和关联方交易披露的适当性和完整性； （3）询问是否所有或有负债和承诺事项均已得到恰当披露				× × ×	× × ×

注释：

C：完整性

O/E：发生和存在

A/V：准确性和计价

R/O：权利和义务

P/D：列报和披露

（二）实质性分析程序

实质性分析程序在采购商品和服务交易中的应用主要包括：

1. 建立预期值。根据对被审计单位经营活动、供应商情况、交易条件和行业惯例的了解，确定应付账款和支出的预期值。

2. 定义重大差异额。根据本期应付账款余额构成与以前期间交易水平和预算数据比较，确定采购交易和应付账款余额可接受的重大差异。

3. 计算实际入账金额和预期值的差异，具体程序包括：

（1）观察月份（或每周）记录的采购发生额趋势，与以前年度实际发生额和预算数比较，与管理层讨论识别出的异常波动并调查原因。

（2）将实际毛利率与以前年度和预算数据相比较，并与管理层讨论重大差异。

（3）计算应付账款周转天数，将其与以前年度和预算数据相比较。超出预期的差异可能源于各种因素，包括未记录的采购交易、记录虚假的采购交易或采购交易存在截止错误。

（4）检查常规支出项目。例如，检查租金、电费和电话费。

（5）检查异常采购项目。例如，异常的大额采购，向非主要供应商进行大额采购等。

（6）复核管理层对采购交易实施监控所采用关键绩效指标，以及管理层对异常项目作出的调查。

4. 通过询问管理层和员工，调查重大差异额是否表明存在重大错报风险，是否需要设计和实施恰当的细节测试程序以识别和应对重大错报风险。

5. 形成结论，即实质性分析程序是否能够提供充分、适当的审计证据，或者是否需要对交易和余额实施细节测试以获取进一步的审计证据。

对资产负债表金额实施的审计程序往往也可以为相关利润表金额提供证据。表5－14提供了两者间联系的例子。

表5－14　　资产负债表金额与利润表金额之间的关系

资产负债表金额	利润表金额
权益	利润分配
借款（含息）	支付的利息
投资的固定资产	收到的租金 维护费用
厂房、机器和设备（包括汽车和计算机）	减值/折旧 机器、设备和汽车的修理和维护费用
融资租赁的厂房、机器和设备 融资租赁负债	融资租赁成本 减值/折旧
投资	收到的股利和利息 处置收益或损失

在下列情况下，注册会计师可能需要在实施实质性分析程序之后进一步实施细节测试：

（1）重大错报风险评估为高。实质性分析程序不能提供充分、适当的审计证据。

（2）实质性分析程序显示超出预期的趋势。

（3）需要在财务报表中单独披露的金额或很可能包含错报的金额。

（4）需要对财务报表的某个项目出具单独的审计报告。例如，向国外许可证授予方支付的特许权使用费。

（三）采购和付款交易的细节测试

1. 应付账款。应付账款的细节测试可能包括：

（1）检查供应商的对账单及相关的余额调节表；

（2）检查相关的订购单、商品接收单和供应商发票；

（3）对应付账款余额实施函证程序。

2. 银行存款。注册会计师通过检查期末银行存款余额调节表，检查是否存在大量未达账项（包括在途付款）。询问被审计单位相关人员，并检查相关文件

（如期后银行对账单），以识别是否存在付款的截止错报。

3. 诉讼和索赔。诉讼和索赔事项可能对被审计单位的财务报表具有重大影响。注册会计师应当实施审计程序以评价被审计单位是否根据会计准则的规定在财务报表中对诉讼和索赔事项作出恰当的会计处理和披露。

注册会计师应当实施审计程序，识别对被审计单位产生重大影响的诉讼和索赔。这些审计程序能够为下列事项提供充分的审计证据：（1）是否已识别所有重大的诉讼和索赔；（2）这些事项和估计金额产生重大收入或费用的可能性；（3）对这些事项的会计处理的适当性，包括其在财务报表中的披露。

注册会计师实施的用于识别对被审计单位产生重大影响的诉讼和索赔的主要审计程序，包括：

（1）复核并与管理层讨论内部控制中用于识别和记录诉讼和索赔的程序；

（2）获取并与管理层讨论诉讼和索赔清单，包括对事项的描述、可能发生的财务后果估计以及对可能的法律费用的分析；

（3）复核董事会会议纪要；

（4）询问法律费用以及产生的原因；

（5）询问内部法律人员；

（6）复核相关文件，例如被审计单位与法院的沟通函件；

（7）就重大未决诉讼和索赔的完整性向管理层获取书面证据。

注册会计师的检查通常包括用于不同目的的其他审计程序，这些审计程序也可以发现诉讼和索赔，包括：

（1）检查合同、贷款协议、租赁、保险政策和索赔及其他函件；

（2）阅读治理层、董事会、审计委员会、股东和相关其他委员会的会议纪要；

（3）从银行函证中获取关于担保的信息；

（4）获取对被审计单位经营活动必要特征的了解，包括了解潜在的诉讼和索赔；

（5）询问管理层和其他员工。

如果识别出重大诉讼和索赔或认为其可能存在，注册会计师应当向律师获取书面声明。只有注册会计师识别出重大诉讼和索赔或认为其可能存在时，才能向律师发出书面请求。

管理层应当编制要求律师提供书面声明的书面请求，并由注册会计师发出。管理层应当在信函中说明允许律师直接与注册会计师沟通。信函应当打印在被审计单位的信签纸上。书面请求通常包含下列事项：（1）诉讼和索赔清单；（2）管理层对诉讼和索赔及其财务影响（包括涉及的成本）的评估；（3）要求被审计单位的律师确定管理层评估的合理性，就清单的完整性和正确性向注册会计师提供进一步证据。

如果没有收到律师的回函，或者收到的回函内容不完整，或者有迹象表明对回函存在限制的情况，注册会计师通常要求管理层与律师联系，要求其提供内容完整的声明，或者解释存在缺陷或限制的原因，并直接寄给注册会计师。

如果认为律师提供的解释不恰当，或者没有获得回函，注册会计师应当确定替代审计程序是否能够提供充分、适当的审计证据。替代审计程序包括进一步询问管理层，更详细地检查管理层掌握的有关诉讼和索赔的文件，检查律师提供的账户。

如果律师拒绝以恰当的方式回函，注册会计师无法通过替代审计证据获取充分、适当的审计证据，注册会计师考虑是否存在审计范围限制，出具保留意见或无法表示意见的审计报告。

4. 列报和披露。注册会计师应当保证被审计单位满足会计准则对支出交易的列报和披露要求：

（1）应付账款得到恰当分类和披露；

（2）费用项目已按要求纳入利润表中，并单独披露；

（3）对或有负债和抵押、关联方和关联方交易、影响应付账款和费用的会计政策等进行恰当披露。

案例 5－3

A 股份有限公司（下列简称 A 公司）主要产品为计算机和相关产品及手机。2007 年以后，由于市场竞争过于激烈，A 公司于 2008 年开始谋求转型，将发展目标定位于房地产和生物制药，并获得《高新技术企业证书》，享受所得税 15% 的优惠税率。在 2009 年度的审计中，A 公司母公司管理费用发生额为 6 030 万元（上年同期为 4 020 万元），其中技术开发费为 3 580 万元，比上年增长 1 787 万元，维修费为 580 万元，比上年增长 552 万元。

注册会计师在审计中发现，管理费用有两笔交易：第一笔是 2009 年 10 月 31 日技术研发部领用原材料 2 240 万元，而其他月份技术开发费的平均支出为 110 万元；第二笔为 2009 年 12 月 31 日发生的维修费用 510 万元，而其他月份的平均支出仅为 6 万元。针对第一笔费用，注册会计师获取并检查了技术研发部提供的《科研项目物料消耗情况表》，表中反映的研发项目为手机产品（非生物制药），且原材料领用数量特别巨大，数额均以数十万计，同时注册会计师查看了技术研发部提供的《项目计划进度表》，并进行了凭证测试，最后获取 A 公司向税务部门报送的《企业年度研究开发费用结构明细表》，表中列示的研究开发直接投入为 2 320 万元。针对第二笔费用，注册会计师进行了凭证测试，并进行了分析程序，对维修费用的差异进行了解释。

审计过程中的缺陷：对于技术开发费，注册会计师未对其真实性提出质疑，技术研发部所领用的原材料数量特别巨大，超出了手机研发正常的需求，同时，根据公司战略，A公司应当大幅增加生物制药项目的研发投入而非手机生产。因此注册会计师应当对此保持职业怀疑，并实施进一步的审计程序。该笔费用对于A公司财务报表有多处重大影响。首先，原材料领用的虚假财务处理后，这些原材料就变为了账外资产，如果实现对外销售，可能不会确认为收入，从而形成资金的体外循环，并导致偷逃应交增值税。同时，由于A公司为高新技术企业，根据相关规定，A公司每年的技术研发投入需要保持在5 000万元左右才能维持所得税的优惠政策。由此可见，以上两笔重大异常的业务可能会存在管理层凌驾于控制之上的重大错报风险，管理层具备了舞弊的动机，因此会计师应当对此实施进一步的审计工作。

第四节　存货交易和余额的审计

一、存货流程的特性

（一）存货的性质

存货的性质由于被审计单位业务的不同而有很大的区别，表5－15列示不同经营主体存货的性质。

表5－15　　不同经营主体存货的性质

经营类型	存货的性质
汽车制造企业	汽车制造商生产汽车原材料、零部件和产成品。汽车配件生产企业购买汽车部件和车身零配件
一般制造业	原材料、易耗品和配件等，生产的半成品和产成品
餐饮企业	购买新鲜的产品和半成品做成食品提供给消费者。存货包括不需要加工的有商标的食品和饮料，例如罐头或者瓶装的冷饮或者其他饮料
批发和零售业	超市或百货商店，通常从厂商、批发商或其他零售商处购买各种商品，然后出售
建筑企业	购买建筑材料，例如，根据建筑合同或者标书，在建筑过程中需要使用的钢材、砖头、沙土以及水泥。合同中的建筑师和工人的直接人力成本和间接费用包括在建筑合同中

续表

经营类型	存货的性质
广告、金融服务和教育企业	广告代理商、各类院校、银行、保险公司等使用的消耗品存货，例如文具、教学器材以及行政用的计算机设备
医疗机构	药品和其他医疗供应，医院的设备，餐厅设备以及给病人提供的食品供应

一般而言，存货在制造业或商业企业的交易额和余额中占有较大比例。存货的价值以及销售成本对财务状况和经营业绩有着重要的影响。注册会计师应当实施恰当的审计程序，以确认期末存货是否真实存在，是否拥有所有权，是否公允计价。

（二）审计目标

为了实现审计目标，注册会计师应当获取有关存货交易与余额认定的充分、适当的审计证据，将财务报表重大错报风险降低至可接受的低水平。表5－16列示了管理层认定存货交易和余额的审计目标之间的关系。

表5－16　管理层认定与存货交易和余额的审计目标之间的关系

管理层认定	审计目标
存货交易	
发生	生产过程中发生的原材料、人工和间接费用支出均已记录，并且不能重复记录
完整性和截止	生产中使用的所有原材料都已被记录。 生产的所有产品都已被记录，并且当期被移送至仓库的产品均在当期被记录
存货交易	
准确性和分类	所有原材料、人工、直接生产成本和间接费用都已经按照会计政策分配到在产品中，并且计入正确的账户中
存货余额和销售成本金额	
发生/存在	产品的销售成本代表的是当期实际销售产品的累积成本。 原材料、在产品和产成品或商品都是在年末实际存在的
权利和义务	被审计单位对资产负债表日的存货拥有所有权、抵押权等权利。
完整性	销售成本包括所有在当期销售的产品和存货，并且在资产负债表日实际存在，没有遗漏或者重复计算
计价和分摊	按照会计政策： 将原材料存货的外购价格分配至相应的存货项目； 将存货的销售成本分配至相应的存货项目； 将原材料、人工和间接生产费用分配到相应的产成品存货项目； 按照成本与可变现净值孰低法列示原材料、在产品和产成品存货余额

（三）存货交易与余额的固有风险

存货交易与余额的固有风险主要体现在下列方面：

1. 制造业存货交易的数量和复杂程度增加舞弊和错误的风险。

2. 制造业成本计算过程复杂，间接费用的分配比较复杂，并且同行业的不同企业可能运用不同的计量基础。

3. 产品多元化可能要求行业专家验证存货的质量或价值。另外，由于存货性质不同，确定存货数量的方法可能也不同（例如，计量煤炭、谷类或糖、钻石或其他贵重宝石、圆木或准备栽种的树木、化工品和药剂产品等存货的数量）。

4. 某些存货项目的可变现净值很难确定。另外，有些存货的价格受全球经济供需影响，在一段时期内剧烈波动，并将影响存货的外购价格和销售价格。

5. 出售有担保的货物，面临着退换假货或可确认销售退回的风险。出口到其他国家的货物存在途中毁损的风险，可能由被审计单位赔偿毁损的货物。

6. 存货存放在多个地点，并且可以在不同地点之间转移，增加存货在途中毁损、丢失或在期末不同地点重复计量或漏记的风险。

7. 存货采用委托销售的形式。被审计单位认为归其所有的存货，实质上其所有权可能属于委托方。

二、控制活动和控制测试

（一）存货交易过程中使用的主要文件。

表 5－17 列示了存货交易过程涉及的主要文件。

表 5－17　　存货交易过程涉及的主要文件

文件类型	文件的性质
生产任务通知单	生产任务通知单是被审计单位下达生产产品等生产任务的书面文件，用以指令供应部门组织材料发放、生产车间组织产品生产、会计部门组织成本计算
领发料凭证	领发料凭证是被审计单位为控制材料发出所采用的各种凭证，如材料发出汇总表、领料单、限额领料单、领料登记簿、退料单等
产量和工时记录	产量和工时记录是登记工人或生产班组在出勤时间内生产的产品数量、质量和生产这些产品所耗费工时数量的原始记录。常见的产量和工时记录主要有工作通知单、工序进程单、工作班产量报告、产量通知单、产量明细表、废品通知单等
工薪汇总表及 工薪费用分配表 材料费用分配表	工薪汇总表是被审计单位为了反映全部工薪的结算情况，并据以进行工薪总分类核算和汇总整个企业工薪费用而编制的，它是进行工薪费用分配的依据。工薪费用分配表反映了各生产车间各产品应负担的生产工人工薪及福利费。 材料费用分配表是用来汇总反映各生产车间各产品所耗费的材料费用的原始记录

续表

文件类型	文件的性质
制造费用分配汇总表	制造费用分配汇总表是用来汇总反映各生产车间各产品所应负担的制造费用的原始记录
成本计算单	成本计算单是用来归集某一成本计算对象所应承担的生产费用，计算该成本计算对象的总成本和单位成本的记录
存货明细账	存货明细账是用来反映各种存货增减变动情况和期末库存数量及相关成本信息的会计记录

（二）存货交易过程涉及的主要业务活动

表 5－18 存货交易过程涉及的主要业务活动。

表 5－18　　存货交易和余额涉及的主要业务活动

业务活动类型	业务活动的性质
计划和安排生产	生产计划部门根据客户订购单或销售预测和产品需求制定生产计划。根据生产计划签发预先连续编号的生产任务通知单，并编制相应的材料需求清单，列示生产所需材料和零件及其库存
发出原材料	仓库部门根据生产部门提交的领料单发出原材料。领料单上列示所需材料品种规格和数量，以及领料部门的名称。领料单可以一料一单，也可以多料一单，通常一式三联。仓库发料后，将其中一联连同材料交给领料部门，一联留在仓库登记材料明细账，另一联交会计部门进行材料收发核算和成本核算
生产产品	生产部门收到生产任务通知单并领取原材料后，将生产任务进行分解，并将原材料交给生产工人，据以执行生产任务。生产工人完成生产任务后，将完工的产品交生产部门盘点。生产部门将产品交由检验员验收并办理产品入库手续，或是将所生产的半成品移交其他生产部门，作进一步加工
核算产品成本	为正确核算并有效控制产品成本，建立健全成本会计核算制度，将生产控制和成本核算有机结合。一方面，生产过程中的各种记录、生产任务通知单、领料单、计工单、入库单等文件资料都要汇集到会计部门，由会计部门对其进行检查和核对，籍此控制生产过程中存货的实物流转；另一方面，会计部门需要设置相应的会计账户，会同有关部门对生产过程中的成本进行核算和控制。完善的成本会计核算制度应当详细记录原材料转为在产品，在产品转为产成品，以及按成本中心、分批次生产任务通知单或生产周期所消耗的材料、人工和间接费用的分配与归集过程
验收及储存产成品	产成品入库，须由仓库部门点验和检查后签收并将实际入库数量通知会计部门。仓库部门还应将产成品分类存放，并填制存货标签
发出产成品	产成品的发出须由独立的发运部门进行。装运产成品时必须持有经有关部门核准的发运通知单，并据此编制出库单。出库单一般为一式四联，一联交仓库部门；一联由发运部门留存；一联送交客户；一联交销售部门或财务部门作为开具发票的依据

（三）控制测试

表5－19列示了与存货和生产相关的风险、旨在降低这些风险的内部控制（人工和自动化控制）和控制测试例子。

表5－19　与存货和生产相关的风险、内部控制和控制测试

风险	自动化控制	手工控制	控制测试
生产流程			
发出原材料			
原材料的发出没有经过授权	将事先编号的原材料通知单录入系列，生成生产使用的原材料发生通知单	所有原材料的领用经过生产部门的适当授权	检查领料单的批准记录
原材料可能被盗		原材料的实物安全，仅有获得授权的人员可以进入仓储区	询问和观察
生产过程中的实物转移和成本结转			
直接人工工时或直接机器工时未被记录或未被分配至正确的生产任务	员工工时记录与生产成本核算中的工时数据以及员工工时工资数据核对一致； 分配到生产任务中的直接人工工时与每天实际工时记录的差异记录在例外报告中。 记录生产任务的机器工时与机器生产能力核对，未分配的机器工时记录在例外报告中。 每日生产报告汇总所有生产任务合计工时并与每天工时总数核对一致	管理人员复核每日生产报告以及直接人工工时分配结果及差异； 管理人员复核例外报告并调整直接人工工时和机器工时分配中的错误	检查管理人员复核生产报告和人工工时分配结果及差异的证据； 检查管理人员复核工时差异例外报告和分配错误例外报告的证据及处理情况
在产品可能未包括移送至下一工序之前的所有累计成本	记录各工序之间的实物移动，在产品转入下一工序需经授权人员的电子签名； 通过密码和菜单设置设定访问和操作权限； 前一工序完成后才可记录下一工序的成本； 每日生产报告中记录各工序之间转移的日期和时间，并注明授权转移的人员； 每个工序的累计成本也在每日生产报告中反映	生产任务卡和每日生产报告要显示授权人员的电子签名，以表明在向下一工序转移生产任务之前，该人员已检查并确认本工序所有的直接材料、人工和机器工时成本已得到正确和完整的记录。 生产管理人员检查已分配的成本并询问不一致的情况	对于期末在产品，检查其转入下一工序的电子签名； 检查生产管理人员对差异的处理

续表

风险	自动化控制	手工控制	控制测试
制造费用未正确记录，记录的制造费用可能未恰当分配给生产任务，导致在产品和产成品的成本计算错误	计算机按照设定的分配公式和权数分配间接成本。 每日生产报告中反映间接费用的分配	管理层定期复核记录的制造费用，调查与预算或预期值不一致的情况。 管理层定期批准制造费用的分配公式和权数	检查管理层复核制造费用并对差异进行调查和处理的情况。 检查管理层批准制造费用分配公式和权数的证据
产成品入库			
产成品仓库人员可能未记录入库的完工产品，或者接收了残次品	完工产品转入产成品前须经工厂经理电子签名； 产成品仓库人员通过电子签名，以完成在产品转入产成品手续； 计算机在存货文档中记录入库产成品的数量和成本。 计算机生成关于已完工入库的生产任务的完工生产报告	产成品送入仓库之前，质检人员检验完工品以确保其符合质量标准； 除了电子签名，产成品仓库人员还应在相关生产任务通知单上签章，证明已接收了有关的产成品； 生产经理每日检查完工生产报告，询问所有与仓库入库记录不一致的成本和数量并作出调整	检查完工品转入产成品的转移； 检查生产经理对完工生产报告的检查及对差异的调查与处理； 使用计算机辅助审计技术，将完成的生产任务与转入产成品的完工产品进行比对，检查结转数量和成本是否一致
产成品可能被盗	定期盘点产成品存货的数量并与存货管理系统中的产成品记录进行核对	对产成品进行实物保护，例如仅有经授权的人员可以进入产成品仓库； 管理层定期对存货进行盘点，调查并调整存货实物数量和存货账面数量之间的差异	询问并观察实物保护措施。 对定期盘点实施监盘；检查管理层对存货数量账实差异的调查和调整记录
存货减值评估			
存货过时或状况不良，导致其账面价值可能超过可变现净值	生成存货库龄分析报告或存量与销量对比报告	管理层复核存货库龄分析报告/存量与销量对比报告，结合定期盘点结果，计算并计提存货减值准备	询问管理层并检查管理层复核相关报告和计提存货减值准备的程序

三、存货交易和余额的实质性程序

（一）实质性程序概述

表 5－20 列示了存货交易和余额的实质性程序。

表 5－20　　　　存货交易和余额的实质性程序

实质性程序	审计目标				
	C	O/E	A/V	R/O	P/D
1. 获得并记录对企业的了解					
确定原材料、生产的产成品、商品和销售成本的重要性		×	×		
识别管理层监控存货交易和余额的关键绩效指标			×		
确定影响被审计单位的重要经营风险，并考虑其对存货的影响			×	×	
获取试算平衡表及重大类别的交易（生产成本、制造费用以及销售成本）和余额（原材料、在产品以及产成品）的明细清单：			×		
（1）将试算平衡表的期初余额/去年同期数与以前年度工作底稿中的金额进行核对； （2）将各类存货明细清单的总金额与存货明细账余额及试算平衡表余额进行核对					
2. 实质性分析程序					
根据对被审计单位及其行业的了解，对其销售收入、销售成本、毛利率以及存货余额、存货周转天数建立预期值		×	×		
定义销售收入、销售成本、毛利率和存货余额/周转天数的重大差异：		×	×		
（1）计算实际数和预期值之间的差异，并与管理层使用的关键绩效指标进行比较； （2）就重大差异询问管理层和员工，判断分析程序是否表明可能存在重大错报，设计和实施合适的细节测试以发现潜在错报； （3）记录审计结论的基础，即分析程序是否能够提供充分、适当的审计证据，或者需要对余额或交易实施细节测试，获取进一步的审计证据					
3. 交易的细节测试					

续表

实质性程序	审计目标				
	C	O/E	A/V	R/O	P/D
选取存货账户中的重大交易的样本，检查支持性的记录，例如选取记录的存货外购、完工产品转移到产成品、产品销售和销售退回等方面的样本：		×	×	×	
（1）检查生产成本的计量和分配以及完工产品的成本结转报告，销售和销售退回的记录及支持性文件； （2）重新计算所选择项目的金额和数量，并检查批准这些交易的授权证据					
对主要类别的交易实施截止测试，如测试资产负债表前后的采购、销售、销售退回、产成品成本结转等：		×		×	
确认年底存货收发记录最后一份单据的编号，并检查之前和之后若干编号的单据所对应的存货收发交易是否记入正确的会计期间					
4. 存货余额的细节测试					
实施存货监盘：		×	×		
（1）确定日期、地点和人员； （2）评价管理层编写的盘点指令的恰当性； （3）观察被审计单位实施的程序并考虑盘点结果是否完整、准确； （4）观察被审计单位是否对盘点过程中的存货移动作出适当的控制和记录； （5）观察被审计单位的盘点程序能否保证不遗漏盘点表和盘点标签； （6）选取存货项目进行抽盘，包括从盘点表中选取抽盘项目和从库存实物中选取抽盘项目； （7）确认被审计单位是否已经对所有存放地点的存货实施盘点，并考虑审计人员需要对哪些存放地点实施监盘					
确认被审计单位是否有代其他方销售存货的情况，或者将存货委托给第三方销售的情况				×	
获取最终的存货盘点表，并据此对年末存货实物的完整性、存在和计价进行测试：		×	×		

续表

实质性程序	审计目标				
	C	O/E	A/V	R/O	P/D
（1）追踪最后存货列表中的存货的盘点； （2）运用计算机辅助审计方法，重新计算存货的范围和总数； （3）检查被审计单位的存货标签或最终盘点列表的项目单； （4）核对列表中的总数和存货总分类账中的余额并检查盘点日的截止项目的调整； （5）检查对差异和减值进行的调整； （6）询问列表中的负余额以及主要产品的负余额					
检查、计算、询问和函证存货的价格：			×		
（1）选取购买的商品存货项目样本并检查供应商发票上的价格； （2）选取产品存货的样本，并检查存货批次卡和产品记录——重新计算人工成本和间接费用的分配，询问标准成本的变动是如何处理的； （3）函证其他地点存放的存货，或者获取并不重要的存货数量的证据，并考虑指派人员进行现场监盘					
检查存货的抵押合同和托销合同				×	×
检查、计算、询问和函证存货的可变现净值：			×		
（1）检查选取项目期末之后的销售收入以便确认价格是否超过了存货成本； （2）选取周转缓慢、过时和超额持有的存货项目，考虑被审计单位是否计提充分的减值准备； （3）询问所有的减值准备政策是否与以前年度的一致； （4）考虑存货的趋势是否会导致存货冗余					
5. 列报和披露					
确定存货是否已经正确地进行分类以及按照会计准则在财务报表中正确列报					×
复核以存货抵押向供应商或者其他债权人提供担保的披露					
询问被审计单位所有的或有负债和购买协议是否已经适当披露					

注释：

C：完整性

O/E：发生和存在

A/V：准确性和计价

R/O：权利和义务

P/D：列报和披露

（二）实质性分析程序

在审计存货余额时，注册会计师可以实施实质性分析程序，获取支持审计目标的证据。注册会计师实施的实质性分析程序可能包括：

（1）了解被审计单位行业状况、经营活动和经济形势，以便确定存货的余额是否合理。

（2）使用计算机辅助审计技术，计算财务杠杆和经营杠杆，将结果与预期值进行比较。例如：不同产品的毛利率是否与预期的一致，存货周转率或周转天数是否合理。

（3）分析各月末的存货余额变动情况，考虑其是否与经营活动的季节性波动以及经济因素的变化一致。

（4）通过逐项比对存货的期末余额及期间变动额，识别是否存在呆滞存货（例如流动缓慢或较长时间没有发生交易的存货）。

（三）存货交易和余额的细节测试

1. 原材料。根据产品生产过程的特点，原材料可能在生产过程一开始就全部发出，或者在生产过程中的各个不同阶段发出。原材料成本分配取决于被审计单位的会计政策，实务中通常可以采用个别计价法、加权平均法或先进先出法确定原材料成本。

如果原材料采用标准成本核算，注册会计师应当关注标准成本是否接近实际成本，成本差异是否得到正确的计量和分配。

2. 在产品。在产品的成本核算取决于被审计单位的产品和生产特点。其余额可能对应一定的约当产量及单价（例如存在可明确区分的各道工序，且各道工序的生产成本可以准确计量），也可能仅代表尚未结转为产成品的原材料成本（例如生产周期短且无法准确计量生产过程中不同状态在产品的成本）。注册会计师需要根据在产品的特点及成本核算方法设计和实施适当的细节测试，细节测试可能包括检查各工序的成本记录和分配是否准确完整、检查产成品的成本结转是否及时准确等。

3. 产成品。以制造业为例，针对产成品成本的细节测试通常包括：

（1）检查原材料成本、人工成本的核算；

（2）检查制造费用的记录和分摊；

（3）检查转移到产成品仓库中的完工产品的成本结转；

（4）检查产成品的发出记录及销售成本结转。

4. 存货交易的截止测试。存货的截止测试主要针对原材料的购入（采购）和产成品的发出（销售）。注册会计师通常选取资产负债日前后一定期间内（如收发货单据连续编号，则通常以期末最后一张单据为准，选取之前或之后的若干张单据）的原材料收货记录和产品送货记录进行测试，以确定采购和销售交易是否记入正确的会计期间。截止测试获得的证据通常和完整性、发生以及准确性和分摊认定有关。

注册会计师应当关注下列可能产生舞弊和错误的风险：

（1）账面存货数量与实物数量可能不符；

（2）在途存货或由第三方保管的存货可能缺失；

（3）存货重复入账；

（4）已经确认收入但没有发出的存货；

（5）存货采购发票的缺失；

（6）存货成本核算；

（7）存货减值准备的计算错误或计提不充分。

5. 可变现净值。存货的成本要素，取决于存货的类型。存货通常包括外购商品、原材料、在产品和产成品以及消耗品。对于外购商品、原材料和消耗品，成本由供应商售价和相关的运费、关税等构成。在产品和产成品的成本包括原材料成本、人工成本、其他直接费用和间接费用（制造费用）。间接费用通常根据实际产量按比率分配到在产品和产成品成本中。

可变现净值，是指在日常活动中，以存货的估计售价减去至完工时将要发生的成本、销售费用以及相关税费后的金额。

如果识别出存货的可变现净值低于成本的风险，注册会计师可以实施下列审计程序，以获取被审计单位是否恰当计提存货减值准备的证据：

（1）询问管理层，识别可变现净值低于成本的存货；

（2）检查比较成本与可变现净值的方法（是逐项比较或分组比较）；

（3）通过检查年末或接近年末的销售价目表或销售发票上的销售价格，或者同行销售类似商品的销售价格，测试可变现净值计算的合理性；

（4）测试被审计单位的存货变现损失准备的计算准确性；

（5）使用计算机辅助审计技术搜索存货详细清单，以识别销售价格低于成本的存货项目，并计算所有成本超过可变现净值的存货项目的总金额；

（6）获取管理层声明书，即管理层关于存货已经按照成本与可变现净值孰低法予以计量的声明。

6. 权利和义务。被审计单位持有的存货可能具有不同的权利和义务。注册会计师应当询问影响期末存货所有权的业务安排，以保证在财务报表中作出充分的披露。此外，注册会计师在适当的情况下还需要完成下列审计工作：

（1）在途存货。如果从海外购买货物并且期末仍然在途，注册会计师应当检查存货记录中的分录以及相关的发票和装船凭证。如果被审计单位的银行持有装船凭证，注册会计师可能需要从银行获得有关在途存货数量和发票价格等信息。

（2）在保税仓库中的货物。如果货物存在进口保税仓库，注册会计师应当检查货物的许可证以及这些货物。注意这类货物的价格中是不含关税的。

（3）委托代销的存货。如果被审计单位有委托代销的存货，注册会计师应当从代销商那里获得关于存货的证明。注册会计师需要确认这类存货的真实数量以及计价是否适当。如果代销存货的数量和价值比较重大（如汽车配件），注册会计师考虑是否有必要通过走访代理商来验证存货的存在，并清点数量。如果代理商的经营地点太远而存货很重要，注册会计师可以委托当地会计师事务所代为盘点。检查财务报告日后审计报告日前被审计单位与代理商结算应收销售款的情况，能够为存货的存在和计价提供进一步证据。

（4）高价值的可个别辨认的存货项目。在有些企业，每一件物品都可以个别辨认。例如，汽车经销商能够通过发动机和底盘序列号来辨认每辆汽车，以便随时检查存货中汽车的数量并能够识别每辆汽车。汽车经销商应当对所有购入和出售的车辆的上述细节进行登记。例如，贵重宝石的经销商、古董或绘画作品的经销商等都应当保持这种详细记录。

（四）存货监盘

1. 评价盘点计划。注册会计师应当从下列方面评价管理层的盘点计划：

（1）盘点时间的合理性，包括盘点日与财务报表日的间隔期是否合理；对具体存货项目的盘点时点的安排是否合理；不同的存货盘存制度下存货盘点时间的安排是否合理，以及“前推”或“后推”程序是否能有效执行。

（2）存货盘点范围和场所的完整性，包括被审计单位是否恰当确定存货的盘点范围并将存货存放于适当的场所；是否将委托代销、委托加工和存放于第三方的存货纳入盘点范围。

（3）盘点人员的分工及胜任能力，例如存货盘点小组是否包括熟悉存货情况、能够识别存货项目性质和状况的人员以及不对存货承担保管、移动或记录责任的人员。

（4）被审计单位盘点前的会议及任务布置，包括被审计单位是否清晰传达盘点指令；是否明确现场盘点人员各自的职责；是否设置盘点的复核程序。

（5）盘点结果的汇总以及盘盈或盘亏的分析、调查与处理。

2. 实施监盘程序。注册会计师应当从下列方面实施监盘程序：

（1）在被审计单位盘点存货前，观察盘点现场，确定应纳入盘点范围的存货是否已经适当整理和排列，并拥有盘点标识，防止遗漏或重复盘点。

（2）对所有权不属于被审计单位的存货，取得其规格、数量等资料，并确定这些存货是否已经分别存放、标明，且未被纳入盘点范围。

（3）观察被审计单位盘点人员是否遵守盘点计划并准确记录存货的数量和状况。

（4）在检查已盘点存货时，从存货盘点记录中选取项目追查至存货实物，以测试盘点记录的准确性；从存货实物中选取项目追查至存货盘点记录，以测试存货盘点记录的完整性。

（5）特别关注存货的移动情况，防止遗漏或重复盘点。

（6）特别关注存货的状况，观察被审计单位是否已恰当区分所有毁损、陈旧、过时及残次的存货。

（7）获取盘点日前后存货收发及移动的凭证，检查存货记录与会计记录期末截止是否正确。

（8）在被审计单位存货盘点结束前，再次观察盘点现场，以确定所有应纳入盘点范围的存货是否均已盘点；取得并检查已填用、作废及未使用盘点表单的号码记录，确定其是否连续编号，查明已发放表单是否均已收回，并与存货盘点的汇总记录进行核对。

（9）复核盘点结果汇总表，评估其是否正确反映了实际盘点结果。

3. 多个地点存货监盘。如果被审计单位的存货存放在多个地点，注册会计师可以要求被审计单位提供一份完整的存货存放地点清单（包括期末库存量为零的仓库、租赁的仓库，以及第三方代被审计单位保管存货的仓库等），并考虑其完整性。如果对被审计单位提供清单的完整性存在疑虑，注册会计师可以：

（1）检查被审计单位存货的出、入库单，关注是否存在被审计单位尚未告知注册会计师的仓库（如期末库存量为零的仓库）；

（2）检查费用支出明细账和租赁合同，关注被审计单位是否租赁仓库并支付租金，如果有，该仓库是否已包括在被审计单位提供的仓库清单中；

（3）检查被审计单位“固定资产——房屋建筑物”明细清单，了解被审计单位可用于存放存货的房屋建筑物；

（4）比较被审计单位不同时期的存货存放地点清单，关注仓库变动情况，以确定是否存在因仓库变动而未将存货纳入盘点范围的情况。

此外，注册会计师也可以考虑询问管理层和财务部门以外的其他人员，如营销人员、仓库人员等，以了解有关存货存放地点的情况。

4. 特殊类型的存货监盘。特殊类型的存货通常无法用标签予以标识，或者其数量难以估计，或者其质量难以确定，或者盘点人员无法对其移动实施控制。表 5－21 列举了一些特殊存货类型可能存在的盘点问题，以及注册会计师可以考虑实施的监盘程序。

表 5-21　　针对特殊类型存货实施的监盘程序

存货类型	可能存在的问题	可考虑实施的审计程序
木材、钢筋盘条、管子	通常无标签，但在盘点时会做上标记或用粉笔标识； 难以确定存货的数量或等级	检查标记或标识； 利用专家或被审计单位内部有经验人员的工作
堆积型存货（如糖、煤、钢废料）	通常既无标签也不做标记； 在估计存货数量时存在困难	运用工程估测、几何计算、高空勘测，并依赖详细的存货记录
使用磅秤测量的存货	在估计存货数量时存在困难	在监盘前和监盘过程中均应检验磅秤的精准度，并留意磅秤的位置移动与重新调校程序； 检查和重新称量程序相结合； 检查称量尺度的换算问题
散装物品（如贮窖存货，使用桶、箱、罐、槽等容器储存的液体、气体、谷类粮食、流体存货等）	在盘点时通常难以加以识别和确定； 在估计存货数量时存在困难； 在确定存货质量时存在困难	使用容器进行监盘； 使用浸蘸、测量棒、工程报告以及依赖永续存货记录； 选择样品进行化验与分析，或者利用专家的工作
贵金属、石器、艺术品与收藏品	在存货辨认、质量确定方面存在困难	选择样品进行化验与分析，或者利用专家的工作
林木、牲畜	在存货辨认、数量确定方面存在困难； 可能无法对此类存货的移动实施控制	通过高空摄影以确定其存在，对不同时点的数量进行比较，并依赖永续存货记录； 利用专家的工作
水产品	流动性强且易死亡	了解池塘的周边面积、鱼虾等养殖密度； 检查购买鱼虾苗、饲料交易记录； 了解每天鱼虾捕捞、销售情况； 利用专家的工作

对于特殊类型的存货，注册会计师可能需要利用专家的工作来协助其进行监盘。

5. 管理层在财务报表日以外的其他日期进行的盘点。如果管理层在财务报表日以外的其他日期进行盘点，注册会计师还应当实施其他审计程序，以获取审计证据，确定存货盘点日与财务报表日之间的存货变动是否已得到恰当的记录。为此，注册会计师可以设计和执行适当的“前推”或“后推”程序进行测试，例如对盘点日至财务报表日之间的存货采购和存货销售分别实施双向检查（对存货采购从入库单查至其相应的永续盘存记录及从永续盘存记录查至其相应的入库单，对存货销售从货运单据查至其相应的永续盘存记录及从永续盘存记录查至其相应的货运单据）等。

如果存货盘点是在财务报表日之前或之后进行的，注册会计师需要考虑被审计单位管理层是否已制定相关程序以确保盘点日至财务报表日之间的存货移动已在会计记录适当反映。注册会计师考虑的相关事项包括：

（1）对永续盘存记录的调整是否适当；

（2）被审计单位永续盘存记录的可靠性；

（3）从盘点获取的数据与永续盘存记录存在重大差异的原因。

6. 永续盘存制。被审计单位可以采用永续盘存制，每天记录和控制产品的成本，并随时核算原材料、在产品和产成品。这些记录通常只是针对库存数量，而会计记录则要对数量和价格都进行记录。如果内部控制良好，永续盘存制记录能够随时反映存货的数量，并且年末就没有必要再作完整的盘点。

在永续盘存制下，注册会计师应当执行下列程序：

（1）从管理层获取测试记录的细节以及测试记录的复印件，并进行观察和必要的调整；

（2）在必要时与管理层讨论执行的程序；

（3）结合收到的货物和材料的通知单，测试收到和发出存货的样本；

（4）关注截止点并追踪某些收据和事项，根据有关的记录，对截止日前后的存货分录进行测试，以便确认日期是否一致；

（5）对存货项目进行盘点并核实数量，并根据相关存货记录中的余额，确定是否调整某些差异。

（五）期初余额

1. 审计目标。在执行首次审计业务时，注册会计师针对期初余额的目标是，获取充分、适当的审计证据以确定：

（1）期初余额是否含有对本期财务报表产生重大影响的错报；

（2）期初余额反映的恰当的会计政策是否在本期财务报表中得到一贯运用，或者会计政策的变更是否已按照适用的财务报告编制基础作出恰当的会计处理和充分的列报与披露。

2. 审计程序。为获取有关期初余额的充分、适当的审计证据，需要实施的审计程序的性质和范围取决于下列事项：

（1）被审计单位运用的会计政策；

（2）账户余额、各类交易和披露的性质以及本期财务报表存在的重大错报风险；

（3）期初余额相对于本期财务报表的重要程度；

（4）上期财务报表是否经过审计，如果经过审计，前任注册会计师的意见是否为非无保留意见。

如果上期财务报表由前任注册会计师审计，注册会计师可能通过复核前任注册会计师的审计工作底稿获取有关期初余额的充分、适当的审计证据。这种复核是否能够提供充分、适当的审计证据，受前任注册会计师的专业胜任能力和独立性的影响。

对于流动资产和流动负债，注册会计师可以通过本期实施的审计程序获取有关期初余额的部分审计证据。例如，本期应收账款的收回（或应付账款的支付）为其在期初的存在、权利和义务、完整性和计价提供了部分审计证据。然而，就存货而言，本期对存货的期末余额实施的审计程序，几乎无法提供有关期初持有存货的审计证据。因此，注册会计师有必要实施追加的审计程序。下列一项或多项审计程序可能提供有关期初存货余额的充分、适当的审计证据：

（1）监盘当前的存货数量并调节至期初存货数量；

（2）对期初存货项目的计价实施审计程序；

（3）对毛利和存货截止实施审计程序。

对于非流动资产和非流动负债，如长期股权投资、固定资产和长期借款，注册会计师可以通过检查形成期初余额的会计记录和其他信息获取审计证据。在某些情况下，注册会计师还可以通过向第三方函证获取有关期初余额（如长期借款和长期股权投资的期初余额）的部分审计证据。有时，注册会计师可能需要实施追加的审计程序。

3. 审计结论和审计报告。如果无法针对期初余额获取充分、适当的审计证据，注册会计师需要在审计报告中发表下列类型之一的非无保留意见：

（1）发表保留意见或无法表示意见；

（2）除非法律法规禁止，对经营成果和现金流量（如相关）发表保留意见或无法表示意见，而对财务状况发表无保留意见。

表 5－22 列示了注册会计师对期初余额实施审计的思路。

表 5－22　　期初余额实施审计的思路

内容	应对措施
期初余额是否包含可能影响本期的错报	• 阅读最近期间的财务报表和前任注册会计师出具的审计报告（如存在）； • 确定上期期末余额是否已正确结转并且反映对恰当会计政策的运用； • 查阅前任注册会计师的工作底稿； • 在本期实施审计程序以获取有关期初余额的证据。这在上期财务报表未经审计的情况下特别重要

续表

内容	应对措施
确定识别出的错报对本期的影响	• 实施追加的审计程序； • 评价前任注册会计师发表的非无保留意见； • 确信期初余额反映的会计政策在本期得到一贯运用
确定对审计意见的影响	如果前任注册会计师的非无保留意见仍然是相关的，或者期初余额包含对本期财务报表有重大影响的错报（没有进行恰当的会计处理、列报或披露），注册会计师应当发表保留意见或否定意见

案例5-4

C公司是一家上市公司。公布的年报显示，2000年C公司全年巨亏达8.3亿元，2001年更是达到14.76亿元，到了2002年居然实现净利1亿元。如此巨大的反差之下，隐藏的是并不少见的利润大清洗的财务手段，即2002年的扭亏的巨大“贡献”来自于2001年的巨亏。C公司2001年费用总额高达21亿元，2002年仅为9亿元，扭亏之术可见一斑。当然，如此扭亏为盈是建立在存货跌价准备计提比例的大幅变化与应收账款坏账准备计提的变化。

2006年7月16日，监管部门对C公司及其责任人的证券违法违规行为作出行政处罚与市场永久性禁入决定。注册会计师在审计中可能承担的责任如下：

1. 对C公司的审计并没有尽职。2001年10月1日至2005年7月31日期间，C公司及其29家主要附属公司与B公司或疑似B系公司之间进行的不正常重大现金流出总额约为40.71亿元，不正常的重大现金流入总额约为34.79亿元，共计75.5亿元。而注册会计师在审计报告中均未反映。

2. 注册会计师对C公司计算机各期存货及主营业务成本进行审计时，直接按照C公司计算机期末存货盘点数量和各期平均单位成本确定存货期末余额，并推算出C公司计算机各期主营业务成本。在未对产成品进行有效测试和充分抽样盘点的情况下，注册会计师通过上述审计程序对存货和主营业务成本进行审计并予以确认，其审计方法和审计程序均不合理。

3. 注册会计师在存货抽样盘点过程中缺乏必要的职业谨慎，确定的抽样盘点范围不适当，审计程序不充分。注册会计师在年报审计过程中实施抽样盘点程序时，未能确定充分有效的抽样盘点范围，导致其未能发现C公司通过压库方式确认虚假销售收入的问题。存货监盘也是一项重要的审计程序，如果进行账实相符核查，C公司虚增的主营业务利润其实并不难发现。

4. C公司销售收入确认问题，体现出注册会计师未能恰当地解释和应用会计准则，同时这也说明注册会计师未能收集充分、适当的审计证据。对较敏感的

"销售退回"，注册会计师也没有实施必要的审计程序，致使 C 公司通过关联交易利用销售退回大做文章，转移资产，虚增利润，这也是注册会计师所不能回避的错误。

5. 注册会计师审计 C 公司计算机分公司时，没有对各年未进行现场审计的分公司执行其他必要审计程序，无法有效确认其主营业务收入实现的真实性及应收账款等资产的真实性。C 公司有很多分公司、子公司，组织结构相当复杂。注册会计师没有根据审计重要性水平来确认每年对哪些分公司进行现场审计。

6

第六章 出具审计报告

第一节　引导案例

案例6－1　审计报告模式改革

审计报告是注册会计师对财务报表发表审计意见形成的书面报告，同时也是注册会计师与财务报表使用者沟通审计事项的主要手段。审计报告模式是审计报告的样式。良好的审计报告模式可以保持审计报告的一致性、可比性，增加审计报告的信息含量，增强相关性和决策有用性，提高沟通价值，增强审计工作透明度。但长期以来，职业界使用的二元审计报告（即：pass/fail）信息量太低，不能满足使用者的需要。因此，最近几年，包括国际审计与鉴证准则理事会（IAASB）、欧盟（EU）、英国（FRC）、美国（PCAOB）和中国等国际机构、地区组织和国家准则制定机构，对审计报告进行改革，确立了新的审计报告模式。

一、改革的必要性

审计报告是财务信息生成链条上关键的一环，对增强财务信息的可信性起着至关重要的作用。原使用的短式标准审计报告模式，包括标题、收件人、引言、管理层对财务报表的责任、注册会计师的责任、审计意见、注册会计师的签名和盖章、报告日期等要素，在格式上体现了标准化，其核心内容是审计意见，即注册会计师对财务报表是否具有合法性和公允性发表高度浓缩的意见。短式标准审计报告具有格式统一、要素一致、内容简洁、意见明确等优点，但也存在着缺乏审计工作的透明度和注册会计师对被审计单位重大问题的看法，千篇一律的标准语言导致信息含量不足，不能作为展示审计工作价值的窗口。下面列示了短式标准无保留意见审计报告的格式。

短式标准无保留意见审计报告格式

审计报告

ABC 股份有限公司全体股东：

一、对财务报表出具的审计报告

我们审计了后附的 ABC 股份有限公司（下列简称 ABC 公司）财务报表，包括 20×1 年 12 月 31 日的资产负债表，20×1 年度的利润表、现金流量表和股东权益变动表以及财务报表附注。

（一）管理层对财务报表的责任

编制和公允列报财务报表是 ABC 公司管理层的责任，这种责任包括：（1）按照企业会计准则的规定编制财务报表，并使其实现公允反映；（2）设计、执行和维护必要的内部控制，以使财务报表不存在由于舞弊或错误导致的重大错报。

（二）注册会计师的责任

我们的责任是在执行审计工作的基础上对财务报表发表审计意见。我们按照中国注册会计师审计准则的规定执行了审计工作。中国注册会计师审计准则要求我们遵守中国注册会计师职业道德守则，计划和执行审计工作以对财务报表是否不存在重大错报获取合理保证。

审计工作涉及实施审计程序，以获取有关财务报表金额和披露的审计证据。选择的审计程序取决于注册会计师的判断，包括对由于舞弊或错误导致的财务报表重大错报风险的评估。在进行风险评估时，注册会计师考虑与财务报表编制和公允列报相关的内部控制，以设计恰当的审计程序，但目的并非对内部控制的有效性发表意见。审计工作还包括评价管理层选用会计政策的恰当性和作出会计估计的合理性，以及评价财务报表的总体列报。

我们相信，我们获取的审计证据是充分、适当的，为发表审计意见提供了基础。

（三）审计意见

我们认为，ABC 公司财务报表在所有重大方面按照企业会计准则的规定编制，公允反映了 ABC 公司 20×1 年 12 月 31 日的财务状况以及 20×1 年度的经营成果和现金流量。

二、按照相关法律法规的要求报告的事项

（本部分报告的格式和内容，取决于相关法律法规对其他报告责任的规定。）

××会计师事务所　　　　中国注册会计师：×××

（盖章）　　　　（签名并盖章）

中国注册会计师：×××

（签名并盖章）

中国××市　　　　二〇×二年×月×日

2008 年美国发生的金融危机波及全球，无论是发达国家，还是发展中国家，经济均遭到重创。政府部门、监管机构和利益相关者，除了分析金融危机爆发的直接原因外，也在反思金融危机中审计的不足，探讨如何改革现行审计制度，改进审计报告模式，增加审计报告的信息含量和相关性，以期发挥注册会计师在促进经济发展和金融稳定中的作用。2014 年，欧盟出台新的审计指令（DIRECTIVE 2014/56/EU）和公众利益实体审计监管要求（REGULATION（EU）No537/2014），其中规定在对公众利益实体财务报表出具的审计报告中，还应指出最重要的重大错报风险以及注册会计师应对措施等内容。2012 年，英国财务报告理事会修订了公司治理准则，要求公司披露其审计委员会如何处理关键会计问题；2014 年，修订审计报告准则，要求审计师在审计报告中说明：（1）评估的重大错报风险，即对总体审计策略、审计资源分配、指导项目组工作方向产生最大影响的重大错报风险；（2）审计范围概要，包括说明这样的范围是如何应对上述重大错报风险的；（3）披露重要性和审计范围。2015 年，国际审计与鉴证准则理事会发布新制定和修订的审计报告系列准则，确立新的审计报告模式，增加审计报告要素，丰富审计报告内容。特别是引进关键审计事项部分，使得审计报告使用者可以了解与被审计单位和财务报表审计更为相关、决策有用的信息。这些信息涉及注册会计师评估的重大错报风险较高的领域或识别出的特别风险、管理层判断的重大不确定性事项和重大审计判断、当期重大交易或事项对审计的影响。美国公众公司会计监督理事会（PCAOB）于 2016 年 5 月 11 日重新发布审计报告改革征求意见稿，建议在审计报告中指明关键审计事项，说明使该事项构成关键审计事项的原因，描述关键审计事项是如何应对的。对审计报告的改革，弥补了短式标准审计报告模式的缺陷。

我国注册会计师审计准则实现了与国际准则的趋同。原长期使用的审计报告模式也是当时全球通用的模式，即短式标准审计报告模式，同样存在着信息含量低、相关性差、审计工作不透明等问题。随着国际审计准则对审计报告模式的改革，客观上要求我国及时借鉴新的国际审计准则，采用新的审计报告模式，实现我国审计准则的持续趋同。同时，随着我国资本市场的改革，政府部门、监管机构和投资者将对注册会计师执业质量提出更高的要求，期望注册会计师出具的审计报告将更具有相关性和决策有用性，以降低资本市场的不确定性和信息不对称带来的风险。为此，我国在借鉴国际审计报告改革最新成果基础上，结合我国实际情况，于 2016 年对审计报告相关准则做出全面修订。

二、改革的总体目标和思路

针对短式标准审计报告模式的重大缺陷，审计报告模式改革的总体目标和思路是：

（一）提高审计报告的信息含量，增强相关性和决策有用性。

在审计报告中增加关键审计事项部分，并逐项对关键审计事项作出描述。关键审计事项是指注册会计师根据职业判断认为对本期财务报表审计最为重要的事项，从注册会计师已与治理层沟通过的事项中选取。而且，关键事项是注册会计师执行审计工作中重点关注过的事项，这些事项体现了对财务报表影响的主要方面，例如：（1）按照《中国注册会计师审计准则第 1211 号——通过了解被审计单位及其环境识别和评估重大错报风险》的规定，评估的重大错报风险较高的领域或识别出的特别风险；（2）与财务报表中涉及重大管理层判断（包括被认为具有高度估计不确定性的会计估计）的领域相关的重大审计判断；（3）本期重大交易或事项对审计的影响。当然，在审计报告中增加关键审计事项部分，并不改变审计的根本目标，不改变被审计单位管理层和治理层作为被审计单位信息披露者、注册会计师作为信息鉴证者的基本定位，不改变审计的基本方法和流程。

（二）提高审计报告的沟通价值，增强审计工作的透明度。

完善审计报告措辞，界定相关概念。财务报表使用者可以更准确理解审计的基本定位、核心概念以及注册会计师、治理层和管理层各自的职责，弥合"期望差距"。一是在审计报告中说明注册会计师和管理层对持续经营假设各自的责任；二是在审计报告中说明注册会计师对年报中除已审计财务报表和审计报告以外的其他信息的责任；三是在审计报告中增加对"合理保证"、"重要性"、"风险导向审计"等审计核心概念的阐释；四是在审计报告中对注册会计师发现舞弊的责任、与治理层沟通的责任等进行阐释；五是要求在审计报告中披露负责执行审计工作并出具审计报告的项目合伙人的姓名，以明确对审计质量承担最终责任的人员。

（三）强化注册会计师与审计相关的责任，回应财务报表使用者对持续经营、其他信息、注册会计师独立性的关注。

增加审计报告要素，充实审计报告内容。除了在审计报告中引进关键审计事项外，还增加了一些重要内容。例如：一是强化注册会计师对持续经营的审计投入，当持续经营存在重大不确定性时，要求在审计报告中单设段落予以突出强调；二是提高注册会计师对被审计单位年度报告中包含的其他信息的工作投入，并要求注册会计师在审计报告中单设段落报告工作的结果；三是要求注册会计师在审计报告中声明独立于被审计单位，并履行了职业道德方面的其他责任。

三、相关审计报告准则的修订和制定

（一）国际审计准则

国际审计与鉴证准则理事会通过修订和制定相关审计报告准则，构建全球审计报告模式，改进审计沟通内容，提升全球审计职业的相关性，提供更为相关的和决策有用性的信息。国际审计与鉴证准则理事会改革审计报告模式的工作可以分为四个阶段：（1）研究和咨询。学术研究（2006－2009）、评论各国进展和动议（2009－2010）、提出咨询文件《增加审计报告的价值——探索变革的途径》（2011.5）。（2）制定准则。项目规划（2011.12）、成立工作小组和起草小组（2012.1）。（3）公开征求意见。邀请评论改进审计报告（2012.6）、提出征求意见稿（2013.1）。（4）2015年1月发布新制定和修订的审计报告准则和相关准则，生效日期为2016年12月15日或之后的报告期间新制定和修订的国际审计报告准则包括：（1）ISA700：Forming an Opinion and Reporting on Financial Statements（审计报告准则，修订）；（2）ISA701：Communicating Key Audit Matters in the Independent Auditor's Report（关键事项准则，制定）；(3) ISA260：Communication with Those Charged with Governance（沟通准则，修订）；(4) ISA570：Going Concern（持续经营准则、修订）；(5) ISA705：Modification to the Opinion in the Independent Auditor's Report（非无保留意见准则，修订）；(6) ISA706：Emphasis of Matter Paragraphs and Other Matter Paragraphs in the Independent Auditor's（强调事项段和其他事项段准则，修订）Report；(7) Amendments to Other ISAs（其他审计准则，如业务约定书 210、审计质量控制 220、工作底稿 230、期初余额 510、会计估计 540、集团审计 600、比较数据 710 等，修订）。

国际审计报告则及相关准则主要变化包括：优化审计报告的要素顺序、改进管理层对财务报表责任的描述、改进注册会计师审计责任的描述、披露适用的独立性/职业道德标准、披露项目合伙人的名字、增加有关关键审计事项的报告内容、增加有关持续经营的报告内容、增加有关其他信息的报告内容。

（二）中国注册会计师审计准则

为了改革完善审计报告模式，持续保持中国注册会计师审计准则的国际趋同，我国从 2015 年初就着手修订和制定相关审计报告准则，经历了四个阶段：(1) 立项研究。准确把握国际审计准则的精髓，研究我国原审计报告模式存在的问题，于 2015 年 1 月成立项目组。(2) 起草初稿。项目组陆续于 2015 年 3 月开始起草相关审计准则。在起草的过程中，通过集体讨论、实地调研、专家咨询等方式，力求将我国审计业务的实践经验与国际审计准则的先进成果相结合。(3) 研讨论证。2015 年 10 月举办审计准则修订研讨班，听取实务界对准则初稿的意见和建议，2015 年 11 月邀请政府相关部门、学术界、企业界、实务界的代表对初稿进行论证。 (4) 征求意见。2016 年 1 月，发布准则征求意见稿。(4) 正式发布。2016 年 12 月正式发布新修订和制定的相关审计报告准则，生效日期为 2017 年 1 月 1 日。

新修订和制定的相关审计报告则主要包括：

1.《中国注册会计师审计准则第 1501 号——对财务报表形成审计意见和出具审计报告（修订）》的变化主要体现在以下方面：优化审计报告要素的排列顺序、改进管理层对财务报表责任的表述、改进注册会计师对财务报表审计责任的表述、增加披露项目合伙人姓名的要求。

2.《中国注册会计师审计准则第 1502 号——在审计报告中发表非无保留意见（修订）》的变化主要体现在以下方面：增加对财务报表发表无法表示意见时与关键审计事项相关的规定。当对财务报表发表无法表示意见时，除非法律法规另有规定，否则注册会计师不得在审计报告中包含关键审计事项部分。

3.《中国注册会计师审计准则第 1503 号——在审计报告中增加强调事项段和其他事项段（修订）》的变化主要体现在以下方面：增加与强调事项段和关键

审计事项部分之间关系的相关规定、增加与其他事项段和关键审计事项部分之间关系的规定。

4.《中国注册会计师审计准则第 1504 号——在审计报告中沟通关键审计事项（新制定）》的内容主要体现在以下方面：在上市实体审计报告中沟通关键审计事项、明确关键审计事项的决策框架、对在审计报告中描述关键审计事项作出规范、就关键审计事项与治理层沟通、在审计工作底稿中记录关键审计事项。

5.《中国注册会计师审计准则第 1151 号——与治理层的沟通（修订）》的变化主要体现在以下方面：修订与治理层沟通的事项（注册会计师与财务报表审计相关的责任、计划的审计范围和时间安排、审计中发现的重大问题）、对沟通的过程提供更详细的指引。

6.《中国注册会计师审计准则第 1324 号——持续经营（修订）》的变化主要体现在以下方面：在审计报告中增加与持续经营相关的重大不确定性部分、强化注册会计师对评价管理层披露持续经营事项的责任。

7.《中国注册会计师审计准则第 1521 号——注册会计师对其他信息的责任（修订）》的变化主要体现在以下方面：修订其他信息的范围和准则名称、增强注册会计师对其他信息的工作力度、增加在审计报告中报告其他信息的要求。

注册会计师在审计过程的最后阶段是评价获取的审计证据，考虑任何已识别错报的影响，形成审计意见，编制措辞恰当的审计报告。按照审计准则的要求编制审计报告，有助于增强审计报告的一致性和明晰性，提升审计报告在资本市场的可信度，增进财务报表使用者的理解，并帮助财务报表使用者识别异常情况（如发表非无保留审计意见）。在形成审计意见时，针对财务报表整体是否不存在由于舞弊或错误导致的重大错报，注册会计师应当考虑是否已获取充分、适当的审计证据，未更正错报单独或汇总起来是否构成重大错报，财务报表是否在所有重大方面按照适用的财务报告编制基础编制。

具体来说，注册会计师在形成审计意见时应当注意下列事项：一是重要性。根据被审计单位的实际财务结果，重要性是否依然适当，未更正错报（包括与前期相关的未更正错报）单独或汇总起来是否构成重大错报。二是审计证据。是否获取充分、适当的审计证据，管理层作出的会计估计是否合理，在审计结束时或接近结束时实施的分析程序是否证实审计过程中形成的结论。三是会计政策。财务报表是否充分披露选择和运用的重要会计政策，会计政策是否符合财务报告编制基础，并适合被审计单位的具体情况。四是财务报表披露。财务报表是否提及或描述适用的财务报告编制基础，财务报表是否按照适用的财务报告编制基础作出充分披露，财务报表使用的术语（包括每一财务报表的标题）是否适当，是否存在充分的披露，使预期使用者了解重大交易和事项对财务报表所传递的信息的影响，列报的信息是否具有相关性、可靠性、可比性、可理解性和充分性，财务报表是否作出充分的披露，使预期使用者了解重大交易和事项对财务报表所传递的信息的影响。五是公允列报编制基础。财务报表的整体列报、结构和内容（包括附注披露）是否按照适用的财务报告编制基础，真实地反映了相关交易和事项。

因此，注册会计师需要在审计接近完成阶段确定所执行的工作是否符合相关要求，是否足以将审计风险降低到可接受的低水平，从而支持拟发表的审计意见。

第二节　期后事项

一、期后事项的定义

期后事项是指财务报表日至审计报告日之间发生的事项，以及注册会计师在审计报告日后知悉的事实。

财务报表可能受到财务报表日后发生的事项的影响。适用的财务报告编制基础通常专门提及期后事项，将其区分为下列两类：一是对财务报表日已经存在的情况提供证据的事项，即对财务报表日已经存在的情况提供了新的或进一步证据的事项，这类事项影响财务报表金额，需提请被审计单位管理层调整财务报表及与之相关的披露信息。二是对财务报表日后发生的情况提供证据的事项，即表明财务报表日后发生的情况的事项。这类事项虽不影响财务报表金额，但可能影响对财务报表的正确理解，需提请被审计单位管理层在财务报表附注中作适当披露。

（一）财务报表日后调整事项

这类事项既为被审计单位管理层确定财务报表日账户余额提供信息，也为注册会计师核实这些余额提供补充证据。如果这类期后事项的金额重大，应提请被审计单位对本期财务报表及相关的账户金额进行调整。

（1）财务报表日后诉讼案件结案，法院判决证实了企业在财务报表日已经存在现时义务，需要调整原先确认的与该诉讼案件相关的预计负债，或确认一项新负债。

例如，被审计单位由于某种原因在财务报表日前被起诉，法院于财务报表日后判决被审计单位应赔偿对方损失。因这一负债实际上在财务报表日之前就已存在，所以，如果赔偿数额比较大，注册会计师应考虑提请被审计单位调整或增加财务报表有关负债项目的金额，并加以说明。

（2）财务报表日后取得确凿证据，表明某项资产在财务报表日发生了减值或者需要调整该项资产原先确认的减值金额。

例如，被审计单位原先对某库存商品未计提存货跌价准备，在财务报表日后不久的销售情况显示其可变现净值低于库存商品期末成本，表明该库存商品在财务报表日发生了减值，需要在被审计单位的财务报表中补记该项存货的跌价准备。

又如，财务报表日被审计单位认为可以收回的大额应收款项，因财务报表日后债务人突然破产而无法收回。在这种情况下，债务人财务状况显然早已恶化，所以，注册会计师应考虑提请被审计单位计提坏账准备或增加计提坏账准备，调整财务报表有关项目的金额。

（3）财务报表日后进一步确定了财务报表日前购入资产的成本或售出资产的收入。例如，被审计单位在财务报表日前购入一项固定资产，并投入使用。由于购入时尚未确定准确的购买价款，故先以估计的价格考虑其达到预定可使用状态前所发生的可归属于该项固定资产的运输费、装卸费、安装费和专业人员服务费等因素暂估入账，并按规定计提固定资产折旧。如果在财务报表日后商定了购买价款，取得了采购发票，被审计单位就应据此调整该固定资产原值。

（4）财务报表日后发现了财务报表舞弊或错误。例如，在财务报表日以前，被审计单位根据合同规定所销售的商品已经发出，当时认为与该项商品所有权相关的风险和报酬已经转移，货款能够收回，按照收入确认原则确认了收入并结转了相关成本，即在财务报表日被审计单位确认为销售实现，并在财务报表上反映。但在财务报表日后至审计报告日之间所取得的证据证明该批已确认为销售的商品确实已经退回。如果金额较大，注册会计师应考虑提请被审计单位调整财务报表有关项目的金额。

利用期后事项审计以确认被审计单位财务报表所列金额时，应对财务报表日已经存在的事项和财务报表日后出现的事项严加区分，不能混淆。如果确认发生变化的事项直到财务报表日后才发生，就不应将财务报表日后的信息并入财务报表中去。

（二）财务报表日后非调整事项

这类事项因不影响财务报表日财务状况，而不需要调整被审计单位的本期财务报表。但如果被审计单位的财务报表因此可能受到误解，就应在财务报表中以附注的形式予以适当披露。

被审计单位在财务报表日后发生的，需要在财务报表中披露而非调整的事项通常包括：

（1）财务报表日后发生重大诉讼、仲裁、承诺。

（2）财务报表日后资产价格、税收政策、外汇汇率发生重大变化。

（3）财务报表日后因自然灾害导致资产发生重大损失。

（4）财务报表日后发行股票和债券以及其他巨额举债。

（5）财务报表日后资本公积转增资本。

（6）财务报表日后发生巨额亏损。

（7）财务报表日后发生企业合并或处置子公司。

（8）财务报表日后企业利润分配方案中拟分配的以及经审议批准宣告发放的股利或利润。

如图 6－1 所示，根据期后事项的上述定义，期后事项可以按时段划分为三个时段：第一个时段是财务报表日后至审计报告日，可以把在这一期间发生的事项称为“第一时段期后事项”；第二个时段是审计报告日后至财务报表报出日，可以把这一期间发现的事实称为“第二时段期后事项”；第三个时段是财务报表报出日后，我们可以把这一期间发现的事实称为“第三时段期后事项”。

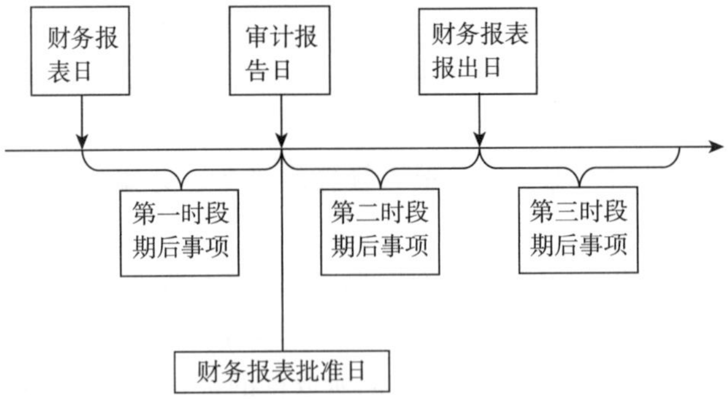

图 6－1

图 6－1 中，财务报表日是指财务报表涵盖的最近期间的截止日期；财务报表批准日是指构成整套财务报表的所有报表（包括相关附注）已编制完成，并且被审计单位的董事会、管理层或类似机构已经认可其对财务报表负责的日期；财务报表报出日是指审计报告和已审计财务报表提供给第三方的日期。按照《中国注册会计师审计准则第 1501 号——对财务报表形成审计意见和出具审计报告》的规定，审计报告日不应早于注册会计师获取充分、适当的审计证据（包括管理层认可对财务报表的责任且已批准财务报表的证据），并在此基础上对财务报表形成审计意见的日期。在实务中审计报告日与财务报表批准日通常是相同的日期。

二、财务报表日至审计报告日之间发生的事项

（一）主动识别第一时段期后事项

注册会计师应当设计和实施审计程序，获取充分、适当的审计证据，以确定所有在财务报表日至审计报告日之间发生的、需要在财务报表中调整或披露的事项均已得到识别。但是，注册会计师并不需要对之前已实施审计程序并已得出满意结论的事项执行追加的审计程序。

财务报表日至审计报告日之间发生的期后事项属于第一时段期后事项。对于这一时段的期后事项，注册会计师负有主动识别的义务，应当设计专门的审计程序来识别这些期后事项，并根据这些事项的性质判断其对财务报表的影响，进而确定是进行调整还是披露。

（二）用以识别期后事项的审计程序

注册会计师应当使审计程序能够涵盖财务报表日至审计报告日（或尽可能接近审计报告日）之间的期间。

通常情况下，针对期后事项的专门审计程序，其实施时间越接近审计报告日越好。越接近审计报告日，也就意味着离财务报表日越远，被审计单位这段时间内累积的对财务报表日已经存在的情况提供的进一步证据也就越多；越接近审计报告日，注册会计师遗漏期后事项的可能性也就越小。

在确定审计程序的性质和范围时，注册会计师应当考虑风险评估的结果。用以识别第一时段期后事项的审计程序通常包括：

（1）了解管理层为确保识别期后事项而建立的程序。

（2）询问管理层和治理层（如适用），确定是否已发生可能影响财务报表的期后事项。例如是否已发生新的承诺、借款或担保，是否计划出售或购置资产等。

（3）查阅被审计单位的所有者、管理层和治理层在财务报表日后举行会议的纪要。在不能获取会议纪要的情况下，询问此类会议讨论的事项。

（4）查阅被审计单位最近的中期财务报表（如有）。

除这些审计程序外，注册会计师可能认为实施下列一项或多项审计程序是必要和适当的：

（1）查阅被审计单位在财务报表日后最近期间内的预算、现金流量预测和其他相关的管理报告；

（2）就诉讼和索赔事项询问被审计单位的法律顾问，或者扩大之前口头或书面查询的范围；

（3）考虑是否有必要获取涵盖特定期后事项的书面声明以支持其他审计证据，从而获取充分、适当的审计证据。

（三）知悉对财务报表有重大影响的期后事项时的考虑

在实施上述审计程序后，如果注册会计师识别出对财务报表有重大影响的期后事项，应当确定这些事项是否按照适用的财务报告编制基础的规定在财务报表中得到恰当反映。

如果所知悉的期后事项属于调整事项，注册会计师应当考虑被审计单位是否已对财务报表作出适当的调整。如果所知悉的期后事项属于非调整事项，注册会计师应当考虑被审计单位是否在财务报表附注中予以充分披露。

三、注册会计师在审计报告日后至财务报表报出日前知悉的事实

（一）被动识别第二时段期后事项

在审计报告日后，注册会计师没有义务针对财务报表实施任何审计程序。审计报告日后至财务报表报出日前发现的事实属于“第二时段期后事项”，注册会计师针对被审计单位的审计业务已经结束，要识别可能存在的期后事项比较困难，因而无法承担主动识别第二时段期后事项的审计责任。但是，在这一阶段，被审计单位的财务报表并未报出，管理层有责任将发现的可能影响财务报表的事实告知注册会计师。当然，注册会计师还可能从媒体报道、举报信等途径获悉影响财务报表的期后事项。

（二）知悉第二时段期后事项时的考虑

在审计报告日后至财务报表报出日前，如果知悉了某事实，且若在审计报告日知悉可能导致修改审计报告，注册会计师应当与管理层和治理层（如适用）讨论该事项，确定财务报表是否需要修改。如果需要修改，询问管理层将如何在财务报表中处理该事项。

1. 管理层修改财务报表时的处理。如果管理层修改财务报表，注册会计师应当根据具体情况对有关修改实施必要的审计程序。同时，注册会计师应当将用以识别期后事项的上述审计程序延伸至新的审计报告日，并针对修改后的财务报表出具新的审计报告。新的审计报告日不应早于修改后的财务报表被批准的日期。此时，注册会计师需要获取充分、适当的审计证据，以验证管理层根据期后事项所作出的财务报表调整或披露是否符合适用的财务报告编制基础的规定。

特殊情况是，在有关法律法规或适用的财务报告编制基础未禁止的情况下，如果管理层对财务报表的修改仅限于反映导致修改的期后事项的影响，被审计单位的董事会、管理层或类似机构也仅对有关修改进行批准，注册会计师可以仅针对有关修改将用以识别期后事项的上述审计程序延伸至新的审计报告日。在这种情况下，注册会计师应当选用下列处理方式之一：

一是修改审计报告，针对财务报表修改部分增加补充报告日期，从而表明注

册会计师对期后事项实施的审计程序仅限于财务报表相关附注所述的修改。

在这种处理方式下，注册会计师修改审计报告，针对财务报表修改部分增加补充报告日期，而对管理层作出修改前的财务报表出具的原审计报告日期保持不变（双重报告日期），以告知财务报表使用者自原审计报告日之后实施的审计程序仅针对财务报表的后续修改。之所以这样处理是因为，原审计报告日期告知财务报表使用者针对该财务报表的审计工作何时完成；补充报告日期告知财务报表使用者自原审计报告日之后实施的审计程序仅针对财务报表的后续修改。有关补充报告日期的示例如下："除附注×所述事项的日期为［仅针对附注×所述修改的审计程序完成日期］之外，［原审计报告日］。"

例如：某公司原审计报告日是2010年3月15日。2010年3月22日，公司宣布出售一项重要的业务。管理层在财务报表中采用新附注（Y）描述该事项；2010年3月30日，注册会计师针对附注（Y）实施的工作已完成。为在审计报告上签署双重日期而将措辞修改为："除附注Y所述事项的日期为2010年3月30日之外，2010年3月15日。"

二是出具新的或经修改的审计报告，在强调事项段或其他事项段中说明注册会计师对期后事项实施的审计程序仅限于财务报表相关附注所述的修改。

2. 管理层不修改财务报表且审计报告未提交时的处理。如果认为管理层应当修改财务报表而没有修改，并且审计报告尚未提交给被审计单位，注册会计师应当按照《中国注册会计师审计准则第1502号——在审计报告中发表非无保留意见》的规定发表非无保留意见，然后再提交审计报告。

3. 管理层不修改财务报表且审计报告已提交时的处理。如果认为管理层应当修改财务报表而没有修改，并且审计报告已经提交给被审计单位，注册会计师应当通知管理层和治理层（除非治理层全部成员参与管理被审计单位）在财务报表作出必要修改前不要向第三方报出。如果财务报表在未经必要修改的情况下仍被报出，注册会计师应当采取适当措施，以设法防止财务报表使用者信赖该审计报告。例如，针对上市公司，注册会计师可以利用媒体等刊登必要的声明，防止使用者信赖审计报告。注册会计师采取的措施取决于自身的权利和义务以及所征询的法律意见。

四、注册会计师在财务报表报出日后知悉的事实

（一）没有义务识别第三时段的期后事项

财务报表报出日后知悉的事实属于第三时段期后事项，注册会计师没有义务针对财务报表实施任何审计程序。但是，并不排除注册会计师通过媒体等其他途径获悉可能对财务报表产生重大影响的期后事项的可能性。

（二）知悉第三时段期后事项时的考虑

在财务报表报出后，如果知悉了某事实，且若在审计报告日知悉可能导致修改审计报告，注册会计师应当与管理层和治理层（如适用）讨论该事项，确定财务报表是否需要修改。如果需要修改，询问管理层将如何在财务报表中处理该事项。

应当指出的是，注册会计师对第三时段期后事项采取行动有严格的限制，即在审计报告日已经存在的事实，并且该事实如果被注册会计师在审计报告日前获知，可能影响审计报告。

1. 管理层修改财务报表时的处理。如果管理层修改了财务报表，注册会计师应当采取如下必要的措施：

一是根据具体情况对有关修改实施必要的审计程序。例如，查阅法院判决文件、复核会计处理或披露事项，确定管理层对财务报表的修改是否恰当。

二是复核管理层采取的措施能否确保所有收到原财务报表和审计报告的人士了解这一情况。在修改了财务报表的情况下，管理层应当采取恰当措施（如上市公司可以在证券类报纸、网站刊登公告，重新公布财务报表和审计报告），让所有收到原财务报表和审计报告的人士了解这一情况。注册会计师需要对这些措施进行复核，判断它们是否能达到这样的目标。例如，上市公司管理层刊登公告的媒体是否是指定的媒体，若仅刊登在其注册地的媒体上则异地的使用者可能无法了解这一情况。

三是延伸实施审计程序，并针对修改后的财务报表出具新的审计报告。注册会计师应当将用以识别期后事项的上述审计程序延伸至新的审计报告日，并针对修改后的财务报表出具新的审计报告，新的审计报告日不应早于修改后的财务报表被批准的日期。

需要提醒的是，注册会计师应当在新的或经修改的审计报告中增加强调事项段或其他事项段，提醒财务报表使用者关注财务报表附注中有关修改原财务报表的详细原因和注册会计师提供的原审计报告。

2. 管理层未采取任何行动时的处理。如果管理层没有采取必要措施确保所有收到原财务报表的人士了解这一情况，也没有在注册会计师认为需要修改的情况下修改财务报表，注册会计师应当通知管理层和治理层（除非治理层全部成员参与管理被审计单位），注册会计师将设法防止财务报表使用者信赖该审计报告。

如果注册会计师已经通知管理层或治理层，而管理层或治理层没有采取必要措施，注册会计师应当采取适当措施，以设法防止财务报表使用者信赖该审计报告。注册会计师采取的措施取决于自身的权利和义务。因此，注册会计师可能认为寻求法律意见是适当的。表 6－1 列示了在确定期后事项是否存在且评估其影响时，注册会计师实施的审计程序。

表 6－1 针对期后事项实施的审计程序

程序	具体解释
识别期后事项	实施审计程序以识别任何需要在财务报表中调整或披露的期后事项，包括： • 了解管理层识别期后事项的程序（如存在）； • 向管理层或治理层询问： —是否已发生新的承诺、借款或担保； —是否已出售或购置资产，或者计划出售或购置资产； —是否已增加资本或发行债务工具； —是否已签订合并或清算协议； —资产是否已被政府征用或因不可抗力（如火灾或洪水）而遭受损失； —是否发生诉讼、索赔和偶然性事项； —是否已作出或考虑作出异常的会计调整； —是否已经发生或可能发生影响持续经营假设或其他会计政策适当性的事项； —是否已发生与财务报表中会计估计或准备计提相关的事项； —是否已发生与资产可回收性相关的事项。 • 查阅被审计单位的股东、管理层和治理层在财务报表日后举行会议的纪要，在不能获取会议纪要的情况下，询问此类会议讨论的事项； • 查阅管理层在期末之后编制的财务报告（如存在）
获取书面声明	考虑是否需要旨在支持其他审计证据的涵盖特定期后事项的书面声明，从而获取充分、适当的审计证据
注册会计师知悉的事实（审计报告日后至财务报表报出日前）	• 与管理层或治理层讨论该事项； • 确定财务报表是否需要修改，如果需要修改： —询问管理层将如何在财务报表中处理该事项； —实施任何必要的进一步审计程序； —针对修改后的财务报表出具新的审计报告。 • 如果管理层不修改财务报表，注册会计师将发表非无保留意见。 • 如果审计报告已经提交，通知管理层和治理层在财务报表作出必要修改前不要向第三方报出。 • 如果已经通知但财务报表仍被报出，注册会计师应当采取适当的行动（如征询法律顾问意见后）以防止财务报表使用者信赖该审计报告
注册会计师知悉的事实（财务报表报出后）	• 与管理层和治理层讨论该事项； • 确定财务报表是否需要修改，如果需要修改，询问管理层将如何在财务报表中处理该事项； • 如果管理层修改了财务报表： —延伸期后事项审计程序至新的审计报告日期，除非审计报告经修改增加一个限于特定修改的日期； —实施任何必要的进一步审计程序； —复核管理层采取的措施能否确保所有收到原财务报表和审计报告的人士了解这一情况； —针对修改的财务报表出具新的审计报告。 • 出具新的或经修改的包括强调事项段或其他事项段的审计报告。 如果管理没有采取措施确保所有收到原财务报表和审计报告的人士了解这一情况： —通知管理层（或和治理层），注册会计师将采取适当行动设法防止财务报表使用者信赖该审计报告； • 如果已经通知管理层而管理层没有采取必要措施，注册会计师应当采取适当的行动（如征询法律顾问意见）以防止财务报表使用者信赖审计报告

第三节　评价和更正审计过程中识别出的错报

一、错报的沟通和更正

（一）错报的沟通

对于已发现的错报，除非法律法规禁止，注册会计师应当及时与适当层级的管理层进行沟通，要求管理层更正这些错报。如果管理层拒绝更正沟通的部分或全部错报，注册会计师应当了解管理层不更正错报的理由，并在评价财务报表整体是否不存在重大错报时考虑该理由。

及时与适当层级的管理层沟通错报事项是重要的，因为这能使管理层评价这些事项是否为错报，并采取必要行动，如有异议则告知注册会计师。适当层级的管理层通常是指有责任和权限对错报进行评价并采取必要行动的人员。

法律法规可能限制注册会计师向管理层或被审计单位内部的其他人员通报某些错报。例如，法律法规可能专门规定禁止通报某事项或采取其他行动，这些通报或行动可能不利于有关权力机构对实际存在的或怀疑存在的违法行为展开调查。在某些情况下，注册会计师的保密义务与通报义务之间存在的潜在冲突可能很复杂。此时，注册会计师可以考虑征询法律意见。

管理层更正所有错报（包括注册会计师通报的错报），能够保持会计账簿和记录的准确性，降低由于与本期相关的、非重大的且尚未更正的错报的累积影响而导致未来期间财务报表出现重大错报的风险。

注册会计师应当评价财务报表是否在所有重大方面按照适用的财务报告编制基础编制。这项评价包括考虑被审计单位会计实务的质量（包括表明管理层的判断可能出现偏向的迹象）。注册会计师对管理层不更正错报的理由的理解，可能影响其对被审计单位会计实务质量的考虑。表 6－2 列示了应对错报的步骤。

表 6－2　　应对错报的步骤

应对已识别的错报	
重新评价重要性	根据实际财务结果，在评价未更正错报的影响之前，考虑是否有必要修改整体重要性

续表

应对已识别的错报	
考虑原因及其对审计计划的影响	考虑审计中已识别错报产生的原因，包括： • 潜在的舞弊迹象； • 可能存在其他错报； • 存在未识别的风险； • 内部控制存在重大缺陷。 根据上述所发现的情况，确定是否有必要修改总体审计策略和具体审计计划。当存在下列情况时，有必要予以修改： • 可能存在其他错报，该错报与审计过程中累积的错报汇总后是重大的； • 审计过程中累积的错报汇总后接近重要性水平
要求管理层作出更正	要求管理层更正所有已识别错报，除非那些错报明显微小
要求管理层执行额外程序	如果总体中错报的确切金额是未知的（例如，对在审计样本中识别出的错报进行推断），应要求管理层执行程序，以确定实际错报金额，然后对财务报表作出适当的调整。如果出现这种情况，注册会计师有必要执行追加审计程序，以确定是否依然存在错报
管理层拒绝更正部分或全部错报	如果管理层拒绝更正部分或全部错报： • 了解管理层不更正错报的理由，并在评价财务报表整体是否不存在重大错报时考虑该理由； • 与治理层讨论未更正错报及其对审计意见的影响（除非法律法规禁止）； • 要求治理层更正管理层未更正的错报

（二）错报的更正

未更正错报，是指注册会计师在审计过程中累积的且被审计单位未予更正的错报。

注册会计师应当确定未更正错报单独或汇总起来是否重大。在确定时，注册会计师应当考虑：（1）相对于特定类别的交易、账户余额或披露以及财务报表整体而言，错报的金额和性质以及错报发生的特定环境；（2）与以前期间相关的未更正错报对相关类别的交易、账户余额或披露以及财务报表整体的影响。

注册会计师需要考虑每一单项错报，以评价其对相关类别的交易、账户余额或披露的影响，包括评价该项错报是否超过特定类别的交易、账户余额或披露的重要性水平（如适用）。

如果注册会计师认为某一单项错报是重大的，则该项错报不太可能被其他错报抵消。例如，如果收入存在重大高估，即使这项错报对收益的影响完全可被相同金额的费用高估所抵消，注册会计师仍认为财务报表整体存在重大错报。举例予以说明。假设财务报表整体的重要性为100万元，注册会计师发现了一笔营业收入的错报，由于被审计单位的毛利较低，该笔收入对税前利润的影响为30万元，远远小于财务报表整体的重要性，但对营业收入的错报占全年营业收入的5%，注册会计师认为该项错报对营业收入的影响重大，因此仍认为该错报是重大的。

确定一项分类错报是否重大，需要进行定性评估。例如，分类错报对负债或其他合同条款的影响，对单个财务报表项目或小计数的影响，以及对关键比率的影响。即使分类错报超过了在评价其他错报时运用的重要性水平，注册会计师可能仍然认为该分类错报对财务报表整体不产生重大影响。例如，如果资产负债表项目之间的分类错报金额相对于所影响的资产负债表项目金额较小，并且对利润表或所有关键比率不产生影响，注册会计师可以认为这种分类错报对财务报表整体不产生重大影响。

通常情况下，与分类相关的错报的严重程度以下列所列顺序递增：

1. 资产负债表的分类错报。

（1）流动资产与流动资产之间的分类或流动负债与流动负债之间的分类；

（2）流动资产与非流动资产之间的分类或流动负债与非流动负债之间的分类；

（3）负债与权益之间的分类。

2. 利润表的分类错报。

（1）费用与费用之间的分类；

（2）成本与费用之间的分类；

（3）营业收入与营业外收入之间的分类。

表6－3列示了注册会计师评估重大错报应当考虑的因素。

表6－3　　评估重大错报应当考虑的因素

评估重大错报应当考虑的因素	
是否存在重大错报？	错报的规模和性质，涉及： • 财务报表总体； • 特定类别的交易、账户余额和披露； • 错报发生的特定环境
	判断或统计测试的固有限制。总有错报未被发现的可能性
	累积的未更正错报水平与重要性水平的接近程度如何，重大错报风险随累积错报金额接近重要性水平而增加
	当相对小额的错报能够对财务报表产生重大影响时，考虑舞弊的可能性
	与前期相关的未更正错报的影响

即使某些错报低于财务报表整体的重要性，但因与这些错报相关的某些情况，在将其单独或连同在审计过程中累积的其他错报一并考虑时，注册会计师也可能将这些错报评价为重大错报。

可能影响评价的情况包括：

（1）错报对遵守监管要求的影响程度。

（2）错报对遵守债务合同或其他合同条款的影响程度。

（3）错报与会计政策的不正确选择或运用相关，这些会计政策的不正确选择或运用对当期财务报表不产生重大影响，但可能对未来期间财务报表产生重大影响。

（4）错报掩盖收益的变化或其他趋势的程度（尤其是在结合宏观经济背景和行业状况进行考虑时）。

（5）错报对用于评价被审计单位财务状况、经营成果或现金流量的有关比率的影响程度。

（6）错报对财务报表中列报的分部信息的影响程度。例如，错报事项对某一分部或对被审计单位的经营或盈利能力有重大影响的其他组成部分的重要程度。

（7）错报对增加管理层薪酬的影响程度。例如，管理层通过达到有关奖金或其他激励政策规定的要求以增加薪酬。

（8）相对于注册会计师所了解的以前向财务报表使用者传达的信息（如盈利预测），错报是重大的。

（9）错报对涉及特定机构或人员的项目的相关程度。例如，与被审计单位发生交易的外部机构或人员是否与管理层成员有关联关系。

（10）错报涉及对某些信息的遗漏，尽管适用的财务报告编制基础未对这些信息作出明确规定，但是注册会计师根据职业判断认为这些信息对财务报表使用者了解被审计单位的财务状况、经营成果或现金流量是重要的。

（11）错报对其他信息（如包含在“管理层讨论与分析”或“经营与财务回顾”中的信息）的影响程度，这些信息与已审计财务报表一同披露，并被合理预期可能影响财务报表使用者作出的经济决策。

表 6－4 列示了有些错报即使低于整体重要性，也可能被评价为重大错报。

表 6－4　　低于整体重要性的重大错报举例

错　报	说　明
影响遵循性	没有遵循监管要求、债务契约或其他合同要求
掩饰趋势的改变	例如，收益或其他趋势的改变，尤其是与总体经济和行业状况相关的改变
提高管理层报酬	错报将确保奖金或其他报酬激励要求能够得到满足

续表

错　报	说　明
影响其他方	例如，第三方或关联方
影响报表使用者的理解	漏报的信息虽然不是特别要求的，但根据注册会计师的判断，对使用者了解被审计单位的财务状况、经营成果和现金流量是重要的
现在不重要，但将来重要	会计政策的不当选择或运用，对当期财务报表产生的影响不重大，但对未来期间财务报表产生的影响可能是重大的
银行契约	如果相对小额的错报将导致违反银行或贷款契约，这样的小额错报能被认为是非常重大的
影响业绩比率	影响用于评价被审计单位财务状况、经营结果和现金流量的比率

二、评价当年和以前年度未更正错报的影响

注册会计师应当考虑与以前期间相关的未更正错报对相关类别的交易、账户余额或披露以及财务报表整体的影响。与以前期间相关的非重大未更正错报的累积影响，可能对本期财务报表产生重大影响。有多种可接受的方法供注册会计师评价这些未更正错报对本期财务报表的影响。以下对实务中常见的两种评价以前年度未更正错报对当期财务报表影响的方法进行说明。

方法一：铁幕法（Iron Curtain Method）。

采用铁幕法时，不以上年年末的累计未更正错报冲抵本年末的累计未更正错报，所有累计的以前年度的未更正错报全部调整至当期财务报表。即一旦以前年度作出不予更正的决定，即对以前年度的未更正错报“既往不咎”，因此称为“铁幕法”。

以下举例说明如何运用铁幕法评估当年及以前年度未更正错报的影响：

例 1：2006～2010 年期间，被审计单位每年多预提费用 20 万元，截至 2010 年 12 月 31 日，累计多预提费用 100 万元，2006～2009 年期间，注册会计师认为该错报不重大，列入未更正错报。如采用铁幕法，2010 年度审计中针对该项错报的调整分录为：

借：预提费用　　　　1 000 000

　　贷：经营费用　　　　1 000 000

例 2：注册会计师发现被审计单位 2010 年末存在收入截止错误，2011 年度的服务收入 50 万元提前计入 2010 年度，导致 2010 年度收入高估 50 万元。2009 年度审计中也发现类似截止错误，2010 年度的服务收入 110 万元提前计入 2009 年度。上述错报合计导致被审计单位 2010 年 12 月 31 日的应收账款高估 50 万

元。2009年度审计中，注册会计师认为：截止错误110万元不重大，列入未更正错报。如采用铁幕法，2010年度审计中针对该项错报的调整分录为：

借：营业收入　　500 000

　　贷：应收账款　　500 000

上述两个例子说明：在铁幕法下，注册会计师对资产负债表一方累计余额存在的错报作出调整，其对应科目为本年度利润表科目，不调整期初未分配利润。

方法二：结转法（Rollover Method）。

采用结转法时，将以前年度产生而延续到本年度的错报从本年年末累计影响中扣除，即将累计的错报区分为以前年度产生的错报（调整期初未分配利润）和本年度产生的错报（调整当期利润表）。

以下使用上述两个例子，说明如何运用结转法评估当年及以前年度未更正错报的影响：

例1：2006～2010年期间，被审计单位每年多预提费用20万元，截至2010年12月31日，累计多预提费用100万元，2006～2009年期间，注册会计师认为该错报不重大，列入未更正错报。如采用结转法，2010年度审计中针对该项错报的调整分录为：

借：预提费用　　1 000 000

　　贷：经营费用　　200 000

　　　　期初未分配利润　　800 000

例2：注册会计师发现被审计单位2010年末存在收入截止错误，2011年度的服务收入50万元提前计入2010年度，导致2010年度收入高估50万元。2009年度审计中也发现类似截止错误，2010年度的服务收入110万元提前计入2009年度。上述错报合计导致被审计单位2010年度的营业收入低估60万元（110万元－50万元）。2009年度审计中，注册会计师认为：截止错误110万元不重大，列入未更正错报。如采用结转法，2010年度审计中针对该错报的调整分录为：

借：期初未分配利润　　1 100 000

　　贷：应收账款　　500 000

　　　　营业收入　　600 000

决定选用上述哪一种方法需要注册会计师作出职业判断。通常情况下，注册会计师需要在不同的期间采用同一种方法，以便保持一致性。

美国证券交易委员会（SEC）于2006年发布员工会计公告第108号（Staff Accounting Bulletin No. 108），对上述两种方法作出说明和提示，并要求所有上市实体的管理层和注册会计师应当同时采用两种方法评价以前年度未更正错报的影响。如果在任一方法下，错报被评估为重大，被审计单位就应当作出调整。

三、可容忍错报与实际执行的重要性的关系

可容忍错报，是指注册会计师设定的某一金额，注册会计师试图对总体中的实际错报不超过该金额获取适当水平的保证。

在审计抽样时，注册会计师需要确定可容忍错报，以应对单个非重大错报的汇总数可能导致财务报表存在重大错报的风险，并为可能未发现的潜在错报留出余地。可容忍错报是将实际执行的重要性运用到特定抽样程序。可容忍错报可能等于或低于实际执行的重要性。

我们可以将财务报表整体的重要性理解为财务报表整体的可容忍错报，即注册会计师预期财务报表使用者可以容忍金额低于整体重要性的错报而不致影响其经济决策。

实务中，可容忍错报这一概念主要运用于交易或账户层面的审计抽样。注册会计师选取测试项目的方法包括：（1）选取所有项目（100%检查）；（2）选取特定项目；（3）审计抽样。方法（1）和方法（2）不存在“可容忍错报”，原因是通过（1）和（2）识别的是明确的具体的事实错报或判断错报，并非推断错报，注册会计师足以根据测试结果要求管理层作出调整。方法（3）识别出的错报是推断错报，该推断可能并不足以确定应调整的确切金额。注册会计师为审计抽样预先设定可容忍错报，如果推断错报（假设不存在异常错报）的金额低于可容忍错报，则注册会计师通常可以认为对象总体中可能包含的实际错报在可接受范围之内（即不会导致重大错报），继而将推断错报作为未更正错报处理（高于明显微小错报的临界值）或忽略（低于明显微小错报的临界值）。如果测试结果显示推断错报金额超过可容忍错报，说明总体中可能包含的实际错报超出注册会计师可以接受的范围，注册会计师通常要求被审计单位管理层对测试对象总体进行检查和调整，并再次对更正后的对象总体进行审计抽样，直至推断错报金额低于可容忍错报。

同时，注册会计师还需要考虑推断错报、可容忍错报和预期错报之间的关系。预期错报是注册会计师根据以往审计中发现的错报以及对重大错报风险的评估结果估计对象总体中可能存在的错报金额。如果预期错报接近或超过可容忍错报，往往表明审计抽样并非合适的选取测试项目的方法，注册会计师需要采用其他选取样本的方法。如果推断错报高于确定样本规模是使用的预期错报，注册会计师可能认为总体包含的错报超过可容忍错报的抽样风险是不可接受的。

可容忍错报可以等于或低于实际执行的重要性，大于明显微小错报的临界值。可容忍错报与审计抽样的样本规模呈反向关系，即可容忍错报越低，样本规模越大。注册会计师根据需要获得的保证程度及可以接受的抽样风险水平确定可容忍错报的金额。

四、汇总审计中的错报

在完成控制测试和实质性程序后，注册会计师需要对审计过程中发现并累积的错报进行汇总，并要求被审计单位进行调整。所有累积的错报或者得到调整反映在经审计的财务报表中，或者成为未更正错报。为了在工作底稿中体现调整过程，注册会计师通常会编制错报汇总表（或称建议审计调整汇总表）、试算平衡调节表和未更正错报汇总表。

（一）错报汇总表

错报汇总表用以汇总审计过程中累积的所有错报，该表用于汇总审计过程中累积的各类错报，包括事实错报、判断错报和推断错报，该表通常包括对错报较为详细的描述，以及与相关工作底稿的交叉索引。错报汇总表如表6－5所示。

表6－5　　错报汇总表

序号	内容及说明	索引号	调整内容				是否沟通（是/否）	是否调整（是/否）
			借方项目	借方金额	贷方项目	贷方金额		

（二）试算平衡调节表

试算平衡调节表体现“未审计财务报表＋已调整错报＝已审计财务报表”的调节过程，是注册会计师在被审计单位未审财务报表的基础上，加上被审计单位同意调整的错报，从而确定已审数的表式。格式如表6－6所示。

表6－6　　试算平衡调节表

项　目	未审数	调整	调整	调整	调整	调整	调整	审定数
		序号	序号	序号	序号	序号	序号	
资产负债表								
货币资金								

续表

项目	未审数	调整	调整	调整	调整	调整	调整	审定数
		序号	序号	序号	序号	序号	序号	
交易性金融资产								
应收票据								
应收账款								
预付款项								
应收利息								
应收股利								
其他应收款								
存货								
一年内到期的非流动资产								
其他流动资产								
可供出售金融资产								
持有至到期投资								
长期应收款								
长期股权投资								
投资性房地产								
固定资产								
在建工程								
工程物资								
固定资产清理								
无形资产								
开发支出								
商誉								
长期待摊费用								
递延所得税资产								
其他非流动资产								
短期借款								
交易性金融负债								
应付票据								
应付账款								
预收款项								
应付职工薪酬								
应交税费								

续表

项目	未审数	调整序号	调整序号	调整序号	调整序号	调整序号	调整序号	审定数
应付利息								
应付股利								
其他应付款								
一年内到期的非流动负债								
其他流动负债								
长期借款								
应付债券								
长期应付款								
专项应付款								
预计负债								
递延所得税负债								
其他非流动负债								
实收资本（或股本）								
资本公积								
盈余公积								
未分配利润								
利润表								
营业收入								
减：营业成本								
营业税金及附加								
销售费用								
管理费用								
财务费用								
资产减值损失								
加：公允价值变动损益								
投资收益								
营业利润								
加：营业外收入								
减：营业外支出								
利润总额								
减：所得税费用								
净利润								

在使用表 6－5 和 6－6 时，注册会计师还应当考虑是否在审计中发现与披露有关的错报，这些错报也应当汇总并予以考虑。

（三）未更正错报汇总表

未更正错报包括所有已累积但未调整的错报，未更正错报汇总表包括了错报汇总表中未纳入试算平衡调节表（即未调整）的错报项目。表 6－7 是一张未更正错报汇总表。

表 6－7　　未更正错报汇总表

序号	内容及说明	索引号	未调整内容				备注
			借方项目	借方金额	贷方项目	贷方金额	

关于披露的未更正错报：

1. 遗漏的披露：
2. 错误的披露：

未更正错报的影响：

	项目	金额	百分比
1. 流动资产			
2. 非流动资产			
3. 总资产	______	______	______
4. 流动负债			
5. 非流动负债			
6. 净资产/股东（所有者）权益	______	______	______
7. 销售收入	______	______	______
8. 成本/费用总额	______	______	______
9. 利润总额	______	______	______
10. 所得税			
11. 净利润	______	______	______
	______	______	______

结论：

第四节 完成审计工作

一、评价列报和披露的合理性

（一）评价列报和披露的内容

注册会计师应当实施审计程序，评价财务报表的总体列报与相关披露是否符合适用的财务报告编制基础的规定。

注册会计师应当依据适用的财务报告编制基础特别评价下列内容：

（1）财务报表是否充分披露了选择和运用的重要会计政策；

（2）选择和运用的会计政策是否符合适用的财务报告编制基础，并适合被审计单位的具体情况；

（3）管理层作出的会计估计是否合理；

（4）财务报表列报的信息是否具有相关性、可靠性、可比性和可理解性；

（5）财务报表是否作出充分披露，使财务报表预期使用者能够理解重大交易和事项对财务报表所传递的信息的影响；

（6）财务报表使用的术语（包括每一财务报表的标题）是否适当。

其中第（1）、（4）、（5）和（6）均与财务报表的列报和披露相关。

（二）针对财务报表列报和披露的审计程序

在审计实务中，对于与列报和披露相关的认定，注册会计师通常不会在对个别财务报表项目实施控制测试和实质性程序的时候进行测试，而是对管理层编制的完整的财务报表（包括财务报表主表和附注）一并进行测试，以获取关于列报和披露认定的审计证据。

针对列报和披露获取审计证据的审计程序主要包括下列两类：

一是将财务报表（包括财务报表附注）中的信息与被审计单位的会计记录和其他记录进行核对，检查其计算是否准确，数据和内容是否一致，内部勾稽关系是否正确，并与审计工作底稿中的相关信息进行核对。

在实施该程序时，需要注意有一部分披露事项可能尚未在关于财务报表项目的审计程序中涉及，需要注册会计师另行实施专门的程序以获取证据，例如：融资租赁和重大经营租赁在后续会计年度的最低付款额、或有事项、承诺事项等。

二是检查财务报表的列报和披露是否符合适用的财务报告编制基础的规定。

注册会计师可以考虑采用财务报表列报与披露检查表对财务报表（包括财务报表附注）与适用的财务报告编制基础的披露要求进行核对。

注册会计师需要检查财务报表是否符合列报与披露的基本要求，例如财务报表的构成要素、财务报表项目的名称、分类与排列顺序，与上期列报的一致性，是否列报比较信息，是否列报合并报表等。

适用的财务报表披露要求通常可以分为下列几种类型：

（1）通常需要披露的事项。

例如企业的基本情况、财务报表编制基础、遵循适用的财务报告编制基础的声明、重要会计政策、重要会计估计、财务报表主要项目的重要信息、关联方关系和交易、或有事项、资产负债表日后事项、金融工具等。

（2）特殊情况下需要披露的事项。

例如会计政策、会计估计变更和差错更正，持续经营的重大不确定性，非货币性资产交换，股份支付，债务重组等。

（3）上市公司需要额外披露的事项。

对于在上海证券交易所和深圳证券交易所上市的公司，按照规定披露上市公司需要额外披露的事项。

对于注册在中国内地并且在香港上市的 H 股上市公司，除了企业会计准则的披露要求外，还需要符合香港《公司条例》和香港联合交易所《上市规则》中对于 H 股上市公司的披露要求。

（三）对披露错报的处理

实务中，注册会计师可能往往更为关注财务报表主表中的金额错报，而相对忽视了披露错报对审计证据和审计结论的影响。

错报的定义明确指出，错报包括财务报表的列报或披露与按照适用的财务报告编制基础应当列示的列报或披露之间存在的差异。与财务报表列报和披露相关的错报通常主要体现为漏报（应披露未披露）、叙述性披露错报或定量披露错报。

如果注册会计师发现财务报表的列报和披露存在不符合适用的财务报告编制基础的情况，应当采取恰当的措施，包括和管理层沟通，要求其更正错报、评价未更正错报的影响及获取书面声明等。

1. 披露错报构成重大错报且管理层拒绝更正。如果注册会计师认为披露错报构成重大错报，而管理层拒绝作出更正，注册会计师应当对财务报表发表保留意见或否定意见。

如果财务报表中存在与叙述性披露相关的重大错报，注册会计师应当在导致非无保留意见的事项段中解释该错报错在何处。

如果财务报表中存在与应披露而未披露信息相关的重大错报，注册会计师应当与治理层讨论未披露信息的情况，在导致非无保留意见的事项段中描述未披露信息的性质。如果可行并且已针对未披露信息获取了充分、适当的审计证据，在导致非无保留意见的事项段中包含对未披露信息的披露（除非法律法规禁止）。

2. 未更正的披露错报不重大但并非明显微小。如果注册会计师认为未更正的披露错报不构成重大错报，但也并非明显微小，则注册会计师需要将这些披露错报作为未更正错报处理，在取得管理层的书面声明时，需要将这些披露错报包括在未更正错报概要中，作为书面声明的一部分或附件。

二、实施总体分析程序

在临近审计结束时，注册会计师应当设计和实施分析程序，帮助其对财务报表形成总体结论，以确定财务报表是否与其对被审计单位的了解一致。执行最终分析程序的目标是：识别以前未确认的重大错报风险，确保在审计过程中就财务报表各个组成部分或各个要素形成的结论能被验证，有助于对财务报表的合理性形成总体结论。

实施总体分析程序的结果可能有助于注册会计师识别出以前未识别的重大错报风险。在这种情况下，注册会计师应当修正重大错报风险的评估结果，并相应修改原计划实施的进一步审计程序。

注册会计师需要从实施总体分析程序的结果中得出下列结论：

（1）所有与预期之间的重大差异和其他异常项目已得到充分解释；

（2）注册会计师对财务报表及其各项目之间的内在关系有充分全面的了解；

（3）基于执行审计工作的结果、被审计单位的经营情况以及注册会计师对被审计单位及其行业的了解，财务报表的整体列报是合理的。

实施总体分析程序的目的并非是对重要账户获取补充审计证据，因此，不需要达到实质性分析程序的精确程度。实施总体分析程序时，一般侧重于分析财务报表整体的列报，而不需要具体分析其中的每个项目。注册会计师可以选取财务报表中的关键项目、关键趋势和关键财务比率实施分析，以确认财务报表中包含的认定是否与注册会计师对被审计单位的了解相符。总体分析程序通常由审计项目组中级别较高、经验较丰富的成员负责实施。

实施总体分析程序的过程和步骤与实质性分析程序类似，主要包括下列内容：

1. 建立预期值。在实施总体分析程序时，注册会计师以已执行的审计工作为基础建立预期，评估财务报表的列报是否恰当。因此，实施该程序的重点是识别财务报表整体是否存在异常的关系或余额。

2. 评估信息的可靠性。注册会计师在为实施分析程序形成预期时也需要评估所获取信息的可靠性。例如，如果采用被审计单位本年度已审计的资产负债表和利润表，需要将报表与试算平衡调节表（即试算平衡表的未审数和已审数之间的调节表）核对一致。

3. 确定重大差异临界值。总体分析程序有助于注册会计师评价所取得的审计证据是否充分、适当以及评价财务报表的整体列报是否公允。在作出这种评价的过程中，注册会计师需要考虑财务报表整体的重要性和实际执行的重要性、实施审计程序的结果以及该审计项目的重大错报风险，以确定需要进一步调查的重大差异（实际值和预期值之间的差异）临界值。由于需要实现的目标不同，精确程度不同，总体分析程序确定的临界值通常高于实质性分析程序确定的临界值。

在实施总体分析程序时，对临界值的考虑可以通过在底稿中增加“异常或超出预期”栏得到体现，注册会计师可以在该栏中标识出识别的异常或超出预期的情况。对异常或超出预期的情况的解释应当足以使独立于该审计项目的有经验的注册会计师了解所得出结论的依据。

4. 考虑分析程序的结果。在调查通过总体分析程序识别出的异常情况和差异时，注册会计师需要评价已执行的审计工作是否能够就财务报表是否得到公允反映以及财务报表是否恰当反映被审计单位的经营成果提供足够的保证。如果认为有必要获得补充的保证，注册会计师就需要实施进一步的测试。

如果通过实施总体分析程序识别出之前未识别的重大错报风险，注册会计师可能需要根据对部分或全部交易类别、账户余额或披露及其相关认定的修正的风险评估结果，重新审视已实施的审计程序。这可能导致实施进一步的控制测试或实质性程序。

由于两者通常都在财务报表企业层面实施，总体分析程序可能与风险评估分析程序较为类似。

如果通过实施分析程序，识别出与其他相关信息不一致的波动或关系，或与预期值差异重大的波动或关系，注册会计师应当采取下列措施调查这些差异：一是询问管理层，并针对管理层的答复获取适当的审计证据；二是根据具体情况在必要时实施其他审计程序。

在考虑对被审计单位及其环境的了解以及在审计过程中获取的其他审计证据后，注册会计师可以通过评价管理层的答复，获取与答复相关的审计证据。如果管理层不能提供解释，或者注册会计师认为管理层的解释不充分，则注册会计师可能需要实施其他审计程序。

对通过总体分析程序识别出的异常或超出预期的差异进行调查时，首先要确定是否已经对这些异常或超出预期的余额或关系执行了必要的审计工作。如果某一个重大差异的重要部分无法通过已执行的审计工作得到解释，注册会计师就需要实施追加的审计程序。

注册会计师一般不需要对没有识别出“异常或超出预期”的情况作出进一步解释，但是可以选择对特别重大的金额作一些注释，这样可以协助负责复核的人员更清晰地了解得出“不存在异常或超出预期的情况”这一结论的依据。

在实施总体分析程序时，注册会计师要适当摆脱对细节问题的追究，以整个行业、同类企业、企业自身的发展历史、审计测试的结果以及以往的审计经验为参照，客观全面地审视财务报表所体现的总体关系和趋势是否合理。注册会计师可能会发现虽然个别重大差异能够通过审计工作得到解释，但是财务报表整体的趋势和关系显得异常（例如被审计单位的经营业绩明显好于行业平均水平）。在这种情况下，财务报表可能存在错报，或者财务报表本身是正确的但其异常情况显示被审计单位的经营存在潜在问题。注册会计师需要考虑是否有必要实施追加审计程序。

注册会计师需要在审计工作底稿中记录下列与总体分析程序有关的内容：（1）对分析中使用数据的可靠性的评估；（2）对财务报表中的金额、趋势和财务比率作出的相关定性和定量分析；（3）识别与审计工作结果不一致的趋势和比率；（4）对不符事项的调查结果及结论。

第五节　书面声明

一、书面声明的含义

书面声明，是指管理层向注册会计师提供的书面陈述，用以确认某些事项或支持其他审计证据。书面声明不包括财务报表及其认定，以及支持性账簿和相关记录。在本节中单独提及管理层时，应当理解为管理层和治理层（如适用）。管理层负责按照适用的财务报告编制基础编制财务报表并使其实现公允反映。

书面声明是注册会计师在财务报表审计中需要获取的必要信息，是审计证据的重要来源。如果管理层修改书面声明的内容或不提供注册会计师要求的书面声明，可能使注册会计师警觉存在重大问题的可能性。而且，在很多情况下，要求管理层提供书面声明而非口头声明，可以促使管理层更加认真地考虑声明所涉及的事项，从而提高声明的质量。

尽管书面声明提供必要的审计证据，但其本身并不为所涉及的任何事项提供充分、适当的审计证据。而且，管理层已提供可靠书面声明的事实，并不影响注册会计师就管理层责任履行情况或具体认定获取的其他审计证据的性质和范围。

二、书面声明的内容

（一）针对管理层责任的书面声明

针对财务报表的编制，注册会计师应当要求管理层提供书面声明，确认其根据审计业务约定条款，履行了按照适用的财务报告编制基础编制财务报表并使其实现公允反映的责任。

针对提供的信息和交易的完整性，注册会计师应当要求管理层就下列事项提供书面声明：（1）按照审计业务约定条款，已向注册会计师提供所有相关信息，并允许注册会计师不受限制地接触所有相关信息以及被审计单位内部人员和其他相关人员；（2）所有交易均已记录并反映在财务报表中。

如果未从管理层获取其确认已履行的责任，注册会计师在审计过程中获取的有关管理层已履行这些责任的其他审计证据是不充分的。这是因为，仅凭其他审计证据不能判断管理层是否在认可并理解其责任的基础上，编制和列报财务报表并向注册会计师提供了相关信息。例如，如果未向管理层询问其是否提供了审计业务约定条款中要求提供的所有相关信息，也没有获得管理层的确认，注册会计师就不能认为管理层已提供了这些信息。

上述书面声明，基于管理层认可并理解在审计业务约定条款中提及的管理层的责任，注册会计师要求管理层通过声明确认其已履行这些责任。注册会计师可能还要求管理层在书面声明中再次确认其对自身责任的认可与理解。当存在下列情况时，这种确认尤为适当：

（1）代表被审计单位签订审计业务约定条款的人员不再承担相关责任；

（2）审计业务约定条款是在以前年度签订的；

（3）有迹象表明管理层误解了其责任；

（4）情况的改变需要管理层再次确认其责任。

当然，再次确认管理层对自身责任的认可与理解，并不限于管理层已知的全部事项。

（二）其他书面声明

除《中国注册会计师审计准则第 1341 号——书面声明》和其他审计准则要求的书面声明外，如果注册会计师认为有必要获取一项或多项其他书面声明，以支持与财务报表或一项或多项具体认定相关的其他审计证据，注册会计师应当要求管理层提供这些书面声明。

1. 关于财务报表的额外书面声明。除了针对财务报表的编制，注册会计师应当要求管理层提供基本书面声明以确认其履行了责任外，注册会计师可能认为有必要获取有关财务报表的其他书面声明。其他书面声明可能是对基本书面声明的补充，但不构成其组成部分。其他书面声明可能包括针对下列事项作出的声明：

（1）会计政策的选择和运用是否适当；

（2）是否按照适用的财务报告编制基础对下列事项（如相关）进行了确认、计量、列报或披露：

①可能影响资产和负债账面价值或分类的计划或意图；

②负债（包括实际负债和或有负债）；

③资产的所有权或控制权，资产的留置权或其他物权，用于担保的抵押资产；

④可能影响财务报表的法律法规及合同（包括违反法律法规及合同的行为）。

2. 与向注册会计师提供信息有关的额外书面声明。除了针对管理层提供的信息和交易的完整性的书面声明外，注册会计师可能认为有必要要求管理层提供书面声明，确认其已将注意到的所有内部控制缺陷向注册会计师通报。

3. 关于特定认定的书面声明。在获取有关管理层的判断和意图的证据时，或者在对判断和意图进行评价时，注册会计师可能考虑下列一项或多项事项：

（1）被审计单位以前对声明的意图的实际实施情况；

（2）被审计单位选取特定措施的理由；

（3）被审计单位实施特定措施的能力；

（4）是否存在审计过程中已获取的、可能与管理层判断或意图不一致的任何其他信息。

此外，注册会计师可能认为有必要要求管理层提供有关财务报表特定认定的书面声明，尤其是支持注册会计师就管理层的判断或意图或者完整性认定从其他审计证据中获取的了解。例如，如果管理层的意图对投资的计价基础非常重要，但若不能从管理层获取有关该项投资意图的书面声明，注册会计师就不可能获取充分、适当的审计证据。尽管这些书面声明能够提供必要的审计证据，但其本身并不能为财务报表特定认定提供充分、适当的审计证据。另外，为了获取所要求的书面声明，注册会计师可能需要就有关事项向管理层沟通。例如，审计准则要求注册会计师应当累积审计过程中识别出的错报，除非错报明显微小。注册会计师需要确定临界值，高于临界值的错报不能被视作是明显微小的错报。为了获取所要求的书面声明，注册会计师可能认为需要向管理层通报临界值。

表 6－8 和表 6－9 列举了书面声明针对的事项。

表 6－8　　书面声明针对的事项

	书面声明针对的事项
管理层的责任	• 已履行按照适用的财务报告编制基础（包括与之相关的公允反映，如审计业务约定中列明的要求）编制财务报表的责任以及向注册会计师提供信息的完整性的责任。 • 在某些情况下（如其他方也同意的审计业务约定条款），也可能要求管理层在书面声明中重新确认他们对这些责任的认可和理解
	按照审计业务约定条款，向注册会计师提供了所有相关信息，并允许注册会计师不受限制地接触所有相关信息，以及认为必要的内部人员和其他相关人员
	在会计记录中记录了所有交易，并在财务报表中反映了这些交易

表 6-9　书面声明针对的事项

	书面声明针对的事项
特定声明	会计政策的选择和应用是适当的，并遵循了适用的财务报告编制基础
	根据适用的财务报告编制基础（如果下列事项相关），下列事项已按照该基础进行了确认、计量、列报或披露： • 可能影响资产和负债的账面价值或分类的计划或意图； • 实际负债和或有负债； • 资产的所有权或控制权； • 资产的留置权或抵押权以及已作抵押的资产； • 可能影响财务报表的法律、法规以及合同协议，包括没有遵循的情况
	向管理层沟通已知的所有内部控制缺陷
	向被审计单位沟通选择采取特定行动的所有原因
	与［特定事项］相关的意图如下：［描述被审计单位的计划或意图］

三、书面声明的日期和涵盖的期间

书面声明的日期应当尽量接近对财务报表出具审计报告的日期，但不得在审计报告日后。书面声明应当涵盖审计报告针对的所有财务报表和期间。

由于书面声明是必要的审计证据，在管理层签署书面声明前，注册会计师不能发表审计意见，也不能签署审计报告。而且，由于注册会计师关注截至审计报告日发生的、可能需要在财务报表中作出相应调整或披露的事项，书面声明的日期应当尽量接近对财务报表出具审计报告的日期，但不得在其之后。

在某些情况下，注册会计师在审计过程中获取有关财务报表特定认定的书面声明可能是适当的。此时，可能有必要要求管理层更新书面声明。管理层有时需要再次确认以前期间作出的书面声明是否依然适当，因此，书面声明需要涵盖审计报告中提及的所有期间。注册会计师和管理层可能认可某种形式的书面声明，以更新以前期间所作的书面声明。更新后的书面声明需要表明，以前期间所作的声明是否发生了变化，以及发生了什么变化（如有）。

在实务中可能会出现这样的情况，即在审计报告中提及的所有期间内，现任管理层均尚未就任。他们可能由此声称无法就上述期间提供部分或全部书面声明。然而，这一事实并不能减轻现任管理层对财务报表整体的责任。相应地，注册会计师仍然需要向现任管理层获取涵盖整个相关期间的书面声明。

四、书面声明的形式

书面声明应当以声明书的形式致送注册会计师。

参考格式 6-1 列示了一种声明书的格式。有必要先介绍一下与该声明书相关的几点背景信息：(1) 被审计单位采用企业会计准则编制财务报表；(2)《中国注册会计师审计准则第 1324 号——持续经营》中有关就被审计单位持续经营能力获取书面声明的要求不相关；(3) 所要求的书面声明不存在例外情况。

参考格式 6 - 1　　声明书的格式

书面声明

(致注册会计师)：

本声明书是针对你们审计 ABC 公司截至 20×1 年 12 月 31 日的年度财务报表而提供的。审计的目的是对财务报表发表意见，以确定财务报表是否在所有重大方面已按照企业会计准则的规定编制，并实现公允反映。

尽我们所知，并在作出了必要的查询和了解后，我们确认：

一、财务报表

1. 我们已履行［插入日期］签署的审计业务约定书中提及的责任，即根据企业会计准则的规定编制财务报表，并对财务报表进行公允反映；

2. 在作出会计估计时使用的重大假设（包括与公允价值计量相关的假设）是合理的；

3. 已按照企业会计准则的规定对关联方关系及其交易作出了恰当的会计处理和披露；

4. 根据企业会计准则的规定，所有需要调整或披露的资产负债表日后事项都已得到调整或披露；

5. 未更正错报，无论是单独还是汇总起来，对财务报表整体的影响均不重大。未更正错报汇总表附在本声明书后；

6. ［插入注册会计师可能认为适当的其他任何事项］。

二、提供的信息

7. 我们已向你们提供下列工作条件：

(1) 允许接触我们注意到的、与财务报表编制相关的所有信息（如记录、文件和其他事项）。

(2) 提供你们基于审计目的要求我们提供的其他信息。

(3) 允许在获取审计证据时不受限制地接触你们认为必要的本公司内部人员和其他相关人员。

8. 所有交易均已记录并反映在财务报表中。

9. 我们已向你们披露了由于舞弊可能导致的财务报表重大错报风险的评估结果。

10. 我们已向你们披露了我们注意到的、可能影响本公司的与舞弊或舞弊嫌疑相关的所有信息，这些信息涉及本公司的：

(1) 管理层；

(2) 在内部控制中承担重要职责的员工；

(3) 其他人员（在舞弊行为导致财务报表重大错报的情况下）。

11. 我们已向你们披露了从现任和前任员工、分析师、监管机构等方面获知的、影响财务报表的舞弊指控或舞弊嫌疑的所有信息。

12. 我们已向你们披露了所有已知的、在编制财务报表时应当考虑其影响的违反或涉嫌违反法律法规的行为。

13. 我们已向你们披露了我们注意到的关联方的名称和特征、所有关联方关系及其交易。

14. ［插入注册会计师可能认为必要的其他任何事项］。

附：未更正错报汇总表

ABC 公司　　　　ABC 公司管理层
(盖章)　　　　(签名并盖章)
中国××市　　　　二〇×二年×月×日

表6－10列示了注册会计师在评价管理层声明时，应当考虑的事项。

表6－10 评价管理层声明应当考虑的事项

评价管理层声明	
考虑的问题	作出声明的人能否被认为是客观的，并熟悉所涉事项。
	根据下列情形，管理层声明是否合理： • 注册会计师对被审计单位及其环境的了解； • 获取的其他证据，包括从管理层获取的其他声明； • 为实现其他审计目标获取的其他证据
	为证实管理层声明，要求实施哪些进一步审计程序： 为证实管理层的意图，考虑证据的来源，如董事会的会议记录、投资管理委员会的会议记录、法律文件、内部通信和电子邮件。例如，作为注册会计师考虑持续经营能力一部分，证实性证据应当包括检查董事会的会议记录、法律文件以及融资信息的可获得性等。 当不能获得验证性证据时，是否构成范围限制
	当管理层声明与获取的其他审计证据互相矛盾时： • 是否有理由怀疑管理层的诚信和正直。若是，注册会计师应当与治理层讨论该事项，并考虑对风险评估的影响和进一步审计程序的需要； • 是否继续信赖所有其他管理层声明的适当性和正当性
	考虑记录声明的最恰当的方法。例如： • 注册会计师建立的备忘录； • 被审计单位管理层建立的书面备忘录； • 包括在管理层声明书中

五、对书面声明可靠性的疑虑以及管理层不提供要求的书面声明

1. 对书面声明可靠性的疑虑。

（1）对管理层的胜任能力、诚信、道德价值观或勤勉尽责存在疑虑。如果对管理层的胜任能力、诚信、道德价值观或勤勉尽责存在疑虑，或者对管理层在这些方面的承诺或贯彻执行存在疑虑，注册会计师应当确定这些疑虑对书面或口头声明和审计证据总体的可靠性产生的影响。注册会计师可能认为，管理层在财务报表中作出不实陈述的风险很大，以至于审计工作无法进行。在这种情况下，除非治理层采取适当的纠正措施，否则注册会计师需要考虑解除业务约定（如果法律法规允许）。很多时候，治理层采取的纠正措施可能并不足以使注册会计师发表无保留意见。

（2）书面声明与其他审计证据不一致。如果书面声明与其他审计证据不一致，注册会计师应当实施审计程序以设法解决这些问题。注册会计师可能需要考虑风险评估结果是否仍然适当。如果认为不适当，注册会计师需要修正风险评估结果，并确定进一步审计程序的性质、时间安排和范围，以应对评估的风险。如果问题仍未解决，注册会计师应当重新考虑对管理层的胜任能力、诚信、道德价值观或勤勉尽责的评估，或者重新考虑对管理层在这些方面的承诺或贯彻执行的评估，并确定书面声明与其他审计证据的不一致对书面或口头声明和审计证据总体可靠性可能产生的影响。

如果认为书面声明不可靠，注册会计师应当采取适当措施，包括确定其对审计意见可能产生的影响。

2. 管理层不提供要求的书面声明。如果管理层不提供要求的一项或多项书面声明，注册会计师应当：

（1）与管理层讨论该事项；

（2）重新评价管理层的诚信，并评价该事项对书面声明或口头声明和审计证据总体的可靠性可能产生的影响；

（3）采取适当措施，包括确定该事项对审计意见可能产生的影响。如果注册会计师认为有关这些事项的书面声明不可靠，或者管理层不提供有关这些事项的书面声明，则注册会计师无法获取充分、适当的审计证据，这对财务报表的影响可能是广泛的，并不局限于财务报表的特定要素、账户或项目。在这种情况下，注册会计师需要对财务报表发表无法表示意见。

另外，管理层对注册会计师所要求的书面声明的内容作出调整，并不一定意味着管理层不提供书面声明。然而，作出调整的真正原因可能影响审计意见的类型。例如：

（1）有关管理层财务报表编制责任履行情况的书面声明可能声称，除了与适用的财务报告编制基础的某一要求有重大不符外，管理层认为财务报表已按照适用的财务报告编制基础编制。如果注册会计师认为管理层已提供可靠的书面声明，考虑不符事项对审计意见的影响。

（2）有关管理层向注册会计师提供审计业务约定条款中要求提供的所有相关信息的责任的书面声明，可能声称除火灾中毁损的信息外，管理层认为其已向注册会计师提供了所有相关信息。如果注册会计师认为管理层已提供了可靠的书面声明，考虑火灾中毁损信息对财务报表产生影响的广泛性，进而确定其对审计意见的影响。

表 6－11 列示了注册会计师对书面声明的可靠性存在疑虑或要求的书面声明未被提供所采取的应对措施。

表 6－11　　针对书面声明可靠性的疑虑采取的应对措施

疑虑	要求注册会计师采取的应对措施
要求的声明未被提供	• 与管理层讨论该事项； • 重新评价管理层的诚信，并评价该事项对声明（口头或书面）和审计证据总体的可靠性可能产生的影响； • 采取适当的行动，包括确定对审计报告中的意见可能产生的影响
已识别出不一致	• 执行追加审计程序，以试图解决该事项。 • 如果该事项仍未解决，重新考虑对管理层的专业胜任能力、诚信、道德价值观或勤勉尽责的评估结果，或者在这些方面的承诺或贯彻执行的评估结果，并确定其对声明（口头或书面）和审计证据总体可靠性可能产生的影响
管理层缺乏胜任能力或；缺乏诚信或道德价值观	确定这些方面可能对声明（口头或书面）和审计证据总体可靠性可能产生的影响。 如果存在下列情形之一，注册会计师应当对财务报表发表无法表示意见： • 注册会计师认为管理层的诚信存在重大疑虑，以至于要求的书面声明不可靠； • 管理层不提供要求的书面声明

第六节　审计报告模式

一、形成审计意见

（一）针对财务报表整体是否不存重大错报得出结论

财务报表是指整套通用目的财务报表，包括相关附注。适用的财务报告编制基础的规定决定了财务报表的形式和内容，以及整套财务报表的构成。通用目的财务报表，是指按照通用目的编制基础编制的财务报表。通用目的编制基础，是指旨在满足广大财务报表使用者共同财务信息需求的财务报告编制基础。

注册会计师应当就财务报表是否在所有重大方面按照适用的财务报告编制基础编制并实现公允反映形成审计意见。为了形成审计意见，针对财务报表整体是否不存在由于舞弊或错误导致的重大错报，注册会计师应当得出结论，确定是否已就此获取合理保证。

1. 按照《中国注册会计师审计准则第 1231 号——针对评估的重大错报风险采取的应对措施》的规定，是否已获取充分、适当的审计证据。

在得出总体结论之前，注册会计师应当根据实施的审计程序和获取的审计证据，评价对认定层次重大错报风险的评估是否仍然适当。在形成审计意见时，注册会计师应当考虑所有相关的审计证据，无论该证据与财务报表认定相互印证还是相互矛盾。

如果对重大的财务报表认定没有获取充分、适当的审计证据，注册会计师应当尽可能获取进一步的审计证据。

2. 按照《中国注册会计师审计准则第 1251 号——评价审计过程中识别出的错报》的规定，未更正错报单独或汇总起来是否构成重大错报。

在确定是否构成重大错报时，注册会计师应当考虑：（1）相对特定类别的交易、账户余额或披露以及财务报表整体而言，错报的金额和性质以及错报发生的特定环境；（2）与以前期间相关的未更正错报对相关类别的交易、账户余额或披露以及财务报表整体的影响。

（二）评价编制基础

注册会计师应当评价财务报表是否在所有重大方面按照适用的财务报告编制基础编制。

1. 在评价时，注册会计师应当考虑被审计单位会计实务的质量，包括表明管理层的判断可能出现偏向的迹象。

管理层需要对财务报表中的金额和披露作出大量判断。在考虑被审计单位会计实务的质量时，注册会计师可能注意到管理层判断中可能存在的偏向。注册会计师可能认为缺乏中立性产生的累积影响，连同未更正错报的影响，导致财务报表整体存在重大错报。管理层缺乏中立性可能影响注册会计师对财务报表整体是否存在重大错报的评价。缺乏中立性的迹象包括下列情形：（1）管理层对注册会计师在审计期间提请其注意的错报进行选择性更正。例如，如果更正某一错报将增加盈利，则对该错报予以更正，反之如果更正某一错报将减少盈利，则对该错报不予更正；（2）管理层在作出会计估计时可能存在偏向。

在得出单项会计估计是否合理的结论时，可能存在管理层偏向的迹象本身并不构成错报。然而，这些迹象可能影响注册会计师对财务报表整体是否不存在重大错报的评价。

2. 注册会计师依据适用的财务报告编制基础特别评价的内容。

（1）财务报表是否充分披露了选择和运用的重要会计政策。

（2）选择和运用的会计政策是否符合适用的财务报告编制基础，并适合被审计单位的具体情况。会计政策是被审计单位在会计确认、计量和报告中采用的原则、基础和会计处理方法。被审计单位选择和运用的会计政策既应符合适用的财务报告编制基础，也应适合被审计单位的具体情况。在考虑被审计单位选用的会计政策是否适当时，注册会计师还应当关注重要的事项。重要事项包括重要项目的会计政策和行业惯例、重大和异常交易的会计处理方法、在新领域和缺乏权威性标准或共识的领域采用重要会计政策产生的影响、会计政策的变更等。

（3）管理层作出的会计估计是否合理。由于会计估计的主观性、复杂性和不确定性，管理层作出的会计估计发生重大错报的可能性较大。因此，注册会计师应当判断管理层作出的会计估计是否合理，确定会计估计的重大错报风险是否是特别风险，是否采取了有效的措施予以应对。

（4）财务报表列报的信息是否具有相关性、可靠性、可比性和可理解性。财务报表反映的信息应当符合信息质量特征，具有相关性、可靠性、可比性和可理解性。

（5）财务报表是否作出充分披露，使财务报表预期使用者能够理解重大交易和事项对财务报表所传递的信息的影响。按照通用目的编制基础编制的财务报表通常反映被审计单位的财务状况、经营成果和现金流量。对于通用目的财务报表，注册会计师需要评价财务报表是否作出充分披露，以使财务报表预期使用者能够理解重大交易和事项对被审计单位财务状况、经营成果和现金流量的影响。

（6）财务报表使用的术语（包括每一财务报表的标题）是否适当。

（三）评价财务报表是否实现公允反映

在评价财务报表是否实现公允反映时，注册会计师应当考虑下列内容：（1）财务报表的整体列报、结构和内容是否合理；（2）财务报表（包括相关附注）是否公允地反映了相关交易和事项。

（四）评价财务报表是否恰当提及或说明适用的财务报告编制基础

管理层和治理层（如适用）编制的财务报表需要恰当说明适用的财务报告编制基础。由于这种说明向财务报表使用者告知编制财务报表所依据的编制基础，因此非常重要。但只有财务报表符合适用的财务报告编制基础（在财务报表涵盖的期间内有效）的所有要求，声明财务报表按照该编制基础编制才是恰当的。在对适用的财务报告编制基础的说明中使用不严密的修饰语或限定性的语言（如“财务报表实质上符合国际财务报告准则的要求”）是不恰当的，因为这可能误导财务报表使用者。

在某些情况下，财务报表可能声明按照两个财务报告编制基础（如某一国家或地区的财务报告编制基础和国际财务报告准则）编制。这可能是因为管理层被要求或自愿选择同时按照两个编制基础的规定编制财务报表，在这种情况下，两个财务报告编制基础都是适用的财务报告编制基础。只有当财务报表分别符合每个财务报告编制基础的所有要求时，声明财务报表按照这两个编制基础编制才是恰当的。财务报表需要同时符合两个编制基础的要求并且不需要调节，才能被视为按照两个财务报告编制基础编制。在实务中，同时遵守两个编制基础的可能性很小，除非某一国家或地区采用另一财务报告编制基础（如国际财务报告准则）

作为本国或地区的财务报告编制基础，或者已消除遵守另一财务报告编制基础的所有障碍。

如果财务报表按照某一财务报告编制基础编制，并且包含附注或补充报表，以将其结果调节至按照另一财务报告编制基础编制的结果，则该财务报表没有按照另一财务报告编制基础编制。这是因为该财务报表并没有按照另一财务报告编制基础要求的方式列示所有信息。

财务报表可能按照某一适用的财务报告编制基础编制，另外在财务报表附注中说明该财务报表符合另一财务报告编制基础的程度（如按照某一国家或地区财务报告编制基础编制的财务报表，可能说明其符合国际财务报告准则的程度）。这种说明可能构成补充财务信息，如果该信息不能与财务报表清楚区分，则涵盖在审计意见中。

二、审计意见的类型

注册会计师的目标是在评价根据审计证据得出的结论的基础上，对财务报表形成审计意见，并通过书面报告的形式清楚地表达审计意见。

如果认为财务报表在所有重大方面按照适用的财务报告编制基础编制并实现公允反映，注册会计师应当发表无保留意见。无保留意见，是指当注册会计师认为财务报表在所有重大方面按照适用的财务报告编制基础编制并实现公允反映时发表的审计意见。当存在下列情形之一时，注册会计师应当按照《中国注册会计师审计准则第 1502 号——在审计报告中发表非无保留意见》的规定，在审计报告中发表非无保留意见：（1）根据获取的审计证据，得出财务报表整体存在重大错报的结论；（2）无法获取充分、适当的审计证据，不能得出财务报表整体不存在重大错报的结论。

非无保留意见，是指对财务报表发表的保留意见、否定意见或无法表示意见。

表 6－12 列示了审计意见类型。

表 6－12　　审计意见类型

审计意见类型	注册会计师的结论
无保留审计意见	财务报表在所有重大方面按照适用的财务报告编制基础编制并实现公允反映
非无保留审计意见（保留意见、否定意见或无法表示意见）	根据获取的审计证据，财务报表整体存在重大错报； 无法获取充分、适当的审计证据，不能得出财务报表整体不存在重大错报的结论

三、审计报告要素

审计报告，是指注册会计师根据审计准则的规定，在执行审计工作的基础上，对财务报表发表审计意见的书面文件。审计报告要素，是指按照确定方式联结成审计报告的成分、因素或单元。

（一）审计报告要素

审计报告应当包括下列要素：（1）标题；（2）收件人；（3）审计意见；（4）形成审计意见的基础；（5）与持续经营相关的重大不确定性；（6）关键审计事项；（7）其他信息；（8）管理层对财务报表的责任；（9）注册会计师对财务报表审计的责任；（10）按照相关法律法规的要求报告的事项；（11）项目合伙人的姓名、注册会计师的签名和盖章；（12）会计师事务所的名称、地址和盖章；（13）报告日期。

应当指出的是，按照《中国注册会计师审计准则第 1324 号——持续经营》、《中国注册会计师审计准则第 1504 号——在审计报告中沟通关键审计事项》、《中国注册会计师审计准则第 1521 号——注册会计师对其他信息的责任》的相关规定，在审计报告中对与持续经营相关的重大不确定性、关键审计事项、其他信息进行报告，有一定的适用范围。此外，如果相关法律法规要求在审计报告中报告有关事项，则从属法律法规的规定。

（二）标题

审计报告应当具有标题，统一规范为“审计报告”。

（三）收件人

审计报告应当按照审计业务约定的要求载明收件人。针对整套通用目的财务报表出具的审计报告，审计报告的致送对象通常为被审计单位的股东或治理层。

（四）审计意见

审计报告的第一部分应当包含审计意见，并以“审计意见”作为标题。审计意见部分还应当包括下列方面：（1）指出被审计单位的名称；（2）说明财务报表已经审计；（3）指出构成整套财务报表的每一财务报表的名称；（4）提及财务报表附注；（5）指明构成整套财务报表的每一财务报表的日期或涵盖的期间。

如果对财务报表发表无保留意见，除非法律法规另有规定，审计意见应当使用“我们认为，财务报表在所有重大方面按照［适用的财务报告编制基础（如企业会计准则等）］编制，公允反映了［……］”的措辞。

（五）形成审计意见的基础

审计报告应当包含标题为“形成审计意见的基础”的部分。该部分应当紧接在审计意见部分之后，并包括下列方面：（1）说明注册会计师按照审计准则的规定执行了审计工作；（2）提及审计报告中用于描述审计准则规定的注册会计师责任的部分；（3）声明注册会计师按照与审计相关的职业道德要求对被审计单位保持了独立性，并履行了职业道德方面的其他责任。声明中应当指明适用的职业道德要求，如中国注册会计师职业道德守则；（4）说明注册会计师是否相信获取的审计证据是充分、适当的，为发表审计意见提供了基础。

（六）与持续经营相关的重大不确定性

如果被审计单位运用持续经营假设是适当的，但存在重大不确定性，且财务报表对重大不确定性已作出充分披露，注册会计师应当在审计报告中增加以“与持续经营相关的重大不确定性”为标题的单独部分：（1）提醒财务报表使用者关注财务报表附注中对所述事项的披露；（2）说明这些事项或情况表明存在可能导致对被审计单位持续经营能力产生重大疑虑的重大不确定性，并说明该事项并不影响发表的审计意见。

（七）关键审计事项

对上市实体整套通用目的财务报表进行审计，以及注册会计师决定或委托方要求在审计报告中沟通关键审计事项的其他情形，注册会计师应当在审计报告中单设一部分，以“关键审计事项”为标题，并在该部分使用恰当的子标题逐项描述关键审计事项。关键审计事项部分的引言应当同时说明下列事项：（1）关键审计事项是注册会计师根据职业判断，认为对本期财务报表审计最为重要的事项；（2）关键审计事项的应对以对财务报表整体进行审计并形成审计意见为背景，注册会计师对财务报表整体形成审计意见，而不对关键审计事项单独发表意见。

（八）其他信息

如果在审计报告日存在下列两种情况之一，审计报告应当包括一个单独部分，以“其他信息”为标题，说明管理层对其他信息负责，描述注册会计师对其他信息进行阅读、考虑和报告的责任：（1）对于上市实体财务报表审计，注册会计师已获取或预期将获取其他信息；（2）对于上市实体以外其他被审计单位的财务报表审计，注册会计师已获取部分或全部其他信息。

（九）管理层对财务报表的责任

审计报告应当包含标题为“管理层对财务报表的责任”的部分。管理层对财务报表的责任部分应当说明管理层负责下列方面：（1）按照适用的财务报告编制基础编制财务报表，使其实现公允反映，并设计、执行和维护必要的内部控制，以使财务报表不存在由于舞弊或错误导致的重大错报；（2）评估被审计单位的持续经营能力和使用持续经营假设是否适当，并披露与持续经营相关的事项（如适用）。对管理层评估责任的说明应当包括描述在何种情况下使用持续经营假设是适当的。管理层对财务报表的责任部分还应当提及对财务报告过程负有监督责任的人员。

（十）注册会计师对财务报表审计的责任

审计报告应当包含标题为“注册会计师对财务报表审计的责任”的部分。

1. 注册会计师对财务报表审计的责任部分应当包括下列内容：

（1）说明注册会计师的目标是对财务报表整体是否不存在由于舞弊或错误导致的重大错报获取合理保证，并出具包含审计意见的审计报告；

（2）说明合理保证是高水平的保证，但按照审计准则执行的审计并不能保证一定会发现存在的重大错报；

（3）说明错报可能由于舞弊或错误导致。在说明错报可能由于舞弊或错误导致时，注册会计师应当从下列两种做法中选取一种：①描述如果合理预期错报单独或汇总起来可能影响财务报表使用者依据财务报表作出的经济决策，则通常认为错报是重大的；②根据适用的财务报告编制基础，提供关于重要性的定义或描述。

2. 注册会计师对财务报表审计的责任部分还应当包括下列内容：

（1）说明在按照审计准则执行审计工作的过程中，注册会计师运用职业判断，并保持职业怀疑；

（2）通过说明注册会计师的责任，对审计工作进行描述。这些责任包括：

①识别和评估由于舞弊或错误导致的财务报表重大错报风险，设计和实施审计程序以应对这些风险，并获取充分、适当的审计证据，作为发表审计意见的基础。由于舞弊可能涉及串通、伪造、故意遗漏、虚假陈述或凌驾于内部控制之上，未能发现由于舞弊导致的重大错报的风险高于未能发现由于错误导致的重大错报的风险。

②了解与审计相关的内部控制，以设计恰当的审计程序，但目的并非对内部控制的有效性发表意见。当注册会计师有责任在财务报表审计的同时对内部控制的有效性发表意见时，应当略去上述“目的并非对内部控制的有效性发表意见”的表述。

③评价管理层选用会计政策的恰当性和作出会计估计及相关披露的合理性。

④对管理层使用持续经营假设的恰当性得出结论。同时，根据获取的审计证据，就可能导致对被审计单位持续经营能力产生重大疑虑的事项或情况是否存在重大不确定性得出结论。如果注册会计师得出结论认为存在重大不确定性，审计准则要求注册会计师在审计报告中提请报表使用者关注财务报表中的相关披露；如果披露不充分，注册会计师应当发表非无保留意见。注册会计师的结论基于截至审计报告日可获得的信息。然而，未来的事项或情况可能导致被审计单位不能

持续经营。

⑤评价财务报表的总体列报、结构和内容（包括披露），并评价财务报表是否公允反映相关交易和事项。

（3）当《中国注册会计师审计准则第 1401 号——对集团财务报表审计的特殊考虑》适用时，通过说明下列事项，进一步描述注册会计师在集团审计业务中的责任：

①注册会计师的责任是就集团中实体或业务活动的财务信息获取充分、适当的审计证据，以对合并财务报表发表审计意见；

②注册会计师负责指导、监督和执行集团审计；

③注册会计师对审计意见承担全部责任。

（4）注册会计师对财务报表审计的责任部分还应当包括下列内容：

①说明注册会计师与治理层就计划的审计范围、时间安排和重大审计发现等事项进行沟通，包括沟通注册会计师在审计中识别的值得关注的内部控制缺陷；

②对于上市实体财务报表审计，指出注册会计师就已遵守与独立性相关的职业道德要求向治理层提供声明，并与治理层沟通可能被合理认为影响注册会计师独立性的所有关系和其他事项，以及相关的防范措施（如适用）；

③对于上市实体财务报表审计，以及决定按照《中国注册会计师审计准则第 1504 号——在审计报告中沟通关键审计事项》的规定沟通关键审计事项的其他情况，说明注册会计师从已与治理层沟通的事项中确定哪些事项对本期财务报表审计最为重要，因而构成关键审计事项。注册会计师应当在审计报告中描述这些事项，除非法律法规禁止公开披露这些事项，或在极少数情形下，注册会计师合理预期在审计报告中沟通某事项造成的负面后果超过在公众利益方面产生的益处，因而决定不应在审计报告中沟通该事项。

（十一）按照相关法律法规的要求报告的事项

注册会计师可能承担报告其他事项的额外责任，这些责任是对审计准则规定的注册会计师责任的补充。例如，如果注册会计师在财务报表审计中注意到某些事项，可能被要求对这些事项予以报告。此外，注册会计师可能被要求实施额外的规定的程序并予以报告，或对特定事项（如会计账簿和记录的适当性、财务报告内部控制或其他信息）发表意见。在某些情况下，相关法律法规可能要求或允许注册会计师将对这些其他责任的报告作为对财务报表出具的审计报告的一部分。在另外一些情况下，相关法律法规可能要求或允许注册会计师在单独出具的报告中进行报告。

如果注册会计师在对财务报表出具的审计报告中履行其他报告责任，应当在审计报告中将其单独作为一部分，并以“按照相关法律法规的要求报告的事项”

为标题。如果审计报告将其他报告责任单独作为一部分，应当置于“对财务报表出具的审计报告”标题下；“按照相关法律法规的要求报告的事项”部分置于“对财务报表出具的审计报告”部分之后。

（十二）项目合伙人的姓名、注册会计师的签名和盖章

审计报告应当由项目合伙人和另一名负责该项目的注册会计师（项目经理）签名和盖章。注册会计师应当在对上市实体整套通用目的财务报表出具的审计报告中注明项目合伙人。在审计报告中指明项目合伙人有助于进一步增强对审计报告使用者的透明度。注册会计师可能决定在审计报告中包含项目合伙人姓名之外的信息，以进一步识别项目合伙人。

（十三）会计师事务所的名称、地址和盖章

审计报告应当载明会计师事务所的名称和地址，并加盖会计师事务所公章。

（十四）报告日期

审计报告应当注明报告日期。审计报告日不应早于注册会计师获取充分、适当的审计证据，并在此基础上对财务报表形成审计意见的日期。审计报告的日期向审计报告使用者表明，注册会计师已考虑其知悉的、截至审计报告日发生的交易和事项的影响。

在确定审计报告日时，注册会计师应当确信已获取下列两方面的审计证据：(1) 构成整套财务报表的所有报表（包括相关附注）已编制完成。由于审计意见是针对财务报表发表的，并且编制财务报表是管理层的责任，所以只有在注册会计师获取证据证明构成整套财务报表的所有报表（包括相关附注）已经编制完成，并且管理层已认可其对财务报表的责任的情况下，注册会计师才能得出已经获取充分、适当的审计证据的结论。(2) 被审计单位的董事会、管理层或类似机构已经认可其对财务报表负责。财务报表需经董事会或类似机构批准后才可对外报出。法律法规明确了负责确定构成整套财务报表的所有报表（包括相关附注）已经编制完成的个人或机构（如董事会），并规定了必要的批准程序。在这种情况下，注册会计师需要在签署审计报告前获取财务报表已得到批准的证据。

财务报表的批准日期是一个比较早的日期，即经认可的有权机构（如董事会）确定构成整套财务报表的所有报表（包括相关附注）已经编制完成，并声称对此负责的日期。

表 6 - 13 列示了审计报告的要素和解释。

表 6－13　　审计报告要素及其解释

要素	解释
标题	统一规范为“审计报告”
收件人	致送对象通常为被审计单位的股东或治理层
审计意见	包含审计意见，并以“审计意见”作为标题。标明审计范围。如果对财务报表发表无保留意见，使用“我们认为，财务报表在所有重大方面按照［适用的财务报告编制基础（如企业会计准则等）］编制，公允反映了［……］”的措辞
形成审计意见的基础	含标题为“形成审计意见的基础”的部分，提及审计准则、注册会计师责任、职业道德要求、审计证据的充分性和适当性
与持续经营相关的重大不确定性	增加以“与持续经营相关的重大不确定性”为标题的单独部分，提醒关注财务报表附注中对所述事项的披露；说明续经营重大不确定性
关键审计事项	以“关键审计事项”为标题，并在该部分使用恰当的子标题逐项描述关键审计事项
其他信息	以“其他信息”为标题，说明管理层对其他信息负责，描述注册会计师对其他信息进行阅读、考虑和报告的责任
管理层对财务报表的责任	包含标题为“管理层对财务报表的责任”的部分，说明管理层对财务报表的责任，以及治理层对财务报告过程的监督责任
注册会计师对财务报表审计的责任	包含标题为“注册会计师对财务报表审计的责任”的部分，说明注册会计师对审计准则、职业道德、发现舞弊、持续经营、与治理层沟通、关键审计事项、职业判断、职业怀疑等的相关责任，并增加合理保证、重要性、风险导向审计等核心概念
会计师事务所地址	指明注册会计师执业所在国家或地区的工作地点名称
按照相关法律法规的要求报告的事项	除审计准则规定的注册会计师责任外，如果注册会计师在对财务报表出具的审计报告中履行其他报告责任，应当在审计报告中将其单独作为一部分，并以“按照相关法律法规的要求报告的事项”为标题
项目合伙人的姓名、注册会计师的签名和盖章	审计报告应当由项目合伙人和另一名负责该项目的注册会计师签名和盖章。注册会计师应当在对上市实体整套通用目的财务报表出具的审计报告中注明项目合伙人
会计师事务所的名称、地址和盖章	审计报告应当载明会计师事务所的名称和地址，并加盖会计师事务所公章
报告日期	审计报告应当注明报告日期

（十五）与财务报表一同列报的补充信息

在某些情况下，被审计单位可能根据法律法规的要求，或出于自愿选择，与财务报表一同列报适用的财务报告编制基础未要求的补充信息。例如，被审计单位列报补充信息以增强财务报表使用者对适用的财务报告编制基础的理解，或者对财务报表的特定项目提供进一步解释。这种补充信息通常在补充报表中或作为额外的附注进行列示。

1. 其他信息涵盖在审计意见中。如果被审计单位将适用的财务报告编制基础没有要求的补充信息与已审计财务报表一同列报，注册会计师应当根据职业判断，评价补充信息是否由于其性质和列报方式而构成财务报表的必要组成部分。如果补充信息构成财务报表的必要组成部分，应当将其涵盖在审计意见中。

如果补充信息因其性质或列报方式构成财务报表的必要组成部分，则审计意见涵盖这种补充信息。作出这一评价需要运用职业判断。例如：（1）当财务报表附注中包含关于该财务报表符合另一财务报告编制基础的程度的解释或调节事项时，注册会计师可能认为这是与财务报表无法明确区分的补充信息。审计意见也涵盖与财务报表进行交叉索引的附注或补充报表。（2）当列示费用具体项目的额外损益表作为财务报表附录中的单独表格进行披露时，注册会计师可能认为这是可以与财务报表明确区分的补充信息。

2. 其他信息不涵盖在审计意见中。注册会计师需要评价未审计补充信息的列报方式是否会使财务报表使用者认为其涵盖在审计意见中，例如，评价相对于财务报表和已审计补充信息，未审计补充信息列报的位置，以及是否被清楚地标明为“未经审计”。如果认为适用的财务报告编制基础没有要求的补充信息不构成已审计财务报表的必要组成部分，注册会计师应当评价这些补充信息的列报方式是否充分、清楚地使其与已审计财务报表相区分。

如果未能充分、清楚地区分，注册会计师应当要求管理层改变未审计的补充信息的列报方式。如果管理层拒绝改变，注册会计师应当指出未审计的补充信息，并在审计报告中说明这些补充信息未审计。

管理层可能通过下列方法改变未审计补充信息的列报方式，以避免补充信息被认为涵盖在审计意见中：（1）删除从财务报表到未审计补充报表或未审计附注的交叉索引，以使已审计信息和未审计信息的界限足够清楚；（2）将未审计补充信息移出财务报表，如果这样做不可行，至少将所有未审计附注汇集起来一并置于要求披露的财务报表附注之后，并明确标明未审计。这是因为和已审计附注列在一起的未审计附注可能被误解为已审计。

补充信息未审计的事实，不能减轻《中国注册会计师审计准则第 1521 号——注册会计师对其他信息的责任》所规定的注册会计师责任。

表 6 - 14 列示了需要清楚地区分补充信息的要求。如果补充信息的性质和列报方式导致其不能清楚地与已审计财务报表予以区分，则审计意见涵盖这种补充信息。

表 6－14　　如何区分补充信息

	与财务报表一同列报的补充信息
清楚地区分补充信息	·清楚地标明信息“未审计”； ·删除从财务报表到未审计补充信息的交叉索引； ·将未审计补充信息移出财务报表； ·识别已审计财务报表在审计报告中列报的页码

四、无保留意见审计报告模式

审计报告模式，是指审计报告的标准样式。它既和审计报告的构成要素有关，又与审计意见类型相联系。良好的审计审计报告模式，可以保持审计报告的一致性、可比性，提供对使用者更相关的信息以增加审计报告的价值。

参考格式 6－2 和参考格式 6－3 分别列示了对上市实体财务报表出具的无保留意见审计报告和对上市实体合并财务报表出具的无保留意见审计报告。

参考格式 6－2 的背景信息如下：

（1）对上市实体整套财务报表进行审计。该审计不属于集团审计（即不适用《中国注册会计师审计准则第 1401 号——对集团财务报表审计的特殊考虑》）；

（2）管理层按照企业会计准则编制财务报表；

（3）审计业务约定条款体现了《中国注册会计师审计准则第 1111 号——就审计业务约定条款达成一致意见》关于管理层对财务报表责任的描述；

（4）基于获取的审计证据，注册会计师认为发表无保留意见是恰当的；

（5）适用的相关职业道德要求为中国注册会计师职业道德守则；

（6）基于获取的审计证据，注册会计师认为可能导致对被审计单位持续经营能力产生重大疑虑的事项或情况存在重大不确定性，财务报表对该重大不确定性已作出充分披露；

（7）已按照《中国注册会计师审计准则第 1504 号——在审计报告中沟通关键审计事项》的规定沟通了关键审计事项；

（8）注册会计师在审计报告日前已获取所有其他信息，且未识别出信息存在重大错报；

（9）负责监督财务报表的人员与负责编制财务报表的人员不同；

（10）除财务报表审计外，按照法律法规的要求，注册会计师负有其他报告责任，且注册会计师决定在审计报告中履行其他报告责任。

参考格式 6－2　　对上市实体财务报表出具的无保留意见审计报告

审计报告

ABC 股份有限公司全体股东：

一、对财务报表出具的审计报告

（一）审计意见

我们审计了 ABC 股份有限公司（以下简称 ABC 公司）财务报表，包括 20×1 年 12 月 31 日的资产负债表，20×1 年度的利润表、现金流量表、股东权益变动表以及财务报表附注（包括重大会计政策和会计估计）。

我们认为，后附的财务报表在所有重大方面按照企业会计准则的规定编制，公允反映了 ABC 公司 20×1 年 12 月 31 日的财务状况以及 20×1 年度的经营成果和现金流量。

（二）形成审计意见的基础

我们按照中国注册会计师审计准则的规定执行了审计工作。审计报告的“注册会计师对财务报表审计的责任”部分进一步阐述了我们在这些准则下的责任。按照中国注册会计师职业道德守则，我们独立于 ABC 公司，并履行了职业道德方面的其他责任。我们相信，我们获取的审计证据是充分、适当的，为发表审计意见提供了基础。

（三）与持续经营相关的重大不确定性

我们提醒财务报表使用者关注，如财务报表附注×所述，ABC 公司 20×1 年发生净亏损×元，且于 20×1 年 12 月 31 日，ABC 公司流动负债高于资产总额×元。如财务报表附注×所述，这些事项或情况，连同财务报表附注×所示的其他事项，表明存在可能导致对 ABC 公司持续经营能力产生重大疑虑的重大不确定性。该事项不影响已发表的审计意见。

（四）关键审计事项

关键审计事项是根据我们的职业判断，认为对本期财务报表审计最为重要的事项。这些事项是在对财务报表整体进行审计并形成意见的背景下进行处理的，我们不对这些事项提供单独的意见。

[按照《中国注册会计师审计准则第 1504 号——在审计报告中沟通关键审计事项》的规定描述每一关键审计事项。]

（五）其他信息

管理层对其他信息负责。其他信息包括［×报告中涵盖的信息，但不包括财务报表和我们的审计报告］。

我们对财务报表发表的审计意见并不涵盖其他信息，我们也不对其他信息发表任何形式的鉴证结论。

结合我们对财务报表的审计，我们的责任是阅读其他信息，在此过程中，考虑其他信息是否与财务报表或我们在审计过程中了解到的情况存在重大不一致或者似乎存在重大错报。基于我们已经执行的工作，如果我们确定其他信息存在重大错报，我们应当报告该事实。在这方面，我们无任何事项需要报告。

（六）管理层和治理层对财务报表的责任

管理层负责按照企业会计准则的规定编制财务报表，使其实现公允反映，并设计、执行和维护必要的内部控制，以使财务报表不存在由于舞弊或错误导致的重大错报。

在编制财务报表时，管理层负责评估 ABC 公司的持续经营能力，披露与持续经营相关的事项（如适用），并运用持续经营假设，除非管理层计划清算 ABC 公司、停止营运或别无其他现实的选择。

治理层负责监督 ABC 公司的财务报告过程。

（七）注册会计师对财务报表审计的责任

我们的目标是对财务报表整体是否不存在由于舞弊或错误导致的重大错报获取合理保证，并出具包含审计意见的审计报告。合理保证是高水平的保证，但并不能保证按照审计准则执行的审计在某一重大错报存在时总能发现。错报可能由于舞弊或错误导致，如果合理预期错报单独或汇总起来可能影响财务报表使用者依据财务报表作出的经济决策，则通常认为错报是重大的。

续表

在按照审计准则执行审计的过程中，我们运用了职业判断，保持了职业怀疑。我们同时： （1）识别和评估由于舞弊或错误导致的财务报表重大错报风险；对这些风险有针对性地设计和实施审计程序；获取充分、适当的审计证据，作为发表审计意见的基础。由于舞弊可能涉及串通、伪造、故意遗漏、虚假陈述或凌驾于内部控制之上，未能发现由于舞弊导致的重大错报的风险高于未能发现由于错误导致的重大错报的风险。 （2）了解与审计相关的内部控制，以设计恰当的审计程序，但目的并非对内部控制的有效性发表意见。 （3）评价管理层选用会计政策的恰当性和作出会计估计及相关披露的合理性。 （4）对管理层使用持续经营假设的恰当性得出结论。同时，根据获取的审计证据，就可能导致对ABC公司持续经营能力产生重大疑虑的事项或情况是否存在重大不确定性得出结论。如果我们得出结论认为存在重大不确定性，审计准则要求我们在审计报告中提请报表使用者注意财务报表中的相关披露；如果披露不充分，我们应当发表非无保留意见。我们的结论基于审计报告日可获得的信息。然而，未来的事项或情况可能导致ABC公司不能持续经营。 （5）评价财务报表的总体列报、结构和内容（包括披露），并评价财务报表是否公允反映相关交易和事项。 除其他事项外，我们与治理层就计划的审计范围、时间安排和重大审计发现（包括我们在审计中识别的值得关注的内部控制缺陷）进行沟通。 我们还就遵守关于独立性的相关职业道德要求向治理层提供声明，并就可能被合理认为影响我们独立性的所有关系和其他事项，以及相关的防范措施（如适用）与治理层进行沟通。 从与治理层沟通的事项中，我们确定哪些事项对本期财务报表审计最为重要，因而构成关键审计事项。我们在审计报告中描述这些事项，除非法律法规禁止公开披露这些事项，或在极其罕见的情形下，如果合理预期在审计报告中沟通某事项造成的负面后果超过在公众利益方面产生的益处，我们确定不应在审计报告中沟通该事项。 二、按照相关法律法规的要求报告的事项 ［本部分的格式和内容，取决于法律法规对其他报告责任的性质的规定。法律法规规范的事项（其他报告责任）应当在本部分处理，除非其他报告责任与审计准则所要求的报告责任涉及相同的主题。如果涉及相同的主题，其他报告责任可以在审计准则所要求的同一报告要素部分中列示。当其他报告责任和审计准则规定的报告责任涉及同一主题，并且审计报告中的措辞能够将其他报告责任与审计准则规定的责任予以清楚地区分（如差异存在）时，允许将两者合并列示（即包含在“对财务报表出具的审计报告”部分中，并使用适当的副标题）。］ ××会计师事务所　　　　　　　　中国注册会计师（项目合伙人）：××× （盖章）　　　　　　　　　　　　（签名并盖章） 　　　　　　　　　　　　　　　　中国注册会计师（项目经理）：××× 　　　　　　　　　　　　　　　　（签名并盖章） 中国××市　　　　　　　　　　　二〇×二年×月×日

参考格式6－3列示了对上市实体合并财务报表出具的无保留意见的审计报告。

背景信息如下：

（1）对上市实体整套合并财务报表进行审计。该审计属于集团审计，被审计单位拥有多个子公司（即适用《中国注册会计师审计准则第1401号——对集团财务报表审计的特殊考虑》）；

（2）管理层按照企业会计准则编制合并财务报表；

（3）审计业务约定条款体现了《中国注册会计师审计准则第1111号——就审计业务约定条款达成一致意见》关于管理层对合并财务报表责任的描述；

（4）基于获取的审计证据，注册会计师认为发表无保留意见是恰当的；

（5）适用的相关职业道德要求为中国注册会计师职业道德守则；

（6）基于获取的审计证据，根据《中国注册会计师审计准则第1324号——持续经营》，注册会计师认为可能导致对被审计单位持续经营能力产生重大疑虑的相关事项或情况不存在重大不确定性；

（7）已按照《中国注册会计师审计准则第1504号——在审计报告中沟通关键审计事项》的规定沟通了关键审计事项；

（8）负责监督合并财务报表的人员与负责编制合并财务报表的人员不同；

（9）除合并财务报表审计外，按照法律法规的要求，注册会计师负有其他报告责任，且注册会计师决定在审计报告中履行其他报告责任。

参考格式6－3　对上市实体合并财务报表出具的无保留意见的审计报告

审计报告

ABC股份有限公司全体股东：

一、对合并财务报表出具的审计报告

（一）审计意见

我们审计了ABC股份有限公司及其子公司（以下简称ABC集团）合并财务报表，包括20×1年12月31日的合并资产负债表，20×1年度的合并利润表、合并现金流量表、合并股东权益变动表以及合并财务报表附注（包括重大会计政策和会计估计）。

我们认为，后附的合并财务报表在所有重大方面按照企业会计准则的规定编制，公允反映了ABC集团20×1年12月31日的财务状况以及20×1年度的经营成果和现金流量。

（二）形成审计意见的基础

我们按照中国注册会计师审计准则的规定执行了审计工作。审计报告的“注册会计师对合并财务报表审计的责任”部分进一步阐述了我们在这些准则下的责任。按照中国注册会计师职业道德守则，我们独立于ABC集团，并履行了职业道德方面的其他责任。我们相信，我们获取的审计证据是充分、适当的，为发表审计意见提供了基础。

续表

（三）关键审计事项

关键审计事项是根据我们的职业判断，认为对本期合并财务报表审计最为重要的事项。这些事项是在对合并财务报表整体进行审计并形成意见的背景下进行处理的，我们不对这些事项提供单独的意见。

[按照《中国注册会计师审计准则第1504号——在审计报告中沟通关键审计事项》的规定描述每一关键审计事项。]

（四）管理层和治理层对合并财务报表的责任

管理层负责按照企业会计准则的规定编制合并财务报表，使其实现公允反映，并设计、执行和维护必要的内部控制，以使合并财务报表不存在由于舞弊或错误导致的重大错报。

在编制合并财务报表时，管理层负责评估ABC集团的持续经营能力，披露与持续经营相关的事项（如适用），并运用持续经营假设，除非管理层计划清算ABC集团、停止营运或别无其他现实的选择。

治理层负责监督ABC集团的财务报告过程。

（五）注册会计师对合并财务报表审计的责任

我们的目标是对合并财务报表整体是否不存在由于舞弊或错误导致的重大错报获取合理保证，并出具包含审计意见的审计报告。合理保证是高水平的保证，但并不能保证按照审计准则执行的审计在某一重大错报存在时总能发现。错报可能由于舞弊或错误导致，如果合理预期错报单独或汇总起来可能影响财务报表使用者依据合并财务报表作出的经济决策，则通常认为错报是重大的。

在按照审计准则执行审计的过程中，我们运用了职业判断，保持了职业怀疑。我们同时：

（1）识别和评估由于舞弊或错误导致的合并财务报表重大错报风险；对这些风险有针对性地设计和实施审计程序；获取充分、适当的审计证据，作为发表审计意见的基础。由于舞弊可能涉及串通、伪造、故意遗漏、虚假陈述或凌驾于内部控制之上，未能发现由于舞弊导致的重大错报的风险高于未能发现由于错误导致的重大错报的风险。

（2）了解与审计相关的内部控制，以设计恰当的审计程序，但目的并非对内部控制的有效性发表意见。

（3）评价管理层选用会计政策的恰当性和作出会计估计及相关披露的合理性。

（4）对管理层使用持续经营假设的恰当性得出结论。同时，根据获取的审计证据，就可能导致对ABC公司持续经营能力产生重大疑虑的事项或情况是否存在重大不确定性得出结论。如果我们得出结论认为存在重大不确定性，审计准则要求我们在审计报告中提请报表使用者注意合并财务报表中的相关披露；如果披露不充分，我们应当发表非无保留意见。我们的结论基于审计报告日可获得的信息。然而，未来的事项或情况可能导致ABC集团不能持续经营。

（5）评价合并财务报表的总体列报、结构和内容（包括披露），并评价合并财务报表是否公允反映相关交易和事项。

（6）就ABC集团中实体或业务活动的财务信息获取充分、适当的审计证据，以对合并财务报表发表意见。我们负责指导、监督和执行集团审计。我们对审计意见承担全部责任。

除其他事项外，我们与治理层就计划的审计范围、时间安排和重大审计发现（包括我们在审计中识别的值得关注的内部控制缺陷）进行沟通。

我们还就遵守关于独立性的相关职业道德要求向治理层提供声明，并就可能被合理认为影响我们独立性的所有关系和其他事项，以及相关的防范措施（如适用）与治理层进行沟通。

续表

从与治理层沟通的事项中，我们确定哪些事项对本期合并财务报表审计最为重要，因而构成关键审计事项。我们在审计报告中描述这些事项，除非法律法规禁止公开披露这些事项，或在极其罕见的情形下，如果合理预期在审计报告中沟通某事项造成的负面后果超过在公众利益方面产生的益处，我们确定不应在审计报告中沟通该事项。

二、对其他法律和监管要求的报告

[本部分的格式和内容，取决于法律法规对其他报告责任的性质的规定。法律法规规范的事项（其他报告责任）应当在本部分处理，除非其他报告责任与审计准则所要求的报告责任涉及相同的主题。如果涉及相同的主题，其他报告责任可以在审计准则所要求的同一报告要素部分中列示。当其他报告责任和审计准则规定的报告责任涉及同一主题，并且审计报告中的措辞能够将其他报告责任与审计准则规定的责任予以清楚地区分（如差异存在）时，允许将两者合并列示（即包含在对合并财务报表审计的报告部分中，并使用适当的副标题）。]

××会计师事务所　　　　　　　　　　中国注册会计师（项目合伙人）：×××
（盖章）　　　　　　　　　　　　　　　　（签名并盖章）

　　　　　　　　　　　　　　　　　　中国注册会计师（项目经理）：×××
　　　　　　　　　　　　　　　　　　　　（签名并盖章）

中国××市　　　　　　　　　　　　　　　二〇×二年×月×日

五、非无保留意见的审计报告

（一）非无保留意见的类型

注册会计师的目标是，当存在下列情形之一时，对财务报表清楚地发表恰当的非无保留意见：(1) 根据获取的审计证据，得出财务报表整体存在重大错报的结论；(2) 无法获取充分、适当的审计证据，不能得出财务报表整体不存在重大错报的结论。

非无保留意见，是指对财务报表发表的保留意见、否定意见或无法表示意见。注册会计师确定恰当的非无保留意见类型，取决于下列事项：(1) 导致非无保留意见的事项的性质，是财务报表存在重大错报，还是在无法获取充分、适当的审计证据的情况下，财务报表可能存在重大错报；(2) 注册会计师就导致非无保留意见的事项对财务报表产生或可能产生影响的广泛性作出的判断。

广泛性，是描述错报影响的术语，用以说明错报对财务报表的影响，或者由于无法获取充分、适当的审计证据而未发现的错报（如存在）对财务报表可能产生的影响。根据注册会计师的判断，对财务报表的影响具有广泛性的情形包括下列方面：(1) 不限于对财务报表的特定要素、账户或项目产生影响；(2) 虽然仅对财务报表的特定要素、账户或项目产生影响，但这些要素、账户或项目是或可能是财务报表的主要组成部分；（3）当与披露相关时，产生的影响对财务报表使用者理解财务报表至关重要。

1. 保留意见。当存在下列情形之一时，注册会计师应当发表保留意见：（1）在获取充分、适当的审计证据后，注册会计师认为错报单独或汇总起来对财务报表影响重大，但不具有广泛性；（2）注册会计师无法获取充分、适当的审计证据以作为形成审计意见的基础，但认为未发现的错报（如存在）对财务报表可能产生的影响重大，但不具有广泛性。

注册会计师因审计范围受到限制而发表保留意见还是无法表示意见，取决于无法获取的审计证据对形成审计意见的重要性。注册会计师在判断重要性时，应当考虑有关事项潜在影响的性质和范围以及在财务报表中的重要程度。只有当未发现的错报（如存在）对财务报表可能产生的影响重大但不具有广泛性时，才能发表保留意见。

2. 否定意见。在获取充分、适当的审计证据后，如果认为错报单独或汇总起来对财务报表的影响重大且具有广泛性，注册会计师应当发表否定意见。

3. 无法表示意见。如果无法获取充分、适当的审计证据以作为形成审计意见的基础，但认为未发现的错报（如存在）对财务报表可能产生的影响重大且具有广泛性，注册会计师应当发表无法表示意见。在极少数情况下，可能存在多个不确定事项。尽管注册会计师对每个单独的不确定事项获取了充分、适当的审计证据，但由于不确定事项之间可能存在相互影响，以及可能对财务报表产生累积影响，注册会计师不可能对财务报表形成审计意见。在这种情况下，注册会计师应当发表无法表示意见。

在承接审计业务后，如果注意到管理层对审计范围施加了限制，且认为这些限制可能导致对财务报表发表保留意见或无法表示意见，注册会计师应当要求管理层消除这些限制。如果管理层拒绝消除限制，除非治理层全部成员参与管理被审计单位，注册会计师应当就此事项与治理层沟通，并确定能否实施替代程序以获取充分、适当的审计证据。如果无法获取充分、适当的审计证据，注册会计师应当通过下列方式确定其影响：（1）如果未发现的错报（如存在）可能对财务报表产生的影响重大，但不具有广泛性，注册会计师应当发表保留意见；（2）如果未发现的错报（如存在）可能对财务报表产生的影响重大且具有广泛性，以至于发表保留意见不足以反映情况的严重性，注册会计师应当在可行时解除业务约定（除非法律法规禁止）；如果在出具审计报告之前解除业务约定被禁止或不可行，应当发表无法表示意见。如果解除业务约定，注册会计师应当在解除业务约定前，与治理层沟通在审计过程中发现的、将会导致发表非无保留意见的所有错报事项。

如果认为有必要对财务报表整体发表否定意见或无法表示意见，注册会计师不应在同一审计报告中对按照相同财务报告编制基础编制的单一财务报表或者财务报表特定要素、账户或项目发表无保留意见。在同一审计报告中包含无保留意见，将会与对财务报表整体发表的否定意见或无法表示意见相矛盾。

表6-15 表列示了注册会计师对导致发表非无保留意见的事项的性质和这些事项对财务报表产生或可能产生影响的广泛性作出的判断，以及注册会计师的判断对审计意见类型的影响。

表6-15 如何判断审计意见的类型

导致发表非无保留意见的事项的性质	这些事项对财务报表产生或可能产生影响的广泛性	
	重大但不具有广泛性	重大且具有广泛性
财务报表存在重大错报	保留意见	否定意见
无法获取充分、适当的审计证据	保留意见	无法表示意见

（二）导致发表非无保留意见的情形

1. 重大错报的性质。

为了形成审计意见，针对财务报表整体是否不存在由于舞弊或错误导致的重大错报，注册会计师应当得出结论，确定是否已就此获取合理保证。在得出结论时，注册会计师需要评价未更正错报对财务报表的影响。

错报是指某一财务报表项目的金额、分类、列报或披露，与按照适用的财务报告编制基础应当列示的金额、分类、列报或披露之间存在的差异。财务报表的重大错报可能源于：(1) 选择的会计政策的恰当性；(2) 对所选择的会计政策的运用；(3) 财务报表披露的恰当性或充分性。

2. 选择的会计政策的恰当性。

在选择的会计政策的恰当性方面，如果选择的会计政策与适用的财务报告编制基础不一致，或者财务报表（包括相关附注）没有按照公允列报的方式反映交易和事项，财务报表可能存在重大错报。

财务报告编制基础通常对会计处理、披露和会计政策变更提出要求。如果被审计单位变更了重大会计政策，且没有遵守这些要求，财务报表可能存在重大错报。

3. 对所选择的会计政策的运用。

在对所选择的会计政策的运用方面，如果管理层没有按照适用的财务报告编制基础的要求一贯运用所选择的会计政策，包括管理层未在不同会计期间或对相似的交易和事项一贯运用所选择的会计政策（运用的一致性），或者不当运用所选择的会计政策（如运用中的无意错误），财务报表可能存在重大错报。

4. 财务报表披露的恰当性或充分性。

在财务报表披露的恰当性或充分性方面，当出现下列情形时，财务报表可能存在重大错报：（1）财务报表没有包括适用的财务报告编制基础要求的所有披露；（2）财务报表的披露没有按照适用的财务报告编制基础列报；（3）财务报表没有作出必要的披露以实现公允反映。

5. 无法获取充分、适当的审计证据的情形。

如果存在超出被审计单位控制的情形、与注册会计师工作性质或时间安排相关的受到限制的情形，或者管理层施加限制的情形，可能导致注册会计师无法获取充分、适当的审计证据（也称为审计范围受到限制）。

超出被审计单位控制的情形举例如下：（1）被审计单位的会计记录已被毁坏；（2）重要组成部分的会计记录已被政府有关机构无限期地查封。

与注册会计师工作性质或时间安排相关的受到限制的情形举例如下：（1）被审计单位需要使用权益法对联营企业进行核算，注册会计师无法获取有关联营企业财务信息的充分、适当的审计证据以评价是否恰当运用了权益法；（2）注册会计师接受审计委托的时间安排，使注册会计师无法实施存货监盘；（3）注册会计师确定仅实施实质性程序是不充分的，但被审计单位的控制是无效的。

管理层对审计范围施加的限制致使注册会计师无法获取充分、适当的审计证据的情形举例如下：（1）管理层阻止注册会计师实施存货监盘；（2）管理层阻止注册会计师对特定账户余额实施函证。

如果注册会计师能够通过实施替代程序获取充分、适当的审计证据，则无法实施特定的程序并不构成对审计范围的限制。管理层施加的限制可能对审计产生其他影响，如注册会计师对舞弊风险的评估和对业务保持的考虑。

表 6－16 列示了导致非无保留意见的情形。

表 6－16　　如何确定导致非无保留意见的情形

对导致非无审计意见的情形	具体举例
财务报表存在重大错报	（1）选择的会计政策的恰当性；（2）对所选择的会计政策的运用；（3）财务报表披露的恰当性或充分性
无法获取充分、适当的审计证据（审计范围受到限制）	（1）存在超出被审计单位控制的情形；（2）与注册会计师工作性质或时间安排相关的受到限制的情形；（3）管理层施加限制的情形

（三）非无保留意见审计报告模式

审计报告的一致性有助于提高使用者的理解和识别存在的异常情况。因此，尽管不可能统一非无保留意见的措辞和对导致非无保留意见的原因的描述，但仍有必要保持审计报告格式和内容的一致性。

1. 保留意见、否定意见和无法表示意见部分。

在发表非无保留意见时，注册会计师应当对审计意见部分使用恰当的标题，如“保留意见”、“否定意见”或“无法表示意见”。修改这一标题能够使财务报表使用者清楚注册会计师发表了非无保留意见，并能够表明非无保留意见的类型。

（1）保留意见。当由于财务报表存在重大错报而发表保留意见时，注册会计师应当根据适用的财务报告编制基础在审计意见部分说明：注册会计师认为，除形成保留意见的基础部分所述事项产生的影响外，财务报表在所有重大方面按照适用的财务报告编制基础编制，并实现公允反映。当由于无法获取充分、适当的审计证据而导致发表保留意见时，注册会计师应当在审计意见部分使用“除……可能产生的影响外”等措辞。

当注册会计师发表保留意见时，在审计意见部分中使用“由于上述解释”或“受……影响”等措辞是不恰当的，因为这些措辞不够清晰或没有足够的说服力。

（2）否定意见。当发表否定意见时，注册会计师应当根据适用的财务报告编制基础在审计意见段中说明：注册会计师认为，由于导致否定意见的事项段所述事项的重要性，财务报表没有在所有重大方面按照适用的财务报告编制基础编制，未能实现公允反映。

（3）无法表示意见。当由于无法获取充分、适当的审计证据而发表无法表示意见时，注册会计师应当对按照《中国注册会计师审计准则第 1501 号——对财务报表形成审计意见和出具审计报告》的规定在审计报告中对注册会计师责任作出的表述进行修改，仅包含下列内容：

①注册会计师的责任是按照中国注册会计师审计准则的规定，对被审计单位财务报表执行审计工作，以出具审计报告；

②但由于形成无法表示意见的基础部分所述的事项，注册会计师无法获取充分、适当的审计证据以作为发表审计意见的基础；

③按照《中国注册会计师审计准则第 1501 号——对财务报表形成审计意见和出具审计报告》的规定，声明注册会计师在独立性和职业道德方面的其他责任。

当对财务报表发表无法表示意见时，注册会计师不得在审计报告中包含《中国注册会计师审计准则第 1504 号——在审计报告中沟通关键审计事项》规定的关键审计事项部分，除非法律法规另有规定。

表 6－17 列示了三种非无保留意见使用的措辞。

表 6－17　　非无保留意见使用的措辞

意见类型	使用的措辞
保留意见	我们认为，除“形成保留意见的基础”部分所述事项产生的影响外，后附的财务报表在所有重大方面按照企业会计准则的规定编制，公允反映了 ABC 公司 20×1 年 12 月 31 日的财务状况以及 20×1 年度的经营成果和现金流量
否定意见	我们认为，由于“形成否定意见的基础”部分所述事项的重要性，后附的 ABC 集团合并财务报表没有在所有重大方面按照企业会计准则的规定编制，未能公允反映 ABC 集团 20×1 年 12 月 31 日的合并财务状况以及 20×1 年度的合并经营成果和合并现金流量
无法表示意见	由于“导致无法表示意见的事项”段所述事项的重要性，我们无法获取充分、适当的审计证据以为发表审计意见提供基础，因此，我们不对 ABC 集团财务报表发表审计意见

2. 形成审计意见的基础。

如果对财务报表发表非无保留意见，除在审计报告中包含规定的审计报告要素外，注册会计师还应当将“形成审计意见的基础”这一标题修改为恰当的标题，如“形成保留意见的基础”、“形成否定意见的基础”或“形成无法表示意见的基础”，并在该部分对导致发表非无保留意见的事项进行描述。

如果财务报表中存在与具体金额（包括财务报表附注中的定量披露）相关的重大错报，注册会计师应当在形成审计意见的基础部分说明并量化该错报的财务影响。如果无法量化财务影响，注册会计师应当在该部分说明这一情况。举例来说，如果存货被高估，注册会计师就可以在审计报告的形成审计意见的基础部分中说明该重大错报的财务影响，即量化其对所得税、税前利润、净利润和股东权益的影响。

如果财务报表中存在与叙述性披露相关的重大错报，注册会计师应当在形成审计意见的基础部分解释该错报错在何处。如果财务报表中存在与应披露而未披露信息相关的重大错报，注册会计师应当与治理层讨论未披露信息的情况，或者在形成审计意见的基础部分描述未披露信息的性质；如果可行并且已针对未披露信息获取了充分、适当的审计证据，在形成审计意见的基础部分包含对未披露信息的披露，除非法律法规禁止。

如果因无法获取充分、适当的审计证据而导致发表非无保留意见，注册会计师应当在形成审计意见的基础部分说明无法获取审计证据的原因。

即使发表了否定意见或无法表示意见，注册会计师也应当在形成审计意见的基础部分说明注意到的、将导致发表非无保留意见的所有其他事项及其影响。

如果管理层还没有作出这些披露，或者管理层已作出但注册会计师不易获取这些披露，或者根据注册会计师的判断在审计报告中披露该事项过于庞杂，注册会计师则在形成审计意见的基础部分中披露遗漏的信息是不切实际的。

尽管对导致否定意见或无法表示意见的事项作出了说明，但这并不能成为注册会计师不对识别出的、可能导致非无保留意见的其他事项进行说明的正当理由。这是因为，对注册会计师注意到的其他事项的披露可能与财务报表使用者的信息需求相关。表 6 – 18 列示了非无保留意见中形成审计意见的基础。

表 6 – 18　　非无保留意见中形成审计意见的基础

意见类型	形成审计意见基础举例
保留意见	（二）形成保留意见的基础 ABC 公司 20 ×1 年 12 月 31 日资产负债表中存货的列示金额为 ×元。管理层根据成本对存货进行计量，而没有根据成本与可变现净值孰低的原则进行计量，这不符合企业会计准则的规定。ABC 公司的会计记录显示，如果管理层以成本与可变现净值孰低来计量存货，存货列示金额将减少 ×元。相应地，资产减值损失将增加 ×元，所得税、净利润和股东权益将分别减少 ×元、×元和 ×元。 我们按照中国注册会计师审计准则的规定执行了审计工作。审计报告的“注册会计师对财务报表审计的责任”部分进一步阐述了我们在这些准则下的责任。按照中国注册会计师职业道德守则，我们独立于 ABC 公司，并履行了职业道德方面的其他责任。我们相信，我们获取的审计证据是充分、适当的，为发表保留意见提供了基础
否定意见	（二）形成否定意见的基础 如财务报表附注 ×所述，20 ×1 年 ABC 集团通过非同一控制下的企业合并获得对 XYZ 公司的控制权，因未能取得购买日 XYZ 公司某些重要资产和负债的公允价值，故未将 XYZ 公司纳入合并财务报表的范围。按照企业会计准则的规定，该集团应将这一子公司纳入合并范围，并以暂时确定的价值为基础核算该项收购。如果将 XYZ 公司纳入合并财务报表的范围，后附的 ABC 集团合并财务报表的多个报表项目将受到重大影响。但我们无法确定未将 XYZ 公司纳入合并范围对合并财务报表产生的影响。 我们按照中国注册会计师审计准则的规定执行了审计工作。审计报告的“注册会计师对合并财务报表审计的责任”部分进一步阐述了我们在这些准则下的责任。按照中国注册会计师职业道德守则，我们独立于 ABC 集团，并履行了职业道德方面的其他责任。我们相信，我们获取的审计证据是充分、适当的，为发表否定意见提供了基础

续表

意见类型	形成审计意见基础举例
无法表示意见	（二）形成无法表示意见的基础 ABC 集团对共同经营 XYZ 公司享有的利益份额在该集团的合并资产负债表中的金额（资产扣除负债后的净影响）为×元，占该集团 20×1 年 12 月 31 日净资产的 90% 以上。我们未被允许接触 XYZ 公司的管理层和注册会计师，包括 XYZ 公司注册会计师的审计工作底稿。因此，我们无法确定是否有必要对 XYZ 公司资产中 ABC 集团共同控制的比例份额、XYZ 公司负债中 ABC 集团共同承担的比例份额、XYZ 公司收入和费用中 ABC 集团的比例份额，以及合并现金流量表和合并股东权益变动表中的要素作出调整

3. 非无保留意见审计报告的参考格式。

参考格式 6－4 由于注册会计师无法获取关于一家境外联营公司的充分、适当的审计证据而发表保留意见的审计报告。

背景信息如下：

（1）对上市实体整套合并财务报表进行审计。该审计属于集团审计，被审计单位拥有多个子公司（即适用《中国注册会计师审计准则第 1401 号——对集团财务报表审计的特殊考虑》）；

（2）管理层按照企业会计准则编制合并财务报表；

（3）审计业务约定条款体现了《中国注册会计师审计准则第 1111 号——就审计业务约定条款达成一致意见》关于管理层对财务报表责任的描述；

（4）对一家境外联营公司，注册会计师无法获取充分、适当的审计证据，这一事项对合并财务报表可能产生的影响重大，但不具有广泛性（即保留意见是恰当的）；

（5）适用的相关职业道德要求为中国注册会计师职业道德守则；

（6）基于获取的审计证据，根据《中国注册会计师审计准则第 1324 号——持续经营》，注册会计师认为可能导致对被审计单位持续经营能力产生重大疑虑的相关事项或情况不存在重大不确定性；

（7）已按照《中国注册会计师审计准则第 1504 号——在审计报告中沟通关键审计事项》的规定沟通了关键审计事项；

（8）负责监督合并财务报表的人员与负责编制合并财务报表的人员不同；

（9）除合并财务报表审计外，按照法律法规的要求，注册会计师负有其他报告责任，且注册会计师决定在审计报告中履行其他报告责任。

参考格式 6-4　　保留意见的审计报告

审计报告

ABC 股份有限公司全体股东：

一、对合并财务报表出具的审计报告

（一）保留意见

我们审计了 ABC 股份有限公司及其子公司（以下简称 ABC 集团）合并财务报表，包括 20×1 年 12 月 31 日的合并资产负债表，20×1 年度的合并利润表、合并现金流量表、合并股东权益变动表以及合并财务报表附注（包括重大会计政策和会计估计）。

我们认为，除"形成保留意见的基础"部分所述事项可能产生的影响外，后附的 ABC 集团合并财务报表在所有重大方面按照企业会计准则的规定编制，公允反映了 ABC 集团 20×1 年 12 月 31 日的合并财务状况以及 20×1 年度的合并经营成果和合并现金流量。

（二）形成保留意见的基础

如财务报表附注×所述，ABC 集团于 20×1 年取得了境外 XYZ 公司 30% 的股权，因能够对 XYZ 公司施加重大影响，故采用权益法核算该项股权投资，于 20×1 年度确认对 XYZ 公司的投资收益×元，该项股权投资于 20×1 年 12 月 31 日合并资产负债表上反映的账面价值为×元。由于我们未被允许接触 XYZ 公司的财务信息、管理层和执行 XYZ 公司审计的注册会计师，我们无法就该项股权投资的账面价值以及集团确认的 20×1 年度对 XYZ 公司的投资收益获取充分、适当的审计证据，也无法确定是否有必要对这些金额进行调整。

我们按照中国注册会计师审计准则的规定执行了审计工作。审计报告的"注册会计师对合并财务报表审计的责任"部分进一步阐述了我们在这些准则下的责任。按照中国注册会计师职业道德守则，我们独立于 ABC 集团，并履行了职业道德方面的其他责任。我们相信，我们获取的审计证据是充分、适当的，为发表保留意见提供了基础。

（三）关键审计事项

关键审计事项是根据我们的职业判断，认为对本期合并财务报表审计最为重要的事项。这些事项是在对财务报表整体进行审计并形成意见的背景下进行处理的，我们不对这些事项提供单独的意见。除"形成保留意见的基础"部分所述事项外，我们确定下列事项是需要在审计报告中沟通的关键审计事项。

[按照《中国注册会计师审计准则第 1504 号——在审计报告中沟通关键审计事项》的规定描述每一关键审计事项。]

（四）管理层和治理层对合并财务报表的责任

[按照《中国注册会计师审计准则第 1501 号——对财务报表形成审计意见和出具审计报告》的规定报告。]

（五）注册会计师对合并财务报表审计的责任

[按照《中国注册会计师审计准则第 1501 号——对财务报表形成审计意见和出具审计报告》的规定报告。]

二、按照相关法律法规的要求报告的事项

[按照《中国注册会计师审计准则第 1501 号——对财务报表形成审计意见和出具审计报告》的规定报告。]

××会计师事务所　　　　中国注册会计师（项目合伙人）：×××
（盖章）　　　　（签名并盖章）

中国注册会计师（项目经理）：×××
（签名并盖章）

中国××市　　　　二〇×二年×月×日

参考格式6-5列示了由于合并财务报表存在重大错报而发表否定意见的审计报告。

背景信息如下：

（1）对上市实体整套合并财务报表进行审计。该审计属于集团审计，被审计单位拥有多个子公司（即适用《中国注册会计师审计准则第1401号——对集团财务报表审计的特殊考虑》）；

（2）管理层按照企业会计准则编制合并财务报表；

（3）审计业务约定条款体现了《中国注册会计师审计准则第1111号——就审计业务约定条款达成一致意见》关于管理层对财务报表责任的描述；

（4）合并财务报表因部分船只不计提减值准备而存在重大错报，该错报对合并财务报表多个项目影响重大且具有广泛性（即否定意见是恰当的）；

（5）适用的相关职业道德要求为中国注册会计师职业道德守则；

（6）基于获取的审计证据，根据《中国注册会计师审计准则第1324号——持续经营》，注册会计师认为可能导致对被审计单位持续经营能力产生重大疑虑的相关事项或情况不存在重大不确定性；

（7）适用《中国注册会计师审计准则第1504号——在审计报告中沟通关键审计事项》。然而，注册会计师认为，除形成否定意见的基础部分所述事项外，无其他关键审计事项；

（8）负责监督合并财务报表的人员与负责编制合并财务报表的人员不同；

（9）除合并财务报表审计外，按照法律法规的要求，注册会计师负有其他报告责任，且注册会计师决定在审计报告中履行其他报告责任。

参考格式6-5　　　　否定意见的审计报告

审计报告

ABC股份有限公司全体股东：

一、对合并财务报表出具的审计报告

（一）否定意见

我们审计了ABC股份有限公司及其子公司（以下简称ABC集团）的合并财务报表，包括20×1年12月31日的合并资产负债表，20×1年度的合并利润表、合并现金流量表、合并股东权益变动表以及合并财务报表附注（包括重大会计政策和会计估计）。

我们认为，由于“形成否定意见的基础”部分所述事项的重要性，后附的ABC集团合并财务报表没有在所有重大方面按照企业会计准则的规定编制，未能公允反映ABC集团20×1年12月31日的合并财务状况以及20×1年度的合并经营成果和合并现金流量。

（二）形成否定意见的基础

如财务报表附注×所述，截止201×年12月31日，ABC集团拥有账面价值合计为×××万元的船只。管理层按照账面价值与可收回金额孰低的计价原则，对这些船只的可收回金额进行了评估，并对部

续表

分船只计提了×××万元的减值准备。对未计提减值准备的船只，管理层认为可收回金额高于账面价值，因此不存在减值。但我们认为，管理层未充分考虑行业的目前状况、未来前景以及集团的经营计划，对这部分船只不计提减值准备的理由并不充分。如果对这部分船只计提减值准备，后附的ABC集团合并财务报表多个报表项目将受到重大影响，其中固定资产账面价值×××万元、营业费用×××万元、利润×××万元。

我们按照中国注册会计师审计准则的规定执行了审计工作。审计报告的“注册会计师对合并财务报表审计的责任”部分进一步阐述了我们在这些准则下的责任。按照中国注册会计师职业道德守则，我们独立于ABC集团，并履行了职业道德方面的其他责任。我们相信，我们获取的审计证据是充分、适当的，为发表否定意见提供了基础。

（三）关键审计事项

除“形成否定意见的基础”部分所述事项外，我们认为，没有其他需要在我们的报告中沟通的关键审计事项。

（四）管理层和治理层对合并财务报表的责任

[按照《中国注册会计师审计准则第1501号——对财务报表形成审计意见和出具审计报告》的规定报告。]

（五）注册会计师对合并财务报表审计的责任

[按照《中国注册会计师审计准则第1501号——对财务报表形成审计意见和出具审计报告》的规定报告。]

二、按照相关法律法规的要求报告的事项

[按照《中国注册会计师审计准则第1501号——对财务报表形成审计意见和出具审计报告》的规定报告。]

××会计师事务所　　　　中国注册会计师（项目合伙人）：×××
（盖章）　　　　（签名并盖章）

中国注册会计师（项目经理）：×××
（签名并盖章）

中国××市　　　　二〇×二年×月×日

4. 参考格式6-6列示了由于注册会计师无法针对财务报表多个要素获取充分、适当的审计证据而发表无法表示意见的审计报告。

背景信息如下：

（1）对非上市实体整套财务报表进行审计。该审计不属于集团审计（即不适用《中国注册会计师审计准则第1401号——对集团财务报表审计的特殊考虑》）；

（2）管理层按照企业会计准则编制财务报表；

（3）审计业务约定条款体现了《中国注册会计师审计准则第1111号——就审计业务约定条款达成一致意见》关于管理层对财务报表责任的描述；

（4）对财务报表的多个要素，注册会计师无法获取充分、适当的审计证据。例如，对被审计单位的存货和应收账款，注册会计师无法获取审计证据，这一事项对财务报表可能产生的影响重大且具有广泛性；

（5）适用的相关职业道德要求为中国注册会计师职业道德守则；

（6）负责监督财务报表的人员与负责编制财务报表的人员不同；

（7）按照审计准则要求在注册会计师的责任部分作出更有限的表述；

（8）除财务报表审计外，按照法律法规的要求，注册会计师负有其他报告责任，且注册会计师决定在审计报告中履行其他报告责任。

参考格式6－6　　无法表示意见的审计报告

审计报告

ABC股份有限公司全体股东：

一、对财务报表出具的审计报告

（一）无法表示意见

我们接受委托，审计ABC股份有限公司（以下简称ABC公司）财务报表，包括20×1年12月31日的资产负债表，20×1年度的利润表、现金流量表、股东权益变动表以及财务报表附注（包括重大会计政策和会计估计）。

我们不对后附的ABC公司财务报表发表审计意见。由于"形成无法表示意见的基础"部分所述事项的重要性，我们无法获取充分、适当的审计证据以作为对财务报表发表审计意见的基础。

（二）形成无法表示意见的基础

我们于20×2年1月接受ABC公司的审计委托，因而未能对ABC公司20×1年初金额为×元的存货和年末金额为×元的存货实施监盘程序。此外，我们也无法实施替代审计程序获取充分、适当的审计证据。并且，ABC公司于20×1年9月采用新的应收账款电算化系统，由于存在系统缺陷导致应收账款出现大量错误。截至报告日，管理层仍在纠正系统缺陷并更正错误，我们也无法实施替代审计程序，以对截至20×1年12月31日的应收账款总额×元获取充分、适当的审计证据。因此，我们无法确定是否有必要对存货、应收账款以及财务报表其他项目作出调整，也无法确定应调整的金额。

（三）管理层和治理层对财务报表的责任

[按照《中国注册会计师审计准则第1501号——对财务报表形成审计意见和出具审计报告》的规定报告。]

（四）注册会计师对财务报表审计的责任

我们的责任是按照中国注册会计师审计准则的规定，对ABC公司的财务报表执行审计工作，以出具审计报告。但由于"形成无法表示意见的基础"部分所述的事项，我们无法获取充分、适当的审计证据以作为发表审计意见的基础。

按照中国注册会计师职业道德守则，我们独立于ABC公司，并履行了职业道德方面的其他责任。

续表

二、对其他法律和监管要求的报告 ［按照《中国注册会计师审计准则第1501号——对财务报表形成审计意见和出具审计报告》的规定报告。］ ×××会计师事务所　　　　　　　　中国注册会计师（项目合伙人）：××× （盖章）　　　　　　　　　　　　　　（签名并盖章） 　　　　　　　　　　　　　　　　中国注册会计师（项目经理）：××× 　　　　　　　　　　　　　　　　　　（签名并盖章） 中国××市　　　　　　　　　　　　二〇×二年×月×日

（四）特殊情况的考虑

1. 注册会计师承接审计业务后，因管理层施加限制导致无法获取充分、适当的审计证据的后果。

解除审计业务约定是否可行，可能取决于管理层施加审计范围限制时注册会计师完成审计业务的阶段。如果基本上完成了审计业务，注册会计师可能决定在解除业务约定前尽量完成审计业务，发表无法表示意见，并在形成无法表示意见的基础部分说明审计范围受到的限制。

在某些情况下，如果法律法规要求注册会计师继续执行审计业务，则注册会计师可能无法解除审计业务约定。这种情况可能包括：（1）注册会计师接受委托审计公共部门实体的财务报表；（2）注册会计师接受委托审计涵盖特定期间的财务报表，或者接受一定期间的委托，在完成财务报表审计前或在受托期间结束前，不允许解除审计业务约定。在上述情况下，注册会计师可能认为需要在审计报告中增加其他事项段。

如果注册会计师认为由于审计范围受到限制有必要解除审计业务约定，根据职业准则、法律法规或监管机构的要求，注册会计师可能需要向监管机构或被审计单位的股东报告与解除审计业务约定相关的事项。

2. 与发表否定意见或无法表示意见相关的其他考虑。

在同一审计报告中包含无保留意见，不会与对财务报表整体发表的否定意见或无法表示意见相矛盾的情形举例如下：（1）对财务报表按照既定的财务报告编制基础编制发表无保留意见，并在同一审计报告中对同一财务报表按照不同的财务报告编制基础编制发表否定意见；（2）对经营成果、现金流量（如相关）发表无法表示意见，对财务状况发表无保留意见（首次审计业务涉及的期初余额）。在这种情况下，注册会计师没有对财务报表整体发表无法表示意见。

第七节　关键审计事项

一、关键审计事项的定义

注册会计师对上市实体整套通用目的财务报表进行审计，应当在审计报告中沟通关键审计事项；或者注册会计师决定或委托方要求，可能在审计报告中沟通关键审计事项。关键审计事项，是指注册会计师根据职业判断认为对本期财务报表审计最为重要的事项。注册会计师的目标是，确定关键审计事项，并在对财务报表形成审计意见后，以在审计报告中描述关键审计事项的方式沟通这些事项。

关键审计事项是从注册会计师已与治理层沟通过的事项中选取。按照《中国注册会计师审计准则第 1151 号——与治理层的沟通》的规定，注册会计师应当与治理层进行双向沟通。在沟通时，注册会计师可能曾就某些事项与治理层进行过充分对话。财务报表使用者对这些事项感兴趣，并且呼吁增加这些沟通的透明度。例如，使用者对了解注册会计师在对财务报表整体形成审计意见时作出的重大判断尤其感兴趣，因为这些判断通常与编制财务报表时作出的重大管理层判断领域相关。

在审计报告中沟通关键审计事项，有下列优点：（1）旨在通过提高已执行审计工作的透明度增加审计报告的沟通价值，从而提高审计报告的决策相关性和有用性；（2）能够为财务报表预期使用者提供额外的信息，以帮助其了解注册会计师根据职业判断认为对本期财务报表审计最为重要的事项；（3）帮助财务报表预期使用者了解被审计单位，以及已审计财务报表中涉及重大管理层判断的领域；（4）为财务报表预期使用者就与被审计单位、已审计财务报表或已执行审计工作相关的事项进一步与管理层和治理层沟通提供基础；（5）有助于加强注册会计师与治理层就这些事项进行的沟通，同时还可能提高管理层和治理层对审计报告中提及的财务报表披露的关注程度。

对关键审计事项的理解需要具有一定的相关知识。根据《中国注册会计师审计准则第 1221 号——计划和执行审计工作时的重要性》的规定，就审计而言，注册会计师针对财务报表使用者作出下列假定是合理的：（1）拥有经营、经济活动和会计方面的适当知识，并有意愿认真研究财务报表中的信息；（2）理解财务报表是在运用重要性水平基础上编制、列报和审计的；（3）认可建立在对估计和判断的应用以及对未来事项的考虑的基础上的会计计量具有固有的不确定性；（4）依据财务报表中的信息作出合理的经济决策。由于审计报告后附已审计财务报表，通常认为审计报告使用者与财务报表预期使用者相同。

二、确定关键审计事项

（一）确定关键审计事项的思路

确定关键审计事项，首先要考虑与治理层沟通的事项，其次在沟通的事项中确定在执行审计工作时重点关注过的事项，在重点关注的事项中确定最为重要的事项，即关键审计事项。图 6 – 2 列示了确定关家审计事项的决策思路。

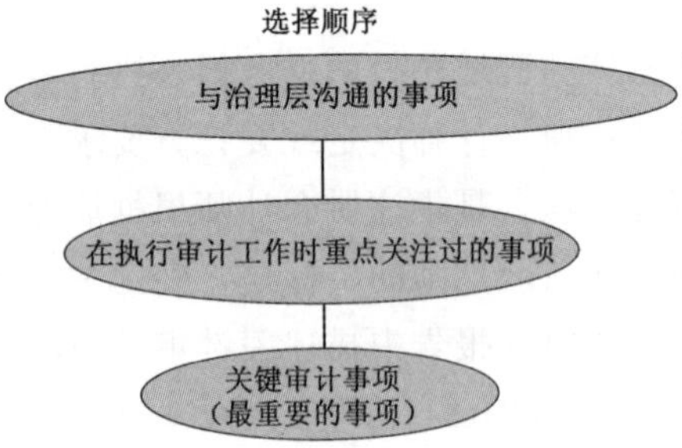

图 6 – 2　确定关键审计事项决策思路

（二）以“与治理层沟通的事项”作为起点

注册会计师确定关键审计事项的决策过程，旨在从与治理层沟通的事项中筛选出数量较少的事项，这基于注册会计师就哪些事项对本期财务报表审计最为重要作出的判断。

前已述及，注册会计师与治理层沟通的事项，主要体现在下列方面：（1）注册会计师与财务报表审计相关的责任；（2）计划的审计范围和时间安排的总体情况，包括识别出的特别风险；（3）在审计中发现的重大事项，例如注册会计师对被审计单位会计实务（重大方面的质量的看法，审计工作中遇到的重大困难，已与管理层讨论或需要书面沟通的审计中出现的重大事项和要求管理层提供的书面声明，影响审计报告形式和内容的情形（如有），审计中出现的、根据职业判断认为与监督财务报告过程相关的所有其他重大事项）。（4）如果被审计单位是上市实体，还应与治理层沟通有关独立性的事项。调查结果表明，财务报表使用者对计划的审计范围和时间安排的总体情况，以及审计中发现的重大事项感兴趣，并且呼吁增加这些沟通的透明度。因此，确定关键审计事项要从在审计中发现的重大事项中予以考虑。图 6 – 3 列示了从《中国注册会计师审计准则第 1151 号——与治理层的沟通》规定的沟通事项中考虑关键审计事项的范围。

（三）重点关注过的事项

重点关注的概念基于这样的认识：审计是风险导向的，注重识别和评估财务报表重大错报风险，设计和实施应对这些风险的审计程序，获取充分、适当的审计证据，以作为形成审计意见的基础。对于特定账户余额、交易类别或披露，评

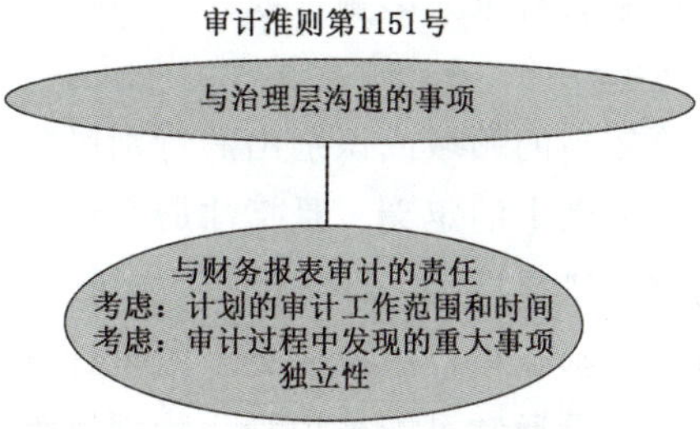

图 6-3 考虑关键审计事项的范围

估的认定层次重大错报风险越高，在计划和实施审计程序并评价审计程序的结果时通常涉及的判断就越多。在设计进一步审计程序时，注册会计师评估的风险越高，就需要获取越有说服力的审计证据。当由于评估的风险较高而需要获取更具说服力的审计证据时，注册会计师可能需要增加所需审计证据的数量，或者获取更具相关性或可靠性的审计证据，如更注重从第三方获取审计证据或从多个独立渠道获取互相印证的审计证据。因此，对注册会计师获取充分、适当的审计证据或对财务报表形成审计意见构成挑战的事项可能与注册会计师确定关键审计事项尤其相关。

在计划审计工作时，注册会计师可以先就哪些事项很可能属于重点关注的领域因而可能构成关键审计事项形成一个初步的看法。按照《中国注册会计师审计准则第 1151 号——与治理层的沟通》的规定，注册会计师可以在与治理层讨论计划的审计范围和时间安排时沟通这一看法。然而，注册会计师对关键审计事项的确定需要基于审计结果或整个审计过程中获取的审计证据。

总的来说，注册会计师从与治理层沟通的事项中确定在执行审计工作时重点关注过的事项时，注册会计师应当考虑下列方面：（1）按照《中国注册会计师审计准则第 1211 号——通过了解被审计单位及其环境识别和评估重大错报风险》的规定，评估的重大错报风险较高的领域或识别出的特别风险；（2）与财务报表中涉及重大管理层判断（包括被认为具有高度估计不确定性的会计估计）的领域相关的重大审计判断；（3）本期重大交易或事项对审计的影响。这些考虑着眼于与治理层沟通过的事项的性质，这些事项通常与财务报表中披露的事项相关联，并且旨在反映已审计财务报表中预期使用者可能特别感兴趣的领域。要求注册会计师进行这些考虑，并不意味着与之相关的事项通常构成关键审计事项，只有被认为对审计工作最为重要时，相关事项才构成关键审计事项。除了上述特定考虑相关的事项外，还可能存在其他与治理层沟通的事项需要重点关注，因而可能确定为关键审计事项。这些事项可能包括与已执行审计工作相关但可能不被要求在财务报表中披露的事项等。例如，在会计期间内上线一套新的 IT 系统（或现有 IT 系统的重大变更）可能构成重点关注过的领域，尤其是当这种变更对注册会计师的总体审计策略具有重大影响，或与一项特别风险相关时（例如，影响收入确认的系统的变更）。

评估的重大错报风险较高的领域或识别出的特别风险，属于重点关注过的事项。特别风险，根据审计准则中的定义，是指注册会计师识别和评估的、根据判断认为需要特别考虑的重大错报风险。评估的重大错报风险较高的领域或识别出的特别风险，需要注册会计师在审计中投放更多的审计资源予以应对。重大管理层判断领域和重大非常规交易通常可能被识别为特别风险。因而，特别风险通常属于需要重点关注的领域。但并非所有特别风险都属于需要重点关注的领域。例如，假定在收入确认方面存在舞弊风险，要求注册会计师将评估的由于舞弊导致的重大错报风险作为特别风险；由于管理层凌驾于控制之上的行为发生方式不可预见，这种风险属于由于舞弊导致的重大错报风险，从而也是一种特别风险。这些风险是否需要重点关注，需要视其性质而定。如果这些风险不需要重点关注，注册会计师在确定关键审计事项时可能不必加以考虑。注册会计师对认定层次重大错报风险的评估结果，可能随着审计过程中不断获取审计证据而作出相应的变化。针对财务报表的特定领域修改注册会计师的风险评估结果并重新评价计划实施的审计程序（即审计方法的重大变更，例如，注册会计师的风险评估建立在特定控制运行有效的基础上，而注册会计师获取了相关控制在审计期间内并未有效运行的审计证据，尤其是在评估的重大错报风险较高的领域）可能导致某一领域被确定为需要重点关注的领域。

与财务报表中涉及重大管理层判断（包括被认为具有高度估计不确定性的会计估计）的领域相关的重大审计判断，属于重点关注过的事项。注册会计师在与治理层沟通注册会计师对被审计单位会计实务（包括会计政策、会计估计和财务报表披露）重大方面质量的看法时，在很多情况下，涉及关键的会计估计和相关披露，很可能属于重点关注领域，也可能被识别为特别风险。财务报表使用者对识别为具有高度估计不确定性的会计估计表现出显著兴趣。这些估计高度依赖管理层判断，通常是财务报表中最为复杂的领域，并且可能同时需要管理层的专家和注册会计师的专家的参与。同时，对财务报表具有重大影响的会计政策（以及这些政策的重大变更）对理解财务报表特别相关，尤其是当被审计单位的实务与同行业其他实体不一致时。注册会计师重点关注过的领域因与财务报表中复杂、重大的管理层判断领域相关，因而通常涉及困难或复杂的注册会计师职业判断。相应地，重点关注过的事项通常影响注册会计师的总体审计策略以及对这些事项分配的审计资源和审计工作力度。这些影响可能包括，例如，高级审计人员参与审计业务的程度，或者注册会计师的专家或在会计、审计的特殊领域具有专长的人员（包括会计师事务所聘请或雇用的人员）对这些领域的参与。

本期重大交易或事项对审计的影响，属于重点关注过的事项。对财务报表或审计工作具有重大影响的事项或交易属于重点关注领域，可能对注册会计师的总体审计策略产生重大影响，也可能被识别为特别风险。例如，在审计过程中的各个阶段，注册会计师可能已与管理层和治理层就重大关联方交易或超出被审计单位正常经营过程之外的重大交易，或在其他方面显得异常的交易对财务报表的影响进行大量讨论。管理层可能已就这些交易的确认、计量、列报或披露作出困难或复杂的判断，这些判断可能已对注册会计师的总体审计策略产生重大影响。经济、会计、法规、行业或其他方面的重大变化可能影响管理层的假设或判断，也可能影响注册会计师的总体审计方法，并导致某一事项需要重点关注。

（四）最为重要的事项

注册会计师应当从重点关注的事项中，确定哪些事项对本期财务报表审计最为重要，从而构成关键审计事项。

注册会计师可能已就需要重点关注的事项与治理层进行了较多的互动。就这些事项与治理层进行沟通的性质和范围，通常能够表明哪些事项对审计而言最为重要。例如，对于较为困难和复杂的事项，注册会计师与治理层的互动可能更加深入、频繁或充分，这些事项（如重大会计政策的运用）构成重大注册会计师或管理层判断的对象。运用最为重要的事项这一概念，需要以被审计单位和已执行的审计工作为背景。同样，注册会计师确定和沟通关键审计事项的目的在于识别出对审计工作特有的事项，并就这些事项相对于审计中其他事项的重要程度作出判断。

在确定某一与治理层沟通过的事项的相对重要程度以及该事项是否构成关键审计事项时，下列考虑也可能是相关的：（1）该事项对预期使用者理解财务报表整体的重要程度，尤其是对财务报表的重要性。（2）与该事项相关的会计政策的性质或者与同行业其他实体相比，管理层在选择适当的会计政策时涉及的复杂程度或主观程度。（3）从定性和定量方面考虑，与该事项相关的由于舞弊或错误导致的已更正错报和累积未更正错报（如有）的性质和重要程度。（4）为应对该事项所需要付出的审计努力的性质和程度，包括为应对该事项而实施审计程序或评价这些审计程序的结果（如有）在多大程度上需要特殊的知识或技能，以及就该事项在项目组之外进行咨询的性质。（5）在实施审计程序、评价实施审计程序的结果、获取相关和可靠的审计证据以作为发表审计意见的基础时，注册会计师遇到的困难的性质和严重程度，尤其是当注册会计师的判断变得更加主观时。（6）识别出的与该事项相关的控制缺陷的严重程度。（7）该事项是否涉及数项可区分但又相互关联的审计考虑。例如，长期合同的收入确认、诉讼或其他或有事项等方面，可能需要重点关注，并且可能影响其他会计估计。

从需要重点关注的事项中，确定哪些事项以及多少事项对本期财务报表审计最为重要属于职业判断问题。需要在审计报告中包含的关键审计事项的数量可能受被审计单位规模和复杂程度、业务和经营环境的性质，以及审计业务具体事实和情况的影响。总体来说，最初确定为关键审计事项的事项越多，注册会计师越需要重新考虑每一事项是否符合关键审计事项的定义。对关键审计事项作冗长的列举可能与这些事项是审计中最为重要的事项这一概念相抵触。

在比较财务报表中，即使已审计财务报表包含比较财务信息（即审计意见涉及财务报表列报的每个期间），注册会计师确定的关键审计事项仅限于对本期财务报表审计最为重要的事项。尽管注册会计师确定关键审计事项是为了本期财务报表审计，并不要求注册会计师更新上期审计报告中的关键审计事项，但注册会计师考虑上期财务报表审计的关键审计事项对本期财务报表审计而言是否仍为关键审计事项可能是有用的。

三、沟通关键审计事项

（一）在审计报告中单设关键审计事项部分

注册会计师应当在审计报告中单设一部分，以“关键审计事项”为标题，并在该部分使用恰当的子标题逐项描述关键审计事项。关键审计事项部分的引言应当同时说明下列事项：（1）关键审计事项是注册会计师根据职业判断，认为对本期财务报表审计最为重要的事项；（2）关键审计事项的应对以对财务报表整体进行审计并形成审计意见为背景，注册会计师对财务报表整体形成审计意见，而不对关键审计事项单独发表意见。

单设关键审计事项部分并将其紧接在审计意见之后，能够突出这些信息，这是基于这样一种认识，即项目特定信息在财务报表预期使用者眼中具有价值。在关键审计事项部分列报每一事项的顺序属于职业判断问题。例如，这些信息可能以注册会计师所判断的相对重要程度来列示，也可能与事项在财务报表中的披露方式相对应。如果列报了比较财务信息，关键审计事项部分的引言需要作相应调整，以提醒所描述的关键审计事项仅与本期财务报表审计相关这一事实，还可以指明这些财务报表涵盖的具体期间（例如，20×1 年度）。

参考格式 6－7 列示了在审计报告如何单设关键审计事项部分。

参考格式 6－7　　　　在审计报告设关键审计事项部分

审计报告

（前面要素省略）

（三）关键审计事项

关键审计事项是根据我们的职业判断，认为对本期财务报表审计最为重要的事项。这些事项是在对财务报表整体进行审计并形成意见的背景下进行处理的，我们不对这些事项提供单独的意见。

［按照《中国注册会计师审计准则第 1504 号——在审计报告中沟通关键审计事项》的规定描述每一关键审计事项。］

（后面要素省略）

（二）逐项描述关键审计事项

在审计报告的关键审计事项部分逐项描述关键审计事项时，注册会计师应当分别索引至财务报表的相关披露（如有），并同时说明下列内容：(1) 该事项被认定为审计中最为重要的事项之一，因而被确定为关键审计事项的原因；(2) 该事项在审计中是如何应对的。

1. 说明确定为关键事项的原因。

关键审计事项描述的是否充分性属于职业判断。对关键审计事项进行描述的目的在于提供一种简明、不偏颇的解释，以使预期使用者能够了解为何该事项是对审计最为重要的事项之一，以及这些事项是如何在审计中加以应对的。限制使用高度技术化的审计学术语也能够帮助那些不具备适当审计知识的预期使用者了解注册会计师在审计过程中关注特定事项的原因。注册会计师提供信息的性质和范围需要在相关方各自责任的背景下作出权衡（即注册会计师以一种简明且可理解的形式提供有用的信息，而不应成为被审计单位原始信息的提供者）。

在描述关键审计事项时，注册会计师需要避免不恰当地提供与被审计单位相关的原始信息。原始信息是指与被审计单位相关、尚未由被审计单位公布（例如，未包含在财务报表中、未包含在审计报告日可获取的其他信息或者管理层或治理层的其他口头或书面沟通中，如财务信息的初步公告或投资者简报）的信息。这些信息是被审计单位管理层和治理层的责任。对关键审计事项的描述通常不构成有关被审计单位的原始信息，这是由于关键审计事项是在审计的背景下描述的。然而，注册会计师仍可能认为提供进一步信息用于解释为何该事项被认为对审计最为重要因而被确定为关键审计事项，以及这些事项如何在审计中加以应对是有必要的，除非法律法规禁止披露这些信息。如果确定这些信息是必要的，注册会计师可以鼓励管理层或治理层披露进一步的信息，而不是在审计报告中提供原始信息。

在审计过程中编制的审计工作底稿也能够帮助注册会计师形成对某项关键审计事项的描述。例如，与治理层之间的书面或口头沟通形成的记录以及其他审计工作底稿，能够为注册会计师在审计报告中的沟通提供有用的基础。这是因为，审计工作底稿旨在应对审计过程中出现的重大事项、就此形成的结论，以及在形成这些结论过程中作出的重大职业判断。审计工作底稿记录了已实施审计程序的性质、时间安排和范围，实施审计程序的结果，以及获取的审计证据。这种审计工作底稿可以帮助注册会计师形成对关键审计事项的描述，并在描述中解释该事项的重要程度。

在描述关键审计事项时，如可能，应当索引至财务报表中对该事项的披露。对关键审计事项的描述不是对财务报表披露内容的简单重复。然而，对相关披露的索引能够使预期使用者进一步了解管理层在编制财务报表时如何应对这些事项。除索引至相关披露外，注册会计师还可以提请使用者注意这些披露的关键方面。管理层对影响本期财务报表的某一特定事项的具体方面或因素的披露程度，可能帮助注册会计师准确描述这类事项是如何在审计中加以应对的，从而使得预期使用者能够了解为何该事项构成关键审计事项。例如：（1）如果被审计单位对会计估计披露到位，为了说明某事项为何是审计中最为重要的事项之一以及审计中是如何应对该事项的，注册会计师可以提请使用者关注对关键假设、可能结果的区间，以及与估计不确定性的主要来源或关键会计估计相关的其他定性和定量方面的披露。（2）如果注册会计师根据《中国注册会计师审计准则第 1324 号——持续经营》的规定，认为可能导致对被审计单位持续经营能力产生重大疑虑的事项或情况不存在重大不确定性，注册会计师仍可能确定在按照该准则的规定执行审计工作得出结论时，与该结论相关的一项或多项事项构成关键审计事项。在这些情况下，注册会计师在审计报告中对这些关键审计事项的描述可以包括财务报表中披露的、已识别出的事项或情况，如重大经营亏损、可获得的借款安排和潜在的债务重组，或者违反贷款协议及相关缓解因素。

在确定对关键审计事项的描述需要包含的信息时，注册会计师需要考虑该信息对预期使用者的相关性。这可能包括相关描述是否能够有助于更好地了解审计工作和注册会计师的判断。将某事项与被审计单位的特定情况紧密相扣，也可能有助于最大程度上降低这种描述随着时间的推移而变得过于标准化和无用的可能性。例如，对于某一特定行业的多个实体，由于该行业的特定情况或该行业财务报告的复杂程度，某些事项可能被确定为关键审计事项。注册会计师在描述为何认为该事项是最为重要的事项之一时，强调被审计单位的特定方面（例如，影响本期财务报表中作出的判断的情形）以使这种描述对预期使用者而言更为相关。在描述关键审计事项时，可以提及注册会计师根据审计的具体情况将某一事项确定为最为重要的事项之一时作出的主要考虑，例如：（1）影响注册会计师获取审计证据能力的经济状况，如某些金融工具的市场缺乏流动性。（2）新的或实务中新出现的会计政策，如项目组在会计师事务所内部咨询的被审计单位特有的或行业特有的事项。（3）对财务报表具有重大影响的被审计单位战略或经营模式发生变化。

参考格式 6-8 列示了在审计报告如何逐项描述关键审计事项。

参考格式 6－8　　在审计报告描述关键审计事项

审计报告

（前面要素省略）

（三）关键审计事项

关键审计事项是根据我们的职业判断，认为对本期财务报表审计最为重要的事项。这些事项是在对财务报表整体进行审计并形成意见的背景下进行处理的，我们不对这些事项提供单独的意见。

1. 事项描述—投资性房地产的估值

相关信息披露详见财务报表附注——××。贵公司对投资性房地产采用公允价值进行后续计量。截至201×年12月31日，管理层对贵公司持有的投资性房地产估计的公允价值为XXX万元，并在合并利润表中确认了YYY万元的公允价值变动损益。为评估这些投资性房地产截至201×年12月31日的公允价值，贵公司聘请了外部独立评估机构执行相关评估工作并出具评估报告。由于其评估结果依赖于对包括折现率和公允市场租金等关键假设所作出的重大判断，因此构成关键审计事项。从年初以来，评估中所使用的折现率并未发生重大变化，投资性房地产公允价值的增加主要是因为公允市场租金的上升所引起。

（后面要素省略）

2. 说明关键审计事项在审计中如何应对。

在审计报告中描述一项关键审计事项在审计中如何应对时，描述的详细程度属于职业判断问题。注册会计师可以描述下列要素：（1）审计应对措施或审计方法中，与该事项最为相关或对评估的重大错报风险最有针对性的方面；（2）对已实施审计程序的简要概述；（3）实施审计程序的结果；（4）对该事项作出的主要看法。

为使预期使用者能够理解关键审计事项在对财务报表整体进行审计的背景下的重要程度，以及关键审计事项和审计报告其他要素（包括审计意见）之间的关系，注册会计师可能需要注意用于描述关键审计事项的语言，使之：（1）不暗示注册会计师在对财务报表形成审计意见时尚未恰当解决该事项。（2）将该事项与被审计单位的具体情形紧密相扣，避免使用通用或标准化的语言。（3）考虑该事项在相关财务报表披露（如有）中是如何处理的。（4）不包含或暗示对财务报表单一要素单独发表的意见。

描述注册会计师对某一事项的应对措施或审计方法的某些方面，尤其是当审计方法需要根据被审计单位的事实和情况定制时，可能有助于预期使用者了解异常情况以及注册会计师用于应对重大错报风险的重大职业判断。此外，某一特殊时期的审计方法可能受被审计单位特定情况、经济状况或行业发展的影响。注册会计师提及与治理层就该事项进行沟通的性质和范围也可能是有用的。例如，在描述对某项被认为具有高度估计不确定性的会计估计（如复杂金融工具的估价）采用的审计方法时，注册会计师可能希望强调其雇用或聘请了注册会计师的专家。当然，提及利用专家的工作并不减轻注册会计师对财务报表发表审计意见的责任。

描述审计程序可能存在挑战，尤其是在较为复杂、判断性较强的审计领域。特别地，简明扼要地汇总已实施的审计程序，以充分地沟通注册会计师对评估的重大错报风险采取的应对措施以及所涉及的重大注册会计师判断可能是困难的。尽管如此，注册会计师可能认为有必要描述已实施的特定程序，以沟通该事项在审计中是如何应对的。这种描述通常可能是高度概括的，而非包含对程序的详细描述。

注册会计师在审计报告中描述关键审计事项时，也可能指出注册会计师采取的应对措施的结果。然而，如果这样做，注册会计师需要避免留下这种描述是针对单一关键审计事项发表单独意见的印象，也需要避免使预期使用者对财务报表整体的审计意见产生疑问。

参考格式 6 -9 列示了关键审计事项在审计中如何应对项。

参考格式 6 -9　　　　关键审计事项在审计中如何应对

审计报告

（前面要素省略）

（三）关键审计事项

关键审计事项是根据我们的职业判断，认为对本期财务报表审计最为重要的事项。这些事项是在对财务报表整体进行审计并形成意见的背景下进行处理的，我们不对这些事项提供单独的意见。

1. 事项描述—投资性房地产的估值

相关信息披露详见财务报表附注——××。贵公司对投资性房地产采用公允价值进行后续计量。截至 201×年 12 月 31 日，管理层对贵公司持有的投资性房地产估计的公允价值为 XXX 万元，并在合并利润表中确认了 YYY 万元的公允价值变动损益。为评估这些投资性房地产截至 201×年 12 月 31 日的公允价值，贵公司聘请了外部独立评估机构执行相关评估工作并出具评估报告。由于其评估结果依赖于对包括折现率和公允市场租金等关键假设所作出的重大判断，因此构成关键审计事项。从年初以来，评估中所使用的折现率并未发生重大变化，投资性房地产公允价值的增加主要是因为公允市场租金的上升所引起。

2. 实施的审计程序

我们对投资性房地产的估值实施了如下的审计程序：

（1）对外部独立评估机构的胜任能力和客观性进行了评估；

（2）基于我们对相关行业的了解以及利用我们的评估专家，对采用的估值方法进行了评估，并且评估了关键假设的恰当性；

（3）在抽样的基础上，检查了所使用数据的准确性和相关性。

3. 实施审计程序的结果

基于实施的审计程序，我们认为，相关关键假设与所获取的证据相印证，公允市场租金与最近的租金和折现率相印证，并与我们的预期相符。相关信息在财务报表附注——××中所作出的披露是适当的。

（后面要素省略）

四、不在审计报告中沟通关键审计事项的情形

存在下列情形之一，注册会计师不应在审计报告中描述每项关键审计事项：(1) 法律法规禁止公开披露某事项。法律法规可能禁止管理层或注册会计师公开披露某一被确定为关键审计事项的事项。例如，法律法规可能明确禁止任何可能损害适当机构对某项违法行为或疑似违法行为（如与洗钱相关或似乎与洗钱相关的行为）进行调查的公开披露。(2) 在极少数情形下，如果合理预期在审计报告中沟通某事项造成的负面后果超过在公众利益方面产生的益处，不应在审计报告中沟通该事项。如果被审计单位已公开披露与该事项有关的信息，则本项规定不适用。不在审计报告中沟通某项关键审计事项的情形极其罕见。这是因为，为预期使用者提高审计的透明度被视为是符合公众利益的。因此，仅当这种沟通对被审计单位或公众带来的负面后果被认为非常严重以至于能够被合理预期超过沟通这些事项所带来的公众利益时，不沟通关键审计事项的判断才是适当的。

确定不沟通某项关键审计事项，需要考虑与该事项相关的事实和情形。与管理层和治理层沟通有助于注册会计师了解管理层对沟通某一事项可能导致的负面后果的严重程度的看法。尤其是，与管理层和治理层进行沟通能够在下列方面有助于注册会计师确定是否沟通该事项：(1) 帮助注册会计师了解被审计单位未公开披露该事项的原因（例如，法律法规或特定财务报告编制基础允许延迟披露或不披露该事项）以及管理层对披露所带来的负面后果（如有）的看法。管理层可能提请注册会计师注意法律法规或其他权威来源中可能与考虑负面后果相关的某些方面（例如，这些方面可能涉及对被审计单位的商业谈判或竞争地位造成的损害）。(2) 强调是否已就该事项与适当的执法或监管机构进行沟通，尤其是这些沟通看起来是否能够支持管理层关于公开披露该事项不适当的认定。(3) 在适当时，使注册会计师能够鼓励管理层和治理层公开披露与该事项相关的信息。如果管理层和治理层关于沟通的顾虑仅限于与该事项相关的特定方面，因而与该事项相关的某些信息可能不太敏感从而能够沟通，则这尤其成为可能。注册会计师还可能认为从管理层获取关于公开披露该事项为何不适当的书面声明，包括管理层对这种沟通可能带来的负面后果的严重程度的看法，是有必要的。

注册会计师可能有必要根据相关道德要求考虑沟通某一关键审计事项带来的后果。此外，法律法规可能要求注册会计师与适当的执法或监管机构沟通该事项，而无论该事项是否在审计报告中沟通。这种沟通也可能有助于注册会计师考虑沟通该事项可能带来的负面后果。注册会计师决定不沟通某一事项所需要进行的考虑是复杂的，包含重大职业判断。因此，注册会计师可能认为获取法律建议是适当的。

五、关键审计事项、审计意见、审计报告其他要素之间的关系

在审计报告中沟通关键审计事项以注册会计师已就财务报表整体形成审计意见为背景。在审计报告中沟通关键审计事项不能代替下列事项：（1）管理层按照适用的财务报告编制基础在财务报表中作出的披露，或为使财务报表实现公允反映而作出的披露（如适用）；（2）注册会计师按照《中国注册会计师审计准则第 1502 号——在审计报告中发表非无保留意见》的规定，根据审计业务的具体情况发表非无保留意见；（3）当可能导致对被审计单位持续经营能力产生重大疑虑的事项或情况存在重大不确定性时，注册会计师按照《中国注册会计师审计准则第 1324 号——持续经营》的规定进行报告。

根据《中国注册会计师审计准则第 1502 号——在审计报告中发表非无保留意见》的规定导致非无保留意见的事项，或者根据《中国注册会计师审计准则第 1324 号——持续经营》的规定可能导致对被审计单位持续经营能力产生重大疑虑的事项或情况存在重大不确定性，就其性质而言都属于关键审计事项。然而，这些事项不得在审计报告的关键审计事项部分进行描述。注册会计师应当按照适用的审计准则的规定报告这些事项，并在关键审计事项部分提及形成保留（否定）意见的基础部分或与持续经营相关的重大不确定性部分。如果注册会计师根据被审计单位和审计业务的具体事实和情况，确定不存在需要沟通的关键审计事项，注册会计师应当在审计报告中单设的关键审计事项部分对此进行说明。

沟通关键审计事项并不代替适用的财务报告编制基础要求管理层在财务报表中作出的披露或为实现财务报表的公允反映而需要作出的披露。当注册会计师按照《中国注册会计师审计准则第 1502 号——在审计报告中发表非无保留意见》的规定发表保留意见或否定意见时，在“形成保留（否定）意见的基础”部分描述导致非无保留意见的事项有助于预期使用者了解这些事项并在其发生时能够加以识别。因此，将这些事项与“关键审计事项”部分描述的其他关键审计事项区分开来单独沟通，能够使其在审计报告中得以适当地突出显示。当注册会计师发表保留意见或否定意见并在审计报告中沟通其他关键审计事项时，“关键审计事项”部分的引言将受到影响。例如：除“形成保留意见的基础”部分所述事项外，我们确定下列事项是需要在审计报告中沟通的关键审计事项；除“形成否定意见的基础”部分所述事项外，我们确定下列事项是需要在审计报告中沟通的关键审计事项。

确定关键审计事项涉及对需要重点关注的事项的相对重要程度作出判断。因此，对上市实体整套通用目的财务报表进行审计的注册会计师，确定与治理层沟通的事项中不存在任何一项需要在审计报告中沟通的关键审计事项，可能是罕见的。然而，在某些有限的情况下（如某上市实体的经营业务非常有限），注册会

计师可能确定由于不存在需要重点关注的事项，即不存在关键审计事项。

参考格式 6－10 列示了当注册会计师确定除审计报告“形成保留（否定）意见的基础”部分或“与持续经营有关的重大不确定性”部分说明的事项外，不存在其他需要在审计报告中沟通的关键审计事项时，“关键审计事项”部分如何进行说明。

参考格式 6－10 不存在其他需要在审计报告中沟通的关键审计事项

审计报告

（前面要素省略）

（三）关键审计事项

关键审计事项是根据我们的职业判断，认为对本期财务报表审计最为重要的事项。这些事项是在对财务报表整体进行审计并形成意见的背景下进行处理的，我们不对这些事项提供单独的意见。

（如果注册会计师确定不存在需要沟通的关键审计事项，可以在审计报告中作如下表述）：

除形成保留（否定）意见的基础部分或与持续经营相关的重大不确定性部分所描述的事项外，我们确定不存在其他需要在我们的报告中沟通的关键审计事项。

或者：

我们确定不存在需要在我们的报告中沟通的关键审计事项。

如果注册会计师对财务报表发表保留意见或否定意见，沟通其他关键审计事项仍将有助于增强预期使用者对审计工作的了解，因而，确定关键审计事项的要求仍然适用。然而，由于否定意见是在注册会计师得出结论认为错报单独或汇总起来对财务报表产生的影响重大且具有广泛性时发表的，因此：（1）根据导致否定意见的事项的重要程度，注册会计师可能确定不存在其他关键审计事项。（2）如果除导致否定意见的事项外，还存在一项或多项其他事项被确定为关键审计事项，则鉴于否定意见，对这些其他关键审计事项的描述不要暗示财务报表整体在这些事项方面比原本应当给予的可靠性更加可靠，这一点非常重要。

注册会计师在认为必要时可以在审计报告中增加强调事项段和其他事项段。通过这种方式，为注册会计师建立了在审计报告中进行进一步沟通的机制。在这些情况下，强调事项段或其他事项段需要在审计报告中与“关键审计事项”部分分开列示。如果某事项被确定为关键审计事项，则强调事项段或其他事项段的使用并不能代替对该关键审计事项的描述。

六、与治理层沟通

注册会计师应当就下列事项与治理层沟通：（1）注册会计师确定的关键审

计事项；（2）根据被审计单位和审计业务的具体事实和情况，注册会计师确定不存在需要在审计报告中沟通的关键审计事项（如适用）。

沟通关键审计事项的适当时间安排随业务具体情况的不同而不同。然而，注册会计师可以在讨论审计的计划范围和时间安排时沟通对关键审计事项的初步看法，也可以在沟通审计发现时进一步讨论这些事项。这样做可能有助于缓解在财务报表即将完成以供发布时才试图就关键审计事项进行充分的双向对话可能面临的实际挑战。

与治理层沟通能够使治理层注意到注册会计师拟在审计报告中沟通的关键审计事项，并给他们提供在必要时进一步澄清的机会。注册会计师可能认为向治理层提供审计报告草案以方便这一讨论是有帮助的。与治理层沟通是基于这种认识，即治理层在监督财务报告过程中担当重要角色。与治理层沟通能够给治理层提供机会，使他们能够了解注册会计师就关键审计事项作出的审计决策的基础以及这些事项将如何在审计报告中作出描述。这也能够使治理层考虑鉴于这些事项将在审计报告中进行沟通，作出新的披露或提高披露质量是否有用。

七、审计工作底稿

注册会计师应当在审计工作底稿中记录下列事项：（1）注册会计师确定的在执行审计工作时重点关注过的事项，以及针对每一事项，是否将其确定为关键审计事项及其理由；（2）注册会计师确定不存在需要在审计报告中沟通的关键审计事项的理由；（3）注册会计师确定不在审计报告中沟通某项关键审计事项的理由（如适用）。

注册会计师编制的审计工作底稿，应当使得未曾接触该项审计工作的有经验的专业人士清楚了解重大职业判断。就关键审计事项而言，这些职业判断包括从与治理层沟通的事项中确定重点关注过的事项，以及这些事项中的每一项是否构成关键审计事项。注册会计师对此作出的判断很可能能够通过对与治理层沟通形成的工作底稿、与每个事项相关的工作底稿，以及对审计中发生的重大事项形成的其他工作底稿（如工作完成备忘录）来支持。

案例6－2　关键审计事项——收入确认

相关信息披露详见财务报表附注——××

（一）事项描述

贵公司产品销售方式分为直销和经销。201×年度，贵公司经销模式下确认的营业收入金额为××万元，占营业收入总额的××%。

通常来讲，经销模式分为买断和代理。这两种模式收入确认的时点存在差别。区分两种经销模式主要是根据经销协议的约定来判断商品所有权上的主要风险及报酬何时转移。

贵公司产品销售的经销模式为买断模式。在买断模式下，公司可能通过一定的舞弊手段，控制和影响经销商囤积不合理存货，以达到调节收入的目的。

因此，在经销商模式下，收入确认存在的舞弊风险较高。

（二）实施的审计程序

我们了解并评估了有关收入循环的关键内部控制的设计和执行；

我们获取了公司与经销商签订的经销协议，对合同关键条款进行检查，如（1）发货及验收；（2）付款及结算；（3）换货及退货政策等；

我们通过查询经销商的工商资料，询问公司相关人员，以确认经销商与公司是否存在关联关系；

询问公司销售人员并走访主要经销商，了解经销商的变动情况，了解双方的合同执行情况、经销商的合理库存、终端销售情况等，是否存在货物虽存放于经销商但产品仍由公司控制的情况；

我们获取了公司供应链系统中退换货的记录并进行检查，确认是否存在影响收入确认的重大异常退换货情况。

结合其他收入审计程序确认当期收入的真实性及完整性，如（1）检查公司与经销商的合同、购货订单、发货单据、运输单据、记账凭证、回款单据、定期对账函等资料；（2）向经销商函证款项余额及当期销售额。

（三）实施审计程序的结果

我们在上述测试中未发现重大不符事项，相关信息在财务报表附注——××中所作出的披露是适当的。

案例6-3 关键审计事项——研发费用资本化

相关信息披露详见财务报表附注——××

（一）事项描述

公司开发了大量的系统运行软件以及业务相关技术，并正在进一步开发其他技术以提高效率和产能。本年度，公司资本化的研发费用为×××万元。

由于资本化的研发费用金额较大，且评估其是否达到企业会计准则规定的资本化标准涉及重大的管理层判断（特别是以下领域），因此该领域是关键审计事项。

1. 项目的技术可行性；

2. 项目产生足够未来经济利益的可能性。

我们尤其注意到公司目前正在投资开发新技术以满足其未来发展的需要，因此我们重点关注了这些在建项目的未来经济利益是否能够支撑资本化金额，这些项目包括：

1. 为提高公司开发、运营和拓展能力重建其技术平台的项目，如能够投入使用，其经济利益需要在较长的期限内实现，因此涉及更多判断；

2. 由于某些开发技术的创新性而使其未来经济利益涉及重大判断的项目。

鉴于新软件和系统的开发，我们也关注了已经资本化的现有软件及系统的账面余额是否发生减值。

（二）实施的审计程序及结果

我们获取了本年度资本化的研发费用的明细表，并将其调节至总账中记录的金额，未发现重大异常。

我们测试了资本化金额超过××万元的所有项目和剩余样本中抽取的金额较小的项目，具体如下：

1. 我们获取了管理层就这些项目进行资本化的原因作出的解释，包括项目的技术可行性以及项目产生足够未来经济利益的可能性等方面。我们还与负责各选定项目的项目开发经理进行访谈，以印证上述解释并了解具体项目，从而使我们能够独立评估这些项目是否满足企业会计准则规定的资本化条件。我们发现项目经理给出的解释与我们从管理层获得的解释，以及我们对业务发展的理解一致，并认可管理层得出的这些支出满足资本化条件的评价。

2. 我们询问了管理层及相关项目经理，新软件和系统的开发是否代替了资产负债表中任何现有资产或使其减值。除财务报表附注××所披露的××万元的减值准备外，我们未发现进一步的减值迹象。我们还根据我们对于新建项目及现有项目的了解，考虑是否存在任何项目中的软件因受开发活动的影响而停止使用或减少使用年限。我们未发现重大异常。

3. 为确定支出是否可直接归属于各个项目，我们获取了单个项目耗用工时的清单，抽查了项目记录的某些工时数，并与相关项目经理讨论以了解项目，确认所测试的员工的确参与了项目，并确定这些员工所执行工作的性质。我们通过将耗用工时清单中某位员工的总工时数与其标准费率相乘来确认记录的工时工资与资本化的金额相一致。

4. 我们还按照相当于公司技术开发小组平均工资的每小时费率对上述的标准小时费率进行了调节。我们认为所用费率能恰当反映内部开发员工的薪酬水平，未发现重大异常。

案例6－4　关键审计事项——套期工具会计处理

相关信息披露详见财务报表附注——××

（一）事项描述

为了应对正常经营过程中的燃油价格风险、外汇风险和利率风险敞口，集团签订了一些衍生金融工具合同。截止201×年12月31日，这些合同导致财务报表确认了×××万元的衍生金融资产和×××万元的衍生金融负债。这些衍生金融工具合同大部分作为有效的套期工具，适用于企业会计准则的套期会计处理。

由于企业会计准则规定的套期会计处理是一个复杂的领域，且集团签订的衍生金融工具合同的金额重大，集团需要复杂的系统来记录和跟踪这些合同并在资产负债表日对套期有效性进行评价，因此我们认为套期会计处理是关键审计事项。由于套期有效性评估（包括对套期工具的估值）的复杂程度以及所涉及的重大管理层判断，从而导致错报的风险较高。

（二）实施的审计程序

我们的团队包含了金融工具估值的专家，我们的审计程序包括测试管理层对衍生金融工具的相关控制和了解相关套期工具的会计处理，以及在抽样基础上的实质性审计程序。

我们检查了管理层关于套期关系、风险管理目标和套期策略的正式书面文件，以及对衍生金融工具的记录和相关的合同，以考虑相关会计处理是否符合企业会计准则的规定。

我们重新执行了资产负债表日套期有效性的评价（包括对套期工具估值）。

同时，我们取得了资产负债表日仍然有效的衍生金融工具合同交易对方的确认函。

（三）实施审计程序的结果

基于获取的证据，我们认为，管理层对套期有效性的评价（包括对套期工具的估值）是合理的，相关信息在财务报表附注——××中所作出的披露是适当的。

第八节　持续经营对审计报告的影响

一、审计结论

注册会计师对持续经营审计的目标是，(1）就管理层编制财务报表时运用持续经营假设的适当性，获取充分、适当的审计证据，并得出结论；(2）根据获取的审计证据，就可能导致对被审计单位持续经营能力产生重大疑虑的事项或情况是否存在重大不确定性得出结论；(3）按照准则的规定出具审计报告。因此，就可能导致对被审计单位持续经营能力产生重大疑虑的事项或情况（单独或汇总起来）是否存在重大不确定性得出结论，是注册会计师的一项重要工作。

鉴于不确定性潜在影响的重要程度和发生的可能性，为了使财务报表实现公允反映，有必要适当披露该不确定性的性质和影响，则表明存在重大不确定性。无论适用的财务报告编制基础是否或如何定义重大不确定性，均要求注册会计师对是否存在重大不确定性得出结论。

如果认为管理层运用持续经营假设适合具体情况，但存在重大不确定性，注册会计师应当确定：（1）财务报表是否已充分披露可能导致对持续经营能力产生重大疑虑的主要事项或情况，以及管理层针对这些事项或情况的应对计划；（2）财务报表是否已清楚披露可能导致对持续经营能力产生重大疑虑的事项或情况存在重大不确定性，并由此导致被审计单位可能无法在正常的经营过程中变现资产和清偿债务。

如果已识别出可能导致对被审计单位持续经营能力产生重大疑虑的事项或情况，但根据获取的审计证据，注册会计师认为不存在重大不确定性，则注册会计师应当根据适用的财务报告编制基础的规定，评价财务报表是否对这些事项或情况作出充分披露。即使不存在重大不确定性，注册会计师应当根据适用的财务报告编制基础的规定，评价财务报表是否充分披露了可能导致对被审计单位持续经营能力产生重大疑虑的事项或情况。某些财务报告编制基础可能针对有关下列方面的披露作出规定，例如，主要事项或情况，管理层对与被审计单位履行义务能力相关的事项或情况的重要程度作出的评价，管理层为减轻这些事项或情况影响而作出的应对计划，管理层在评估被审计单位持续经营能力时作出的重要判断。

注册会计师对财务报表是否实现公允反映作出的评价包括对财务报表的整体列报、结构和内容的考虑，以及财务报表包括相关附注是否按照实现公允反映的方式描述了相关交易和事项。根据事实和情况，注册会计师可能确定财务报表为实现公允反映而作出额外披露是必要的。例如，当识别出可能导致对被审计单位持续经营能力产生重大疑虑的事项或情况，但根据获取的审计证据，注册会计师认为不存在重大不确定性，且适用的财务报告编制基础未针对该具体情况提出明确的披露要求时，注册会计师可能认为额外披露是必要的。

二、对审计报告的影响

（一）运用持续经营假设是不适当的

如果财务报表基于持续经营假设编制，而注册会计师运用职业判断认为管理层在编制财务报表时运用持续经营假设是不适当的，则无论财务报表对管理层运用持续经营假设的不适当性是否作出披露，注册会计师均应发表否定意见。

如果在具体情况下运用持续经营假设是不适当的，管理层可能被要求或自愿选择按照其他会计基础（如清算基础）编制财务报表。注册会计师可以对财务报表进行审计，前提是注册会计师确定其他会计基础在具体情况下是可接受的编制基础。如果对编制财务报表的会计基础已作出充分披露，注册会计师可以对这些财务报表发表无保留意见，但可能认为按照《中国注册会计师审计准则第1503号——在审计报告中增加强调事项段和其他事项段》的规定在审计报告中增加强调事项段是适当或必要的，以提醒财务报表使用者注意其他会计基础及其使用理由。

参考格式6-11列示了被审计单位编制财务报表时运用持续经营假设不适当，注册会计师出具的否定意见的审计报告。

背景信息如下：

（1）对上市实体整套合并财务报表进行审计。该审计属于集团审计，被审计单位拥有多个子公司（即适用《中国注册会计师审计准则第1401号——对集团财务报表审计的特殊考虑》）；

（2）管理层按照企业会计准则编制合并财务报表；

（3）审计业务约定条款体现了《中国注册会计师审计准则第1111号——就审计业务约定条款达成一致意见》关于管理层对财务报表责任的描述；

（4）财务报表基于持续经营假设编制，而注册会计师运用职业判断认为管理层在编制财务报表时运用持续经营假设是不适当的，注册会计师发表否定意见；

（5）适用的相关职业道德要求为中国注册会计师职业道德守则；

（6）基于获取的审计证据，根据《中国注册会计师审计准则第1324号——持续经营》，注册会计师认为可能导致对被审计单位持续经营能力产生重大疑虑的相关事项或情况不存在重大不确定性；

（7）适用《中国注册会计师审计准则第1504号——在审计报告中沟通关键审计事项》。然而，注册会计师认为，除形成否定意见的基础部分所述事项外，无其他关键审计事项；

（8）负责监督合并财务报表的人员与负责编制合并财务报表的人员不同；

（9）除合并财务报表审计外，按照法律法规的要求，注册会计师负有其他报告责任，且注册会计师决定在审计报告中履行其他报告责任。

参考格式 6 – 11　被审计单位编制财务报表时运用持续经营假设不适当，注册会计师出具的否定意见的审计报告

审计报告

ABC 股份有限公司全体股东：

一、对合并财务报表出具的审计报告

（一）否定意见

我们审计了 ABC 股份有限公司及其子公司（以下简称 ABC 集团）的合并财务报表，包括 20×1 年 12 月 31 日的合并资产负债表，20×1 年度的合并利润表、合并现金流量表、合并股东权益变动表以及合并财务报表附注（包括重大会计政策和会计估计）。

我们认为，由于“形成否定意见的基础”部分所述事项的重要性，后附的 ABC 集团合并财务报表没有在所有重大方面按照企业会计准则的规定编制，未能公允反映 ABC 集团 20×1 年 12 月 31 日的合并财务状况以及 20×1 年度的合并经营成果和合并现金流量。

（二）形成否定意见的基础

如财务报表附注×所述，ABC 集团财务报表基于持续经营假设编制，但我们运用职业判断认为管理层在编制财务报表时运用持续经营假设是不适当的。

我们按照中国注册会计师审计准则的规定执行了审计工作。审计报告的“注册会计师对合并财务报表审计的责任”部分进一步阐述了我们在这些准则下的责任。按照中国注册会计师职业道德守则，我们独立于 ABC 集团，并履行了职业道德方面的其他责任。我们相信，我们获取的审计证据是充分、适当的，为发表否定意见提供了基础。

（三）关键审计事项

除“形成否定意见的基础”部分所述事项外，我们认为，没有其他需要在我们的报告中沟通的关键审计事项。

（四）管理层和治理层对合并财务报表的责任

[按照《中国注册会计师审计准则第 1501 号——对财务报表形成审计意见和出具审计报告》的规定报告。]

（五）注册会计师对合并财务报表审计的责任

[按照《中国注册会计师审计准则第 1501 号——对财务报表形成审计意见和出具审计报告》的规定报告。]

二、按照相关法律法规的要求报告的事项

[按照《中国注册会计师审计准则第 1501 号——对财务报表形成审计意见和出具审计报告》的规定报告。]

×××会计师事务所　　　　中国注册会计师（项目合伙人）：×××
（盖章）　　　　（签名并盖章）

中国注册会计师（项目经理）：×××
（签名并盖章）

中国××市　　　　二〇×二年×月×日

（二）运用持续经营假设是适当的，但存在重大不确定性

1. 财务报表对重大不确定性已作出充分披露。

如果运用持续经营假设是适当的，但存在重大不确定性，且财务报表对重大不确定性已作出充分披露，注册会计师应当发表无保留意见，并在审计报告中增加以“与持续经营相关的重大不确定性”为标题的单独部分，以提醒财务报表使用者关注财务报表附注中对所述事项的披露；说明这些事项或情况表明存在可能导致对被审计单位持续经营能力产生重大疑虑的重大不确定性，并说明该事项并不影响发表的审计意见。

参考格式 6 - 12 列示了当注册会计师确定存在重大不确定性，且财务报表已作出充分披露时，发表无保留意见。

背景信息如下：

（1）对上市实体整套财务报表进行审计。该审计不属于集团审计（即不适用《中国注册会计师审计准则第 1401 号——对集团财务报表审计的特殊考虑》）；

（2）管理层按照企业会计准则编制财务报表；

（3）审计业务约定条款体现了《中国注册会计师审计准则第 1111 号——就审计业务约定条款达成一致意见》关于管理层对财务报表责任的描述；

（4）基于获取的审计证据，注册会计师认为发表无保留意见是恰当的；

（5）适用的相关职业道德要求为中国注册会计师职业道德守则；

（6）基于获取的审计证据，注册会计师认为可能导致对被审计单位持续经营能力产生重大疑虑的事项或情况存在重大不确定性，财务报表对该重大不确定性已作出充分披露；

（7）已按照《中国注册会计师审计准则第 1504 号——在审计报告中沟通关键审计事项》的规定沟通了关键审计事项；

（8）负责监督财务报表的人员与负责编制财务报表的人员不同；

（9）除财务报表审计外，按照法律法规的要求，注册会计师负有其他报告责任，且注册会计师决定在审计报告中履行其他报告责任。

参考格式 6 - 12 当注册会计师确定存在重大不确定性，且财务报表已作出充分披露时，出具无保留意见的审计报告

审计报告

ABC 股份有限公司全体股东：

一、对财务报表出具的审计报告

（一）审计意见

我们审计了 ABC 股份有限公司（以下简称 ABC 公司）财务报表，包括 20×1 年 12 月 31 日的资产

续表

负债表，20×1 年度的利润表、现金流量表、股东权益变动表以及财务报表附注（包括重大会计政策和会计估计）。

我们认为，后附的财务报表在所有重大方面按照企业会计准则的规定编制，公允反映了 ABC 公司 20×1 年 12 月 31 日的财务状况以及 20×1 年度的经营成果和现金流量。

（二）形成审计意见的基础

我们按照中国注册会计师审计准则的规定执行了审计工作。审计报告的“注册会计师对财务报表审计的责任”部分进一步阐述了我们在这些准则下的责任。按照中国注册会计师职业道德守则，我们独立于 ABC 公司，并履行了职业道德方面的其他责任。我们相信，我们获取的审计证据是充分、适当的，为发表审计意见提供了基础。

（三）与持续经营相关的重大不确定性

我们提醒财务报表使用者关注，如财务报表附注×所述，ABC 公司 20×1 年发生净亏损×元，且于 20×1 年 12 月 31 日，ABC 公司流动负债高于资产总额×元。如财务报表附注×所述，这些事项或情况，连同财务报表附注×所示的其他事项，表明存在可能导致对 ABC 公司持续经营能力产生重大疑虑的重大不确定性。该事项不影响已发表的审计意见。

（四）关键审计事项

关键审计事项是根据我们的职业判断，认为对本期财务报表审计最为重要的事项。这些事项是在对财务报表整体进行审计并形成意见的背景下进行处理的，我们不对这些事项提供单独的意见。除“与持续经营相关的重大不确定性”部分所描述的事项外，我们确定下列事项是需要在审计报告中沟通的关键审计事项。

[按照《中国注册会计师审计准则第 1504 号——在审计报告中沟通关键审计事项》的规定描述每一关键审计事项。]

（五）管理层和治理层对财务报表的责任

[按照《中国注册会计师审计准则第 1501 号——对财务报表形成审计意见和出具审计报告》的规定报告。]

（六）注册会计师对财务报表审计的责任

[按照《中国注册会计师审计准则第 1501 号——对财务报表形成审计意见和出具审计报告》的规定报告。]

二、按照相关法律法规的要求报告的事项

[按照《中国注册会计师审计准则第 1501 号——对财务报表形成审计意见和出具审计报告》的规定报告。]

×××会计师事务所　　　　　　　　中国注册会计师（项目合伙人）：×××

（盖章）　　　　　　　　　　　　（签名并盖章）

中国注册会计师（项目经理）：×××

（签名并盖章）

中国××市　　　　　　　　　　　二〇×二年×月×日

2. 财务报表对重大不确定性未作出充分披露。

如果运用持续经营假设是适当的，但存在重大不确定性，且财务报表对重大不确定性未作出充分披露，注册会计师应当按照《中国注册会计师审计准则第1502号——在审计报告中发表非无保留意见》的规定，恰当发表保留意见或否定意见。

注册会计师应当在审计报告“形成保留（否定）意见的基础”部分说明，存在可能导致对被审计单位持续经营能力产生重大疑虑的重大不确定性，但财务报表未充分披露该事项。

参考格式6－13列示了当注册会计师确定存在重大不确定性，且财务报表由于未作出充分披露而存在重大错报时，发表保留意见。

背景信息如下：

（1）对上市实体整套财务报表进行审计。该审计不属于集团审计（即不适用《中国注册会计师审计准则第1401号——对集团财务报表审计的特殊考虑》）；

（2）管理层按照企业会计准则编制财务报表；

（3）审计业务约定条款体现了《中国注册会计师审计准则第1111号——就审计业务约定条款达成一致意见》关于管理层对财务报表责任的描述；

（4）基于获取的审计证据，注册会计师认为可能导致对被审计单位持续经营能力产生重大疑虑的事项或情况存在重大不确定性。财务报表附注X讨论了融资协议的规模、到期日和总安排，但财务报表未讨论其影响以及再融资的可获得性，也未将该情况界定为重大不确定性；

（5）适用的相关职业道德要求为中国注册会计师职业道德守则；

（6）财务报表由于未充分披露重大不确定性而存在重大错报。注册会计师认为未充分披露对财务报表的影响重大但不具有广泛性，因此发表保留意见；

（7）已按照《中国注册会计师审计准则第1504号——在审计报告中沟通关键审计事项》的规定沟通了关键审计事项；

（8）负责监督财务报表的人员与负责编制财务报表的人员不同；

（9）除财务报表审计外，按照法律法规的要求，注册会计师负有其他报告责任，且注册会计师决定在审计报告中履行其他报告责任。

参考格式 6－13　当注册会计师确定存在重大不确定性，且财务报表由于未作出充分披露而存在重大错报时，出具保留意见的审计报告

审计报告

ABC 股份有限公司全体股东：

一、对财务报表出具的审计报告

（一）保留意见

我们审计了 ABC 股份有限公司（以下简称 ABC 公司）财务报表，包括 20×1 年 12 月 31 日的资产负债表，20×1 年度的利润表、现金流量表、股东权益变动表以及财务报表附注（包括重大会计政策和会计估计）。

我们认为，除“形成保留意见的基础”部分所述的对相关信息披露不完整的事项外，后附的财务报表在所有重大方面按照企业会计准则的规定编制，公允反映了 ABC 公司 20×1 年 12 月 31 日的财务状况以及 20×1 年度的经营成果和现金流量。

（二）形成保留意见的基础

如财务报表附注 X 所述，ABC 公司融资协议期满，且未偿付余额将于 20×2 年 3 月 19 日到期。ABC 公司未能重新商定协议或获取替代性融资。这种情况表明存在可能导致对 ABC 公司持续经营能力产生重大疑虑的重大不确定性。财务报表对这一事项并未作出充分披露。

我们按照中国注册会计师审计准则的规定执行了审计工作。审计报告的“注册会计师对财务报表审计的责任”部分进一步阐述了我们在这些准则下的责任。按照中国注册会计师职业道德守则，我们独立于 ABC 公司，并履行了职业道德方面的其他责任。我们相信，我们获取的审计证据是充分、适当的，为发表保留意见提供了基础。

（三）关键审计事项

关键审计事项是根据我们的职业判断，认为对本期财务报表审计最为重要的事项。这些事项是在对财务报表整体进行审计并形成意见的背景下进行处理的，我们不对这些事项提供单独的意见。除“形成保留意见的基础”部分所述事项外，我们确定下列事项是需要在审计报告中沟通的关键审计事项。

[按照《中国注册会计师审计准则第 1504 号——在审计报告中沟通关键审计事项》的规定描述每一关键审计事项。]

（四）管理层和治理层对财务报表的责任

[按照《中国注册会计师审计准则第 1501 号——对财务报表形成审计意见和出具审计报告》的规定报告。]

（五）注册会计师对财务报表审计的责任

[按照《中国注册会计师审计准则第 1501 号——对财务报表形成审计意见和出具审计报告》的规定报告。]

二、按照相关法律法规的要求报告的事项

[按照《中国注册会计师审计准则第 1501 号——对财务报表形成审计意见和出具审计报告》的规定报告。]

×××会计师事务所　　　　中国注册会计师（项目合伙人）：×××
（盖章）　　　　（签名并盖章）

中国注册会计师（项目经理）：×××
（签名并盖章）

中国××市　　　　二〇×二年×月×日

参考格式6－14列示了当注册会计师确定存在重大不确定性，且财务报表由于未作出充分披露而存在重大错报时，发表否定意见。

背景信息如下：

（1）对非上市实体整套财务报表进行审计。该审计不属于集团审计（即不适用《中国注册会计师审计准则第1401号——对集团财务报表审计的特殊考虑》）；

（2）管理层按照企业会计准则编制财务报表；

（3）审计业务约定条款体现了《中国注册会计师审计准则第1111号——就审计业务约定条款达成一致意见》关于管理层对财务报表责任的描述；

（4）适用的相关职业道德要求为中国注册会计师职业道德守则；

（5）基于获取的审计证据，注册会计师认为可能导致对被审计单位持续经营能力产生重大疑虑的事项或情况存在重大不确定性，且该公司正考虑申请破产。财务报表遗漏了与重大不确定性相关的必要披露。该漏报对财务报表的影响重大且具有广泛性，因此发表否定意见；

（6）注册会计师未被要求，并且也决定不沟通关键审计事项；

（7）负责监督财务报表的人员与负责编制财务报表的人员不同；

（8）除财务报表审计外，按照法律法规的要求，注册会计师负有其他报告责任，且注册会计师决定在审计报告中履行其他报告责任。

参考格式6－14　　财务报表遗漏了与重大不确定性相关的必要披露时，出具否定意见的审计报告

审计报告

ABC股份有限公司全体股东：

一、对财务报表出具的审计报告

（一）否定意见

我们审计了ABC股份有限公司（以下简称ABC公司）财务报表，包括20×1年12月31日的资产负债表，20×1年度的利润表、现金流量表、股东权益变动表以及财务报表附注（包括重大会计政策和会计估计）。

我们认为，由于“形成否定意见的基础”部分所述的对信息的遗漏这一事项，后附的财务报表没有在所有重大方面按照企业会计准则的规定编制，未能公允反映ABC公司20×1年12月31日的财务状况以及20×1年度的经营成果和现金流量。

（二）形成否定意见的基础

ABC公司融资协议期满，且未偿付余额于20×1年12月31日到期。ABC公司未能重新商定协议或获取替代性融资，正考虑申请破产。这种情况表明存在可能导致对ABC公司持续经营能力产生重大疑虑的重大不确定性。财务报表对这一事项并未作出充分披露。

续表

我们按照中国注册会计师审计准则的规定执行了审计工作。审计报告的“注册会计师对财务报表审计的责任”部分进一步阐述了我们在这些准则下的责任。按照中国注册会计师职业道德守则，我们独立于 ABC 公司，并履行了职业道德方面的其他责任。我们相信，我们获取的审计证据是充分、适当的，为发表否定意见提供了基础。 （三）管理层和治理层对财务报表的责任 ［按照《中国注册会计师审计准则第 1501 号——对财务报表形成审计意见和出具审计报告》的规定报告。］ （四）注册会计师对财务报表审计的责任 ［按照《中国注册会计师审计准则第 1501 号——对财务报表形成审计意见和出具审计报告》的规定报告。］ 二、按照相关法律法规的要求报告的事项 ［按照《中国注册会计师审计准则第 1501 号——对财务报表形成审计意见和出具审计报告》的规定报告。］ ××× 会计师事务所　　　　中国注册会计师（项目合伙人）：××× （盖章）　　　　（签名并盖章） 中国注册会计师（项目经理）：××× （签名并盖章） 中国××市　　　　二〇×二年×月×日

（三）当存在多项对财务报表整体具有重要影响的重大不确定性时，在极少数情况下，出具无法表示意见的审计报告。

当存在多项对财务报表整体具有重要影响的重大不确定性时，在极少数情况下，注册会计师可能认为发表无法表示意见是适当的。原因在于，当被审计单位存在多项可能导致对其持续经营能力产生重大疑虑的事项或情况存在重大不确定性时，如果注册会计师难以判断财务报表的编制基础是否适合继续采用持续经营假设，应将其视为对审计范围构成重大限制，注册会计师应当考虑出具无法表示意见的审计报告。

参考格式 6－15 列示了当存在多项对财务报表整体具有重要影响的重大不确定性时，在极少数情况下，出具无法表示意见的审计报告。

背景信息如下：

背景信息：

（1）对非上市实体整套合并财务报表进行审计。该审计属于集团审计，被审计单位拥有多个子公司（即适用《中国注册会计师审计准则第 1401 号——对集团财务报表审计的特殊考虑》)；

（2）管理层按照企业会计准则编制合并财务报表；

（3）审计业务约定条款体现了《中国注册会计师审计准则第1111号——就审计业务约定条款达成一致意见》关于管理层对财务报表责任的描述；

（4）当存在多项对财务报表整体具有重要影响的重大不确定性时，这一事项对合并财务报表可能产生的影响被认为是重大的且具有广泛性（即无法表示意见是恰当的）；

（5）适用的相关职业道德要求为中国注册会计师职业道德守则；

（6）负责监督合并财务报表的人员与负责编制合并财务报表的人员不同；

（7）按照审计准则要求在注册会计师的责任部分作出更有限的表述；

（8）除合并财务报表审计外，按照法律法规的要求，注册会计师负有其他报告责任，且注册会计师决定在审计报告中履行其他报告责任。

参考格式6-15　存在多项对财务报表整体具有重要影响的重大不确定性时，出具无法表示意见的审计报告

审计报告

ABC股份有限公司全体股东：

一、对合并财务报表出具的审计报告

（一）无法表示意见

我们接受委托，审计ABC股份有限公司及其子公司（以下简称ABC集团）合并财务报表，包括20×1年12月31日的合并资产负债表，20×1年度的合并利润表、合并现金流量表、合并股东权益变动表以及合并财务报表附注（包括重大会计政策和会计估计）。

我们不对后附的ABC集团合并财务报表发表审计意见。由于“形成无法表示意见的基础”部分所述事项的重要性，我们无法获取充分、适当的审计证据以作为对合并财务报表发表审计意见的基础。

（二）形成无法表示意见的基础

ABC公司已连续三个会计年度发生巨额亏损，主要财务指标显示其财务状况严重恶化，巨额逾期债务无法偿还，且存在巨额对外担保。截至审计报告日，ABC公司管理层在其书面评价中表示已开始采取包括债务重组、资产置换在内的多项措施；但由于该等措施正处于实施初期，我们无法获取充分、适当的审计证据以确证其能否有效改善ABC公司的持续经营能力，因此，无法判断ABC公司继续按照持续经营假设编制20×1年度财务报表是否适当。

（三）管理层和治理层对合并财务报表的责任

[按照《中国注册会计师审计准则第1501号——对财务报表形成审计意见和出具审计报告》的规定报告。]

（四）注册会计师对合并财务报表审计的责任

我们的责任是按照中国注册会计师审计准则的规定，对ABC集团的合并财务报表执行审计工作，以出具审计报告。但由于“形成无法表示意见的基础”部分所述的事项，我们无法获取充分、适当的审计证据以作为发表审计意见的基础。

续表

按照中国注册会计师职业道德守则，我们独立于ABC集团，并履行了职业道德方面的其他责任。 二、按照相关法律法规的要求报告的事项 ［按照《中国注册会计师审计准则第1501号——对财务报表形成审计意见和出具审计报告》的规定报告。］ ×××会计师事务所　　中国注册会计师（项目合伙人）：××× （盖章）　　（签名并盖章） 中国注册会计师（项目经理）：××× （签名并盖章） 中国××市　　二○×二年×月×日

（四）管理层不愿作出评估或延长评估期间

在某些情况下，注册会计师可能认为有必要提请管理层作出评估或延长评估期间。如果管理层予以拒绝，由于注册会计师可能无法获取有关管理层运用持续经营假设编制财务报表的充分、适当的审计证据（如是否存在管理层提出的应对计划或其他缓解因素的审计证据），注册会计师发表保留意见或无法表示意见可能是适当的。

下列案例说明被审计单位存在可能导致对被审计单位持续经营能力产生重大疑虑的事项或情况存在重大不确定性，审计报告不符合持续经营审计准则的要求。

案例6－5　针对公司持续经营能力出具不恰当的审计报告

*STW公司存在可能导致对被审计单位持续经营能力产生重大疑虑的事项或情况，2009年度增加“与持续经营相关的重大不确定性”部分并出具无保留意见的审计报告；2010年度审计意见类型变更为无法表示意见；2011年度增加“与持续经营相关的重大不确定性”部分并出具无保留意见的审计报告。导致注册会计师出具上述审计报告的事项如表6－19所示。

表6－19　导致注册会计师对*STW公司出具不同类型审计报告的事项

形成2009年度“与持续经营相关的重大不确定性”的事项	1. 如财务报表附注九所述，W公司2004年至2006年连续三年亏损，亏损金额巨大，公司股票交易在2007年5月被暂停上市。因W公司不能偿还到期债务，债权人W信息系统有限公司于2009年4月向深圳市中级人民法院提交“破产重整申请书”，要求深圳市中级人民法院对W公司进行重整（目前法院尚未正式受理）。该等事项已对W公司持续经营能力产生重大影响。W公司已在财务报表附注九中充分披露了拟采取的改善措施，但其持续经营能力仍然存在重大不确定性

续表

形成2009年度"与持续经营相关的重大不确定性"的事项	2. 如财务报表附注十一.4所述，原大股东W集团有限公司欠W公司款项14 068.23万元（W公司已对该款项计提坏账准备7 737.53万元），大地实业集团有限公司为该项欠款承担连带保证责任，上述欠款的偿还在W公司重组过程中一并解决。由于重组工作尚在进行中，上述款项的可收回性存在重大不确定性。 3. 如财务报表附注七.2、十.3所述，W公司、大地实业集团有限公司和XD资产管理公司深圳办事处达成债务重组合同，债务重组合同约定，如W公司和大地实业集团有限公司未能在2011年4月30日前履行合同约定的义务，XD资产管理公司深圳办事处有权解除债务重组合同。由于重组工作尚在进行中，上述债务重组合同的最终执行存在重大不确定性
形成2010年度"无法表示意见"的事项	1. 如附注九 注所述，W公司因不能偿还到期债务，经债权人W信息系统有限公司申请，由深圳市中级人民法院于2010年8月23日裁定对W公司进行重整。截止审计报告日，重整计划草案尚未获得批准，我们无法判断W公司继续按持续经营假设编制的财务报表是否适当。 2. 截止2010年12月31日，W公司原大股东W集团有限公司欠W公司14 068.23万元。W公司、W集团有限公司和现大股东大地实业集团有限公司曾于2008年3月31日就上述欠款达成协议，大地实业集团有限公司为W集团有限公司的欠款承担连带保证责任，并在W公司重组过程中一并解决。W公司已对上述款项累计计提55%的坏账准备。由于重整计划草案能否获得批准具有重大的不确定性，截止审计报告日，我们无法评价W公司对上述款项计提55%的坏账准备的会计估计是否合理。 3. W公司对担保事项预计负债金额与深圳市中级人民法院裁定确认的《W信息科技股份有限公司债权表》和重整审计草案中确认的金额存在差异。由于重整计划草案能否获得批准具有重大的不确定性，截止审计报告日，我们无法判断W公司对担保事项预计负债的金额是否合理
形成2011年度"与持续经营相关的重大不确定性"的事项	1. W公司的重大资产重组方案被股东大会否决后，W公司正与股东进行沟通并调整重组方案，W公司已在财务报表附注九中披露了恢复持续经营能力采取的措施。由于重组工作尚在进行中，调整后的重组方案能否获得批准尚不确定，W公司持续经营能力存在不确定性。 2. 原大股东W集团有限公司欠W公司款项14 068.23万元，W公司已对该款项计提坏账准备7 737.53万元，大地实业集团有限公司为该项欠款承担连带保证责任，上述欠款的偿还在W公司重组过程中一并解决。深圳市中级人民法院于2011年5月27日批准的《W公司信息科技股份有限公司重整计划》中规定，重组方在重组过程中应向W公司注入等值资产或现金，以解决原大股W公司集团有限公司拖欠W公司的债务。目前，W公司重组工作尚在进行中

我们将导致注册会计师对＊STW公司2009年至2011年财务报表出具审计报告的主要事项进行对比，如表6－20所示。

表 6 – 20　　导致注册会计师对 * ST W 公司出具不同类型审计报告的事项对比

事项	形成 2009 年度"与持续经营相关的重大不确定性"的事项	形成 2010 年度"无法表示意见"的事项	形成 2011 年度"与持续经营相关的重大不确定性"的事项
1	债权人向人民法院提出"破产重整申请书"，（目前法院尚未正式受理），其持续经营能力仍然存在重大不确定性	截止审计报告日，重整计划草案尚未获得批准，无法判断公司继续按持续经营假设编制的财务报表是否适当	重大资产重组方案被股东大会否决，公司正与股东进行沟通并调整重组方案，调整后的重组方案能否获得批准尚不确定，持续经营能力存在不确定性
2	对原大股东欠款 14 068.23 万元已计提坏账准备 7 737.53 万元，由于重组工作尚在进行中，上述款项的可收回性存在重大不确定性	由于重整计划草案能否获得批准具有重大的不确定性，无法评价 W 公司对应收款项计提 55% 的坏账准备的会计估计是否合理	对原大股东欠款 14 068.23 万元已计提坏账准备 7 737.53 万元，上述欠款的偿还在公司重组过程中一并解决
3	由于重组工作尚在进行中，债务重组合同的最终执行存在重大不确定性	由于重整计划草案能否获得批准具有重大的不确定性，无法判断对担保事项预计负债的金额是否合理	

从事项 1 看，导致注册会计师 2010 年度发表无法表示意见的主要原因是重整计划草案尚未获取批准，2011 年度增加"与持续经营相关的重大不确定性"部分的首要原因是重组方案被股东大会否决且调整后的重组方案能否获得批准尚不确定，最终结果分析，两个年度间不存在实质性差异。

从事项 2 看，2010 年度注册会计师无法判断 * STW 公司对原大股东欠款所计提的坏账准备的合理性，其原因是该款项的回收需要在 * STW 公司重组的过程中一并解决，而重整计划草案能否获得批准具有重大不确定性。2011 年度，注册会计师不再强调坏账准备计提的合理性问题，仅是强调存在大股东欠款以及已经计提坏账准备这一情况。对此，我们不禁有疑问，为什么在 2011 年度重组方案被股东大会否决的情况下，注册会计师就能够评价坏账准备计提的合理性了呢？

我们进一步分析了 * STW 公司 2009 年至 2011 年主要财务指标，如表 6 – 21 所示：

表 6 - 21　　　　＊STW 公司 2009 年至 2011 年主要财务指标

	2011	2010	2009
营业收入	0	0	0
营业利润	-4 276 652.25	-1 288 381.04	1 261 021.53
归属于上市公司股东的扣除非经常性损益的净利润	-4 356 992.36	-1 280 818.33	-54 541.17
经营活动产生的现金流量净额	5 491 506.41	14 424.28	-14 941 233.46
归属于上市公司股东的所有者权益	87 287 349.25	31 169 649.39	32 889 058.94

从上表看，＊STW 公司 2009 年至 2011 年均无营业收入，经营状况逐步恶化，虽然 2011 年末归属于上市公司股东的所有者权益有所增加，但其财务报表及相关附注披露该项指标增加的主要原因“系公司将股东让渡股票支付的债务金额、现任大股东暂垫付最终将由确定的重组方承担的无偿提供现金支付的债务金额以及管理人费用金额计入资金公积”所致，而非来源于公司自身的经营能力。综合上述情况，我们认为，注册会计师将审计意见类型由 2010 年度无法表示意见变更为 2011 年度增加“与持续经营相关的重大不确定性”部分并发表无保留意见，这一处理值得商榷。

第九节　强调事项段和其他事项段

注册会计师的目标是，在对财务报表形成审计意见后，如果根据职业判断认为有必要在审计报告中增加强调事项段或其他事项段，通过明确提供补充信息的方式，提醒财务报表使用者关注下列事项：（1）尽管已在财务报表中恰当列报或披露，但对财务报表使用者理解财务报表至关重要的事项；（2）未在财务报表中列报或披露，但与财务报表使用者理解审计工作、注册会计师的责任或审计报告相关的其他事项。

一、审计报告中的强调事项段

强调事项段，是指审计报告中含有的一个段落，该段落提及已在财务报表中恰当列报或披露的事项，且根据注册会计师的职业判断，该事项对财务报表使用者理解财务报表至关重要。

（一）需要增加强调事项段的情形

如果认为有必要提醒财务报表使用者关注已在财务报表中列报或披露，且根据职业判断认为对财务报表使用者理解财务报表至关重要的事项，在同时满足下列条件时，注册会计师应当在审计报告中增加强调事项段：（1）按照《中国注册会计师审计准则第 1502 号——在审计报告中发表非无保留意见》的规定，该事项不会导致注册会计师发表非无保留意见；（2）当《中国注册会计师审计准则第 1504 号——在审计报告中沟通关键审计事项》适用时，该事项未被确定为在审计报告中沟通的关键审计事项。

在特定情形下，在审计报告中需要考虑增加强调事项段。这些情形包括：（1）法律法规规定的财务报告编制基础不可接受，但其是由法律或法规作出的规定；（2）提醒财务报表使用者注意财务报表按照特殊目的编制基础编制；（3）注册会计师在审计报告日后知悉了某些事实（即期后事项），并且出具了新的审计报告或修改了审计报告。

还有一些情形，注册会计师可能认为需要增加强调事项段。例如：（1）异常诉讼或监管行动的未来结果存在不确定性；（2）财务报表日至审计报告日之间发生的重大期后事项；（3）在允许的情况下，提前应用对财务报表有重大影响的新会计准则；（4）存在已经或持续对被审计单位财务状况产生重大影响的特大灾难。

应该指出的是，过多使用强调事项段，可能会降低注册会计师对强调事项所作沟通的有效性。

（二）在审计报告中包含强调事项段

如果在审计报告中包含强调事项段，注册会计师应当采取下列措施：（1）将强调事项段作为单独的一部分置于审计报告中，并使用包含“强调事项”这一术语的适当标题；（2）明确提及被强调事项以及相关披露的位置，以便能够在财务报表中找到对该事项的详细描述。强调事项段应当仅提及已在财务报表中列报或披露的信息。

（三）指出审计意见没有因该强调事项而改变

在审计报告中包含强调事项段不影响审计意见。包含强调事项段不能代替下列情形：

（1）根据审计业务的具体情况，按照《中国注册会计师审计准则第 1502 号——在审计报告中发表非无保留意见》的规定发表非无保留意见；

（2）适用的财务报告编制基础要求管理层在财务报表中作出的披露，或为实现公允列报所需的其他披露；

（3）按照《中国注册会计师审计准则第 1324 号——持续经营》的规定，当可能导致对被审计单位持续经营能力产生重大疑虑的事项或情况存在重大不确定性时作出的报告。

（四）强调事项段在审计报告中的位置

强调事项段或其他事项段在审计报告中的位置取决于拟沟通信息的性质，以及与按照《中国注册会计师审计准则1501号——对财务报表形成审计意见和出具审计报告》的规定需要报告的其他要素相比较，注册会计师针对该信息对财务报表预期使用者的相对重要程度的判断。例如：

（1）当强调事项段与适用的财务报告编制基础相关时，包括当注册会计师确定法律法规规定的财务报告编制基础不可接受时，注册会计师可能认为有必要将强调事项段紧接在“形成审计意见的基础”部分之后，以为审计意见提供合适的背景信息；

（2）当审计报告中包含关键审计事项部分时，基于注册会计师对强调事项段中信息的相对重要程度的判断，强调事项段可以紧接在关键审计事项部分之前或之后。注册会计师可以在“强调事项”标题中增加进一步的背景信息，比如“强调事项——期后事项”，以将强调事项段和关键审计事项部分描述的每个事项区分开来。

表6-22列示了增加强调事项段的关键要求。

表6-22　　增加强调事项段的条件

条　件	具体解释
事项已在财务报表中恰当列报或披露	强调事项段提及已在财务报表中恰当列报或披露的事项，但并不替代这些披露。与已在财务报表中的披露相比，强调事项段不应当包括更详细的情况
事项不会导致注册会计师发表非无保留意见	注册会计师需要获取充分、适当的审计证据，证明该事项在财务报表中不存在重大错报
在审计报告中的位置	（1）当强调事项段与适用的财务报告编制基础相关时，将强调事项段紧接在“形成审计意见的基础”部分之后； （2）当审计报告中包含关键审计事项部分时，基于注册会计师对强调事项段中信息的相对重要程度的判断，强调事项段可以紧接在关键审计事项部分之前或之后
不构成审计报告中沟通的关键审计事项	强调事项段的使用不能替代对某项关键审计事项的描述

参考格式 6－16　　　　在审计报告中的强调事项

审计报告

（前面要素省略）

（三）强调事项

我们提醒财务报表使用者关注，如财务报表附注×所述，截至财务报表批准日，员工 YZ 公司对 ABC 公司提出的诉讼尚在审理当中，其结果具有不确定性。本段内容不影响已发表的审计意见。

（后面要素省略）

（五）审计报告中强调事项段和关键审计事项之间的关系

关键审计事项是指注册会计师根据职业判断认为对本期财务报表审计最为重要的事项。关键审计事项从注册会计师已与治理层沟通过的事项中选取，后者包括本期财务报表审计中的重大审计发现。沟通关键审计事项能够为财务报表预期使用者提供额外的信息，以帮助他们了解那些注册会计师运用职业判断认为对本期财务报表审计最为重要的事项，还能够帮助他们了解被审计单位以及已审计财务报表中涉及重大管理层判断的领域。当《中国注册会计师审计准则第 1504 号——在审计报告中沟通关键审计事项》适用时，强调事项段的使用不能替代对某项关键审计事项的描述。

被确定为关键审计事项的事项，根据注册会计师的职业判断，也可能对财务报表使用者理解财务报表至关重要。在这些情况下，将该事项作为关键审计事项沟通时，注册会计师可能希望突出或提请进一步关注其相对重要程度。在关键审计事项部分，注册会计师可以使该事项的列报更为突出（如作为第一个事项），或在关键审计事项的描述中增加额外信息，以指明该事项对财务报表使用者理解财务报表的重要程度。

某一事项可能不符合关键审计事项的规定，因而未被确定为关键审计事项（即该事项未被重点关注过），但根据注册会计师的判断，其对财务报表使用者理解财务报表至关重要（例如期后事项）。如果注册会计师认为有必要提请财务报表使用者关注该事项，该事项将包含在审计报告的强调事项段中。

二、审计报告中的其他事项段

如果认为有必要沟通虽然未在财务报表中列报或披露，但根据职业判断认为与财务报表使用者理解审计工作、注册会计师的责任或审计报告相关的事项，在同时满足下列条件时，注册会计师应当在审计报告中增加其他事项段：（1）未被法律法规禁止；（2）当《中国注册会计师审计准则第 1504 号——在审计报告中沟通关键审计事项》适用时，该事项未被确定为在审计报告中沟通的关键审计事项。

（一）可能需要增加其他事项段的情形

1. 与使用者理解审计工作相关的情形。

《中国注册会计师审计准则第 1151 号——与治理层的沟通》要求注册会计师就计划的审计范围和时间安排与治理层进行沟通，包括注册会计师识别的特别风险。尽管与特别风险相关的事项可能被确定为关键审计事项，根据《中国注册会计师审计准则第 1504 号——在审计报告中沟通关键审计事项》对关键审计事项的定义，其他与计划及范围相关的事项（比如计划的审计范围或审计时对重要性的运用）不太可能成为关键审计事项。然而，法律法规可能要求注册会计师在审计报告中沟通与计划及范围相关的事项，或者注册会计师可能认为有必要在其他事项段中沟通这些事项。

在罕见的情况下，即使由于管理层对审计范围施加的限制导致无法获取充分、适当的审计证据可能产生的影响具有广泛性，注册会计师也不能解除业务约定。在这种情况下，注册会计师可能认为有必要在审计报告中包含其他事项段，解释为何不能解除业务约定。

2. 与使用者理解注册会计师的责任或审计报告相关的情形。

法律法规或得到广泛认可的惯例可能要求或允许注册会计师详细说明某些事项，以进一步解释注册会计师在财务报表审计中的责任或审计报告。当其他事项部分包含多个事项，并且根据注册会计师的职业判断，这些事项与财务报表使用者理解审计工作、注册会计师的责任或审计报告相关时，对每个事项使用不同的子标题可能是有帮助的。

增加其他事项段不涉及以下两种情形：（1）除审计准则规定的责任外，注册会计师还有其他报告责任；（2）注册会计师可能被要求实施额外的规定程序并予以报告，或对特定事项发表意见。

3. 对两套以上财务报表出具审计报告的情形。

被审计单位可能按照通用目的编制基础（如 × 国财务报告编制基础）编制一套财务报表，且按照另一个通用目的编制基础（如国际财务报告准则）编制另一套财务报表，并委托注册会计师同时对两套财务报表出具审计报告。如果注册会计师已确定两个财务报告编制基础在各自情形下是可接受的，可以在审计报告中增加其他事项段，说明该被审计单位根据另一个通用目的编制基础编制了另一套财务报表以及注册会计师对这些财务报表出具了审计报告。

4. 限制审计报告分发和使用的情形。

为特定目的编制的财务报表可能按照通用目的编制基础编制，因为财务报表预期使用者已确定这种通用目的财务报表能够满足他们对财务信息的需求。由于审计报告旨在提供给特定使用者，注册会计师可能认为在这种情况下需要增加其他事项段，说明审计报告只是提供给财务报表预期使用者，不应被分发给其他机构或人员或者被其他机构或人员使用。

（二）在审计报告中增加其他事项段

如果在审计报告中包含其他事项段，注册会计师应当将该段落作为单独的一部分，并使用“其他事项”或其他适当标题。

其他事项段的内容明确反映了未被要求在财务报表中列报或披露的其他事项。其他事项段不包括法律法规或其他职业准则（如中国注册会计师职业道德守则中与信息保密相关的规定）禁止注册会计师提供的信息。其他事项段也不包括要求管理层提供的信息。

（三）其他事项段在审计报告中的位置

其他事项段在审计报告中的位置取决于拟沟通信息的性质，以及与按照《中国注册会计师审计准则1501号——对财务报表形成审计意见和出具审计报告》的规定需要报告的其他要素相比较，注册会计师针对该信息对财务报表预期使用者的相对重要程度的判断。例如：

（1）当审计报告中已包含关键审计事项部分，且其他事项段也被认为必要时，注册会计师可以在“其他事项”标题中增加进一步的背景信息，比如“其他事项——审计范围”，以将其他事项段和关键审计事项部分描述的每个事项区分开来；

（2）当其他事项段旨在提醒使用者关注与审计报告中提及的其他报告责任相关的事项时，该段落可以置于“按照相关法律法规的要求报告的事项”部分内；

（3）当其他事项段与注册会计师的责任或使用者理解审计报告相关时，可以单独作为一部分，置于“对财务报表出具的审计报告”和“按照相关法律法规的要求报告的事项”之后。

表6-23列示了一些增加其他事项段的情形。

表6-23　　在审计报告中的其他事项

条　件	解释
事项未在财务报表中列报或披露	提及未在财务报表中列报或披露的事项。此外，其他事项不应当包括要求管理层提供的信息
未被法律法规禁止	法律法规或其他职业准则，如与信息保密相关的准则，不禁止该项披露
披露与使用者相关	和理解审计工作、注册会计师的责任或审计报告相关的事项
不相互矛盾	列报的信息不应当与审计意见，或财务报表中披露或列报的项目相互矛盾。其他事项段不影响审计意见

续表

条　件	解释
在审计报告中的位置	（1）当审计报告中已包含关键审计事项部分，置于关键审计事项之后； （2）当其他事项段旨在提醒使用者关注与审计报告中提及的其他报告责任相关的事项时，该段落可以置于“按照相关法律法规的要求报告的事项”部分内； （3）当其他事项段与注册会计师的责任或使用者理解审计报告相关时，可以单独作为一部分，置于“对财务报表出具的审计报告”和“按照相关法律法规的要求报告的事项”之后

参考格式 6－17 列示了包含关键审计事项部分、强调事项段及其他事项段的审计报告。

背景信息如下：

（1）对上市实体整套财务报表进行审计。该审计不属于集团审计（即不适用《中国注册会计师审计准则第 1401 号——对集团财务报表审计的特殊考虑》）；

（2）管理层按照企业会计准则编制财务报表；

（3）审计业务约定条款体现了《中国注册会计师审计准则第 1111 号——就审计业务约定条款达成一致意见》关于管理层对财务报表责任的描述；

（4）基于获取的审计证据，注册会计师认为发表无保留意见是恰当的；

（5）适用的相关职业道德要求为中国注册会计师职业道德守则；

（6）基于获取的审计证据，根据《中国注册会计师审计准则第 1324 号——持续经营》，注册会计师认为可能导致对被审计单位持续经营能力产生重大疑虑的相关事项或情况不存在重大不确定性；

（7）在财务报表日至审计报告日之间，被审计单位的生产设备发生了火灾，被审计单位已将其作为期后事项披露。根据注册会计师的判断，该事项对财务报表使用者理解财务报表至关重要，但在本期财务报表审计中不是重点关注过的事项；

（8）已经按照《中国注册会计师审计准则第 1504 号——在审计报告中沟通关键审计事项》的规定沟通了关键审计事项；

（9）已列报对应数据，且上期财务报表已由前任注册会计师审计。法律法规不禁止注册会计师提及前任注册会计师对对应数据出具的审计报告，并且注册会计师已决定提及；

（10）负责监督财务报表的人员与负责编制财务报表的人员不同；

（11）除财务报表审计外，按照法律法规的要求，注册会计师负有其他报告责任，且注册会计师决定在审计报告中履行其他报告责任。

参考格式 6－17　　包含关键审计事项部分、强调事项段及其他事项段的审计报

审计报告

ABC 股份有限公司全体股东：

一、对财务报表出具的审计报告

（一）审计意见

我们审计了 ABC 股份有限公司（以下简称 ABC 公司）财务报表，包括 20×1 年 12 月 31 日的资产负债表，20×1 年度的利润表、现金流量表、股东权益变动表以及财务报表附注（包括重大会计政策和会计估计）。

我们认为，后附的财务报表在所有重大方面按照企业会计准则的规定编制，公允反映了 ABC 公司 20×1 年 12 月 31 日的财务状况以及 20×1 年度的经营成果和现金流量。

（二）形成审计意见的基础

我们按照中国注册会计师审计准则的规定执行了审计工作。审计报告的“注册会计师对财务报表审计的责任”部分进一步阐述了我们在这些准则下的责任。按照中国注册会计师职业道德守则，我们独立于 ABC 公司，并履行了职业道德方面的其他责任。我们相信，我们获取的审计证据是充分、适当的，为发表审计意见提供了基础。

（三）强调事项

我们提醒财务报表使用者关注，财务报表附注×描述了火灾对 ABC 公司的生产设备造成的影响。本段内容不影响已发表的审计意见。

（四）关键审计事项

关键审计事项是根据我们的职业判断，认为对本期财务报表审计最为重要的事项。这些事项是在对财务报表整体进行审计并形成意见的背景下进行处理的，我们不对这些事项提供单独的意见。

[按照《中国注册会计师审计准则第 1504 号——在审计报告中沟通关键审计事项》的规定描述每一关键审计事项。]

（五）其他事项

20×0 年 12 月 31 日的资产负债表，20×0 年度的利润表、现金流量表、股东权益变动表以及财务报表附注由其他会计师事务所审计，并于 20×1 年 3 月 31 日发表了无保留意见。

（六）管理层和治理层对财务报表的责任

[按照《中国注册会计师审计准则第 1501 号——对财务报表形成审计意见和出具审计报告》的规定报告，见《中国注册会计师审计准则第 1501 号——对财务报表形成审计意见和出具审计报告》参考格式 1。]

（七）注册会计师对财务报表审计的责任

[按照《中国注册会计师审计准则第 1501 号——对财务报表形成审计意见和出具审计报告》的规定报告，见《中国注册会计师审计准则第 1501 号——对财务报表形成审计意见和出具审计报告》参考格式 1。]

二、按照相关法律法规的要求报告的事项

[按照《中国注册会计师审计准则第 1501 号——对财务报表形成审计意见和出具审计报告》的规定报告，见《中国注册会计师审计准则第 1501 号——对财务报表形成审计意见和出具审计报告》参考格式 1。]

负责执行审计工作并出具审计报告的项目合伙人是×××。

×××会计师事务所　　　　中国注册会计师（项目合伙人）：×××
（盖章）　　　　（签名并盖章）

中国注册会计师（项目经理）：×××
（签名并盖章）

中国××市　　　　二〇×二年×月×日

三、与治理层的沟通

如果拟在审计报告中包含强调事项段或其他事项段，注册会计师应当就该事项和拟使用的措辞与治理层沟通。与治理层沟通能使治理层了解注册会计师拟在审计报告中所强调的特定事项的性质，并在必要时为治理层提供向注册会计师作出进一步澄清的机会。对于连续审计业务，当某一特定事项在每期审计报告的其他事项段中重复出现时，除非法律法规另有规定，注册会计师可能认为没有必要在每次审计业务中重复沟通。

第十节 其他信息

一、对其他信息执行工作的目标

（一）其他信息

其他信息，是指在被审计单位年度报告中包含的除财务报表和审计报告以外的财务信息和非财务信息。财务报表审计的目标是注册会计师通过对财务报表进行审计，获取充分、适当的审计证据，对被审计单位的财务报表发表审计意见。在审计业务没有提出专门要求的情况下，审计意见不涵盖其他信息，注册会计师对财务报表发表的审计意见不涵盖其他信息，也不要求获取超过形成财务报表审计意见所需要的审计证据。

尽管如此，注册会计师需要阅读和考虑其他信息，这是因为，如果其他信息与财务报表或者与注册会计师在审计中了解到的情况存在重大不一致，可能表明财务报表或其他信息存在重大错报，两者均会损害财务报表和审计报告的可信性。此类重大错报也可能不恰当地影响审计报告使用者的经济决策。另外，根据注册会计师职业道德守则的相关要求，注册会计师不应当在明知的情况下与以下信息发生关联：含有严重虚假或误导性的陈述；含有缺少充分依据的陈述或信息；存在遗漏或含糊其辞的信息，且这种遗漏或含糊其辞会产生误导。

（二）年度报告

年度报告，是指管理层或治理层根据法律法规的规定或惯例，一般以年度为基础编制的、旨在向所有者（或类似的利益相关方）提供实体经营情况和财务业绩及财务状况（财务业绩及财务状况反映于财务报表）信息的一个文件或系列文件组合。一份年度报告包含或随附财务报表和审计报告，通常包括实体的发展，未来前景、风险和不确定事项，治理层声明，以及包含治理事项的报告等信息。

年度报告通常以年度为基础编制。然而，当所审计财务报表涵盖的期间短于一年或者超过一年时，年度报告也可以涵盖与财务报表相同的期间。在某些情况下，被审计单位的年度报告可能是一个单独的文件，并冠以“年度报告”或其他标题。在其他情况下，法律法规或惯例可能要求被审计单位通过单个文件或两个以上（含两个）服务于相同目的的文件组合，向所有者（或类似的利益相关方）报告被审计单位经营情况和财务报表列报的经营成果及财务状况信息（即年度报告）。例如，根据法律法规或惯例，下列一项或多项文件可能构成年度报告：(1）董事会报告；(2）公司董事会、监事会及董事、监事、高级管理人员保证年度报告内容的真实、准确、完整，不存在虚假记载、误导性陈述或重大遗漏，并承担个别和连带法律责任的声明；(3）公司治理情况说明；(4）内部控制自我评价报告。

年度报告可能以纸质的形式提供给使用者，也可能以电子形式，包括以载于被审计单位网站的形式提供给使用者。一份文件（或者系列文件组合）无论以何种方式提供给使用者，均可能符合年度报告的定义。

年度报告从性质、目的和内容方面与其他报告不同，例如为满足特定利益相关者团体的信息需求而编制的报告，或为满足特定监管报告目标（即使该报告应当予以公开）而编制的报告。有些报告如作为独立的文件发布，通常不是组成年度报告的系列文件的一部分（根据法律法规或惯例），因此，不属于所指的范围内的其他信息。这些报告的例子包括：(1）单独的行业或监管报告（如资本充足率报告），如可能由银行、保险和养老金行业编制的报告；(2）公司社会责任报告；(3）可持续发展报告；(4）多元化和平等机会报告；(5）产品责任报告；(6）劳工做法和工作条件报告。

参考格式 6－18 列示了在我国上市公司年度报告的要素。

参考格式 6－18　　　　上市公司年度报告的要素

中国国际 XYZ（集团）股份有限公司 2015 年年度报告

目　录

续表

（三）其他信息的错报

其他信息的错报，是指对其他信息作出不正确陈述或其他信息具有误导性，包括遗漏或掩饰对恰当理解其他信息披露的事项必要的信息。

当其他信息中披露了某特定事项时，其他信息可能遗漏或掩饰对恰当理解该事项必要的信息。例如，其他信息声称说明了管理层使用的关键业绩指标，那么遗漏某项管理层使用的关键业绩指标可能表明其他信息未经正确陈述或具有误导性。

如果存在适用于其他信息的框架以讨论重要性的概念，该框架可以向注册会计师针对重要性作出判断提供参考。以下特征向注册会计师提供了确定其他信息的错报是否重大的参考框架：（1）重要性是结合财务报表使用者整体共同的财务信息需求而考虑的。其他信息的使用者预计与财务报表使用者相同，因为预期这类使用者通过阅读其他信息以增加对财务报表的背景情况的了解。（2）对重要性的判断需要考虑错报的特定情形，考虑使用者是否会被未更正的错报所影响。并非所有错报均会影响使用者的经济决策。（3）对重要性的判断包括定性和定量两方面的考虑。因此，这类判断可以考虑在被审计单位年度报告的背景下，其他信息所针对项目的性质和规模。

表6－24列示了其他信息包括的金额或其他项目。

表6－24　　其他信息可能包括的金额或其他项目

其他信息可能包含的金额或其他项目
一、金额
1. 关键财务业绩摘要中的项目，如净利润、每股收益、股利、销售收入及其他业务收入，以及采购和运营费用等。

续表

2. 选定的经营数据，如对主要经营领域持续经营活动产生的收益，或按地域分部或产品线划分的销售收入。 3. 特殊项目，如资产处置、诉讼准备金、资产减值、纳税调整、环境治理准备金、改制和重组费用。 4. 流动性和资本来源信息，如现金、现金等价物和有价证券、股利以及债务、融资租赁及少数股东权益。 5. 分部或分支的资本性支出。 6. 涉及资产负债表外安排的金额和财务影响。 7. 涉及担保、合同义务、法律或环境诉讼和其他或有事项的金额。 8. 财务指标或比率，如毛利率、平均资本回报率、平均股东权益回报率、流动比率、利息保障倍数和债务比率。有些可能直接与财务报表勾稽。 二、其他项目 1. 对关键会计估计及相关假设的解释。 2. 对关联方的识别，以及对关联方交易的描述。 3. 对被审计单位管理商品、外汇或利率风险的政策或方法的阐述，如通过使用远期合约、利率掉期或其他金融工具。 4. 对资产负债表外安排的性质的描述。 5. 对担保、赔偿、合同义务、诉讼或环境责任案件和其他或有事项，包括管理层对于被审计单位相关风险定性评估等的描述。 6. 对法律或监管要求变化的描述，如新的税收或环境法规，这些新的税收或环境法规已对被审计单位的业务或财务状况产生了重大影响，或将对被审计单位的未来财务前景产生重大影响。 7. 管理层关于已在本期生效或将在下期生效的新财务报告准则对被审计单位财务业绩、财务状况和现金流量产生的影响的定性评估。 8. 对业务环境和前景的一般描述。 9. 战略概述。 10. 主要商品或原材料的市场价格走势描述。 11. 供求情况和监管环境的地区间对比。 12. 影响被审计单位在特定领域盈利能力的特定因素的解释

（四）注册会计师的目标

注册会计师的目标是，在已经阅读其他信息的情况下：（1）考虑其他信息和财务报表之间是否存在重大不一致；（2）考虑其他信息和注册会计师在审计中了解到的情况之间是否存在重大不一致；（3）当注册会计师识别出此类重大不一致似乎存在时，或者注册会计师知悉其他信息似乎存在重大错报时，予以恰当应对；（4）根据审计准则的规定进行报告。

二、获取其他信息

在获取其他信息时，注册会计师应当考虑采取下列措施：（1）通过与管理层讨论，确定哪些文件组成年度报告，以及被审计单位计划公布这些文件的方式和时间安排；（2）就及时获取组成年度报告的文件的最终版本与管理层作出适当安排。如果可能，在审计报告日之前获取；（3）如果本段第（1）项中确定的部分或全部文件在审计报告日后才能取得，要求管理层提供书面声明，声明上述文件的最终版本将在可获取时并且在被审计单位公布前提供给注册会计师，以使注册会计师可以完成审计准则要求的程序。

在很多情况下，管理层或治理层可能已按照惯例或承诺公布一系列文件，这些文件组合起来构成年度报告。在某些情况下，哪个（些）文件属于或构成年度报告可能并不明确。因此，文件的时间安排和目的（以及文件为谁编制）可能是与注册会计师确定哪个（些）文件属于或构成年度报告相关的事项。

如果根据法律法规的规定，年度报告被翻译成其他语言（例如当某一国家或地区有超过一种官方语言时），或者如果根据不同的法律法规编制多个“年度报告”（例如当被审计单位在多个国家或地区上市时），需要考虑一个或多个“年度报告”是否构成其他信息的组成部分。

管理层或治理层对年度报告的编制负责。注册会计师可以与管理层或治理层沟通下列事项：（1）注册会计师希望在审计报告日前及时获取年度报告（包括构成年度报告的系列文件组合）最终版本，以能够在审计报告日前完成审计准则要求的程序。如果不可能在审计报告日前获取，应尽早获取，且无论如何早于被审计单位发布这些信息；（2）如果其他信息在审计报告日后获取可能产生的影响。特别是在首次接受审计业务委托、管理层或治理层发生变动或其他信息预计在审计报告日后获取时，注册会计师更应当及时沟通。

如果治理层需要在被审计单位发布其他信息前批准其他信息，其他信息的最终版本应为治理层已经批准的用于发布的版本。在审计报告日，被审计单位正在考虑起草可能作为被审计单位年度报告的一部分的某文件（例如，自愿提供给利益相关者的报告），而管理层无法向注册会计师确认这类文件的目的和时间。如果注册会计师无法确定这类文件的目的和时间，它不构成其他信息。

在审计报告日前及时获取其他信息，以对财务报表、审计报告或其他信息在发布之前作出必要的修改。审计业务约定书可以提及与管理层就注册会计师及时获取，并在可能的情况下在审计报告日前获取其他信息达成的一致意见。

如果使用者只能通过被审计单位的网站获取其他信息，注册会计师没有责任去收集其他信息，包括可能在被审计单位网站存在的其他信息，也不需要执行任何程序以确认其他信息在被审计单位网站得到。如果注册会计师没有获取部分或全部其他信息，注册会计师也可以在审计报告中签署日期或出具审计报告。如果其他信息是在审计报告日后获取的，注册会计师无需再实施的程序。

针对只能在审计报告日后获取的其他信息，注册会计师应当获取书面声明，以支持注册会计师有能力完成所要求的、与这类信息相关的程序。此外，注册会计师可能认为要求其他书面声明是有用的，例如：（1）管理层已经告知注册会计师预期发布并可能构成其他信息的所有文件；（2）注册会计师在审计报告日前获取的任何其他信息和财务报表相互之间是一致的，其他信息不存在任何重大错报；（3）对于注册会计师在审计报告日前未获取的其他信息，管理层拟编制并发布这些其他信息，以及预计发布的时间。

三、阅读并考虑其他信息

注册会计师在计划和执行审计工作时应当保持职业怀疑。在阅读和考虑其他信息时保持职业怀疑，例如，意识到管理层可能对其计划获得成功过分乐观，以及警惕和财务报表或注册会计师在审计中了解到的情况。

（一）考虑其他信息和财务报表之间是否存在重大不一致

注册会计师应当阅读其他信息。在阅读时，注册会计师应当考虑其他信息和财务报表之间是否存在重大不一致。作为考虑的基础，注册会计师应当将其他信息中选取的金额或其他项目（这些金额或其他项目旨在与财务报表中的金额或其他项目相一致，或对其进行概括，或为其提供更详细的信息）与财务报表中的相应金额或其他项目进行比较，以评价其一致性。

其他信息可能包括金额或其他项目，这些金额或其他项目旨在与财务报表中的金额或其他项目相一致，或对其进行概括，或为其提供更详细的信息。例如：（1）包含了财务报表摘录的表格、图表或图形。（2）对财务报表中列示的余额或账户提供进一步细节的披露，例如“20×1 年度的收入，由来自产品 X 的××万元和来自产品 Y 的××万元组成。”（3）对财务结果的描述，例如，“20×1 年度研究和开发费用合计数是××万元。”

在评价其他信息中所选择的金额或其他项目与财务报表的一致性时，注册会计师不需要对其他信息中的所有金额或其他项目（旨在与财务报表中的金额或其他项目相一致，或对其进行概括，或为其提供更详细的信息）与财务报表中的金额或其他项目进行比较。

选择哪些金额或其他项目进行比较属于职业判断事项。与职业判断相关的因素包括：（1）金额或其他项目在列报中的重要程度，可能影响使用者对该金额或其他项目的重视程度（例如，一项关键比率或金额）；（2）如果是定量方面的信息，该金额与财务报表中的账户或项目，或者该金额与其他项目相关的其他信息的相对规模；（3）其他信息中特定的金额或其他项目的敏感性，例如，向高级管理人员授予的股份支付。

针对其他信息，注册会计师可能实施相应的程序。程序的性质和范围属于职业判断事项。注册会计师在判断的过程中，需要认识对其他信息的责任，不构成对其他信息的鉴证业务，也不要求对其他信息提供一定的保证程度。这些程序的例子包括：（1）对于旨在与财务报表中的信息一致的信息，将该信息与财务报表进行比较。（2）对于旨在与财务报表披露传达相同意思的信息，比较使用的措辞，考虑所使用措辞差异的重要程度，以及这些差异是否会隐含不同意思。（3）获取管理层提供的其他信息和财务报表中的金额之间的调节表，将调节表中的项目与财务报表和其他信息进行比较，检查调节表中的计算是否正确。

基于对其他信息性质的考虑，在评价其他信息中所选择的金额和其他项目与财务报表是否一致时，还需要评价与财务报表相比其列报的方式（如相关）。

（二）考虑其他信息和注册会计师在审计中了解到的情况是否存在重大不一致

注册会计师在已获取审计证据并已得出审计结论的背景下，考虑其他信息与注册会计师在审计中了解到的情况是否存在重大不一致。

其他信息可能包括与注册会计师在审计中了解到的情况相关的金额或项目［除（一）提及的情况外］。这些金额或项目的例子可能包括：（1）对产量的披露，或者按地理区域汇总产量的表格；（2）对“公司本年度新推出产品 X 和产品 Y”的声明；（3）对被审计单位主要经营地点的概括，例如“被审计单位的主要经营中心在 X 国，同时在 Y 国和 Z 国也有经营场所。”

注册会计师在审计中了解到的情况也可能包括从性质上讲具有预测性的事项。这类事项可能包括，例如，当评价管理层执行无形资产或商誉减值测试使用的假设时，或者当评价管理层对被审计单位持续经营能力的评估时，注册会计师考虑过的业务前景和未来现金流量。

在考虑其他信息和注册会计师在审计中了解到的情况之间是否存在重大不一致时，注册会计师可以重点关注其他信息中相当重要的事项，该事项足够重要以至于与其相关的其他信息的错报可能是重大的。

对于其他信息中的许多事项，注册会计师回顾在审计中获取的审计证据和得到的结论，可能足以使注册会计师考虑其他信息和注册会计师在审计中了解到的情况之间是否存在重大不一致。注册会计师越有经验、越熟悉该项审计的关键方面，对相关事项的回顾将越足够。例如，注册会计师可能能够根据回顾与管理层或治理层的讨论或者从审计过程中所执行程序（如阅读董事会会议纪要）的结果，考虑其他信息和注册会计师在审计中了解到的情况之间是否存在重大不一致，而不需要采取进一步措施。

注册会计师可能确定，参考相关的审计工作底稿，或向项目组相关成员或相关组成部分注册会计师咨询，以作为注册会计师考虑重大不一致是否存在的基础是适当的。例如：（1）当其他信息描述了计划终止一条主要生产线时，尽管注册会计师知道该项终止计划，注册会计师可以向执行这方面审计程序的相关项目组成员咨询，以支持注册会计师对其他信息中的描述与注册会计师在审计中了解到的情况是否存在重大不一致的考虑；（2）当其他信息描述了审计中涉及诉讼的重要细节，但是注册会计师无法完整地回忆起来时，可能有必要参考概括了这部分细节的审计工作底稿，以帮助注册会计师回忆。

注册会计师是否以及在何种程度上参考相关审计工作底稿，或者向相关项目组成员或相关组成部分注册会计师咨询，属于职业判断事项。然而，注册会计师没有必要对包含在其他信息中的所有事项都参考相关审计工作底稿，或者向相关项目组成员或相关组成部分注册会计师咨询。

（三）对其他信息似乎存在重大错报的迹象保持警觉

在阅读其他信息时，注册会计师应当对与财务报表或注册会计师在审计中了解到的情况不相关的其他信息存在重大错报的迹象保持警觉。

其他信息可能包括对与财务报表不相关的事项的讨论，也可能在范围上超出注册会计师在审计中了解到的情况。例如，其他信息可能包括对被审计单位温室气体排放情况的陈述。

对其他信息似乎存在重大错报的其他迹象保持警觉，可能能够使注册会计师识别下列事项，例如：（1）其他信息与阅读其他信息的项目组成员的普遍认知（除审计过程中了解到的情况之外）之间的差异，使注册会计师相信其他信息似乎存在重大错报；（2）其他信息内部不一致，使注册会计师相信其他信息似乎存在重大错报。

四、当似乎存在重大不一致或其他信息似乎存在重大错报时的应对

如果注册会计师识别出似乎存在重大不一致，或者知悉其他信息似乎存在重大错报，注册会计师应当与管理层讨论该事项，必要时，实施其他程序以确定：（1）其他信息是否存在重大错报；（2）财务报表是否存在重大错报；（3）注册会计师对被审计单位及其环境的了解是否需要更新。

注册会计师与管理层关于重大不一致（或其他信息似乎存在重大错报）的讨论，可能包括要求管理层对其他信息中管理层声明的基础提供支持。基于管理层的进一步信息和解释，注册会计师可能认可其他信息不存在重大错报。例如，管理层的解释可能对正常的判断差异提供合理和充分的理由。反之，与管理层的讨论可能提供进一步信息，以支持注册会计师对于其他信息存在重大错报的结论。

相比事实性质的事项，在判断事项上质疑管理层可能是更加困难的。然而，可能存在这种情况，即注册会计师认为，其他信息包含了与财务报表或注册会计师在审计中了解到的情况不一致的陈述。这些情况可能导致对其他信息、财务报表和注册会计师在审计中了解到的情况的怀疑。

由于其他信息可能的重大错报范围广泛，注册会计师为判断其他信息是否存在重大错报而可能执行的其他审计程序的性质和范围，属于注册会计师在具体情形下的职业判断事项。当某事项与财务报表或注册会计师在审计中了解到的情况不相关时，注册会计师可能无法完整评估管理层对于注册会计师询问的回答。尽管如此，基于管理层的进一步信息和解释，或者跟进管理层对其他信息作出的改动后，注册会计师可能认可，重大不一致似乎不再存在或者其他信息不再存在重大错报。当注册会计师无法确定重大不一致似乎不再存在或者其他信息似乎不再存在重大错报时，注册会计师可以要求管理层向有资格的第三方（如管理层的专家或法律顾问）咨询。在某些情况下，考虑管理层咨询的结果后，注册会计师可能无法得出其他信息是否存在重大错报的结论。注册会计师可以采取以下一项或多项措施：(1) 从注册会计师的法律顾问处获取建议；(2) 考虑对审计报告的影响，例如，如果管理层施加限制，是否在审计报告中描述这一情况；(3) 在相关法律法规允许的情况下解除业务约定。

五、当注册会计师认为其他信息存在重大错报时的应对

如果注册会计师认为其他信息存在重大错报，应当要求管理层更正其他信息：(1) 如果管理层同意作出更正，注册会计师应当确定更正已经完成；(2) 如果管理层拒绝作出更正，注册会计师应当就该事项与治理层进行沟通，并要求作出更正。

（一）当注册会计师认为审计报告日前获取的其他信息存在重大错报时的应对

如果注册会计师认为审计报告日前获取的其他信息存在重大错报，且在与治理层沟通后其他信息仍未得到更正，注册会计师应当采取恰当措施，包括：(1) 考虑对审计报告的影响，并就注册会计师计划如何在审计报告中处理重大错报与治理层进行沟通；(2) 在相关法律法规允许的情况下，解除业务约定。

在与治理层沟通后，如果其他信息未得到更正，注册会计师采取何种措施属于注册会计师的职业判断事项。注册会计师可以考虑管理层和治理层提供的不进行更正的理由，是否会引起对管理层和治理层诚信或诚实的怀疑，例如，注册会计师怀疑该理由存在误导的意图。注册会计师也可能认为，寻求法律意见是恰当的。在某些情况下，注册会计师可能根据法律、法规或其他职业准则的要求，与监管机构或相关职业团体沟通该事项。

在少数情况下，当拒绝更正其他信息的重大错报导致对管理层和治理层的诚信产生怀疑，进而质疑审计证据总体上的可靠性时，对财务报表发表无法表示意见可能是恰当的。当拒绝更正其他信息的重大错报导致对管理层和治理层的诚信产生怀疑，进而质疑审计过程中从其获取声明的可靠性时，解除业务约定可能是适当的。

（二）当注册会计师认为审计报告日后获取的其他信息存在重大错报时的应对

在审计报告日后获取的其他信息存在重大错报，如果其他信息得以更正，注册会计师应当根据具体情形实施必要的程序；如果与治理层沟通后其他信息未得到更正，注册会计师应当考虑其法律权利和义务，并采取恰当的措施，以提醒审计报告使用者恰当关注未更正的重大错报。

如果注册会计师认为审计报告日后获取的其他信息存在重大错报，且该重大错报已经被更正，注册会计师在这种情况下执行的必要程序，包括确定更正已经完成，也可能包括复核管理层为与收到其他信息（如果之前已经公告）的人士沟通并告知其修改而采取的步骤。

如果治理层不同意修改其他信息，注册会计师采取何种恰当措施以设法提醒审计报告使用者适当关注未更正错报，需要运用职业判断，并且可能受相关法律法规的影响。因此，注册会计师可能认为就注册会计师的法定权利和义务寻求法律意见是适当的。

如果其他信息的重大错报仍未更正，在法律法规允许的情况下，注册会计师可能采取的、设法提醒审计报告使用者适当关注未更正错报的措施包括，例如：（1）向管理层提供一份新的或修改后的审计报告，其中定修正后的其他信息部分。同时要求管理层将该新的或修改后的审计报告提供给审计报告使用者。在此过程中，注册会计师可能需要基于审计准则和适用的法律法规的要求，考虑对新的或修改后的审计报告的日期产生的影响。注册会计师也可以复核管理层采取的、向这些使用者提供新的或修改后的审计报告的步骤。（2）提醒审计报告使用者关注其他信息的重大错报，例如，在股东大会上通报该事项。（3）与监管机构或相关职业团体沟通未更正的重大错报。（4）考虑对持续承接业务的影响。

六、当财务报表存在重大错报或注册会计师对被审计单位及其环境的了解需要更新时的应对

如果注册会计师通过实施程序，认为财务报表存在重大错报，或者注册会计师对被审计单位及其环境的了解需要更新，注册会计师应当根据其他审计准则作出恰当应对。

在阅读其他信息时，注册会计师可能知悉影响下列方面的新信息：（1）注册会计师对被审计单位及其环境的了解，因而可能表明需要修改注册会计师对风

险的评估；(2) 注册会计师评价已识别的错报对审计的影响和未更正错报（如有）对财务报表的影响的责任；(3) 注册会计师关于期后事项的责任。

七、报告

如果在审计报告日存在下列两种情况之一，审计报告应当包括一个单独部分，以“其他信息”为标题：(1) 对于上市实体财务报表审计，注册会计师已获取或预期将获取其他信息；(2) 对于上市实体以外其他被审计单位的财务报表审计，注册会计师已获取部分或全部其他信息。

如果审计报告应当包含其他信息部分，该部分应当包括：(1) 管理层对其他信息负责的说明。(2) 指明：注册会计师于审计报告日前已获取的其他信息（如有）；对于上市实体财务报表审计，预期将于审计报告日后获取的其他信息（如有）。(3) 说明注册会计师的审计意见未涵盖其他信息，因此，注册会计师对其他信息不发表（或不会发表）审计意见或任何形式的鉴证结论。(4) 描述注册会计师对其他信息进行阅读、考虑和报告的责任。(5) 如果审计报告日前已经获取其他信息，则说明注册会计师无任何需要报告的事项；如果注册会计师认为其他信息存在未更正的重大错报，说明其他信息中的未更正重大错报。

参考格式 6－19 列示了当注册会计师在审计报告日前已获取所有其他信息，且未识别出其他信息存在重大错报时，适用于任何被审计单位，无论是上市实体还是非上市实体的无保留意见审计报告。

参考格式 6－19　在审计报告日前已获取所有其他信息，且未识别出其他信息存在重大错报（上市实体或非上市实体）

审计报告

（前面要素省略）

（四）其他信息

管理层对其他信息负责。其他信息包括［X 报告中涵盖的信息，但不包括财务报表和我们的审计报告］。

我们对财务报表发表的审计意见并不涵盖其他信息，我们也不对其他信息发表任何形式的鉴证结论。

结合我们对财务报表的审计，我们的责任是阅读其他信息，在此过程中，考虑其他信息是否与财务报表或我们在审计过程中了解到的情况存在重大不一致或者似乎存在重大错报。基于我们已经执行的工作，如果我们确定其他信息存在重大错报，我们应当报告该事实。在这方面，我们无任何事项需要报告。

（后面要素省略）

参考格式6－20列示了当注册会计师在审计报告日前已获取部分其他信息，且未识别出其他信息存在重大错报，并预期能够在审计报告日后获取剩余其他信息时，适用于作为上市实体的被审计单位的无保留意见审计报告。

参考格式6－20　在审计报告日前已获取部分其他信息，且未识别出其他信息存在重大错报，并预期能够在审计报告日后获取剩余其他信息（上市实体）

审计报告

（前面要素省略）

（四）其他信息

管理层对其他信息负责。其他信息包括X报告（但不包括财务报表和我们的审计报告）和Y报告。我们在审计报告日前已获取X报告，而Y报告预期将在审计报告日后提供给我们。

我们对财务报表的审计意见并不涵盖其他信息，我们也不对其他信息发表任何形式的鉴证结论。

结合我们对财务报表的审计，我们的责任是阅读上述其他信息，在此过程中，考虑其他信息是否与财务报表或我们在审计过程中了解的情况存在重大不一致或者似乎存在重大错报。

基于我们已经针对审计报告日前获取的其他信息执行的工作，如果我们确定该其他信息存在重大错报，我们应当报告该事实。在这方面，我们无任何事项需要报告。

[当我们阅读Y报告后，如果确定其中存在重大错报，审计准则要求我们与治理层沟通该事项并采取（描述适用的措施）。]

（后面要素省略）

参考格式6－21列示了当注册会计师在审计报告日前已获取部分其他信息，且未识别出其他信息存在重大错报，并预期能够在审计报告日后获取剩余其他信息时，适用于作为非上市实体的被审计单位的无保留意见审计报告。

参考格式6－21　在审计报告日前已获取部分其他信息，且未识别出其他信息存在重大错报，并预期能够在审计报告日后获取剩余其他信息（非上市实体）

审计报告

（前面要素省略）

三、其他信息

管理层对其他信息负责。我们在审计报告日已获取的其他信息包括［X报告中涵盖的信息，但不包括财务报表和我们的审计报告］。

我们对财务报表的审计意见并不涵盖其他信息，我们也不对其他信息发表任何形式的鉴证结论。

结合我们对财务报表的审计，我们的责任是阅读其他信息，在此过程中，考虑其他信息是否与财务报表或我们在审计过程中了解的情况存在重大不一致或者似乎存在重大错报。

基于我们对审计报告日前已获取的其他信息执行的工作，如果我们确定该其他信息存在重大错报，我们应当报告该事实。在这方面，我们无任何事项需要报告。

（后面要素省略）

参考格式6－22列示了当注册会计师在审计报告日前未获取任何其他信息，但预期能够在审计报告日后获取其他信息时，适用于作为上市实体的被审计单位的无保留意见审计报告。

参考格式6－22　　在审计报告日前未已获取其他信息，但预期能够在审计报告日后获取其他信息（上市实体）

审计报告

（前面要素省略）

（四）其他信息

管理层对其他信息负责。其他信息包括［X报告中涵盖的信息，但不包括财务报表和我们的审计报告］。X报告预期将在审计报告日后提供给我们。

我们对财务报表的审计意见并不涵盖其他信息，我们也不对其他信息发表任何形式的鉴证结论。

结合我们对财务报表的审计，我们的责任是在能够获取上述其他信息时阅读这些信息，在此过程中，考虑其他信息是否与财务报表或我们在审计过程中了解的情况存在重大不一致或者似乎存在重大错报。

［当我们阅读X报告后，如果确定其中存在重大错报，审计准则要求我们与治理层沟通该事项并采取（描述适用的措施）。］

（后面要素省略）

参考格式6－23列示了当注册会计师在审计报告日前已获取所有其他信息，并且已确定其他信息存在重大错报时，适用于任何被审计单位，无论是上市实体还是非上市实体的无保留意见审计报告。

参考格式6－23　　在审计报告日前未已获取其他信息，并且已确定其他信息存在重大错报（上市实体或非上市实体）

审计报告

（前面要素省略）

（四）其他信息

管理层对其他信息负责。其他信息包括［X报告中涵盖的信息，但不包括财务报表和我们的审计报告］。

我们对财务报表的审计意见并不涵盖其他信息，我们也不对其他信息发表任何形式的鉴证结论。

结合我们对财务报表的审计，我们的责任是阅读其他信息，在此过程中，考虑其他信息是否与财务报表或我们在审计过程中了解的情况存在重大不一致或者似乎存在重大错报。

基于我们已经执行的工作，如果我们确定其他信息存在重大错报，我们应当报告该事实。如下所述，我们确定其他信息存在重大错报。

［描述其他信息的重大错报］

（后面要素省略）

如果关于财务报表的重要项目存在范围限制，注册会计师将不能对该事项获取充分、适当的审计证据。在这些情况下，注册会计师可能无法确定，与该事项相关的、其他信息的金额和其他项目是否导致其他信息的重大错报。因此，注册会计师可能需要对其他信息的说明，提及注册会计师无法考虑管理层对于其他信息中关于该事项的描述：针对该事项，注册会计师已经对财务报表发表了保留意见，这在“形成保留意见的基础”部分中得以解释。然而，注册会计师被要求报告已识别的、任何其他未更正的其他信息的重大错报。

参考格式6－24列示了当注册会计师在审计报告日前已获取所有其他信息，但合并财务报表重要项目的范围存在限制，且影响其他信息时，适用于任何被审计单位，无论是上市实体还是非上市实体的保留意见审计报告。

参考格式6－24　在审计报告日前已获取所有其他信息，但合并财务报表重要项目的范围存在限制，且影响其他信息（上市实体或非上市实体）

审计报告

ABC股份有限公司全体股东

一、保留意见

我们审计了ABC股份有限公司及其子公司（以下简称ABC集团）合并财务报表，包括20×1年12月31日的合并资产负债表，20×1年度的合并利润表、合并现金流量表、合并股东权益变动表以及合并财务报表附注（包括重大会计政策和会计估计）。

我们认为，除“形成保留意见的基础”部分所述事项可能产生的影响外，后附的合并财务报表在所有重大方面按照企业会计准则的规定编制，公允反映了ABC集团20×1年12月31日的合并财务状况以及20×1年度的合并经营成果和合并现金流量。

二、形成保留意见的基础

ABC集团对本年度内取得的境外联营公司XYZ公司的投资以权益法核算，截至20×1年12月31日，该项投资在合并资产负债表中的账面价值为××元，ABC集团按持股比例计算的XYZ公司净收益份额××元已包含在集团本年度收益中。由于我们无法接触XYZ公司的财务信息、管理层以及注册会计师，我们无法就ABC集团对XYZ公司在20×1年12月31日投资的账面价值以及ABC集团按持股比例计算的XYZ公司当年度净收益份额获取充分、适当的审计证据。因此，我们无法确定是否需要对上述金额进行调整。

我们按照中国注册会计师审计准则的规定执行了审计工作。审计报告的“注册会计师对合并财务报表审计的责任”部分进一步阐述了我们在这些准则下的责任。按照中国注册会计师职业道德守则，我们独立于ABC集团，并履行了职业道德方面的其他责任。我们相信，我们获取的审计证据是充分、适当的，为发表保留意见提供了基础。

三、关键审计事项

关键审计事项是根据我们的职业判断，认为对本期合并财务报表审计最为重要的事项。这些事项是在对合并财务报表整体进行审计并形成意见的背景下进行处理的，我们不对这些事项提供单独的意见。除“形成保留意见的基础”部分所述事项外，我们确定下列事项是需要在审计报告中沟通的关键审计事项。

续表

［按照《中国注册会计师审计准则第 1504 号——在审计报告中沟通关键审计事项》的规定描述每一关键审计事项。］ 四、其他信息 管理层对其他信息负责。其他信息包括［X 报告中涵盖的信息，但不包括合并财务报表和我们的审计报告］。 我们对合并财务报表发表的审计意见并不涵盖其他信息，我们也不对其他信息发表任何形式的鉴证结论。 结合我们对合并财务报表的审计，我们的责任是阅读其他信息，在此过程中，考虑其他信息是否与合并财务报表或我们在审计过程中了解的情况存在重大不一致或者似乎存在重大错报。 基于我们已经执行的工作，如果我们确定其他信息存在重大错报，我们应当报告该事实。如“形成保留意见的基础”部分所述，我们无法就 20×1 年 12 月 31 日 ABC 集团对 XYZ 公司投资的账面价值以及 ABC 集团按持股比例计算的 XYZ 公司当年度净收益份额获取充分、适当的审计证据。因此，我们无法确定与该事项相关的其他信息是否存在重大错报。 （后面要素省略）

在发表否定意见时，注册会计师针对在“形成否定意见的基础”部分描述的某特定事项已对财务报表发表否定意见，并不能为省略在审计报告中报告识别出其他信息的重大错报提供理由。如果已对财务报表发表否定意见，注册会计师可能需要适当修改对其他信息的说明，例如，表示其他信息中的金额和其他项目因导致对财务报表发表否定意见的同一事项或相关事项也存在重大错报。

参考格式 6－25 列示了当注册会计师在审计报告日前已获取所有其他信息，且对合并财务报表发表的否定意见也对其他信息有影响时，适用于任何被审计单位，无论是上市实体还是非上市实体的否定意见审计报告。

参考格式 6－25　在审计报告日前已获取所有其他信息，且对合并财务报表发表的否定意见也对其他信息有影响时，（上市实体或非上市实体）

审计报告
ABC 股份有限公司全体股东： 一、否定意见 我们审计了 ABC 股份有限公司及其子公司（以下简称 ABC 集团）合并财务报表，包括 20×1 年 12 月 31 日的合并资产负债表，20×1 年度的合并利润表、合并现金流量表、合并股东权益变动表以及合并财务报表附注（包括重大会计政策和会计估计）。 我们认为，由于“形成否定意见的基础”部分所述事项的重要性，后附的 ABC 集团合并财务报表没有在所有重大方面按照企业会计准则的规定编制，未能公允反映 ABC 集团 20×1 年 12 月 31 日的合并财务状况以及 20×1 年度的合并经营成果和合并现金流量。

续表

二、形成否定意见的基础 如财务报表附注×所述，由于无法确定子公司某些重要资产和负债项目在收购日的公允价值，ABC集团未将其于20×1年度收购的子公司XYZ公司纳入合并范围。该项投资以成本计量。根据企业会计准则，ABC集团应将该子公司纳入合并范围，并以暂估金额为基础核算该项收购。如果将XYZ公司纳入合并范围，后附合并财务报表的很多项目将受到重大影响。我们尚未确定未将该公司纳入合并范围对合并财务报表的影响。 我们按照中国注册会计师审计准则的规定执行了审计工作。审计报告的“注册会计师对合并财务报表审计的责任”部分进一步阐述了我们在这些准则下的责任。按照中国注册会计师职业道德守则，我们独立于ABC集团，并履行了职业道德方面的其他责任。我们相信，我们获取的审计证据是充分、适当的，为发表否定意见提供了基础。 三、关键审计事项 关键审计事项是根据我们的职业判断，认为对本期合并财务报表审计最为重要的事项。这些事项是在对合并财务报表整体进行审计并形成意见的背景下进行处理的，我们不对这些事项提供单独的意见。除“形成否定意见的基础”部分所述事项外，我们确定下列事项是需要在审计报告中沟通的关键审计事项。 [按照《中国注册会计师审计准则第1504号——在审计报告中沟通关键审计事项》的规定描述每一关键审计事项。] 四、其他信息 管理层对其他信息负责。其他信息包括[X报告中涵盖的信息，但不包括合并财务报表和我们的审计报告]。 我们对合并财务报表的审计意见并不涵盖其他信息，我们也不对其他信息发表任何形式的鉴证结论。 结合我们对合并财务报表的审计，我们的责任是阅读其他信息，在此过程中，考虑其他信息是否与合并财务报表或我们在审计过程中了解的情况存在重大不一致或者似乎存在重大错报。基于我们已执行的工作，如果我们确定其他信息存在重大错报，我们应当报告该事实。如上述“形成否定意见的基础”部分所述，ABC集团应当将XYZ公司纳入合并范围，并以暂估金额为基础核算该项收购。我们认为，由于同一原因，X报告中的相关金额或其他项目也受到未合并XYZ公司的影响，其他信息也存在重大错报。 （后面要素省略）

当注册会计师对财务报表发表无法表示意见时，提供审计的进一步详细情况，包括针对其他信息一个部分，可能会使财务报表整体的无法表示意见显得逊色。因此，在这些情况下，根据《中国注册会计师审计准则第1502号——在审计报告中发表非无保留意见》的规定，审计报告不包括其他信息部分。

案例6－6 ML上市公司更正公告

ML股份有限公司更正公告

本公司董事会及全体董事保证本公告内容不存在任何虚假记载、误导性陈述或者重大遗漏，并对其内容的真实性、准确性和完整性承担个别及连带责任。

ML股份有限公司（下列简称ML公司）于2012年3月15日披露了2011年年报。

1. 年报中合并报表和母公司报表均显示2011年末存在委托贷款6 500万元；且公司在2011年12月17日编号临2011－037号公告中也明确表示本公司通过招商银行分四笔委贷给子公司衢州ML食品有限公司6 500万元，衢州ML食品有限公司以其持有的江山ML鹅业有限公司的股权和其持有的南山路30号房产土地、东港三路20号房产土地质（抵）押给招商银行。

2. 在年报合并报表“其他流动资产中显示2011年末存在下属单位购买上海国际信托有限公司的现金丰利信托产品150万元”、在合并报表“持有至到期投资中显示购买上海国际信托有限公司的大宗交易投融资集合资金信托产品500万元”（系2011年12月底本公司非公开发行股票购买资产进来的上海冠生园食品有限公司的孙公司购买的信托产品）。

3. 在年报合并报表“其他投资收益中显示委托贷款收益61万元”（系衢州ML食品有限公司的委托贷款利息收入）。但由于工作上的疏忽，在年报“公司投资情况”中未填列“委托理财和委托贷款的情况”，结果“公司投资情况”中显示出“无委托理财和委托贷款情况”。

公司对因此给广大投资者带来的不便表示歉意。

特此公告。

ML股份有限公司

2012年4月13日

7

第七章 审计工作底稿

第一节 引导案例

案例7－1 安达信销毁工作底稿

在美国沸沸扬扬的安然事件后，安达信会计师事务所的内部员工毁坏了部分有关安然工作的重要资料。这些被毁资料包括电子文本、书信和文档文件。而负责对安然破产案进行调查的美国证券交易委员会、司法部、国会一直致力于获得相关资料，并审查安达信在安然破产中所起到的作用。

安达信在报告中指出，与安然案有关的员工已将资料销毁。根据该公司规定，在一定情况下，有权对资料进行类似处理。但安达信强调，目前已停止了该种规定。

美国议会能源商业委员会主席托新称安达信销毁举动“对调查工作影响巨大”。“任何人无意毁坏了资料，我们要对他们进行罚款；任何人如果故意销毁证据，我们就要追究刑事责任。”

安达信声明中表示，目前正积极采取补救措施，一些电子文档已通过有关备份获得恢复。“我们承认确实判断失误，以致纵容了安然在会计上进行一些违规操作。”

为了保证审计工作底稿的完整性，注册会计师不得对其进行不当删除、废弃和改动。这是安然事件法庭听证会期间暴露出来的审计人员销毁审计工作底稿，以及审计人员在完成审计工作并签署审计报告数月之后延迟对审计档案的归档而引起的。审计项目完成后，项目组成员可能转去开展其他审计项目，或者可能已离开会计师事务所，未决事项无法及时跟进，因此，延迟归档可能导致审计档案不完整。

因此，在完成最终审计档案的归整工作后，注册会计师不得在规定的保存期限届满前删除或废弃审计工作底稿。在完成最终审计档案的归整工作后，如果发现有必要修改现有审计工作底稿或增加新的审计工作底稿，无论修改或增加的性质如何，注册会计师均应记录修改或增加审计工作底稿的时间和人员（如适用，还包括复核时间和复核人员）；修改或增加审计工作底稿的具体理由；修改或增加审计工作底稿对审计结论产生的影响。

有时，为了实现质量控制和其他复核的目的，注册会计师努力在审计工作中形成一套完美的审计工作底稿，但应实施的基本审计程序和应获取并归档的审计证据可能被忽视了。在许多审计诉讼案件中，非常基本的审计程序被忽视的情况十分常见。

第二节　审计工作底稿编制的基本要求

一、审计工作底稿的性质、形式和内容

（一）审计工作底稿的性质

所谓审计工作底稿，是指注册会计师对制定的审计计划、实施的审计程序、获取的相关审计证据，以及得出的审计结论作出的记录。审计工作底稿是审计证据的载体，是注册会计师在审计过程中形成的审计工作记录和获取的资料。它形成于审计过程，也反映整个审计过程。工作底稿在审计工作的计划和执行过程中发挥十分关键的作用。它提供了审计工作实际已被执行的记录，同时它构成了审计报告的基础。它也将用于质量控制的复核，对遵循审计准则、适用的法律法规和监管要求的监督以及第三方可能的检查。

会计师事务所应当按照《会计师事务所质量控制准则第 5101 号——会计师事务所对执行财务报表审计和审阅、其他鉴证和相关服务业务实施的质量控制》的规定，对审计工作底稿实施适当的控制程序，以满足下列要求：(1) 安全保管审计工作底稿并对审计工作底稿保密；(2) 保证审计工作底稿的完整性；(3) 便于对审计工作底稿的使用和检索；(4) 按照规定的期限保存审计工作底稿。

（二）审计工作底稿的形式

审计工作底稿可以以纸质、电子或其他介质形式存在。

随着信息技术的广泛运用，审计工作底稿的形式从传统的纸质形式扩展到电子或其他介质形式。但无论审计工作底稿以何种形式存在，会计师事务所都应当针对审计工作底稿设计和实施适当的控制，以实现下列目的：

（1）使审计工作底稿清晰地显示其生成、修改及复核的时间和人员；

（2）在审计业务的所有阶段，尤其是在项目组成员共享信息或通过互联网将信息传递给其他人员时，保护信息的完整性和安全性；

（3）防止未经授权改动审计工作底稿；

（4）允许项目组和其他经授权的人员为适当履行职责而接触审计工作底稿。

为便于会计师事务所内部进行质量控制和外部执业质量检查或调查，以电子或其他介质形式存在的审计工作底稿，应与纸质形式的审计工作底稿一并归档，并应能通过打印等方式，转换成纸质形式的审计工作底稿。

（三）审计工作底稿的内容

审计工作底稿通常包括如下内容：

1. 审计计划。注册会计师制定审计计划形成的工作底稿，包括总体审计策略和具体审计计划，以及在审计业务过程中作出的任何重大改变。

2. 风险评估。注册会计师实施风险评估程序形成的工作底稿，包括：

（1）项目组对由于舞弊或错误导致财务报表发生重大错报的可能性进行的讨论，以及得出的重要结论；

（2）注册会计师对被审计单位及其环境各个方面的了解要点（包括对内部控制各项要素的了解要点）、信息来源以及实施的风险评估程序；

（3）注册会计师在财务报表层次和认定层次识别、评估出的重大错报风险；

（4）注册会计师识别出的特别风险和仅通过实质性程序无法应对的重大错报风险，以及对相关控制的评估。

3. 风险应对。注册会计师针对重大错报风险实施的程序，包括：

（1）对评估的财务报表层次重大错报风险采取的总体应对措施；

（2）实施进一步审计程序的性质、时间安排和范围；

（3）实施的进一步审计程序与评估的认定层次重大错报风险的联系；

（4）实施进一步审计程序的结果。

审计工作底稿还包括分析表、问题备忘录、重大事项概要、询证函回函、管理层声明书、核对表、有关重大事项的往来信件（包括电子邮件）、对被审计单位文件记录的摘要或复印件，以及业务约定书、管理建议书、项目组内部或项目组与被审计单位举行的会议记录、与其他人士（如其他注册会计师、律师、专家等）的沟通文件及错报汇总表等。

审计工作底稿通常不包括已被取代的审计工作底稿的草稿或财务报表的草稿、对不全面或初步思考的记录、存在印刷错误或其他错误而作废的文本，以及重复的文件记录等。由于这些草稿、错误的文本或重复的文件记录不直接构成审计结论和审计意见的支持性证据，因此，注册会计师通常无须保留这些记录。表7-1列示了审计工作底稿通常包括的内容。

表 7－1　　风险评估阶段审计工作底稿包括的内容

风险评估阶段	解释
• 签订业务约定书前（被审计单位承接）的程序。 • 独立性和职业道德评估。 • 业务约定条款。 • 重要性的考虑。 • 总体审计策略。 • 项目组的讨论，包括舞弊导致重大错报的可能原因。 • 实施的风险评估程序及其结果。 • 根据所获取的对被审计单位及其相关内部控制（如存在）的了解，评估识别出的重大错报风险（财务报表整体和认定层次）。 • 特别风险。 • 与管理层和治理层的沟通	根据下列内容更新风险评估的审计工作底稿： • 审计工作中后来识别出的任何新风险； • 根据实施进一步审计程序的结果，对风险评估或重要性作出的必要修改

表 7－2 列示了应对阶段审计工作底稿通常包括的内容。

表 7－2　　风险应对阶段审计工作底稿包括的内容

<table>
<tr><th colspan="2">风险应对阶段</th><th>解释</th></tr>
<tr><td>1</td><td>具体审计计划包括：
• 所有重要的财务报表领域；
• 评估的财务报表层次和认定层次重大错报风险；
• 为应对评估的重大风险实施的进一步审计程序的性质、时间安排和范围；
• 识别出的特别风险</td><td rowspan="10">审计工作底稿应当是自我支持的，不需要口头证据作补充。

谨慎选择针对测试认定的正确的总体。

不需要在档案中保存所检查的客户记录的复印件，但要记录识别特征，如日期等，以使另一个人能够在必要时重新执行测试</td></tr>
<tr><td>2</td><td>向其他人员咨询的性质和范围</td></tr>
<tr><td>3</td><td>获取的与测试认定相关的证据的重要性和性质</td></tr>
<tr><td>4</td><td>对测试结果的明确解释，以及如何跟进例外或偏差。这包括：
• 测试的基础；
• 总体的选择；
• 评估的风险水平；
• 抽样间隔和起点的选择</td></tr>
<tr><td>5</td><td>实施审计程序导致的行动，以表明：
• 需要修改计划的审计程序；
• 可能存在重大错报；
• 财务报表有遗漏；
• 财务报告内部控制存在值得关注的内部控制缺陷</td></tr>
<tr><td>6</td><td>对总体审计策略作出修改（如存在）</td></tr>
<tr><td>7</td><td>执行审计工作和评价结果时针对重大事项作出的重大判断</td></tr>
<tr><td>8</td><td>与管理层就重大事项的讨论</td></tr>
<tr><td>9</td><td>备忘录、分析、使用假设的细节以及如何确定所使用的依据信息的正确性</td></tr>
<tr><td>10</td><td>交叉索引至支持性工作底稿和证据，表明财务报表与其所依据的会计记录一致或调节相符</td></tr>
</table>

表7-3列示了报告阶段审计工作底稿通常包括的内容。

表7-3　编制报告阶段审计工作底稿包括的内容

报告阶段	解释
• 完成的审计项目。 • 复核档案的证据（即：签名和核对表等）： —经理/主管复核； —项目合伙人复核； —项目质量控制复核（如适用）。 • 与最终结论不一致或矛盾的信息。 • 识别出的未调整错报的汇总，以及管理层的反应（即作出调整）。 • 并非明显不重大的未更正错报。 • 出现重大事项时： —针对重大事项采取的行动（包括获取的额外证据）； —形成结论的基础。 • 如果在编制财务报表草稿时提供了帮助（独立性规定允许的情况下），描述针对财务报表内容的复核与管理层进行的讨论的性质。内容包括： —进行讨论的日期； —对适用的复杂会计政策的说明； —管理层提出的主要问题。 • 财务报表和审计报告的复印件，交叉索引至审计档案的各章。 • 偏离相关审计准则规定的原因和实施的替代审计程序以实现该规定的目标。 • 会计师事务所规定的任何业务完成归档要求。 • 所有与管理层和治理层沟通的复印件。 • 审计报告日和审计工作底稿完成日期	注意与管理层就重大事项的讨论并且记录他们的回答。这将有助于确保审计工作底稿包含作出的全部重大决策的原因。 包括就重大事项与客户之间交换的相关邮件或文本信息的复印件

二、编制审计工作底稿的要求

注册会计师编制的审计工作底稿，应当使得未曾接触该项审计工作的有经验的专业人士清楚地了解：（1）按照审计准则的规定实施的审计程序的性质、时间安排和范围；（2）实施审计程序的结果和获取的审计证据；（3）就重大事项得出的结论。有经验的专业人士，是指会计师事务所内部或外部的具有审计实务经验、并对下列方面有合理了解的人士：（1）审计过程；（2）相关法律法规和审计准则的规定；（3）被审计单位所处的经营环境；（4）与被审计单位所处行业相关的会计和审计问题。

（一）确定审计工作底稿需要考虑的因素

在确定审计工作底稿的格式、内容和范围时，注册会计师应当考虑下列因素：

1. 实施审计程序的性质。通常，不同的审计程序使得注册会计师获取不同性质的审计证据，由此注册会计师可能会编制不同格式、内容和范围的审计工作底稿。例如，注册会计师编制的有关函证程序的审计工作底稿（包括询证函及回函、有关不符事项的分析等）和存货监盘程序的审计工作底稿（包括盘点表、注册会计师对存货的测试记录等）在内容、格式及范围方面是不同的。

2. 已识别的重大错报风险。识别和评估的重大风险水平的不同可能导致注册会计师实施的审计程序和获取的审计证据不尽相同。例如，如果识别出应收账款存在较高的重大错报风险，而其他应收款的重大错报风险较低，则注册会计师可能对应收账款实施较多的审计程序并获取较多的审计证据，因而对测试应收账款的记录会比对测试其他应收款记录的内容多且范围广。

3. 在执行审计工作和评价审计结果时需要作出判断的范围。审计程序的选择和实施及审计结果的评价通常需要不同程度的职业判断。例如，运用非统计抽样的方法选取样本进行应收账款函证程序时，注册会计师可能基于应收账款账龄、以前的审计经验及是否为关联方欠款等因素，考虑哪些应收账款存在较高的重大错报风险，运用职业判断在总体中选取样本，并对作出职业判断时的考虑事项进行适当的记录。因此，在作出职业判断时所考虑的因素及范围可能使注册会计师作出不同的内容和范围的记录。

4. 已获取审计证据的重要程度。注册会计师通过执行多项审计程序可能会获取不同的审计证据，有些审计证据的相关性和可靠性较高，有些则较差，注册会计师可能区分不同的审计证据进行有选择性的记录，因此，审计证据的重要程度也会影响审计工作底稿的格式、内容和范围。

5. 已识别的例外事项的性质和范围。有时注册会计师在执行审计程序时会发现例外事项，由此可能导致审计工作底稿在格式、内容和范围方面的不同。例如，某个函证的回函表明存在不符事项，如果在实施恰当的追查后发现该例外事项并未构成错报，注册会计师可能只在审计工作底稿中解释发生该例外事项的原因及影响。反之，如果该例外事项构成错报，注册会计师可能需要执行额外的审计程序并获取更多的审计证据，由此编制的审计工作底稿在内容和范围方面可能有很大不同。

6. 当从已执行审计工作或获取审计证据的记录中不易确定结论或结论的基础时，记录结论或结论基础的必要性。在某些情况下，特别是在涉及复杂的事项时，注册会计师仅将已执行的审计工作或获取的审计证据记录下来，并不容易使其他有经验的注册会计师通过合理的分析，得出审计结论或结论的基础。此时注册会计师应当考虑是否需要进一步说明并记录得出结论的基础（即得出结论的过程）及该事项的结论。

7. 使用的审计方法和工具。使用的审计方法和工具可能影响审计工作底稿的格式、内容和范围。例如，如果使用计算机辅助审计技术对应收账款的账龄进行重新计算，通常可以针对总体进行测试，而采用人工方式重新计算，则可能会针对样本进行测试，由此形成的审计工作底稿会在格式、内容和范围方面有所不同。

（二）记录审计过程的要求

1. 记录特定项目或事项的识别特征。在记录实施审计程序的性质、时间安排和范围时，注册会计师应当记录测试的特定项目或事项的识别特征。识别特征是指被测试的项目或事项表现出的征象或标志，因审计程序的性质和所测试的项目或事项不同而不同。

对某一个具体项目或事项而言，其识别特征通常具有唯一性，这种特性可以使其他人员根据识别特征在总体中识别该项目或事项并重新执行该测试。下面举例说明审计程序中所测试的样本的识别特征。

案例7－2　测试样本的识别特征

（1）在对被审计单位生成的订购单实施细节测试时，注册会计师可能以订购单的日期或编号作为测试订购单的识别特征。需要注意的是，在以日期或编号作为识别特征时，注册会计师需要同时考虑被审计单位对订购单编号的方式，例如，若被审计单位按年对订购单依次编号，则识别特征是××年的××号；若被审计单位仅以序列号进行编号，则可以直接将该号码作为识别特征。

（2）对于需要选取或复核既定总体内一定金额以上的所有项目的审计程序，注册会计师可能以实施审计程序的范围作为识别特征，例如，总账中一定金额以上的所有会计分录。

（3）对于需要系统化抽样的审计程序，注册会计师可能通过记录样本的来源、抽样的起点及抽样间隔来识别已选取的样本，例如，若被审计单位对发运单顺序编号，测试的发运单的识别特征可以是，对4月1日至9月30日的发运台账，从第12345号发运单开始每隔125号系统抽取发运单。

（4）对于需要询问被审计单位中特定人员的审计程序，注册会计师可能以询问的时间、被询问人的姓名及职位作为识别特征。

（5）对于观察程序，注册会计师可能以观察的对象或观察过程、相关被观察人员及其各自的责任、观察的地点和时间作为识别特征。

2. 记录重大事项。注册会计师应当根据具体情况判断某一事项是否属于重大事项。重大事项通常包括：

（1）引起特别风险的事项；

（2）实施审计程序的结果，该结果表明财务信息可能存在重大错报，或者需要修正以前对重大错报风险的评估和针对这些风险拟采取的应对措施；

（3）导致注册会计师难以实施必要审计程序的情形；

（4）导致出具非标准审计报告的事项。

有关重大事项的记录可能分散在审计工作底稿的不同部分。将这些分散在审计工作底稿中的有关重大事项的记录汇总在重大事项概要中，不仅可以帮助注册会计师集中考虑重大事项对审计工作的影响，还便于审计工作的复核人员全面、快速地了解重大事项，从而提高复核工作的效率。对于大型、复杂的审计项目，重大事项概要的作用尤为重要。

3. 记录针对重大事项如何处理矛盾或不一致的情况。如果识别出的信息与针对某重大事项得出的最终结论相矛盾或不一致，注册会计师应当记录形成最终结论时如何处理该矛盾或不一致的情况。

上述情况包括但不限于注册会计师针对该信息执行的审计程序、项目组成员对某事项的职业判断不同而向专业技术部门的咨询情况，以及项目组成员和被咨询人员不同意见（如项目组与专业技术部门的不同意见）的解决情况。

对如何解决这些矛盾或不一致的记录要求并不意味着注册会计师需要保留不正确的或被取代的资料。例如，某些信息初步显示与针对某重大事项得出的最终结论相矛盾或不一致，注册会计师发现这些信息是错误或不完整的，并且初步显示的矛盾或不一致可以通过获取正确或完整的信息得到满意的解决，则注册会计师无须保留这些错误或不完整的信息。此外，对于职业判断的差异，若初步的判断意见是基于不完整的资料或数据，则注册会计师也无须保留这些初步的判断意见。

4. 记录审计结论。注册会计师恰当地记录审计结论非常重要，注册会计师需要根据所实施的审计程序及获取的审计证据得出结论，并以此作为对财务报表形成审计意见的基础。在记录审计结论时需注意，在审计工作底稿中记录的审计程序和审计证据是否足以支持所得出的审计结论。

5. 记录编制人员和复核人员及日期。在记录实施审计程序的性质、时间安排和范围时，注册会计师应当记录：

（1）审计工作的执行人员及完成该项审计工作的日期；

（2）审计工作的复核人员及复核的日期和范围。

在需要项目质量控制复核的情况下，还需要注明项目质量控制复核人员及复核的日期。

通常，需要在每一张审计工作底稿上注明执行审计工作的人员和复核人员、完成该项审计工作的日期以及完成复核的日期。要求记录已执行审计工作的复核人并不意味着每一张工作底稿都需要有复核的记录。但审计工作底稿应为何人及何时复核了已执行审计工作的特定要素提供证据。

三、审计报告日后对审计工作底稿的变动

如果在审计报告日获取的审计证据与重大事项的最终结论不一致，要确保在档案中增加工作底稿，以解释注册会计师如何应对该项不一致。这并不意味着注册会计师应当保留不正确或被替代的工作底稿。在审计报告日后，如果发现例外情况要求注册会计师实施新的或追加的审计程序，或者导致注册会计师得出新的结论，注册会计师应当记录：

（1）遇到的例外情况；

（2）实施的新的或追加的审计程序，获取的审计证据以及得出的结论；

（3）对审计工作底稿作出变动及其复核的时间和人员。

例外情况主要是指审计报告日后发现与已审计财务信息相关，且在审计报告日已经存在的事实，该事实如果被注册会计师在审计报告日前获知，可能影响审计报告。例如，注册会计师在审计报告日后才获知法院在审计报告日前已对被审计单位的诉讼、索赔事项作出最终判决结果。

例外情况可能在审计报告日后发现，也可能在财务报表报出日后发现，注册会计师应当按照《中国注册会计师审计准则第 1332 号——期后事项》“财务报表报出后发现的事实”的相关规定，对例外事项实施新的或追加的审计程序。

另外，发现例外情况对审计工作底稿作出的变动可能发生在归整工作结束前。在这种情况下，无论是否出具新的审计报告，原审计工作底稿中的内容均构成了原审计报告的支持性证据。表 7－4 列示了注册会计师针对审计工作底稿应当考虑的问题。

表 7－4　　针对审计工作底稿应当考虑的问题

针对工作底稿应考虑的问题	是/否
是否对遵守会计师事务所的工作底稿要求（在会计师事务所质量控制手册中列出的要求）情况予以记录?	
审计工作底稿是否已被很好地整理和完成，包括清楚地索引至所针对的重大事项	
归档的审计工作底稿是否表明： • 审计工作的执行人员以及完成审计工作的日期； • 审计工作的复核人员以及复核的日期与范围； • 与管理层、治理层和其他人员对重大事项的讨论的结果，包括所讨论的重大事项的性质以及讨论的时间、地点和参加人员	

续表

针对工作底稿应考虑的问题	是/否
未曾接触该项审计工作的有经验的注册会计师是否能够清楚了解： • 按照审计准则和相关法律法规的规定实施的审计程序的性质、时间安排和范围； • 实施审计程序的结果和获取的审计证据； • 审计中遇到的重大事项和得出的结论，以及在得出结论时作出的重大职业判断	
档案是否包含了针对下列事项的书面记录： • 审计的前提条件是否存在以及承接或继续该项审计业务的决策； • 总体审计策略； • 审计项目组内的讨论； • 通过了解被审计单位获取的关键要素，通过了解内部控制要素中任一要素而获取的关键信息，包括所获取信息的来源； • 实施风险评估程序的结果； • 在财务报表层次和认定层次识别和评估的重大错报风险； • 应对评估的风险的详细审计计划； • 执行审计程序的结果，包括所获取证据的相关性和可靠性，以及对发现的例外情况的处理，包括对评估的风险所要求的任何改变； • 在审计过程中识别出的关于舞弊迹象的信息，以及针对该迹象执行的程序； • 由于获取的新信息而导致的重要性的改变； • 如果重新执行程序曾经是必要的，重新执行每个程序所需的足够信息； • 在审计业务中对总体审计策略或具体审计计划作出的重大改变，以及这种改变的原因； • 重大事项的详细情况以及解决结果，如重大不确定性，与管理层估计相关的事项、期后事项，以及能够导致发表无法表示意见的其他事项	
在会计师事务所内部的咨询以及与注册会计师和管理层聘请的专家的讨论是否已被记录？如果利用了专家工作，是否将专家的工作用作审计证据的适当性予以记录？	
为遵守集团审计准则的要求，与组成部分注册会计师之间的沟通是否已被记录？	
是否已涉及每项相关审计准则中关于审计工作底稿的要求？	

表7－5列示了注册会计师在编制审计工作底稿时经常遇到的一些问题和解释。

表7－5　　编制审计工作底稿时经常遇到的问题和解释

问题	解释
谁拥有审计工作底稿？	除非法律法规有特别规定，会计师事务所拥有审计工作底稿的所有权

续表

问题	解释
经查阅的被审计单位文件复印件需要在审计工作底稿中保存吗？	不。需要记录的是所检查交易、程序的识别特征，工作可能是重复性的或仅对例外事项进行调查。识别性特征包括： • 用于细节测试的日期和唯一的交易编号； • 所使用程序和总体的范围（特定期间内分类账中的所有会计分录）； • 系统抽样的来源、起点和抽样间隔； • 如果是询问员工，包括被询问人的姓名、岗位名称、询问日期等； • 如果是观察程序，包括观察的过程或事项、相关人员及其各自的责任以及观察的地点和时间。 但是，必要时可以将被审计单位文件（如重大合同或协议）的摘要或复印件纳入审计工作底稿
每张审计工作底稿都要先由编制者再由复核者签名和签署日期吗？	不。工作底稿签名原则（有关谁实施与复核审计工作）的效果是使得项目组对工作底稿负责。但是，这并不意味着每张工作底稿都要签名和签署日期。例如，档案中的各部分、模块、单元都表明编制和复核的证据。工作底稿的编制（通常是助理级别）及其具体复核（通常是经理级别）涉及在工作底稿各部分、模块或单元进行签名，总体复核（合伙人级别）则可能仅涉及对底稿中应对特别风险和作出重大职业判断的关键部分进行复核
是否需要记录所有对职业判断的考虑和运用？	不。要求注册会计师记录所有考虑的事项和作出的职业判断，既不必要也不可行。只有审计过程中的重大事项以及对这些事项的重大判断才需要予以记录。对重大事项和判断进行记录，能够解释注册会计师得出的结论并提高职业判断的质量。这通常可以通过在审计结束时编制重大事项概要实现
如果财务报表草稿与最终财务报表不一致，是否需要保存财务报表草稿？	不。不要求保留不正确的或被取代的审计工作底稿
是否需要记录与审计无关的、偏离审计准则规定的情形？	不。除某些例外情况外，审计准则要求注册会计师遵守与审计业务“相关”的各项要求。只有当某项审计准则完全不相关或审计准则的某一要求具有适用条件但该条件不存在时，某项审计准则才是明显无关的

四、审计工作底稿的复核

会计师事务所应当建立完善的审计工作底稿分级复核制度。对审计工作底稿的复核可分为两个层次：项目组内部复核和独立的项目质量控制复核。

（一）项目组内部复核

项目组内部复核又分为两个层次：项目负责经理的现场复核和项目合伙人的复核。

（1）项目经理的现场复核。由项目经理对工作底稿的复核属于第一级复核。该级复核通常在审计现场完成，以便及时发现和解决问题，争取审计工作的主动。

（2）项目合伙人的复核。项目合伙人对审计工作底稿实施复核是项目组内部最高级别的复核。该复核既是对项目经理复核的再监督，也是对重要审计事项的把关。

（二）独立的项目质量控制复核

项目质量控制复核是指在出具报告前，对项目组作出的重大判断和在编制报告时形成的结论作出客观评价的过程。项目质量控制复核也称独立复核。

《质量控制准则第 5101 号——会计师事务所对执行财务报表审计和审阅、其他鉴证和相关服务业务实施的质量控制》要求对上市实体财务报表审计，以及会计师事务所按有关规定确定需要实施项目质量控制复核的其他业务实施项目质量控制复核，并在出具报告前完成。

对审计工作底稿进行独立复核有如下意义：

一是对审计工作结果实施最后质量控制。审计工作的高质量，在于形成审计意见的正确性。注册会计师在审计工作中将工作结果和工作过程中的各种情况记录于审计工作底稿中，并据此形成审计意见。若形成的审计意见与工作结果存在矛盾，注册会计师的工作就会失去有效性。对签发审计报告前的审计工作底稿进行独立复核，是对审计工作结果实施的最后质量控制，能避免对重大审计问题的遗留或对具体审计工作理解不透彻等情况，从而形成与审计工作结果相一致的审计意见。

二是确认审计工作已达到会计师事务所的工作标准。会计师事务所开展各项审计工作，都应有明确、统一的标准。但在执行过程中，会计师事务所内不同注册会计师的工作质量会有差异，有的甚至可能背离统一的工作标准。因此，必须进行独立复核，严格保持整体审计工作质量的一致性，确认该审计工作已达到会计师事务所的工作标准。

三是消除妨碍注册会计师判断的偏见。在审计工作中，常常需要注册会计师对各种问题作出职业判断。注册会计师可能期望在整个审计过程中保持客观性，但如有大量问题需要解决而实施审计的时间又有限，就容易丧失正确的观察能力和判断能力，对一些问题得出不符合事实的审计结论。而进行独立复核，可以消除妨碍注册会计师正确判断的偏见，得出符合事实的审计结论。

针对项目经理和项目合伙人的复核以及项目质量控制复核，很多会计师事务所都备有详细的业务执行复核工作核对表，项目复核可以通过填列业务执行复核工作核对表的方式来进行，这样，不仅可对那些经常容易被忽视的审计方面起到提醒作用，还有利于检查审计证据的充分性和适当性。表 7－6 列示了业务执行复核工作核对表。

表7-6　　　　业务执行复核工作核对表

一、项目经理复核

复核事项	是/否/不适用	备注
1. 是否已复核已完成的审计计划，以及导致对审计计划作出重大修改的事项？ 2. 是否已复核重要的财务报表项目？ 3. 是否已复核特殊交易或事项，包括债务重组、关联方交易、非货币性交易、或有事项、期后事项、持续经营能力等？ 4. 是否已复核重要会计政策、会计估计的变更？ 5. 是否已复核重大事项概要？ 6. 是否已复核建议调整事项？ 7. 是否已复核管理层声明书、股东大会和董事会相关会议纪要、与客户的沟通记录及重要会谈记录、律师询证函复函？ 8. 是否已复核审计总结？ 9. 是否已复核已审计财务报表和拟出具的审计报告？ 10. 实施上述复核后，是否可以确定下列事项： (1) 审计工作底稿提供了充分、适当的记录，作为审计报告的基础； (2) 已按照中国注册会计师审计准则的规定执行了审计工作； (3) 对重大错报风险的评估及采取的应对措施是恰当的，针对存在特别风险的审计领域，设计并实施了针对性的审计程序，且得出了恰当的审计结论； (4) 作出的重大判断恰当合理； (5) 提出的建议调整事项恰当，相关调整分录正确； (6) 未更正错报无论是单独还是汇总起来对财务报表整体均不具有重大影响； (7) 已审计财务报表的编制符合企业会计准则的规定，在所有重大方面公允反映了被审计单位的财务状况、经营成果和现金流量； (8) 拟出具的审计报告措辞恰当，已按照中国注册会计师审计准则的规定发表了恰当的审计意见		

签字：______________　日期：______________

二、项目合伙人复核

复核事项	是/否/不适用	备注
1. 是否已复核已完成的审计计划，以及导致对审计计划作出重大修改的事项？ 2. 是否已复核重大事项概要？ 3. 是否已复核存在特别风险的审计领域，以及项目组采取的应对措施？ 4. 是否已复核项目组作出的重大判断？ 5. 是否已复核建议调整事项？ 6. 是否已复核管理层声明书、股东大会和董事会相关会议纪要、与客户的沟通记录及重要会谈记录、律师询证函复函？ 7. 是否已复核审计总结？ 8. 是否已复核已审计财务报表和拟出具的审计报告？ 9. 实施上述复核后，是否可以确定： (1) 对项目负责经理实施的复核结果满意； (2) 对重大错报风险的评估及采取的应对措施是恰当的，针对存在特别风险的审计领域，设计并实施了针对性的审计程序，且得出了恰当的审计结论； (3) 项目组作出的重大判断恰当合理； (4) 提出的建议调整事项恰当合理，未更正错报无论是单独还是汇总起来对财务报表整体均不具有重大影响； (5) 已审计财务报表的编制符合企业会计准则的规定，在所有重大方面公允反映了被审计单位的财务状况、经营成果和现金流量； (6) 拟出具的审计报告措辞恰当，已按照中国注册会计师审计准则的规定发表了恰当的审计意见		

签字：______________　日期：______________

续表

三、项目质量控制复核

复核事项 （由独立的项目质量控制复核人员进行复核。项目质量控制复核适用于上市公司财务报表审计或会计师事务所按有关规定确定的其他类型审计业务。）	是/否/不适用	备注
1. 项目质量控制复核之前进行的复核是否均已得到满意的执行？ 2. 是否已复核项目组针对本业务对本所独立性作出的评价，并认为该评价是恰当的？ 3. 是否已复核项目组在审计过程中识别的特别风险以及采取的应对措施，包括项目组对舞弊风险的评估及采取的应对措施，认为项目组作出的判断和应对措施是恰当的？ 4. 是否已复核项目组作出的判断，包括关于重要性和特别风险的判断，认为这些判断恰当合理？ 5. 是否确定项目组已就存在的意见分歧、其他疑难问题或争议事项进行适当咨询，且咨询得出的结论是恰当的？ 6. 是否已复核审计过程中识别的已更正和未更正错报的重要程度及处理情况？ 7. 是否已复核项目组与管理层和治理层沟通的记录以及拟与其沟通的事项，对沟通情况表示满意？ 8. 是否认为所复核的审计工作底稿反映了项目组针对重大判断执行的工作能够支持得出的结论？ 9. 是否已复核已审计财务报表和拟出具的审计报告，认为已审计财务报表符合企业会计准则的规定，拟出具的审计报告已按照中国注册会计师审计准则的规定发表了恰当的审计意见？		

签字：________________ 日期：________________

五、审计工作底稿的归档

（一）审计工作底稿归档的期限

及时编制审计工作底稿有助于提高审计质量，并在审计报告最终完成之前，有助于有效复核和评价获取的审计证据和得出的审计结论。注册会计师应当按照会计师事务所质量控制政策和程序的规定，及时将审计工作底稿归整为最终审计档案。审计工作底稿的归档期限为审计报告日后 60 天内。如果注册会计师未能完成审计业务，审计工作底稿的归档期限为审计业务中止后的 60 天内。

如果针对客户的同一财务信息执行不同的委托业务，出具两个或多个不同的报告，会计师事务所应当将其视为不同的业务，根据会计师事务所内部制定的政策和程序，在规定的归档期限内分别将审计工作底稿归整为最终审计档案。

图 7－1 说明了审计工作底稿归整的恰当期限。

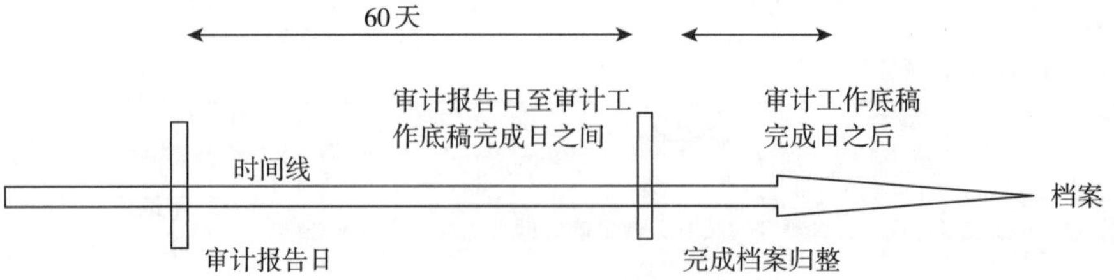

图 7－1　审计工作底稿归整期限

（二）审计工作底稿归档的性质

在出具审计报告前，注册会计师应当完成所有必要的审计程序，获取充分、适当的审计证据并得出适当的审计结论。由此，在审计报告日后将审计工作底稿归整为最终审计档案是一项事务性的工作，不涉及实施新的审计程序或得出新的结论。

如果在归档期间对审计工作底稿作出的变动属于事务性的，注册会计师可以作出变动，主要包括：

（1）删除或废弃被取代的审计工作底稿；

（2）对审计工作底稿进行分类、整理和交叉索引；

（3）对审计档案归整工作的完成核对表签字认可；

（4）记录在审计报告日前获取的、与审计项目组相关成员进行讨论并取得一致意见的审计证据。

（三）审计工作底稿归档后的变动

1. 修改或增加审计工作底稿时的记录要求。在完成最终审计档案的归整工作后，如果发现有必要修改现有审计工作底稿或增加新的审计工作底稿，无论修改或增加的性质如何，注册会计师均应记录下列事项：

（1）修改或增加审计工作底稿的时间和人员，以及复核的时间和人员；

（2）修改或增加审计工作底稿的具体理由；

（3）修改或增加审计工作底稿对审计结论产生的影响。

修改现有审计工作底稿主要是指在保持原审计工作底稿中所记录的信息，即对原记录信息不予删除（包括涂改、覆盖等方式）的前提下，采用增加新信息的方式予以修改。例如，原审计工作底稿中列明存货余额为 100 万元，现改为 120 万元，注册会计师可以采用在原工作底稿中增加新的注释的方式予以修改。

一般情况下，在审计报告归档之后不需要对审计工作底稿进行修改或增加。注册会计师发现有必要修改现有审计工作底稿或增加新的审计工作底稿的情形主要有下列两种：

（1）注册会计师已实施了必要的审计程序，取得了充分、适当的审计证据并得出了恰当的审计结论，但审计工作底稿的记录不够充分；

（2）审计报告日后，发现例外情况要求注册会计师实施新的或追加审计程序，或者导致注册会计师得出新的结论。

2. 不得在规定的保存期届满前删除或废弃审计工作底稿。在完成最终审计档案的归整工作后，注册会计师不得在规定的保存期届满前删除或废弃审计工作底稿。

删除审计工作底稿主要是指删除整张原审计工作底稿，或者以涂改、覆盖等方式删减原审计工作底稿中的全部或部分记录内容。

废弃审计工作底稿主要是指将原审计工作底稿从审计档案中抽取出来，使审计档案中不再包含原来的底稿。表 7－7 列示了审计准则对审计工作作出修改的规定。

表 7－7　　对审计工作作出修改的规定

期间	日期	要求
1	审计报告日至审计工作底稿归档日之间	如果是事务性的变化： • 记录获取审计证据的性质、审计工作底稿的编制人员和复核人员以及可能需要归档的新的备忘录； • 删除或废弃被取代的审计工作底稿； • 分类、整理和交叉索引审计工作底稿； • 对审计档案归整工作的完成核对表签字认可。 如果获取的审计证据或得出的结论有变化，应当编制新的审计工作底稿以记录下列三个关键问题： • 增加审计工作底稿的时间和人员，以及复核的时间和人员（如适用）； • 增加审计工作底稿的理由； • 增加审计工作底稿对审计结论的影响（如存在）
2	审计工作底稿完成日之后	不应从审计档案中删除或废弃审计工作底稿，直到会计师事务所的审计档案保存期限届满。 如果需要在审计工作底稿完成日后增加新的审计工作底稿（包括修改），无论增加的性质如何，都应当回答是否符合修改的情形

3. 审计工作底稿的保存期限。会计师事务所应当自审计报告日起，对审计工作底稿至少保存 10 年。如果注册会计师未能完成审计业务，会计师事务所应当自审计业务中止日起，对审计工作底稿至少保存 10 年。

值得注意的是，对于连续审计的情况，当期归整的永久性档案虽然包括以前年度获取的资料（有可能是 10 年以前），但由于其作为本期档案的一部分，并作为支持审计结论的基础。因此，注册会计师对于这些对当期有效的档案，应视为当期取得并保存 10 年。如果这些资料在某一个审计期间被替换，被替换资料可以从被替换的年度起至少保存 10 年。

对审计工作底稿的保管、归档工作，注册会计师除遵守审计工作底稿准则的规定外，还应按照《会计师事务所质量控制准则第 5101 号——会计师事务所对执行财务报表审计和审阅、其他鉴证和相关服务业务实施的质量控制》的规定实施适当的控制程序。

除非法律、法规有其他的要求，审计工作底稿是会计师事务所的财产。

（四）审计工作底稿的索引

审计工作底稿通常借助索引系统形成逻辑性的工作分类。审计工作底稿使用标准索引有很多好处，例如：（1）有助于快速找出特定工作底稿并在审计组成员之间进行分享；（2）有助于各种复核人员，例如项目合伙人、项目质量控制复核人员、质量控制监督人员对档案进行复核；（3）确保会计师事务所档案之间的一致性；有助于执行质量控制工作，例如检查缺失的签字、错误的交叉索引、不明确的复核附注。

在实务中，如果若干页的审计工作底稿记录同一性质的具体审计程序或事项，并且编制在同一个索引号中，此时可以仅在审计工作底稿的第一页上记录审计工作的执行人员和复核人员并注明日期。例如，应收账款函证核对表的索引号为 L3 -1 -1/21，相对应的询证函回函共有 20 份，每一份应收账款询证函回函索引号以 L3 -1 -2/21、L3 -1 -3/21……L3 -1 -21/21 表示，对于这种情况，就可以仅在应收账款函证核对表上记录审计工作的执行人员和复核人员并注明日期。

如果文档是电子形式，索引可能是文件夹或子文件夹的形式。每份审计工作底稿在创建时，会赋予一个独特的编号以与总体文件索引直接关联。

表 7 -8 简要列示了两个审计档案索引的例子。一是根据工作底稿在审计过程中的编制时间进行分类（审计完成阶段的工作底稿通常归档于文件的顶部以易于索引）。二是根据财务报表的领域对工作底稿进行归类，例如应付账款、应收账款、销售等。在这种索引方法下，所有与存货风险评估和风险应对相关的工作底稿都放在存货部分。有时，将两种索引方法合并，一些工作底稿根据其在审计过程的阶段进行组织，另一些工作底稿则根据财务报表的领域进行编制。

表 7 -8　　审计档案索引举例

根据审计阶段的索引		根据财务报表领域的索引	
100 -200	财务报表和审计报告	10	财务报表和审计报告
201 -300	纳税申报表等	11	档案完成阶段的备忘录、核对表等

续表

根据审计阶段的索引		根据财务报表领域的索引	
301－400	档案完成阶段，例如有关重大决定的备忘录、核对表、管理层的书面声明	12	总体审计策略
401－500	审计计划阶段，包括总体审计策略和重要性	15	重要性
501－600	风险评估阶段，包括了解被审计单位及其环境，包括内部控制	A	现金
601－700	风险应对阶段，包括按照财务报表领域的实施具体审计计划	C	应收账款
701－799	其他支持性底稿，例如金额微小的余额和报告	D	存货
800	财务报告编制基础	BB	应付账款
		DD	长期借款
		20	收入
		30	采购
		40	工资
		50	税收
		100	期后事项
		120	或有事项
		150	其他支持性底稿，例如金额微小的余额和报告

（五）审计档案的组成

审计档案的内容和格式取决于会计师事务所采用的审计方法、业务的复杂程度以及审计过程中使用计算机技术的范围。一些会计师事务所喜欢将连续性信息归整在永久性档案中，另一些会计师事务所则以结转表的方式保留这些信息，每年通过结转表将信息从当年的当期档案转至下一年。

1. 永久性档案清单。

（1）审计项目管理。

- 被审计单位名称、地址、主要联系人、职务、电话
- 参与项目的其他注册会计师或专家的姓名和地址
- 审计业务约定书原件
- 各期审计档案清单

［如对各期财务报表审计业务，记录共有几本审计档案、存放地点等］

- 其他

（2）被审计单位背景资料。

- 组织结构
- 各投资方简介
- 管理层和财务人员（名单、职责）
- 董事会成员清单
- 历史发展资料
- 业务介绍
- 关联方资料
- 会计手册
- 员工福利政策
- 其他

（3）法律事项资料。

- 有关设立、经营的文件的复印件

[如公司章程、批准证书、营业执照、税务登记证等]

- 验资报告
- 历次董事会会议纪要
- 对财务报表影响超过一年的重要合同、协议等文件的复印件

[如所得税减免批准证明、银行借款合同和担保协议等]

- 有关土地、建筑物、厂房和设备等资产文件的复印件

[如资产评估报告、土地使用权证、房产证等]

- 分支机构的资料
- 所投资企业的资料
- 其他

2. 当期档案清单。

（1）沟通和报告相关工作底稿。

- 审计报告和经审计的财务报表
- 与主审注册会计师的沟通和报告（如适用）
- 与治理层的沟通和报告
- 与管理层的沟通和报告
- 管理建议书
- 其他

（2）审计完成阶段工作底稿。

- 审计工作完成情况核对表
- 管理层声明书原件

- 重大事项概要
- 错报汇总表
- 被审计单位财务报表和试算平衡表
- 未更正错报汇总表
- 有关列报的工作底稿

[如现金流量表、关联方和关联交易的披露等]

- 财务报表所属期间的董事会会议纪要
- 总结会会议纪要
- 其他

(3) 审计计划阶段工作底稿。

- 总体审计策略和具体审计计划
- 对内部审计职能的评价（如适用）
- 对外部专家的评价（如适用）
- 对服务机构的评价（如适用）
- 被审计单位提供资料的清单及其他相关文件
- 主审注册会计师的指示（如适用）
- 前期审计报告和经审计的财务报表
- 审计计划讨论会的会议纪要
- 其他

(4) 特定项目审计程序表。

- 舞弊
- 持续经营
- 对法律法规的考虑
- 关联方
- 其他

(5) 进一步审计程序表和相关工作底稿（可以按会计科目、某类交易或列报划分）。

- 进一步审计程序表
- 有关控制测试工作底稿
- 有关实质性程序工作底稿（包括实质性分析程序和细节测试）

(6) 合并财务报表的工作底稿（如适用）。

(7) 其他。

第三节 审计准则对形成审计记录的规定

审计准则包含了特定审计工作记录要求。例如，《中国注册会计师审计准则第1131号——审计工作底稿》、《中国注册会计师审计准则第1201号——计划审计工作》《中国注册会计师审计准则第1211号——通过了解被审计单位及其环境识别和评估重大错报风险》和《中国注册会计师审计准则第1231号——针对评估的重大错报风险采取的应对措施》。此外，其他审计准则也对工作底稿的编制作出了要求。表7-9列示了中国注册会计师审计准则（简称审计准则）对形成审计记录的要求。

表7-9　审计准则对形成审计记录的要求

对象	对应准则	记录的主要内容
总体要求		
实施的审计程序	审计准则第1131号——审计工作底稿	注册会计师编制的审计工作底稿，应当使得未曾接触该项审计工作的有经验的专业人士清楚了解： （1）按照审计准则和相关法律法规的规定实施的审计程序的性质、时间安排和范围； （2）实施审计程序的结果和获取的审计证据； （3）审计中遇到的重大事项和得出的结论，以及在得出结论时作出的重大职业判断
对职业道德和质量控制的考虑	审计准则第1121号——对财务报表审计实施的质量控制	（1）识别出的与遵守相关职业道德要求有关的问题，以及这些问题是如何得到解决的； （2）针对适用于审计业务的独立性要求的遵守情况得出的结论，以及为支持该结论与会计师事务所进行的讨论
业务接受与保持		
接受与保持	审计准则第1121号——对财务报表审计实施的质量控制	项目合伙人应当确信，有关客户关系和审计业务的接受与保持的质量控制程序已得到遵守，并确定得出的有关结论是恰当的。得出的有关客户关系和审计业务的接受与保持的结论。 （重点考虑：被审计单位的主要股东、关键管理人员和治理层是否诚信，项目组是否具有执行审计业务的专业胜任能力以及必要的时间和资源，会计师事务所和项目组能否遵守职业道德规范）

续表

对象	对应准则	记录的主要内容
业务约定条款	审计准则第 1111 号——就审计业务约定条款达成一致意见	注册会计师应当将达成一致意见的审计业务约定条款记录于审计业务约定书或其他适当形式的书面协议中。审计业务约定条款应当包括下列主要内容： （1）财务报表审计的目标与范围； （2）注册会计师的责任； （3）管理层的责任； （4）指出用于编制财务报表所适用的财务报告编制基础； （5）提及注册会计师拟出具的审计报告的预期形式和内容，以及对在特定情况下出具的审计报告可能不同于预期形式和内容的说明
计划审计工作		
总体审计策略	审计准则第 1201 号——计划审计工作	总体审计策略的制定包括确定审计业务的特征、明确审计业务的报告目标、考虑影响审计业务的重要因素，以及对审计资源作出规划和调配。 注册会计师对总体审计策略的记录，应当包括为恰当计划审计工作和向项目组传达重大事项而作出的关键决策。 对总体审计策略作出的重大更改及其理由，以及对导致此类更改的事项、条件或审计程序结果采取的应对措施
具体审计计划	审计准则第 1201 号——计划审计工作	注册会计师对具体审计计划的记录，应当能够反映计划实施的风险评估程序的性质、时间安排和范围，以及针对评估的重大错报风险计划实施的进一步审计程序的性质、时间安排和范围。 对具体审计计划作出的重大更改及其理由，以及对导致此类更改的事项、条件或审计程序结果采取的应对措施
风险评估程序		
了解被审计单位及其环境	审计准则第 1211 号——通过了解被审计单位及其环境识别和评估重大错报风险	了解被审计单位及其环境的关键要素： （1）相关行业状况、法律环境和监管环境及其他外部因素，包括适用的财务报告编制基础。 （2）被审计单位的性质，包括经营活动、所有权和治理结构、正在实施和计划实施的投资（包括对特殊目的实体的投资）的类型、组织结构和筹资方式。了解被审计单位的性质，可以使注册会计师了解预期在财务报表中反映的各类交易、账户余额和披露。 （3）被审计单位对会计政策的选择和运用，包括变更会计政策的原因。注册会计师应当根据被审计单位的经营活动，评价会计政策是否适当，并与适用的财务报告编制基础、相关行业使用的会计政策保持一致。 （4）被审计单位的目标、战略以及可能导致重大错报风险的相关经营风险。 （5）对被审计单位财务业绩的衡量和评价。 （6）被审计单位的内部控制

续表

对象	对应准则	记录的主要内容
使用服务机构	审计准则第1241号——对被审计单位使用服务机构的考虑	被审计单位与服务机构签订的合同条款以及被审计单位为监控服务机构以保证其履行受托责任和法律义务而采取的措施。 对于服务机构相关的每一项业务，记录做出会计记录的方式，包括被审计单位治理层确保该会计记录符合相关法规的方法
评估重大错报风险，特别是与舞弊相关的重大错报风险	审计准则第1211号——通过了解被审计单位及其环境识别和评估重大错报风险 审计准则第1141号——财务报表审计中与舞弊相关的责任	项目组内部就由于舞弊导致财务报表重大错报的可能性进行讨论所得出的重要结论。 识别和评估的由于舞弊导致的财务报表层次和认定层次的重大错报风险。 如果认为被审计单位在收入确认方面不存在舞弊导致的重大错报，记录得出该结论的理由
重要性	审计准则第1221号——计划和执行审计工作时的重要性	注册会计师应当在审计工作底稿中记录下列金额以及在确定这些金额时考虑的因素： （1）财务报表整体的重要性； （2）特定类别的交易、账户余额或披露的一个或多个重要性水平（如适用）； （3）实际执行的重要性； （4）随着审计过程的推进，对本条第（1）项至第（2）项内容作出的任何修改
		风险应对程序
总体应对措施和具体程序	审计准则第1231号——针对评估的重大错报风险采取的应对措施 审计准则第1141号——财务报表审计中与舞弊相关的责任	注册会计师应当就下列事项形成审计工作底稿： （1）针对评估的财务报表层次重大错报风险采取的总体应对措施，以及实施的进一步审计程序的性质、时间安排和范围； （2）实施的进一步审计程序与评估的认定层次风险之间的联系； （3）实施进一步审计程序的结果，包括在结果不明显时得出的结论。 注册会计师应当将下列内容形成审计工作底稿： （1）对评估的由于舞弊导致的财务报表层次的重大错报风险采取的总体应对措施； （2）审计程序的性质、时间安排和范围； （3）审计程序与评估的由于舞弊导致的认定层次的重大错报风险之间的联系； （4）实施审计程序（包括用于应对管理层凌驾于控制之上的风险而实施的审计程序）的结果
测试的特定项目或事项的识别特征	审计准则第1131号——审计工作底稿	在记录实施审计程序的性质、时间安排和范围时，注册会计师应当记录测试的具体项目或事项的识别特征

续表

对象	对应准则	记录的主要内容
实施审计程序的结果	审计准则第1231号——针对评估的重大错报风险采取的应对措施 审计准则第1141号——财务报表审计中与舞弊相关的责任	实施进一步审计程序（包括用于应对管理层凌驾于控制之上的风险而实施的审计程序）的结果
与管理层或其他人员讨论重大事项	审计准则第1131号——审计工作底稿 审计准则第1141号——财务报表审计中与舞弊相关的责任	注册会计师应当及时记录与管理层、治理层和其他人员对重大事项的讨论，包括讨论的内容、时间、地点和参加人员。 注册会计师应当在审计工作底稿中记录与管理层、治理层、监管机构或其他相关各方就舞弊事项进行沟通的情况
识别出的信息与针对某重大事项得出的最终结论相矛盾或不一致	审计准则1131号——审计工作底稿	如果识别出的信息与针对某重大事项得出的最终结论不一致，注册会计师应当记录如何处理该不一致的情况
对疑难问题或争议事项的咨询	审计准则第1121号——对财务报表审计实施的质量控制	在审计过程中咨询的性质、范围和形成的结论
	关于责任的考虑	
关于舞弊的责任	审计准则第1141号——财务报表审计中与舞弊相关的责任	根据准则的要求，识别、评估和应对舞弊导致的重大错报风险。 注册会计师应当在审计工作底稿中记录与管理层、治理层、监管机构或其他相关各方就舞弊事项进行沟通的情况
违反法律法规行为	审计准则第1142号——财务报表审计中对法律法规的考虑	注册会计师应当在审计工作底稿中记录识别出的或怀疑存在的违反法律法规行为，以及与管理层、治理层和被审计单位以外的相关机构或人员（如可行）进行讨论的结果
与治理层沟通	审计准则第1151号——与治理层的沟通	如果准则要求沟通的事项是以口头形式沟通的，注册会计师应当将其包括在审计工作底稿中，并记录沟通的时间和对象。 如果准则要求沟通的事项是以书面形式沟通的，注册会计师应当保存一份沟通文件的副本，作为审计工作底稿的一部分

续表

对象	对应准则	记录的主要内容
前任注册会计师与后任注册会计师的沟通	审计准则第1153号——前任注册会计师和后任注册会计师的沟通	后任注册会计师应当将沟通的情况记录于审计工作底稿
获取特定项目审计证据的要求		
存货监盘	审计准则第1311号——对存货、诉讼和索赔、分部信息等特定项目获取审计证据的具体考虑	存货监盘计划、存货监盘程序、特殊情况的处理，以及存货监盘结果对审计报告的影响
函证	审计准则第1312号——函证	函证的决策、实施与评价
会计估计	审计准则第1321号——审计会计估计（包括公允价值会计估计）和相关披露	注册会计师应当就下列事项形成审计工作底稿： （1）对导致特别风险的会计估计的合理性及其披露的充分性，注册会计师得出结论的基础； （2）可能存在管理层偏向的迹象
关联方关系及其交易	审计准则第1323号——关联方	注册会计师应当就识别出的关联方名称、关联方关系的性质以及关联方交易类型和交易要素形成审计工作底稿
关于持续经营假设的疑虑	审计准则第1324号—持续经营	注册会计师应当评价管理层对被审计单位持续经营能力作出的评估
首次接受委托时的期初余额	审计准则第1331号——首次审计业务涉及的期初余额	在执行首次审计业务时，注册会计师针对期初余额的目标是，获取充分、适当的审计证据以确定： （1）期初余额是否含有对本期财务报表产生重大影响的错报； （2）期初余额反映的恰当的会计政策是否在本期财务报表中得到一贯运用，或会计政策的变更是否已按照适用的财务报告编制基础作出恰当的会计处理和充分的列报与披露
期后事项	审计准则第1332号——期后事项	注册会计师应当考虑期后事项对财务报表和审计报告的影响
管理层声明	审计准则第1341号——书面声明	向管理层获取其认为自身已履行编制财务报表和向注册会计师提供完整信息的责任的书面声明。 如果注册会计师认为有必要或其他审计准则有要求，通过书面声明支持与财务报表或具体认定相关的其他审计证据

续表

对象	对应准则	记录的主要内容
获取特定行为审计证据的要求		
集团审计	审计准则第 1401 号——对集团财务报表审计的特殊考虑	集团项目组应当就下列事项形成审计工作底稿： (1) 对组成部分的分析，指明重要组成部分以及对组成部分财务信息执行工作的类型； (2) 对于重要组成部分，集团项目组参与该组成部分注册会计师工作的性质、时间安排和范围，如果适用，还包括集团项目组对组成部分注册会计师审计工作底稿的相关部分进行的复核以及由此得出的结论； (3) 集团项目组与组成部分注册会计师就集团项目组提出的工作要求的书面沟通函件
内部审计工作	审计准则第 1411 号——利用内部审计人员的工作	如果利用内部审计人员的特定工作，注册会计师应当就下列事项形成审计工作底稿： (1) 针对内部审计人员工作的恰当性进行评价得出的结论； (2) 针对内部审计人员的工作实施的审计程序
专家工作	审计准则第 1421 号——利用专家的工作	评价专家的胜任能力、专业素质和客观性，了解专家的专长领域，与专家达成一致意见，评价专家工作的恰当性
审计结论和报告		
审计报告	审计准则第 1501 号——对财务报表形成审计意见和出具审计报告	注册会计师应当就财务报表是否在所有重大方面按照适用的财务报告编制基础编制并实现公允反映形成审计意见。 为了形成审计意见，针对财务报表整体是否不存在由于舞弊或错误导致的重大错报，注册会计师应当得出结论，确定是否已就此获取合理保证
关键审计事项	审计准则第 1504 号——在审计报告中沟通关键审计事项	(1) 注册会计师确定的在执行审计工作时重点关注过的事项，以及针对每一事项，是否将其确定为关键审计事项及其理由； (2) 注册会计师确定不存在需要在审计报告中沟通的关键审计事项的理由； (3) 注册会计师确定不在审计报告中沟通某项关键审计事项的理由（如适用）
比较数据	审计准则第 1511 号——比较信息：对应数据和比较财务报表	获取充分、适当的审计证据，确定在财务报表中包含的比较信息是否在所有重大方面按照适用的财务报告编制基础有关比较信息的要求进行列报
其他信息	审计准则第 1521 号——注册会计师对其他信息的责任	(1) 注册会计师对其他信息执行的程序； (2) 注册会计师执行工作所针对的其他信息的最终版本

续表

对象	对应准则	记录的主要内容
审计质量控制		
指导、监督与复核	审计准则第1121号——对财务报表审计实施的质量控制	项目合伙人应当就审计业务质量安排指导、监督与复核，并就重大、疑难或有争议的问题进行咨询，如果内部出现意见分歧，只有在意见分歧问题得到解决后才能出具报告
质量控制	审计准则第1121号——对财务报表审计实施的质量控制	针对已复核的审计业务，项目质量控制复核人员应当就下列事项形成审计工作底稿： （1）会计师事务所项目质量控制复核政策要求的程序已得到实施； （2）项目质量控制复核在审计报告日或审计报告日之前已完成； （3）项目质量控制复核人员没有注意到任何尚未解决的事项，使其认为项目组作出的重大判断和得出的结论不适当
审计工作底稿的编制人和复核人	审计准则第1131号——审计工作底稿	审计工作的执行人员及完成审计工作的日期； 审计工作的复核人员及复核的日期和范围

附录

附录
风险导向审计综合案例

本案例旨在说明注册会计师如何运用风险导向审计方法，在了解被审计单位及其环境基础上，评估财务报表重大错报风险，根据风险评估结果设计应对程序，科学配置审计资源，提高审计的效率与效果。值得注意的是，本案例仅仅是示例，为便于理解，对很多内容进行了简化处理，并不能代表注册会计师遇到的所有情形和在审计业务中需要考虑的所有事项。

第一部分　被审计单位背景资料

注册会计师接受委托，对H股份有限公司（下列简称H公司）2008年度财务报表出具审计报告。H公司是1994年以定向募集方式设立的中外合资企业。2006年经监管部门批准，H公司向社会公开发行股票，并在上海证券交易所上市交易，募集资金6亿元，注册资本为26700万元。公司主要研究开发、生产制造集成电路及相关产品，销售自产产品并提供相关技术支持和服务。

一、行业状况

H公司所在行业是集成电路封装测试行业，属于资本和技术密集型行业，设备价格高、更新快，产品的功能和成本遵循“摩尔定律”[①]，具有明显的规模效应和行业壁垒。

H公司主要从事集成电路封装测试代工。按照集成电路封装测试行业通用的贸易模式，H公司接受客户委托提供芯片封装与测试服务。H公司在收到芯片后，自行采购原辅材料，然后将封装测试后的芯片交还客户，向客户收取封装测试加工费。

（一）行业总体情况

集成电路（IC）是指在半导体基板上，利用氧化、蚀刻、扩散等方法，将众

① 摩尔定律：芯片上的晶体管密度，每18个到24个月，在价格不变情况下，会增加一倍。

多电子电路组成各式二极管、三极管等电子组件，做在一个微小面积上，以完成某一特定逻辑功能，形成预先设定好的电路功能要求的电路系统。集成电路制造技术主要包括芯片制造技术、计算机辅助设计与辅助测试技术、掩膜制造技术、材料加工技术、可靠性技术、封装技术和辐射加固技术等，涵盖化工、光电、半导体材料、精密设备制造、软件等行业。集成电路制造业因其技术复杂性，产业结构高度专业化，分为设计业、制造业和封装测试业三个子产业群。H 公司属于封装测试业。

集成电路行业垂直分工的特征非常明显：全球主要半导体企业在控制产品研发、设计、营销及品牌运作等核心业务的同时，将生产、组装等环节委托给专业代工厂加工，形成设计、晶圆代工、封装测试代工相互独立、各为专业的分工体系。H 公司等封装测试企业大都为专业封装测试代工企业。

（二）行业技术水平及特点

1. 行业技术发展水平。封装测试作为集成电路制造产业链中的一环，科技进步非常快，产品更新率高。从封装技术的发展历程看，半导体封装技术发展呈现出三个趋势：尺寸的缩小、功能转换与性能提高，以及技术的融合。集成电路封装技术的演进主要是为了符合终端系统产品的需求。由于系统产品任务多、体积小，集成电路封装技术也向高密度、高脚位、薄型化、小型化方向发展，由单芯片转为多芯片封装。

最早出现的封装形态 DIP 正在快速萎缩。目前，全球半导体封装的主流技术正处在第三阶段的成熟期，以 CSP 和 BGA 等主要封装形式为主，同时也在向第四阶段（MCM)、第五阶段（MEMS）发展。CSP、BGA 则发展迅速，市场前景良好，逐渐成为产业技术主流。

集成电路技术的发展并不意味着一代新技术淘汰一代旧技术，实际上是多代并存，以成本最低、收益/投入比最大的原则各自占领相关应用领域。

2. 我国目前的技术水平。我国半导体封装业整体水平和国外主流技术还存在较大的差距，主要集成电路封装技术还处于第二阶段水平，国内本土集成电路封装测试企业主要采用的封装形式是 DIP 传统技术，产品大都属于中低档类，尚未完全掌握附加值较高的 CSP、BGA 等高尖封装技术，而外资封装测试企业大多采用主流 CSP、BGA、MCM、MEMS 等封装形式。在本土企业中，H 公司在中高端封装技术方面占有领先优势，是国内最早研究开发 MCM、MEMS 等封装形式并唯一实际量产的企业，技术水平和自主研发实力都居于领先地位。

3. 最新的技术要求。2006 年 1 月 1 日起，欧盟开始执行 ROHS（电气、电子设备中限制使用某些有害物质的指令)、WEEE（欧盟报废电气、电子设备指令)，其他主要出口国也将逐步执行 ROHS 等系列的法规，强制限制封装产品中铅、卤族元素等有害物质的含量。一方面封装测试企业为执行环保指令，必然要在原材料选材、制造工艺改进等方面加大投入，企业的生产成本提高；另一方面消费者的消费意愿、期望和喜好发生转移，逐渐转向更加环保无毒无害的产品，从而增加产业竞争的强度，加快企业的优胜劣汰。

（三）对科研开发实力的要求

快速发展的封装技术要求企业具备较强的研发能力，能够准确预测产品的市场发展趋势，及时研究开发新的关键技术及新产品，跟上集成电路封装技术发展，这样才不至于在技术水平上落伍，被淘汰出局。因此，科研开发人员的实力对公司的持续发展至关重要。

（四）对资金的要求

集成电路封装对设备的要求非常高，资金投入较大。一些比较先进的封装形式如 BGA 具有较大的市场需求，需要企业投入巨额资金购买设备和投入技术研发，而资金不够充裕、技术研发实力弱小的企业无法进入先进的封装厂商行列。

（五）行业发展的周期性和季节性

历史数据表明，全球集成电路产业的发展存在一定的周期性，呈现出技术和价格的波动，即经过一段长时间高速增长后，增速趋缓，具有技术周期性发展和市场周期性波动的特点。从 1995 年底开始，半导体芯片和 DRAM 内存因产能过剩而销路趋缓。在此后的 5 年，半导体行业总体上处于负增长状态，2001 年经历了最为严峻的下滑，下滑幅度达 32.1%。2002 年半导体行业景气开始回升，2004 年实现高速增长，2005 年又出现周期性回落，增长速度从 2004 年的 38% 下降到 6.8%。与此同时，国内半导体行业也出现周期性回落，增长率从 2003 年、2004 年的 40% 以上，下降到 2005 年的 28.4%。2006 年半导体行业又出现恢复性增长，增长率达到 40.3%，而 2007 年又下滑至 24.3%。

从行业季节性特征来看，集成电路行业通常表现在上半年略显淡季，下半年略显旺季。

（六）国内行业发展情况

半导体封装产业是全球半导体企业最早向中国转移的产业，随着跨国公司向国内转移封装测试能力，逐渐形成国内封装测试企业以外资为主的局面。截至 2005 年 12 月 31 日，全球前二十大半导体企业已有 17 家在中国大陆建立生产基地，国内 64 家封装测试企业中，43 家为外资、台资或外商控股企业，占国内封装测试企业的 2/3。

国内许多省市都将封装业作为本地区半导体产业乃至信息产业发展的重点，并大力开展招商引资。目前国内封装测试企业主要集中于长江三角洲、珠江三角洲和京津环渤海地区。

全球半导体领域产业转移和国内市场需求带动了我国半导体行业的增长，特别是集成电路产业的增长。据赛迪顾问的预测，中国集成电路产业 2006 年至

2010 年将继续以年均 30% 的速度增长。2006 年中国大陆有望成为世界第二大的代工基地（仅次于台湾地区），2010 年将成为全球最大封装测试基地。

（七）市场前景

随着电子信息制造业规模不断扩大，计算机、消费电子、网络通信、汽车电子等呈现高速增长的态势。2005 年，我国信息产业收入达到 38411 亿元，计算机、消费电子、网络通信三大领域占据集成电路市场的 86.1%。据统计，2007 年，我国集成电路市场的主要推动力仍是计算机、消费电子、网络通信三大市场的需求，合计占 88.1% 市场份额，而国内 IC 封装测试市场需求也来源于这三大领域。值得一提的是，汽车电子类 IC 产品在 2007 年国内集成电路市场上虽占比不高，但其发展速度最快，实现 38.2% 的高增长。集成电路产品作为电子信息产品的重要组成部分，市场空间巨大。

（八）市场竞争格局

集成电路封装测试行业竞争激烈。按照规模和实力划分，国内具有规模的封装测试企业分为四类。第一类是国际大型集成电路制造商建立的封装测试企业，第二类是国际大型整合组件制造商与国内厂家合资建立的封装测试企业，第三类是规模不大的台资建立的封装测试企业，第四类是少量的大陆本土建立的封装测试企业。

各类型的封装测试厂家在技术水平、生产规模、市场开发等方面都存在竞争差异。从经营模式看，第一类企业采取设计、制造及销售的垂直整合模式经营，只接受母公司产品订单，不会与本土企业构成直接竞争关系。第二类企业接订单多为中高端产品，在市场销售、生产规模、技术水平上占据着行业主导地位。第四类企业与外资企业存在一定的差距，但近年来国内如 H 公司等企业已经成长起来，其产品档次逐步由低端向中高端发展，在 BGA 和 CSP 以及 MCM 等先进封装技术的开发和应用方面取得显著成果。

统计显示，前 10 家 IC 封装测试企业 2007 年度收入合计为 475.9 亿元，占当年 IC 封装测试业总销售收入 666.5 亿元的 71.4%，较 2006 年的 69% 提升 2.4 个百分点。“大者恒大，强者恒强”的情况更加明显，大型封装测试企业在行业中的地位不断稳固。

（九）H 公司在行业中的竞争地位

H 公司面对的主要竞争对手是内资、内资控股和台湾企业，与国际对手比有价格优势，与国内对手比有技术优势。

1. 公司竞争优势。

（1）行业地位领先。根据中国半导体行业协会 2005 年、2006 年、2007 年的行业排名，在国内本土封装测试企业中，H 公司在集成电路封装测试方面排名第一，公司的技术实力、生产规模、经济效益均居于领先地位。

（2）具有开拓国际市场的经验。从创立初期开始，H公司就将拓展国内、国外市场并举作为公司长期发展战略，并以超前的意识，以分包商的身份主动融入全球半导体产业链，积累了8年以上开拓国际市场的经验，现已成为Micronas、Freescale、Infineon、Renesas、Atmel、ST、TI、Onsemi、Fujitsu、Alpha等境外知名半导体企业的合格分包方，其中全球前10大跨国半导体企业已有5家是H公司长期稳定的客户。近年来，H公司根据芯片业的全球化分工和产业向低成本地区迁移的趋势，顺应国外芯片技术与产业迁移的趋势，积极争取境外更多知名半导体企业成为公司的客户，力争使全球前二十大跨国半导体公司有半数以上成为公司的客户。

（3）较强的技术开发能力。作为国家重点高新技术企业，H公司先后承担完成10多项国家级技术改造、科技攻关项目，成功研发MCM技术、FINE PITCC技术、镀钯框架封装技术、锡铋电镀技术、纯锡电镀技术、无卤素绿色树脂封装技术以及铜线键合等具有独立知识产权的封装技术和工艺，其中MCM多芯片塑封技术、MEMS封装产品、镍钯金框架IC封装工艺等多项产品技术填补国内空白。H公司开发的高密度塑封技术和MCM52塑封产品分别获国家九五科技攻关优秀成果奖和国家重点新产品称号。同时H公司积极适应欧盟R0HCS指令要求，加大绿色、无铅产品开发力度，现已全面掌握成熟的无铅技术和量产工艺，产品无铅化封装率达到90%以上，为进一步开拓海外市场创造了有利条件。2005年H公司通过ISO/TS16949汽车质量体系认证，SOT89车载产品的成功开发使公司顺利进入汽车电子领域。2005年底公司首批12英寸芯片封装生产线设备进厂试产成功，在国内首先具有12英寸芯片封装的产业化配套能力。

（4）同行业中领先的管理水平。早在1995年，H公司即已取得了法国BVQI认证中心的ISO9002质量管理体系认证；2001年，又通过了BVQI认证中心的ISO14000和QS9000的认证；2005年底在国内率先通过BVQI认证中心的ISO/TS16949认证，为进入汽车电子封装市场、继续保持在国内同行业中的领先地位奠定了坚实的基础。此外，公司建立了集计划、制造、仓储、财务、办公无纸化等管理为一体的计算机信息管理系统，使生产运行从材料进厂到产品出库始终处于受控状态，既确保了产品质量和交货期，又为成本管理和产品研发提供系统支持，系统的完整性、科学性、有效性在国内同行业中处于领先水平。目前，H公司推行精益生产管理，提高了生产效率，制造平均周期为3天，优于同行3.6天平均制造周期，在国内处于领先水平。

2. 公司竞争劣势。H公司目前主要依靠募集资金和银行借款进行生产投入，融资渠道较为单一，导致公司资产负债率偏高，制约了公司负债融资的能力，使公司的技术优势、产品优势和服务优势不能充分发挥，削弱了企业的竞争力。

与国际先进的IC封装测试企业相比，H公司在技术水平、生产规模、资金实力、研发能力等方面还存在一定的差距，特别是随着业务规模的不断扩大，面临管理水平、人才储备、产品快速替代的挑战，如果不能扩大资本实力，引进和吸收优秀人才，则将对公司进一步扩大投资和生产规模造成不利影响。

二、法律环境和监管环境

（一）政府政策导向

H公司属于集成电路制造行业，是国家重点鼓励发展的产业，国家相继出台了若干支持、鼓励发展的政策。

2005年12月，国家发展改革委员会、信息产业部、国家税务总局、海关总署联合印发《国家鼓励的集成电路企业认定管理办法》，将从事集成电路芯片制造、封装、测试以及6英寸（含）以上硅单晶材料生产的具有独立法人资格的组织归类为集成电路制造企业。对认定为集成电路企业的公司，可享受财税激励、技术创新、市场促进、人才保障等方面的政策优惠。2006年4月，财政部、国家发展改革委员会和信息产业部联合印发《集成电路产业研究与开发专项资金管理暂行办法》，明确将资金的申请对象扩大到封装测试企业。

我国“十一五”规划将集成电路制造业确定为核心基础产业之一，明确要求加快集成电路、软件、关键元器件等重点产业的发展，力争为集成电路产业提供最有利的发展环境。随着国家中长期科学和技术发展规划纲要（2006—2020）和“十一五”规划的实施，国家出台了一些有针对性、可操作性的政策，为集成电路产业创造了良好的发展环境和条件。目前我国集成电路产业发展水平与国际水平还存在较大差距，国家将来对集成电路的产业支持政策还会加大力度，将出台更多有利于集成电路产业发展的政策，政策覆盖范围不仅包括集成电路制造业，还将扩展到与集成电路产业发展相关的工艺装备和基础材料领域，为集成电路产业的发展营造更加良好的政策环境。

（二）税收政策

新《企业所得税法》规定，对被认定为国家需要重点扶持的高新技术企业，减按15%的税率征收企业所得税。目前，H公司已初步通过高新技术企业认定，进入公示阶段，很可能享受15%的企业所得税税率。

（三）劳动合同法

新《劳动合同法》自2008年1月1日开始施行。出于保障劳动者的合法权益，规范企业劳动用工制度的目的，新法对原法作了重大修订，如进一步明确劳动者具体的工作时间和休息休假安排，增加了用人单位和劳动者缴纳社会保险的条款，明确了任务期合同终止需要支付经济补偿金，取消了劳动合同终止的条件条款等。H公司在员工福利保障方面一直做得很好，基本无劳动纠纷，新劳动法对于公司影响不大。

（四）企业会计准则和其他规定

H 公司在上海证券交易所上市，需要按照企业会计准则编制财务报表，并遵守监管部门、交易所对上市公司的相关披露规定。

三、其他外部因素

（一）宏观经济景气度

2008 年爆发的全球金融危机对集成电路行业造成较大的负面影响。宏观经济不景气影响消费类、通讯类、汽车类、计算机类产品需求的增长，导致集成电路终端消费市场需求低迷，因而从 2008 年第三季度起企业订单大幅减少，同时产品价格出现下降，进而导致市场竞争加剧。

（二）汇率变动

H 公司出口销售比例较大，约占总销售额的 70%。此外，为了满足境外客户加工服务的特殊需要，H 公司需要从国外采购进口原材料。因此，汇率变动对 H 公司影响较大。2008 年人民币持续升值，给企业造成较大压力。

四、公司治理

（一）所有权结构

H 公司股东情况如表附 1 - 1 所示。

表附 1 - 1

股东名称	股东性质	持股比例	持股总数
甲电子集团有限公司	境内非国有法人	43.21%	115 380 000
H 集团公司	境外法人	28.81%	76 920 000
丙公司	境内非国有法人	1.93%	5 140 000
丁公司	境内非国有法人	0.48%	1 280 000
戊基金	其他	0.37%	974 859
社会公众股	境内自然人	25.20%	67 305 141
合计		100.00%	267 000 000

甲电子集团有限公司持有 H 公司 43.21% 的股份，是控股股东。甲公司是民营企业，出资者为 × × × 等 8 名自然人，注册地为 × × 省 × × 市，注册资本和实收资本均为 2 000 万元人民币，主要从事电子器件的生产和销售。× × × 持有甲公司 39.09% 的股权，是甲公司的控股股东，为 H 公司的实际控制人。截至报告期末，× × × 在 H 公司担任董事长。

H 集团公司持有 H 公司 28.81% 的股份。H 集团公司成立于 1998 年，注册资本和实收资本均为 6 757.1 万美元，法定代表人为×××。H 集团公司是×国 A 公司在中国设立的全资企业，负责在中国电子、通信领域的所有投资项目，对子公司进行必要的财务支持；同时，协调各子公司之间的资金流动。

（二）控股公司和参股公司

H 公司无控股子公司和参股公司。

（三）高级管理人员

H 公司现任董事长×××，总经理×××，均由甲公司指派；董事 5 人，其中 2 人为 A 公司指派；独立董事 3 人；监事 3 人。

（四）内部组织机构

H 公司内部组织机构如图附 1－1 所示。

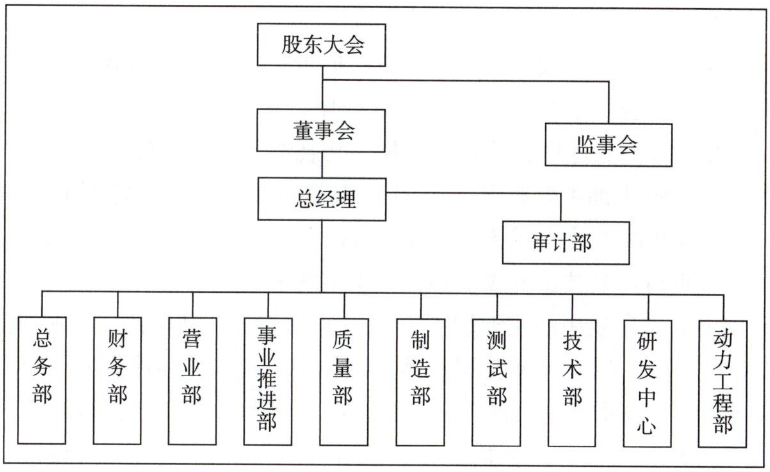

图附 1－1

1. 总务部。总务部主要职责有：（1）负责建立人力资源管理体系；（2）负责人才需求、人员招聘、人才测评、岗位设置、员工培训等人力资源的管理与开发工作；（3）根据国家有关部门和公司的福利政策，办理保险、住房公积金等各项福利，完善福利系统；（4）负责公司安全保卫工作；（5）负责公司日常行政管理工作；（6）负责公司后勤服务工作。

2. 财务部。财务部主要职责有：（1）建立健全公司的财务管理制度；（2）负责公司会计核算及财务管理工作；（3）负责资金的筹措及管理工作。

3. 营业部。营业部的主要职责有：（1）负责建立营销网络，开拓国内外市场；（2）负责销售合同的签订，跟踪合同的履行情况；（3）负责产品的交付及资金回笼；（4）跟踪、收集客户信息和市场信息，预测市场趋势，供领导决策。

4. 事业推进部。事业推进部主要职责有：（1）负责组织生产计划的制订及生产过程的控制；（2）负责生产的组织和实施，物流的管理和控制；（3）负责公司内部网络系统的日常维护等管理工作，改进和完善公司的管理软件，维护公司网站主页；（4）负责公司设备及材料的采购；（5）负责公司进出口、仓库管理。

5. 质量部。质量部主要职责有：（1）负责产品各工序的质量控制；（2）负责质量体系和环境体系制定、维护及体系的内部审核；（3）组织相关部门采取有效措施预防质量事故及制造异常；（4）负责产品的可靠性试验及顾客投诉处理。

6. 制造部。制造部主要职责有：（1）负责产品的划片、装片、键合、塑封、电镀、切筋打弯、打印、外观包装等生产工序；（2）掌握和运用新技术、新设备、新工艺，提高生产技术水平；（3）负责生产现场管理及对制造过程、计划、质量、物耗等方面的管理。

7. 测试部。测试部主要职责有：（1）负责产品的测试及测试程序的开发；（2）掌握和运用新技术、新设备、新测试程序，提高测试技术水平；（3）负责测试现场管理及对测试过程、计划、质量、物耗等方面的管理。

8. 技术部。技术部主要职责有：（1）根据市场需要，制定不同阶段的技术规划；负责技术文件、技术标准拟制和审核；（2）负责生产设备保养及维护、计量；（3）负责新产品技术开发、新品试验及考核。

9. 研发中心。研发中心主要职责有：（1）负责进行高科技、高附加值的新产品、新技术的开发；（2）促使公司产品升级换代，提高产品质量和性能；（3）负责承担规格特殊、技术难度大的产品的试制，制定和指导实施公司技术的发展规划和计划；（4）参与国际、国内的技术交流与合作，承担与国内高校、研究所的产学研创新合作；（5）收集、分析、研究相关的技术信息和市场信息；承担公司赋予的其他技术管理与服务的职能。

10. 动力工程部。动力工程部主要职责有：（1）负责水电气等能源供应；（2）负责动力设施的维护和修理；（3）负责基建项目管理及重大基建项目的招标工作；（4）负责新厂房工艺布局。

11. 审计部。审计部主要职责有：（1）制定和实施公司内部审计工作，建立健全公司内部控制并对执行情况进行审计监督；（2）对公司的财务预算执行情况、财务收支、资产负债及经营盈亏情况进行审计监督；（3）参与审议重大经济合同、工程项目预算和重大投资项目可行性报告，并对合同的执行情况和结果进行审计监督；（4）配合公司聘请的审计机构，完成年度审计和专项审计。审计部直属公司董事会。

五、经营情况

（一）主营业务

H公司主营业务为接受客户的委托，提供集成电路的封装与测试服务。

（二）主要加工产品

按照封装形态分类，H公司的封装类型产品包括DIP/SIP系列、SOP/SOL/TSSOP系列、QFP/LQFP系列、CP系列、MCM系列等。主要产品的生产有3年以上的经验，DIP系列的生产有10年以上的经验。随着封装测试技术演进以及集成电路事业的发展，公司的产品结构也已发生变化，目前SOP/SOL/TSSOP系列的销售比例约为40%，CP系列的销售比例约为30%，MCM系列和DIP/SIP系列销售比例约为12%。产品结构逐步向中高档领域集中。

（三）生产能力和主要用途

2007年，H公司集成电路封装测试实际生产量为56亿块。封装测试的IC芯片主要用于家电、数字通讯、无线通信、电源管理、汽车电子等。

（四）工艺技术、科研实力和环境保护

1. 工艺流程。封装业属于整个IC生产中的后道生产过程，对于塑封IC，主要有装片、键合、塑封、电镀、切筋、测试等工序。各工序对不同的工艺环境都有不同的要求，工艺环境因素主要包括空气洁净度、高纯水、压缩空气、二氧化碳、氮气、温度、湿度等。

2. 生产技术。在本土企业中，H公司在中高端封装技术方面占有领先优势，是国内最早研究开发MCM、MEMS等封装形式，并在国内唯一实现MCM、MEMS量产的厂家，技术水平和自主研发实力都居于领先地位。此外，H公司现已掌握IC引线脚无铅化（锡铋）电镀技术，产品无铅化率90%，符合出口欧盟的标准。

公司按照客户的要求提供代工服务，最近三年产品合格率达99.7%以上，截至目前，未发生与客户的重大质量纠纷。

3. 科研实力。H公司设有技术部门和研发中心，形成研发中心、技术部、生产班组技术攻关相结合的研发生产体系，已具备年开发20多个封装品种和100多个测试品种的技术创新能力。

研发中心现有专职研发人员40人，全部为大专以上学历，拥有8年以上从事本专业研发的经验，先后赴国外接受过专业培训，技术水平国内一流。其他研发人员都是来自公司各工序的技术骨干，对封装工艺、设备都非常熟悉。公司具备了新工艺开发的良好技术背景。

截至目前，公司已开发成功但尚未投产的××封装测试技术为国内先进水平，还有2项正在开发的封装测试技术，均为国内先进水平。

最近三年，研发费用占主营业务收入的比例分别为 13.5%、12.8% 和 11.7 %。

4. 环境保护。封装测试生产属轻污染性质，主要污染源为器件引线框外引线镀锡所产生的酸性废水，其成分主要含锡、铜重金属（极少量含铅），其次为酸碱，采用“混合—反应—凝聚—沉淀—过滤—中和”一整套化学方法处理达标后可排放，不存在重污染、高风险情况。

自公司成立以来，H 公司认真执行国家和地方有关环境保护法规，2001 年 6 月通过法国 BVQI 认证中心的 ISO14001（2004 版环境管理体系）认证，是省级环境保护先进企业。公司建有电镀废水处理系统等废水处理装置，配备专职人员负责督促、检查各类环保设施的运行和监测处理结果，具备比较完善的环境保护管理制度，生产经营符合国家和地方有关环境保护法规的要求，未受到国家环境保护部门的处罚。

（五）主要加工产品的销售情况

1. 营业收入结构。最近三年，H 公司主营业务收入均占营业收入总额的 99% 以上。其他业务收入为出售废弃原材料的收入，金额不大。

2. 主要销售区域。按照客户地域划分，H 公司的销售可分为境内销售和境外销售。最近三年，H 公司境外销售占业务总量的比例分别为 72.54%、69.70% 和 71.82%；出口业务所在区域主要为美国、日本和欧盟，在这些地区的出口金额约占到公司出口总额的 65%。

3. 销售客户情况。公司前五大客户主要为境外客户，相对集中。这些客户大都为全球知名半导体企业，实力强大，公司的客户资源优势明显。

由于专业分工的复杂性，国际知名半导体生产厂商在外包封装测试业务时，会事先对封装测试厂家的技术水平、质量管理水平和内部管理水平进行考察论证，一旦获得认定，才会下订单并保持稳定的业务关系。前五大客户中，已有三家向 H 公司颁发了合格分包方认证书。从近三年情况看，H 公司与这些客户保持了稳定的业务关系，并在不断将国际知名半导体生产厂商发展成为客户。H 公司不存在向单个客户的销售比例超过总额的 50% 之情形。

（六）原材料和能源供应情况

1. 主要原材料的供应情况。H 公司封装测试所需主要原材料为框架、金丝和塑封料，这 3 种原材料最近三年占产品生产成本分别约为 23%、18% 和 17%。上述主要原材料国内均有供应，公司有稳定的供应渠道。但公司外销业务比例较高，境外客户对封装的无铅化和产品质量要求较高，用于高端封装产品的主要原材料必须依赖进口，公司与国外知名原材料供应厂商建立了长期稳定的合作关系，能及时满足本公司客户的特殊要求。

由于原材料是金丝、铜丝等，单位价值较高。H 公司一向注意控制采购量以避免资金占用。贵金属一般按月采购。

2. 主要能源的供应情况。H公司生产所需主要能源包括水、电、天然气等，按照当地市场价格和服务标准获取相关部门的供应服务，不存在供应不足或供应受限的情况。能源占生产成本的比重约为4.7%。

3. 主要原材料的价格变动趋势。2008年主要原材料价格出现大幅波动。上半年，受铜、金、石油涨价的影响，主要原材料框架、金丝采购价格大幅上涨，框架的平均采购单价较2007年上升10.5%，金丝的平均采购单价上升10.42%。下半年，受金融危机影响，原材料价格逐渐下降至年初水平。

4. 最近三年向前五名供应商的采购情况。最近三年，向前五名供应商的采购金额占年度采购总额的比例分别为50.47%、51.74%和47.32%。公司不存在向单一供应商的采购比例超过总额的50%之情形。

（七）产销模式

H公司属于受托加工性质，先有订单再组织生产，结算期一般为3个月以内。订单由营运部负责处理，交制造部安排生产，由事业推进部负责材料采购，动力工程部负责能源供应。

产品在批量生产前，必须首先取得客户的严格认证。在封装后需要通过测试，对测试情况客户有不良品率的要求，若超出，不良品的加工费难以收回。如果芯片应用到终端产品后出现质量问题，公司仅就芯片价值予以赔偿。公司残次品率不到0.1%，国际上亦处于领先水平。

H公司以自行销售为主，对国外客户，有中介代理机构牵线，但发运和结算均直接面对终端客户。一般以离岸价格（FOB）形式为主，即将产品运送到港口或码头，之后的运费由委托客户自行承担。合同以正常格式条款为主。

产品售价波动不大（整体同一产品价格呈下降趋势），H公司定价权很小，毛利率不高（不超过20%）。

公司生产采用MES业务管理系统、存货开票系统。

（八）生产厂房和设备

截至目前，H公司累计投入10亿多元，在划片、装片、测试等关键工艺和主导产品的生产工序上引进国际先进的设备，并购置先进的测试分析和可靠性试验设备，能够达到60亿块/年的封装测试能力，但是目前的产能仍不能满足需求，存在瓶颈限制。由于正在利用募集资金扩大生产能力，目前已经完成一期、二期工程（二期房产尚未全部利用），拟进行三期建设。解决设备瓶颈后，生产能力可以实现突破（不需要引进整条生产线，只要引进瓶颈设备即可）。

由于产品主要是芯片，体积很小且系受托加工，对仓储面积的要求不高。

六、目标、战略和经营风险

（一）经营目标

H公司在2006年制定的中长期目标是：力争在4~5年内成为“中国第一、世界一流”的封装测试企业，2008年营业收入达到15亿元（计划设备投资2.5亿元），2010年达到IC加工75亿块，实现年销售收入21亿元。

其中，公司已将2008年营业收入15亿元经营目标分解至相关业务部门。

（二）经营战略

1. 坚持“精益生产”的管理模式，提升现有产能和设备利用率。扩建技术中心（作为募集资金投资项目），购置先进设备，完善激励创新机制，吸引高素质人员，争取2~3年内被认定为国家级技术中心。

2. 以稳健的财务政策为原则，采取多种方式进行融资以保证公司资金需求，包括发行股票、银行借款、引进战略投资者等。

3. 随着规模扩大，将每年新增员工600~700人，吸纳优秀人才，完善公司薪酬福利体系。

4. 现有客户包括世界半导体领域排名前十位中的五家。公司将继续开拓海外市场，特别是在符合技术发展趋势、代表先进水平的产品方面与高端客户继续加深合作；抓住国内集成电路行业发展的契机，在高密度IC封装测试领域与国内优质客户开展长期合作，进一步提高公司所处行业的市场占有率和行业地位。

（三）风险因素及应对措施

1. 行业竞争加剧的风险。受全球金融危机的影响，集成电路终端消费市场需求低迷，全球集成电路行业呈现周期性放缓，产品价格出现下降，进而导致市场竞争加剧。虽然集成电路产能向中国大陆集中有利于行业发展，但由于集中度提高，也带来竞争加剧。

应对措施：

（1）面对不确定的市场环境和日益加剧的竞争态势，将着重做好市场调研、跟踪工作，根据市场情况适时作出调整产品结构、把握投资时机等经营决策。

（2）在市场预期仍然不明朗的情况下，谨慎使用募集资金，以确保募集资金投资项目产生较好的效益。

（3）通过加强管理、降低成本、增加效能等措施，确保有竞争力的价格，确保现有市场份额不下降。

（4）增加营销力量，在进一步提高对现有客户服务质量的同时，努力开发新客户、新产品。

2. 调整产品结构的风险。调整产品结构是应对行业竞争加剧的一个有效方法，但调整产品结构本身也具有一定的风险。产品结构调整的总目标是：

（1）增加技术含量高、附加值高、符合市场需求的高端产品；（2）逐步减少技术含量低、附加值低、市场竞争激烈的低端产品。要实现上述目标，公司在技术研发、引进人才方面存在一定风险。

应对措施：

（1）贴近市场，了解客户需要哪些高端产品，以市场需求为导向调整产品结构。

（2）提升研发中心档次，充分发挥研发中心在封装技术领域的前沿优势。

（3）进一步做好人才特别是高层次技术人才的吸纳、培养、管理工作，利用公司博士后工作站这一平台，做好高层次技术人才的培育和储备。

3. 人民币对美元汇率波动的风险。出口销售收入占营业收入的比重较大，且主要以美元结算。自人民币汇率改革以来，人民币对美元出现了大幅升值的态势。2008 年，人民币对美元升值约 6.00%。这种不利因素，对公司 2008 年业绩造成了一些影响。虽然 2008 年下半年人民币对美元汇率趋于稳定，但不排除今后人民币对美元继续升值的风险。

应对措施：

（1）充分抓住国家刺激内需的机遇，更加重视国内市场，力争内销比例有所提高。

（2）在生产经营过程中，根据需要进口部分原材料和机器设备，并获取部分美元借款。

（3）调整与海外客户结算的货币币种，力争采用人民币对其升值幅度较小的外币进行结算，以降低公司的汇兑损益。

（4）调整产品结构，通过为客户加工附加值更高的产品，来消减上述不利影响。

4. 原材料价格波动的风险。在原材料中，框架、金丝占产品总成本比例较大。2008 年，金丝的材料——黄金的价格和框架材料——铜的价格均出现大幅波动，造成公司生产成本也随之大幅增加、减少，毛利率出现大幅波动，给公司生产成本控制带来一定的困难，可能造成公司在采购这些原材料时，因无法预测价格走势而蒙受损失。

应对措施：

（1）加强采购和生产管理，控制材料采购价格和生产实际耗用。

（2）在保证质量的前提下，以铜丝代替金丝，以国产料代替进口料，降低成本。

（3）研究运用各种金融工具降低金、铜价格波动风险的可行性。

七、会计政策

公司财务部门现有 22 人，经理 1 人。财务核算使用用友财务软件。主要会计政策包括：

1. 发生外币业务，按交易发生日的月初汇率折算为记账本位币金额。期末，对外币货币性项目，采用资产负债表日即期汇率折算。因资产负债表日即期汇率与初始确认时或前期资产负债表日即期汇率不同而产生的汇兑差额，计入当期损益；对以历史成本计量的外币非货币性项目，仍采用交易发生日的即期汇率折算；对以公允价值计量的外币非货币性项目，采用公允价值确定日的即期汇率折算，折算后的记账本位币金额与原记账本位币金额的差额，计入当期损益。

2. 被审计单位对外销售商品形成的应收债权，以向购货方应收的合同或协议价款作为初始确认金额。收回或处置时，将取得的价款与该应收款项账面价值之间的差额计入当期损益。

3. 被审计单位的坏账核算采用备抵法，期末对应收款项按账龄分析法计提坏账准备，对有充分证据表明确实难以收回的应收款项采用个别认定法计提坏账准备。

坏账的确认标准：债务人破产或死亡，以其破产财产或遗产清偿后仍不能收回，或者债务人逾期未履行偿债义务超过三年而且具有明显特征表明无法收回的应收款项，经董事会批准，确认为坏账。如表附 1－2 所示。

表附 1－2

账龄	应收账款计提比例（%）	其他应收款计提比例（%）
1 年以内（含 1 年）	5	0.5
1～2 年	15	10
2～3 年	50	60
3 年以上	100	100

4. 存货核算方法。

（1）存货的分类。存货分为原材料、产成品和低值易耗品等。

（2）发出存货的计价方法。各类存货取得时按实际成本计价。原材料、库存商品发出时采用加权平均法计价，低值易耗品于领用时采用一次摊销法。

（3）存货盘存制度。采用永续盘存制。

（4）存货可变现净值的确定方法。存货可变现净值是按存货的估计售价减去至完工时估计将要发生的成本、估计的销售费用以及相关税费后的金额。

5. 固定资产计价和折旧方法。固定资产分为房屋及建筑物、机器设备、电子设备、运输设备及其他设备。

固定资产以取得时的实际成本入账，并从其达到预定可使用状态的次月起，采用直线法提取折旧。

各类固定资产的估计残值率、折旧年限和年折旧率如表附 1－3 所示。

表附 1－3

类别	折旧年限（年）	残值率（%）	年折旧率（%）
房屋及建筑物	25	10	3.60
机器设备	8	10	11.25
电子设备	5～8	10	11.25～18
运输设备	50	10	1.8

6. 在建工程。在建工程成本按实际工程支出确定，包括在建期间发生的各项必要工程支出、工程达到预定可使用状态前的应予资本化的借款费用以及其他相关费用等。

在建工程在达到预定可使用状态时转入固定资产。

7. 无形资产计价方法。无形资产按照成本进行初始计量，并于取得无形资产时分析判断其使用寿命。使用寿命为有限的，自无形资产可供使用时起，采用能反映与该资产有关的经济利益的预期实现方式的摊销方法，在预计使用年限内摊销；无法可靠确定预期实现方式的，采用直线法摊销；使用寿命不确定的无形资产，不作摊销。

于每年年度终了，对使用寿命有限的无形资产的使用寿命及摊销方法进行复核，与以前估计不同的，调整原先估计数，并按会计估计变更处理。

期末预计某项无形资产不能给企业带来未来经济利益的，将该项无形资产的账面价值全部转入当期损益。

8. 收入确认原则。商品发运和结算均直接面对终端客户。一般以离岸价格（FOB）形式为主，即汽车运送到港口或码头，客户验收合格作为风险报酬转移的时点。之后的运费由委托客户自行承担。

9. 主要会计政策、会计估计变更和重大会计差错更正。本年度未发生主要会计政策、会计估计变更和重大会计差错更正。

八、员工情况

（一）人员结构

截至报告期末，本公司正式员工总数为 3 532 人，没有需承担费用的离退休职工。职工构成情况如下：

1. 员工专业结构。

专业分工	人数	占职工总数比例（%）
生产人员	2 813	79.6
销售人员	39	1.1
技术人员	416	11.8

财务人员	22	0.6
管理人员	242	6.9
合计	3 532	100

2. 员工受教育程度。

受教育程度	人数	占职工总数比例（%）
大学本科以上	290	8.2
大学专科	811	23.0
中专及以下学历	2 431	68.8
合计	3 532	100

（二）员工福利保障

公司实行全员劳动合同制，根据国家和××省的相关规定，参加了基本养老保险社会统筹，按员工工资总额的20%为员工缴纳养老保险费，还参加了基本医疗保险、失业保险、工伤保险、生育保险、住房公积金等，员工享受相应的福利待遇。

（三）激励方式

年终管理层按税后利润的10%发放奖励基金，暂无股权激励；员工奖金按照净利润效益发放。

以技术工人和管理人员为主，无繁重危险岗位，劳保方面无特殊规定。

九、投资情况

H公司二期厂房于2006年建成，价值6 000万元，已投入使用。2007年陆续购入设备并投入使用，价值2.7亿元。近期重大资本性支出为投资“功率IC封装测试技术改造”、“微型IC封装测试技术改造”、“高密度IC封装测试技术改造”和“扩建技术中心”等四个项目，上述项目为本次募集资金投资项目，预计新增固定资产投资3.69亿元，2008年已完成50%以上。拟于2009年开始三期工程建设（土地、厂房）。

十、筹资情况

H公司2006年IPO上市，募集资金6亿元，同时以抵押担保的形式向银行借款309 000 000元，筹资利率7%，借新还旧，2008年借款总量有所下降。在预审时，H公司截至2008年9月30日的财务报表（部分）如表附1－4所示。

表附 1－4 **H 公司财务报表（部分）**

2008 年 9 月 30 日

项目	金　额
资产类	
货币资金	504 648 328.88
应收账款	263 542 269.17
预付款项	14 888 533.59
存货	140 006 026.04
固定资产	992 366 529.64
在建工程	24 693 610.98
无形资产	19 075 575.82
负债类	
短期借款	303 546 400.00
应付票据	171 710 000.00
应付账款	213 205 596.38
应付利息	1 856 005.19
权益类	
股本	267 000 000.00
资本公积	517 531 051.22
盈余公积	32 356 410.00
未分配利润	183 513 929.32
损益类	
营业收入	954 467 572.40
营业成本	807 513 435.90
销售费用	4 478 799.85
管理费用	46 819 982.26
财务费用	39 085 243.93
资产减值损失	1 665 454.23
营业利润	54 500 119.08

第二部分　总体审计策略

签署表：

表附 2－1

编制人：×××		日期：	2008 年 10 月 15 日	说明
项目负责人：×××			2008 年 10 月 20 日	
项目合伙人：		日期：	2008 年 10 月 25 日	
项目质量控制复核人：		日期：	2008 年 10 月 28 日	

一、审计工作范围

（一）委托事项

1. 以前委托事项。

首次公开发行股票（IPO）及年度财务报表审计。公司系本所常年客户，从 2004 年申报上市材料起一直由本所审计，均出具了标准无保留意见的审计报告。

2. 本期委托事项。

接受委托，对 2008 年度财务报表出具审计报告。公司公告时间为 2008 年 4 月 2 日，考虑到与×国董事的沟通，暂要求 2008 年 3 月 10 日前出具报告初稿。利用预审方式，对 H 公司截至 2008 年 9 月 30 日的财务报表相关项目进行审计。

（二）审计范围

表附 2 -2

审计范围	具体内容
适用的财务报告准则或制度	企业会计准则
适用的审计准则	中国注册会计师审计准则
与财务报告相关的行业特别规定	《公开发行证券的公司信息披露编报规则第 15 号——财务报告的一般规定》

二、时间安排

（一）报告时间安排

表附 2 -3

对外报告类型	时间
2008 年度审计报告	2008 年 3 月 10 日

注：上表系拟出具正式报告的时间。按照公司的具体要求，出具报告征求意见稿的时间暂定在 3 月初。

（二）执行审计时间安排

表附 2 -4

执行审计阶段	时间安排
计划审计工作阶段：制定总体审计策略	2008 年 10 月 15 日 -31 日
预审阶段：了解被审计单位及其环境、控制测试	11 月 10 日 -25 日
审计实施阶段：存货监盘	2008 年 12 月 31 日
审计实施阶段：实质性程序	2009 年 2 月 4 日 -15 日
审计完成阶段	2009 年 2 月 16 日 -22 日

（三）沟通时间安排

1. 项目组内沟通。

表附 2－5

项目	参与人员	内容	时间安排
项目预备会	全体项目组成员	项目介绍、工时预算	2008 年 10 月 26 日
对风险评估和计划的讨论	全体项目组成员	风险汇总、进一步程序设计	2008 年 11 月 1 日
项目总结会	全体项目组成员	重要调整和披露事项、审计经验交流	2009 年 2 月 28 日

注：

1. 项目组的关键成员×××、×××、×××及 IT 专家×××均应参加讨论。
2. 鼓励项目组成员带着疑问参加会议，并保持职业怀疑和共享信息。
3. 如果某些项目组成员未能参加会议，项目负责人通过邮件将会议记录予以传达。

2. 与被审计单位沟通。

表附 2－6

沟通内容	负责沟通的项目组成员	计划沟通时间
进场时与管理层沟通	×××、×××	2008 年 10 月 26 日
进场时与审计委员会沟通	×××、×××	2009 年 2 月（具体时间待定）
与独立董事沟通	×××、×××	2009 年 2 月（具体时间待定）
出具初步审计意见后再次沟通	×××、×××	2009 年 3 月初（具体时间待定）由公司安排具体时间

3. 与监管机构的沟通。

表附 2－7

沟通内容和方式	负责沟通的项目组成员	计划沟通时间
年报审计监管要求与×省证监局的沟通	×××	2009 年 1 月

三、人员安排

（一）项目组关键成员

表附 2－8

职位	姓名
项目合伙人	王××
项目负责人	李××

（二）项目组其他成员

表附2-9

级别	姓名	职责分工
分项目负责人	赵××	一级复核、审计小结、货币资金、投资与筹资、工资与人事循环的内部控制了解和测试，以及相关项目的实质性测试
分项目负责人	孙××	销售与收款、采购与付款、存货与生产等循环的内部控制了解和测试，以及相关项目的实质性测试
IT专家	杨××	IT系统了解和测试
项目初级	陈×	协助赵××工作
项目初级	吴××、宋××	协助孙××工作

（三）项目质量控制复核人

本项目确定的项目质量控制复核人是齐××。

（四）审计项目工时预算与控制

1. 分阶段工时安排。

表附2-10

审计阶段	预算工时
（一）签约与预备阶段	20
（二）预审工作阶段	520
1. 总体审计策略	20
2. 了解和评价被审计单位的六方面	300
3. 控制测试	200
（三）实施实质性审计程序阶段	500
（四）审计完成阶段	140
（五）归档	20
（六）监督与复核	120
合计	1 320

2. 按级别工时安排。

表附 2－11

按级别	预算工时	
	执行工时	复核工时
合伙人		20
经理 A	200	40
项目经理 A	160	40
高级审计员 A	200	
审计助理 B	580	
IT 专家	60	
项目质量控制复核人员		20
合计	1 200	120

3. 费用预算。

表附 2－12

人员级别	小时费率（元/小时）	工时	费用
主管	1 200	40	48 000
A 级经理	900	240	216 000
B 级经理	800	0	—
A 级项目经理	500	200	100 000
B 级项目经理	400	0	—
高级审计员 A	350	200	70 000
初级审计员 B	200	580	116 000
IT 专家	800	60	48 000
合计		1 320	598 000
审计收费			800 000
回收率			1.34

四、公司生产经营情况

公司主要业务为芯片封装测试。行业近几年处于发展期，但本期受全球经济不景气的影响，发展速度减缓。

2008 年上半年公司发展良好。自第 3 季度起，受金融危机的影响，企业订单逐渐减少，收入明显下降。

本期主要原材料铜、金丝价格波动较大。上半年上涨幅度很大，人民币升值幅度超过5%，但公司同类产品加工费收入无法同步调价上涨，进一步压缩了公司的毛利空间。自3季度起，金属材料价格有所下降，人民币升值步伐减缓。

五、未审财务报表的总体分析

对公司未审计财务报表进行分析见附件1。

从资产负债表分析结果看，资产、负债规模因募集资金的使用而有所下降。主要变动项目如下：

1. 货币资金因募集资金逐步投入使用而减少，同时固定资产原值增加（但因计提折旧影响，净额减少）、应付款项和借款减少；

2. 应收账款和主营业务收入因规模扩大、销量增加而同方向增加；

从利润表分析看，营业利润、净利润较上年下降，主要原因：2008年收入较上年增长18%，但因原材料价格上涨、人民币升值等因素影响，毛利率下降近1%，同时期间费用上涨，净利润下降。

六、重要性水平的初步确定

（一）重要性水平

初步确定重要性水平的过程如下：（金额单位：万元）

1. 被审计单位是否为上市公司：<u>是</u>。

2. 定量因素（金额单位：万元）。

（1）确定重要性水平的基准。

最合适的确定重要性水平的基准：<u>经常性业务的税前利润</u>

确定重要性水平基准的依据：<u>盈利企业，每年利润变动不大</u>

（2）计算基础。

表附2－13

项目	本年预测数或年末未审数	上年数	前年数	计算基础（运用三年平均数）	比率（5%）	比率（8%）
经常性业务的税前利润	7 484.67	8 511.92	10 554.41	8 850.33	442.52	708.02

（3）初步确定的重要性水平。

i. 财务报表整体的重要性水平。

选择的比率为5%～8%。因考虑到以前年度审计有利润调减现象，为预留出一定的安全边际，暂选取相对较低的比率6%。

表附2-14

基准	计算基数	选定的比率	本年整体重要性	上年整体重要性
经常性业务的税前利润	8 850.33	6%	531.02	515.00

ii. 实际执行的重要性水平。

表附2-15

财务报表整体的重要性水平	百分比（50%~75%）	实际执行的重要性（可容忍错报）	上年认实际执行的重要性
531.02	50%	265.51	257.50

iii. 临界值（明显微小的错报）。

表附2-16

财务报表整体重要性	百分比（3%~5%）	审计调整的最小金额	调整后的审计调整最小金额	上年审计调整最小金额
531.02	3%	15.93	16	15

（二）初步识别的各类重要交易、账户余额和披露及相关认定

重要账户余额和交易：包括金额高于实际执行重要性水平的账户余额和交易，以及本身重要的账户余额和交易。

识别过程见附件2。

表附2-17

序号	重要交易和账户余额
1	销售与收款循环（应收票据、应收账款、长期应收款、预收款项、营业收入、营业税金及附加、销售费用）
2	采购与付款循环（固定资产、在建工程、无形资产、应付票据、应付账款、长期应付款、管理费用）
3	存货与生产循环（存货，包括原材料、库存商品、委托加工物资、委托代销商品、生产成本、存货跌价准备，制造费用、营业成本）

续表

序号	重要交易和账户余额
4	投资与筹资投资循环（交易性金融资产、应收利息、应收股利、可供出售金融资产、长期股权投资、投资性房地产、交易性金融负债、应付利息、应付股利、财务费用、资产减值损失、投资收益、营业外支出）
5	工资与人事循环（应付职工薪酬）

七、对特别风险（含舞弊风险）的考虑

表附 2－18

考虑因素	是否适用	存在特别风险的相关交易或事项	判断依据	总体应对措施
（一）风险是否属于舞弊风险				
1. 收入舞弊	是	管理层可能通过高估收入操纵利润	前 9 个月实现收入仅为全年计划收入的 68%。预计公司无法完成当年的经营目标	重点关注收入的确认时点。了解相关内部控制，进行控制测试，函证发生额、余额及异常合同条款，检查发票、出运单等支持性文件，执行收入的截止测试，网络查询重要交易对手信息并进行电话访谈，必要时实地走访期末异常变动的客户
2. 管理层凌驾内部控制之上	是	由于管理层凌驾于内部控制之上的行为发生方式不可预见，且不易觉察，应当关注可能存在的潜在风险	根据审计准则 1141 号，所有被审计单位都存在这种风险	1. 会计分录细节测试； 2. 复核会计估计偏向； 3. 与收入舞弊程序相结合，关注期末重大交易的商业理由是否充分，是否存在自我交易，虚增利润，高估收入，虚增固定资产的情况
3. 货币资金舞弊	是	货币资金在被审计单位的资产中占比较大，如果存在收入舞弊、自我交易的情况，可能将同时涉及货币资金舞弊情形		1. 亲自从被审计单位的开户银行获得银行流水电子版或打印版，核对银行对账单的各年末和各月末金额的一致性； 2. 双向测试大额流水完整性，大额资金流水是否有合理的商业理由

续表

考虑因素	是否适用	存在特别风险的相关交易或事项	判断依据	总体应对措施
（二）风险是否与近期经济环境、会计处理方法或其他方面的重大变化相关，因而需要特别关注	是	2008 年金融危机对集成电路行业造成较大的负面影响，集成电路终端消费市场需求低迷，被审计单位自三季度开始订单大幅减少，收入下降	与收入舞弊相结合考虑，前 9 个月实现收入仅为全年计划收入的 68%，受金融危机影响，第四季度收入可能仍呈下降趋势，难以实现经营目标	应对措施同（一）1. 和 3.
（三）交易的复杂程度	否			
（四）风险是否涉及重大的关联方交易	否			如果被审计单位存在自我交易，虚增利润，高估收入，虚增资产的情形，应当考虑是否存在关联交易非关联化的情形
（五）财务信息计量的主观程度，特别是计量结果是否具有高度不确定性	否			
（六）风险是否涉及异常或超出正常经营过程的重大交易	否			如存在重大交易的商业理由不充分的情形，执行应对措施（一）2. 和 3.

八、可能存在重大错报风险的领域（不含特别风险）

对被审计单位初步了解后，根据获取的资料并结合以前年度审计过程中发现的问题，识别的可能存在较高的重大错报风险的领域及拟采取总体应对措施如表附 2 – 19 所示。

表附 2－19

可能存在重大错报风险的领域	判断依据	总体应对措施
营业收入高估，营业成本低估	毛利率的变化趋势与原材料价格变化趋势不完全配比	1. 收入：同七（一）1. 2. 成本：结合存货监盘重点关注成本结转是否完整
管理费用——研发支出高估，营业成本等低估	必须持续达到高新技术企业的认定条件，否则无法享受优惠所得税率，可能存在将不属于研发费用的其他费用支出归集在管理费用——研发费用项目核算的风险	关注管理费用——研发支出的构成
虚增固定资产，固定资产、在建工程计价不准确，利息资本化金额不正确	公司设备投入大，可能存在产能与产量、销量不匹配，固定资产计价不真实，在建工程转为固定资产不及时的风险，利息资本化金额不正确的风险	1. 固定资产产能与产量、销量合理性分析程序； 2. 固定资产的建造成本合理性分析； 3. 各月产量变动与在建工程结转为固定资产时点合理性分析程序； 4. 测算利息资本化金额
应付账款低估或者未记录在恰当期间	设备、存货采购量大，可能存在应付材料和设备款入账不及时的风险	1. 结合在建工程、固定资产、存货盘点，双向检查采购合同、入库单、明细账； 2. 函证应收账款余额、发生额及异常合同条款； 3. 网络查询重要交易对手信息并进行电话访谈，必要时实地走访异常供应商
借款记录不完整 应计利息计价不准确 资产抵押情况披露不完整	设备、存货采购量大，资金需求量大，大量借入借款，存在借款入账不完整，应计利息不准确的风险及相关抵押资产披露不完整的风险的风险	1. 亲自打印银行贷款卡信息，并与被审计单位相关账面记录核对； 2. 检查借款合同（重点关注借款日期、利率、抵押物、担保等信息）、相关凭证、银行进账单并与银行对账单核对； 3. 结合利息资本化测算，测算应计利息计价是否准确； 4. 结合了解情况，检查被审计单位抵押资产披露情况
他方代管存货毁损未入账	公司系对客户提供的芯片进行加工，芯片属于容易发生毁损盗用的项目，虽然在公司账面不计价，但要关注其保管情况和可能发生的损失	结合存货盘点，观察代管存货的毁损状况，并确定其是否入账

续表

可能存在重大错报风险的领域	判断依据	总体应对措施
财务费用——汇兑损益计价不准确	出口销售比例较大，约占总销售额的70%，另外，部分原材料从国外采购进口，2008年人民币持续升值，给企业造成较大压力	结合其他循环，测算汇兑损益计价准确性

九、对专家及其他工作的利用

表附2－20　　对IT专家的利用

确定过程	是	否
被审计单位是否为银行或非银行金融机构		√
被审计单位是否存在仅通过实质性程序无法应对的重大错报风险	√	
具体风险描述：应用MES制造系统管理存货和生产及开票系统管理销售		
结论：项目组是否需要IT专家参与审计？	√	
专家姓名和工作范围：杨××对IT系统进行了解和测试		

十、对审计计划的修改

表附2－21

原定审计计划	实施进一步审计程序后发现的重大错报迹象	修改后拟实施的程序	工作底稿索引号
—	—	—	—

附件 1：未审报表的总体分析（部分项目）

项目	2008 年 9 月 30 日		2007 年 12 月 31 日		变动	
	金额	占比	金额	占比	金额	幅度
资产类						
货币资金	519 787 778.75	25.55%	632 529 131.77	29.59%	-112 741 353.02	-17.82%
应收账款	271 448 537.25	13.34%	250 816 229.95	11.73%	20 632 307.30	8.23%
预付款项	15 335 189.60	0.75%	9 619 384.31	0.45%	5 715 805.29	59.42%
存货	144 206 206.82	7.09%	127 928 178.14	5.98%	16 278 028.68	12.72%
固定资产	1 022 137 525.53	50.25%	1 071 115 683.23	50.11%	-48 978 157.70	-4.57%
在建工程	25 434 419.31	1.25%	19 834 702.07	0.93%	5 599 717.24	28.23%
无形资产	19 647 843.09	0.97%	20 576 311.74	0.96%	-928 468.65	-4.51%
负债类	—		—		—	
短期借款	312 652 792.00	15.37%	328 303 642.00	15.36%	-15 650 850.00	-4.77%
应付票据	176 861 300.00	8.69%	110 831 502.00	5.18%	66 029 798.00	59.58%
应付账款	219 601 764.27	10.80%	311 095 197.15	14.55%	-91 493 432.88	-29.41%
应付利息	1 911 685.35	0.09%	2 009 039.09	0.09%	-97 353.75	-4.85%
权益类	—		—		—	
股本	275 010 000.00	13.52%	275 010 000.00	12.87%	—	0.00%
资本公积	533 056 982.76	26.21%	533 056 982.76	24.94%	—	0.00%
盈余公积	33 327 102.30	1.64%	33 327 102.30	1.56%	—	0.00%
未分配利润	189 019 347.20	9.29%	173 648 222.31	8.12%	15 371 124.89	8.85%
损益类	2008 年 1 ~ 9 月		2007 年 1 ~ 9 月			
营业收入	983 101 599.57	100.00%	827 991 178.11	100.00%	155 110 421.47	18.73%
营业成本	831 738 838.98	84.60%	693 694 270.18	83.78%	138 044 568.80	19.90%
销售费用	4 613 163.85	0.47%	5 849 593.30	0.71%	-1 236 429.46	-21.14%
管理费用	48 224 581.73	4.91%	32 716 036.68	3.95%	15 508 545.05	47.40%
财务费用	40 257 801.25	4.09%	36 389 598.21	4.39%	3 868 203.04	10.63%
资产减值损失	1 715 417.86	0.17%	877 351.63	0.11%	838 066.23	95.52%
营业利润	56 135 122.65	5.71%	58 212 999.09	7.03%	-2 077 876.43	-3.57%

附件 2：识别的重要账户余额和交易

	金额（元）	金额大于可容忍错报（TE）	重要账户	非重要账户	大于 TE，不认定为重要账户的原因（或，小于 TE，认定为重要账户的原因）
资产负债表项目（截至 9 月 30 日）					
资产					
货币资金	519 787 778. 75	是	√		
应收票据	5 641 882. 56	否		√	固有风险极低（主要为银行承兑汇票）
应收账款	271 448 537. 25	是	√		
预付款项	15 335 189. 60	否		√	
存货	144 206 206. 82	是	√		
固定资产	1 022 137 525. 53	是	√		
在建工程	25 434 419. 31	是	√		
无形资产	19 647 843. 09	否		√	本年基本无新增项目，摊销为主
负债	—				
短期借款	312 652 792. 00	是	√		
应付票据	176 861 300. 00	是	√		
应付账款	219 601 764. 27	是	√		
预收款项	6 828 865. 74	是	√		
应付职工薪酬	4 181 396. 45	否		√	社保项目为主，按月滚动，风险低
应付利息	1 911 685. 35	否		√	

续表

	金额（元）	金额大于可容忍错报（TE）	重要账户	非重要账户	大于 TE，不认定为重要账户的原因（或，小于 TE，认定为重要账户的原因）
长期借款	46 350 000.00	是	√		
权益	—				
股本	275 010 000.00	是		√	本期无变动
资本公积	533 056 982.76	是		√	本期无变动
盈余公积	33 327 102.30	否		√	实质性程序重新计算
未分配利润	189 019 347.20	否		√	实质性程序重新计算
利润表项目	—				
营业收入	1 291 954 287.13	是	√		
营业成本	1 097 960 684.95	是	√		
销售费用	6 150 885.12	否		√	公司客户稳定，根据框架协议和订单组织生产，销售费用不高，且相对固定
管理费用	62 659 918.09	是	√		
财务费用	52 227 935.20	是	√		
资产减值损失	2 228 015.78	否		√	

注：利润表数据已将 1 ~9 月数据折算为全年数据（即除以 9 再乘以 12）

第三部分　了解被审计单位及其环境

通过实施询问、观察和分析程序等风险评估程序，就了解被审计单位及其环境得出如下结论：

一、行业状况、法律环境与监管环境以及其他外部因素

（一）行业状况

总体情况：

1. 集成电路封装测试是资本、技术密集型行业，技术进步快、产品更新率高，需要投资大量的资金购买生产设备和开展科研开发。行业竞争激烈，H 公司在国内企业中处于技术、规模相对领先的地位。

2. 集成电路封装测试市场发展前景广阔，行业发展具有一定的周期性。最近几年行业总体上处于复苏增长期，行业上半年形势较好。但全球经济不景气导致需求下降，自第三季度起企业订单明显减少，行业发展呈下滑趋势。

3. H 公司是委托加工企业，根据订单组织生产。能源和原材料供应不存在重大风险，但对主要原材料的采购和产品销售均缺乏定价权。2008 年原材料价格大幅波动，上半年价格大幅上涨，但由于行业竞争激烈，产品无法同步涨价，压缩了毛利空间。下半年受金融危机影响，原材料价格逐渐下降至年初水平。

潜在风险：

将以上因素综合考虑，公司上半年营业收入增长较快，但由于原材料价格大幅上涨，导致毛利下降；下半年订单减少，营业收入降低，原材料价格回调，毛利上升。随着经济危机对实体经济影响的逐步加深，估计第四季度形势将更加严峻，营业收入将大幅下滑。

经过对截至 2008 年 9 月 30 日财务报表进行分析，前 9 个月已实现收入仅为全年计划收入的 68%。预计公司无法完成当年的经营目标，管理层存在较大的经营压力，审计中关注管理层是否存在操纵利润的迹象，重点关注收入、成本和减值准备等项目。

此外，从 1 ~9 月的原材料价格和毛利率变化数据分析，可以发现毛利率的变化趋势与原材料价格变化趋势没有完全配比，6 月份的毛利率偏高。重点关注营业成本的完整性和截止认定。如表附 3 －1 所示。

表附 3－1

类别	1月	2月	3月	4月	5月	6月	7月	8月	9月
原材料价格	7 835.87	6 623.89	5 947.62	6 496.48	6 630.67	6 345.62	5 724.24	2 289.25	6 231.12
毛利率变化	15.16%	11.88%	13.09%	12.03%	14.48%	20.60%	14.67%	17.13%	14.74%

（二）法律环境和监管环境

总体情况：

1. 国家出台一系列政策扶持和鼓励封装测试行业的发展。

2. H公司高新技术企业认定已初步完成，可以享受15%的优惠税率。

3. 2006年1月1日起，欧盟开始执行ROHS、WEEE环保指令，其他主要出口国也将逐步执行ROHS等系列的法规，强制限制封装产品中铅、卤族元素等有害物质的含量。H公司现已掌握IC引线脚无铅化（锡铋）电镀技术，产品无铅化率90%，符合出口欧盟的标准和环保要求。

4. H公司在员工福利保障方面一直做得很好，基本无劳动纠纷，新劳动法对于公司影响不大。

潜在风险：

高新技术企业认定每3年一次，研究开发费用总额需达到销售收入总额的一定比例。H公司为保持高新技术企业资格，存在将不属于研发费用的其他费用支出归集在管理费用——研发费用项目、无形资产核算的风险。在审计中应重点关注管理费用——研发费用、无形资产项目的构成。

（三）其他外部因素

总体情况：

1. 受金融危机影响，全球经济不景气，导致产品终端市场需求下降，企业订单减少，行业自下半年开始进入下降通道。

2. 公司出口销售比例较大，大部分以美元结算。人民币持续升值给公司带来较大的汇率风险，直接影响出口收入，降低出口竞争力，对毛利产生不利影响。

3. 公司已公告计划进行三期建设，集中于中高端产品领域，三期土地证已办妥。受外部经济环境不景气的影响，公司募集资金投入的进展可能要放缓，公司规模扩大受限。

4. 今年有募集资金作保证，在整体银根紧缩的大环境下，公司资金压力不是很大，为维护银行信用关系，公司保持一定额度的贷款。

二、了解被审计单位的性质

总体情况：

1. 控股股东甲公司是自然人投资的民营企业，与被审计单位独立。

2. 公司治理结构较为健全合理。

3. 公司组织架构较为单一。

4. 公司的产品符合产业政策，产品具备较强的竞争性，但对金属采购和产品销售缺乏定价话语权。

5. 公司的主要竞争对手基本未变，国内以××、××为主，但公司产品较这两家企业的品质更为高端；公司国际市场的主要竞争对象为一些大型 IC 企业设立的专业厂，受全球经济不景气的影响，一些中低端产品采取外包策略，给公司带来一定机会。

6. 公司现有生产能力基本满足市场需要，但从开发新品的角度，需要继续进行设备投资，无其他购并计划。

潜在风险：

存货以芯片和贵金属为主，单位价值较高，存在被盗的风险。

三、被审计单位会计政策的选择和运用

总体情况：

1. 公司已按照企业会计准则的规定进行日常核算，会计政策的选择和运用符合要求，会计估计作出相对稳健。

2. 公司信息化程度较高，用友财务软件和生产 MES 管理系统和存货开票系统有助于日常核算的精细化。

潜在风险：

固定资产数量多，金额大，减值准备的计提较为困难，可能存在减值准备计提不准确的风险。

四、被审计单位的目标、战略以及相关经营风险

总体情况：

市场需求下降，公司 2008 年的经营目标预计无法实现，管理层对风险的分析和采取的应对措施基本适当。

五、财务业绩的衡量与评价

总体情况：

1. H 公司主营业务突出。

2. 受金融危机、原材料价格上涨以及人民币升值的影响，公司今年预计无法完成经营目标和预算计划。

3. 管理层的报酬与当期实现的净利润挂钩；员工的报酬和晋升主要建立在

实现短期目标的基础上，对普通管理人员积极性的调动机制有限。

六、舞弊风险评估

（一）与编制虚假财务报告相关的舞弊风险因素（见表附 3－2）

表附 3－2

发生舞弊因素	舞弊风险因素大致分类	舞弊风险因素具体示例（可增加）	是	否	不适用	备注
动机或压力	财务稳定性或盈利能力受到不利经济环境、行业状况或被审计单位运营状况的威胁	市场需求大幅下降，所处行业的经营失败增多		√		
		难以应对技术变革、产品过时、利率或汇率调整等市场环境变化		√		
		竞争激烈或市场饱和，主营业务利润率不断下降		√		
		新颁布的行业相关法律法规、会计准则、监管规则对被审计单位的经营活动、投资活动或筹资活动可能产生重大影响		√		
		与同行业的其他企业相比，增长过快或盈利能力过高		√		
		经营活动难以产生足够的现金净流入，或经营活动现金流量连续为负严重或持续亏损使被审计单位可能破产、丧失抵押品赎回权或遭恶意收购		√		
	管理层为满足外部预期或要求而承受过度的压力	政府部门、股东、重要债权人、投资分析师或其他利益相关者对盈利能力或增长趋势存在预期（特别是不切实际或激进的预期）	√			投资分析师对其盈利存在预期
		管理层在媒体等公开场合提供的信息过于乐观		√		
		需要大量举债或吸收股权融资才能满足研究开发或其他资本性支出的需求，以保持竞争力	√			对资金有持续需求
		盈利能力或财务状况必须满足上市交易、偿债要求或债务协议规定的其他要求，否则可能导致退市、特别处理、清偿债务等后果		√		
		如报告不良的盈利能力或财务状况可能会对正在进行的重大交易（如企业合并或重组）产生不利影响		√		

续表

发生舞弊因素	舞弊风险因素大致分类	舞弊风险因素具体示例（可增加）	是	否	不适用	备注
动机或压力	管理层或治理层的个人经济利益受到被审计单位财务业绩或状况的影响	管理层或治理层拥有相当数量的公司股票或债券				√
		管理层或治理层的工作报酬中有相当一部分（如奖金、股票期权）取决于被审计单位能否实现特定的（往往是激进的）指标要求（如股价、经营成果、财务状况或现金流量）	√			管理层按税后利润10%计提奖金
	管理层或业务人员受到更高职级管理层或治理层对财务或经营指标过高要求的压力	治理层为管理层设定了过高的销售业绩或利润指标			√	
机会	被审计单位所从事业务或所处行业的性质提供了对财务信息作出虚假报告的机会	从事大量超出正常经营过程的交易（可能体现为关联方交易或更隐蔽的关系和交易），或者是从事大量交易的对方未经审计或由其他会计师事务所审计				国外客户占比较大
		从事重大、异常或高度复杂的交易（特别是临近期末）		√		
		从事大量跨国、跨境交易	√			国外客户占比较大
		利用中介从事交易（往往难以判断此类交易是否具有正当的商业理由）		√		
		在免税区或税收优惠地区设置重要的银行账户或组成部分（往往难以判断此类业务或交易是否具有正当的商业理由）				√
		资产、负债、收入或费用需要作出重大估计，涉及主观判断或不确定性，且难以印证		√		
		从事科技含量高、研发周期长或市场风险大的经营业务		√		
		在所处行业中具有重要地位，从而有能力胁迫供应商或客户与其从事不公允或不适当的交易		√		
		大量采用分销渠道、销售折扣及退货等交易方式		√		

续表

发生舞弊因素	舞弊风险因素大致分类	舞弊风险因素具体示例（可增加）	是	否	不适用	备注
机会	组织结构复杂或不稳定	难以确定被审计单位的最终控制人		√		
		组织结构复杂，存在异常的法人组织形式或管理职级关系		√		
		高层管理人员、法律顾问或治理层频繁变更		√		
	对管理层的监督失效	管理层由一人或少数人（如控股股东代表，也可能是股东以外的经理人）掌控，缺乏共同决策或制衡措施		√		
		治理层未对财务报告过程和内部控制实施有效监督		√		
	内部控制存在缺陷	对控制的监督不充分		√		
		会计人员、内部审计人员或信息技术人员变动频繁，或是胜任能力不足		√		
		会计信息系统存在重大缺陷		√		
借口（合理化解释）	管理层态度不端或缺乏诚信	管理层对企业价值或道德标准的沟通、执行与维护不足，或者传递了不适当的价值观或道德标准		√		
		管理层过分强调保持或提高公司股票价格或盈利水平		√		
		管理层倾向于利用重要性概念对模棱两可的或不适当的会计处理作出合理化解释		√		
		管理层存在通过不恰当方法降低盈利水平的逃税倾向		√		
		非财务主管的管理层过度干涉会计政策的选择或重大会计估计的作出		√		
		公司、管理层或治理层存在违反证券或其他方面法律法规的不良记录，或是因涉嫌舞弊或违反法律法规而遭起诉		√		
		管理层惯于向外界承诺实现不合理的预期		√		
		管理层没有及时纠正已发现的内部控制重大缺陷		√		
		高级管理人员缺乏锐意进取的精神，混淆个人业务与公司业务		√		
	管理层与注册会计师的关系异常或紧张	在会计、审计或信息披露问题上经常与注册会计师发生意见分歧		√		
		对注册会计师提出不合理的需求，如对外勤审计工作的完成或审计报告的出具提出不合理的时间限制		√		
		对注册会计师施加限制，使其难以接触某些人员（包括治理层）或信息试图影响会计师事务所对参与审计业务的专业人员的选派			√	

（二）考虑与侵占资产相关的舞弊风险因素（见表附3-3）

表附3-3

发生舞弊因素	舞弊风险因素大致分类	舞弊风险因素具体示例（可增加）	是	否	不适用	备注
动机或压力	个人的生活方式或财务状况问题	管理层个人或员工可能因为个人追求奢侈生活条件而侵吞资产		√		
	对公司存在敌对情绪	已被裁员或预期被裁员的员工		√		
		晋升结果或所获经济报酬严重偏离个人预期的员工		√		
机会	某些资产容易被侵占的特性或特定情形	存在大额现金被经手或处理的情形		√		
		单位价值高、体积小、易于变现且不易识别所有权归属的存货、固定资产或其他资产项目（如钻石、无记名债券、计算机芯片）	√			有芯片和贵金属金丝
	内部控制存在缺陷	不相容职务的分离不充分，或者独立审核不力		√		
		对高层管理人员财务支出（如差旅费、业务招待费）的审查薄弱		√		
		对负责保管实物资产的员工的监督不力（如资产存放位置偏远）		√		
		对资产保管岗位的员工选聘不严格		√		
		对资产的会计记录不健全		√		
		交易（如采购）的授权审批制度不健全		√		
		对现金、有价证券、存货或固定资产等的实物安全措施不充分		√		
		未对账实不符的资产项目（如盘盈资产）作出及时、完整的会计调整，未对交易（如销货退回）作出及时、适当的会计记录		√		
		缺少强制休假制度（特别是对处于重要资产管理或控制岗位的员工）		√		
		管理层或处于控制监督岗位的人员缺乏对信息技术的了解（从而可能使信息技术人员有机会侵占资产）		√		
		对接触自动记录（包括计算机系统日志）的控制不充分		√		

续表

发生舞弊因素	舞弊风险因素大致分类	舞弊风险因素具体示例（可增加）	是	否	不适用	备注
借口（合理化解释）	管理层或员工不重视相关控制	忽视对潜在侵占资产行为进行监控或预防的必要性		√		
		漠视已有的相关控制措施（如不执行控制或不及时纠正控制缺陷）		√		
	对被审计单位存在不满甚至敌对情绪	员工认为自己没有得到应得的待遇或报酬		√		
	个人追求不正常的生活方式或物质需求	为了满足个人对奢侈生活的追求		√		

识别的舞弊风险因素汇总：

1. 投资分析师对其盈利存在预期；
2. 对资金有持续需求；
3. 管理层按税后利润10%计提奖金，但是被审计单位很可能无法完成当年的经营目标；
4. 国外客户占比较大；
5. 有芯片和贵金属金丝。

除此之外，并未发现其他异常关系或偏离预期的关系。

综合考虑，H公司舞弊风险评估为中水平。

七、识别的财务报表层次风险（见表附3－4）

表附3－4

风险描述	是否属于特别风险	对总体审计策略的影响	对进一步审计程序的影响
管理层凌驾于内控之上的行为发生方式不可预见，且不易觉察，可能存在潜在风险	√	关注管理层是否存在操纵利润的迹象，重点关注期末重大交易的商业理由是否充分，是否存在自我交易，虚增利润，高估收入，虚增固定资产的情况	1. 会计分录细节测试； 2. 复核会计估计偏向； 3. 与收入舞弊程序相结合，关注期末重大交易的商业理由是否充分，是否存在自我交易，虚增利润，高估收入，虚增固定资产的情况

续表

风险描述	是否属于特别风险	对总体审计策略的影响	对进一步审计程序的影响
2008年全球金融危机对集成电路行业造成了较大的负面影响，集成电路终端消费市场需求低迷，被审计单位三季度开始订单大幅减少，收入下降	√	审计中关注管理层是否存在操纵利润的迹象，重点关注收入、成本等项目	1. 收入：重点关注收入的确认时点。检查发票、出运单等支持性文件，重点执行收入的截止测试。 2. 成本：结合存货监盘重点关注成本结转是否完整

八、识别的认定层次风险（见表附3－5）

表附3－5

识别的风险因素	风险编号	对财务报表的影响（报表层次或认定层次）	固有风险初步评估			是否属于特别风险
			影响	可能性	风险水平	
前9个月已实现收入仅为全年计划收入的68%。预计公司无法完成当年的经营目标，管理层存在较大的经营压力，有可能高估本期收入，操纵利润	a	营业收入——发生、截止；应收账款——存在	高	中	中	√
毛利率的变化趋势与原材料价格变化趋势不完全配比	b	营业成本——完整性	高	高	高	
必须持续达到高新技术企业的认定条件，否则有无法享受优惠所得税率的风险，因而可能存在将不属于研发费用的其他费用支出归集在管理费用——研发费用、无形资产等项目核算的风险	c	管理费用——发生、分类	中	中	中	
公司设备投入大，可能存在产能与产量、销量不匹配，固定资产计价不真实，转固时点不及时，利息资本化金额不正确的风险	d	固定资产——存在、计价 在建工程——存在、计价	中	中	中	

续表

识别的风险因素	风险编号	对财务报表的影响（报表层次或认定层次）	固有风险初步评估			是否属于特别风险
			影响	可能性	风险水平	
货币资金在H公司的资产中占比较大，如果存在收入舞弊，自我交易情况，可能将同时涉及货币资金舞弊情形	e	货币资金——存在	高	中	中	√
设备、存货采购量大，可能存在应付材料和设备款入账不及时	f	应付账款——完整性	中	中	中	
设备、存货采购量大，资金需求量大，大量借入借款，存在借款入账不完整，应计利息不准确的风险及相关抵押资产披露不完整的风险的风险	g	长期借款、短期借款——完整性 应计利息——计价 列报和披露——完整性	中	中	中	
出口销售比例较大，约占总销售额的70%，另外，部分原材料从国外采购进口，2008年人民币持续升值，给企业造成较大压力，可能存在财务费用——汇兑损益计价不准确的风险	h	财务费用——完整性、准确性	中	中	中	
H公司系对客户提供的芯片进行加工，芯片属于容易发生毁损盗用的项目，可能存在他方代管存货毁损未入账的风险	i	管理费用——完整性	中	中	中	

九、被审计单位企业层面内部控制

（一）控制环境

总体情况：

1. 对诚信和道德价值观念的沟通与落实。

（1）公司制定了员工手册和岗位职责说明书（行为守则），内容完备，涉及利益冲突、不法或不当支出、公平竞争的保障、内幕交易等问题；员工承诺遵守这些制度；员工手册可供公开查阅（如可在公司的内网上查阅）并发放相关人员。

（2）指定专人回答关于员工手册中的问题；员工手册没有规范的地方，通过建设企业文化，强调操守及价值观的重要性的方式予以弥补；采取在新员工上岗前培训考试、员工大会上口头传达、通过一对一谈话或在处理日常事务中通过实例示范。

（3）严格遵循诚信和道德规范的观念，通过文字和实际行动有效地灌输给所有员工；鼓励员工行为端正；当出现存在问题的迹象时，特别是当发现和解决问题的成本可能较高时，管理层能予以恰当地处理。

（4）管理层在处理交易业务时保持高度诚信，并要求其员工和客户同样保持诚信；当不诚信的行为发生时，能尽快并严肃处理；管理层能立即对违反规定的行为作出反应；对违反规定员工的处理结果及时让全体员工知晓；对违反规定的管理人员采取撤职处理。

（5）公司设计了相应的激励机制，管理层的报酬与当期实现的净利润有关，员工的报酬和晋升主要建立在实现短期目标的基础上；薪酬体系设计着眼于调动计件工人积极性，但对管理层个人积极性的调动有限。

2. 对胜任能力的重视。

（1）管理层对所有岗位的工作有正式的书面描述，任职条件规定了履行特定职责所需的知识和技能；岗位职责在组织内予以清晰地传达；每位员工的岗位责任与分派的权限相关。

（2）定期对员工培训，更新员工的知识。

3. 治理层的参与程度。

（1）在董事会内部建立了审计委员会，2008 年初制定了相关实施细则，并已按监管要求履行职责。

（2）对董事会成员的经验和资历有明确的书面规定，股东在提名董事会成员时严格按照规定（提名委员会）进行，不合格的提名无效；董事每届任期 3 年，可以连任。

（3）管理层的提案需要经过董事会审议；董事会监督经营成果，检查预算与实际的差异，并要求管理层作出解释；董事会不是仅由管理层和员工代表组成，董事会有 3 位独立董事和 2 位 × 国董事。

（4）董事会审计委员会按监管部门要求开展工作。

（5）董事会中非管理层人员占比较大，能对管理层实施有效监督。

4. 管理层的理念和经营风格。

（1）管理层在承担经营风险、选择会计政策和作出会计估计时较为稳健，能够在内部充分讨论，但对当事人个人责任的规定不够明确。

（2）对信息技术的管理和维护由事业推进部负责，但管理层对其发展缺乏规划，安排的资金和人员主要用于日常维护。

（3）至少每月定期召开一次部长会议。

（4）管理层对财务报告的基本态度是财务报告应反映实际情况。愿意因重大错报金额而调整财务报表。

（5）管理层和注册会计师经常就会计和审计问题进行沟通；在审计调整和内部控制方面达成一致意见。

5. 组织结构和权责划分。

（1）根据经营活动的性质，恰当地采用集权或分权的组织结构。组织结构的设计便于由上而下、由下而上或横向的信息传递。

（2）董事会对董事长、总经理授予不同的权利，总经理对副总经理授权。

（3）经理层（部长）密切关注各部门的情况，经常听取汇报。

（4）管理层已经制定了会计系统和控制活动的标准并形成书面文件，管理层依其职责和权限从现有的报告系统中得到适当的信息，业务经理（部长）可通过沟通渠道接触到负责经营的高级主管。

（5）对加班严格审批；人员离职率低，工作压力大时，及时招聘人员。

（6）管理层无定期评估组织结构的恰当性的流程，但针对发现的问题能及时采取弥补措施。

6. 人力资源政策与实务。

（1）公司制定管理层及负有监督责任员工的岗位职责说明书，以及各级员工的岗位职责说明书；岗位职责说明书明确规定了与控制有关的责任。

（2）将业务授权、业务记录、资产保管和维护，以及业务执行的责任尽可能地分离。

（3）完成工作所需权力与高级管理人员的参与程度保持适当的平衡；授予合适级别的员工纠正问题或实施改进的权力，并且此授权也明确了所需的能力水平和明确的权限。

（4）建立授权交易及系统改善的控制制度。

小结：

管理层承诺诚信、道德价值观和胜任能力。审计委员会参与被审计单位活动的程度适当，在独立监督活动中还可以更多地参与。被审计单位管理层的经营理念和哲学、组织结构及权责分配是适当的。我们应当注意，在审计期间管理层和员工收入与公司利润水平相关，对经营风险当事人个人责任的规定不够明确。

总体说来，被审计单位的控制环境较为合理，为其内部控制奠定了较好的基础。

（二）风险评估过程。

（1）管理层在2006年制定了中长期整体目标（努力使公司成为“中国第一、世界一流”的集成电路封装测试企业，成为世界集成电路行业高端领域专业的封装测试服务提供商）。

（2）业务层面的目标来源于中长期整体目标和战略，并与之相关联。每个重要的作业活动都有目标，并且相互之间一致。

第一期目标：建设一期现代化的办公厂房，通过实施“大规模集成电路后道封装测试项目、Flash Memory 等存储器封装测试”等五个项目，至 2006 年底，公司全年的 IC 实际生产量达到 35 亿块，全年可实现 10 亿元人民币的销售收入。

这一目标已经完成。

第二期目标：公司二期厂房已于 2006 年 3 月建成投产。公司除利用自有资金、银行贷款实施项目外，通过公开发行股票，实施包括微型 IC 封装测试项目在内的四个项目。预计至 2008 年底，公司全年的集成电路加工生产规模可达到 55 亿块，实现销售收入 15 亿元人民币。二期目标完成后，公司有望成为中国规模最大、综合实力最强的集成电路封装测试企业之一，树立起中国集成电路封装测试专业供应商的领导品牌形象。同时，公司将启动三期厂房的建设工作。

第三期目标：随着公司三期厂房的启用和行业地位及技术水平的提升，至 2010 年，公司全年的集成电路加工生产规模可达到 75 亿块、全年可实现销售收入 21 亿元人民币，争取成为以加工集成电路高端产品为主，在不断追求创新效益的同时，进一步扩大基础产品生产的国际一流的封装测试企业。

（3）管理层已就整体目标的实现而明确进一步计划：年初董事会通过综合计划（含投资和年度经营计划），资本支出和费用预算是根据管理层对目标相对重要性的分析作出的；管理层特别关注重要目标（成功的关键因素）。

（4）业务目标（经营计划）未逐一分解到各部门，全面预算体系尚未建立；部长会议总体讨论生产、营销和成本控制的执行情况，明确了部长的责任；制定了争议和分歧的解决程序。

（5）对外部风险，公司要求管理层考虑：供货渠道、技术变化、债权人的要求、竞争对手的行动、经济状况、政治状况、法规与监管状况、自然灾害。

对内部风险，公司要求管理层考虑：人力资源，如关键管理人员的留任、职责调整是否会影响有效履行其职责；理财和融资活动，如为实施新计划或继续原计划筹措资金；劳资关系，如薪酬及退休福利计划是否在同行业中具有竞争力；信息系统，如备份系统的有效性等；

对每项重要的业务层面目标，确定影响其实现的重大风险。风险分析一般通过部长会议形式讨论评估及应对。

（6）与变革相关的风险与机遇由足够高层次的管理层处理，以保证确认所有潜在的影响，并制定适当的行动计划；企业内部受变革严重影响的一切活动都纳入到程序之中。上述主要机制系定期召开的部长会议及不定期召开的总经理办公会。

（7）公司有应急机制流程文件，但基本未出现紧急情况，日常经营活动出现的风险在情况发生时依赖总经理办公会和部长会议等集体决策机制予以应对，如：经营环境变化；员工增加；新增的或经过重新设计的信息系统；公司的快速发展；新技术开发和应用；新增生产线、新产品、新设置的作业及新购并的企业；重组；开展海外经营活动。

（8）财务部门学习新准则法规以识别其重大变化；通过后续教育跟进会计准则的最新进展。

财务部门负责人作为副总经理（且系董事），当公司业务操作发生变化并影响交易记录的流程时，能够及时掌握信息。

（9）定期召开部长会议，进行沟通、讨论经营环境的重大变化。

（10）政策和程序在不能得到有效遵循时会及时反馈给管理层。各部门（生产环节由质量部）负责各自业务流程和制度的制定执行。

小结：

被审计单位管理层建立了有效的风险评估程序来识别和分析与财务报告目标有关的风险，并建立了适当的机制及时识别风险。但业务目标（经营计划）未逐一分解到各部门，全面预算体系尚未建立。

（三）信息系统与沟通

1. 信息系统主要收集产供销等内部信息，给管理层提供生产日报、销售日报、材料报告等信息。材料信息传递给财务用友系统，最终生成财务报告相关内容。

2. 信息系统提供的信息明确标明日期，并按工作岗位区分信息获取度，每环节信息处理后自动传入到下环节相关人员处理。

3. 信息系统的开发及改善必须经公司部长会议商议。

各部门提出需求并填写《需求变更申请表》到事业推进部，IT员工负责接受并分析可行后进入审核程序，由相关部门审核并签署意见，最后由公司信息负责人确认批准（改动比较小的需求由IT负责确认）并执行；相关部门无法达成一致意见的需求，交公司部长会议决定。

4. 公司有IT技术能力的管理人员、分析人员和程序员共13人；公司2008年IT预算200万元，实际支出120万元。

5. 每月各开发、变更和测试人员例行汇报，由×××汇总监督，上报给总管×××。

6. 新员工培训中向员工提供有关其岗位职责的信息，促使员工明确自己的岗位所要达到的目标，以及如何实现该目标；定期对员工评估，对员工职责进行讨论以确保员工能充分理解自身职责。

7. 员工手册说明违反公司政策和行为守则的可疑行为沟通的方式；针对不恰当事项和行为，主管监督纠正，严重的通报；下级对上级可通过邮件、意见箱向人事或高管人员沟通反映情况。

8. 建立销售部门与技术、生产、营销等部门的沟通渠道，保证顾客的需求得到适当的处理（MES 制造系统）；建立财务部与信用管理部门的沟通渠道，保证拖延付款信息得到适当的处理（每月对账）；建立相应的沟通渠道，保证关于竞争对手新产品、售后服务保障等信息传递给负责技术、市场开拓和营销的部门。

9. 已经建立机制促使员工能够提出改进建议（如内部邮件，意见箱）；建立奖励机制促使员工积极提出改进意见（考评）。

10. 收集各方的建议、投诉及其他信息，保证公司内部及时沟通；建立信息的追踪调查等后续措施；负责处理投诉的员工与负责最初交易处理的员工互相独立；投诉情况在部长会等会议上通报。

11. 负责对外发布重要信息的管理人员，其级别限定为证券投资部审核，副总兼董秘批准后才能对外发布。

12. 公司制定相关的员工职责分离制度，明确需分离的职责。重大决策通过委员会集体决策。

13. 公司制定财务与实物的定期核对制度，一般在年底全面核对，平时抽查。

小结：

被审计单位信息系统与沟通控制运转有效。

（四）对控制的监督

（1）未建立系统的内部控制评价体系，内部审计对局部有评价。

（2）负责业务活动的管理人员将其在日常经营活动获得的生产、库存、销售或其他方面的信息与信息系统产生的信息相比较；将用于管理业务活动的经营信息与由财务报告系统所产生的财务资料相整合或者相比较，并分析差异。

（3）顾客按销货发票所列金额付款，即隐含该发票金额正确无误；若顾客投诉账单有错误，即表明处理销售业务的系统可能存在缺陷。当顾客投诉时，调查出现问题的原因。考虑监管机构告知本公司遵循相关法律、法规和规章的情况或其他有助于判断内部控制系统作用的事项。

（4）设置具有适当权限的管理人员处理内部审计和注册会计师所提的意见和建议；跟踪相关决策并验证其落实情况。

（5）通过培训课程、规划会议和其他会议，掌握提出的争议及问题；员工建议自下向上传递。

（6）要求员工定期（签订劳动合同时）确认其切实遵循了行为守则的规定；要求员工在执行重要控制工作（如调节指定账户金额）之后签名，留下执行证据。

（7）内部审计人员在组织中的地位适当，内部审计人员直接向审计委员会报告工作。内部审计人员的能力及经验水平适当，有三名专职人员开展工作。审计部审查政策和程序遵循情况的相关规定。

（8）审计部对内部控制进行专门评价，评价的范围尚不全面。审计部定期制定内部审计计划，并按计划进行工作。审计部记录发现的问题依据充分，表述恰当。内部审计人员主要进行经济责任和募集资金管理使用的审计，尚未检查财务信息；以日常活动经营审计工作为主，有配合外部审计工作的职责权限。审计部向审计委员会提交专项审计报告。无信息系统审计人员。内部审计人员按既定的计划开展工作，能坚持适用的专业准则。内部审计记录适当。

小结：

持续监督程序适当。但未建立全面内部控制评价体系；内部审计人员尚未检查财务信息，不能降低财务报表错报风险；无信息系统审计人员。

企业层面内部控制总体结论：

基于对 H 公司企业层面内部控制的了解，我们认为公司内部控制是有效的，为业务流程层面内部控制提供了适当基础。但存在下述缺陷（见表附 3－6）：

表附 3－6

控制要素	识别的缺陷	是否属于重大缺陷（是/否）
控制环境	管理层的报酬与当期实现的净利润有关，员工的报酬和晋升主要建立在实现短期目标的基础上；对普通管理人员积极性的调动机制有限	否
	对经营风险当事人个人责任的规定不够明确	否
	管理层对信息技术的发展缺乏规划	否
	管理层未定期评估组织结构的恰当性	否
风险评估过程	业务目标（经营计划）未逐一分解到各部门，全面预算体系尚未建立	否
对控制的监督	未建立全面内部控制评价体系	否
	内部审计部中有 1 名人员且刚开展工作，经验不足	否
	内部审计人员尚未检查财务信息；不能降低财务报表错报风险	否
	无信息系统审计人员	否

下面以销售与收款循环内部控制为例，说明如何了解业务流程层面内部控制，评估重大错报风险。

十、了解收入销售与收款循环的内部控制

（一）职责分离

销售由分管销售的副总经理×××负责，具体工作由营业部负责。订单由营销人员接收，价格、赊销由销售副总经理×××审批；营销人员不能同时执行存货提取、产品包装和发运工作；仓库管理员负责产品实物保管，财务部员工负责会计记录；填制发票人员不能同时担任发票复核工作；应收账款记账员不能兼做应收账款总账的对账核查工作；应收账款记账员与现金保管工作分离。

（二）主要业务活动

H公司的主营业务为接受客户的委托，提供集成电路的封装与测试服务。在日常经营活动中，公司采用MES系统进行待封装测试芯片入库和出库管理，各部门可以通过该系统对加工产品的状态进行查询。

1. 销售。首先，公司与客户签订一项受托加工的框架协议合同，在此协议下，客户下代工订单。营销人员就代工产品的加工费与客户通过电邮协商，并把客户的要求通过电邮发给副总×××，副总×××根据客户近三月的代工数量、封装用料类型、信用状况以及同类市场行情最终决定是否接受订单以及加工价格。公司给客户的信用期间一般为3个月，如有特殊情况可以延长但不超过6个月。

营销人员负责将经审批的客户订单和加工合同信息输入MES系统，由系统自动生成连续编号的销售订单（此时系统显示为“待处理”状态）。每周，营业部一名员工核对本周内生成的销售订单，对任何不连续编号的情况进行检查。

待封装测试芯片到达后，仓库管理人员根据芯片所付订单相关信息在MES系统中查找到对应订单，安排入库，然后将该批次入库的信息输入MES系统，将系统的订单状态由“待处理”改为“芯片已入库”。随后业务员根据订单信息，与技术部、制造部、财务部分别确认技术、生产和质量标准以及收款结汇方式，编制连续编号的随工单，经事业推进部部长批准后下达制造部，制造部根据随工单领取芯片进行封装测试。随工单是记录加工过程的凭证，每一生产步骤的负责人在完成本步骤后都要在上面签字确认。

开始加工后，系统内的订单状态即由“芯片已入库”自动更改为“加工”。

2. 记录应收账款。

（1）发运和记录应收账款。产品加工完工入库后，系统内的订单状态由“加工”自动更改为“已完工”。

营业部营销人员根据系统显示的“已完工”订单信息和约定的交货日期，开具连续编号的销售发票（发票一式六联发票），交营业部部长审核，发票存根联由营业部留存，其他联次分别用于报关、税务核销、外汇核销以及财务记

账等。

营业部报关单证员根据开具的销售发票办理报关手续，办妥后通知事业推进部业务员在系统内填写出运通知单，确定空运时间。出运通知单的编号在事业推进部业务员输入订单编号后自动生成。根据系统的设置，如输入错误的订单编号，则无法生成相对应的出运通知单。

事业推进部运输科长根据系统显示的出运通知信息，安排组织发运。仓库科长安排组织成品出库。货运公司在货物发运后，开出货运提单，通知H公司货物发运时间。业务员将成品离岸信息输入系统，系统内的订单状态由“已完工”自动更改为“已发运”。

应收账款记账员根据系统显示的“已发运”订单信息，将销售发票所载信息和报关单、货运提单等进行核对。如所有单证核对一致，应收账款记账员编制销售确认会计凭证，后附有关单证，交会计主管复核。

若核对无误，会计主管在发票上加盖“相符”印戳，应收账款记账员据此确认销售收入实现，经会计主管审核后将有关信息输入系统，此时系统内的采购订单状态即由“已发运”自动更改为“已处理”。

国内销售除无须办理出口报关手续外，其他与出口销售流程基本一致。下列控制流程记录中将不再涉及国内销售。

（2）销售退回。公司主要从事来料加工业务，芯片全部由客户提供，公司主要负责封装和测试。如果测试出来裸盘芯片是废品或在生产加工过程中产生废品，客户都要求回收，因而不存在退货的问题。如果发生质量纠纷，由客户申请，质量部鉴定，负责销售的副总经理×××审批后对加工费给予一定比例的折让。

（3）对账及差异处理。营业部负责货款的对账和催收。月末，MES系统根据已发运信息自动生成销售明细表。销售副总的秘书×××将销售明细表和财务部提供的客户应收账款余额交给销售副总×××，由其根据客户信用额度和赊销余额，制定货款催收政策。然后，秘书×××通过邮件将货款催收政策和客户应收明细余额告知各营销人员，由其与各自的客户对账并进行货款催收。

月末，财务部还就本月销售额明细与营业部对账。

月末，应收账款主管×××编制应收账款账龄报告，内容包括应收账款总额、明细账合计数以及应收账款明细账与客户对账单的核对情况。如有差异，应收账款主管×××将立即进行调查。如调查结果表明需调整账务记录，应收账款主管×××将编制应收账款调节表和调整建议，连同应收账款账龄分析报告一并交给会计主管×××复核，经财务部部长×××批准后方可进行账务处理。

（4）坏账准备。公司董事会制定并批准了应收账款坏账准备的计提方法和计提比例。坏账准备由系统自动计算生成。对于需要计提特别坏账准备以及拟核销的坏账，由营业部营销人员填写连续编号的坏账变更申请表，并附顾客破产等相关资料，经营业部部长审批后，金额在××元下列的，由财务部部长审批，金额在××元以上的，由总经理审批。

3. 记录税金。月末营业部报关员把出口销售相关单证传给财务部。财务部税务会计办理出口退税手续，每月将增值税纳税申报表和由税务部门盖章确认的出口退税汇算清缴明细表交由财务部部长审核无误后签字确认。如发现任何异常情况，将进一步调查处理。

实际收到税务部门的退税款时，由会计主管将实际收到的退税款与退税申报表数字进行核对，并由财务部部长复核，无误后在凭证上签字作为复核证据。

4. 收款。信用证到期或收到顾客已付款通知后，出纳员前往银行办理托收。款项收妥后，应收账款记账员编制收款凭证，并附相关单证，如银行结汇水单、银行到款通知单等，交会计主管复核。出纳员根据经复核无误的收款凭证及时登记银行存款日记账。

5. 维护顾客档案。公司在全球范围内有一定的客户基础，在此基础上便于吸引或主动开发新客户。公司对新客户进行评估调查后与其签订长期框架性合同，如客户需要加工新的封装类型，公司在承接前必须进行较长时间试生产，保证批量生产达到客户要求后才能承接加工业务。客户合同保管在营业部秘书处，每个客户基本档案资料都有详细的电子版资料留存，并定期进行更新。

（三）穿行测试

对与上述业务流程活动相关的控制执行穿行测试的结果表明，控制得到执行。

总体评价：

销售与收款循环的内部控制整体设计合理，且得到执行。

表附 3－7　　受本循环影响的相关交易和账户余额的控制风险

受本循环影响的相关交易和账户余额	认定	关键控制活动	控制风险水平
应收账款	存在	货运公司在货物发运后，开出货运提单，通知 H 公司货物发运时间。 业务员将成品离岸信息输入系统，系统内的订单状态由“已完工”自动更改为“已发运”。 应收账款记账员根据系统显示的“已发运”订单信息，将销售发票所载信息和报关单、货运提单等进行核对。如所有单证核对一致，应收账款记账员编制销售确认会计凭证，后附有关单证，交会计主管复核。 若核对无误，会计主管在发票上加盖“相符”印戳，应收账款记账员据此确认销售收入实现	低
	权利和义务		低
	完整性	营销人员根据系统显示的“已完工”订单信息和约定的交货日期，开具连续编号的销售发票。 款项收妥后，应收账款记账员编制收款凭证，并附相关单证，如银行结汇水单、银行到款通知单等，交会计主管复核。 月末，财务部还就本月销售额明细与营业部对账	低
	计价和分摊	月末，应收账款主管×××编制应收账款账龄报告，内容包括应收账款总额、明细账合计数以及应收账款明细账与客户对账单的核对情况	低
主营业务收入	发生	应收账款记账员根据系统显示的“已发运”订单信息，将销售发票所载信息和报关单、货运提单等进行核对。如所有单证核对一致，应收账款记账员编制销售确认会计凭证，后附有关单证，交会计主管复核。若核对无误，会计主管在发票上加盖“相符”印戳，应收账款记账员据此确认销售收入实现。 营销人员就代工产品的加工费与客户通过电邮协商，并把客户的要求通过电邮发给副总×××，副总×××根据客户近三月的代工数量、封装用料类型、信用状况以及同类市场行情最终决定是否接受订单以及加工价格	低
	完整性	营销人员负责将客户订单和加工合同信息输入 MES 系统，由系统自动生成连续编号的销售订单（此时系统显示为“待处理”状态）。每周，营业部一名员工核对本周内生成的销售订单，对任何不连续编号的情况将进行检查。 营业部营销人员根据系统显示的“已完工”订单信息和约定的交货日期，开具连续编号的销售发票	低
	准确性	应收账款记账员根据系统显示的“已发运”订单信息，将销售发票所载信息和报关单、货运提单等进行核对。如所有单证核对一致，应收账款记账员编制销售确认会计凭证，后附有关单证，交会计主管复核。 若核对无误，会计主管在发票上加盖“相符”印戳，应收账款记账员据此确认销售收入实现。 月末，营销人员与客户定期对账	低
	截止	应收账款记账员根据系统显示的“已发运”订单信息，将销售发票所载信息和报关单、货运提单等进行核对，确认无误并经审核后确认收入。 月末，财务部与营业部核对本月销售额	中
	分类	应收账款记账员根据系统显示的“已发运”订单信息，将销售发票所载信息和报关单、货运提单等进行核对。如所有单证核对一致，应收账款记账员编制销售确认会计凭证，后附有关单证，交会计主管复核。 若核对无误，会计主管在发票上加盖“相符”印戳，应收账款记账员据此确认销售收入实现	低

表附 3 - 8　　认定层次重大错报风险水平汇总表

科目	对应认定	是否为重要账户	固有风险	控制风险	重大错报风险	风险编号
应收账款	存在	是	高	低	中	a - 1
	权利和义务		低	低	低	
	完整性		低	低	低	
	计价和分摊		低	低	低	
营业收入	发生	是	高	低	中	a - 1
	完整性		低	低	低	
	准确性		低	低	低	
	截止		高	中	中	a - 2
	分类		低	低	低	

第四部分　进一步审计程序的设计和实施

以前述编号为 a 的风险为例，说明如何根据风险评估结果设计和实施进一步审计程序。

一、确定进一步审计程序的总体方案

根据风险评估结果和对内部控制的了解，确定如下进一步审计程序总体方案（见表附 4 - 1）。

表附 4－1

对重要账户和交易采取的进一步审计程序方案（计划矩阵）

——针对存在重大错报风险的认定

重要账户或交易	风险编号	识别的重大错报风险									相关控制预期是否有效	拟实施的总体方案					
		重大错报风险水平	是否为特别风险	相关认定								总体方案	控制测试	控制测试索引号	实质性程序		实质性程序索引号
				存在发生	完整性	权利和义务	准确性 计价和分摊	截止	分类	列报					分析程序	细节测试	
……																	
应收账款	a－1	中	是	√							是	综合性方案	√			√	
……																	
主营业务收入	a－1	中	是	√							是	综合性方案	√			√	
主营业务收入	a－2	中	是								是	实质性方案				√	
……																	

二、进一步审计程序实施结果

（一）控制测试

针对销售与收款循环的内部控制实施控制测试的结果如下（见表附 4－2）。

表附 4－2

受影响的交易、账户余额	相关认定	固有风险水平	控制风险水平	重大错报风险评估结果	控制测试结果
主营业务收入	发生	高	低	中	支持
	完整性	低	低	低	支持
	准确性	低	低	低	支持
	截止	高	中	中	支持
	分类	低	低	低	支持
应收账款	存在	高	低	中	支持
	完整性	低	低	低	支持
	权利和义务	低	低	低	支持
	计价和分摊	低	低	低	支持

（二）实质性程序

1. 应收账款。

（1）确定需从实质性程序获取的保证程度（见表附 4－3）。

表附 4－3

受影响的交易、账户余额	相关认定	重大错报风险评估结果	控制测试结果	需从实质性程序获取的保证程度
应收账款	存在	中	支持	中
	完整性	低	支持	低
	权利和义务	低	支持	低
	计价和分摊	低	支持	低

（2）实施过程及结果。

①项目组获取了应收账款明细表，并与总账、明细账和报表数核对相符。其中，应收账款期末余额 25 229 万元，比期初减少 878 万元，减少 3.6%，主要原因是本期四季度受全球经济不景气影响，销售下滑，应收款相应减少。坏账准备 1 582万元，比期初减少 490 万元，减少的主要原因是 1 年以上账款的收回。

经分析，公司2008年共有266家客户，其中500万以上的10家，占应收账款的30%；其余客户金额都较小。

在266家客户中，无第四季度新增的重大交易客户。

②受金融危机的影响，为了降低回款风险，公司2008年降低了授信额度，同时加大了对1年以上账款收款力度，导致1年以上应收款项减少1 680万元；相应期末计提坏账准备减少。同时应收账款周转天数减少，但与同行业其他公司指标相比，未见异常。

③项目组选取期末余额500万元以上的客户进行检查测试，选取发生额50万元以上的样本，检查核对销售合同、出运通知单、销售发票、记账凭证等，结果未发现销售确认存在异常；检查货款回收银行单据和记账凭证，款项来源未见异常，银行单据金额与凭证金额一致。

④实施应收账款函证程序：

第一，采用选取特定项目进行测试的方法选取函证样本，选取符合下列条件的样本：应收账款余额100万元以上；年购买500万元以上客户，符合上述条件的客户有30家，总金额为17 155万元，覆盖率为68%。

对剩余196家小额客户采用审计抽样方法选取函证样本，随机抽取60个样本进行函证。

第二，项目组控制了函证全过程，包括独立确定函证样本，抽查H公司提供的函证通信地址正确性（如与电话号码簿或工商企业名录核对），以及亲自填写信函、发函和收函，评价函证结果。

第三，上述30家的函证结果为：20家回函确认无误；3家回函存在付款时间性差异，即年末客户已付款而H公司尚未收到，经查看次年1月初银行进账单确认无误；7家没有回函。

上述60家的函证结果为：35家回函确认无误；13家回函存在付款时间性差异，即年末客户已付款而H公司尚未收到，经查看次年一月初银行进账单确认无误；12家没有回函。

第四，对上述30家中没有回函的7家应收账款余额1 859万元实施替代程序，查看了期后收款。截至审计现场工作结束，共收回货款1 249万元，经检查其回款确系与函证日前的销售业务相关，以及付款人确为相关的顾客。对剩余的金额610万查看了相应的原始凭证原件（销售合同、出运通知单、报关单、货运提单，与客户的往来信件等），并询问营销和仓库部门，没有发现差异。替代程序的实际覆盖率为7%。

对上述60家中没有回函的12家应收账款余额498.62万元实施替代程序，查看了期后收款。截至审计现场工作结束，共收回货款407.67万元，经检查其回款确系与函证日前的销售业务相关，以及付款人确为相关的顾客。对剩余的金额90.95万元查看了相应的原始凭证原件（销售合同、出运通知单、报关单、货运提单，与客户的往来信件等），并询问营销和仓库部门，没有发现差异。替代程序的实际覆盖率为2%。

第五，函证及替代程序已覆盖至应收账款全部。

⑤执行回款测试，进一步分析主要客户的回款账期、销售单价。

其中对一个客户××公司进行测试的工作底稿（见表附4－4）：

表附4－4

××公司

月份	期初金额	本期借方发生	本期贷方发生	期末余额	备注
1	5 075 279.69	1 343 726.16	2 637 981.07	3 781 024.78	本期销售和回款基本持平，应收各月末余额基本为最近3个月确认的销售额，属正常信用期内应收账款，年末未见大额集中销售
2	3 781 024.78	1 389 502.18	2 387 379.09	2 783 147.87	
3	2 783 147.87	1 885 399.26	1 521 021.24	3 147 525.89	
4	3 147 525.89	2 332 858.23	1 426 207.79	4 054 176.33	
5	4 054 176.33	2 810 378.14	1 675 959.65	5 188 594.82	
6	5 188 594.82	2 052 163.85	2 277 561.44	4 963 197.23	
7	4 963 197.23	2 512 058.13	2 831 676.79	4 643 578.57	
8	4 643 578.57	1 767 546.05	2 765 039.98	3 646 084.64	
9	3 646 084.64	1 775 327.04	12 202.42	5 409 209.26	
10	5 409 209.26	2 680 621.88	3 538 025.32	4 551 805.82	
11	4 551 805.82	2 174 969.48	—	6 726 775.30	
12	6 726 775.30	1 603 413.26	1 643 353.02	6 686 835.54	
合计		24 327 963.66	22 716 407.81		

测试结果：未发现异常。

⑥取得被审计单位提供的期末余额500万元以上以及本期交易额在500万元以上的客户背景信息，网络查询相关客户，判断是否存在合理的商业理由，是否存在异常，必要时，实地走访相关客户。

⑦坏账准备。

第一，记录公司坏账计提会计政策：

对单项金额重大的应收款项，获取公司单独测试减值的资料，查看是否存在减值迹象；如存在，单独进行减值测试，根据其未来现金流量现值低于其账面价值的差额，确认减值损失，计提坏账准备。

单项金额不重大的和经单独测试未减值的应收款项，采用账龄分析法，按应收款项的账龄和规定的提取比例确认减值损失。

第二，向公司总经理和销售经理询问其对应收账款可回收性的评估，尤其是单项金额重大的应收账款。

第三，审计人员复核了H公司对应收账款账龄的划分并按公司规定的提取比例重新计算坏账准备的计提。

审计结果：审计发现有一笔2 239 465元账龄超过2年的应收账款，该客户签订还款协议承诺2008年9月1日之前支付，到审计现场工作时（2009年2月）客户仍未支付，目前H公司已停止向对方供货；另一笔1 133 287元账龄未满6个月的应收账款，该客户是一家国内企业，最近因资金链出现问题，拖欠租金和供应商货款而被起诉，截至审计时，该客户已申请破产并被批准。因此该笔货款确定无法收回。对上述两笔可能无法收回的应收账款共计3 372 752元H公司均未计提坏账准备。另外，对于账龄超过两年的应收账款2 239 465元，按照坏账准备计提政策应按50%补提坏账准备1 143 679元。建议作如下审计调整：

借：资产减值损失　　　　3 516 431

　　贷：坏账准备　　　　3 516 431

⑧检查应收账款是否按照企业会计准则的规定恰当列报。

通过银行存款、短期借款、长期借款查验，查阅董事会决议等资料，未见应收账款有抵押、质押事项。公司在财务报表和财务报表附注中列报正确。

结论：除上述审计调整外，余额可以确认。

2. 主营业务收入。

（1）确定需从实质性程序获取的保证程度（见表附4－5）。

表附4－5

受影响的交易、账户余额	相关认定	重大错报风险评估结果	控制测试结果	需从实质性程序获取的保证程度
主营业务收入	发生	中	支持	中
	完整性	低	支持	低
	准确性	低	支持	低
	截止	中	支持	中
	分类	低	支持	低

（2）实施结果。

①项目组获取了按封装类型列示的主营业务收入明细表，并与总账、明细账和报表数核对相符。

②对收入进行结构分析：

表附 4－6 收入地区分析

项目明细	1月	2月	3月	4月	5月	6月	7月	8月	9月	10月	11月	12月	总计（万元）	比例
国内收入	5 238	3 901	4 759	4 793	5 000	5 340	5 484	5 351	4 751	5 016	3 527	2 246	55 405	47.69%
出口收入	5 609	4 171	5 245	5 191	5 473	5 852	5 953	5 954	5 747	5 389	3 703	2 476	60 764	52.31%
总计	10 847	8 072	10 004	9 984	10 473	11 192	11 437	11 305	10 498	10 405	7 230	4 722	116 169	100%
比例	9.34%	6.95%	8.61%	8.59%	9.02%	9.63%	9.85%	9.73%	9.04%	8.96%	6.22%	4.06%	100.00%	

表附 4－7 收入封装类型分析

产品名称	2008年					2007年				
	销售数量（万只）	主营业务收入	主营业务成本	单价	单位毛利	销售数量	主营业务收入	主营业务成本	单价	单位毛利
SOL8	89 741	19 037.00	15 940.00	0.21	0.03	81 583	18 848.51	13 860.87	0.23	0.06
TO252	54 340	13 521.00	10 828.00	0.25	0.05	45 283	11 757.39	9 843.64	0.26	0.04
CP2	20 874	8 579.00	7 416.00	0.41	0.06	17 110	7 149.17	6 448.70	0.42	0.04
DIP8	15 772	3 848.00	3 087.00	0.24	0.05	20 504	5 117.84	4 167.45	0.25	0.05
合计	467 074.30	116 169.00	99 191.00	0.25	0.04	391 381.20	111 041.00	92 572.00	0.28	0.05

表附 4－8　收入、成本分析

科目名称	国外		国内		收入合计	成本合计
	收入	成本	收入	成本		
2007 年 1 月	5 104	4 197	2 574	2 250	7 678	6 447
2007 年 2 月	3 764	3 186	2 040	1 832	5 804	5018
2007 年 3 月	5 634	4 789	2 330	2 099	7 965	6 888
2007 年 4 月	5 067	4 540	2 805	2 537	7 873	7 077
2007 年 5 月	4 758	3 828	3 438	2 919	8 195	6 747
2007 年 6 月	6 064	4 886	3 356	2 865	9 421	7 751
2007 年 7 月	7 128	5 817	3 204	2 769	10 333	8 586
2007 年 8 月	7 330	6 026	2 990	2 628	10 320	8 654
2007 年 9 月	7 852	6 273	3 230	2 801	11 083	9 074
2007 年 10 月	7 357	5 815	3 317	2 820	10 675	8 636
2007 年 11 月	7 708	6 357	3 139	2 705	10 847	9 062
2007 年 12 月	7 317	6 138	2 906	2 495	10 222	8 632
2008 年 1 月	7 829	6 649	3 019	2 554	10 848	9 203
2008 年 2 月	5 975	5 329	2 098	1 784	8 073	7 114
2008 年 3 月	7 184	6 269	2 820	2 426	10 005	8 695
2008 年 4 月	7 073	6 206	2 911	2 578	9 985	8 784
2008 年 5 月	7 674	6 531	2 799	2 425	10 473	8 956
2008 年 6 月	7 967	6 239	3 225	2 647	11 192	8 887
2008 年 7 月	8 109	6 873	3 329	2 886	11 437	9 760
2008 年 8 月	7 668	6 234	3 638	3 136	11 305	9 369
2008 年 9 月	7 411	6 250	3 088	2 700	10 498	8 951
2008 年 10 月	7 275	6 229	3 130	2 682	10 405	8 911
2008 年 11 月	5 257	4 498	1 973	1 735	7 230	6 234
2008 年 12 月	3 355	3 050	1 362	1 279	4 717	4 329
2008 年合计	82 777	70 358	33 392	28 833	116 169	99 191
2007 年合计	75 085	61 852	35 330	30 720	110 415	92 572

分析结果：

如表附 4 - 6 所示，H 公司 2008 年销售收入 116 169 万元，比 2007 年度的 111 041 万元，增加 5 128 万元，增加幅度为 4.62%。主要是 1 ~ 9 月份公司销售势头良好，销售量较上年略有增加。

2008 年销售收入中 71% 为出口收入，29% 为国内收入，结构和 2007 年相比变化不大。

从各月发生额分析可以看出，销售收入自 10 月份起出现明显下滑，这与 2008 年下半年全球经济不景气的状况相吻合。2 月销售额较小是因为逢春节假期，销售量较小。

分析结果：

如表附 4 - 7 所示，公司 2008 年着力于封装类型的调整，IC 产品整体单价呈下降趋势，公司尽量扩大单价较高且相对稳定的高端封装类型产品的加工份额；另外，由于主要原材料价格上涨，成本呈上升趋势，公司努力扩大生产规模，利用低端产品填平补缺，提高设备利用率以摊薄固定成本。年度内未发生产品结构的重大变化及单价的大幅波动。

2007 年至 2008 年收入成本变动趋势（见图附4 - 1）：

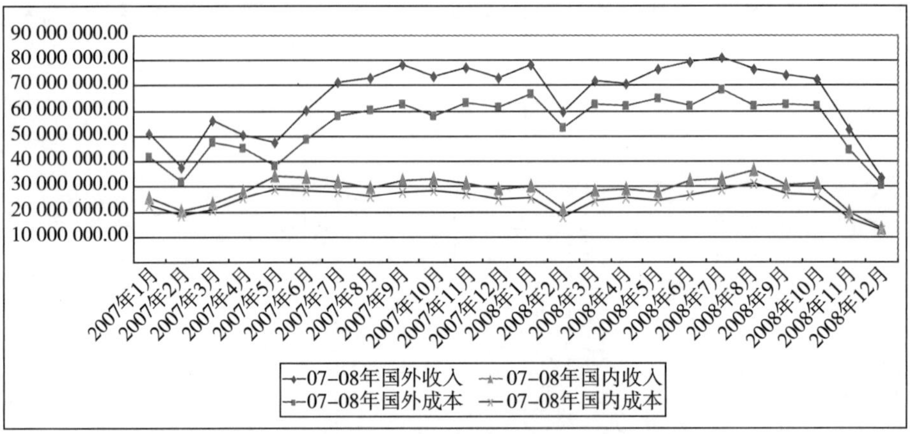

图附 4 - 1　2007 年至 2008 年收入成本变动趋势图

分析结论：

①2007 年至 2008 年国内销售部分变动幅度不大，受国际金融危机影响 2008 年 11、12 月销售明显下降。

②对国外客户 2008 年 1 ~ 9 月的销售延续 2007 年末的增长趋势，10 ~ 12 月销售受国际经济形势影响销售明显萎缩；2 月销售量较其他月少是因为春节长假所致。

③结合应交税费科目的审计，根据增值税纳税申报表，估算全年收入，并与实际收入相比，差异不大。

④H 公司主营业务收入确认方法符合会计准则的规定，与前期一致。H 公司无特殊销售行为。

⑤测算每类商品的平均价格，与上年销售平均金额相比略有下降，每种产品的降价幅度为 1.5% ~2%，系受行业竞争激烈所致。获取产品价格目录，与产品平均价格对照，并抽查部分发票单价与价格目录核对，售价符合价格政策。

⑥从收入明细账中选取金额大于 100 万元、金额异常的交易，重点检查是否附有销售合同、发票、出运通知单、货运提单等，未发现异常。

在剩余的小额交易中，随机抽取 60 笔交易，检查是否附有上述支持性文件，均相符，无异常。

⑦实施对销售的截止测试。

第一，根据了解，公司从收取订单到发运加工后芯片的生产周期一般为 20 天。通过测试资产负债表日前后 20 天、金额大于 100 万元的发货单据，与主营业务收入明细账进行核对。同时，从主营业务收入明细账选取在资产负债表日前后 20 天且金额大于 100 万元的交易，检查其销售合同、发票、发货单据，未发现销售存在跨期现象。

第二，复核资产负债表日前后的销售和发货水平，未发现大幅波动。

第三，结合对资产负债表日应收账款的函证程序，检查未发现存在未取得对方认可的大额销售。

测试结论：公司销售收入确认时间正确，未发现跨期情况。

⑧针对评估的舞弊风险等因素增加的审计程序：

第一，重点检查大额客户收款的现金流入来源，与客户名称一致；

第二，重点分析大额客户销售与回款的对应关系；

第三，重点检查是否存在往来业务少、金额较大且季节性较强的（如年末或季末发生的）、累计没有或很少收回货款的客户，对其销售确认追查至 MES 系统生产加工流程，确认加工业务真实发生，未见异常。

结论：发生额可以确认。

参考文献

1. 中国注册会计师协会：《中国注册会计师执业准则（2010）》，经济科学出版社 2010 年版。

2. 中国注册会计师协会：《中国注册会计师执业准则应用指南（2010）》，中国财政经济出版社 2010 年版。

3. 陈毓圭："对风险导向审计方法的由来及其发展的认识"，《会计研究》，2004 年第 2 期。

4. 中国注册会计师协会：《中国注册会计师审计准则第 1501 号——对财务报表形成审计意见和出具审计报告（2016 年修订）》、《中国注册会计师审计准则第 1502 号——在审计报告中发表非无保留意见（2016 年修订）》、《中国注册会计师审计准则第 1503 号——在审计报告中增加强调事项段和其他事项段（2016 年修订）》、《中国注册会计师审计准则第 1504 号——在审计报告中沟通关键审计事项（2016 年制定）》、《中国注册会计师审计准则第 1151 号——与治理层的沟通（2016 年修订）》、《中国注册会计师审计准则第 1324 号——持续经营（修订）》、《中国注册会计师审计准则第 1521 号——注册会计师对其他信息的责任（2016 年修订）》。

5. International Federation of Accountants (IFAC), Handbook of International Auditing, Assurane, and Etcics Pronouncements (2008 Edition).

6. International Federation of Accountants (IFAC), Guide to Using ISAs in the Audits of Small and Medium Sized Entities (2011, Third Edition).

7. International Federation of Accountants (IFAC), Guide to Quality Control for Small and Medium Sized Practices (2011, Third Edition).

8. International Federation of Accountants (IFAC), Handbook of International Quality Control, Auditing, Review, Other Assurance Services Pronouncements (2015 Edition).